계리직 공무원

우편 및 금융상식

[기초영어 포함]

현대 사회는 하루가 다르게 변화되어 가고 있으며 그 변화에 적응하는 일이란 결코 쉽지가 않다. 더욱이 이러한 변화 속에서 자신에게 맞는 일을 찾고 그 속에서 삶의 즐거움을 누리는 일은 매우 어렵게 느껴진다. 이러한 사회적 분위기 속에서 안정적인 직업으로 공무원이 각광받고 있으며, 경쟁률 또한 매우 치열하다.

계리직은 원래 기능직 10급 공무원이었으나, 2013년에 10급 공무원 제도가 없어지면서 9급 공무원으로 승격되어 9급 공무원과 동일한 혜택을 받고 있다. 계리직공무원은 우체국금융업 · 현업창구(회계)업무 · 현금수납 등 각종 계산관리업무 및 우편통계 관련업무를 주로 담당한다. 계리직공무원은 좋은 복지와 정년보장으로 각광받고 있는 직업 중 하나이다. 합격선이 점점 높아지고 있는 만큼 철저한 준비가 요구된다.

타 공무원 수험생들이 많은 정보를 가지고 여러 수험서의 도움을 받는 것과는 달리 우정서기보(계리직) 시험을 준비하는 수험생들은 많은 어려움을 느낀다.

본서는 수험생들에게 우정서기보(계리직) 시험의 특성을 파악하고 최대한 기출문제를 입수, 복원하여 그에 맞는 적절한 도움을 주고자 발행하게 되었다. 반드시 알아야 할 핵심이론을 정리하고 매 문제마다 상세한 해설을 실어 훌륭한 학습효과를 누릴 수 있도록 구성하였다.

수험생 여러분의 합격을 진심으로 기원하며 건투를 빈다.

Structure

---

❶ 국내우편

------------------------------- ○ 핵심이론정리

주요 개념과 원리를 학습하기 쉽도록 알
짜이론만을 체계적으로 정리하였습니다.

❶ 우편사업 개요

(1) 우편의 의의

① 의미
　　㉠ 좁은 의미 : 우정사업본부가 책임지고 서신 등의 의사를 전달하는 문서나 통화, 그 밖의 물건을 나라 안
　　　　밖으로 보내는 업무
　　㉡ 넓은 의미 : 우편관서가 문서나 물품을 전달하거나 이에 덧붙여 제공하는 업무를 통틀어 이르는 말

≡ 최근 기출문제 분석 ≡

------------------------------- ○ 최근 기출문제 분석

최근 시행된 우정사업본부 계리직공무원 기
출문제를 해설과 함께 수록하여 시험의 흐름
을 파악할 수 있도록 하였습니다.

2019. 10. 19. 우정서기보(계리직)

1　우편사업의 보호규정에 대한 설명으로 옳은 것을 모두 고른 것은?

> ㉠ 지방자치단체에서 발송하는 등기우편물은 서신독점의 대상이다.
> ㉡ 우편업무를 위해서만 사용하는 물건은 압류가 금지되지만 제세 공과금 부과의 대상이다.
> ㉢ 우편물의 발송, 수취나 그 밖의 우편 이용에 관한 제한능력자의 행위는 능력자가 행한 것으로 간주한다.
> ㉣ 상품의 가격, 기능, 특성 등을 문자, 사진, 그림으로 인쇄한 16쪽 이상인 책자 형태의 상품 안내서는
> 　서신독점의 대상이다.

① ㉠, ㉡
② ㉠, ㉣
③ ㉡, ㉢
④ ㉡, ㉣

출제예상문제 O----------------------

난이도별 다양한 유형의 문제를 엄선하여 학습의 완성도를 높였습니다. 또한 문제를 풀면서 빠르게 내용을 정리할 수 있도록 상세한 해설을 제공하였습니다.

≡ 출제 예상 문제

1 우편의 의의에 대한 것 중 옳지 않은 것은?

① 국가가 국민을 위해 제공하는 기본적인 사회서비스 이다.
② 우정사업본부가 책임지고 서신이나 물건을 나라 안팎으로 보내는 것이다.
③ 전기적인 방법으로 정보를 전달하는 전기통신도 포함한다.
④ 정치·경제·사회·문화·행정 등 모든 분야에서 정보를 전달한다.

TIP 우편은 서신이나 물건 등 실체를 전달하는 것으로 전기적 방법으로 정보를 전달하는 전기통신과는 구별된다.

관계법령 수록 O----------------------

우편 및 금융상식과 관련 있는 최근 개정 관계법령을 수록하였습니다.

◎1 우편법

[시행 2020. 6. 11.] [법률 제16753호, 2019. 12. 10. 일부개정]

제1장 총칙 〈개정 2011.12.2.〉

제1조(목적)
이 법은 우편 이용에 관한 기본적인 사항을 정하여 공평하고 적정한 우편 역무를 제공함으로써 공공의 복지증진에 이바지함을 목적으로 한다.
[전문개정 2011. 12. 2.]

제1조의2(정의)

제2조(경영주체와 사업의 독점 등)
① 우편사업은 국가가 경영하며, 과학기술정보통신부장관이 관장한다. 다만, 과학기술정보통신부장관은 우편사업의 일부를 개인, 법인 또는 단체 등으로 하여금 경영하게 할 수 있으며, 그에 관한 사항은 따로 법률로 정한다. 〈개정 2013. 3. 23., 2017. 7. 26.〉
② 누구든지 제1항과 제5항의 경우 외에는 타인을 위한 서신의 송달 행위를 업(業)으로 하지 못하며, 자기의 조직이나 계통을 이용하여 타인의 서신을 전달하는 행위도 하

시험과목

직급(직종)	시험구분	제1차 시험과목(필수 3과목)
우정9급 우정서기보(계리)	공개경쟁 채용시험	한국사(상용한자 포함) 우편 및 금융상식(기초영어 포함) 컴퓨터일반

시험방법

① 제1차 시험 : 선택형 필기시험

  ㉠ 배점비율 및 문항형식 : 매 과목당 100점 만점, 객관식 4지 택일형 20문항

  ㉡ 상용한자는 한국사에, 기초영어는 우편 및 금융상식에 각 1~2문항씩 포함하여 출제됨

  ㉢ 시험시간 : 60분(문항당 1분 기준, 과목별 20분)

② 제2차 시험 : 면접시험

응시자격

① 응시결격사유 : 「국가공무원법」 제33조의 결격사유에 해당되거나, 「국가공무원법」 제74조(정년)에 해당되는 자 또는 「공무원임용시험령」 등 관계법령에 의하여 응시자격을 정지당한 자는 응할 수 없습니다(판단기준일은 면접시험 최종예정일).

  ㉠ 국가공무원법 제33조

  • 피성년후견인 또는 피한정후견인

  • 파산선고를 받고 복권되지 아니한 자

  • 금고 이상의 실형을 선고받고 그 집행이 종료되거나 집행을 받지 아니하기로 확정된 후 5년이 지나지 아니한 자

  • 금고 이상의 형을 선고받고 그 집행유예 기간이 끝난 날부터 2년이 지나지 아니한 자

  • 금고 이상의 형의 선고유예를 받은 경우에 그 선고유예 기간 중에 있는 자

  • 법원의 판결 또는 다른 법률에 따라 자격이 상실되거나 정지된 자

  • 공무원으로 재직기간 중 직무와 관련하여 「형법」 제355조 및 제356조에 규정된 죄를 범한 자로서 300만 원 이상의 벌금형을 선고받고 그 형이 확정된 후 2년이 지나지 아니한 자

- 「성폭력범죄의 처벌 등에 관한 특례법」 제2조에 규정된 죄를 범한 사람으로서 100만 원 이상의 벌금형을 선고받고 그 형이 확정된 후 3년이 지나지 아니한 사람

- 미성년자에 대하여 「성폭력범죄의 처벌 등에 관한 특례법」 제2조에 따른 성폭력범죄, 「아동·청소년의 성보호에 관한 법률」 제2조 제2호에 따른 아동·청소년 대상 성범죄를 저질러 파면·해임되거나 형 또는 치료감호를 선고받아 그 형 또는 치료감호가 확정된 사람(집행유예를 선고받은 후 그 집행유예기간이 경과한 사람을 포함)

- 징계로 파면처분을 받은 때부터 5년이 지나지 아니한 자

- 징계로 해임처분을 받은 때부터 3년이 지나지 아니한 자

  ○ 국가공무원법 제74조(정년)

  - 공무원의 정년은 다른 법률에 특별한 규정이 있는 경우를 제외하고는 60세로 한다.

  - 공무원은 그 정년에 이른 날이 1월부터 6월 사이에 있으면 6월 30일에, 7월부터 12월 사이에 있으면 12월 31일에 각각 당연히 퇴직된다.

② 응시연령 : 18세 이상

③ 학력·경력 : 제한 없습니다.

④ 장애인 구분모집 응시대상자

  ○ 「장애인복지법 시행령」 제2조의 규정에 의한 장애인 및 「국가유공자 등 예우 및 지원에 관한 법률 시행령」 제14조 제3항의 규정에 의한 상이등급 기준에 해당하는 자

  ○ 장애인 구분모집에 응시하고자 하는 자는 응시원서 접수마감일 현재까지 장애인으로 유효하게 등록되거나, 상이등급기준에 해당되는 자로서 유효하게 등록·결정되어 있어야 합니다.

  ○ 장애인은 일반분야에 비장애인과 동일한 일반조건으로 응시할 수 있습니다(단, 중복접수는 할 수 없음).

  ○ 장애인 구분모집 응시대상자의 증빙서류(장애인복지카드 또는 장애인등록증, 국가유공자증)는 필기시험 합격자 발표일에 안내하는 기간 내에 제출하여야 합니다.

⑤ 저소득층 구분모집 응시대상자

  ○ 응시대상 : 「국민기초생활보장법」에 따른 수급자 또는 「한부모가족지원법」에 따른 지원대상자에 해당하는 기간(이 기간의 시작은 급여 또는 지원을 신청한 날)이 응시원서 접수일 또는 접수마감일까지 계속하여 2년 이상인 자

ⓛ 군복무(현역, 대체복무) 또는 교환학생으로 해외에 체류하는 경우, 이로 인하여 그 기간에 급여(지원) 대상에서 제외된 경우에도 가구주가 그 기간에 계속하여 수급자(지원대상자)로 있었다면 응시자도 수급자(지원대상자)에 해당하는 것으로 봅니다(다만, 군복무 또는 교환학생으로 해외에 체류한 기간 종료 후 다시 수급자(지원대상자)로 결정되어야 기간의 계속성을 인정하며, 이 경우 급여(지원)의 신청을 기간 종료 후 2개월 내에 하거나, 급여(지원)의 결정이 기간 종료 후 2개월 내여야 함).

※ 군복무 또는 교환학생으로 해외에 체류한 전·후 기간에 1인 가구 수급자(지원대상자)였다면 군복무 또는 교환학생으로 해외에 체류한 기간 동안 수급자 또는 지원대상자 자격을 계속 유지하는 것으로 봅니다(다만, 군복무 또는 교환학생으로 인한 해외체류 종료 후 다시 수급자(지원대상자)로 결정되어야 기간의 계속성을 인정하며, 이 경우에도 급여(지원)의 신청을 기간 종료 후 2개월 내에 하거나, 급여(지원)의 결정이 기간 종료 후 2개월 내여야 함).

※ 단, 교환학생의 경우는 소속 학교에서 교환학생으로서 해외에 체류한 기간(교환학생 시작 시점 및 종료시점)에 대한 증빙서류를 제출해야 합니다.

ⓒ 저소득층 구분모집 대상자는 저소득층 구분모집 외의 일반분야에 비저소득층과 동일한 일반조건으로 응시할 수 있습니다(단, 중복접수는 할 수 없음).

ⓔ 필기시험 합격자는 주민등록상의 거주지 관할 시·군·구청장이 발행하는 수급자증명서(수급기간 명시), 한부모가족증명서(지원기간 명시) 등 증빙서류를 필기시험 합격자 발표일에 안내하는 기간 내에 제출하여야 합니다.

※ 수급(지원)기간이 명시된 수급자(한부모가족)증명서는 주민등록상의 거주지 관할 시·군·구청에 본인 또는 가족(동일세대원에 한함)이 직접 방문하여 발급받을 수 있으며, 방문 전 시·군·구청 기초생활보장·한부모가족담당자(주민생활지원과, 사회복지과 등)에게 유선으로 신청하시기 바랍니다.

※ 저소득층 구분모집에 대한 자세한 사항은 균형인사지침(인사혁신처 예규, 인사혁신처 홈페이지-분야별정보-법령정보-훈령/예규/고시)을 확인하시기 바랍니다.

▌ 응시자 거주지역 제한 안내

응시자는 공고일 현재 지원지역에 주민등록이 되어 있어야 응시할 수 있습니다.

※ 응시자 거주지역 제한 내용은 변경될 수 있습니다.

▌ 응시원서 접수기간 및 시험시행 일정

① 시험장소 공고 등 모든 시험일정은 우정청 홈페이지에서 게시(공고)합니다.

② 합격자 명단은 합격자 발표 일에 우정청 홈페이지 및 원서접수사이트에 게시하며, 최종 합격자에게는 개별적으로 합격을 통지합니다.

③ 필기시험 성적 확인 방법·일정은 필기시험 합격자 공고 시 안내하며 본인 성적에 한하여 확인할 수 있습니다.

▌ 가산 특전 비율표

구분	가산비율	비고
취업지원대상자	과목별 만점의 10% 또는 5%	취업지원대상자 가점과
의사상자 등 (의사자 유족, 의상자 본인 및 가족)	과목별 만점의 5% 또는 3%	의사상자 등 가점은 본인에게 유리한 1개만 적용

▌ 기타사항

① 필기시험에서 과락(40점 미만) 과목이 있을 경우에는 불합격 처리되며, 그 밖의 합격자 결정방법 등 시험에 관한 구체적인 내용은 공무원임용시험령 및 관련법령을 참고하시기 바랍니다.

② 응시자는 응시표, 답안지, 시험시간 및 장소 공고 등에서 정한 주의사항에 유의하여야 하며, 이를 준수하지 않을 경우에는 본인의 불이익이 될 수 있습니다.

※ 2019년 공개경쟁 채용시험 공고를 바탕으로 작성한 것으로 변동될 수 있으며 자세한 사항은 우정사업본부 사이트를 참고하시기 바랍니다.

차례

Contents

우편상식

01 국내우편

① 우편사업 개요

(1) 우편의 의의

① 의미
- ㉠ 좁은 의미 : 우정사업본부가 책임지고 서신 등의 의사를 전달하는 문서나 통화, 그 밖의 물건을 나라 안 팎으로 보내는 업무
- ㉡ 넓은 의미 : 우편관서가 문서나 물품을 전달하거나 이에 덧붙여 제공하는 업무를 통틀어 이르는 말

② 우편은 국민이 일상생활에서 평균적인 삶을 꾸릴 수 있도록 국가가 제공하는 기본적인 사회 서비스 가운데 하나이다. 이에 따라 우리나라 뿐만 아니라 많은 나라에서 의무적으로 보편적 우편 서비스를 제공할 것을 법령에 규정하고 있다.

③ 우편은 주요 통신수단의 하나로 정치 · 경제 · 사회 · 문화 · 행정 등의 모든 분야에서 정보를 전달하는 중추 신경과 같은 임무를 수행한다.

④ 다만, 서신이나 물건 등의 실체를 전달한다는 점에서 전기적인 방법으로 정보를 전달하는 전기통신과는 구별된다.

(2) 우편사업의 특성

① 우편사업은 「정부기업예산법」에 따라 정부기업으로 정해져 있다. 구성원이 국가공무원일 뿐만 아니라 사업의 전반을 법령으로 정하고 있기 때문에 경영상 제약이 많지만, 적자가 났을 때에는 다른 회계에서 지원을 받을 수 있다.
  ※ **정부기업** : 국민의 이익을 추구하기 위해 정부가 출자 · 관리 · 경영하는 기업

② 우편사업의 회계 세노는 경영 합리성과 사업운영 효율성을 확보하고 예산을 신축적으로 사용하기 위해 특별회계로서 독립채산제를 채택하고 있다. 우편사업은 정부기업으로서의 공익성과 회계상의 기업성을 다 가지고 있으므로 이 두면의 조화가 과제이다.

③ 우편사업은 콜린 클라크(Colin Clark)의 산업분류에 의하면 노동집약적 성격이 강한 제3차 산업에 속한다. 많은 인력이 필요한 사업 성격 때문에 인건비는 사업경영에 있어서 큰 부담이 되고 있다.

(3) 우편의 이용관계

① 개념
- ㉠ 우편 이용관계는 이용자가 우편 서비스 제공을 목적으로 마련된 인적·물적 시설을 이용하는 관계이다.
- ㉡ 우편 이용자와 우편관서 간의 우편물 송달 계약을 내용으로 하는 사법(私法)상의 계약 관계(통설)이다. 다만, 우편사업 경영 주체가 국가이며 공익적 성격을 띠고 있으므로 이용관계에서 다소 권위적인 면이 있다.

② 우편 이용관계자 … 우편 이용관계자는 우편관서, 발송인, 수취인이다.

③ 우편 송달 계약의 권리와 의무 … 우편관서는 우편물 송달의 의무, 요금·수수료 징수권 등, 발송인은 송달 요구권, 우편물 반환청구권 등, 수취인은 우편물 수취권, 수취거부권 등 권리와 의무관계를 가진다.

④ 우편이용계약의 성립시기
- ㉠ 우체국 창구에서 직원이 접수한 때나 우체통에 넣은 때를 계약의 성립시기로 본다.
- ㉡ 방문 접수와 집배원이 접수한 경우에는 영수증을 교부한 때가 계약 성립시기가 된다.

(4) 우편사업 경영주체 및 관계법률

① 경영주체
- ㉠ 우편사업은 국가가 경영하며 과학기술정보통신부장관이 관장한다. 다만, 과학기술정보통신부장관은 우편사업의 일부를 개인, 법인 또는 단체 등으로 하여금 경영하게 할 수 있으며, 그에 관한 사항은 따로 법률로 정한다(「우편법」 제2조 제1항). "관장"이라 함은 관리와 장악을 말하는데 경영주체와 소유주체를 의미한다.
- ㉡ 전국에 체계적인 조직을 갖춰 적정한 요금의 우편 서비스를 신속하고 정확하게 제공하기 위해서 국가가 직접 경영한다.

② 우편에 관한 법률 … 경영 주체는 과학기술정보통신부장관이며, 전국에 체계적인 조직을 갖춰 적정한 요금의 우편 서비스를 신속하고 정확하게 제공하기 위해서 국가가 직접 경영한다.
- ㉠ 우편법 : 우편법은 사실상의 우편에 관한 기본법으로서 우편사업 경영 형태·우편 특권·우편 서비스의 종류·이용 조건·손해 배상·벌칙 등 기본적인 사항을 규정하고 있다.
  - ※ 최초제정 : 법률 제542호(1960. 2. 1.), 최근 개정 법률 제16753호(2019. 12. 10.)
- ㉡ 우체국창구업무의 위탁에 관한 법률 : 이 법은 개인이 우편창구 업무를 위임받아 운영하는 우편취급국의 업무, 이용자보호, 물품 보급 등에 대한 사항을 규정한 법령이다. 우편취급국은 국민의 우체국 이용 수요를 맞추기 위해 일반인에게 우편창구의 업무를 위탁하여 운영하게 한 사업소이다.
  - ※ 최초제정 : 법률 제3601호 (1982. 12. 31.), 최근 개정 법률 제14839호(2017. 7. 26.)
- ㉢ 우정사업 운영에 관한 특례법 : 우정사업의 경영 합리성과 우정 서비스의 품질을 높이기 위한 특례 규정이다. 사업범위는 우편·우편환·우편대체·우체국예금·우체국보험에 관한 사업 및 이에 딸린 사업이다. 조직·인사·예산·경영평가, 요금 및 수수료 결정, 우정재산의 활용 등을 규정하고 있다.
  - ※ 최초제정 : 법률 제5216호(1996. 12. 30.), 최근 개정 법률 제17219호(2020. 4. 7.)

    ㄹ **별정우체국법** : 이 법은 개인이 국가의 위임을 받아 운영하는 별정우체국의 업무, 직원 복무·급여 등에 대한 사항을 규정한 법령이다. 별정우체국은 우체국이 없는 지역의 주민 불편을 없애기 위해, 국가에서 위임을 받은 일반인이 건물과 시설을 마련하여 운영하는 우체국이다.

        ※ 최초제정 : 법률 제683호 (1961. 8. 17.), 최근 개정 법률 제17347호(2060. 6. 9.)

    ㅁ **국제법규**

        ㉮ **UPU 조약**

- 만국우편연합헌장(조약 제197호 1966. 5. 20. 공포)
- 만국우편연합헌장 제9추가의정서(2018. 1. 1.)
- 만국우편연합총칙 제1추가의정서(2018. 1. 1.)
- 만국우편협약 및 최종의정서
- 우편지급업무약정
- 만국우편협약 통상우편규칙 및 최종의정서
- 만국우편협약 소포우편규칙 및 최종의정서
- 우편지급업무약정규칙

        ㉯ **아시아·태평양우편연합(APPU) 조약** : 1962년 4월 1일 창설된 APPU(아시아·태평양 우편연합, 종전 아시아·대양주 우편연합의 개칭)는 아시아와 태평양 지역에 있는 우정청 간에 광범위한 협력관계를 설정하고 이를 발전시킬 것을 목적으로 한다. 이 조약은 회원국간의 조약으로 회원국 상호간의 우편물의 원활한 교환과 우편사업 발전을 위한 협력증진을 목적으로 하고 있다.

        ㉰ **표준다자간 협정 또는 양자협정** : 국제특급우편(EMS)을 교환하기 위하여 우리나라와 해당 국가(들) 사이에 맺는 표준 다자간 협정 또는 양자협정(쌍무협정)이 있다.

           ※ 양해각서(MOU ; Memorandum of Understanding) : 우리나라와 상대국 사이에 이루어지는 문서로 된 합의

(5) 우편사업의 보호규정

우편사업은 성격상 국민생활에 많은 영향을 미친다. 그래서 공공의 이익과 국민의 권리를 보호하고 안정적인 우편 서비스를 제공하기 위하여 법률로 보호 규정을 두고 있다.

① **서신독점권**

    ㉠「우편법」제2조 제2항에서 "누구든지 제1항과 제5항의 경우 외에는 타인을 위한 서신의 송달 행위를 업 (業)으로 하지 못하며, 자기의 조직이나 계통을 이용하여 타인의 서신을 전달하는 행위를 하여서는 아니 된다."라고 규정함으로써 서신독점권이 국가에 있음을 분명히 하고 있다.

    ㉡ 독점권의 대상은 서신이다. "서신"이라 함은 의사전달을 위하여 특정인이나 특정 주소로 송부하는 것으로서 문자·기호·부호 또는 그림 등으로 표시한 유형의 문서 또는 전단을 말한다.(「우편법」제1조의2 제7호) 다만, 다음에 해당하는 경우에는 예외로 한다.(「우편법 시행령」제3조)

        ㉮「신문 등의 진흥에 관한 법률」제2조 제1호에 따른 신문

        ㉯「잡지 등 정기간행물의 진흥에 관한 법률」제2조 제1호 가목에 따른 정기간행물

        ㉰ 다음 각 목의 요건을 모두 충족하는 서적

- 표지를 제외한 48쪽 이상인 책자의 형태로 인쇄 · 제본되었을 것
- 발행인 · 출판사나 인쇄소의 명칭 중 어느 하나가 표시되어 발행되었을 것
- 쪽수가 표시되어 발행되었을 것

　　㉰ 상품의 가격 · 기능 · 특성 등을 문자 · 사진 · 그림으로 인쇄한 16쪽 이상(표지 포함)인 책자 형태의 상품안내서

　　㉱ 화물에 첨부하는 봉하지 아니한 첨부서류 또는 송장

　　㉲ 외국과 주고받는 국제서류

　　㉳ 국내에서 회사(「공공기관의 운영에 관한 법률」에 따른 공공기관을 포함한다)의 본점과 지점 간 또는 지점 상호 간에 수발하는 우편물로써 발송 후 12시간 이내에 배달이 요구되는 상업용 서류

　　㉴ 「여신전문금융업법」 제2조 제3호에 해당하는 신용카드

　㉢ "타인"이라 함은 자기 이외의 자를 말하며, 자연인이거나 법인임을 불문하며, 자기의 서신을 자기가 송달하는 행위는 금지되지 아니한다.

　㉣ "업"이라 함은 일정한 행위를 계속적이고 반복적으로 하면서 유무형의 이익을 얻는 것을 말한다.

　㉤ "조직" 또는 "계통" 이라 함은 일정한 목적을 실현시키기 위하여 두 사람 이상이 의식적으로 결합한 활동체를 의미하며, 신문사, 통신사, 운송기관, 각종 판매조직 등 조직규모의 대소를 불문한다.

　㉥ 조직 또는 계통을 이용하여 타인의 서신을 송달할 경우에는 서신송달의 정부독점권을 침해할 가능성이 많으므로 단 1회의 송달을 하는 것도 금지한다.

　㉦ 타인을 위한 서신의 송달행위를 업(業)으로 하거나 자기의 조직 또는 계통을 이용하여 타인의 서신을 전달하는 행위가 금지됨은 물론 그러한 행위를 하는 자에게 서신의 송달을 위탁하는 행위도 금지된다. 단, 중량이 350그램을 넘거나 기본통상우편요금의 10배를 넘는 서신은 위탁이 가능하지만 국가기관이나 지방자치단체에서 발송하는 등기취급 서신은 위탁이 불가하다.

　㉧ 서신송달의 "위탁"이라 함은 당사자의 일방이 서신송달을 요청하고 상대방이 이를 승낙함으로써 성립되는 계약이며, 보수 기타의 반대급부를 조건으로 하는가의 여부를 불문한다.

② **우편물 운송요구권** ··· 우편관서는 철도, 궤도, 자동차, 선박, 항공기 등의 경영자에게 운송요구권을 가진다. 이 경우 우편물을 운송한 자에 대하여 정당한 보상을 한다.

　※ 요구대상 : 철도 · 궤도사업 경영자 및 자동차 · 선박 · 항공기 운송사업 경영자

③ **운송원 등의 조력청구권** ··· 우편업무를 집행 중인 우편운송원, 우편집배원과 우편물을 운송중인 항공기, 차량, 선박 등이 사고를 당하였을 때에는 주위에 조력을 청구할 수 있으며, 조력의 요구를 받은 자는 정당한 사유 없이 이를 거부할 수 없다. 이 경우 우편관서는 도움을 준 자의 청구에 따라 적절한 보수를 지급하여야 한다.

④ **운송원 등의 통행권** ··· 우편운송원, 우편집배원과 우편물을 운송중인 항공기, 차량, 선박 등은 도로의 장애로 통행이 곤란할 경우에는 담장이나 울타리 없는 택지, 전답, 그 밖의 장소를 통행할 수 있다. 이 경우 우편관서는 피해자의 청구에 따라 손실을 보상하여야 한다.

⑤ **운송원 등의 통행료 면제** … 우편물 운송 중인 우편운송원, 우편집배원은 언제든지 도선장의 도선을 요구할 수 있으며 (「법」 제5조 제3항), 우편업무 집행 중에 있는 운송원 등에 대하여는 도선장, 운하, 도로, 교량 기타의 장소에 있어서 통행요금을 지급하지 아니하고 통행할 수 있다(「법」 제5조 제2항). 그러나, 청구권자의 청구가 있을 때에는 우편관서는 정당한 보상을 하여야 한다.

⑥ **우편업무 전용 물건의 압류 금지와 부과면제**
  ㉠ 우편업무 전용 물건의 압류 금지 : 우편업무를 위해서만 사용하는 물건과 우편업무를 위해 사용 중인 물건은 압류할 수 없다.
  ㉡ 우편업무 전용 물건의 부과면제 : 우편업무를 위해서만 사용하는 물건(우편에 관한 서류를 포함)에 대해서는 국세 · 지방세 등의 제세공과금을 매기지 않는다.

⑦ **공동 해상 손해 부담의 면제** … 공동해상 손해부담이라 함은 선박이 위험에 직면하였을 때 선장은 적하되어 있는 물건을 처분할 수 있으나, 이때의 손해에 대하여는 그 선박의 화주전원이 적재화물비례로 공동 분담하는 것을 말하며 이 경우에도 우편물에 대하여는 이를 분담시킬 수 없다.

⑧ **우편물의 압류거부권** … 우편관서에서 운송 중이거나 발송 준비를 마친 우편물에 대해서는 압류를 거부할 수 있는 권리이다.

⑨ **우편물의 우선검역권** … 우편물이 전염병의 유행지에서 발송되거나 유행지를 통과할 때 등에는 「검역법」에 의한 검역을 최우선으로 받을 수 있다.

⑩ **제한능력자의 행위에 대한 법률적 판단** … 우편물의 발송 · 수취나 그 밖에 우편 이용에 관하여 제한능력자의 행위라도 능력자가 행한 것으로 간주된다. 이에 따라 제한능력자의 행위임을 이유로 우편관서에 대하여 임의로 이용관계의 무효 또는 취소를 주장할 수 없다. 다만, 법률행위에 하자가 발생한 경우에는 관련규정에 따른다. 제한능력자라 함은 민법상의 제한능력자를 말하며, 행위제한능력자(미성년자, 피한정후견인, 피성년후견인)와 의사제한 능력자(만취자, 광인 등)를 모두 포함한다.

❷ 우편서비스 종류와 이용조건

(1) 우편서비스의 구분 및 배달기한

① **우편서비스의 구분** … 우편서비스는 보편적 우편서비스와 선택적 우편서비스로 구분한다.

② **보편적 우편서비스**
  ㉠ 국가가 국민에게 제공하여야 할 가장 기본적인 보편적 통신서비스
  ㉡ 전국에 걸쳐 효율적인 우편송달에 관한 체계적인 조직을 갖추어 모든 국민이 공평하게 적정한 요금으로 보내고 받을 수 있는 기본 우편서비스 제공

ⓒ 서비스 대상

㉮ 2kg 이하의 통상우편물

㉯ 20kg 이하의 소포우편물

㉰ 위 ㉮, ㉯의 우편물의 기록취급 등 특수취급우편물

㉱ 그 밖에 대통령령으로 정하는 우편물

③ 선택적 우편서비스

㉠ 보편적 우편서비스에 부가하거나 부수하여 제공하는 서비스로 이용자가 선택적으로 이용할 수 있는 서비스

㉡ 서비스 대상

㉮ 2kg을 초과하는 통상우편물

㉯ 20kg을 초과하는 소포우편물

㉰ 위 ㉮, ㉯의 우편물의 기록취급 등 특수취급우편물

㉱ 우편과 다른 기술 또는 서비스가 결합된 서비스 – 전자우편, 모사전송(FAX)우편, 우편물 방문접수 등

㉲ 우편시설, 우표, 우편엽서, 우편요금 표시 인영이 인쇄된 봉투 또는 우편차량장비 등을 이용하는 서비스

㉳ 우편 이용과 관련된 용품의 제조 및 판매

㉴ 그 밖에 우편서비스에 부가하거나 부수하여 제공하는 서비스

④ 배달기한

㉠ 우정사업본부가 약속한 우편물 배달에 걸리는 시간

㉡ 우편물 배달기한

구분	송달기준	비고
통상우편물(등기포함) 일반소포	접수한 다음 날부터 3일 이내	
익일특급	접수한 다음 날	※ 제주선편 : D+2일 (D : 우편물 접수한 날)
등기소포		
당일특급	접수한 당일 20:00 이내	

㉢ 도서 · 산간 오지 등의 배달기한

㉮ 교통 여건 등으로 인해 우편물 운송이 특별히 어려운 곳은 관할 지방우정청장이 별도로 배달 기한을 정하여 공고한다.

㉯ 일반적인 배달기한 적용이 어려운 지역 선정 기준

• 접수 우편물 기준 : 접수한 그날에 관할 집중국으로 운송하기 어려운 지역

• 배달 우편물 기준 : 관할 집중국에서 배달국의 당일 배달 우편물 준비 시간 안에 운송하기 어려운 지역

ⓓ 운송 곤란 지역의 배달 기한 계산 방법
- 접수 · 배달 우편물의 운송이 모두 어려운 곳은 각각의 필요 일수를 배달기한에 합하여 계산
- 다른 지방우정청에서 다르게 적용하도록 공고한 지역이 있는 경우에도 각각의 필요 일수를 합하여 계산

② 배달 기한 적용의 예외
ⓐ 예외 규정 : 일반우편물을 다음 날까지 배달하도록 정한 규정
ⓑ 예외 대상
- 「신문 등의 진흥에 관한 법률」 제9조에 따라 주 5회 발행하는 일간신문
- 관보규정에 따른 관보

(2) 통상우편물

① 개념 … 서신 등 의사전달물 및 통화(송금통지서 포함) 및 소형포장우편물
㉠ 서신 : 의사전달을 위하여 특정인이나 특정 주소로 송부하는 것으로서 문자 · 기호 · 부호 또는 그림 등으로 표시한 유형의 문서 또는 전단을 말한다. 다만, 신문, 정기간행물, 서적, 상품안내서 등 대통령령으로 정하는 것은 제외된다.
㉡ 의사전달물 : 의사 전달이 목적이지만 '서신'의 조건을 갖추지 못한 것과, 대통령령에서 정하여 서신에서 제외한 통상우편물(「우편법」 제1조의2 제7호, 「우편법 시행령」 제3조 관련)
→신문, 정기간행물, 서적, 상품안내서, 화물 첨부 서류 혹은 송장, 외국과 수발하는 국제서류, 본점과 지점 상호간 또는 지점 상호간 12시간 이내 수발하는 서류, 신용카드
㉢ 통화 : 유통 수단이나 지불 수단으로 기능하는 화폐, 보조 화폐, 은행권 등
㉣ 소형포장우편물은 우편물의 용적, 무게와 포장방법 고시 규격에 맞는 작은 물건을 말한다.

② 발송요건
㉠ 통상우편물은 봉투에 넣어 봉함하여 발송하는 것을 원칙으로 한다.
ⓐ 다만, 봉투에 넣어 봉함하기가 적절하지 않은 우편물은 우정사업 본부장이 정하여 고시한 기준에 적합하도록 포장하여 발송할 수 있다.
ⓑ 예외적으로 우정사업본부장이 발행하는 우편엽서와 사제엽서 제조요건에 적합하게 제조한 사제엽서 및 전자우편물은 그 특성상 봉함하지 아니하고 발송할 수 있다.
ⓒ 우편물 정기발송계약을 맺은 정기간행물은 고시에서 정하는 바에 따라 띠종이 등으로 묶어서 발송할 수 있다.
㉡ 우편이용자는 우편물 접수 시 우편물의 외부에 다음 각 호의 사항을 표시하여 발송하여야 한다.
ⓐ 발송인 및 수취인의 주소, 성명과 우편번호
ⓑ 우편요금의 납부표시

③ 통상우편물의 규격요건 및 외부표시(기재) 사항

　㉠ 봉투에 넣어 봉함하거나 포장하여 발송하는 우편물의 규격요건 및 외부표시(기재) 사항

　　※ 위반 시 규격 외 취급

요건		내용
크기	세로(D)	최소 90mm, 최대 130mm, (허용 오차 ±5mm)
	가로(W)	최소 140mm, 최대 235mm, (허용 오차 ±5mm)
	두께(T)	최소 0.16mm, 최대 5mm, (누르지 않은 자연 상태)
모양		직사각형 형태
무게		최소 3g, 최대 50g
재질		종이(창문봉투의 경우 다른 소재로 투명하게 창문 제작)
우편번호 기재		• 수취인 주소와 우편번호(국가기초구역 체계로 개편된 5자리 우편번호)를 정확히 기재해야 하며, 일체의 가려짐 및 겹침이 없어야 함 • 수취인 우편번호 여백규격 및 위치 －여백규격 : 상·하·좌·우에 4mm 이상 여백 －위치 : 기계처리를 위한 공백 공간 밖, 주소·성명 등 기재사항 보다 아래쪽 및 수취인 기재영역 좌우 너비 안쪽의 범위에 위치 　※ 해당영역에는 우편번호 외에 다른 사항 표시 불가 • 우편번호 작성란을 인쇄하는 경우에는 5개의 칸으로 구성 되어야 함 　※ 단, 여섯 자리 우편번호 작성란이 인쇄(2019년 10월 이전)된 봉투를 이용한 통상우편물은 우편번호 숫자를 왼쪽 칸부터 한 칸에 하나씩 차례대로 기입하고 마지막 칸은 공란으로 두어야 함
표면 및 내용물		• 문자·도안 표시에 발광·형광·인광물질 사용 및 기계판독률을 떨어뜨릴 수 있는 배경 인쇄 불가 • 봉할 때는 풀, 접착제 사용(스테이플, 핀, 리벳 등 도드라진 것 사용 불가) • 우편물의 앞·뒤, 상·하·좌·우는 완전히 봉해야 함(접착식 우편물 포함) • 특정부분 튀어나옴·눌러찍기·돋아내기·구멍 뚫기 등이 없이 균일해야 함 　※ 종이·수입인지 등을 완전히 밀착하여 붙인 경우나 점자 기록은 허용
기계처리를 위한 공백 공간 (허용오차 ±5mm)		• 앞면 : 오른쪽 끝에서 140㎜ × 밑면에서 17㎜, 우편번호 오른쪽 끝에서 20㎜ • 뒷면 : 왼쪽 끝에서 140㎜ × 밑면에서 17㎜

ⓒ 우정사업본부에서 발행하는 우편엽서의 규격 요건

　※ 위반 시 규격 외 취급

요건		내용
크기	세로(D)	최소 90mm, 최대 120mm, (허용 오차 ±5mm)
	가로(W)	최소 140mm, 최대 170mm, (허용 오차 ±5mm)
모양		직사각형 형태 별도 봉투로 봉함하지 않은 형태
무게		최소 2g, 최대 5g (다만, 세로 크기가 110mm을 넘거나 가로 크기가 153mm를 넘는 경우에는 최소 4g, 최대 5g)
재질		종이
우편번호 기재		• 수취인 주소와 우편번호(국가기초구역 체계로 개편된 5자리 우편번호)를 정확히 기재해야 하며, 일체의 가려짐 및 겹침이 없어야 함 • 수취인 우편번호 여백규격 및 위치 －여백규격 : 상·하·좌·우에 4mm 이상 여백 －위치 : 기계처리를 위한 공백 공간 밖, 주소·성명 등 기재사항 보다 아래쪽 및 수취인 기재영역 좌우 너비 안쪽의 범위에 위치 　※ 해당영역에는 우편번호 외에 다른 사항 표시 불가 • 우편번호 작성란을 인쇄하는 경우에는 5개의 칸으로 구성 되어야 함 　※ 단, 여섯 자리 우편번호 작성란이 인쇄(2019년 10월 이전)된 봉투를 이용한 통상우편물은 우편번호 숫자를 왼쪽 칸부터 한 칸에 하나씩 차례대로 기입하고 마지막 칸은 공란으로 두어야 함
표면 및 내용물		• 문자·도안 표시에 발광·형광·인광물질 사용 및 기계판독률을 떨어뜨릴 수 있는 배경 인쇄 불가 • 특정부분 튀어나옴·눌러찍기·돋아내기·구멍 뚫기 등이 없이 균일해야 함 　※ 종이·수입인지 등을 완전히 밀착하여 붙인 경우나 점자 기록은 허용
기계처리를 위한 공백 공간 (허용오차 ±5mm)		• 앞면 : 오른쪽 끝에서 140㎜ × 밑면에서 17㎜, 우편번호 오른쪽 끝에서 20㎜

ⓒ 사제하는 우편엽서 : 우정사업본부에서 발행하는 우편엽서의 규격요건 및 외부표시(기록)사항 충족

　※ 50g까지 규격 외 엽서는 400원(규격봉투 25~50g) 요금을 적용

ⓔ 권장요건

　㉮ 색상은 70% 이상 반사율을 가진 흰 색이나 밝은 색

　㉯ 지질(재질)은 70g/㎡ 이상, 불투명도 75% 이상, 창봉투 창문은 불투명도 20% 이하

　㉰ 정해진 위치에 우표를 붙이거나 우편요금납부 표시

　㉱ 봉투 뒷면, 우편엽서 기재란, 띠종이 앞면의 윗부분 1/2과 뒷면 전체 등 허락된 공간에만 원하는 사항을 표시할 수 있음

　㉲ 우편물의 뒷면과 우편엽서의 허락된 부분에는 광고 기재 가능

　㉳ 우편엽서의 경우 평판(오프셋)으로 인쇄, 다만 사제엽서는 예외

㉔ 정기간행물 등을 묶어 발송하는 띠종이의 요건
- 띠종이의 크기
- 신문형태 정기간행물용 : 세로(70mm 이상)×가로(최소 90mm~최대 235mm)
- 다른 형태 정기간행물용 : 우편물을 전부 덮는 크기
- 그 밖의 사항
- 우편물 아랫부분에 고정하여 움직이지 않게 밀착
- 신문형태의 경우 발송인 주소·성명·우편번호는 뒷면 기재
- 신문형태가 아닌 정기간행물 크기가 A4(297mm×210mm) 이하인 경우 우편물 원형 그대로 띠종이 사용. 다만, 접어둔 상태가 편편하고 균일한 것은 접어서 발송 가능

④ 통상우편물의 규격 외 취급 대상
　㉠ 위 ③의 ㉠을 위반한 경우 통상우편물의 규격 외 취급
　㉡ 위 ③의 ㉡을 위반한 경우 우편엽서의 규격 외 취급

⑤ 우편물의 외부표시(기재) 사항
　㉠ 우편번호는 우편물 구분을 편리하게 할 수 있도록 만든 일종의 코드로서, 문자로 기재된 수취인의 주소 정보를 일정한 기준에 따라 숫자로 변환한 것
　　※ 우편번호는 국가기초구역 도입에 따라 지형지물을 경계로 구역을 설정한 5자리 국가기초구역번호로 구성

[국가기초구역 체계의 우편번호 구성 체계도]

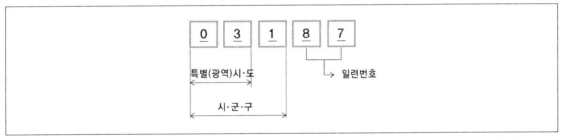

　㉡ 집배코드는 우편물의 구분·운송·배달에 필요한 구분정보를 가독성이 높은 단순한 문자와 숫자로 표기한 것
　　※ 집배코드는 총 9자리로 도착집중국 2자리, 배달국 3자리, 집배팀 2자리, 집배구 2자리로 구성

[집배코드 구성 체계]

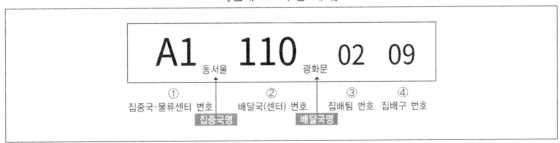

ⓒ 외부기재사항 표시

    ㉮ 우편물에는 집배코드를 기재할 수 있음

    ㉯ 통상우편물 감액을 받기 위해서는 집배코드별로 구분하여 제출하여야 함

⑥ 우편물의 외부표시(기재) 금지사항

  ㉠ 우체국과 협의되지 않은 우편요금표시인영은 표시 불가

  ㉡ 공공의 안녕질서나 미풍양속을 저해하는 것으로 인정되는 사항은 기재 불가

    ㉮ 인간의 존엄성, 국가 안전, 사회 공공질서를 해치는 내용

    ㉯ 폭력, 마약 등 반사회적·반인륜적인 행태를 조장하는 내용

    ㉰ 건전한 상도덕을 해치는 음란하고 퇴폐적 내용

    ㉱ 청소년의 정신적, 신체적 건강에 해를 끼칠 우려가 있는 내용

  ㉢ 개인정보보호법령에 따른 주민등록번호 등 고유식별정보는 기재 불가

  ㉣ 그 밖에 우편법령이나 다른 법령에서 금지하는 사항

⑦ 제한용적 및 중량

  ㉠ 최대용적

    ㉮ 서신 등 의사전달물 및 통화

      • 가로·세로 및 두께를 합하여 90cm

      • 원통형은 "지름의 2배"와 길이를 합하여 1m

      • 다만, 어느 길이나 60cm를 초과할 수 없음

    ㉯ 소형포장우편물

      • 가로·세로 및 두께를 합하여 35cm 미만(서적·달력·다이어리 : 90cm)

      • 원통형은 "지름의 2배"와 길이를 합하여 35cm 미만(단, 서적·달력·다이어리 우편물은 1m까지 허용)

  ㉡ 최소용적 : 평면의 크기가 길이 14cm, 너비 9㎝이상, 원통형으로 된 것은 직경의 2배와 길이를 합하여 23㎝(다만, 길이는 14㎝이상이어야 한다)

  ㉢ 제한중량 : 2g~6,000g(단, 정기간행물과 서적·달력·다이어리로서 요금감액을 받는 우편물은 1,200g, 요금감액을 받지 않는 서적·달력·다이어리는 800g, 국내특급은 30kg이 최대 중량임)

(3) 소포우편물

① 개념 및 구분 … 소포우편물은 통상우편물 외의 물건을 포장한 우편물을 말한다.

  ㉠ 보편적 우편서비스 : 20kg 이하의 소포우편물(기록 취급되는 특수취급우편물 포함)

  ㉡ 선택적 우편서비스 : 20kg 초과의 소포우편물(기록 취급되는 특수취급우편물 포함)

  ㉢ 우체국택배(KPS) : 방문서비스의 브랜드명

② 취급대상

　㉠ 서신 등 의사전달물, 통화 이외의 물건을 포장한 우편물

　　※ 백지노트 등 의사 전달 기능이 없는 물건은 소포로 취급해야 함

　㉡ 우편물 크기에 따라서 소형포장우편물과 소포우편물로 나뉘고, 소형포장 우편물은 통상우편물로 구분하여 취급

　㉢ 소포우편물에는 원칙적으로 서신을 넣을 수 없으나 물건과 관련이 있는 납품서, 영수증, 설명서, 감사인사 메모 등은 함께 보낼 수 있음

　　예 우체국쇼핑 상품설명서, 선물로 보내는 소포와 함께 보내는 감사인사 메모

③ 제한중량 및 용적

　㉠ 최대 중량 : 30kg

　㉡ 최대 용적 : 가로·세로·높이를 합하여 160cm이내(다만, 어느 길이도 초과할 수 없다)

　㉢ 최소 용적

　　㉮ 가로·세로·높이 세변을 합하여 35cm(단, 가로는 17cm 이상, 세로는 12cm 이상)

　　㉯ 원통형은 지름의 2배와 길이를 합하여 35cm(단, 지름은 3.5cm 이상, 길이는 17cm 이상)

④ 소포우편물의 접수

　㉠ 접수검사

　　㉮ 내용품 문의

　　　• 폭발물·인화물질·마약류 등의 우편금지물품의 포함 여부

　　　• 다른 우편물을 훼손시키거나 침습을 초래할 가능성 여부

　　㉯ 의심우편물의 개피 요구

　　　• 내용품에 대하여 발송인이 허위로 진술한다고 의심이 가는 경우에는 개피를 요구하고 내용품을 확인

　　　• 발송인이 개피를 거부할 때에는 접수 거절

　　㉰ 우편물의 포장상태 검사

　　　• 내용품의 성질, 모양, 용적, 중량 및 송달거리 등에 따라 송달 중에 파손되지 않고 다른 우편물에 손상을 주지 않으며 질긴 종이 등으로 튼튼하게 포장하였는지를 확인

　㉡ 요금납부

　　㉮ 등기소포는 우편물의 운송수단, 배달지역, 중량, 부피 등에 해당하는 금액을 현금, 우표, 우편요금을 표시하는 증표, 「여신전문금융업법」에 따른 신용카드 또는 정보통신망을 이용한 전자화폐·전자결제 등으로 즉납 또는 후납으로 납부할 수 있다.

　　㉯ 또한 우표로도 납부가 가능하며, 납부방법은 우표를 창구에 제출하거나 우편물 표면에 첨부한다.

　　㉰ 착불소포는 우편물 수취인에게 우편요금(수수료 포함)을 수납하여 세입처리 한다.

　㉢ 수기접수 시 표시인 날인

　　㉮ 소포우편물의 표면 왼쪽 중간에는 '소포' 표시를 한다.

　　㉯ 소포우편물의 내용에 대하여 발송인에게 문의하여 확인한 후에는 우편물 표면 왼쪽 중간부분에 '내용문의 끝냄'을 표시한다.

ㄹ 소포번호 부여 및 바코드 라벨, 기타 안내스티커 부착

    ㉮ 소포번호 부여는 우편물류시스템으로 접수국 일련번호로 자동으로 부여됨

    ㉯ 소포번호의 표시는 등기번호, 접수국명, 중량 및 요금을 표시한 등기번호 바코드 라벨을 우편물의 표면 왼쪽 하단에 부착한다.

    ㉰ 요금별 후납 등기소포는 우편물의 표면 오른쪽 윗부분에 요금별 후납 표시인을 날인하고 접수번호, 접수우체국 및 중량을 기재한다.

    ㉱ 부가서비스 안내 스티커는 우편물의 품위를 유지하면서 잘 보이는 곳에 깨끗하게 부착한다.

⑤ 등기소포와 일반소포와의 차이

요건	등기소포	일반소포
취급방법	접수에서 배달까지의 송달과정에 대해 기록	기록하지 않음
요금납부 방법	현금, 우표첩부, 우표납부, 신용카드 결제 등	현금, 우표첩부, 신용카드 결제 등
손해배상	망실·훼손, 지연배달 시 손해배상청구 가능	–
반송료	반송 시 반송수수료(등기통상취급수수료) 징수	–
부가취급서비스	가능	불가능

※ 보통소포(X) – 일반소포(O) // 일반등기통상(X) – 등기통상(O)

(4) 방문접수소포(우체국택배)

① 우체국택배 개요

    ㉠ 우체국택배는 소포우편물 방문접수의 브랜드로 업무표장이다.

      ※ 영문표기 : KPS(Korea Parcel Service)

    ㉡ 소포우편물 방문접수의 공식 브랜드 및 업무표장으로서 소포 우편물 방문접수를 나타냄

    ㉢ 소포우편물 방문접수와 관련한 모든 업무를 대표할 수 있는 명칭으로 사용 가능

② 우체국택배 종류

    ㉠ 개별택배 : 개인고객의 방문접수 신청 시 해당 우체국에서 픽업

    ㉡ 계약택배 : 우체국과 사전 계약을 통해 별도의 요금을 적용하고 주기적(또는 필요시)으로 픽업

③ 방문접수지역

    ㉠ 4급 또는 5급 우체국이 설치되어 있는 시·군의 시내 배달구(시내지역)

    ㉡ 그 외 관할 우체국장이 방문접수를 실시하는 지역

④ 이용방법

    ㉠ 우체국에 전화 : 전국 국번 없이 1588-1300번

    ㉡ 인터넷우체국(www.epost.kr)을 통하여 방문접수 신청을 하면 방문 접수를 실시

    ㉢ 소포우편물을 자주 발송하는 경우에는 정기·부정기 이용계약을 체결하여 별도의 전화 없이도 정해진 시간에 방문접수

    ㉣ 요금수취인부담(요금착불)도 가능

❸ 우편물의 접수

(1) 우편물의 접수검사

① 우편물 접수 시 검사사항
- ㉠ 우편물 접수할 때에는 발송인·수취인 등 기재사항이 제대로 적혀져 있는 지 먼저 확인해야 한다.
- ㉡ 검사 결과 규정에 위반된 것을 발견하였을 때에는 발송인이 보완하여 제출해야 하며, 불응할 때에는 접수를 거부할 수 있다. 다만 이때에는 이유를 자세히 설명해야 한다.

② 우편금지물품
- ㉠ 접수불가 물품 : 폭발성 물질, 화약류, 폭약류, 화공품류, 발화성 물질, 인화성물질, 유독성물질, 강산류, 방사성물질
- ㉡ 예외사항
  - ㉮ 독약류 : 독약 및 극약으로 관공서(학교 및 군대를 포함), 의사(군의관 포함), 치과의사, 한의사, 수의사, 약사, 제약업자, 약종상 또는 한약종상의 면허 또는 허가를 받은 자가 등기우편으로 발송하는 것
  - ㉯ 병균류 : 살아있는 병균 또는 이를 함유하거나 부착되어 있다고 인정되는 물건으로 관공서 방역연구소, 세균검사소, 의사(군의관 포함), 치과의사, 수의사 또는 약사의 면허를 받은 자가 등기우편으로 발송하는 것
  - ㉰ 공안방해와 그 밖의 위험성의 물질 : 음란한 문서, 도화 그 밖의 사회질서에 해가 되는 물건으로서 법령으로 이동, 판매, 반포를 금하는 것으로 법적·행정적 목적으로 공공기관에서 등기우편으로 발송하는 것

(2) 우편물의 포장

① 우편물의 포장검사 사항
- ㉠ 내용물 성질상 송달 중에 파손되거나 다른 우편물에 손상을 주지 않는가
- ㉡ 묶어서 발송하는 정기간행물의 띠종이는 발송 요건에 적합한가
- ㉢ 칼, 기타 위험한 우편물은 취급도중 위험하지 않도록 포장한 것인가
- ㉣ 액체, 액체가 되기 쉬운 물건, 냄새나는 물건, 썩기 쉬운 물건은 튼튼한 용기에 넣어 새지 않도록 포장한 것인가
- ㉤ 독극물이나 생병원체를 넣은 것은 전호와 같이 포장을 하고, 우편물 표면에 품영 및 '위험물'이라고 표시하고 '발송인의 자격과 성명'을 적었는가
- ㉥ 독극물은 두 가지 종류를 함께 포장한 것이 아닌가
- ㉦ 혐오성이 없는 산 동물은 튼튼한 상자 또는 기타 적당한 용기에 넣어 완전히 그 탈출 및 배출물의 누출을 방지할 수 있는 포장을 한 것인가

② 물품에 따른 포장방법

구분	포장방법
칼·기타 이에 유사한 것	적당한 칼집에 넣거나 싸서 상자에 넣는 등의 방법으로 포장할 것
액체·액화하기 쉬운 물건	안전누출방지용기에 넣어 내용물이 새어나지 않도록 봉하고 외부의 압력에 견딜 수 있는 튼튼한 상자에 넣고, 만일 용기가 부서지더라도 완전히 누출물을 흡수할 수 있도록 솜, 톱밥 기타 부드러운 것으로 충분히 싸고 고루 다져 넣을 것
독약·극약·독물 및 극물과 생병원체 및 생병원체를 포유하거나 생병원체가 부착한 것으로 인정되는 것	• 전호의 규정에 의한 포장을 하고 우편물 표면 보기 쉬운 곳에 품명 및 '위험물'이라고 표시할 것 • 우편물 외부에 발송인의 자격 및 성명을 기재할 것 • 독약·극약·독물 및 극물은 이를 2가지 종류로 함께 포장하지 말 것
산꿀벌 등 일반적으로 혐오성이 없는 살아 있는 동물	튼튼한 병, 상자 기타 적당한 용기에 넣어 완전히 그 탈출 및 배설물의 누출을 방지할 장치를 할 것

(3) 우편물의 제한 부피 및 무게

① 통상우편물

　㉠ 최대부피

　　㉮ 서신 등 의사전달물 및 통화

　　　• 가로·세로 및 두께를 합하여 90cm

　　　• 원통형은 "지름의 2배"와 길이를 합하여 1m

　　　• 다만, 가로 세로 어느 쪽이나 60cm를 초과할 수 없음

　　㉯ 소형포장우편물

　　　• 가로·세로·두께의 합이 35cm 미만(다만, 서적·달력·다이어리 우편물은 90cm까지 허용)

　　　• 원통형은 "지름의 2배"와 길이를 합하여 35cm 미만(다만, 서적·달력·다이어리 우편물은 1m까지 허용)

　㉡ 최소부피

　　㉮ 평면의 길이 14cm, 너비 9cm

　　㉯ 원통형은 "지름의 2배"와 길이를 합하여 23cm (단, 길이는 14cm 이상)

　㉢ 최대무게

　　㉮ 최소 2g ~ 최대 6,000g

　　㉯ 단, 정기간행물, 서적, 달력, 다이어리로서 요금감액을 받는 우편물은 1,200g, 요금감액을 받지 않는 서적과 달력, 다이어리는 800g, 국내특급은 30kg이 최대 무게임

② 소포우편물

  ㉠ 최대부피

    ㉮ 가로 · 세로 · 높이 세 변을 합하여 160cm

    ㉯ 다만, 어느 변이나 1m를 초과할 수 없음

  ㉡ 최소부피

    ㉮ 가로 · 세로 · 높이 세 변을 합하여 35cm (단, 가로는 17cm 이상, 세로는 12cm 이상)

    ㉯ 원통형은 "지름의 2배"와 길이를 합하여 35cm (단, 지름은 3.5cm 이상, 길이는 17cm 이상)

  ㉢ 무게 : 30kg 이내이어야 함

  ㉣ 기타사항 : 우편관서의 장과 발송인과의 사전계약에 따라 발송인을 방문하여 접수하는 경우에는 그 계약으로 달리 정할 수 있음

❹ 국내우편물의 부가서비스

(1) 등기취급

① 등기취급제도의 개념과 특징

  ㉠ 개념

    ㉮ 우편물의 접수번호 기록에 따라 접수에서부터 받는 사람에게 배달되기까지의 모든 취급과정을 기록하며 만일 우편물이 취급 도중에 망실되거나 훼손된 경우에는 그 손해를 배상하는 제도로서 우편물 부가취급의 기본이 되는 서비스

    ㉯ 다른 여러 특수취급을 위해서는 기본적으로 등기취급이 되어야만 한다.

    ㉰ 2kg 이하의 통상우편물과 20kg 이하의 소포우편물에 대한 등기취급을 보편적 우편 서비스로 정함으로써 국민의 권리를 더욱 폭넓게 보장할 수 있는 기반을 조성

  ㉡ 특징

    ㉮ 등기취급은 각 우편물의 접수번호 기록에 따라 접수에서 배달에 이르는 모든 과정을 기록 취급함으로써 취급과정을 명확하게 추적할 수 있음

    ㉯ 보험취급이나 내용증명, 배달증명, 특급취급, 그 밖의 부가취급우편물 등 고가의 물품을 송달하거나 공적증명을 요구하는 물품 송달에 유리

    ㉰ 잃어버리거나 훼손하면 이용자의 불만이 많고 손해배상의 문제가 생기는 유가물이나 주관적 가치가 있다고 인정되는 신용카드나 중요서류 등은 접수 검사할 때 내용품에 적합한 보험취급으로 발송하게 하고 이에 응하지 않을 때는 접수 거절할 수 있음

    ㉱ 우편물 취급과정에서 망실, 훼손 등의 사고가 일어날 경우에는 등기취급우편물과 보험등기우편물의 손해 배상액이 서로 다르므로 이용자에게 사전에 반드시 고지하여 발송인이 선택하도록 조치

ⓒ 등기취급의대상 : 등기로 취급할 수 있는 경우는 고객이 우편물의 취급과정을 기록할 필요가 있다고 판단한 우편물과 우편물의 내용이 통화, 귀중품이나 주관적으로 가치가 있다고 신고하는 것

② 계약등기우편제도

　ㄱ 개념 : 등기취급을 전제로 우체국장과 발송인과 별도의 계약에 따라 접수한 통상우편물을 배달하고, 그 배달결과를 발송인에게 전자적 방법 등으로 알려주는 부가취급제도

　ㄴ 종류와 취급대상

　　㉮ 일반형 계약등기

　　　• 등기취급을 전제로 부가취급서비스를 선택적으로 포함하여 계약함으로써, 고객이 원하는 우편서비스 제공하는 상품

　　　• 한 발송인이 1회에 500통 이상, 월 10,000통 이상(두 요건 모두 충족) 발송하는 등기통상 우편물

　　㉯ 맞춤형 계약등기

　　　• 등기취급을 전제로 신분증류 등 배달시 특별한 관리나 서비스가 필요한 우편물로 표준요금을 적용하는 상품

　　　• 1회, 월 발송물량 제한 없음

　　　• 취급상품과 요금에 대해 과학기술정보통신부장관이 고시

　ㄷ 계약업무

　　㉮ 계약체결관서 : 우편집중국, 5급 이상 공무원이 우체국장으로 배치된 우체국 맞춤형 계약등기는 소속국(별정국, 우편취급국 제외)도 접수관서로 계약 가능

　　㉯ 계약기간 : 1년(1년 단위로 자동연장 가능)

　　㉰ 제공서비스

　　　• 일반 계약등기 : 등기취급을 전제로 부가취급서비스를 선택적으로 포함하여 계약함으로써 고객이 원하는 우편서비스 제공

　　　• 맞춤형 계약등기 : 등기취급을 전제로 신분증류 등 배달 시 특별한 관리나 서비스가 필요한 우편물로 표준요금을 적용

　ㄹ 부가취급 서비스

　　㉮ 착불배달

　　　• 계약등기 우편물의 요금을 배달할 때 수취인에게서 받는 부가취급 제도

　　　• 우편요금 등을 수취인이 지불하기로 발송인이 수취인의 승낙을 얻은 계약등기 우편물이어야 함

　　　• 발송인이 우편요금을 납부하지 않고, 우편요금(등기취급수수료 포함)과 착불배달 수수료를 수취인에게서 받음

　　　• 수취인에게 배달하지 못하고, 발송인에게 반송된 착불배달 계약등기우편물은 발송인에게 우편물을 반환하고, 발송인에게서 착불요금을 제외한 우편요금(등기취급수수료 포함)과 반송수수료를 징수하되 맞춤형은 착불요금을 제외한 우편요금(등기취급수수료 포함)만 징수

　　㉯ 회신우편

　　　• 등기취급을 전제로 우체국과 발송인과 별도의 계약에 따라 수취인을 직접 만나서 우편물을 배달하

면서 서명이나 도장을 받는 등 응답이 필요한 하는 사항을 받거나 서류를 넘겨받아 발송인이나 발송인이 지정하는 자에게 회신하는 부가취급제도

- 발송인이 사전에 배달과 회신에 대한 상세한 사항을 계약관서와 협의하여 정한 계약등기 우편물
- 수취인을 직접 만나서 우편물을 배달하고, 회송통지서(개인정보 활용동의서 등)에 필요한 서명, 날인을 받거나 수취인이 넘겨주는 서류를 인계받아 발송인 또는 발송인이 지정한 자에게 회신

㉓ 본인지정배달
- 등기취급을 전제로 우편물을 수취인 본인에게만 배달하여 주는 부가취급제도
- 수취인이 개인정보 누출이나 재산상의 피해를 예방하기 위하여 발송인이 수취인 본인에게 배달하도록 지정한 계약등기 우편물
- 수취인 본인에게만 배달

㉔ 우편주소 정보제공
- 등기취급을 전제로 이사 등 거주지 이전으로 우편주소가 바뀐 경우 우편물을 바뀐 우편주소로 배달하고, 수취인의 동의를 받아 발송인에게 바뀐 우편주소정보를 제공하는 부가취급제도
- 이용조건 : 발송인이 계약관서와 미리 서비스에 대해 이용과 요금후납이 계약되어 있고, 수취인의 바뀐 주소정보를 발송인에게 알려주기 위해 배달할 때 수취인의 동의를 받은 우편물
- 취급방법 : 우편주소 변경사유(이사, 주소불명, 수취인 미거주 등)가 생긴 때 해당 우편물을 바뀐 수취인의 주소지로 전송해 주고 수취인의 동의를 받아 발송인에게 바뀐 우편주소 정보를 제공

㉕ 반환취급 사전납부
- 대상 : 일반형 계약등기 우편물
- 납부방법 : 우편물 접수 시 우편요금 반환율을 적용한 반환취급수수료를 합산하여 납부
- 반환율 산정
- 최초 적용 기준 : 최초 1년 간은 등기우편물 반환율에 0.5%를 가산하여 적용 등기우편물 반환율 적용시에는 계약하고자 하는 등기우편물과 동일한 종류의 등기우편물 반환율, 계약하고자 하는 등기우편물과 가장 유사한 종류의 등기우편물 반환율, 전체 등기우편물 반환율 순으로 적용
- 재산정 적용 기준 : 계약 우편물의 최근 1년 간 반환율 산정 적용

㉺ 요금 체계
㉮ 일반형 계약등기 : 통상요금 + 등기취급수수료 + 부가취급수수료
　※ 통상 우편요금 : 현행 무게별 요금체계 적용
㉯ 맞춤형 계약등기 : 표준요금 + 중량 구간별 요금 + 부가취급수수료
- 표준요금 : 상품별 서비스 수준에 맞추어 과학기술정보통신부장관고시로 정한 요금
- 중량 구간별 요금 적용
- 100g까지는 취급상품별 표준요금 적용
- 100g부터 초과 100g마다 240원씩 추가 (통상우편 초과 100g마다 추가요금 기준)

ⓓ 부가취급수수료

부가취급서비스	수수료	비고
회신우편	1,500원	일반 및 맞춤형 계약등기
본인지정배달	1,000원	
착불배달	500원	
우편주소 정보제공	1,000원	
반환취급 사전납부	반환취급수수료×반환률	일반형 계약등기

ⓑ 일반형 계약등기의 반환취급 수수료 일부 면제

㉮ 대상
- 「우편법 시행령」 제3조 제8호에 의거 서신 제외 대상인 신용카드 우편물

㉯ 면제조건
- 면제적용 월 직전 3개월의 평균물량이 10만 통 이상이고, 해당 월 접수 물량이 10만 통 이상인 경우
  ※ 월 단위 산정은 매월 1일에서 말일까지로 함

㉰ 면제비율 : 월 접수물량의 1~3%
- 10만 통 이상 20만 통 미만 : 1% 이내
- 20만 통 이상 30만 통 미만 : 2% 이내
- 30만 통 이상 : 3%이내

㉱ 징수방법
- 매월 면제비율에 의해 반환수수료의 일부를 면제하여 정산 후 우편요금과 동일하게 후납으로 징수

③ 선납 라벨 서비스

㉠ 선납 등기 라벨

㉮ 개념 : 등기번호 및 발행번호가 부여된 선납라벨을 우체국 창구 등에서 구매하여 첨부하면 창구 외 (우체통, 무인접수기)에서도 등기우편물을 접수할 수 있도록 하는 서비스

㉯ 대상 : 등기통상 우편물

㉰ 접수채널 : 전 관서 우편창구 및 우체통 투함, 무인우체국

㉱ 판매가격 : 중량별 차등 적용되는 등기통상우편물의 요금
- 기본 : 중량별 통상우편요금 + 등기취급 수수료
- 선택 : 익일특급 수수료, 배달증명 수수료

㉲ 등기우편물로서 효력발생시점
- 창구접수 : 우체국 창구 접수 시
- 우체통 투함 : 수거 후 우체국 창구 접수 시
- 무인접수기 이용 : 무인우편접수기 접수 완료 시

ⓛ 선납 준등기 라벨

    ㉮ 개념 : 준등기 번호 및 발행번호가 부여된 선납라벨을 우체국 창구 등에서 구매하여 첨부하면 창구 외(우체통, 무인접수기)에서도 준등기우편물을 접수할 수 있도록 하는 서비스

    ㉯ 대상 : 준등기 우편물

    ㉰ 접수채널 : 전 관서 우편창구 및 우체통 투함, 무인우체국

    ㉱ 판매가격 : 200g까지 1,500원(정액(단일)요금)

    ㉲ 준등기우편물로 취급 시점

      • 창구접수 : 우체국 창구 접수 시

      • 우체통 투함 : 수거 후 우체국 창구 접수 시

ⓒ 선납 일반통상 라벨

    ㉮ 개념 : 우편요금과 발행번호가 부여된 선납라벨을 우체국 창구에서 구매 후 일반통상우편물에 우표 대신 첨부하여 우편물을 접수할 수 있도록 하는 서비스

    ㉯ 대상 : 일반통상 우편물(우표와 동일하게 사용하므로, 등기우편물에도 부착 가능)

    ㉰ 접수채널 : 전 관서 우편창구 및 우체통 투함

    ㉱ 판매가격 : 중량별 일반통상 우편요금

ⓔ 공통사항

    ㉮ 판매채널 : 전국 우체국 우편창구(별정우체국, 우편취급국 포함)

    ㉯ 유효기간 : 구입 후 1년 이내 사용

    ㉰ 유효기간 경과로 인쇄상태가 불량하거나 라벨지 일부 훼손 등으로 사용이 어려운 경우 동일한 발행번호와 금액으로 재출력(교환) 가능

    ㉱ 선납라벨 훼손 정도가 심각하여 판매정보(발행번호, 바코드 등)의 식별이 불가능한 경우에는 재출력(교환) 불가

    ㉲ 선납라벨로 접수된 우편물 취소 시, 선납라벨 재출력 후 교부

    ㉳ 선납라벨 구매 고객이 취소를 요청하는 경우 구매 당일에 한해 판매우체국에서만 환불 처리 가능(우표류 판매취소 프로세스 적용)

    ㉴ 우편물 접수 시 우편요금 보다 라벨금액이 많은 경우 잉여금액에 대한 환불은 불가

    ㉵ 미사용 선납일반통상라벨에 한해 2매 이상으로 라벨 분할을 요구할 경우 라벨가액 범위에서 분할 발행 가능

(2) 보험취급

① 보험취급 우편물의 종류

    ㉠ 보험통상 : 통화등기, 물품등기, 유가증권등기, 외화등기

    ⓛ 보험소포 : 안심소포

② 보험통상

　㉠ 통화등기

　　㉮ 개념

　　　• 우편을 이용해서 현금을 직접 수취인에게 배달하는 제도로서 만일 취급하는 중에 잃어버린 경우에는 통화등기 금액 전액을 변상하여 주는 보험취급의 일종

　　　• 주소지까지 현금이 직접 배달되므로 우편환이나 수표와 같이 해당 관서를 방문해야하는 번거로움이 없어 방문시간이 절약되고 번잡한 수속절차를 생략할 수 있으므로 소액 송금제도로서 많이 이용

　　㉯ 취급조건

　　　• 취급대상 : 강제 통용력이 있는 국내통화에 한정

　　　※ 현재 사용할 수 없는 옛날 통화, 마모·오염·손상의 정도가 심하여 통용이 곤란한 화폐, 외국화폐는 통화등기로 취급할 수 없다.

　　　• 통화등기 취급의 한도액 : 100만 원 이하의 국내통화로서 10원 미만의 단수는 붙일 수 없다.

　　　• 통화등기우편물은 등기취급우편물로 발송하여야 한다.

　㉡ 물품등기

　　㉮ 귀금속, 보석, 옥석, 그 밖의 귀중품이나 주관적으로 가치가 있다고 신고하는 것을 보험등기 봉투에 넣어 수취인에게 직접 송달하고 취급도중 망실되거나 훼손한 경우 표기금액을 배상하는 보험취급제도의 하나로 통상우편물에 한정함

　　㉯ 취급대상

　　　• 귀금속 : 금, 은, 백금 및 이들을 재료로 한 제품

　　　• 보석류 : 다이아몬드, 진주, 자수정, 루비, 비취, 사파이어, 에메랄드, 오팔, 가닛 등 희소가치를 가진 것

　　　• 주관적 가치가 있다고 신고 되는 것 : 응시원서, 여권, 신용카드류 등

　　㉰ 취급가액 : 물품등기의 신고가액은 10원 이상 300만 원 이하의 물건만 취급하며, 10원 미만의 단수를 붙일 수 없다.

　　㉱ 취급조건

　　　• 물품 가액은 발송인이 정하며, 취급 담당자는 가액 판단에 관여할 필요가 없다.

　　　• 물품등기우편물은 등기취급우편물로 발송하여야 한다.

　㉢ 유가증권등기

　　㉮ 현금과 교환할 수 있는 우편환증서나 수표 따위의 유가증권을 보험등기봉투에 넣어 직접 수취인에게 송달하는 서비스이다. 망실하거나 훼손한 경우에는 봉투 표면에 기록된 금액을 배상하여 주는 보험취급제도의 일종이다.

　　㉯ 취급대상 및 한도액 : 액면 또는 권면가액이 2천만 원 이하의 송금수표, 국고수표, 우편환증서, 자기앞수표, 상품권, 선하증권, 창고증권, 화물상환증, 주권, 어음 등의 유가증권이 취급 가능 (단, 10원 미만의 단수를 붙일 수 없음)

　　　※ 사용된 유가증권류, 기프트카드 등에 대하여 보험취급을 원할 경우 유가증권등기로 취급할 수 없으나 물품등기로는 접수 가능하다.

ⓓ 등기취급우편물로 발송하여야 한다.

ⓔ 외화등기

ⓖ 우체국과 금융기관과의 계약을 통해 외국통화(현물)를 고객에게 직접 배달하는 맞춤형 우편서비스

ⓗ 맞춤형 계약등기(보험취급 + 본인지정 + 익일특급)

ⓘ **이용방법** : 금융기관과의 계약을 통하여 외화현금을 접수·배달

• 접수우체국 : 계약에 따라 지정된 우체국

• 배달우체국 : 전국 우체국(익일특급 배달 불가능 지역은 제외함)

ⓙ **취급 통화** : 계약기관별로 계약에 따라 지정된 외화

ⓚ **취급 금액** : 최소 10만 원 이상 150만 원 이하(원화 환산 시 기준, 지폐만 가능)

ⓛ **적용요금** : 표준요금 통당 10,000원

※ 중량구간별 요금 미적용, 과금에 의한 반송 등을 모두 포함한 금액

③ **보험소포(안심소포)**

㉠ 고가의 상품 등 등기소포우편물을 대상으로 하며, 손해가 생기면 해당 보험가액을 배상하여 주는 부가취급제도

㉡ 취급조건

ⓖ **취급 대상**

• 등기소포를 전제로 보험가액 300만 원 이하의 고가품, 귀중품 등 사회통념상 크기에 비하여 가격이 높다고 발송인이 신고한 것으로서 그 취급에 특히 유의할 필요가 있는 물품과 파손, 변질 등의 우려가 있는 물품

• 귀금속, 보석류 등의 소형포장우편물은 물품등기로 접수하도록 안내

• 부패하기 쉬운 냉동·냉장 물품은 이튿날까지 도착이 가능한 지역이어야 함

※ 우편물 배달기한 내에 배달하기 곤란한 지역으로 가는 물품은 접수 제외

• 등기소포 안의 내용물은 발송인이 참관하여 반드시 확인

ⓗ **취급가액**

• 안심소포의 가액은 300만 원 이하의 물건에 한정하여 취급하며 10원 미만의 단수를 붙일 수 없음

• 신고가액은 발송인이 정하는 가격으로 하며 취급담당자는 상품가액의 판단에 관여할 필요가 없음

(3) 증명취급

① **내용증명**

㉠ 개념

ⓖ 발송인이 수취인에게 어떤 내용의 문서를 언제 발송하였다는 사실을 우편관서가 공적으로 증명해 주는 우편서비스이다.

ⓗ 내용증명제도는 개인끼리 채권·채무의 이행 등 권리의무의 득실 변경에 관하여 발송되는 우편물의 문서내용을 후일의 증거로 남길 필요가 있을 경우와 채무자에게 채무의 이행 등을 최고(催告)하기 위하여 주로 이용되는 제도이다.

⑮ 우편관서는 내용과 발송 사실만을 증명할 뿐, 그 사실만으로 법적효력이 발생되는 것은 아님에 주의해야 한다.

　ⓛ 접수할 때 유의할 사항

　　㉮ 문서의 내용

- 내용문서는 한글이나 한자 또는 그 밖의 외국어로 자획을 명확하게 기록한 문서에 한정하여 취급하며, 숫자, 괄호, 구두점이나 그 밖에 일반적으로 사용하는 단위 등의 기호를 함께 적을 수 있음
- 공공의 질서나 선량한 풍속에 반하는 내용이 아니어야 하며 내용문서의 원본과 등본이 같은 내용임이 쉽게 식별되어야 함
- 내용증명의 대상은 문서에 한정하며 문서 이외의 물건(우표류, 유가증권, 사진, 설계도 등)은 그 자체 단독으로 내용증명의 취급대상이 될 수 없음
- 내용문서의 원본과 관계없는 물건을 함께 봉입할 수 없음

　　㉯ 내용문서의 원본 및 등본

- 내용증명의 발송인은 내용문서의 원본과 그 등본 2통을 제출하여야 함
  ※ 발송인에게 등본이 필요하지 않은 경우에는 등본 1통만 제출 가능, 우체국 보관 등본여백에 "발송인 등본교부 않음"이라고 표시
- 동문내용증명 우편물(문서의 내용은 같으나 2인 이상의 각기 다른 수취인에게 발송하는 내용증명우편물)인 경우에는 각 수취인의 주소와 이름을 전부 기록한 등본 2통과 각 수취인 앞으로 발송할 내용문서의 원본을 함께 제출하여야 함
- 내용문서의 원본이나 등본의 문자나 기호를 정정·삽입·삭제한 경우에는 정정·삽입·삭제한 문자와 정정·삽입·삭제한 글자 수를 난외나 끝부분 빈 곳에 적고 그곳에 발송인의 인장 또는 지장을 찍거나 서명을 하여야 하며 이 경우, 고치거나 삭제한 문자나 기호는 명료하게 알아볼 수 있도록 하여야 함
- 내용증명우편물의 내용문서의 원본과 등본에 기록한 발송인과 수취인의 주소·성명은 우편물의 봉투에 기록한 것과 같아야 함(단, 동문내용증명 우편물인 경우 각 수취인의 주소·성명을 전부 기록한 등본은 예외)
- 다수인이 연명으로 발송하는 내용문서의 경우 그 발송인들 중 1인의 이름, 주소만을 우편물의 봉투에 기록

　　㉰ 내용증명우편물 취급수수료의 계산

- 내용증명 취급수수료는 글자 수나 행수와는 관계없이 A4 용지규격을 기준으로 내용문서(첨부물 포함)의 매수에 따라 계산
- 내용문서의 원본과 등본의 작성은 양면을 사용하여 작성할 수 있으며, 양면에 내용을 기록한 경우에는 2매로 계산
- 내용문서의 크기가 A4 용지 규격 보다 큰 것은 A4 용지의 크기로 접어서 총 매수를 계산하고, A4 용지보다 작은 것은 이를 A4 용지로 보아 매수를 계산
- 내용문서의 매수가 2매 이상일 경우에는 2매부터 최초 1매의 반값으로 계산
- 동문내용증명의 경우 수취인 수 1명 초과마다 내용문서 매수와 관계없이 내용문서 최초 1매의 금액으로 계산

④ 취급요령
- 내용문서의 원본이나 등본의 장수가 2장 이상일 때에는 함께 묶은 그 곳에 우편날짜도장으로 간인하거나, 내용문서의 원본 및 등본의 글자를 훼손하지 않도록 빈 곳에 천공기로 간인하여야 함
  ※ 발송인의 인장이나 지장으로 간인하지 않음에 주의
- 수취인에게 발송할 내용문서의 원본, 우체국에서 보관할 등본, 발송인에게 교부할 등본에는 우편날짜도장으로 이어지게 계인함 (단, 동문내용증명인 때에는 우체국에서 보관하는 등본에 기록된수취인의 주소·성명 아래쪽에 걸치도록 우편날짜도장으로 계인)
- 내용증명 취급수수료에 해당하는 우표는 우체국에 보관하는 등본의 빈 곳에 붙이고 우편날짜도장으로 소인. 다만, 즉납으로 출력된 요금증지를 첨부하거나 날짜가 표시되어 있는 후납인을 날인하는 경우 소인을 생략하며, 후납인 아래에 취급수수료 금액을 표시하여야 함

ⓒ 내용증명의 재증명과 열람 청구
  ② 개념 : 내용증명 발송인 또는 수취인이 내용증명 문서의 등본(수취인인 경우는 원본)을 망실하였거나 새로 등본이 필요할 때 우체국의 등본 보관기간인 3년에 한정하여 발송인·수취인이나 발송인·수취인으로부터 위임을 받은 사람의 재증명 청구에 응하거나 열람 청구에 응하는 것을 말함
  ④ 재증명 청구기간 : 내용증명 우편물을 접수한 다음 날부터 3년 이내
  ④ 청구국 : 전국우체국(우편취급국 포함) 및 인터넷우체국
  ④ 청구인 : 내용증명 우편물의 발송인 또는 수취인, 발송인이나 수취인에게서 위임을 받은 사람
  ④ 재증명 취급수수료의 징수 : 재증명 당시 내용증명 취급수수료의 반액을 재증명 문서 1통마다 각각 징수
  ④ 재증명 취급수수료의 계산시점 : 재증명을 요청한 때
  ④ 열람 수수료의 징수 : 열람 당시의 내용증명 취급수수료의 반액에 해당하는 수수료를 징수
  ④ 열람방법 : 반드시 취급당무자가 보는 앞에서 열람(보고 옮겨 쓰는 것 포함)하도록 함
  ④ 타국접수 내용증명 재증명 절차
  - 내용증명 등본보관국(타국) 외 재증명 청구
  - 청구인 본인(또는 대리인) 확인 후, 발송 후 내용증명으로 신청
  - 등본보관국 외에 신청하는 경우에는 우편(규격 외, 익일특급) 발송
  - 등본보관국에서는 D+1일 이내에 내용증명 등본 복사 후, 재증명하여 우편(익일특급+우편사무)으로 청구인에게 발송
  - 등본보관국에서 확인하기 전까지는 취소 가능
  - 등본보관국 확인 후에는 내용문서 복사로 인해 취소 불가능
  - 내용증명 재증명 우편발송서비스 요금 : 내용증명 재증명 수수료(내용증명 수수료 1/2) + 우편요금(규격 외 중량별 요금) + 등기취급수수료 + 익일특급수수료 + 복사비 (장당 50원) + 대봉투(100원)

② 배달증명

　㉠ 개념

　　㉮ 수취인에게 우편물을 배달하거나 교부한 경우 그 사실을 배달우체국에서 증명하여 발송인에게 통지하는 부가취급 우편 서비스이다.

　　㉯ 배달증명은 등기우편물을 발송할 때에 청구하는 발송 때의 배달증명과 등기우편물을 발송한 후에 필요에 따라 사후에 청구하는 발송 후의 배달증명으로 구분할 수 있다.

　㉡ 취급대상 : 등기우편물에 한정하여 취급

　㉢ 요금체계

　　㉮ 통상우편물 배달증명을 접수할 때

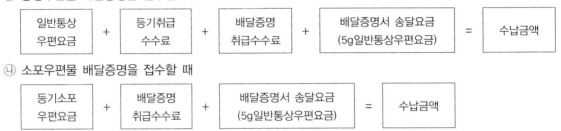

　　㉯ 소포우편물 배달증명을 접수할 때

　㉣ 발송 후의 배달증명 청구

　　㉮ 개념 : 당초 등기우편물을 발송할 당시에는 배달증명을 함께 청구하지 않고 발송하였으나, 사후 그 등기우편물의 배달사실의 증명이 필요하게 된 경우에 발송인이나 수취인이 우체국에 청구

　　㉯ 처리절차 : 전국 우체국과 인터넷우체국에서 신청할 수 있으며, 청구 접수국은 정당한 발송인이나 수취인임을 확인한 후 발급

```
  ┌──────┐  발송 후 배달증명 청구  ┌──────┐   데이터 전송   ┌──────┐
  │      │ ────────────────→ │      │ ────────────→ │우정사업 │
  │ 신청인 │                    │접수우체국│               │정보센터 │
  │      │ ←──────────────── │      │ ←──────────── │      │
  └──────┘  배달증명서 출력·교부  └──────┘   데이터 전송 결과  └──────┘
```

　　㉰ 청구기간 : 발송한 다음 날부터 1년

　　　(단, 내용증명우편물에 대한 배달증명 청구는 발송한 다음 날부터 3년)

　㉤ 인터넷 우체국 발송 후 배달증명 서비스

　　㉮ 우체국을 방문하지 않고 인터넷으로 조회하여 프린터로 직접 인쇄하는 서비스

　　㉯ 등기우편물의 발송인이나 수취인만 신청할 수 있음

　　㉰ 배달완료일 D+2일부터 신청 가능

　　㉱ 신청기한 : 등기우편물 발송한 다음 날부터 1년 이내(단, 내용증명은 3년)

　　㉲ 이용요금 : 1건당 1,300원

　　㉳ 인터넷우체국 회원만 신청 가능(회원전용 서비스)

　　㉴ 결제 후 다음 날 24시까지 (재)출력이 가능

(4) 특급취급

① 국내특급

    ㉠ 개념 : 등기취급을 전제로 국내특급우편 취급지역 상호간에 수발하는 긴급한 우편물을 통상의 송달 방법 보다 더 빠르게 송달하기 위하여 접수된 우편물을 약속한 시간 내에 신속히 배달하는 특수취급제도

    ㉡ 특징

        ㉮ 지정된 우체국에서만 접수 가능

        ㉯ 일반우편물과 구별하여 운송

        ㉰ 약속시간 내에 배달

    ㉢ 종류 : 우편물의 접수에서 배달까지 걸리는 시간을 기준으로 구분

        ㉮ 당일특급

          • 접수시각 : 행선지별로 고시된 접수마감시각

          • 배달시각 : 접수한 날 20시 이내

        ㉯ 익일특급

          • 접수시각 : 접수우체국의 그날 발송 우편물 마감시각

          • 배달시각 : 접수한 다음 날까지

    ㉣ 취급조건

        ㉮ 등기 취급하는 우편물에 한해 취급한다.

        ㉯ 통상우편물 및 소포우편물의 제한 무게는 30kg까지이다(단, 당일특급 소포우편물은 30kg).

        ㉰ 국내특급의 접수

          • 익일특급 우편물 : 전국 모든 우체국

          • 당일특급 우편물 : 관할 지방우정청장이 지정하여 고시하는 우체국

          • 취급지역 · 우체국 · 시간과 그 밖에 필요한 사항은 관할 지방우정청장이 고시

        ㉱ 접수마감시각 및 배달시간 : 관할 지방우정청장의 별도 고시에 따름

        ㉲ 국내특급 취급지역

          • 익일특급

          －전국을 취급지역으로 하되, 접수 다음 날까지 배달이 곤란한 지역에 대해서는 별도의 추가 일수와 사유 등을 고시

          －익일특급의 배달기한에 토요일과 공휴일(일요일 포함)은 포함하지 않음

            ※ 익일특급은 금요일에 접수하더라도 토요일 배달대상 우편물에서 제외되므로 다음 영업일에 배달됨을 이용자에게 설명

          • 당일특급

          －서울시와 각 지방 주요도시 및 지방 주요 도시를 기점으로 한 지방도시에서 지역 내로 가는 우편물로서 관할 지방우정청장이 지정 고시하는 지역에 한정함

          －다만, 행정자치부의 시 · 군 통합에 따라 기존 국내특급우편 취급지역 중 광역시의 군지역과 도농복합형태 시의 읍 · 면 지역은 배달이 불가능하여 취급을 제한

(5) 그 밖의 부가취급

① 특별송달

　⊙ 개념 : 특별송달은 다른 법령에 따라 「민사소송법」이 정하는 방법으로 송달하여야 하는 서류를 내용으로 하는 등기통상우편물을 송달하고 그 송달의 사실을 우편송달통지서로 발송인에게 알려주는 부가취급 서비스

　ⓒ 취급조건 : 등기 취급하는 통상우편물에 한하여 취급

　ⓒ 취급대상 : 특별송달우편물의 취급대상은 「민사소송법」 제187조에 따라 송달하여야 한다는 뜻을 명시하고 있는 서류에 한정하여 취급할 수 있음

　　㉮ 법원에서 발송하는 것

　　㉯ 특허청에서 발송하는 것

　　㉰ 「군사법원법」에 따라 발송하는 군사재판절차에 관한 서류

　　㉱ 국제심판소, 소청심사위원회 등 준사법기관에서 관계규정에 의하여 발송하는 재결절차에 관한 서류

　　㉲ 공증인이 「공증인법」에 따라 발송하는 공정증서의 송달 (「공증인법」 제56조의5) 서류

　　㉳ 병무청에서 「민사소송법」 제187조에 따라 송달하도록 명시한 서류

　　㉴ 선관위에서 「민사소송법」 제187조에 따라 송달하도록 명시한 서류

　　㉵ 검찰청에서 「민사소송법」 제187조에 따라 송달하도록 명시한 서류

　　㉶ 그 밖의 다른 법령에서 특별송달로 하도록 명시된 서류

　ⓔ 요금체계

　　㉮ 송달통지서가 1통인 소송서류를 발송하는 경우

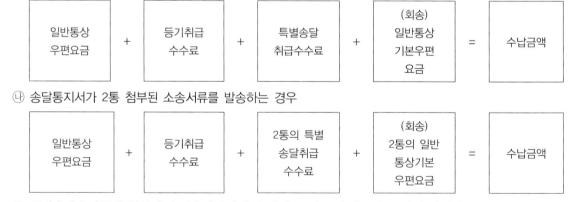

　　㉯ 송달통지서가 2통 첨부된 소송서류를 발송하는 경우

　　㉰ 특별송달우편물에 첨부된 우편송달통지서 용지의 무게는 우편물의 무게에 합산함

　　㉱ 기본우편요금은 25g 규격 우편물을 기준으로 함

② 민원우편

　⊙ 개념 : 민원우편이란 국민들의 일상생활에 필요한 각종 민원서류를 관계기관에 직접 나가서 발급받는 대신 우편이나 인터넷으로 신청하고 그에 따라 발급된 민원서류를 등기 취급하여 민원우편 봉투에 넣어 일반우편물보다 우선하여 송달하는 부가취급 서비스

ⓛ 제도의 특징

㉮ 민원우편의 송달에 필요한 왕복우편요금과 민원우편 부가취급수수료를 접수(발송)할 때 미리 받음

㉯ 우정사업본부 발행 민원우편 취급용봉투(발송용, 회송용) 사용

㉰ 민원발급 수수료와 회송할 때의 민원발급 수수료 잔액을 현금으로 우편물에 봉입 발송 허용

㉱ 민원발급수수료의 송금액을 5,000원으로 제한

(민원발급 수수료가 건당 5,000원을 초과하는 경우는 예외)

㉲ 민원우편의 송달은 익일특급에 따라 신속히 송달

㉳ 우정사업본부장이 정하여 고시하는 민원서류에 한정하여 취급

ⓒ 요금 : 발송할 때의 취급요금(우편요금 + 등기취급수수료 + 부가취급수수료)과 회송할 때의 취급요금(50g 규격요금 + 등기취급수수료 + 익일특급수수료)을 합하여 미리 받음

ⓔ 회송용 봉투의 요금선납 날짜도장 날인 : 민원우편 회송용 봉투에 날인하는 요금선납 날짜도장은 최초의 발송 민원우편 접수우체국의 접수한 날의 우편날짜도장으로 날인하는 것이며 회송민원우편 접수우체국에서 날인하는 것이 아님에 주의하여야 함

ⓜ 발송용 봉투의 봉함 : 발송인이 봉인할 때는 인장(지장) 또는 서명(자필로 서명)으로도 가능

ⓗ 회송용 봉투의 봉함 : 회송민원 우편물의 봉함은 민원발급기관의 취급담당자(우체국 취급 담당자가 아님)가 인장(지장) 및 서명(자필)을 날인하여 봉함하여야 하며 수수료 잔액 등 내용품 확인에 대하여는 우체국 담당자는 참관하지 않음

③ 착불배달 우편물

㉠ 등기취급 소포우편물과 계약등기우편물 등의 요금을 발송인이 신청할 때 납부하지 않고 우편물을 배달 받은 수취인이 납부하는 제도

ⓛ 수취인이 우편요금 등을 지불하기로 발송인이 수취인의 승낙을 얻은 등기우편물

ⓒ 발송인이 수취인의 승낙을 얻은 경우 착불배달우편물로 접수할 수 있음

ⓔ 착불배달은 우편물이 수취인 불명, 수취거절 등으로 반송되는 경우 발송인에게 우편요금 및 반송수수료를 징수. 다만, 맞춤형 계약등기는 우편요금(표준요금＋무게구간별 요금)만 징수

※ 접수담당자는 발송인에게 위 사항을 반드시 설명

❺ 그 밖의 우편서비스

(1) 우체국쇼핑

① 개념 … 전국 각 지역에서 생산되는 특산품과 중소기업 우수 제품을 우편망을 이용해 주문자나 제 삼자에게 직접 공급하여 주는 서비스

② 종류

    ㉠ 특산물 : 검증된 우수한 품질의 농·수·축산물을 전국 우편망을 이용해 생산자와 소비자를 연결해 주는 서비스

    ㉡ 제철식품 : 출하시기의 농수산 신선식품, 소포장 가공식품, 친환경 식품 등을 적기에 판매하는 서비스

    ㉢ 생활마트 : 중소기업의 공산품을 개인에게 판매하는 오픈마켓 형태 서비스

    ㉣ B2B : 우수 중소기업상품의 판로를 확보하고 기업의 구매비용 절감과 투명성을 높이기 위하여 기업과 기업 간의 거래환경을 제공하는 서비스

    ㉤ 꽃배달 : 우체국이나 인터넷을 이용하여 꽃배달 신청을 할 경우 전국의 업체에서 지정한 시간에 수취인에게 직접 배달하는 서비스

    ㉥ 전통시장 : 대형유통업체의 상권 확대로 어려워진 전통시장 소상인들의 판로 확보를 위해 전국의 전통시장 상품을 인터넷몰에서 판매하는 서비스

    ㉦ 창구판매 : 창구에서 우체국쇼핑상품을 즉시 판매하는 서비스

③ 손실·망실 등에 따른 반품우편물의 처리

    ㉠ 반품요청 접수관서 : 우체국쇼핑 상품의 우편물이 운송 중 손실·망실·내용품 훼손 등으로 수취인이 수취를 거절하는 경우에는 반품우편물의 교환, 환불 요구의 여부를 확인하고 우편물류시스템 반품관리에 등록한 후 우편물을 회수하여 반송 처리

    ㉡ 공급우체국 : 우체국쇼핑 상품의 반품우편물이 도착하면 우편물류시스템의 반품확인관리에서 '반품확인' 처리하고, 지정된 우체국 공급계좌에 환불요금 입금 여부를 수시로 확인하여 환불요금이 입금되는 즉시 등록된 입금계좌로 환불요금을 송금처리하고 우편물류시스템 환불관리에서 '환불처리'로 등록하여야 하며 신용카드로 결제한 경우에는 '신용카드결제 취소' 처리

④ 꽃배달 서비스

    ㉠ 주문 및 환불 : 특산물과 동일

    ㉡ 상품배달

        ㉮ 공급업체에서는 상품주문내용(주문 상품, 수취인, 배달날짜, 시간, 리본 표시사항 등) 확인과 발송 상품을 제작

            ※ 상품 발송할 때 반드시 우체국 꽃배달 태그를 동봉

        ㉯ 주문자가 지정한 시간에 수취인에게 상품을 배달

    ㉢ 배달결과 입력 : 업체에서 직접 입력(입력과 동시에 주문자에게 SMS와 E-mail로 자동통보 처리됨)

    ㉣ 상품배상

        ㉮ 상품이 수취인에게 배달하는 중에 공급업체의 잘못으로 상품에 결함이 생기면 모든 비용은 공급업체에서 부담하고, 소비자가 교환이나 환불을 요구할 때에는 아래 사항과 같이 즉시 보상해야 함

        ㉯ 전액 환불 조치

          • 상품을 정시에 배달하지 못한 경우

          • 신청인이 배달 하루 전 주문을 취소할 경우

- 상품하자(상품의 수량·규격 부족, 변질, 훼손 등)가 발생할 경우
- 주문과 다른 상품이 배달된 경우

㉮ 상품 교환 조치
- 상품의 훼손, 꽃송이의 부족 등으로 교환을 요구할 경우

㉯ 일부 환불 조치
- 주소오기 등 주문자의 실수로 잘못 배달되거나 수취인이 수취를 거부할 경우 주문자가 환불을 요구하면 꽃은 30%, 화분은 50%를 환불

(2) 전자우편서비스

① 개념 ··· 고객(정부, 지자체, 기업체, 개인 등)이 우편물의 내용문과 발송인·수신인 정보(주소·성명 등)를 전산매체에 저장하여 우체국에 접수하거나 인터넷우체국(www.epost.kr)을 이용하여 신청하면 내용문 출력과 봉투제작 등 우편물 제작에서 배달까지 전 과정을 우체국이 대신하여 주는 서비스로서, 편지, 안내문, DM우편물을 빠르고 편리하게 보낼 수 있는 서비스

② 종류

구분		주요 내용	이용수수료(장당)	
			흑백	칼라
봉함식	소형	편지, 안내문, 고지서 등의 안내문(최대 6장)을 편지형태로 인쇄하여 규격봉투에 넣어 발송하는 우편 서비스	90원	280원
			추가1장당 30원	추가1장당 180원
	대형	다량의 편지 등 내용문(최대 150장)을 A4용지에 인쇄하여 대형 봉투에 넣어 발송하는 우편 서비스	130원	340원
			추가1장당 30원	추가1장당 180원
접착식		주차위반과태료, 교통범칙금, 통지서 등을 봉투 없이 제작 발송하는 우편 서비스	단면 60 / 양면 80	단면 220 / 양면 370
그림엽서		동창회 모임안내 등 내용문을 간략하게 그림엽서에 인쇄하여 발송하는 우편서비스	40원	–

③ 부가서비스

부가서비스 명	서비스 내용	제작 수수료
내용증명	전자우편을 이용하여 다량의 내용증명을 제작, 발송	기존 제작 수수료와 같음
계약등기	전자우편을 이용하여 우편물을 제작하고 계약등기로 배달	

④ 기타 서비스
㉠ 동봉서비스 : 동봉서비스는 봉함식(소형봉투와 대형봉투) 전자우편을 이용할 때 내용문 외에 다른 인쇄물을 추가로 동봉하여 보낼 수 있는 서비스이다. 이를 이용할 때 별도의 수수료를 내야하며, 우체국 창구에서 신청할 때만 이용 가능하다(인터넷우체국은 동봉서비스 이용불가).

ⓛ **맞춤형 서비스** : 다량으로 발송할 때 봉투 표면(앞면 · 뒷면) 또는 그림엽서에 발송인이 원하는 로고나 광고문안(이미지)을 인쇄하여 발송할 수 있는 서비스

(3) 기타 부가서비스

① 월요일 배달 일간신문

ⓐ 토요일 자 발행 조간신문과 금요일 자 발행 석간신문(주3회, 5회 발행)을 토요일이 아닌 다음 주 월요일에 배달(월요일이 공휴일인 경우 다음 영업일)하는 일간신문

ⓛ 신문사가 토요일 자 신문을 월요일 자 신문과 함께 봉함하여 발송하려 할 때에 봉함을 허용하고 요금은 각각 적용

② 모사전송(팩스)우편서비스

ⓐ 우체국에서 신서, 서류 등의 통신문을 접수하여 전자적 수단(Facsimile)으로 수취인 모사전송기기(팩스)에 직접 전송하는 제도

ⓛ 이용수수료

㉮ 최초 1매 : 500원, 추가 1매당 200원(복사비 1장당 50원)

㉯ 시내, 시외 모두 동일한 요금을 적용함

ⓒ 취급대상은 서신, 서류, 도화 등을 내용으로 한 통상우편물이어야 함

㉮ 통신문 용지의 규격은 A4규격(210mm×297mm)에 통신내용을 기록, 인쇄한 것으로 함

㉯ 통신문은 몹시 치밀하여 판독이 어려워서는 안 되고, 선명하여야 하며 검은 색이나 진한 파란색으로 표시한 것이어야 한다. 다만, 발신 · 수신시 원형 그대로 재생이 곤란한 칼라통신문은 취급은 하지만 그에 따른 불이익은 의뢰인이 부담함

㉰ 우정사업본부장이 지정 고시하는 우체국에서만 취급할 수 있음

• 우편취급국은 제외

• 군부대 내에 소재하는 우체국은 우정사업본부장이 지정, 고시하는 우체국만 가능

③ 광고우편엽서

ⓐ 개념

㉮ 우정사업본부에서 발행하는 우편엽서에 광고내용을 인쇄하여 광고주가 원하는 지역에서 판매하는 제도

㉯ 광고주 측에서는 싼 비용으로 공신력 있는 기관을 이용하여 광고를 할 수 있고, 우편관서에서는 수익원이 될 수 있는 우편엽서 제도

ⓛ 접수창구 : 전국 우체국

ⓒ 접수요건

㉮ 발행량과 판매지역

• 전국판 : 최저 20만장 이상 300만장까지 발행하여 특별시, 광역시 · 도 중 4개 이상의 광역지방자치단체 지역에서 동시에 판매

- 지방판 : 최저 5만장 이상 20만장 미만으로 발행하여 특별시, 광역시·도 중 3개 이하의 광역지방자치단체 지역에서 판매
  - ※ 다만, 1개 구역의 발행 신청량은 5만장 이상으로 함
- 광고주가 구입 요청을 한 경우에만 판매구역에 관계없이 광고주가 지정하는 우체국에서 판매(최소 구매량 1,000장)

ⓑ **신청요건**
- 발행일 50일 전에 광고디자인 설명서, 광고디자인 자료(필름, CD, 그 밖에 전자매체 자료 등)를 함께 접수
  - ※ 발행일 50일 전 : 광고우편엽서 발행 최소 소요일
- 광고디자인의 크기 : 가로 60㎜ × 35㎜ 이내
- 광고디자인 조건 : 5색 이내

④ **나만의 우표**
ⓐ **개념** : 개인의 사진, 기업의 로고·광고 등 고객이 원하는 내용을 신청 받아 우표를 인쇄할 때 비워놓은 여백에 컬러복사를 하거나 인쇄하여 신청고객에게 판매하는 IT기술을 활용한 신개념의 우표서비스
ⓑ **종류** : 기본형, 홍보형, 시트형
ⓒ **접수방법**
  ㉮ 전국 우체국(별정우체국, 우편취급국 포함), 인터넷우체국, 모바일 앱에서 접수
  ㉯ (재)한국우편사업진흥원 및 접수위탁기관에서 접수
ⓓ **접수 시 유의사항**
  ㉮ 나만의 우표를 신청하는 사람은 사진 등의 자료를 사용할 수 있는 권한이 있어야 하며, 자료의 내용이 초상권, 저작권 등 다른 사람의 권리를 침해하면 이에 대한 법적 책임이 있다는 것을 설명
  ㉯ 접수할 때 신청 자료의 내용이 다른 사람의 초상권, 저작권 등을 침해한 것으로 확인된 경우에는 신청고객이 해당 권리자에게서 받은 사용허가서나 그 밖의 사용권한을 증명할 수 있는 서류를 제출하도록 안내
    - ※ 서류 보관기간 : 접수한 날부터 5년(이미지 : 3개월)
  ㉰ 접수자는 선명도가 낮은 사진 등에 대해서는 우표품질이 떨어진다는 사실을 설명한 후 신청자가 원하는 경우에만 접수하고, 그렇지 않은 경우에는 보완하여 제출하게 함
  ㉱ 접수자는 사진 등 관련 자료는 명함판(반명함판)이 적정하나 제출한 사진자료의 크기가 너무 크거나 작을 경우에는 축소 또는 확대 복사, 인쇄에 따라 선명도가 낮아질 수 있음을 설명
  ㉲ 나만의 우표를 우편물에 붙인 경우 고객의 사진부분에 우편날짜도장이 날인될 수 있음을 사전에 설명
  ㉳ 접수된 이미지나 자료는 우표 제작이 완료된 후에 신청고객이 반환을 요구하는 경우에만 반환하고 반환하지 않은 이미지는 제작기관에서 일정기간 보관 후 폐기한다는 것을 설명
  ㉴ 영원우표가 아닌 구 권종(300원, 270원, 250원권 등)은 판매 중지

⑤ 고객맞춤형 엽서

    ㉠ 개념 : 우편엽서에 고객이 원하는 그림·통신문과 함께 발송인과 수취인의 주소·성명, 통신문 등을 인쇄하여 발송까지 대행해 주는 서비스

    ㉡ 종류

        ㉮ 기본형

            • 우편엽서의 앞면 왼쪽이나 뒷면 한 곳에 고객이 원하는 내용을 인쇄하여 신청고객에게 판매하는 서비스

            • 앞면 왼쪽에 고객이 원하는 내용을 인쇄하는 경우에는 희망 고객에 한하여 발송인이나 수취인 주소·성명을 함께 인쇄

        ㉯ 부가형

            • 우편엽서의 앞면 왼쪽과 뒷면에 고객이 원하는 내용을 인쇄하여 신청 고객에게 판매하는 서비스

            • 희망하는 고객에게만 발송인·수취인의 주소·성명, 통신문까지 함께 인쇄하여 신청고객이 지정한 수취인에게 발송까지 대행

⑥ 우체국축하카드

    ㉠ 개념 : 축하·감사의 뜻이 담긴 축하카드를 한국우편사업진흥원(위탁 제작처) 또는 배달우체국에서 만들어 수취인에게 배달하는 서비스

    ㉡ 접수 : 우체국 창구, 인터넷우체국(epost.kr), 우편고객만족센터(1588-1300)

    (단, 현품 판매의 경우 우편집중국 및 우편취급국 제외)

    ㉢ 부가할 수 있는 서비스

        ㉮ 등기통상, 당일특급, 익일특급, 배달증명 서비스

        ㉯ 상품권 동봉서비스 : 경조카드와 함께 20만원 한도 내에서 문화상품권을 함께 발송 가능

        ㉰ 예약배달 서비스 : 예약 신청한 배달일에 배달

            • 예약배달일은 접수한 날부터 영업일 기준 3일 이후부터 13개월 이내

            • 당일특급·익일특급·배달증명은 예약배달서비스가 되지 않음

⑦ 인터넷우표

    ㉠ 개념

        ㉮ 고객이 인터넷우체국을 이용하여 발송 우편물에 해당하는 우편요금을 지불하고 본인의 프린터에서 직접 우표를 출력하여 사용하는 서비스

        ㉯ 인터넷우표는 고객편의 제고와 위조, 변조를 방지하기 위하여 단독으로 사용할 수 없으며 수취인 주소가 함께 있어야 함

    ㉡ 종류

        ㉮ 일반통상과 등기통상 두 종류가 있으며, 등기통상은 익일특급도 가능

        ㉯ 국제우편물과 소포는 대상이 아님

    ㉢ 결제 : 신용카드, 즉시계좌이체, 전자지갑, 휴대폰, 간편 결제 등

     ⓔ 구매 취소

       ㉮ 구매한 후 출력하지 않은 인터넷우표에 한정하여 구매취소 가능

       ㉯ 요금을 결제한 우표 중 일부 출력우표가 있는 경우에는 구매취소 불가

         ※ 1회에 10장을 구입하기 위하여 결제하였으나, 1장만 출력한 경우 구매 취소 불가

       ㉰ 결제 취소는 결제일 다음 날 24시까지 가능

         ※ 다만, 휴대폰 결제인 경우 당월 말까지 취소 가능

     ㉤ 재출력 대상

       ㉮ 인터넷우표 출력 도중 비정상 출력된 우표

       ㉯ 요금은 지불하였으나, 고객 컴퓨터의 시스템 장애로 출력하지 못한 우표

       ㉰ 정상 발행되었으나 유효기간이 경과한 우표

       ㉱ 그 밖에 다시 출력할 필요가 있다고 인정되는 우표

     ⓗ 우표류 교환

       ㉮ 정가 판매한 인터넷우표는 우표류 교환 대상에서 제외

       ㉯ 인터넷우표는 장기간 보유하지 않으며, 수취인주소가 기록되어 있어 다른 이용자에게 판매를 할 수 없기에 우표류 교환 대상에서 제외

     ⓢ 유효기간

       ㉮ 인터넷우표는 국가기관이 아닌 개별 고객의 프린터에서 출력하여 사용하기 때문에 우표의 품질이 일정하지 않으며, 또 장기간 보관에 따른 우표의 오염이나 훼손 우려가 있어 출력일 포함 10일 이내에 사용하도록 하였음

       ㉯ 유효기간이 경과한 인터넷우표를 사용하려 할 경우에는 유효기간 경과 후 30일 이내에 재출력 신청을 해야 사용이 가능함

⑧ 준등기 우편

   ㉠ 개념 : 우편물의 접수에서 배달 전(前)단계까지는 등기우편으로 취급하고 수취함에 투함하여 배달을 완료하는 제도로 등기우편으로 취급되는 단계까지만 손해배상을 하는 서비스

   ㉡ 대상 : 200g 이하의 국내 통상우편물

   ㉢ 요금 : 1,500원(정액 요금)

     ※ 전자우편 제작수수료 별도

   ㉣ 접수채널 : 전국 우체국(우편집중국, 별정우체국 및 우편취급국 포함)

   ㉤ 부가역무 : 전자우편(우편창구 및 연계 접수에 한함)

   ⓗ 우편물의 처리

     ㉮ 송달일수 : 접수한 다음 날부터 3일 이내 배달

     ㉯ 전송 : 준등기 우편물로 처리(수수료 없음)

     ㉰ 반송 : 일반 우편물로 처리(수수료 없음)

㉜ 반환
- 일반 우편물로 처리
- 우편집중국 발송 전 반환청구 수수료는 무료이며, 우편집중국 발송 후 반환청구 수수료는 통상우편 기본요금을 적용

ⓐ 번호체계 : 앞자리를 "5"로 시작하는 13자리 번호 체계로 구성

ⓞ 알림서비스
㉮ 발송인은 준등기 우편서비스의 배달결과를 문자 또는 전자우편(E-mail)으로 통지받을 수 있다.
㉯ 다만, 우편물 접수 시에 발송인이 연락처 정보를 제공하지 않는 경우 등에는 배달결과 서비스를 받지 못함을 발송인에게 안내 후 준등기 우편으로 접수하여야 한다.
㉰ 집배원이 배달결과를 PDA에 등록하면 배달결과 알림 문자 등이 자동으로 발송인에게 통보되며, 접수 시 발송인이 '통합알림'을 요청한 경우에는 배달완료일 다음 날(최대 D+4일)에 발송인에게 배달결과를 1회 통보한다.

ⓩ 종적조회 : 접수 시부터 수취함 투함 등 배달완료까지 배달결과에 대한 종적조회가 가능(전송우편 포함)하다. 다만, 반송 시(배달증 생성)에는 결과 값이 반송우편물로만 조회 가능하고 발송인에게 도착되는 취급과정의 종적정보는 제공되지 않는다.

ⓐ 손해배상 : 손·망실에 한하여 우체국 접수 시부터 배달국에서 배달증 생성 시까지만 최대 5만원까지 손해배상을 제공하며, 배달완료(수취함 등) 후에 발생된 손·망실은 손해배상 제공대상에서 제외된다.

❻ 우편에 관한 요금

(1) 우편요금 별납우편물

① 개념
㉠ 한 사람이 우편물의 종류, 무게, 우편요금 등이 같은 우편물을 한번에 다량으로 발송할 경우에 개개의 우편물에 우표를 첨부하여 요금을 납부하는 대신 우편물 표면에 "요금별납"의 표시만을 하고 요금은 일괄하여 현금(신용카드결제 등 포함)으로 별도 납부하는 제도로서 관할 지방우정청장이 지정하는 우체국 (취급국 포함)에서만 취급이 가능하다.
㉡ 이 제도는 발송인이 개개의 우편물에 우표를 붙이는 일과 우체국에서도 우표를 소인하는 일을 생략할 수 있어 발송인 및 우체국 모두에게 편리한 제도이다.

② 취급조건
㉠ 우편물의 종류, 무게, 우편요금 등이 같고 동일인이 한번에 발송하는 우편물
㉡ 취급기준 통수
㉮ 10통 이상의 통상우편물 또는 소포우편물
㉯ 동일한 10통 이상의 우편물에 중량이 다른 1통의 우편물이 추가되는 경우에도 별납으로 접수 가능

ⓒ 발송인이 우편물 표면에 '요금별납'을 표시

ⓔ 관할 지방우정청장이 별납우편물을 접수할 수 있도록 정한 우체국이나 우편취급국에서 이용

③ 접수요령

ⓐ 발송인이 요금별납표시를 하지 않은 경우 라벨증지를 출력하여 붙이거나, 우체국에 보관된 요금별납 고무인을 사용하여 표시

ⓑ 요금별납 고무인은 책임자(5급 이상 관서 : 과장, 6급 이하 관서 : 국장)가 수량을 정확히 파악해서 보관 · 관리하며 필요할 때마다 받아서 사용

ⓒ 책임자가 보는 앞에서 별납우편물을 접수하고, 발송신청서 해당 칸에 접수담당자와 책임자가 각각 날인

ⓓ 요금별납우편물에는 우편날짜도장 생략

ⓔ 창구업무 시간 내 접수하는 것이 원칙

ⓕ 창구에서 접수하는 것이 원칙

(2) 우편요금 후납우편물

① 개념

ⓐ 요금후납이란 우편물의 요금(부가취급수수료 포함)을 우편물을 발송할 때에 납부하지 않고 1개월간 발송 예정 우편물의 요금액의 2배에 해당하는 금액을 담보금으로 제공하고 1개월간의 요금을 다음달 20일까지 납부하는 제도이다.

ⓑ 이 제도는 우편물을 자주 발송하는 공공기관, 은행, 회사 등이 요금납부를 위한 회계절차상의 번잡함을 줄이고 동시에 우체국은 우표의 소인절차를 생략할 수 있는 편리한 제도이다.

② 취급대상

ⓐ 대상우편물

㉮ 한 사람이 매월 100통 이상 보내는 통상 · 소포우편물

㉯ 반환우편물 중에서 요금후납으로 발송한 등기우편물

㉰ 모사전송(팩스)우편물, 전자우편

㉱ 우편요금표시기 사용 우편물, 우편요금수취인부담우편물

㉲ 발송우체국장이 정한 조건에 맞는 국가 또는 지방자치단체의 우편물

㉳ 우체통에서 발견된 습득물 중 우편물에서 이탈된 것으로 인정되지 않는 주민등록증

ⓑ 이용가능 우체국

㉮ 우편물을 발송할 우체국 또는 배달할 우체국

㉯ 우편취급국은 총괄우체국장의 사전 승인을 받은 후 이용가능

③ 요금후납 계약을 위한 담보금
  ㉠ 담보의 제공
    ㉮ 담보금액 : 1개월분의 우편요금 등을 개략적으로 추산한 금액의 2배 이상
    ㉯ 제공방법 : 보증금, 본부장이 지정하는 이행보증보험증권이나 지급보증서
    ㉰ 금액조정 : 담보금액이 추산액의 2배에 미달하거나 초과하는 경우 조정가능
  ㉡ 담보금 면제대상
    ㉮ 1/2 면제 대상 : 최초 계약한 날부터 체납하지 않고 2년간 성실히 납부한 사람
    ㉯ 전액 면제 대상
      • 국가, 지방자치단체, 공공기관, 은행법에 따른 금융기관과 특별법에 따라 설립된 공공기관
      • 최초 후납 계약일 부터 체납하지 않고 4년간 성실히 납부한 사람
      • 우체국장이 신청자의 재무상태 등을 조사하여 건실하다고 판단한 사람
      • 1개월간 납부하는 요금이 100만 원 이하인 사람
      • 신용카드사 회원으로 등록하고, 그 카드로 우편요금을 결제하는 사람
      • 우체국택배 및 국제특급(EMS) 계약자 면제
      −우편관서 물류창고 입점업체로서 담보금 수준의 물품을 담보로 제공하는 사람
      −최근 2년간 체납하지 않은 사람
      −신용보증 및 신용조사 전문기관의 신용평가 결과가 B등급 이상인 사람
    ㉰ 우편요금을 체납한 때 담보금 제공 면제 취소
      • 담보금 제공을 면제받은 후 2년 안에 요금납부를 2회 체납한 경우
      −담보금 1/2 면제대상 : 담보금제공 면제 취소
      −담보금 전액 면제대상 : 담보금제공 1/2 면제
      • 담보금 제공을 면제받은 후 2년 안에 요금납부를 3회 이상 체납한 경우
      −담보금 전액면제 대상 : 담보금 제공 면제취소
      • 우체국택배 및 국제특급(EMS) 계약자인 경우
      −신용보증 및 신용조사 전문기관의 평가 결과가 B등급 미만으로 떨어진 경우
      −면제 받은 후 납부기준일부터 요금을 1개월 이상 체납한 경우
      −면제 받은 후 연속 2회 이상 체납하거나, 최근 1년 안에 3회 이상 체납한 경우
      • 계약우체국장은 체납을 이유로 면제 취소를 받은 사람에 대해서 담보금 면제 혜택을 2년간 금지할
        수 있음
④ 요금후납 계약국 변경 신청 제도
  ㉠ 개념 : 계약자가 다른 우체국으로 계약국을 변경하는 제도
  ㉡ 신청 대상 : 모든 우편요금후납 계약
  ㉢ 처리 절차
    ㉮ 이용자의 후납계약국에 변경신청서 제출
    ㉯ 접수국은 인수하는 우체국이 업무처리가 가능한지 검토

　　　　※ 고려해야 할 사항
　　　　　• 인수하는 우체국의 운송 여력과 운송시간표
　　　　　• 인수하는 우체국의 업무량 수준
　　　　　• 고객 불편이 예상되는 경우 사전 안내하여 변경 신청 여부를 다시 확인
　　　㉱ 계약국 변경이 가능한 경우 계약국, 이관국, 이용자에게 변경사항을 알리고 우편요금후납 계약서류
　　　　와 담보금을 이관국으로 송부
　　　　※ 이행보증증권(피보험자=계약우체국장)인 경우 계약국 변경 시 보증증권 재발행 필요
　　　㉲ 인수국은 계약 사항을 우편물류시스템에 입력한 후 해당 계약 업무시작

(3) 요금수취인부담우편물

① 개념

　　㉠ 요금수취인부담이란 배달우체국장(계약등기와 등기소포는 접수우체국장)과의 계약을 통해 그 우편요금
　　　을 발송인에게 부담시키지 않고 수취인 자신이 부담하는 제도이다.
　　㉡ 통상우편물은 주로 "우편요금수취인부담"의 표시를 한 사제엽서 또는 봉투 등을 조제하여 이를 배부하고
　　　배부를 받은 자는 우표를 붙이지 않고 그대로 발송하여 그 요금은 우편물을 배달할 때에 또는 우체국의
　　　창구에서 교부받을 때는 수취인이 취급수수료와 함께 지불하거나 요금후납계약을 체결하여 일괄 납부하
　　　는 형태이다.
　　㉢ 일반통상우편물은 통신판매 등을 하는 상품제조회사가 주문을 받기 위한 경우 또는 자기회사의 판매제
　　　품에 관한 소비자의 의견을 알아보기 위한 경우 등에 많이 이용되고 있다.

② 취급조건

　　㉠ 취급대상은 통상우편물, 등기소포우편물, 계약등기이며 각 우편물에 부가서비스도 취급할 수 있다.
　　㉡ 발송유효기간은 2년이내 배달우체국장과 이용자와의 계약으로 정한다. 단, 국가기관, 지방자치 단체 또
　　　는 공공기관에 있어서는 발송유효기간을 제한하지 아니할 수 있다.

(4) 우편요금 감액조건

① 개요 … 우편이용의 편의와 우편물의 원활한 송달을 확보할 수 있는 방법으로 발송하는 다량의 우편물에 대
하여 그 요금 등의 일부를 감액할 수 있다(「법」 제26조의2).

② 우편요금 감액대상

　　㉠ 서적우편물 : 표지를 제외한 쪽수가 48쪽 이상인 책자의 형태로 인쇄·제본되어 발행인·출판사 또는 인
　　　쇄소의 명칭 중 어느 하나와 쪽수가 각각 표시되어 발행된 종류와 규격이 같은 서적으로서 우편요금 감
　　　액요건을 갖춰 접수하는 요금별납 또는 요금후납 일반우편물
　　　　㉮ 공중이 이용할 수 있도록 가격정보(출판물에 가격이 표시된) 또는 국제표준도서번호(ISBN ; International
　　　　　Standard Book Number), 국제표준일련간행물번호(ISSN ; International Standard Serial Number)가
　　　　　인쇄된 출판물에 대해 감액을 적용함

ⓝ 비정기적으로 발간되는 출판물에 대해서만 감액을 적용

ⓓ 우편물의 표면 왼쪽 중간 부분에 '서적'이라고 표기해야 함

ⓔ 우편엽서, 빈 봉투, 지로용지, 발행인(발송인) 명함은 각각 1장만 동봉 가능하고, 이를 본지 및 부록과 함께 제본할 때는 수량의 제한이 없음

ⓕ 우편물에는 본지의 게재내용과 관련된 물건(이하 '부록'이라 함)을 첨부하거나 제본할 수 있음
  • 부록은 본지에는 부록이 첨부되었음을 표시하고, 부록의 표지에는 '부록'이라고 표기해야 함
  • 부록을 본지와 별도로 발송하거나 부록임을 판단하기 어려운 경우에는 감액을 받을 수 없음

ⓖ 본지, 부록 등을 포함한 우편물 1통의 총 무게는 1,200g을 초과할 수 없으며, 본지 외 내용물(부록, 기타 동봉물)의 무게는 본지의 무게를 초과해서는 안 됨

ⓗ 서신성 인사말, 안내서, 소개서, 보험안내장을 본지(부록 포함)에 제본하거나 동봉하는 우편물은 감액을 받을 수 없음

ⓘ 상품의 선전 및 광고가 전지면의 10%를 초과하는 것은 감액대상에서 제외함

ⓛ **다량우편물**: 우편물의 종류, 무게 및 규격이 같고, 우편요금 감액요건을 갖추어 접수하는 요금별납 또는 요금후납 일반우편물

ⓒ **상품광고우편물**

  ⓐ 상품의 광고에 관한 우편물로서 종류와 규격이 같고, 우편요금 감액요건을 갖춰 접수하는 요금별납 또는 요금후납 일반우편물

  ⓑ 부동산을 제외한 유형상품에 대한 광고를 수록한 인쇄물(별도 쿠폰 동봉)또는 CD(DVD 포함)에 대해서만 감액을 적용함

ⓓ **정기간행물**

  ⓐ 「신문 등의 진흥에 관한 법률(이하 '신문법'이라 함)」 제2조 제1호에 따른 신문(관련된 회외·부록 또는 증간을 포함)과 「잡지 등 정기간행물의 진흥에 관한 법률(이하 '잡지법'이라 함)」 제2조 제1호 가 목·나목 및 라목의 정기간행물(관련된 호외·부록 또는 증간을 포함)
    • 발행주기를 일간·주간 또는 월간으로 하여 월 1회 이상 정기적으로 발송해야 함
    • 요금별납 또는 요금후납 일반우편물로서 무게와 규격이 같아야 함

  ⓑ 다음에 해당하는 우편물은 우편요금 감액우편물에서 제외함
    • 「신문법」 제9조에 따라 등록하지 않은 신문과 「잡지법」 제15조, 16조에 따라 등록 또는 신고하지 않은 정기간행물, 「잡지법」 제16조에 따라 신고한 정보간행물 및 기타간행물 중 상품의 선전 및 그에 관한 광고가 앞·뒤표지 포함 전지면의 60%를 초과하는 정기간행물
    • 우편물의 내용 중 받는 사람에 관한 정보나 서신 성격의 안내문이 포함되어 있는 경우

ⓜ **비영리민간단체우편물**: 「비영리민간단체지원법」 제4조에 따라 등록된 비영리민간단체가 공익활동을 위하여 발송하는 요금별납 또는 요금후납 일반우편물로 공익활동을 위한 직접적인 내용이어야 함

ⓑ 국회의원의정활동보고서

　ⓐ 국회의원이 의정활동을 지역구 주민에게 알리기 위하여 연간 3회의 범위에서 1회 5,000통 이상 발송하는 요금별납 또는 요금후납 일반우편물

　ⓑ 2개 이상의 행정구역으로 구성되어 있는 복합선거구에서의 발송 시 복합선거구 내 소재 4급 또는 5급우체국이 둘 이상 있는 경우에 접수우체국 별로 각각 연간 3회 범위 내에서 감액을 적용함

ⓐ 상품안내서(카탈로그)우편물

　ⓐ 각각의 파렛에 적재되는 중량·규격이 같은 16면 이상(표지 포함)의 책자형태로서 상품의 판매를 위해 가격·기능·특성 등을 문자·사진·그림으로 인쇄한 요금후납 일반우편물

　ⓑ 상품안내서(카탈로그) 한 면의 크기는 최소 120㎜×190㎜ 이상, 최대 255㎜×350㎜ 이하, 두께는 20㎜ 이하로 함

　ⓒ 상품안내서(카탈로그) 중 최대·최소 규격의 범위를 벗어나는 내용물이 전지면의 10%를 초과하지 못함

　ⓓ 책자 형태에 포함되지 않은 추가 동봉물은 8매까지 인정함

　ⓔ 우편물 1통의 무게는 1,200g을 초과할 수 없으며, 추가 동봉물은 상품안내서(카탈로그)의 무게를 초과하지 못함

　ⓕ 봉함된 우편물 전체의 내용은 광고가 80% 이상이어야 함

③ 창구접수 및 방문접수 소포우편물의 감액

　㉠ 감액대상 : 창구접수(등기소포)·방문접수 우편요금(부가취급수수료 제외)

　※ 기표지 상 동일 발송인 및 접수정보 연계 접수 시에 한함

　㉡ 감액접수 대상관서 : 전국 모든 우편관서(우편취급국 포함)

　㉢ 요금감액 범위

구분		5%	10%	15%
창구접수	요금즉납	3개 이상	10개 이상	50개 이상
	요금후납	70개 이상	100개 이상	130개 이상
방문접수	접수정보 사전연계	개당 500원 감액 (접수정보 입력, 사전결제, 픽업장소 지정 시)		

　※ 창구접수 감액은 인터넷우체국 사전접수를 통해 접수정보 연계시에만 적용

(5) 우편요금 등의 반환청구

① 개념

　㉠ 우편요금은 과학기술정보통신부가 제공하는 우편의 서비스에 대한 대가로 납부하는 것이기 때문에 이 서비스를 제공하지 않은 경우에는 채무불이행으로 요금을 발송인에게 반환해야 하며, 또 발송인이 요금을 초과 납부한 경우에는 부당이득이 되므로 발송인에게 반환하여야 함

ⓛ 그러나 이 모든 경우에 요금을 반환하면 반환사유의 인정이 극히 곤란한 경우가 있을 뿐만 아니라, 이의 해결을 위해 시간이 걸리므로 우편업무의 신속성을 해칠 염려가 있어 한 번 납부한 요금이나 초과 납부한 요금은 원칙적으로 반환하지 않으나, 대통령령으로 정한 경우에만 납부한 사람의 청구에 따라 요금을 반환하고 있음

② 우편요금 등의 반환사유, 반환범위 및 반환청구기간

ⓐ 우편요금 등의 반환사유, 반환범위 반환기간(「우편법 시행령」 제35조)

반환사유 및 반환범위	근거규정	반환청구우체국	청구기간
우편관서의 과실로 인하여 과다 징수한 우편요금 등	영 제35조 제1항 제1호	해당 우편요금 등을 납부한 우체국	해당 우편요금을 납부한 날부터 60일
우편관서에서 우편물의 부가취급의 수수료를 받은 후 우편관서의 과실로 인하여 부가취급을 하지 아니한 경우의 그 부가취급수수료	영 제35조 제1항 제2호	〃	〃
사설우체통의 사용계약을 해지한 날 이후의 납부수수료 잔액	영 제35조 제1항 제3호	〃	해지한 날부터 30일
납부인이 우편물을 접수한 후 우편 관서에서 발송이 완료되지 아니한 우편물의 접수를 취소한 경우	영 제35조 제1항 제4호	〃	우편물 접수 당일

ⓑ 우편요금 반환 청구서의 접수 : 청구인의 반환청구를 검토하여 지급하기로 결정한 때에는 우편요금반환청구서에 해당사항을 적은 후에 봉투 등의 증거자료를 첨부하여 제출하도록 한다.

ⓒ 우편요금 등의 반환
　　㉮ 우표로 반환하는 경우 : 우표로 반환할 때에는 우선 창구에서 보관 중인 우표로 반환 금액에 상당하는 우표를 청구인에게 교부하고 영수증을 받음
　　㉯ 현금으로 반환하는 경우 : 현금으로 반환할 때에는 지출관이 반환금 등에서 반환 후 청구인에게서 영수증을 받음

❼ 손해배상 및 손실보상

(1) 국내우편물의 손해배상제도

① 개념 및 성격
　ⓐ 개념 : 우편관서가 고의나 잘못으로 취급 중인 국내우편물에 끼친 재산적 손해에 대해 물어 주는 제도
　ⓑ 성격
　　㉮ 손해배상은 위법한 행위에 대한 보전을 말하는 것
　　㉯ 적법한 행위 때문에 생긴 손실을 보전하는 손실보상과 재산적인 손해와 상관없이 일정 금액을 지급하는 이용자실비지급제도와는 성격상 차이가 있음

② 손해배상의 범위 및 금액

구분			손실, 분실 (최고)	지연배달
통상	일반		없음	없음
	준등기		5만 원	
	등기취급		10만 원	D+5일 배달분 부터 : 우편요금 및 등기취급수수료
	국내 특급	당일특급	10만 원	D+1일 0시~20시까지 배달분 : 국내특급수수료 D+1일 20시 이후 배달분 : 우편요금과 국내특급수수료
		익일특급	10만 원	D+3일 배달분 부터 : 우편요금 및 국내특급수수료
소포	일반		없음	없음
	등기취급		50만 원	D+3일 배달분 부터 : 우편요금 및 등기취급수수료
	국내특급	당일특급	50만 원	D+1일 0시~20시까지 배달분 : 국내특급수수료 D+1일 20시 이후 배달분 : 우편요금과 국내특급수수료

㉠ 파손 · 훼손 · 분실로 손해배상을 하는 경우 '손실 · 분실'에 해당하는 금액을 한도로 하여 배상. 다만, 실제 손해액이 최고 배상금액보다 적을 때는 실제 손해액으로 배상

㉡ 등기 취급하지 않은 우편물은 손해배상하지 않음

㉢ 'D'는 우편물을 접수한 날을 말하며, 공휴일과 우정사업본부장이 배달하지 않기로 정한 날은 배달기한에서 제외

㉣ 다음과 같은 경우 지연 배달로 보지 않음

㉮ 설 · 추석 등 특수한 기간에 우편물이 대량으로 늘어나 늦게 배달되는 경우

㉯ 우편번호 잘못 표시, 수취인 부재 등 발송인이나 수취인의 책임으로 지연 배달된 경우

㉰ 천재지변 등 불가항력적인 이유로 지연배달 되는 경우

③ 손해배상 청구권

㉠ 우편물 발송인

㉡ 우편물 발송인의 승인을 얻은 수취인

④ 손해배상 제한사유

㉠ 발송인이나 수취인의 잘못으로 손해가 생긴 경우

㉡ 우편물의 성질 · 결함 또는 불가항력적인 이유로 손해가 생긴 경우

㉢ 우편물을 배달(교부)할 때 외부에 파손 흔적이 없고, 무게도 차이가 없는 경우

㉣ 수취인이 우편물을 정당하게 받았을 경우

⑤ 청구절차

㉠ 우편물 수취거부와 손해 신고 접수

㉮ 발송인이나 수취인이 우편물에 이상이 있다고 주장하는 경우, 우편물을 수취거부하고 신고하도록 안내

ⓐ 신고를 받은 직원은 업무 담당자에게 전달하고, 업무 담당자는 우편물류시스템에 '사고접수 내역'을 등록한 후 배달우체국에 검사(검사자 : 집배원 또는 책임자)를 요청
ⓛ 신고 사실의 검사 : 배달우체국에서는 손해사실의 신고를 받았을 때에는 집배원 또는 책임직이 수취거부 우편물의 외장 또는 무게의 이상유무, 직원의 고의나 잘못이 있는지 등을 검사하여야 한다.
ⓒ 손해검사조서 작성 및 등록 : 손해가 있다고 인정될 때는 우편물 수취를 거부한 다음 날부터 15일 안에 수취거부자(신고인)에게 손해 검사에 참관하도록 연락해야 한다.
ⓔ 손해배상 결정
  ㉮ 손해가 있는 것으로 판단되면 배상 청구를 심사한다. 심사할 사항은 다음과 같다.
   • 우편물을 발송한 날로부터 1년 내에 청구한 것인지
   • 원인이 발송인이나 수취인에게 있거나 불가항력적이었던 것은 아닌지
   • 우편물의 외부에 파손 흔적이 없고, 무게 차이도 없는지
   • 우편물을 정상적으로 수취한 다음에 신고한 것은 아닌지
   • 청구자가 수취인이라면 발송인의 승인을 얻은 것인지
  ㉯ 청구 심사가 끝나면 적정한 감정기관의 의견이나 증빙자료를 바탕으로 배상 금액을 결정하고 손해 배상 결정서를 청구인에게 보낸다. 청구인은 금융창구를 통해 배상액을 청구할 수 있다.
ⓜ 우편물의 처리
  ㉮ 손해를 배상한 우편물은 배상한 우체국에서 반송불능우편물 처리방법에 따라서 처리. 다만, 수리비용 등 일부 손해를 배상한 경우에는 우편물을 내어줄 수 있음
  ㉯ 검사결과 손해가 없는 것으로 드러나는 경우, 손해검사조사서 1통은 우편물과 함께 수취거부자에게 보내고 1통은 해당 우체국에서 보관
  ㉰ 손해가 있다고 신고한 우편물을 우체국에서 보관하거나 총괄우체국으로 보내는 경우, 우편물 상태를 책임자가 정확하게 확인하고 주고받아야 하며 손해 상태가 달라지지 않도록 취급해야 함
ⓑ 기타 법적 사항
  ㉮ 손해배상 청구권은 우편물을 발송한 날부터 1년이다. 다만, 손해배상 결정서를 받은 청구인은 우편물을 받을 날부터 5년 안에 배상액을 청구할 수 있다. 그 이후에는 시효로 인해 권리가 소멸된다(「국가재정법」 제96조 제2항, 「민법」 제166조 제1항).
  ㉯ 손해배상에 이의가 있을 때는 결정 통지를 받을 날부터 3개월 안에 민사소송을 제기할 수 있다.
  ㉰ 해당 손해배상에 대해 공무원의 고의 또는 중대한 잘못이 있는 경우, 배상책임을 물을 수 있다.

(2) 손실보상

① 손실보상 등의 범위
  ㉠ 우편업무를 수행중인 운송원 · 집배원과 항공기 · 차량 · 선박 등이 통행료를 내지 않고 도로나 다리를 지나간 경우

ⓛ 우편업무를 수행 중에 도로 장애로 담장 없는 집터, 논밭이나 그 밖의 장소를 통행하여 생긴 손실에 대한 보상을 피해자가 청구하는 경우

ⓒ 운송원이 도움을 받은 경우 도와준 사람에게 보상

② 손실보상 등의 절차

ㄱ 도와준 사람에게 줄 보수나 손실보상을 청구할 때에는 청구인의 주소, 성명, 청구사유, 청구금액을 적은 청구서를 운송원 등이 소속하고 있는 우체국장을 거쳐 관할 지방우정청장에게 제출하여야 한다. 이때 소속우체국장은 손실보상의 청구내용에 대한 의견서를 첨부하여야 한다.

ㄴ 청구서와 의견서를 받은 지방우정청장은 그 내용을 심사하여 청구내용이 정당하지 아니하다고 인정하는 때에는 그 사유서를 청구인에게 보내고, 청구내용이 정당하다고 인정하는 때에는 청구한 보수나 손실보상금을 청구인에게 지급하여야 한다.

ㄷ 지방우정청장은 필요하다고 인정하는 경우에는 청구인의 출석을 요구하여 질문하거나 관계자료를 제출하도록 할 수 있다.

ㄹ 손실보상이 있는 사실을 안 날부터 1년 안에 청구하여야 함

③ 보수 및 손실보상금액의 산정

ㄱ 보수 및 손실보상금액은 청구인이 입은 희생 및 조력의 정도에 따라 다음 기준에 의하여 판단한 금액으로 결정

㉮ 「우편법」 제4조 제1항에 의한 조력자의 경우에는 일반노무비, 교통비, 도움에 소요된 실비

㉯ 「우편법」 제5조의 택지나 전답을 통행한 경우에는 그 보수비나 피해를 입은 당시의 곡식 등의 가액

㉰ 도선이나 유료 도로 등을 통행한 경우에는 그 도선료나 통행료

㉱ 운송의 편의를 위하여 시설을 제공한 경우에는 그 보관료나 주차료 등

ㄴ 보수와 손실보상금액은 현금으로 일시불 지급

④ 손실보상 등 결정에 대한 불복 … 보수 또는 손실보상의 결정에 대하여 불복하는 사람은 그 통지를 받은 날부터 3개월 이내에 소송을 제기할 수 있음

(3) 이용자 실비지급제도

① 의의

ㄱ 우정사업본부장이 공표한 기준에 맞는 우편서비스를 제공하지 못할 경우에 예산의 범위에서 교통비 등 실비의 전부나 일부를 지급하는 제도

ㄴ 부가취급 여부·재산적 손해 유무를 요건으로 하지 않고 실비를 보전하는 점에서 손해배상과 성질상 차이가 있음

② 지급방법, 범위 및 지급액

    ⊙ 사유가 발생한 날부터 15일 이내에 해당 우체국에 신고

    ⓒ 지급 여부 결정 : 이용자가 불친절한 안내 때문에 2회 이상 우체국을 방문하였다고 문서, 구두, 전화, E
        -mail 등으로 신고한 경우에는 해당부서 책임자가 신고내용을 민원처리부 등을 참고하여 신속히 지급
        여부 결정(무기명 신고자는 제외)

    ⓒ 실비지급 제한 : 우편서비스 제공과 관계없이 스스로 우체국을 방문한 때

    ⓔ 이용자 실비지급제도의 범위와 지급액

구분	지급사유	실비지급액
모든 우편	우체국 직원의 잘못이나 불친절한 응대 등으로 2회 이상 우체국을 방문하였다고 신고한 경우	1만 원 상당의 문화상품권 등 지급
EMS	종·추적조사나 손해배상을 청구한 때 3일 이상 지연 응대한 경우	무료발송권(1회 3만 원권)
	한 발송인에게 월 2회 이상 손실이나 망실이 생긴 때	무료발송권(1회 10kg까지) ※ 보험가입여부와 관계없이 월 2회 이상 손실·망실이 생긴 때

❽ 그 밖의 청구와 계약

(1) 국내우편물 수취인의 주소·성명 변경청구 및 우편물의 반환청구

① 개념

    ⊙ 수취인의 주소·성명의 변경청구 : 우편물이 배달되기 전에 발송인이 수취인의 주소·성명을 바꾸려고 우
        편관서에 요청하는 경우

    ⓒ 우편물의 반환 청구 : 발송인이 우편물을 보낸 후, 그 우편물이 배달되지 않아야 하는 이유가 생겼을 때
        우편관서에 요청하는 경우

② 처리요령

    ⊙ 청구의 수리여부 검토

        ㉮ 청구인의 정당여부 확인

          • 발송인 : 증명서, 신분증, 영수증 등

          • 수취인 : 증명서, 신분증, 배달안내 문자 또는 우편물 도착통지서

        ㉯ 청구가능 우편물여부 확인

          • 발송인의 수취인의 주소·성명 변경청구인 경우 내용증명 우편물이 아닌지 확인

            ※ 내용증명의 수취인 주소·성명을 변경할 경우 우편물을 반환한 뒤 새로운 내용물로 다시 작성하여 발송하거나, 봉투
              와 원본·등본의 내용을 모두 같게 고친 후 발송하여야 함

- 수취인의 주소 변경청구인 경우, 배달우체국에 도착한 등기우편물 중 관련 고시에서 제외하고 있는 우편물이 아닌지 확인
- ㉐ 우편물이 이미 배달(교부) 되었거나 배달준비가 완료된 것은 아닌지 확인
- ㉑ 우편물이 이미 발송되었거나 발송준비가 완료가 된 경우 우편물 배달 전에 배달국에 알릴 수 있는 상황인지 확인
- ㉒ 우편물 배달기한을 생각할 때 청구가 실효성이 있을지 확인
- ㉓ 그 밖에 발송인의 청구를 받아들여도 업무상 지장이 없는지 확인
- ㉡ 청구서의 접수 : 수리를 결정한 후 청구서를 교부하여 접수하고 수수료를 받는다.

  ※ 취급수수료

구분	서비스 이용구간	수수료
발송인 청구에 의한 성명 · 주소 변경 및 우편물 반환	우편 집중국으로 발송 전	무료
	우편 집중국으로 발송 후	– 일반우편물 : 기본통상우편요금(380원) – 등기우편물 : 등기취급수수료(1,800원)*
수취인 청구에 의한 주소변경		등기취급수수료(1,800원)**

  * 수취인 성명 변경 및 동일 총괄국 내 주소 변경 시 기본통상우편요금
  ** 동일 총괄국내 변경 청구 시 무료

- ㉢ 우편물의 처리
  - ㉮ 발송준비 완료 전이나 자국 배달 전
    - 수취인의 주소 · 성명 변경 청구 : 변경 전의 사항은 검은 선을 두 줄 그어 지우고, 그 밑에 새로운 사항 기록
    - 우편물 반환 청구 : 접수 취소로 처리(우편물 · 수납요금 반환, 라벨 · 증지 회수)하거나 반환청구에 준해서 처리(라벨 · 증지 회수 불필요. 우편물만 반환하고 요금은 미반환)
  - ㉯ 배달 완료 전이나 배달준비 완료 전인 경우
    - 수취인의 주소 · 성명 변경 청구 : 변경 전의 사항은 검은 선을 두 줄 그어 지우고, 그 밑에 새로운 사항 기록
    - 우편물 반환 청구 : 우편물에 반환사유를 적은 쪽지를 붙여 발송인에게 반송

(2) 국내우편물 보관우편물의 보관국 변경청구 및 배달청구

① 개념

- ㉠ 보관우편물이란 '우체국 보관' 표시가 있는 우편물과 교통 불편 등의 이유로 일반적인 방법으로 접근하기 어려운 지역으로 배달하는 우편물로서, 배달우체국의 창구에서 보관한 후 수취인에게 내어주는 우편물을 말함
- ㉡ 해당 개념에 포함되지 않는 보관우편물
  - ㉮ 수취인 부재 등의 이유로 우체국에서 보관하고 있는 우편물
  - ㉯ 우편함 설치대상 건축물(「우편법」제37조의2)인데도 이를 설치하지 않아 배달우체국에서 보관 · 교부하는 우편물(「우편법 시행령」제51조 제2항)

ⓒ 보관우체국이 변경된 경우에는 보관기간이 다시 시작됨

② 처리요령

    ㉠ 요청한 고객이 정당한 수취인인지? (정당한 수취인만 가능)

    ㉡ 보관국 변경청구인 경우, 이미 다른 우체국을 보관국으로 변경 청구한 것은 아닌지? (1회만 가능)

    ⓒ 해당 우편물을 수취인이 수령하지 않았는지? (수령 전 우편물만 가능)

    ㉣ 특히, 청구인이 수취인이 아닌 경우에는 정당하게 위임을 받은 사람인지 제출한 서류를 근거로 주의해서 확인하여야 함

        ㉮ 일반적인 경우

          • 위임장과 위임인(수취인)의 인감증명서, 대리인의 신분증 확인. 인감증명서는 본인발급분이나 대리발급분 모두 가능하며, '본인서명 사실확인서'도 가능

          • 위임하는 사람이 법인의 대표인 경우에는 대표자의 위임장과 법인인감증명서, 대리인 신분증 확인

        ㉯ 정당한 청구권자가 특별한 상황인 경우

          • 수감자 : 위임장과 교도소장의 위임사실 확인(명판과 직인 날인), 대리인 신분증 확인

          • 군복무자 : 위임장과 부대장(대대장 이상)의 위임사실 확인(명판과 직인 날인), 대리인 신분증 확인

(3) 우편사서함 사용계약

① 개요 … 우편사서함이란 신청인이 우체국장과 계약을 하여 우체국에 설치된 우편함에서 우편물을 직접 찾아가는 서비스이다. 우편물을 다량으로 받는 고객이 우편물을 수시로 찾아갈 수 있으며, 수취인 주거지나 주소변경에 관계없이 이용할 수 있는 장점이 있다.

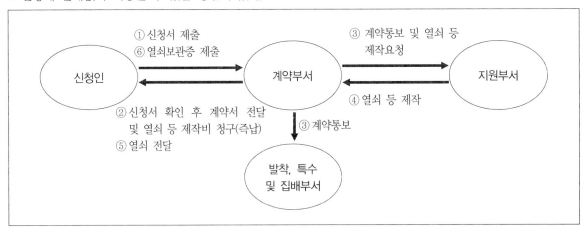

② 신청방법

    ㉠ 우편사서함의 사용계약을 하려는 사람은 주소·성명 등을 기록한 계약신청서와 등기우편물 수령을 위하여 본인과 대리수령인의 서명표를 사서함 시설이 갖춰진 우체국에 제출한다.

        ㉮ 우편물 수령을 위한 서명표를 받고 우체국에 우편물 수령인으로 신고한 사람의 인적사항과 서명이 미지를 우편물류시스템에 등록하고 관리해야 함

ⓐ 법인, 공공기관 등 단체의 우편물 수령인은 5명까지 등록 가능하며 신규 개설할 때나 대리수령인이 바뀐 때는, 미리 신고할 경우에만 가능

ⓒ 사용인과 신청인의 일치 여부는 주민등록증의 확인으로 하되, 대리인이 신청하는 경우에는 위임장, 대리인의 신분증 등을 확인하고 접수해야 함

ⓒ 사서함 신청을 받은 우체국장은 국가기관, 지방자치단체, 일일배달 예정 물량이 100통 이상인 다량이용자, 우편물배달 주소지가 사서함 설치 우체국의 관할구역인 신청자 순서로 우선 계약을 할 수 있음

ⓒ 사서함을 2인 이상이 공동으로 사용할 수 없음

ⓒ 사서함 관리를 위해 필요한 경우 신청인(사서함 사용 중인 사람 포함)의 주소, 사무소나 사업소의 소재지를 확인할 수 있음

③ 신고사항의 처리

ⓒ 사서함 사용자는 다음 각 호의 경우에는 즉시 계약 우체국장에게 알려야 함

ⓐ 사서함이 훼손된 경우

ⓑ 사서함의 열쇠를 망실한 경우

ⓒ 사서함 사용자의 주소 또는 명의가 변경된 경우

ⓓ 사서함 우편물 대리수령인이 바뀐 경우

※ 사서함 사용자의 주소 이전 여부를 파악하기 위하여, 수시로 연락하거나 그 밖의 통지사항을 사용자 주소지에 무료우편물로 보내는 방법으로 사용자 거주 여부를 확인하여야 함

ⓒ 신고사항 처리절차

ⓐ 변경신고서 접수

• 사서함 사용자에게서 변경사항에 대한 신고서를 접수

• 변경사항의 확인이 필요한 경우에는 증빙서류를 제출하도록 안내

• 기록사항을 원부와 대조 확인

ⓑ 원부정리

• 원부의 변경사항을 정정하거나 해지사항을 기록

• 우편물 대리수령인이 바뀐 경우 인적사항과 서명표를 재작성

ⓒ 통보

• 인적사항과 서명표를 다시 작성하였을 때에는 사서함 우편물 교부담당자에게 인적사항과 서명표를 통보하고 송부

• 주소, 상호, 명의변경, 대리수령인변경 등은 변경신고서를 공람하게 하고 담당자에게 통보

④ 사용계약의 해지

ⓒ 사서함 사용계약 우체국장은 다음의 경우 사서함 사용계약을 해지할 수 있음

ⓐ 사서함에 배달된 우편물을 정당한 사유 없이 30일 이상 수령하지 않을 경우

ⓑ 최근 3개월간 계속하여 사서함에 배달된 우편물의 총통수가 월 30통에 미달한 경우

ⓒ 우편관계 법령을 위반한 때

ⓓ 공공의 질서나 선량한 풍속에 반하여 사서함을 사용한 때

ⓛ 사서함 사용자가 사서함의 사용을 해지하려 할 때에는 해지예정일 10일 전까지 해지예정일 및 계약을 해지한 후의 우편물 수취장소 등을 기록하여 계약우체국에 통보해야 함

ⓒ 사서함 사용계약을 해지한 경우 원부, 대리수령인 인적사항, 서명표를 정리

※ 해지 사유가 생긴 때에는 사용자에게 충분히 설명하여, 사용자의 의사와 관계없이 일방적으로 취소하는 일이 없도록 해야 함

ⓔ 열쇠의 반납은 불필요

⑤ **사서함의 관리** … 사서함을 운영하고 있는 관서의 우체국장은 연 2회 이상 운영 실태를 점검하고 사용계약 해지 대상자 등을 정비하여야 함

❾ 우편물류

(1) 우체국 물류의 흐름

① 우편물의 처리과정 … 우편물의 일반취급은 우편물의 접수부터 배달까지의 전반적인 처리과정을 말한다. 우편물의 흐름과정을 살펴보면 다음과 같다.

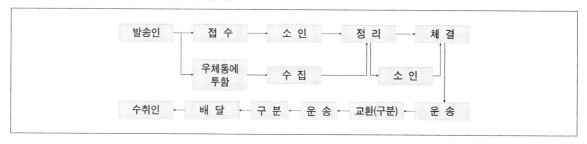

② 우편물의 발송

  ㉠ 발송기준

    ㉮ 발송·도착구분 작업이 끝난 우편물은 운송방법지정서에 지정된 운송편으로 발송한다.

    ㉯ 우편물의 발송순서는 특급우편물, 일반등기우편물, 일반우편물 순으로 발송한다.

    ㉰ 우편물 발송 시 운송확인서를 운전자와 교환하여 발송한다.

  ㉡ 일반우편물

    ㉮ 일반우편물을 담은 운송용기는 운송송달증을 등록한 뒤에 발송한다.

    ㉯ 우편물은 형태별로 분류하여 해당 우편상자에 담되 우편물량이 적을 경우에는 형태별로 묶어 담고 운송용기 국명표는 혼재 표시된 국명표를 사용한다.

  ㉢ 부가취급우편물

    ㉮ 부가취급우편물을 운송용기에 담을 때에는 책임자나 책임자가 지정하는 사람이 참관하여 우편물류 시스템으로 부가취급우편물 송달증을 생성하고 송달증과 현품 수량을 대조 확인한 후 발송. 다만, 관리 작업이 끝난 우편물을 발송할 때 부가취급우편물 송달증은 전산 송부(e-송달증시스템)

ᄂᆉ 덮개가 있는 우편상자에 담아 덮개에 운송용기 국명표를 부착하고 묶음끈을 사용하여 반드시 봉함
한 후 발송

ᄃᆉ 당일특급우편물은 국내특급우편자루를 사용하고 다른 우편물과 구별하여 해당 배달국이나 집중국
으로 별도로 묶어서 발송

② 운반차의 우편물 적재

ᄀᆉ 분류하거나 구분한 우편물은 섞이지 않게 운송용기에 적재

ᄂᆉ 여러 형태의 우편물을 함께 넣을 때에는 작업을 쉽게 하기 위하여 일반소포→등기소포→일반통
상→등기통상→중계우편물의 순으로 적재

ᄃᆉ 소포우편물을 적재할 때에는 가벼운 소포와 취약한 소포를 위에 적재하여 우편물이 파손되지 않게
주의

ᄆᆐ 우편물의 교환 : 행선지별로 구분한 우편물을 효율적으로 운송하기 위하여 운송거점에서 운송용기(우편자
루, 우편상자, 운반차 등)를 서로 교환하거나 중계하는 작업

③ 우편물의 운송

ᄀᆞ 운송의 개념 : 우편물(운송용기)을 발송국에서 도착국까지 운반하는 것

ᄂᆞ 우편물 운송의 우선순위 : 운송할 우편 물량이 많아 차량, 선박, 항공기, 열차 등의 운송수단으로 운송할
수 없는 경우에는 다음 순위에 따라 처리

ᄀᆉ 1순위 : 당일특급우편물, EMS우편물

ᄂᆉ 2순위 : 익일특급우편물, 등기소포우편물(택배포함), 등기통상우편물, 국제항공우편물

ᄃᆉ 3순위 : 일반소포우편물, 일반통상우편물, 국제선편우편물

ᄃᆞ 운송의 종류

ᄀᆉ 정기운송 : 우편물의 안정적인 운송을 위하여 관할 지방우정청장이 운송구간, 수수국, 수수시각, 차
량톤수 등을 우편물 운송방법 지정서에 지정하고 정기운송 시행

ᄂᆉ 임시운송 : 물량의 증감에 따라 정기운송편 이외 방법으로 운송하는 것

ᄃᆉ 특별운송

• 우편물의 일시적인 폭주와 교통의 장애 등 그 밖의 특별한 사정이 있다고 인정되는 경우에는 우편
물의 원활한 송달을 위하여 전세차량 · 선박 · 항공기 등을 이용하여 운송

• 우편물 정시송달이 가능하도록 최선편에 운송하고 운송료는 사후에 정산

(2) 우편물 배달

① **집배의 정의** … 집배국에서 근무하는 집배원이 우체통에 투입된 우편물을 지정한 시간에 수집하고, 우편물
에 표기된 수취인(반송하는 경우에는 발송인)의 주소지로 배달하는 우편서비스

② 우편물 배달 흐름도

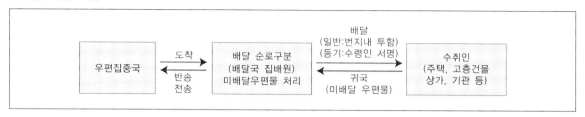

③ 우편물 배달의 원칙
  ㉠ 배달의 일반원칙
    ㉮ 우편물은 그 표면에 기재된 곳에 배달한다.
    ㉯ 수취인이 2인 이상인 경우에는 그 중 1인에게 배달한다.
    ㉰ 우편사서함번호를 기재한 우편물은 당해 사서함에 배달한다.
    ㉱ 취급과정을 기록하는 우편물은 정당 수령인으로부터 그 수령사실을 확인하기 위해 (전자)서명 또는
       날인을 받고 배달하여야 한다.
  ㉡ 우편물 배달 기준
    ㉮ 모든 지역의 일반우편물의 배달은 우편물이 도착한 날 순으로 구분하고 다음 날에 배달한다. 단 집
       배순로구분기 설치국에 오후시간대에 도착한 우편물은 도착한 다음 날 순로구분하여, 순로구분한
       다음 날에 배달한다.
    ㉯ 시한성 우편물, 특급(당일, 익일)우편물, 등기소포는 도착 당일 구분하여 당일 배달한다.
  ㉢ 배달의 우선순위
    ㉮ 제1순위 : 기록취급우편물, 국제항공우편물
    ㉯ 제2순위 : 일반통상우편물(국제선편통상우편물 중 서장 및 엽서 포함)
    ㉰ 제3순위 : 제1순위, 제2순위 이외의 우편물
    ㉱ 제1순위부터 제3순위까지 우편물 중 한 번에 배달하지 못하고 잔량이 있을 때에는 다음 편에 우선
       배달한다.

④ 배달의 특례(「우편법 시행령」 제43조)
  ㉠ 동일건물 내의 일괄배달
    ㉮ 같은 건축물이나 같은 구내의 수취인에게 배달할 우편물은 그 건축물이나 구내의 관리사무소, 접수
       처, 관리인에게 배달 가능하다.
       예 공공기관, 단체, 학교, 병원, 회사, 법인 등
    ㉯ 관리사무소, 접수처, 관리인 등이 없는 경우에는 일반우편물은 우편함에 배달하고 우편함에 넣을
       수 없는 우편물(소포·대형·다량우편물)과 부가취급우편물, 요금수취인부담우편물은 수취인에게
       직접 배달한다.

ⓛ 우편물의 사서함 교부

  ㉮ 사서함우편물 교부방법

  - 우편사서함에 교부하는 우편물은 운송편이나 수집편이 도착할 때마다 구분하여 즉시 사서함에 투입
  - 등기우편물, 요금수취인부담, 요금미납부족우편물과 용적이 크거나 수량이 많아 사서함에 투입할 수 없는 우편물은 이를 따로 보관하고, 우편물을 따로 보관하고 있다는 내용(사용자가 외국인인 경우에는 'Please, Contact the counter for your mail')의 표찰을 투입
  - 사서함 이용자가 사서함에서 안내표찰을 꺼내 창구에 제출하면 담당자는 따로 보관하고 있는 우편물을 내어줌
  - 등기우편물을 내줄 때는 주민등록증 등 신분증으로 우편물 정당한 수령인(본인이나 대리수령인)인지 반드시 확인
  - 전자서명방식(개인휴대용단말기(PDA), 펜패드(PENPAD) 등)으로 수령인의 서명을 받고 배달결과를 우편물류시스템에 등록

  ㉯ 사서함번호만 기록한 우편물 : 해당 사서함에 정확하게 넣고 수취인에게 우편물 도착사실을 알려주며, 생물 등 변질이 우려되는 소포는 냉동 · 냉장고에 보관하였다가 수취인에게 내어줌

  ㉰ 사서함번호와 주소가 함께 기록된 우편물 : 우편물을 사서함에 넣을 수 있으며 국내특급(당일특급), 특별송달, 보험취급, 맞춤형 계약등기 우편물은 주소지에 배달

  ㉱ 사서함번호를 기록하지 않은 우편물 : 우편사서함 번호를 기록하지 않은 우편물이라도 우편사서함 사용자에게 가는 우편물이 확실할 때에는 우편사서함에 투입 가능. 다만 당일특급, 특별송달, 보험취급, 맞춤형 계약등기, 등기소포 우편물은 사서함에 넣지 않고 주소지에 배달

ⓒ 보관우편물 교부

  ㉮ 자국에서 보관 교부할 우편물이 도착하였을 때에는 해당 우편물에 도착날짜도장을 날인하고 따로 보관

  ㉯ 종이배달증의 처리 : 등기취급한 보관우편물은 배달증의 적요란에 '보관'이라고 적은 후 수취인에게 내어줄 때까지 보관

  ㉰ 우편물의 교부

  - '우체국보관'의 표시가 있는 우편물은 그 우체국 창구에서 수취인에게 우편물을 내어줌. 이때, 등기우편물은 정당한 수취인인지 확인한 후 수령인의 서명(전자서명 포함)을 받고 우편물을 내어주고 우편물류시스템에 배달결과를 등록
  - 위의 따른 보관기간은 우편물이 도착한 다음 날부터 계산하여 10일로 함. 다만, 교통이 불편하거나 그 밖의 사유로 수취인이 10일 이내에 우편물을 교부받을 수 없다고 인정될 때에는 20일 이내로 교부기간을 연장할 수 있음

ⓔ 수취인 청구에 의한 창구교부

  ㉮ 집배원 배달 전이나 배달하지 못해 반송하기 전 보관하고 있는 우편물은 수취인의 청구에 의해서 창구 교부한다.

  ㉯ 선박이나 등대로 가는 우편물에 대해서도 창구에서 교부한다.

ⓜ **공동우편함 배달** : 교통이 불편한 도서·농어촌 지역, 공동생활 지역 등 정상적인 우편물의 배달이 어려울 경우 마을공동수취함을 설치하고 우편물을 배달

ⓑ **수취인 신고에 의한 등기우편물 대리수령인 배달**

㉮ 장기간 집을 비우는 경우나 많은 세대가 사는 아파트 같은 경우 수취인과 대리수령인의 신고를 통해서 등기우편물 대리수령인으로 지정할 수 있다.

㉯ 일반우편물은 원래 주소지에 배달하고 등기우편물은 1차 배달이 안 되었을 경우 대리수령인에게 배달한다.

ⓢ **수취인 장기부재 시 우편물 배달** : 휴가 등으로 수취인이 장기간 집을 비울 때 등기우편물은 다음과 같이 배달할 수 있다.

㉮ 주소지에 동거인이 있는 경우에는 그 동거인에게 배달

㉯ 수취인 장기부재신고서에 돌아올 날짜를 미리 신고한 경우

• 15일 이내 : 돌아올 날짜의 다음 날에 배달

• 15일 이후 : "수취인장기부재" 표시하여 반송

ⓞ **무인우편물 보관함 배달**

㉮ 수취인이 부재하여 무인우편물 보관함에 배달할 때에는 수취인의 동의를 받은 후 배달하여야 한다. 다만 사전에 수취인이 무인우편물 보관함에 배달해 달라고 신청한 경우에는 수취인을 방문하지 않고 배달할 수 있다.

㉯ 특별송달, 보험등기 등 수취인의 직접 수령한 사실 확인이 필요한 우편물은 무인우편물보관함에 배달할 수 없다.

ⓩ **주거이전 우편물의 전송** : 주거를 이전한 우편물의 수취인이 주거이전 우편물 전송서비스를 신청한 경우 서비스 기간 동안 표면에 구 주소지가 기재된 우편물을 이전한 주소지로 전송

ⓩ **수취인의 배달장소 변경** : 우편물 표기 주소지에서 우편물 수령이 어려운 등기우편물의 수취인이 배달장소 변경서비스를 신청한 경우 수취인이 지정한 수령지로 배달

⑤ **등기취급 우편물의 배달**

㉠ **정당 수령인**

㉮ 우편물 표면에 기재된 주소지의 수취인이나 동거인(같은 직장 근무자 포함)

㉯ 같은 건축물 및 같은 구내의 관리사무소, 접수처, 관리인

㉰ 대리수령인으로 지정되어 우편관서에 등록된 사람

㉱ 수취인과 같은 집배구에 있고 수취인의 배달동의를 받은 무인우편물 보관함

㉡ **수령인의 확인**

㉮ 등기로 취급하는 우편물을 수취인이나 그 대리인에게 배달(교부)할 때에는 수령인에게 확인(전자서명 포함)을 받아야 함

㉯ 수령인의 확인 방법은 수령인이 인장을 날인하거나 수령인 성명을 직접 자필로 기록하게 하며(외국인 포함), 수령인이 본인이 아닌 경우에는 수취인과의 관계를 정확히 기록하여야 하고, 실제 우편물을 수령한 수령인을 반드시 입력

ⓒ 수령인이 한글 해독 불가능자 또는 기타의 사유로 서명이 불가능한 경우에는 우편물 여백에 인장이나 지장을 날인하게 한 후 PDA에 장착된 카메라로 촬영하여 수령 확인

ⓒ '무인우편물 보관함'에 배달하는 경우에는 '무인우편물 보관함'에서 제공하는 배달확인이 가능한 증명자료(영수증 또는 배달완료 모니터화면)를 PDA(개인휴대용단말기)에 장착된 카메라로 촬영하여 수령사실을 갈음할 수 있음

ⓒ 우편물 도착 안내 : 등기우편물을 수취인 부재 등의 사유로 배달하지 못한 경우와 대리수령인에게 배달한 경우에는 "우편물 도착안내서"를 수취인이 잘 보이는 장소에 부착하거나 메시지 서비스(문자 메시지, 포스트톡)를 통해 수취인에게 우편물 도착사실을 알림

ⓔ 종류별 배달방법

우편물 종류	배달방법
당일특급, 특별송달	3회 배달 후 보관하지 않고 반송
맞춤형 계약등기	3회 배달, 2일 보관 후 반송
기타 등기통상 및 등기소포	2회 배달, 2일 보관 후 반송

ⓜ 보험취급 우편물의 배달

㉮ 통화등기우편물 취급 시 유의사항

- 통화등기 송금통지서와 현금 교환업무 취급 시 반드시 참관자를 선정하여 서로 확인하고 봉투의 표면에 처리자와 참관자가 확인 날인
- 국내특급으로 취급된 통화등기 우편물이 현금출납업무 마감시간 이후(또는 공휴일, 토요일, 일요일)에 도착하였을 때에는 시간 외 현금 중에서 대체하여 배달하고, 시간외 현금이 없으면 다음 날 현금출납업무 시작 즉시 처리
- 통화등기 우편물을 배달할 때에는 수취인으로 하여금 집배원이 보는 앞에서 그 우편물을 확인하게 하여 내용금액을 표기금액과 서로 비교 확인

㉯ 통화등기 우편물의 반송 및 전송

- 반송 또는 전송하는 곳을 관할하는 집배국 앞으로 송금통지서 및 원부를 발행하여 우편물에 넣어 반송 또는 전송
- 송금통지서 및 원부의 금액란 말미와 송금액 수수부 비고 란에는 "반송" 또는 "○○국 전송"이라 표시

㉰ 물품등기 우편물 배달 시 유의사항

- 우편물을 확인하지 않고, 수취인에게 봉투와 포장상태의 이상 유무만 확인
- 이후 사고발생으로 인한 민원발생 및 우편서비스 품질이 저하되는 사례가 없도록 유의

㉱ 유가증권등기 우편물 배달 시 유의사항

- 수취인에게 겉봉을 열어 확인하게 한 후 표기된 유가증권 증서류명, 금액, 내용을 서로 비교 확인
- 관공서, 회사 등 다량의 등기우편물 배달 시 유가증권 등기우편물이 포함된 사실을 모르고 상호 대조 확인 없이 일괄 배달하는 사례가 없도록 유의

⑥ 특급취급 우편물의 배달

　㉠ 배달기한

　　㉮ 당일특급

　　　• 가장 빠른 배달 편에 의하여 접수 당일 20:00까지 수취인에게 배달

　　　• 오후 특급 편에 도착한 당일특급 우편물은 당일에 전량 배달

　　　• 국제특급(EMS)우편물은 당일특급에 준하여 배달처리

　　㉯ 익일특급

　　　• 접수한 다음 날까지 수취인에게 배달

　　　• 취급지역은 관할 지방우정청장(「우편법 시행규칙」 제61조 제6항)이 고시하되, 접수한 날의 다음 날까지 배달이 곤란한 지역에 대해서는 별도로 추가일수를 더하여 고시

　　　• 우체국 축하카드 및 온라인환은 익일특급과 같이 처리

　㉡ 당일특급 우편물 배달할 때의 유의사항

　　㉮ 배달증에 수령인의 서명(전자서명 포함) 및 배달시각을 함께 확인

　　㉯ 특급구, 특구 담당 집배원 등이 배달자료를 생성하여 배달

　㉢ 재배달 · 전송 · 반송 처리

　　㉮ 재배달할 우편물은 2회째에는 가장 빠른 방법으로 배달하고 3회째에는 통상적인 배달 예에 의함 (단, 익일특급 우편물은 제외)

　　㉯ 수취인 부재 시에는 재방문 예정시각을 기재한 '우편물 도착안내서'를 주소지에 부착(2회째까지)하고 수취인이 전화 등으로 재배달을 요구할 경우 재배달

　　㉰ 특급우편물(익일특급 포함)을 전송하거나 반송하는 경우에는 전송 또는 반송하는 날의 다음 근무일까지 배달

최근 기출문제 **분석**

2019. 10. 19. 우정서기보(계리직)

1 우편사업의 보호규정에 대한 설명으로 옳은 것을 모두 고른 것은?

> ㉠ 지방자치단체에서 발송하는 등기우편물은 서신독점의 대상이다.
> ㉡ 우편업무를 위해서만 사용하는 물건은 압류가 금지되지만 제세 공과금 부과의 대상이다.
> ㉢ 우편물의 발송, 수취나 그 밖의 우편 이용에 관한 제한능력자의 행위는 능력자가 행한 것으로 간주한다.
> ㉣ 상품의 가격, 기능, 특성 등을 문자, 사진, 그림으로 인쇄한 16쪽 이상인 책자 형태의 상품 안내서는 서신독점의 대상이다.

① ㉠, ㉢

② ㉠, ㉣

③ ㉡, ㉢

④ ㉡, ㉣

TIP ㉠ [O] 지방자치단체에서 발송하는 등기우편물은 서신독점의 대상이다.
㉡ [X] 우편업무를 위해서만 사용하는 물건과 우편업무를 위해 사용 중인 물건은 압류할 수 없다. 또한 우편업무를 위해서만 사용하는 물건(우편에 관한 서류를 포함)에 대해서는 국세·지방세 등의 제세공과금을 매기지 않는다.
㉢ [O] 제한능력자의 행위에 대한 법률적 판단: 우편물의 발송·수취나 그 밖에 우편 이용에 관하여 제한능력자의 행위라도 능력자가 행한 것으로 간주된다. 이에 따라 제한능력자의 행위임을 이유로 우편관서에 대하여 임의로 이용관계의 무효 또는 취소를 주장할 수 없다. 다만, 법률행위에 하자가 발생한 경우에는 관련규정에 따른다. 제한능력자라 함은 민법상의 제한능력자를 말하며, 행위제한능력자(미성년자, 피한정후견인, 피성년후견인)와 의사제한능력자(만취자, 광인 등)를 모두 포함한다.
㉣ [X] 상품의 가격·기능·특성 등을 문자·사진·그림으로 인쇄한 16쪽 이상(표지를 포함한다)인 책자 형태의 상품안내서는 서신 제외 대상이다.
※ 서신 제외 대상(「우편법 시행령」 제3조)
　　1. 「신문 등의 진흥에 관한 법률」 제2조 제1호에 따른 신문
　　2. 「잡지 등 정기간행물의 진흥에 관한 법률」 제2조 제1호 가목에 따른 정기간행물
　　3. 다음 각 목의 요건을 모두 충족하는 서적
　　　　가. 표지를 제외한 48쪽 이상인 책자의 형태로 인쇄·제본되었을 것
　　　　나. 발행인·출판사나 인쇄소의 명칭 중 어느 하나가 표시되어 발행되었을 것
　　　　다. 쪽수가 표시되어 발행되었을 것
　　4. 상품의 가격·기능·특성 등을 문자·사진·그림으로 인쇄한 16쪽 이상(표지를 포함한다)인 책자 형태의 상품안내서
　　5. 화물에 첨부하는 봉하지 아니한 첨부서류 또는 송장
　　6. 외국과 주고받는 국제서류
　　7. 국내에서 회사(「공공기관의 운영에 관한 법률」에 따른 공공기관을 포함한다)의 본점과 지점 간 또는 지점 상호 간에 주고받는 우편물로서 발송 후 12시간 이내에 배달이 요구되는 상업용 서류
　　8. 「여신전문금융업법」 제2조 제3호에 해당하는 신용카드

Answer 1.①

2 현행 「우편법 시행령」에서 정한 기본통상우편요금에 대한 설명으로 옳은 것은?

① 중량 25g 이하인 규격외우편물의 일반우편요금

② 중량 3g 초과 25g 이하인 규격우편물의 일반우편요금

③ 중량 5g 초과 25g 이하인 규격우편물의 일반우편요금

④ 중량 25g 초과 50g 이하인 규격외우편물의 일반우편요금

> TIP 기본통상우편요금(「우편법 시행령」 제3조의2) ··· 법 제2조 제3항에서 "대통령령으로 정하는 통상우편요금"이란 제12조에 따라 고시한 통상우편물요금 중 중량이 5그램 초과 25그램 이하인 규격우편물의 일반우편요금을 말한다.
>
> ※ 「우편법」 제2조 제3항 ··· 제2항에도 불구하고 서신(국가기관이나 지방자치단체에서 발송하는 등기취급 서신은 제외한다)의 중량이 350그램을 넘거나 제45조의2에 따라 서신송달업을 하는 자가 서신송달의 대가로 받는 요금이 <u>대통령령으로 정하는 통상우편요금의 10배를 넘는 경우에는 타인을 위하여 서신을 송달하는 행위를 업으로 할 수 있다.</u>

3 우편물의 발송에 대한 설명으로 옳지 않은 것은?

① 부가취급우편물을 운송 용기에 담을 때에는 책임자나 책임자가 지정하는 사람이 참관한다.

② 행선지별로 구분한 우편물을 효율적으로 운송하기 위하여 운송거점에서 운송 용기를 서로 교환한다.

③ 등기우편물을 발송할 때에는 우편물류시스템으로 등기우편물 배달증을 생성하고, 생성된 배달증과 현품 수량을 확인한 후 발송한다.

④ 일반우편물은 형태별로 분류하여 해당 우편 상자에 담되, 우편 물량이 적을 경우에는 형태별로 묶어 담고 운송 용기 국명표는 혼재 표시된 것을 사용한다.

> TIP ③ 부가취급우편물을 운송 용기에 담을 때에는 책임자나 책임자가 지정하는 사람이 참관하여 우편물류시스템으로 부가취급우편물 송달증을 생성하고 송달증과 현품 수량을 대조 확인한 후 발송한다.

4 통상우편물 접수 시 규격 외 요금을 징수해야 하는 우편물의 개수로 옳은 것은?

㉠ 봉투의 재질이 비닐인 우편물

㉡ 봉투를 봉할 때 접착제를 사용한 우편물

㉢ 수취인 우편번호를 6자리로 기재한 우편물

㉣ 누르지 않은 자연 상태에서 두께가 10㎜인 우편물

㉤ 봉투 색상이 70% 이하 반사율을 가진 밝은 색 우편물

㉥ 정해진 위치에 우편요금 납부 표시를 하지 않거나, 우표를 붙이지 않은 우편물

---

① 1개   ② 2개

③ 3개   ④ 4개

TIP ㉠ 봉투의 재질은 종이로 하며, 창문봉투의 경우 다른 소재로 투명하게 창문을 제작한다.

㉢ 수취인 우편번호는 5자리 우편번호로 기재해야 한다.

㉣ 두께는 누르지 않은 자연 상태 최대 5㎜이어야 한다.

※ 통상우편물의 규격요건 및 외부표시(기재)사항

요건		내용
크기	세로(D)	최소 90mm, 최대 130mm, (허용 오차 ±5mm)
	가로(W)	최소 140mm, 최대 235mm, (허용 오차 ±5mm)
	두께(T)	최소 0.16mm, 최대 5mm, (누르지 않은 자연 상태)
모양		직사각형 형태
무게		최소 3g, 최대 50g
재질		종이(창문봉투의 경우 다른 소재로 투명하게 창문 제작)

우편번호 기재		• 수취인 주소와 우편번호(국가기초구역 체계로 개편된 5자리 우편번호)를 정확히 기재해야 하며, 일체의 가려짐 및 겹침이 없어야 함
		• 수취인 우편번호 여백규격 및 위치
		−여백규격 : 상·하·좌·우에 4mm 이상 여백
		−위치 : 기계처리를 위한 공백 공간 밖, 주소·성명 등 기재사항 보다 아래쪽 및 수취인 기재영역 좌우 너비 안쪽의 범위에 위치
		  ※ 해당영역에는 우편번호 외에 다른 사항 표시 불가
		• 우편번호 작성란을 인쇄하는 경우에는 5개의 칸으로 구성 되어야 함
		  ※ 단, 여섯 자리 우편번호 작성란이 인쇄(2019년 10월 이전)된 봉투를 이용한 통상우편물은 우편번호 숫자를 왼쪽 칸부터 한 칸에 하나씩 차례대로 기입하고 마지막 칸은 공란으로 두어야 함

표면 및 내용물		• 문자·도안 표시에 발광·형광·인광물질 사용 및 기계판독률을 떨어뜨릴 수 있는 배경 인쇄 불가 • 봉할 때는 풀, 접착제 사용(스테이플, 핀, 리벳 등 도드라진 것 사용 불가) • 우편물의 앞·뒤, 상·하·좌·우는 완전히 봉해야 함(접착식 우편물 포함) • 특정부분 튀어나옴·눌러찍기·돌아내기·구멍 뚫기 등이 없이 균일해야 함 ※ 종이·수입인지 등을 완전히 밀착하여 붙인 경우나 점자 기록은 허용
기계처리를 위한 공백 공간 (허용오차 ±5mm)		• 앞면 : 오른쪽 끝에서 140mm × 밑면에서 17mm, 우편번호 오른쪽 끝에서 20mm • 뒷면 : 왼쪽 끝에서 140mm × 밑면에서 17mm

5 우편사서함에 대한 설명으로 옳지 않은 것을 모두 고른 것은?

㉠ 사서함에 배달된 우편물을 정당한 사유 없이 30일 이상 수령하지 않을 때에는 사서함 사용계약을 해지해야 한다.

㉡ 사서함 번호와 주소가 함께 기록된 우편물 중 국내특급(익일특급제외), 특별송달, 보험등기, 맞춤형 계약등기, 등기소포 우편물은 주소지에 배달해야 한다.

㉢ 사서함 신청을 받은 우체국장은 국가기관, 지방자치단체, 일일 배달예정 물량이 100통 이상인 다량 이용자, 우편물 배달 주소지가 사서함 설치 우체국의 관할구역인 신청자 순서로 우선 계약해야 한다.

---

① ㉠

② ㉡, ㉢

③ ㉠, ㉢

④ ㉠, ㉡, ㉢

> **TIP** 우편사서함이란 신청인이 우체국장과 계약을 하여 우체국에 설치된 우편함에서 우편물을 직접 찾아가는 서비스이다. 우편물을 다량으로 받는 고객이 우편물을 수시로 찾아갈 수 있으며, 수취인 주거지나 주소변경에 관계없이 이용할 수 있는 장점이 있다.
> ㉠ [X] 사서함에 배달된 우편물을 정당한 사유 없이 30일 이상 수령하지 않을 경우에는 해당 우체국장이 사서함 사용계약을 <u>해지할 수 있다.</u>
> ㉡ [X] 사서함 번호와 주소가 함께 기록된 우편물은 사서함에 넣을 수 있으며, <u>당일특급, 특별송달, 보험취급, 맞춤형 계약등기 우편물은 주소지에 배달해야</u> 한다.
> ㉢ [X] 사서함 신청을 받은 우체국장은 국가기관, 지방자치단체, 일일 배달 예정 물량이 100통 이상인 다량 이용자, 우편물 배달 주소지가 사서함 설치 우체국의 관할구역인 신청자 순서로 <u>우선 계약을 할 수 있다.</u>

6 우편사업의 보호 규정에 대한 설명으로 옳지 않은 것은?

① 우편을 위한 용도로만 사용되는 물건은 압류할 수 없다.

② 우편물과 그 취급에 필요한 물건은 해손(海損)을 부담하지 않는다.

③ 우편을 위한 용도로만 사용되는 물건은 제세공과금의 부과 대상이 되지 않는다.

④ 우편물의 발송 준비를 마치기 전이라도 우편관서는 그 압류를 거부할 수 있다.

> **TIP** ④ 우편관서는 우편물을 운송 중이거나 우편물의 발송 준비를 마친 후에만 그 압류를 거부할 수 있다(「우편법」 제8조).

Answer 5.④ 6.④

7 우편물의 운송에 대한 설명으로 옳은 것은?

① 우편물 운송의 우선순위는 1순위, 2순위, 3순위, 기타순위로 구분된다.

② 우편물이 일시적으로 폭주하는 경우, 항공기 등을 이용하여 운송하는 것을 특별운송이라고 한다.

③ 임시운송은 물량의 증감에 따라 특급우편물, 등기우편물, 일반 우편물을 별도로 운송하는 것을 말한다.

④ 우편물의 안정적인 운송을 위하여 우정사업본부장은 운송 구간, 수수국, 수수 시각, 차량 톤수 등을 우편물 운송 방법 지정서에 지정한다.

> **TIP** ② 특별운송이란 우편물의 일시적인 폭주와 교통의 장애 등 그 밖의 특별한 사정이 있다고 인정되는 경우에 우편물의 원활한 송달을 위하여 전세차량·선박·항공기 등을 이용하여 운송하는 것이다. 우편물 정시송달이 가능하도록 최선편에 운송하고 운송료는 사후에 정산한다.
> ① 우편물의 운송의 우선순위는 1순위(당일특급우편물, EMS우편물), 2순위[익일특급우편물, 등기소포우편물(택배 포함), 등기통상우편물, 국제항공우편물], 3순위(일반소포우편물, 일반통상우편물, 국제선편우편물)로 구분된다.
> ③ 임시운송은 물량의 증감에 따라 정기운송편 이외 방법으로 운송하는 것을 말한다.
> ④ 정기운송은 우편물의 안정적인 운송을 위하여 관할 지방우정청장이 운송구간, 수수국, 수수시각, 차량톤수 등을 우편물 운송방법 지정서에 지정하고 시행한다.

8 우편사업이 제공하는 선택적 우편서비스에 해당하는 것은?

① 중량이 800g인 서류를 송달하는 경우

② 중량이 25kg인 쌀자루를 송달하는 경우

③ 중량이 20g인 서신을 내용증명으로 송달하는 경우

④ 중량이 2kg인 의류를 배달증명으로 송달하는 경우

> **TIP** 선택적 우편서비스 대상
> ㉠ 2킬로그램을 초과하는 통상우편물
> ㉡ 20킬로그램을 초과하는 소포우편물
> ㉢ ㉠ 또는 ㉡의 우편물의 기록취급 등 특수취급우편물
> ㉣ 우편과 다른 기술 또는 서비스가 결합된 우편서비스 : 전자우편, 모사전송(FAX)우편, 우편물 방문접수 등
> ㉤ 우편시설, 우표, 우편엽서, 우편요금 표시 인영이 인쇄된 봉투 또는 우편 차량장비 등을 이용하는 서비스
> ㉥ 우편 이용과 관련된 용품의 제조 및 판매
> ㉦ 그 밖에 우편서비스에 부가하거나 부수하여 제공하는 서비스

Answer 7.② 8.②

9 내용증명에 대한 설명으로 옳은 것은?

① 내용문서의 원본과 등본은 양면으로 작성할 수 있다.

② 우체국에서 내용증명을 발송한 사실만으로 법적 효력이 발생한다.

③ 수취인에게 우편물을 배달하거나 교부한 경우, 그 사실을 배달우체국에서 증명하여 발송인에게 통지하는 제도이다.

④ 내용문을 정정한 경우 '정정' 글자를 여유 공간이나 끝부분 빈 곳에 쓰고 발송인의 인장이나 지장을 찍어야 한다. 다만, 발송인이 외국인일 경우에 한하여 서명을 할 수 있다.

　　② 우편관서는 내용과 발송 사실만을 증명할 뿐, 그 사실만으로 법적효력이 발생되는 것은 아님에 주의해야 한다.
　　③ 발송인이 수취인에게 어떤 내용의 문서를 언제 발송하였다는 사실을 우편 관서가 공적으로 증명해 주는 우편서비스이다.
　　④ 내용문서의 원본이나 등본에 문자·기호를 삽입하거나 정정·삭제한 경우 삽입, 정정, 삭제한 글자 수와 "삽입", "정정", "삭제" 글자를 여유 공간이나 끝부분 빈 곳에 쓰고 발송인의 인장이나 지장을 찍거나 서명을 하여야 하며, 이 경우 고치거나 삭제한 문자나 기호는 명료하게 알아볼 수 있도록 하여야 한다.

10 우편 서비스에 대한 설명으로 옳은 것을 〈보기〉에서 모두 고른 것은?

〈보기〉
㉠ 인터넷우표는 반드시 수취인 주소가 있어야 한다.
㉡ 민원우편은 우정사업본부장이 정하여 고시하는 민원서류에 한정하여 취급한다.
㉢ 우체국축하카드는 배달증명, 내용증명, 상품권 동봉서비스, 예약배달 서비스의 취급이 가능하다.
㉣ 모사전송 우편 서비스의 이용 수수료는 내용문 최초 1매 500원, 추가 1매당 200원이며, 복사비는 무료이다.

① ㉠, ㉡　　　　　　　　　　　　　② ㉠, ㉢

③ ㉡, ㉣　　　　　　　　　　　　　④ ㉢, ㉣

　　㉢ 일반통상우편과 등기통상우편 모두 가능하며 당일특급, 익일특급, 배달증명, 상품권 동봉서비스, 예약배달 서비스가 가능하다.
　　㉣ 모사전송 우편 서비스의 이용 수수료는 최초 1매 500원, 추가 1매당 200원이며, 복사비는 1장당 50원이다.

Answer　9.① 10.①

출제 예상 문제

1 우편의 의의에 대한 것 중 옳지 않은 것은?

① 국가가 국민을 위해 제공하는 기본적인 사회서비스 이다.
② 우정사업본부가 책임지고 서신이나 물건을 나라 안팎으로 보내는 것이다.
③ 전기적인 방법으로 정보를 전달하는 전기통신도 포함한다.
④ 정치 · 경제 · 사회 · 문화 · 행정 등 모든 분야에서 정보를 전달한다.

TIP 우편은 서신이나 물건 등 실체를 전달하는 것으로 전기적 방법으로 정보를 전달하는 전기통신과는 구별된다.

2 다음 중 우편사업의 보호규정이 아닌 것은?

① 서신의 송달 행위는 국가가 독점한다.
② 우편업무 중 주변에 조력을 요청해도 이를 거부할 수 있다.
③ 우편관서는 철도, 항공기, 차량 등의 경영자에게 운송을 요구할 수 있다.
④ 우편업무을 위해 사용하는 물건은 압류할 수 없다.

TIP 우편사업의 보호규정에는 운송원 등의 조력청구권이 있다. 이는 우편업무를 집행 중인 우편운송원, 우편집배원과 우편물을 운송 중인 항공기, 차량, 선박 등이 사고를 당하였을 때 주위에 조력을 청구할 수 있으며, 조력의 요청을 받은 자는 정당한 사유 없이 이를 거부할 수 없다는 내용이다.

Answer 1.③ 2.②

3 다음 중 우체국택배에 대한 것으로 옳지 않은 것은?

① 개별택배와 계약택배로 나뉜다.
② 인터넷우체국을 통하여 방문접수를 신청할 수 있다.
③ 자주 이용하는 경우 정기·부정기 이용계약을 체결할 수 있다.
④ 요금착불은 불가능하다.

TIP ④ 우체국택배는 소포우편물 방문접수의 브랜드명으로 요금수취인부담(요금착불)도 가능하다.

4 다음 중 우편물의 외부표시 금지사항이 아닌 것은?

① 우편물의 구분·운송·배달에 필요한 집배코드
② 사회 공공질서를 해치는 내용
③ 주민등록번호 등의 고유식별정보
④ 우체국과 협의되지 않은 우편요금표시인영

TIP ① 우편물의 외부표시 사항으로는 5자리의 우편번호와 우편물의 구분·운송·배달에 필요한 집배코드이다.

5 소포우편물을 접수할 때 해야 할 검사사항이 아닌 것은?

① 의심가는 우편물에 대해 열어볼 것을 요구해야 한다.
② 우편물의 포장상태를 검사해야 한다.
③ 발송자에게 내용품에 대해 문의해야 한다.
④ 발송자에게 배송기한에 대해 문의해야 한다.

TIP ④ 소포우편물을 접수할 때는 우편금지물품이 포함되는지 확인하기 위해 내용품에 대해 문의해야 하며, 발송인이 허위로 진술한 다고 의심이 가는 경우에는 소포를 열어볼 것을 요구해야 한다. 마지막으로 우편물이 적절하게 포장되었는지 검사해야 한다.

Answer 3.④ 4.① 5.④

6 다음 중 우편법에 대한 설명으로 옳은 것은?

① 우체국이 없는 지역에 별정우체국을 설치·운영하여 국민에게 편의를 제공하고, 직원의 퇴직과 사망에 대하여 적절한 급여제도를 확립함으로써 직원과 그 유족의 경제적 생활 안정과 복리 향상에 이바지함을 그 목적으로 한다.

② 우체국창구업무의 일부를 일정한 자에게 위탁하여 이용 창구를 확대하고, 사업을 효율적으로 운영함으로써 국민편의 증진과 우정사업의 발전에 이바지함을 목적으로 한다.

③ 우정사업의 조직, 인사, 예산 및 운영 등에 관한 특례를 규정함으로써 우정사업의 경영합리화를 도모하여 우정서비스의 품질을 향상시키고 국가경제의 발전에 이바지함을 목적으로 한다.

④ 우편 이용에 관한 기본적인 사항을 정하여 공평하고 적정한 우편 역무를 제공함으로써 공공의 복지증진에 이바지함을 목적으로 한다.

TIP ① 별정우체국법
② 우체국창구업무의 위탁에 관한 법률
③ 우정사업 운영에 관한 특례법
④ 우편법

7 다음에서 설명하는 것은 무엇인가?

> 항해 중 침몰을 피하기 위해 화물을 버려야하는 경우에도 우편물과 우편업무에 필요한 물건에 대해서는 부담을 면제받는 권리이다.

① 공동 해상 손해 부담의 면제 ② 우편물 운송요구권
③ 조력청구권 ④ 통행권

TIP ② 우편관서가 운송사업 경영자에게 우편물 운송을 요구할 수 있는 권리를 말한다.
③ 우편업무를 수행 중인 운송원·집배원이나 우편물을 운송중인 항공기·차량·선박 등이 사고를 당했을 때 주위에 도움을 요청할 수 있는 권리이다.
④ 우편업무 수행 중에 도로 장애로 통행이 어려울 경우 담장 없는 집터, 논밭이나 그밖의 장소를 통행할 수 있는 권리를 말한다.

8 운송원 등의 통행권과 통행료 면제에 관한 내용으로 옳지 않은 것은?

① 우편업무를 수행 중인 운송원·집배원은 도선(渡船)을 요구할 수 있다.
② 통행료 면제에 대해서는 우편관서에 보상을 청구할 수 있다.
③ 우편업무 수행 중에 도로 장애로 통행이 어려울 경우 담장 없는 집터, 논밭이나 그 밖의 장소를 통행할 수 있다.
④ 운송원이 도선을 하려면 도선장에게 통행요금을 지급해야 한다.

> **TIP** ④「법」제5조 제2항에 의해 운송원은 도선시 통행요금을 지급하지 않고 통행할 수 있다.

9 다음 중 UPU 조약에 해당하지 않는 것은?

① 만국우편협약 통상우편규칙 및 최종의정서   ② 우편지급업무약정
③ 아시아·태평양우편연합 조약   ④ 만국우편연합헌장

> **TIP** ③ 아시아와 태평약 지역의 우정청들의 폭넓은 협력관계를 위해 회원국들 간의 조약을 체결했다. 이 조약에는 원활한 우편물 교환과 우편사업 발전 협력에 대한 사항이 담겨 있다.

10 다음 설명 중 옳지 않은 것은?

① 우편을 위한 용도로만 사용되는 물건과 우편을 위한 용도로 사용 중인 물건은 압류할 수 없다.
② 우편에 관한 서류를 포함하여 우편을 위한 용도로만 사용되는 물건은 제세공과금의 부과 대상이 되지 아니한다.
③ 우편관서에서 운송 중에 있거나 발송준비 완료후의 우편물에 대하여는 국가의 공권력에 기한 압류를 거부할 수 없다.
④ 우편물이 전염병의 유행지에서 발송되거나 유행지를 통과할 때 등에는 검역법에 의한 검역을 최우선으로 받을 수 있다.

> **TIP** ③ 우편관서에서 운송 중에 있거나 발송준비 완료 후의 우편물에 대하여는 압류를 거부할 수 있다.

Answer 8.④ 9.③ 10.③

11 다음 중 우편엽서의 발행방법에 해당하지 않는 것은?

① 기계판독률을 떨어뜨릴 수 있는 배경은 인쇄할 수 없다.

② 모든 우편엽서는 오프셋만으로 인쇄하여야 한다.

③ 표면은 편편하고 균일하여야 한다.

④ 색상은 흰색이나 밝은 색으로 70% 이상의 반사율을 가져야 한다.

> TIP ② 우편엽서의 경우 평판(오프셋)으로 인쇄하여야 하지만 사제엽서는 예외이다.

12 등기소포와 일반소포의 차이에 대한 설명으로 옳지 않은 것은?

① 등기소포와 일반소포는 신용카드 결제로도 요금납부를 할 수 있다.

② 등기소포는 반송시 반송수수료를 징수하지만 일반소포는 징수하지 않는다.

③ 등기소포는 부가취급서비스가 가능하지만 일반소포는 불가능하다.

④ 등기소포는 접수에서 배달까지의 송달과정에 대해 기록하지 않지만 일반소포는 기록한다.

> TIP ④ 등기소포는 접수에서 배달까지의 송달과정에 대해 기록하지만 일반소포는 기록하지 않는다.

13 등기취급제도에 대한 설명으로 옳지 않은 것은?

① 통화, 귀중품, 유가증권 등이 취급의 대상이 된다.

② 우편물의 접수에서부터 받는 사람에게 배달되기까지의 전 취급과정을 특정 접수번호로 기록하는 서비스이다.

③ 2kg 이하의 통상우편물과 20kg 이하의 소포우편물에 대한 등기취급을 보편적 우편서비스로 규정하고 있다.

④ 등기취급된 우편물은 손해배상의 대상이 될 수 없다.

> TIP ④ 등기취급이 된 우편물만이 손해배상의 대상이 될 수 있다.

Answer 11.② 12.④ 13.④

14 발송인이 수취인에게 어떤 내용의 문서를 언제 발송하였다는 사실을 우편관서가 공적으로 증명하는 제도는 무엇인가?

① 통화등기　　　　　　　　　　　② 내용증명
③ 특별송달　　　　　　　　　　　④ 배달증명

TIP ① 등기취급을 전제로 우정사업본부장이 발행하는 보험등기 취급용 봉투를 이용하여 현금을 배달하는 특수취급제도
③ 등기취급을 전제로 「민사소송법」 제176조의 규정에 의한 방법으로 송달하는 우편물로서 배달우체국에서 배달결과를 발송인에게 통지하는 특수취급제도
④ 등기취급을 전제로 우편물의 배달일자 및 수취인을 배달우체국에서 증명하여 발송인에게 통지하는 특수취급제도

15 민원우편에 대한 설명으로 옳지 않은 것은?

① 민원우편의 송달에 필요한 왕복우편요금과 민원우편 부가취급수수료를 접수(발송)할 때 미리 받는다.
② 민원발급수수료의 송금액을 10,000원으로 제한한다.
③ 민원우편의 송달은 익일특급에 따라 신속히 송달된다.
④ 우정사업본부 발행 민원우편 취급용봉투(발송용, 회송용)를 사용하여야 한다.

TIP ② 민원발급수수료의 송금액을 5,000원으로 제한한다(민원발급 수수료가 건당 5,000원을 초과하는 경우는 예외).

16 우편물 손해배상에 대한 설명으로 옳지 않은 것은?

① 우편관서의 고의 또는 과실이 있어야 한다.
② 우편물의 손해가 발송인 또는 수취인의 과오로 인한 것이거나 당해 우편물의 성질, 결함 및 불가항력으로 인하여 발생한 것일 때에는 그 손해를 배상하지 않는다.
③ 우편물 교부 시 외부 파손흔적이 있거나 중량에 차이가 있는 경우에는 손해가 없는 것으로 간주한다.
④ 수취인이 우편물을 정당 수취하였을 때에는 그 손해를 배상하지 않는다.

TIP ③ 우편물 교부 시 외부에 파손의 흔적이 있거나 또는 중량에 차이가 있어야 손해배상을 청구할 수 있다. 외부파손의 흔적이 없거나 중량에 차이가 없을 때에는 손해가 없는 것으로 본다.

Answer　14.② 15.② 16.③

17 요금후납에 대한 설명으로 옳지 않은 것은?

① 우편물의 요금을 우편물을 발송할 때 납부하지 않고 1개월간 발송예정 우편물의 요금액의 2배에 해당하는 금액을 담보금으로 제공하고 1개월간의 요금을 다음달 20일까지 납부하는 제도이다.

② 우편물을 자주 발송하는 공공기관, 은행, 회사 등이 요금납부를 위한 회계절차상의 번잡함을 줄이고 동시에 우체국은 우표의 소인절차를 생략할 수 있는 제도이다.

③ 통상우편물과 소포우편물 모두 접수할 수 있으며 10통 이상이 되어야만 한다.

④ 국가나 지방자치단체에서 발송하는 우편물은 발송 우체국장이 정하는 조건에 적합해야 한다.

TIP ③ 요금별납에 대한 설명이다.

요금별납 ⋯ 한 사람이 우편물의 종류, 무게, 우편요금 등이 같은 우편물을 한번에 다량으로 발송할 경우에 개개의 우편물에 우표를 첩부하여 요금을 납부하는 대신 우편물 표면에 '요금별납'의 표시만을 하고 요금은 일괄하여 현금(신용카드결제 등 포함)으로 별도 납부하는 제도로서 관할 지방우정청장이 지정하는 우체국(취급국 포함)에서만 취급이 가능하다.

18 손해배상의 청구에 대한 설명으로 옳지 않은 것은?

① 발송인이나 수취인이 우편물에 이상이 있다고 주장하는 경우, 우편물을 수취거부하고 신고하도록 안내한다.

② 배달우체국에서는 손해사실의 신고를 받았을 때에는 집배원 또는 책임직이 수취거부 우편물의 외장 또는 무게의 이상유무, 직원의 고의나 잘못이 있는지 등을 검사하여야 한다.

③ 손해를 배상한 우편물은 배상한 우체국에서 반송불능우편물 처리방법에 따라서 처리한다.

④ 손해배상 청구권은 우편물을 발송한 날부터 2년이며, 손해배상 결정서를 받은 청구인은 우편물을 받을 날부터 5년 안에 배상액을 청구할 수 있다.

TIP ④ 손해배상 청구권은 우편물을 발송한 날부터 1년이다. 다만, 손해배상 결정서를 받은 청구인은 우편물을 받을 날부터 5년 안에 배상액을 청구할 수 있다.

Answer 17.③ 18.④

19 다음 중 손해배상 제한사유가 아닌 것은?

① 우편물의 손해가 발송인의 과오로 인한 것일 때

② 우편물의 결함 및 불가항력으로 인하여 발생한 손해일 때

③ 우편물이 직원의 잘못으로 정당한 수취인이 받지 못했을 때

④ 우편물 교부시 외부에 파손의 흔적이 없고 무게에 차이가 없을 때

> **TIP** 손해배상 제한사유
> ㉠ 발송인이나 수취인의 잘못으로 손해가 생긴 경우
> ㉡ 우편물의 성질·결함 또는 불가항력적인 이유로 손해가 생긴 경우
> ㉢ 우편물을 배달(교부)할 때 외부에 파손 흔적이 없고, 무게도 차이가 없는 경우
> ㉣ 수취인이 우편물을 정당하게 받았을 경우

20 다음 중 손해배상액의 최고금액으로 옳지 않은 것은?

① 익일특급 우편의 분실 시 10만 원

② 당일특급 소포의 분실 시 30만 원

③ 등기우편의 분실 시 10만 원

④ 일반우편의 분실 시 없음

> **TIP** 당일특급 소포의 경우 손·분실 시 최고 50만 원의 손해금액을 배상하여야 한다.

21 손실보상은 손실보상이 있는 사실을 안 날부터 몇 년 안에 청구하여야 하는가?

① 1년   ② 2년

③ 3년   ④ 4년

> **TIP** 손실보상이 있는 사실을 안 날부터 1년 안에 청구하여야 한다.

Answer 19.③ 20.② 21.①

22 손실보상의 절차에 대한 설명으로 옳지 않은 것은?

① 손실보상을 청구할 때에는 청구인의 주소, 성명, 청구사유, 청구금액을 적은 청구서를 운송원 등이 소속하고 있는 우체국장을 거쳐 관할 지방우정청장에게 제출하여야 한다.

② 소속우체국장은 손실보상의 청구내용에 대한 의견서를 첨부하여야 한다.

③ 우체국장은 필요하다고 인정하는 경우에는 청구인의 출석을 요구하여 질문하거나 관계자료를 제출하도록 할 수 있다.

④ 지방우정청장은 그 내용을 심사하여 청구내용이 정당하지 아니하다고 인정하는 때에는 그 사유서를 청구인에게 보낸다.

> **TIP** ③ 지방우정청장은 필요하다고 인정하는 경우에는 청구인의 출석을 요구하여 질문하거나 관계자료를 제출하도록 할 수 있다.

23 우편물의 발송에 대한 설명으로 옳지 않은 것은?

① 발송·도착구분 작업이 끝난 우편물은 운송방법지정서에 지정된 운송편으로 발송한다.

② 우편물의 발송순서는 일반등기우편물, 일반우편물, 특급우편물 순으로 발송한다.

③ 우편물 발송시 운송확인서를 운전자와 교환하여 발송한다.

④ 일반우편물을 담은 운송용기는 운송송달증을 등록한 뒤에 발송한다.

> **TIP** 우편물의 발송순서는 특급우편물, 일반등기우편물, 일반우편물 순으로 발송한다.

24 운송의 종류에 해당하지 않는 것은?

① 정기운송
② 임시운송
③ 특별운송
④ 휴일운송

> **TIP** 운송의 종류 … 정기운송, 임시운송, 특별운송

Answer 22.③ 23.② 24.④

25 다음 중 이용자 실비지급제도에 대한 설명으로 틀린 것은?

① 우체국직원의 잘못이나 불친절한 응대 등으로 2회 이상 우체국을 방문하였음을 신고할 경우 10,000원 상당의 문화상품권을 지급하여야 한다.

② 동일 발송인의 월 2회 이상 손·망실 발생 시 무료발송권을 지급하여야 한다.

③ 사유가 발생한 날부터 15일 이내에 해당 우체국에 신고해야 한다.

④ EMS 종·추적조사 및 손해배상 청구 응대 시 3일 이상 지연한 경우 십만 원 상당의 문화상품권을 지급하여야 한다.

TIP ④ EMS 종·추적조사 및 손해배상 청구 응대 시 3일 이상 지연한 경우 1회 3만 원 상당의 무료발송권을 지급하여야 한다.

26 우편서비스에 대한 설명으로 옳지 않은 것은?

① 모든 국민이 공평하게 적정한 요금으로 우편물을 보내고 받을 수 있는 기본적인 우편서비스를 보편적 우편서비스라 한다.

② 선택적 우편서비스는 보편적 우편서비스에 부가하거나 부수하여 제공하는 것이다.

③ 선택적 우편서비스의 대상은 대통령령으로 정하는 우편물이다.

④ 교통 여건 등으로 인해 우편물 운송이 어려운 곳은 관할 지방우정청장이 별도로 배달 기한을 정하여 공고한다.

TIP ③ 대통령령으로 정하는 우편물은 보편적 우편서비스에 속한다.

27 다음 중 선택적 우편서비스에 해당하지 않는 것은?

① 2kg을 초과하는 통상우편물

② 20kg을 초과하는 소포우편물

③ 우편과 다른 기술이 결합된 역무

④ 우편요금이 인쇄되지 않은 우편엽서를 이용하는 역무

TIP 선택적 우편서비스의 대상
  ㉠ 2킬로그램을 초과하는 통상우편물
  ㉡ 20킬로그램을 초과하는 소포우편물
  ㉢ ㉠ 또는 ㉡의 우편물의 기록취급 등 특수취급우편물
  ㉣ 우편과 다른 기술 또는 역무가 결합된 역무
  ㉤ 우편시설, 우표, 우편엽서, 우편요금 표시 인영이 인쇄된 봉투 또는 우편차량장비 등을 이용하는 역무
  ㉥ 우편 이용과 관련된 용품의 제조 및 판매
  ㉦ 그 밖에 우편서비스에 부가하거나 부수하여 제공하는 역무

28 다음 중 배달기한이 가장 먼 것은?

① 통상우편물

② 등기소포

③ 당일특급

④ 익일특급

TIP ① 접수한 다음 날부터 3일 이내
  ②④ 접수한 다음 날
  ③ 접수 당일 20 : 00 이내

29 다음 설명 중 옳지 않은 것은?

① 일반소포의 배달기한은 접수한 다음 날부터 3일 이내이다.

② 교통여건으로 인해 운송이 어려운 곳은 관할 지방우정청장이 별도로 배달기한을 정하여 공고한다.

③ 「신문 등의 진흥에 관한 법률」 제9조에 따라 등록된 일간신문(주 5회 이상 발행되는 신문으로 한정한다) 및 관보를 우편물정기발송계약에 따라 발송할 때에는 등기소포로 접수한 경우에만 접수한 날의 다음 날까지 이를 송달할 수 있다.

④ 배달기한은 우정사업본부가 약속한 우편물 배달에 걸리는 기간을 말한다.

TIP ③ 「신문 등의 진흥에 관한 법률」 제9조에 따라 등록된 일간신문(주 5회 이상 발행되는 신문으로 한정한다) 및 관보를 발송할 때에는 일반우편물로 접수한 경우에도 접수한 날의 다음 날까지 이를 송달할 수 있다.

30 배달의 일반원칙에 대한 설명으로 옳지 않은 것은?

① 우편물은 그 표면에 기재된 곳에 배달한다.

② 2인 이상을 수취인으로 하는 경우는 2인 모두의 날인을 받아야 한다.

③ 우편사서함번호를 기재한 우편물은 당해 사서함에 배달한다.

④ 취급과정을 기록하는 우편물은 정당 수령인으로부터 그 수령사실의 확인(서명 또는 날인)을 받고 배달하여야 한다.

TIP 배달의 일반원칙
  ⊙ 우편물은 그 표면에 기재된 곳에 배달한다.
  ⓒ 2인 이상을 수취인으로 하는 경우는 그 중 1인에게 배달한다.
  ⓒ 우편사서함번호를 기재한 우편물은 당해 사서함에 배달한다.
  ⓔ 취급과정을 기록하는 우편물은 정당 수령인으로부터 그 수령사실의 확인을 받고 배달하여야 한다.

31 우편물 규격요건으로 옳지 않은 것은?

① 무게는 최대 50g 이하이어야 한다.

② 우편번호 작성란을 인쇄하는 경우에는 5개의 칸으로 구성하여야 한다.

③ 봉투봉합시에는 스테이플, 풀, 접착제 등을 사용하여야 한다.

④ 문자나 도안을 표시하는 경우에는 발광물질을 사용하여서는 아니된다.

TIP 봉투봉합시에는 스테이플, 핀, 리벳 등은 사용하여서는 아니되며 풀 또는 접착제를 사용해야 한다.

32 통상우편물의 발송에 대한 설명으로 옳지 않은 것은?

① 통상우편물은 봉투에 넣어 봉함하여 발송하여야 한다.

② 봉함하기가 적절하지 않은 우편물은 우정사업본부장이 고시한 기준에 적합하도록 포장하여 발송할 수 있다.

③ 이용자는 발송인 및 수취인의 주소, 성명과 우편번호, 우편요금 납부표시 등을 표시하여 발송하여야 한다.

④ 우편엽서, 사제엽서, 전자우편물 등은 내용이 보이지 않게 봉함하거나 포장하여 발송하여야 한다.

TIP 우정사업본부장이 발행하는 우편엽서, 사제엽서, 전자우편물은 그 특성상 봉함하거나 포장하지 아니하고 발송할 수 있다.

33 다음 중 소포우편물에 대한 설명으로 옳지 않은 것은?

① 우편물 크기에 따라서 소형포장우편물과 소포우편물로 나뉘고 소형포장우편물은 통상우편물로 구분하여 취급한다.

② 소포우편물에는 서신을 함께 넣을 수 있다.

③ 납품서, 영수증, 설명서 등은 소포 취급이 가능하다.

④ 소포우편물은 통상우편물 외의 물건을 포장한 우편물을 말한다.

TIP 소포우편물에는 원칙적으로 서신을 넣을 수 없다. 다만, 물품과 관련된 납품서, 영수증, 설명서, 감사인사메모 등은 상품(물품)의 일부로 보아 동봉할 수 있다.

Answer 31.③ 32.④ 33.②

34 소포우편물의 접수검사에 대한 설명으로 틀린 것은?

① 내용품을 문의하고 폭발물, 인화물질, 마약류 등의 포함여부 우려가 있으면 우편물의 개피를 요구할 수 있다.

② 내용품의 성질, 모양, 용적 등에 따라 송달 중 파손되지 않고 다른 우편물에 손상을 주지 않으며 질긴 종이에 튼튼하게 포장하였는지 확인한다.

③ 다른 우편물을 훼손시킬 우려가 있어 개피를 요구하였을 경우 발송인이 개피를 거부하여도 요금을 징수하였으면 접수를 해야 한다.

④ 내용품에 대하여 발송인이 허위로 진술한다고 의심이 가는 경우 개피를 요구할 수 있으며 내용품을 확인하여야 한다.

TIP ③ 발송인이 개피를 거부할 때에는 접수를 거절한다.

35 손해배상 청구심사의 사항으로 볼 수 없는 것은?

① 우편물을 발송한 날로부터 3년 내에 청구한 것인가?

② 원인이 발송인이나 수취인에게 있거나 불가항력적이었던 것은 아닌가?

③ 우편물의 외부에 파손 흔적이 없고, 무게 차이도 없는가?

④ 우편물을 정상적으로 수취한 다음에 신고한 것은 아닌가?

TIP 손해배상 청구심사사항
ⓐ 우편물을 발송한 날로부터 1년 내에 청구한 것인지
ⓑ 원인이 발송인이나 수취인에게 있거나 불가항력적이었던 것은 아닌지
ⓒ 우편물의 외부에 파손 흔적이 없고, 무게 차이도 없는지
ⓓ 우편물을 정상적으로 수취한 다음에 신고한 것은 아닌지
ⓔ 청구자가 수취인이라면 발송인의 승인을 얻은 것인지

Answer 34.③ 35.①

36 다음 용어의 설명이 바르게 연결되지 않은 것은?

① 물품등기 – 귀금속, 보석, 옥석, 그 밖의 귀중품이나 주관적으로 가치가 있다고 신고하는 것을 보험등기 봉투에 넣어 수취인에게 직접 송달하는 것

② 전자우편 – 고객이 우편물의 내용과 발송인 수신인 정보를 전산매체에 저장하여 접수하면 우편물 제작에서 배달까지 전 과정을 우체국이 대신하는 서비스

③ 교부통지 – 수취인에게 우편물을 배달하거나 교부한 경우 그 사실을 배달우체국에서 증명하여 발송인에게 통지하는 부가취급 우편서비스

④ 내용증명 – 발송인이 수취인에게 어떤 내용의 문서를 언제 발송했다는 사실을 우편관서가 공적으로 증명해 주는 우편서비스

> **TIP** ③ 수취인에게 우편물을 배달하거나 교부한 경우 그 사실을 배달우체국에서 증명하여 발송인에게 통지하는 부가취급 우편서비스는 배달증명이다.

37 다음 중 등기소포와 관련이 없는 것은?

① 접수에서 배달까지 모든 송달과정을 기록취급한다.

② 망실·훼손, 지연배달 시 손해배상의 청구가 불가능하다.

③ 반송 시 반송수수료를 징수하여야 한다.

④ 현금 및 신용카드 결제가 가능하다.

> **TIP** 등기소포의 경우 망실·훼손, 지연배달 시 손해배상의 청구가 가능하나 일반 소포의 경우에는 불가능하다.

38 다음 중 보험취급에 해당하지 않는 것은?

① 통화등기   ② 유가증권등기
③ 대금교환   ④ 물품등기

> **TIP** 보험취급의 종류에는 통화등기, 물품등기, 유가증권등기, 외화등기, 안심소포가 있다.

Answer 36.③ 37.② 38.③

39 다음 중 민원우편에 대한 설명에 해당하는 것은?

① 등기취급 소포우편물과 계약등기우편물 등의 요금을 발송인이 신청할 때 납부하지 않고 우편물을 배달 받은 수취인이 납부하는 제도이다.

② 모사전송기기를 이용해 서신, 서류 등의 통신문을 보내는 서비스를 말한다.

③ 민사소송법이 정하는 방법에 따라 등기통상으로 송달하고 송달 사실을 우편송달통지서를 통해 발송인에게 알려주는 서비스이다.

④ 우편이나 온라인으로 민원서류를 신청하고 발급된 민원서류를 등기취급하여 일반우편물보다 우선하여 송달하는 제도이다.

TIP ① 착불배달
② 모사전송우편
③ 특별송달

---

40 등기취급을 전제로 우체국장과 발송인과의 별도의 계약에 따라 접수한 통상우편물을 배달하고 그 배달 결과를 발송인에게 전자적 방법 등으로 통지하는 제도를 무엇이라고 하는가?

① 착불배달　　　　　　　　　　　　　② 계약등기

③ 회신우편　　　　　　　　　　　　　④ 본인지정배달

TIP ① 등기우편물에 대하여 그 요금을 배달 시 수취인으로부터 수납하는 특수취급제도이다.
③ 등기취급을 전제로 우체국과 발송인과의 별도의 계약에 따라 수취인을 직접 대면하여 우편물을 배달하면서 서명이나 도장을 받는 등 응답을 필요로 하는 사항을 받거나 서류를 인수받아 발송인이나 발송인이 지정하는 자에게 회신하는 특수취급제도이다.
④ 등기취급을 전제로 우편물을 수취인 본인에게만 배달하여 주는 특수취급제도이다.

Answer 39.④ 40.②

41 우편물 운송 시 운송할 물량이 많아 고속, 선박 또는 항공기 등의 운송수단으로 운송할 수 없는 경우 우선순위가 가장 높은 것은?

① 일반소포우편물

② 등기통상우편물

③ EMS우편물

④ 익일특급우편물

TIP 우편물 운송의 우선순위

　　㉠ 1순위 : 당일특급우편물, EMS우편물

　　㉡ 2순위 : 익일특급우편물, 등기소포우편물(택배포함), 등기통상우편물, 국제항공우편물

　　㉢ 3순위 : 일반소포우편물, 일반통상우편물, 국제선편우편물

42 전자우편에 대한 설명으로 틀린 것은?

① 내용문과 발송인·수신인 정보(성명, 주소)를 전산매체에 저장하여 우체국 또는 인터넷우체국을 통해 신청하면 우편물 제작부터 배달까지 전 과정을 우체국이 대신해 주는 서비스이다.

② 봉함식, 접착식, 그림엽서 등의 종류가 있다.

③ 맞춤형 서비스의 경우 다량으로 발송할 경우 봉투 앞뒷면이나 그림엽서에 로고나 광고를 인쇄해서 보낼 수 있다.

④ 동봉서비스를 이용하면 다른 인쇄물을 추가해서 동봉하여 보낼 수 없다.

TIP 동봉서비스를 이용하면 다른 인쇄물을 추가해서 동봉하여 보낼 수 있다.

43 우편물 배달 원칙에 대한 설명으로 옳지 않은 것은?

① 모든 지역의 일반우편물의 배달은 우편물이 도착한 다음 날 순로 구분하여 그 다음 날 배달한다.

② 시한성 우편물, 특급우편물, 등기소포는 도착 당일 구분하여 당일 배달한다.

③ 우편사서함 번호를 기록한 우편물은 당해 사서함에 배달한다.

④ 우편물은 그 표면에 기재된 곳에 배달한다.

TIP 모든 지역의 일반우편물의 배달은 우편물이 도착한 날 순로 구분하여 다음 날 배달한다.

Answer 41.③ 42.④ 43.①

44 다음에서 설명하는 것은 무엇인가?

> 축하 · 감사의 뜻이 담긴 축하카드를 한국우편사업진흥원(위탁 제작처) 또는 배달우체국에서 만들어 수취
> 인에게 배달하는 서비스이다.

① 우체국꽃배달　　　　　　　　　　② 광고우편엽서
③ 우체국축하카드　　　　　　　　　　④ 인터넷우표

TIP ① 꽃가게와 화훼농가 판로지원을 위한 꽃배달 접수대행 서비스이다.
　　② 우정사업본부가 발행하는 우편엽서에 광고를 실어 광고주가 원하는 지역에서 판매하는 제도이다.
　　④ 고객이 인터넷우체국을 이용하여 발송 우편물에 해당하는 우편요금을 지불하고 본인의 프린터에서 직접 우표를 출력하여 사
　　　용하는 서비스이다.

45 국내특급에 대한 설명으로 옳지 않은 것은?

① 통상의 송달방법보다 더 빠르게 약속한 시간 내에 배달하는 특수취급제도이다.
② 등기 취급하는 우편물에 한해 취급한다.
③ 통상우편물 및 소포우편물의 제한 무게는 30kg 까지이다.
④ 익일특급은 접수한 날 20시 이내에 배달된다.

TIP ④ 익일특급은 접수한 다음 날까지 배달된다.

46 다음은 우편물의 처리과정을 나열한 것이다. (　　)에 들어갈 알맞은 말은?

> 발송인 → 우체통에 투함 → 수집 → 정리 → 소인 → 체결 → 운송 → 교환 → 운송 → 구분 → (　　) → 수취인

① 소인　　　　　　　　　　② 배달
③ 접수　　　　　　　　　　④ 수집

TIP 우편물의 처리과정은 우편물의 접수부터 배달까지의 전반적인 처리과정을 말한다.

Answer　44.③　45.④　46.②

47 우편물을 배달할 때 수취인이 장기부재일 경우 "수취인장기부재" 표기를 하여 반송하여야 하는 경우에 해당하는 것은?

① 수취인 주소지에 있는 동거인에게 배달할 때
② 수취인의 장기부재신고서에 돌아올 날짜를 미리 신고한 때
③ 수취인에게 15일 이내 돌아올 것을 고지받은 때
④ 수취인에게 15일 이후에 돌아올 것을 고지받은 때

> **TIP** 수취인 장기부재시 우편물 배달
> ㉠ 주소지에 동거인이 있는 경우에는 그 동거인에게 배달
> ㉡ 수취인 장기부재신고서에 돌아올 날짜를 미리 신고한 경우
> • 15일 이내 : 돌아올 날짜의 다음 날에 배달
> • 15일 이후 : "수취인장기부재" 표시하여 반송

48 배달의 특례에 대한 설명으로 옳지 않은 것은?

① 동일 건축물이나 구내의 수취인에게 배달할 우편물은 관리사무소, 접수처 또는 관리인에게 배달할 수 있다.
② 우편사서함에 교부하는 우편물은 운송편이나 수집편이 도착할 때마다 구분하여 즉시 사서함에 투입한다.
③ 보관우편물의 보관기간은 도착한 다음 날로부터 15일로 한다.
④ 집배원 배달 전이나 배달하지 못해 반송하기 전 보관하고 있는 우편물은 수취인의 청구에 의해서 창구 교부한다.

> **TIP** ③ 보관기간은 우편물이 도착한 다음 날부터 계산하여 10일로 한다. 다만, 교통이 불편하거나 그 밖의 사유로 수취인이 10일 이내에 우편물을 교부받을 수 없다고 인정될 때에는 30일 이내로 교부기간을 연장할 수 있다.

49 우편물의 배달기한에 대한 설명으로 옳지 않은 것은?

① 익일특급우편의 경우 접수한 날의 다음 날 까지 배달한다.

② 통상우편의 경우 접수한 날의 다음 날부터 3일 이내에 배달한다.

③ 접수 · 배달 우편물의 운송이 모두 어려운 곳은 각각의 필요 일수를 배달기한에 합하여 계산한다.

④ 다른 지방우정청에서 다르게 적용하도록 공고한 지역이 있는 경우에는 배달기한 기준에 맞춰 배달한다.

TIP ④ 다른 지방우정청에서 다르게 적용하도록 공고한 지역에도 각각의 필요 일수를 합하여 계산 후 배달해야 한다.

50 다음 중 우편물 포장검사에 대한 설명으로 옳지 않은 것은?

① 송달도중 파손되거나, 다른 우편물에 손상을 주지 않도록 포장되어 있는지 확인해야 한다.

② 검사 결과 포장이 적당하지 않는 경우에는 포장을 다시 요구할 수 있으며, 불응할 때에는 접수를 거부할 수 있다.

③ 산 꿀벌등 일반적으로 혐오성이 없는 살아 있는 동물의 경우 튼튼한 병, 상자 기타 적당한 용기에 넣어 완전히 그 탈출 및 배설물의 누출을 방지할 장치를 하여야 한다.

④ 액체 · 액화하기 쉬운 물건은 포장을 하고 우편물 표면 보기 쉬운 곳에 품명 및 "액화물"이라고 표시하여야 한다.

TIP ④ 액체 · 액화하기 쉬운 물건은 안전누출방지용기에 넣어 내용물이 새어나지 않도록 봉하고 외부의 압력에 견딜 수 있는 튼튼한 상자에 넣고, 만일 용기가 부서지더라도 완전히 누출물을 흡수할 수 있도록 솜, 톱밥 기타 부드러운 것으로 충분히 싸고 고루 다져 넣어야 한다.

51 우편사서함 사용계약에 대한 설명으로 옳지 않은 것은?

① 우편사서함이란 신청인이 우체국장과 계약을 하여 우체국에 설치된 우편함에서 우편물을 직접 찾아가는 서비스를 말한다.

② 사용인과 신청인의 일치 여부는 주민등록증의 확인으로 하되, 대리인이 신청하는 경우에는 위임장, 대리인의 신분증 등을 확인하고 접수해야 한다.

③ 사서함을 2인 이상이 공동으로 사용할 수 있다.

④ 사서함 관리를 위해 필요한 경우 신청인(사서함 사용 중인 사람 포함)의 주소, 사무소나 사업소의 소재지를 확인할 수 있다.

TIP ③ 사서함을 2인 이상이 공동으로 사용할 수 없다.

52 다음 설명 중 적합하지 않은 것은?

① 우정사업본부에서 발행하는 우편엽서의 형식은 별도 봉투로 봉함하지 않은 형태이다.

② 우편엽서에 우편번호 작성란이 여섯 자리로 인쇄되어 있을 경우 왼쪽부터 다섯 자리를 쓰고 마지막 칸은 비워야 한다.

③ 우편물 내용의 신고 및 개봉을 거부할 때에는 그 우편물은 접수하지 않아도 된다.

④ 송달도중 파손되거나, 다른 우편물에 손상을 주지 않도록 포장되어 있는지 확인해야 하며, 검사 결과 포장이 적당하지 않는 경우라도 포장을 다시 요구할 수는 없다.

TIP ④ 송달도중 파손되거나, 다른 우편물에 손상을 주지 않도록 포장되어 있는지 확인해야 하며, 검사 결과 포장이 적당하지 않은 경우에는 포장을 다시 요구할 수 있으며, 불응할 때에는 접수를 거부할 수 있다.

Answer　51.③　52.④

53 통상우편물의 최대 부피에 대한 연결이 잘못된 것은?

① 소형포장우편물 – 가로 · 세로 및 높이를 합하여 35cm 미만

② 서신 – 가로 · 세로 및 두께를 합하여 90cm

③ 통화 – 원통형의 경우 지름의 2배와 길이를 합하여 1m

④ 달력 – 어느 길이나 60cm를 초과할 수 없음

TIP 서적 · 달력 · 다이어리 우편물은 90cm까지 허용되며, 원통형의 경우 1m까지 허용된다.

54 배달의 우선순위의 연결이 바르지 못한 것은?

① 일반통상우편물 – 제2순위

② 국제항공우편물 – 제1순위

③ 기록취급우편물 – 제2순위

④ 국제선편통상우편물 중 서장 및 엽서 – 제2순위

TIP 기록취급우편물의 경우 제1순위이다.

55 통화등기에 대한 설명으로 옳지 않은 것은?

① 우편을 이용해서 현금을 직접 수취인에게 배달하는 제도로서 만일 취급하는 중에 잃어버린 경우에는 통화등기 금액 전액을 변상하여 주는 보험취급의 일종이다.

② 주소지까지 현금이 직접 배달되므로 우편환이나 수표와 같이 해당관서를 방문해야하는 번거로움이 없어 방문시간이 절약되고 번잡한 수속절차를 생략할 수 있다.

③ 통화등기우편물은 등기취급우편물로 발송하여야 한다.

④ 통화등기 취급의 한도액은 300만 원 이하의 국내통화이다.

TIP ④ 통화등기 취급의 한도액은 100만 원 이하의 국내통화로서 10원 미만의 단수는 붙일 수 없다.

Answer 53.④ 54.③ 55.④

56 다음 중 관리사무소, 접수처, 관리인이 없는 경우 우편함에 배달하여도 되는 우편물은?

① 소포
② 요금수취인부담우편물
③ 일반우편물
④ 다량우편물

> **TIP** 관리사무소, 접수처, 관리인 등이 없는 경우에는 일반우편물은 우편함에 배달하고 우편함에 넣을 수 없는 것(대형·다량·소포 우편물)과 부가취급우편물, 요금수취인부담우편물을 수취인에게 직접 배달한다.

57 사서함우편물의 교부에 대한 설명으로 옳지 않은 것은?

① 우편사서함에 교부하는 우편물은 운송편이나 수집편이 도착할 때마다 구분하여 즉시 사서함에 투입한다.
② 사서함 이용자가 사서함에서 안내표찰을 꺼내 창구에 제출하면 담당자는 따로 보관하고 있는 우편물을 내어준다.
③ 우편사서함 번호를 기록하지 않은 우편물이라도 우편사서함 사용자에게 가는 우편물이 확실할 때에는 우편사서함에 투입 가능하다.
④ 사서함번호와 주소가 함께 기록된 특별송달, 국내특급 우편물을 사서함에 넣을 수 있다.

> **TIP** ④ 사서함번호와 주소가 함께 기록된 우편물을 사서함에 넣을 수 있으며 국내특급(익일특급 제외), 특별송달, 보험등기, 맞춤형 계약등기 우편물은 주소지에 배달한다.

58 다음 중 물품등기의 취급대상에 해당하지 않는 것은?

① 백금
② 응시원서
③ 어음
④ 여권

> **TIP** 물품등기 취급대상
> ㉠ 귀금속 : 금, 은, 백금 및 이들을 재료로 한 제품
> ㉡ 보석류 : 다이아몬드, 진주, 자수정, 루비, 비취, 사파이어, 에메랄드, 오팔, 가닛 등 희소가치를 가진 것
> ㉢ 주관적 가치가 있다고 신고되는 것 : 응시원서, 여권, 신용카드류 등

Answer 56.③ 57.④ 58.③

59 보관우편물의 교부에 대한 설명으로 옳지 않은 것은?

① 보관우편물의 보관기간은 우편물이 도착한 날부터 계산하여 10일로 한다.

② 보관우편물이 도착하면 도착날짜도장을 날인하고 따로 보관한다.

③ 교통이 불편하거나 다른 이유로 10일 이내에 교부받을 수 없으면 20일의 범위 안에서 기간을 연장할 수 있다.

④ 등기취급한 보관우편물은 배달증의 적요란에 '보관'이라고 적은 후 수취인에게 내어줄 때까지 보관한다.

> **TIP** ① 보관기간은 도착한 다음 날부터 계산하여 10일로 한다.

60 수취인의 청구에 의한 창구교부에 대한 설명으로 옳지 않은 것은?

① 교통이 불편한 도서·농어촌 지역, 공동생활 지역 등 정상으로 배달할 수 없는 경우 마을공동수취함을 설치하여 배달한다.

② 집배원 배달 전이나 배달하지 못해 반송하기 전 보관하고 있는 우편물은 대리인의 청구에 의해서 창구 교부한다.

③ 장기간 집을 비우는 경우나 많은 세대가 사는 아파트 같은 경우 수취인과 대리수령인의 신고를 통해서 등기우편물 대리수령인으로 지정할 수 있다.

④ 휴가 등으로 수취인이 장기간 집을 비울 때 등기우편물은 주소지의 그 동거인에게 배달할 수 있다.

> **TIP** ② 집배원 배달 전이나 배달하지 못해 반송하기 전 보관하고 있는 우편물을 수취인의 청구에 의해서 창구교부한다.

02 국제우편

❶ 국제우편 총설

(1) 국제우편의 의의

① 국제우편은 국가 또는 그 관할 영토의 경계선을 넘어 상호 간에 의사나 사상을 전달, 매개하거나 물건을 송달하는 제도이며 이 같은 목적으로 취급되는 우편물을 국제우편물이라 한다.

② 초창기에는 개별 당사국 간의 조약에 의하여 국제우편물을 교환하였으나 운송수단의 발달, 교역의 확대 등에 따른 우편수요의 증가와 이용조건 및 취급방법의 상이함에서 오는 불편 등을 해소하기 위하여 범세계적인 국제우편기구인 만국우편연합(UPU)을 창설하였다.

③ 국제우편은 나라(지역)와 나라(지역) 사이의 우편 교환이기 때문에 요금의 결정방법, 우편물의 통관, 우정청 간의 요금 및 운송료의 정산 등 국내우편과 비교해 볼 때 차별되고 독특한 취급내용과 취급절차가 있다.

(2) 우편에 관한 국제기구

① **만국우편연합**(UPU ; Universal Postal Union)

  ㉠ UPU의 창설 : 1868년 북부 독일연방의 우정청장인 하인리히 본 스테판이 문명국가 간의 우편연합구성을 제안함에 따라 스위스 베른에서 1874년 베른조약을 채택하였고, 이에 의거 1875년 일반우편연합(General Postal Union)이 탄생하였다. 1878년 제2차 파리총회에서 명칭을 만국우편연합(Universal Postal Union)으로 변경하여 현재까지 사용하고 있다.

  ㉡ UPU의 임무 : 전 세계 사람들 사이의 통신을 증진하기 위하여 다음과 같이 효율적이고 편리한 보편적 우편서비스의 지속적인 발전을 촉진

    ㉮ 상호 연결된 단일 우편 영역에서 우편물의 자유로운 교환을 보장

    ㉯ 공정하고 공통된 표준을 채택하고, 기술 이용을 촉진

    ㉰ 이해관계자들 간의 협력과 상호작용의 보장

    ㉱ 효과적인 기술협력 증진

    ㉲ 고객의 변화하는 요구에 대한 충족을 보장

ⓒ UPU의 조직

㉮ **총회**(Congress) : 연합의 최고 의결기관으로서 매 4년마다 개최되며 전 회원국의 전권대표로 구성되며, 전 세계 우편사업의 기본 발전방향을 설정한다.

㉯ **연합의 상설기관**

- 관리이사회(CA ; Council of Administration) : 우편에 관한 정부정책 및 감사 등과 관련된 사안을 담당한다.
- 우편운영이사회(POC ; Postal Operations Council) : 우편업무에 관한 운영적, 상업적, 기술적, 경제적 사안을 담당한다.
- 국제사무국(IB ; International Bureau) : 연합업무의 수행, 지원, 연락, 통보 및 협의기관으로 기능한다.

ⓔ UPU에 관한 기타 사항

㉮ **기준화폐** : SDR(Special Draw Rights)

㉯ **공용어** : 공용어는 프랑스어이지만 국제사무국 내 업무용 언어로 프랑스어 및 영어를 사용함(단, 조약문의 해석상 문제가 있을 때에는 프랑스어 기준). 그러나 전 세계 우정을 아우르는 UPU에서 1개 언어만을 사용하면 현실적으로 불편이 많으므로 각종 회의와 문서 발간을 위하여 프랑스어, 영어, 아랍어, 스페인어, 러시아어, 중국어, 독일어, 포르투갈어를 함께 사용함.

ⓜ 우리나라와 UPU와의 관계

㉮ 우리나라는 1897년 제5차 워싱턴 총회에 참석하여 가입신청서를 제출하였으며 1900년 1월 1일에 '대한제국(Empire of Korea)'국호로 정식가입. 1922년 일본이 '조선(Choseon)'으로 개칭하였으나 1949년 '대한민국(Republic of Korea)'국호로 회원국 자격을 회복하였다.

※ 북한은 1974년 6월 6일에 로잔느 총회에서 가입

㉯ 1952년 제13차 UPU 브뤼셀총회 때부터 대표를 계속 파견해왔으며 1989년 UPU 워싱턴총회에서 집행이사회(EC) 이사국으로 선출되었다. 또한 EC의 10개 위원회 중 우편금융위원회 의장직을 5년간 수행했다.

㉰ 1994년 8월 22일부터 9월 14일까지 제21차 UPU 총회를 서울에서 성공리에 개최하고 서울총회 개최국으로서 1995년부터 1999년까지 관리이사회(CA) 의장국으로 활동했으며, 우편운영이사회(POC) 이사국으로 선출되어 2012년까지 활동하고, 이후 2016년 관리이사회 이사국으로 선출되어 활동했다.

② 아시아 · 태평양우편연합(APPU ; Asian-Pacific Postal Union)

㉠ 개요

㉮ 한국과 필리핀이 공동 제의하여 1961년 1월 23일 마닐라에서 한국, 태국, 대만, 필리핀 4개국이 협약에 서명함으로써 창설되었다. 이에 따라 서명된 아시아 · 태평양 우편협약이 1962년 4월 1일에 발효되었으며 이후 지역 내 상호 협력과 기술 협조에 기여했다.

㉯ 대만은 UN 및 UPU의 회원 자격이 중국으로 대체됨에 따라 1974년 연합의 회원자격도 중국으로 대체되었다.

㉰ 사무국은 태국 방콕에 소재하고 있으며 현재 회원국은 32개국이다.

ⓛ 설립 목적

㉮ 지역우편연합의 구성을 허용하고 있는 UPU 헌장 제8조에 따라, 지역 내 각 회원국 간의 우편관계를 확장·촉진·개선하고 우편업무 분야에서 국제협력을 증진하는 것이 목적이다.

㉯ 구체적 실현 방법으로 우편업무의 발전과 개선에 관한 연구를 목적으로 우정 직원을 서로 교환하거나 독자적으로 파견하기 위한 협정을 체결할 수 있다.

㉰ 공용어는 영어를 활용 한다.

ⓒ 기관

㉮ **총회(Congress)** : 연합의 최고 기관이며 4년마다 개최되는 비상설기구로 회원국의 전권대표로 구성되며 APPU 헌장 및 총칙을 수정하거나 공동 관심사 토의를 위해 소집된다. 제9차 총회는 2005년에 한국의 서울에서, 제10차 총회는 2009년에 뉴질랜드의 오클랜드에서, 제11차 총회는 2013년에 인도의 뉴델리에서 개최되었다.

㉯ **집행이사회(Executive Council)** : 총회와 총회 사이에 연합 업무의 계속성을 유지하기 위하여 원칙적으로 매년 1회 개최한다. 총회의 결정에 따라 부여받은 임무를 수행하고 연합의 연차 예산을 검토·승인한다.

※ 우리나라는 제9차 APPU 총회를 2005년에 개최하여 2006년부터 2009년까지 집행이사회 의장국으로 활동했다.

㉰ 아시아·태평양우정대학(APPC ; Asian-Pacific Postal College)

• 아시아·태평양지역의 우편업무 개선·발전을 위한 우정직원 훈련이 목적으로 1970년 9월 10일에 4개국(우리나라, 태국, 필리핀, 대만)이 유엔개발계획(UNDP)의 지원을 받아 창설된 지역훈련센터로, 태국방콕에 소재하고 있다.

※ 설립 당시 명칭 : 아시아·태평양 우정연수소(APPTC ; Asian-Pacific Postal Training Center)

• 우리나라는 연수소의 창설국인 동시에 관리이사국(GB)으로서 초대 교수부장을 비롯한 교수요원과 자문관을 파견했으며, 교과과목으로는 우편관리자과정(PMC)을 비롯한 20여 과목으로, 1971년부터 매년 연수생 약 15명을 파견하고 있다.

㉱ **사무국(Bureau)** : 태국 방콕에 소재한 사무국은 집행이사회의 감독 아래 회원국을 위한 연락, 통보, 문의에 대하여 중간 역할을 한다.

③ 우정사업분야 국제협력 확대

㉠ 만국우편연합 활동 참여로 한국우정 위상 제고

㉮ 한국은 UPU 우편운영이사회(POC) 및 관리이사회(CA), 고위급 포럼 등에 대표단을 지속적으로 파견하고 있고, UPU 지역회의를 후원하며, 전자상거래 회의, IT 회의, 통관회의 등에 참가하여 UPU와의 협력활동을 계속하고 있다.

㉯ 현재, 관리이사회(CA) 회원국으로서 UPU 국제사무국 감사 활동에 참여하고 우편제도, 규제분야 개혁활동에 참여하고 있으며, 1990년부터 한국정부는 UPU 국제사무국에 전문가를 파견하여 UPU 활동에 기여하는 동시에 국제우편 전문가를 양성하고 있다.

ⓛ 아시아 · 태평양우편연합(APPU) 활동 참여

　㉮ 한국은 2005년 제9차 APPU 총회 주최국으로서 총회 이후 집행이사회 의장직을 수행하고, 2009년 3월 9일부터 13일까지 진행된 뉴질랜드 오클랜드의 APPU 총회에서 다음 의장 · 부의장의 선출을 끝으로 4년간의 집행이사회 의장직을 성공적으로 마무리 하였다.

　㉯ 4년간 APPU 집행의사회 의장국으로서 인터넷 및 IT 확산 등 우편 환경 변화에 대응하기 위한 공동 활동과 EMS 등 우편 서비스의 경쟁력 강화로 APPU 소속 각 우정청의 품질개선에 이바지하였다.

　㉰ APPU 총회 기간 중 한국 우정IT 홍보와 함께 회원국 대표들과의 협력 관계를 더욱 공고히 하였으며 앞으로도 아시아 · 태평양지역 내 우편발전을 선도할 예정이다.

❷ 국제우편물의 종류

(1) 국제우편물의 개요

① 개념 … 국제우편물은 국제통상우편물, 국제소포우편물, 국제특급우편물 등으로 구분한다.

② 종류

　㉠ 국제통상우편물 : 만국우편협약 제13조에 따라 통상우편물은 취급 속도나 내용물에 근거하여 분류하며, 이는 각 국가의 우정당국이 자유롭게 선택하여 발송우편물의 종류 및 취급 방법을 적용한다.

　㉮ 우편물의 내용물을 근거로 하여 구분(우리나라 구분방식)
　　• 서장(Letters), 소형포장물(Small packet) : 무게 한계 2kg
　　• 인쇄물(Printed papers) : 무게 한계 5kg
　　• 시각장애인용 우편물(Items for the blind) : 무게 한계 7kg
　　• 우편자루 배달인쇄물(M bag) : 10kg~30kg
　　• 기타 : 항공서간(Aerogramme), 우편엽서(Postcard)

　㉯ 취급 속도에 따라 우선취급우편물(Priority items)과 비우선취급우편물(Non-priority items)로 구분한다. (일부국가 구분방식)
　　• 우선취급우편물 : 우선적 취급을 받으며 최선편(항공 또는 선편)으로 운송되는 우편물(무게 한계 2kg)
　　• 비우선취급우편물 : 우선취급 우편물보다 상대적으로 송달이 늦고 요금도 상대적으로 싼 우편물(무게 한계 2kg)

　㉡ 국제소포우편물

　㉮ 「만국우편연합 소포우편규칙」에 규정된 바에 따라 우정당국 간에 교환하는 소포

　㉯ 국제소포는 모두 기록 취급하는 우편물로 발송 수단에 따라 항공소포와 선편소포로 구분한다.

　㉢ K-Packet : 2kg 이하 소형물품의 해외배송에 적합한 우편서비스로 우체국과의 계약을 통해 이용하는 전자상거래용 국제우편서비스

㉮ 인터넷우체국을 통해 우편물 접수를 신청하면 우체국에서 방문 접수

㉯ 주소와 세관신고서를 한 장의 운송장으로 통합할 수 있도록 정보시스템과 운송장을 제공하며 다량
　이용자등에 대하여 요금감액 혜택 제공

㉣ 국제특급우편물(EMS ; Express Mail Service)

㉮ 서류와 상품의 속달서비스로서 실물 수단에 따른 가장 신속한 우편업무

㉯ 「만국우편협약」 제16조에 근거, 국가 간 표준 다자간 협정이나 양자협정으로 합의한 내용에 따라
　취급한다.

㉰ 다른 우편물보다 우선 취급하며 통신문, 서류, 물품을 매우 짧은 시간 내에 수집 · 발송 · 배달한다.

- 서류용 특급우편물 : 세관검사가 필요 없는 편지, 유학 서류, 각종 서류 등을 발송할 때 이용. 서류
용 운송장 사용

- 비서류용 특급우편물 : 서류용 특급우편물 이외의 우편물. 세관검사를 거쳐야 하는 상품 견본과 물
품 등의 내용품을 발송할 때 이용. 비서류용 운송장 사용

㉤ 한 · 중 해상특송서비스(POST Sea Express) : 30kg 이하 물품의 해외 다량발송에 적합한 서비스로서 우
체국과 계약하여 이용하는 전자상거래 전용 국제우편서비스이다.

㉥ 그 밖의 운송편에 따른 구분 : 운송편에 따라 항공우편물(Airmail), 선편우편물(Surface mail)로 구분

> **TIP**

국제우편물의 종류

국제통상우편물	내용물에 따른 구분	LC*	서장(Letters)	우리나라 구분방식
			우편엽서(Postcard)	
			항공서간(Aerogramme)	
		AO**	인쇄물(Printed papers)	
			소형포장물(Small packet)	
			시각장애인용 우편물(Items for the blind)	
			우편자루 배달인쇄물(M bag)	
	취급 속도에 따른 구분	우선취급(Priority) 우편물		일부국가 구분방식
		비우선취급(Non-priority) 우편물		
국제소포우편물	「만국우편연합 소포우편규칙」에 규정된 바에 따라 우정당국 간에 교환하는 소포			
K-Packet	계약고객이 온라인으로 접수하는 2kg 이하의 소형물품(우체국과 계약 후 이용)			
국제특급우편물 (EMS)	서류	세관검사가 필요 없는 서류 등을 발송할 때 이용하며, 번호가 주로 EE로 시작하는 운송장을 이용(서류기준 : 종이로 된 문서 형식의 편지류, 계약서, 입학서류, 서류와 함께 보내는 팸플릿 등 홍보용 첨부물) ※ 서적, CD, 달력 등은 비서류 취급		
	비서류	세관검사를 거쳐야 하는 서류 이외의 우편물을 발송할 때 이용하며, 일반적으로 번호가 EM 또는 ES로 시작하는 운송장을 사용		
해상특송 우편물	온라인으로 접수되는 30kg 이하의 전자상거래 물품 전용 서비스(우체국과 계약 후 이용)			

*LC ; Letters et Cartes = 편지와 우편엽서

**AO ; Autres Objets = 그 외 다른 물품

(2) 국제통상우편물의 종별 세부내용

① 서장(Letters)

　　㉠ 개념 : 특정인에게 보내는 통신문(Correspondence)을 기록한 우편물(타자한 것을 포함)

　　㉡ 국제우편에 있어 다음의 우편물도 포함된다.

　　　　㉮ 서장 이외의 종류로 정해진 조건을 충족시키지 못한(타종에 속하지 않는)우편물

　　　　㉯ 멸실성 생물학적 물질(Perishable biological substance)이 들어있는 서장

　　　　㉰ 방사성 물질이 들어있는 우편물

　　㉢ 서장에 관한 요건

　　　　㉮ 서장은 규격 우편물과 우편물의 포장에 관련된 규정을 따름

　　　　㉯ 봉투에 넣은 우편물은 취급 중 어려움이 없도록 직사각형 형태일 것

　　　　㉰ 우편엽서와 모양은 다르지만 지질이 같은 우편물도 직사각형 봉투에 넣어야 함

　　　　㉱ 물량이나 포장 상태를 보아 할인 요금을 미리 낸 우편물과 혼동할 수 있는 우편물인 경우에는 우편물의 주소 면에 서장임을 표시하는 'Letter'라는 단어를 추가

　　㉣ 서장 취급 예시

　　　　㉮ 법규 위반 엽서

　　　　㉯ 법규 위반 항공 서간

② 우편엽서(Postcard)

　　㉠ 개념

　　　　㉮ 우편엽서는 조약에 규정된 조건에 따라 정부가 발행하는 것(관제엽서)과 정부 이외의 사람이 조제하는 것(사제엽서)으로 구분되며, 관제엽서는 우편요금을 표시하는 증표 인쇄가 가능하다.

　　　　㉯ 사제엽서는 관제엽서에 준하여 조제하되 우편요금을 표시하는 증표를 인쇄할 수 없다.

　　㉡ 요건

　　　　㉮ 우편엽서는 직사각형이어야 하고 우편물 취급에 어려움이 없도록 튼튼한 판지나 견고한 종이로 제조하여야 하며, 튀어나오거나 도드라진 양각 부분이 없어야 한다.

　　　　㉯ 앞면 윗부분에 우편엽서를 뜻하는 영어나 프랑스어로 표시한다(Postcard 또는 Carte postale). 다만 그림엽서의 경우에는 꼭 영어나 프랑스어로 표시해야 하는 것은 아니다.

　　　　㉰ 엽서는 봉함하지 않은 상태로 발송한다.

　　　　㉱ 적어도 앞면의 오른쪽 반은 수취인의 주소와 성명·요금납부표시, 업무지시나 업무 표지를 위하여 사용할 수 있도록 통신문을 기록하지 않고 남겨두어야 한다.

　　　　㉲ 엽서에 관한 규정을 따르지 아니한 우편엽서는 서장으로 취급하되, 뒷면에 요금납부표시를 한 엽서는 서장으로 취급하지 않고 미납으로 간주하여 처리한다.

③ 항공서간(Aerogramme)

㉠ 개념 : 항공통상우편물로서 세계 어느 지역이나 단일 요금으로 보낼 수 있는 국제우편 특유의 우편물 종류이다. 항공서간은 종이 한 장으로 되어 있으며 편지지와 봉투를 겸한 봉함엽서의 형태로 되어 있어 간편하고 편리할 뿐 아니라 요금이 저렴하다.

㉡ 요건

㉮ 직사각형이어야 하며, 우편물 취급에 지장이 없도록 제작한다.

㉯ 항공서간에는 외부에 'Aerogramme' 표시

㉢ 종류

㉮ 정부에서 발행하는 항공서간과 사제항공서간으로 구분한다.

㉯ 정부 발행하는 항공서간에는 우편 요금을 표시하는 증표를 인쇄할 수 있으나 사제항공서간에는 우편 요금을 표시하는 증표를 인쇄할 수 없다.

㉣ 주요 발송 조건

㉮ 원형을 변경하여 사용할 수 없으며 등기로 발송 가능하다.

㉯ 항공서간에는 우표 이외의 물품을 붙이지 못하며 어떠한 것도 넣을 수 없다.

④ 인쇄물(Printed papers)

㉠ 개념 : 종이, 판지나 일반적으로 인쇄에 사용되는 다른 재료에 접수국가 우정청이 인정한 방법에 따라 여러 개의 동일한 사본으로 생산된 복사물

㉡ 요건

㉮ 허용된 물질(종이, 판지나 일반적으로 인쇄에 사용되는 재료 등)에 2부 이상을 생산한 복사물일 것

㉯ 인쇄물에는 굵은 글자로 주소 면(가급적 왼쪽 윗부분, 발송인의 주소·성명이 있을 경우 그 아래)에 인쇄물의 표시인 'Printed papers' 또는 'Imprimé'를 표시할 것

㉰ 인쇄물은 신속하고 간편하게 검사를 받을 수 있으면서도 그 내용품이 충분히 보호받을 수 있도록 포장하여야 한다.

㉢ 인쇄물 접수 물품

㉮ 접수 가능 물품 : 서적, 정기간행물, 홍보용 팸플릿, 잡지, 상업광고물, 달력, 사진, 명함, 도면 등

㉯ 접수 불가 물품 : CD, 비디오테이프, OCR, 포장박스, 봉인한 서류

※ 종이, 판지 등의 인쇄물 형태로 정보 전달의 내용이 포함된 인쇄물에 한함

㉣ 인쇄물의 요건을 갖추지 않은 것 중 인쇄물로 취급하는 것

㉮ 관계 학교의 교장을 통하여 발송하는 것으로 학교의 학생끼리 교환하는 서장이나 엽서

㉯ 학교에서 학생들에게 보낸 통신강의록, 학생들의 과제 원본과 채점답안(단, 성적과 직접 관계되지 않는 사항은 기록할 수 없다)

㉰ 소설이나 신문의 원고

㉱ 필사한 악보

㉲ 인쇄한 사진

　　　　　㉛ 동시에 여러 통을 발송하는 타자기로 치거나 컴퓨터 프린터로 출력한 인쇄물
　　　㉤ 인쇄물에 기록할 수 있는 사항
　　　　　㉮ 발송인과 수취인의 주소·성명(신분, 직업, 상호 기록 가능)
　　　　　㉯ 우편물의 발송 장소와 일자
　　　　　㉰ 우편물과 관련되는 일련번호와 등기번호
　　　　　㉱ 인쇄물 본문 내용의 단어나 일정 부분을 삭제하거나 기호를 붙이거나 밑줄을 친 것
　　　　　㉲ 인쇄의 오류를 정정하는 것
　　　　　㉳ 간행물, 서적, 팸플릿, 신문, 조각 및 악보에 관한 주문서, 예약신청서 또는 판매서에는 주문하거나 주문받은 물건과 그 수량, 물건의 가격과 가격의 주요 명세를 표시한 기록, 지불 방법, 판, 저자 발행자명, 목록 번호와 'paper-backed', 'stiff-backed' 또는 'bound'의 표시
　　　　　㉴ 도서관의 대출 업무에 사용되는 용지에는 간행물명, 신청·송부 부수, 저자, 발행자명, 목록 번호, 대출 일수, 대출 희망자의 성명
　　　　　㉵ 인쇄한 문학작품이나 예술 작품에는 간단한 관례적 증정 인사말
　　　　　㉶ 신문이나 정기간행물에서 오려낸 것에는 이를 게재한 간행물의 제목, 발행 일자, 발행사
　　　　　㉷ 인쇄용 교정본에는 교정, 편집, 인쇄에 관한 변경·추가 및 'Passed for press', 'Read-passed for press'와 같은 기록 또는 발행과 관련된 이와 비슷한 표시. 여백이 없을 경우, 별지에 추가 기록 가능
　　　　　㉸ 주소변경 통지서에는 신·구 주소와 변경 일자
　　　㉥ 인쇄물의 첨부물
　　　　　㉮ 우편물 발송인의 주소나 원래의 우편물의 접수국가나 배달국가내의 대리인의 주소를 인쇄한 카드, 봉투, 포장재는 첨부가 가능하며, 이 첨부물에는 반송을 위하여 원래 우편물 배달국가의 우표나 우편요금선납인, 우편요금선납도장으로 요금 선납이 가능하다.
　　　　　㉯ 인쇄된 문학작품과 예술적 작품의 관련 송장(송장 사본, 대체 용지)
　　　　　㉰ 패션 간행물에 대하여는 그 간행물의 일부를 이루는 도려낸 옷본

⑤ 소형포장물(Small packet)
　　㉠ 개념 : 소형으로 무게가 가벼운 상품이나 선물 등 물품을 그 내용으로 하는 것으로서 성질상으로는 그 내용품이 소포우편물과 같은 것이나 일정한 조건에서 간편하게 취급할 수 있도록 통상우편물의 한 종류로 정한다.
　　㉡ 소형포장물의 특색
　　　　㉮ 소형포장물은 「만국우편협약」에 따라 정하여진 우편물 종류로서 소포우편물과는 달리 이용 조건 등에 각 국 공통점이 많아 이용이 편리하다.
　　　　㉯ 발송 절차가 소포에 비해 간단하고 송장이 필요 없으며 내용품의 가격이 300SDR 이하인 경우에는 기록 요령이 간단한 세관표지(CN22)를, 내용품의 가격이 300SDR을 초과하는 경우에는 세관신고서(CN23)를 첨부한다.
　　　　　※ 1SDR = 1,584원(2020년 12월 1일 기준)

ⓒ 발송 요건

㉮ 주소기록이면 좌측 상단이나 발송인 주소·성명 기록란 아래에 굵은 글씨로 소형포장물을 나타내는 'Small packet' 또는 'Petit paquet'를 표시

㉯ 현실적이고 개인적인 통신문과 같은 성질의 그 밖의 서류 동봉이 가능하다. 다만, 그러한 서류는 해당 소형포장물의 발송인이 아닌 다른 발송인이 작성하거나 다른 수취인 앞으로 주소를 쓸 수 없다.

㉰ 소형포장물을 봉할 때에 특별 조건이 필요한 것은 아니나, 내용품 검사를 위하여 이를 쉽게 열어볼 수 있도록 해야 한다.

ⓓ 소형포장물의 첨부물 등 기타 사항

㉮ 소형포장물의 내부나 외부에 송장(Invoice) 첨부 가능

㉯ 우편물의 내부나 외부에 다음 사항 기록 가능

• 상거래용 지시 사항
• 수취인과 발송인의 주소·성명
• 제조회사의 마크나 상표
• 발송인과 수취인 사이에 교환되는 통신문에 관한 참고 사항
• 물품의 제조업자 또는 공급자에 관한 간단한 메모, 일련번호나 등기번호, 가격·무게·수량·규격에 관한 사항, 상품의 성질, 출처에 관한 사항

⑥ 시각장애인용 우편물(Items for the blind)

ⓐ 개념 : 시각장애인이나 공인된 시각장애인기관에서 발송하거나 수신하는 경우에 해당하며, 녹음물, 서장, 시각장애인용 활자가 표시된 금속판을 포함한다.

ⓑ 요금의 면제 : 항공부가요금을 제외한 모든 요금이 면제된다. 즉, 선편으로 접수할 때에는 무료로 취급하며 항공 등기로 접수할 때에는 등기요금은 무료, 항공부가요금만 징수한다.

ⓒ 발송요건

㉮ 시각장애인용 우편물은 신속하고 간편하게 확인을 받을 수 있으면서도 그 내용물을 보호할 수 있도록 포장되어야 한다.

㉯ 봉함하지 않고 보내며 시각장애인용 문자를 포함하고 있는 서장과 시각장애인용 활자가 표시된 금속판을 포함해 발송한다.

※ 위의 우편물에는 어떠한 내용도 적을 수 없다.

㉰ 소인 여부를 떠나 우표나 요금인영증지나 금전적 가치를 나타내는 어떠한 증서도 포함할 수 없다.

㉱ 시각장애인용 점자우편물의 수취인 주소가 있는 면에 아래의 상징이 그려진 흰색 표지 부착

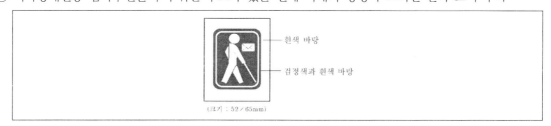

㉲ 봉투 겉표지에 Items for the blind를 고무인으로 날인

⑦ 우편자루배달 인쇄물(M bag)

㉠ 개념

㉮ 동일인이 동일수취인에게 한꺼번에 다량으로 발송하고자 하는 인쇄물 등을 넣은 우편자루를 한 개의 우편물로 취급

㉯ 보낼 수 있는 우편자루배달인쇄물의 내용물은 다음과 같다.

• 인쇄물에 동봉하거나 첨부하여 발송하는 물품 : 디스크, 테이프, 카세트, 제조업자나 판매자가 선적하는 상품 견본, 또는 관세가 부과되지 않는 그 밖의 상업용 물품이나 재판매 목적이 아닌 정보 자료
  ※ 물품의 무게는 2kg를 초과할 수 없다.

• 인쇄물과 함께 발송되는 인쇄물 관련 물품

㉰ 인쇄물을 넣은 우편자루 하나를 하나의 우편물로 취급하는 것이며 제한무게는 10kg 이상 30kg까지

㉡ **접수우체국** : 전국의 모든 우체국 (우편취급국은 제외)

㉢ 취급 조건

㉮ 10kg 이상 인쇄물에 한하여 접수, kg 단위로 요금 계산

㉯ 일반으로는 어느 나라든지 보낼 수 있으나, 등기는 취급하는 나라가 제한된다.

㉰ 부가취급 가능

㉱ 내용품의 가격이 300SDR 이하인 경우에는 세관표지(CN22)를, 내용품의 가격이 300SDR을 초과하는 경우에는 세관신고서(CN23)를 첨부한다.

㉲ M bag에 담긴 인쇄물의 각 묶음에 수취인의 주소를 표시하여 동일주소의 동일 수취인에게 발송

㉳ M bag에는 발송인의 수취인에 관한 모든 정보를 기록한 직사각형 운송장을 첨부해야 하며, 운송장은 다음과 같아야 한다.

• 충분히 견고한 천, 튼튼한 판지, 플라스틱, 양피지나 나무에 접착한 종이로 만들어진 것이어야 하며, 구멍이 있을 것

• 우편자루에 매달 수 있도록 끈으로 연결되어 있을 것

• 90×140mm 이상일 것(허용 오차 2mm)

(3) 국제소포우편물

① **개념** … 서장(letters)과 통화 이외의 물건을 포장한 만국우편연합 회원국 또는 지역 상호 간에 교환하는 우편물

② **종류** … 기록취급하며 항공, 배달 통지 등의 부가취급이 가능한 국제소포는 서비스 적용에 따라 다음과 같이 분류한다.

㉠ 보험소포(Insured parcel) : 내용품을 보험에 가입하여 만일 내용품의 전부나 일부가 분실·도난·훼손이 된 경우에는 보험가액 한도 내에서 실제로 발생된 손해액을 배상하는 소포

㉡ 우편사무소포(Postal Service parcel) : 우편업무와 관련하여 만국우편협약 제7조 제1.1항에서 정한 기관 사이에서 교환하는 소포로써 모든 우편 요금이 면제되며 그 종류는 다음과 같다.

㉮ UPU 국제사무국에서 우정청과 지역우편연합에 발송하는 소포

　　　㉯ 회원국 우정청(우체국)끼리 또는 국제사무국과 교환하는 소포

　ⓒ 전쟁 포로 및 민간인 피억류자 소포(Prisoner-of-war and civilian internee parcel) : 전쟁 포로에게 보내거나 전쟁 포로가 발송하는 우편소포 및 「전쟁 포로의 대우에 관한 1949년 8월 12일의 제네바협약」에서 규정한 민간인 피억류자에게 보내거나 민간인 피억류자가 발송하는 우편소포이다.

　　　㉮ 전쟁 포로에게 보내거나 전쟁 포로가 발송하는 통상우편물, 우편소포, 우편 금융 업무에 관한 우편물은 항공부가요금을 제외한 모든 우편 요금이 면제된다(「만국우편협약」 제7조 제2.1항).

　　　㉯ 「전시에 있어서의 민간인 보호에 관한 1949년 8월 12일의 제네바협약」에서 규정한 민간인 피억류자에게 보내거나 민간인 피억류자가 발송하는 우편물, 우편소포, 우편 금융 업무에 관한 우편물에도 항공부가요금을 제외한 모든 우편 요금을 면제한다.

　　　㉰ 소포는 무게 5kg까지 우편 요금이 면제되지만, 다음의 경우에는 10kg까지 발송 가능하다.

　　　　• 내용물을 분할할 수 없는 소포

　　　　• 포로에게 분배하기 위하여 수용소나 포로 대표자에게 발송되는 소포

　　　㉱ 이외 속달소포, 대금교환소포 등(다만, 우리나라에서는 취급하지 않음)

(4) K-Packet

① 개념 및 명칭

　㉠ 「국제우편규정」 제3조, 제9조에 따라 과학기술정보통신부장관이 고시한 전자상거래용 국제우편서비스

　㉡ 우리나라를 상징하는 의미를 담아 "Korea"를 뜻하는 K-Packet으로 정함

　　※ 해외 전자상거래용 우편서비스

　　　중국 : e-Packet, 일본 : e-small packet, 싱가포르 : e-pak, 홍콩 : e-express

② 특징

　㉠ EMS와 같은 경쟁서비스이며 고객맞춤형 국제우편 서비스로서 평균 송달기간은 7~10일이다.

　㉡ 우체국과 계약하여 이용(최소 계약물량 제한 없음)

　㉢ 온라인으로 판매되는 소형물품의 해외배송에 적합한 국제우편 서비스

　㉣ 월 이용금액에 따라 이용 요금 감액

　㉤ 지방우정청, 총괄우체국 및 6급 이하 우체국(별정국 포함)에서 계약가능하며 우편취급국은 총괄우체국이 접수국으로 지정한 경우 가능

　㉥ 무료 방문접수서비스 제공 및 전국의 모든 우체국에서 접수 가능

　　※ 월 발송물량이 50통 미만 및 6급 이하 우체국은 방문접수를 제공하지 않음

　　※ 계약관서의 인력·차량 사정에 따라 방문접수 또는 별도의 접수장소를 상호 협의하여 결정

　㉦ 국내에서 K-Packet을 등기소형포장물보다 우선 취급

　㉧ 2kg 이하 소형물품을 인터넷우체국이 제공하는 API 시스템을 통해 온라인으로 접수

　　※ API(Application Program Interface)시스템 : 이용자의 정보시스템과 인터넷우체국 사업자포털시스템 간 우편번호, 종추적정보, 접수정보 등을 교환할 수 있도록 제공하는 IT서비스

③ 취급조건

　　㉠ 제한무게 : 2kg, 제한규격 : 최대길이 60cm, 가로+세로+높이≤90cm

　　㉡ 우선취급 발송

　　㉢ 1회 배달 성공률 향상을 위해 해외우정과 제휴하여 배달국가에서 수취인 서명 없이 배달

　　㉣ 손해배상

　　　㉮ 발송우정청 책임

　　　㉯ 손해배상 처리절차는 기존 국제등기우편과 동일. 단, 인터넷으로 종추적 배달결과가 없는 경우에 한하여 행방조사 청구가 가능

　　　　※ 배상액 : 기존 국제등기우편물 손해배상 지급기준과 동일

(5) 국제특급우편(EMS)

① 개념 및 명칭

　　㉠ 만국우편협약 제16조에 근거하여 다른 우편물보다 최우선으로 취급하는 가장 신속한 우편 업무이다.

　　㉡ 국가 간 EMS 표준다자간 협정이나 양자 협정으로 합의한 내용에 따라 취급한다(국가별 상세한 취급 사항은 EMS 운영 가이드에 따름).

　　　　※ EMS 운영 가이드(EMS Operational Guide) : UPU 산하 EMS 협동조합(Cooperative)에서 각 국의 EMS 취급 조건을 모아서 웹사이트에 게시

　　㉢ EMS에 대하여 만국우편협약에서 정한 공통로고가 있지만, 그 명칭은 나라마다 다르다.

　　　㉮ 우리나라 : EMS 국제특급우편

　　　㉯ 일본 : EMS 국제스피드우편

　　　㉰ 미국 : Express Mail International

　　　㉱ 호주 : Express Post International

　　　　※ 우리나라는 UPU에서 정한 공통 로고 규정에 맞춰 다음과 같은 EMS 브랜드 공공디자인을 개발하여 사용

② 특성

　　㉠ 신속성 · 신뢰성 · 정기성 · 안전성 보장

　　㉡ 모든 우체국과 우편취급국에서 발송 가능

　　㉢ 각 접수우체국마다 그날 업무마감시간이 제한되어 있어, 마감시간 이후 분은 다음 날 국외 발송 승인 후 접수

　　㉣ 행방조사 결과 우체국의 잘못으로 송달예정기간보다 48시간 이상 늦어진 것으로 판정된 경우 납부한 우편 요금 환불(다만, 배달을 시도했으나 수취인이 부재한 경우와 공휴일 및 통관 소요일은 송달예정 기간에서 제외)

　　　　※ 단, EMS 배달보장서비스 적용 우편물의 경우, 송달예정일보다 늦어진 경우 우편요금 반환

ⓜ 외국에서 국내 배달우체국에 도착한 국제특급우편물은 국내당일특급 우편물의 예에 따라 배달

③ 종류

　　㉠ 계약국제특급우편 (Contracted EMS)

　　㉡ 수시국제특급우편 (On demand EMS)

④ 국제특급우편으로 보낼 수 있는 물품과 금지물품

접수 가능 물품	접수 금지 물품
① 업무용 서류(Business Documents)	① 동전, 화폐(Coins, Bank notes)
② 상업용 서류(Commercial papers)	② 송금환(Money remittances)
③ 컴퓨터 데이터(Computer data)	③ 유가증권류(Negotiable articles)
④ 상품 견본(Business samples)	④ 금융기관 간 교환 수표(Check clearance)
⑤ 마그네틱테이프(Magnetic tape)	⑤ UPU일반우편금지물품(Prohibited articles)
⑥ 마이크로필름(Microfilm)	㉠ 취급상 위험하거나 다른 우편물을 더럽히거나 깨뜨릴 우려가 있는 것
⑦ 상품(Merchandise) : 나라에 따라 취급을 금지하는 경우도 있음	㉡ 마약류 및 향정신성 물질
	㉢ 폭발성, 가연성 또는 위험한 물질
	㉣ 외설적이거나 비도덕적인 물품 등
	⑥ 가공 또는 비가공의 금,은, 백금과 귀금속, 보석 등 귀중품
	⑦ 상대국가에서 수입을 금하는 물품
	⑧ 여권을 포함한 신분증

※ 국가별 통관 규정이나 국내 법규 등에 따라 수시로 변경되므로, 반드시 포스트넷(내부망) 발송조건 또는 인터넷우체국(외부망)을 확인하여 접수

⑤ 배달국가와 우편물 접수 관서

　　㉠ 배달(교환) 국가 : 홍콩, 일본과 1979년 7월 1일 업무 개시 이후 계속 배달(교환) 국가를 확대. 우리나라와 EMS 우편물의 교환을 위한 표준다자간협정 및 양자협정을 맺은 국가는 143개국

　　　※ 항공편 사정, 천재지변, 상대국 통관, 배달 상황 등에 따라 배달(취급) 중지되는 경우가 있으므로 EMS 우편물 접수할 때 취급 가능한 국가를 반드시 국제우편물 발송조건(포스트넷 또는 인터넷우체국)에서 확인해야 한다.

　　㉡ 접수 관서 : 전국의 모든 우체국 및 우편취급국

⑥ 주요 부가취급의 종류(EMS는 항공 및 등기를 기본으로 취급)

　　㉠ 배달통지

　　㉡ 보험취급

　　㉢ EMS프리미엄

　　㉣ 배달보장서비스

(6) 한 · 중 해상특송서비스(POST Sea Express)

① 개념 ··· 30kg 이하 물품의 해외 다량발송에 적합한 서비스로서 우체국과 계약하여 이용하는 전자상거래 전용 국제우편서비스

  ㉠ e-Shipping을 이용하는 고객에 한하여 이용 가능

  ㉡ 운송수단 : 인천-위해(威海, Weihai)간 운항하는 여객선 및 화물선

② 특징

  ㉠ EMS와 같은 경쟁서비스이며 고객맞춤형 국제우편 서비스로서 표준송달기간은 평균적으로 중국 6일, 한국 4일

  ㉡ 온라인으로 판매되는 물품의 중국배송에 적합한 국제우편 서비스

  ㉢ 월 발송물량에 따라 이용 요금 감액

  ㉣ 지방우정청, 총괄우체국에서 이용계약 가능하며 6급 이하 우체국(별정국, 우편취급국 포함)은 총괄우체국장의 승인을 받은 경우에 한함

❸ 국제우편물 종별 접수요령

(1) 국제우편물의 접수

① 개요

  ㉠ 우편물이 접수된 때부터 우편이용관계가 발생하며, 우편관서와 발송인 사이에 우편물송달계약이 성립된다. 따라서 우편관서에서는 접수한 우편물을 도착국가로 안전하게 송달하여야 할 의무가 있으며 발송인은 국제우편 이용관계에 따른 각종 청구권을 갖는 등 권리의무가 성립된다.

  ㉡ 국내우편물과 마찬가지로 우편물을 우체통에 넣거나 우체국에서 접수한다(단, EMS는 발송인의 요청에 따라 발송인을 방문하여 접수 가능).

    ㉮ 다음의 우편물은 창구에서 접수

      • 소포우편물, 국제특급우편(EMS), 해상특송우편물

      • 부가취급(항공취급은 제외)을 요하는 우편물

      • 소형포장물, K-Packet

      • 통관검사를 받아야 할 물품이 들어있는 우편물

      • 요금별납, 요금후납, 요금계기별납으로 하는 우편물

      • 공취급으로 하는 점자우편물

      • 「만국우편협약」에서 정한 우편요금감면대상 우편물

    ㉯ 용적이 크기 때문에 우체통에 넣을 수 없는 우편물과 한꺼번에 여러통을 발송하는 우편물의 경우, 이를 우체국 창구에 제출 가능하다(「국제우편규정」 제20조 제2항).

㉰ 통상우편물은 우편물에 붙인 우표 소인. 다만, 통신사무우편물, 요금별납, 요금후납, 요금계기별납에 따른 우편물은 날짜도장을 날인하지 않는다.

㉱ 국제우편물의 소인, 그 밖의 업무취급에는 국제날짜도장 사용

② 일반 사항

㉠ 접수우편물의 점검

㉮ 통상우편물 접수(창구접수, 수집)할 때 주요 확인할 사항

- 도착국가는 어디인지
- 통상우편물로 발송할 수 있는 내용인가. 내용품은 우편 금지물품이 아닌지
- 종별은 무엇인지
- 부가취급 요청은 없는지
- 부가취급은 이를 상대 국가에서 취급을 허용하는 것인지
- 용적 · 무게 및 규격의 제한에 어긋나는 것은 아닌지
- 포장은 적절한지
- 투명창문봉투를 사용하고 있는 우편물은 창문을 통하여 주소를 쉽게 읽을 수 있는지
- 봉투 전부가 투명한 창문으로 된 것을 사용하고 있는지
- 외부 기록 사항은 적당한지
- 각종 표시는 어떠한지
- 첨부 서류는 어떠한지

㉯ 검사 결과 규정 위반이 발견된 때, 발송인에게 보완하여 제출하도록 요구하고, 이를 거부할 때는 그 이유를 상세히 설명하고 접수 거절

㉡ 수집 우편물의 처리 : 국제특급과 항공우편물은 따로 가려내어 가장 빠른 운송편으로 송달

㉢ 통관검사대상우편물의 처리

㉮ 통상우편물 중 통관에 회부하여야 할 우편물

- 소형포장물
- 세관표지(CN22) 및 세관신고서(CN23)가 붙어있는 통상우편물
- 통관우체국장이나 세관장이 특히 통관검사에 부칠 필요가 있다고 인정하는 그 밖의 통상우편물

㉯ 통관대상우편물을 접수(소형포장물은 제외)한 때에는 통관절차대행 수수료(통상 2,000원, 소포 · EMS 4,000원) 상당의 우표를 붙이게 하고 우편물에는 '통관절차대행수수료징수필' 고무인을 날인한다.

㉰ 세관검사에 회부하는 우편물은 반드시 그 표면에 녹색의 세관표지(CN22)를 부착하고, 발송인이 표시한 내용품의 가격이 300SDR을 초과하거나 발송인이 원할 때에는 세관신고서(CN23)를 첨부한다.

※ 국제소포, K-Packet 및 국제특급(비서류용) 운송장에 CN23 내용이 포함되어 있음

※ 국제특급(서류용)은 CN22 포함

(2) 종류별 접수방법

① 주요 통상우편물의 접수

　　㉠ 우편자루배달인쇄물(M bag)의 접수

　　　㉮ 등기취급의 경우에는 도착국가가 등기로 발송 가능한 나라인지를 국제우편요금, 발송 조건표, 우편물류시스템을 이용하여 확인(보통의 경우는 모든 나라에 발송 가능)

　　　㉯ 접수할 때에는 하나의 통상우편물로 취급

　　　㉰ 국제우편자루에 우편물을 넣도록 하되, 접수우체국에서 국제우편자루 미확보 등 부득이한 경우에는 국내우편자루를 활용하고, 국제우편물류센터에서 국제우편자루로 다시 묶을 수 있음

　　　㉱ 주소기록용 꼬리표(90×140mm, 두꺼운 종이 또는 플라스틱이나 나무에 붙인 종이 등으로 만들고, 두 개의 구멍이 있어야 함)를 2장 작성하여, 1장은 우편물에 붙이고 1장은 우편자루 목에 묶어 봉인

　　　㉲ 요금은 우표나 우편요금인영증지를 주소기록용 꼬리표(우편자루 목에 붙인 꼬리표) 뒷면이나 우편물 표면(꼬리표를 달기 어려울 때)에 부착

　　　㉳ 통관대상물품이 들어 있는 경우에는 세관표지(CN22)를 작성하여 붙이고 내용품의 가액이 300SDR을 초과할 때에는 세관신고서(CN23)를 작성하여 붙임

　　　㉴ 통관절차대행수수료 4,000원 징수(우편요금과 별도로 징수)

　　　㉵ 우편물을 넣은 국제우편자루(M bag)를 다시 국내용 우편자루에 넣어 교환우체국으로 발송하되, 국명표와 송달증에 'M' 표시

　　　　• 항공편일 경우에는 국제우편물류센터로 발송

　　　　• 선편일 경우에는 부산국제우체국으로 발송

　　㉡ 시각장애인용 우편물의 접수

　　　㉮ 시각장애인용우편물 취급 요건 충족 여부

　　　㉯ 봉투 표면에 'Items for the blind' 표시

　　　㉰ 항공으로 발송할 때에는 항공부가요금에 해당하는 요금을 수납

　　　㉱ 등기를 접수할 때 등기료는 무료

　　　㉲ 'AIRMAIL' 또는 'SURFACE MAIL' 고무인

　　　㉳ 국제날짜도장으로 소인

　　㉢ 항공서간 등 : 항공서간 취급 요건 충족 여부 확인, 국제날짜도장 소인

② 소포우편물의 접수

　　㉠ 보통소포우편물의 접수

　　　㉮ 접수 검사

　　　　• 도착국가와 우리나라의 소포 교환 여부, 접수 중지 여부

　　　　• 금지물품 여부, 포장상태

　　　　• 용적과 중량제한(국제우편요금, 발송조건표, 우편물류시스템 참조)

　　　　• 운송장 기록 사항

－내용품의 영문 표기 및 수량과 가격 표기

－잘못을 발견하였을 때에는 발송인에게 보완 요구, 불응하면 접수 거절

  ㉯ **국제소포우편물 운송장의 작성과 첨부**

- 발송인으로 하여금 국제소포우편물 운송장을 작성하게 하여 소포우편물 외부에 떨어지지 않도록 부착
- 국제소포우편물 운송장은 다음과 같이 6연식으로 되어 있으며, 별도의 복사지 없이도 제1면의 기록 내용이 제6면까지 복사됨

－제1면 : 운송장

－제2면 : 접수 원부(접수우체국용)

－제3면 : 접수증(발송인용)

－제4면 : 송장(도착우체국용)

  ※ 인쇄일자에 따라 제4면이 없는 운송장도 있음

－제5, 6면 : 세관신고서(도착국가세관용)

- 국제소포우편물 운송장에는 도착국가에서 필요한 서식(송장·세관신고서)이 포함되어 있으므로 별도 작성할 필요가 없다. 다만, 발송인이 필요하다고 인정하는 경우, 우리나라와 도착국가에서의 통관수속에 필요한 모든 서류(상업송장, 수출허가서, 수입허가서, 원산지증명서, 건강증명서 등)를 첨부 가능하다.
- 발송인이 운송장에 기록할 때 왼쪽 아랫부분의 지시사항란을 반드시 기록. 이 지시사항(Sender's instruction)은 도착국가에서 배달이 불가능 할 때 명확하게 처리하기 위해 필요할 뿐 아니라 특히 소포우편물이 반송되는 경우에 발송인에게 반송도착료를 징수하는 근거가 됨
- 소포우편물이 배달 불능일 경우에 적용하여야 할 취급 방법을 발송인이 주소 운송장에 표시할 때에는 다음 중 하나를 택하여 해당란의 □ 속에 × 표시(발송인에게 즉시 반송 / 포기)
- 반송이나 전송의 경우에는 반드시 선편이나 항공편 중 하나를 택하여 ×표시
- 발송인이 작성 제출한 운송장에는 우편물의 총중량과 요금, 접수우체국명, 접수 일자 등을 접수담당자가 명확히 기재

－이 경우 100g 미만의 단수는 100g 단위로 절상

  例 소포우편물 중량이 5kg 740g인 경우 5,800g으로 기록

－운송장의 소포우편물 중량과 요금은 고쳐 쓸 수 없으므로 잘못 적지 않도록 각별히 주의

  ㉰ **기타**

- 요금납부방법 : 현금, 신용카드(체크카드 포함), 우표
- 접수된 우편물은 발송전에 처리부서 책임자가 반드시 정당 요금 징수여부를 검사하고 국제소포우편물 운송장, 국제발송소포우편물송달증, 별·후납 취급기록, 우편요금즉납서 등과 철저히 대조 확인

 ㉡ **보험소포우편물의 접수**

  ㉮ **접수검사**

- 보험소포우편물은 특히 포장을 튼튼히 한 후 뜯지 못하도록 봉함했는지 확인
- 통관검사를 위하여 개봉한 후에는 통관우체국에서 가능한 한 원상태에 가깝도록 다시 봉함
- 그 밖의 사항은 보통소포우편물의 접수 검사 절차와 동일

　　　　㉯ 국제보험소포우편물 운송장의 작성 및 첨부
　　　　　• 국제보험소포우편물 운송장의 구성, 통관에 필요한 첨부서류 추가, 배달이 불가능할 때의 처리 방법에 관한 지시사항 표시 등에 관하여는 앞에 서술한 보통소포우편물 접수 예와 같음
　　　　　• 보험소포우편물의 중량은 10g 단위로 표시, 10g 미만의 단수는 10g으로 절상
　　　　　　📋 중량이 7kg 542g인 경우 7,550g 으로 기록
　　　　　• 보험 가액을 기록할 때의 유의 사항
　　　　　－내용품은 반드시 객관적인 가치가 있는 물품이어야 함
　　　　　－보험가액은 소포우편물 내용물의 실제 가격을 초과할 수 없지만 소포우편물 가격의 일부만을 보험에 가입하는 것은 허용
　　　　　－보험가액은 원(Won)화로 표시, 발송인이 운송장 해당란에 로마문자와 아라비아숫자로 기록해야 하며 보험가액은 잘못 적은 경우 지우거나 고쳐 치지 말고 운송장을 다시 작성하도록 발송인에게 요구
　　　　　－발송우체국은 발송인이 원(Won)화로 기록한 보험가액을 SDR로 환산하여 운송장의 해당란에 기록하며 환산할 때에는 소수점 둘째자리 미만은 올려서 소수점 둘째자리까지 기록함. 이 가액은 어떠한 경우에도 고쳐 쓸 수 없음(보험 가액 최고한도액 : 4,000SDR)
　　　　　－소포우편물 내용물의 실제 가격보다 높은 가액을 보험가액으로 할 수 없으며 이러한 경우 사기보험으로 간주
　　　　㉰ 그 밖의 사항 : 보통소포우편물의 경우에 준하여 처리
　③ K-Packet 접수
　　㉠ 일반사항
　　　　㉮ 내용품이 파손되거나 이탈되지 않도록 단단하게 포장하되 사각형태의 상자에 포장하고 액체는 내용물이 새지 않도록 봉하여 외부 압력에 견딜 수 있는 용기에 넣어 포장
　　　　　※ 2개 이상의 포장물품을 테이프, 끈 등으로 묶어 K-Packet 하나로 발송 금지
　　　　㉯ 라벨기표지 작성
　　　　　• K-Packet을 발송할 경우 인터넷 접수시스템으로 발송인과 수취인의 주소, 내용품명, 내용품가액 등 필수 입력사항을 영문으로 입력
　　　　　• 운송장을 작성할 때에는 요금을 올바르게 계산하기 위해 반드시 규격 및 무게를 정확히 기재
　　　　　• 표시한 무게와 실제 우편물 무게가 달라 요금에 차이가 발생한 경우 즉시 이용 고객에게 알림
　　　　　• K-Packet 운송장의 발송인 란에는 통관, 손해배상, 반송 등의 업무처리를 위하여 반드시 한 명의 주소·성명을 기재
　　㉡ 우편물의 접수 장소 : 계약 관서의 장은 인력과 차량의 사정에 따라 K-Packet을 방문접수할지 별도의 장소에서 접수할지를 협의하여 결정하고 이를 계약사항에 표시할 수 있음
　　㉢ 접수제한 물품 : 「만국우편협약」과 「우편법」 제17조(우편금지물품) 제1항에서 정한 폭발성 물질, 발화성 물질, 인화성물질, 유독성물질, 공공안전의 위해를 끼칠 수 있는 물질, 그 밖의 위험성 물질 등

④ 국제특급우편물(EMS)의 접수

㉠ 공통 사항

㋐ 무게 제한, 금지물품 확인

㋑ EMS 운송장을 이용자(계약고객, 수시이용고객)에게 교부하여 작성 요청

※ 운송장은 내용품에 따라 서류용과 비서류용의 2가지로 구분

㋒ 접수 담당자는 국제특급우편물 운송장(EMS 운송장)의 해당란에 접수일시, 무게(10g 단위), 요금 등 기록

㉡ 수시 국제특급우편물(EMS)의 접수

㋐ EMS 운송장을 이용자(고객)에게 교부하여 작성 요청

㋑ 요금은 우표, 현금 또는 「여신전문금융업법」에 따른 신용카드로 납부

㋒ EMS운송장(발송인 보관용)을 접수증으로 영수증과 함께 발송인에게 교부

㉢ 계약 국제특급우편물(EMS)의 접수

㋐ EMS 운송장 서식을 용도에 따라 구분하여 미리 교부하고 교부 매수를 명확히 기록 유지하며 결번이 생기지 않도록 이용 고객에게 미리 알림

㋑ 우편물의 수집은 계약서에서 정한 주소지 수집을 원칙으로 하되 계약 우체국의 사정을 감안하여 창구접수도 가능

㋒ 수집하는 우체국에서는 수집한 우편물의 무게 등을 검사하고 해당 우편물에 표시된 무게와 실제 무게가 달라서 요금에 차이가 생긴 때에는 이를 즉시 이용자에게 통지

㋓ 요금은 요금납부고지서에 의하여 납부

㉣ EMS 운송장 기록 요령

㋐ 접수 우체국 기록 사항

• 무게 : 10g 단위로 기록

• 우편요금 : 원화 가격을 아라비아 숫자로 기록

• 배달보장서비스 : 해당 국가(카할라 우정 연합체 해당 국가)에 한정하여 포스트넷(내부망) 조회 결과 일자를 기록

• 보험 이용 여부와 보험가액 : 10만 원 이상의 물품일 경우 반드시 고객에게 보험 이용 여부를 문의한 후 이용할 때는 해당 칸에 표시(보험가액은 원화로 기록)

㋑ 발송인 기록 사항 : 우체국(취급국)은 기록 사항의 이상 유무를 확인한 후에 우편물을 접수한다.

• 보내는 사람과 받는 사람의 전화번호 : 보내는 사람뿐만 아니라 받는 사람의 전화번호까지 기록 권장(일부 국가의 경우에는 전화번호를 적지 않으면 배달지연 요소로 작용)

• 보내는 사람과 받는 사람의 주소·성명 : 보내는 사람의 주소·성명도 영문으로 기록(상대국에서 배달할 때나 행방을 조사할 때 사용)

• 우편번호(Postal code) : 신속한 통관과 정확한 배달을 위하여 필요하므로 반드시 기록

• 세관표지(CN22)(내용물이 서류인 EE운송장 경우) : 내용품명, 개수, 가격 등을 해당란에 정확히 기록하고 내용품 구분(서류, 인쇄물)란의 해당 칸에 표시

※ 운송장 가격의 화폐 단위는 US$(United States dollar)임을 인지하고 기록하되, 다른 화폐 단위인 경우 반드시 표기하여야 통관할 때 지연되지 않음에 유의

- 세관신고서(CN23)(내용물이 물품인 경우는 EM운송장) : 내용품명, 원산지, 개수, 순 무게, 가격 등을 품목별로 정확히 기록하고, 상품 견본, 선물, 상품 중 해당되는 칸(□안)에 × 표시
- 발송인 서명 : 주소·성명, 전화번호, 세관표지 또는 세관신고서 기록내용에 틀림이 없음을 확인하는 것이므로 반드시 발송인이 직접 서명

ⓜ EMS의 보험취급

㉮ 보험취급한도액과 수수료

보험취급 한도액	보험취급 수수료
4,000SDR(약 7백만 원) ※ EMS프리미엄 : 50백만 원	보험가액 최초 65.34SDR 또는 최초 114,300원까지 : 2,800원 보험가액 65.34SDR 또는 114,300원 추가마다 : 550원 추가

㉯ 우리나라와 EMS를 교환하는 모든 나라로 발송하는 EMS에 대하여 보험취급이 가능하다(상대국의 보험취급 여부에 관계없이 취급).

㉰ 보험가액의 기록
- 보험가액은 내용품의 실제 가치를 초과할 수 없으며, 이를 속여 기록 한 경우 우정청은 책임이 없다.
- 내용품의 가치는 주관적인 가치가 아니고 객관적인 가치가 있는 것을 말한다.
- 보험가액은 운송장 보험가액란에 '○○○원'으로 기록하고 보험취급 수수료는 별도 기록 없이 요금에 포함하여 기록한다.

㉱ 그 밖의 사항에 대하여는 보험소포우편물의 취급 요령에 준하여 처리한다.

(3) 기타 특수취급우편물의 접수

① 항공 … 우편물을 항공운송수단을 이용하여 운송하는 등 송달과정에서 우선적 취급을 하는 제도이다. 선편으로 운송되는 국제선편통상우편물 및 국제선편소포우편물과 구분하기 위하여 항공으로 취급되는 통상우편물 및 소포우편물에 대해서는 각각 국제항공통상우편물 또는 국제항공소포우편물로 부른다.

② 등기(Registered)
㉠ 개념 : 등기라 함은 우편물마다 접수번호를 부여하고 접수한 때로부터 배달되기까지의 취급과정을 그 번호에 의하여 기록취급하여 우편물취급 및 송달의 확실성을 보장하기 위한 제도로서, 망실·도난·파손의 경우에는 손해배상을 해주는 제도

㉡ 대상 : 모든 통상우편물은 등기로 발송될 수 있다.

㉢ 도착국의 국내법이 허용하는 경우 봉함된 등기서장에 각종 지참인불유가증권, 여행자수표, 백금, 금, 은, 가공 또는 비가공의 보석 및 기타 귀중품을 넣을 수 있다.(국내 관련 법규에서 허용하는 범위 내에서만 취급)

㉣ 국제등기번호표 CN04를 우편물 앞면의 적정한 위치에 붙인다.

③ **배달통지**(Advice of delivery) ··· 우편물 접수 시 발송인의 청구에 따라 우편물을 수취인에게 배달하고 수취인으로부터 수령 확인을 받아 발송인에게 통지하여 주는 제도, 배달통지(A.R)는 국내우편의 배달증명과 유사하며 기록 취급하는 우편물에 한하여 청구 가능함

④ **보험서장**(Insured letters)
  ㉠ **개념** : 은행권, 수표 등의 유가증권, 금전적 가치가 있는 서류나 귀중품 등이 들어있는 서장우편물을 발송인이 신고한 가액에 따라 보험취급하여 교환하고, 망실·도난 또는 파손된 경우 보험가액의 범위 내에서 실제로 발생된 손해액을 배상하는 제도(발생가능 국가는 접수 시 확인)
  ㉡ **보험가액**(범위)
    ㉮ **건당 최고한도액** : 4,000SDR(약 7,000,000원)
    ㉯ 내용품의 일부가치만을 보험 취급하는 것도 가능
  ㉢ **보험서장으로 발송할 수 있는 물건**
    ㉮ 은행권, 수표, 지참인불 유가증권
    ㉯ 우표, 복권표, 기차표 등과 같은 금전적 가치가 있는 서류
    ㉰ 귀금속 및 보석류
    ㉱ 고급시계, 만년필 등 귀중품
    ㉲ 수출입관련 법령(대외무역법 등)에서 허용하는 범위 내에서 취급

❹ 국제우편요금

(1) 개요

① **국제우편요금의 결정**
  ㉠ 만국우편협약에서 정한 범위 안에서 과학기술정보통신부장관이 정한다.
  ㉡ 국제우편요금이 결정되면 고시하여야 한다.

② **국제우편 요금체계**
  ㉠ 운송편별에 따라 선편요금과 항공요금으로 구분
  ㉡ 우편물 종별에 따라 통상우편물요금, 소포우편물요금, 국제특급우편요금, K-Packet, 한중해상특송의 요금으로 구분하며, 부가취급에 따른 부가취급 수수료가 있음
  ㉢ 구성내용에 따라 국내취급비, 도착국까지의 운송요금과 도착국내에서의 취급비로 구분

(2) 국제우편요금의 별납

① **정의** ··· 한 사람이 한 번에 같은 우편물(동일무게)을 보낼 때에 우편물 외부에 요금별납(POSTAGE PAID) 표시를 하여 발송하고 우편요금은 별도로 즉납하는 제도

② **취급우체국** … 모든 우체국(우편취급국 제외)

③ **취급요건**

　㉠ **통상우편물** : 10통 이상

　　※ 우편물의 종별, 무게, 우편요금 등이 같고 한사람이 한 번에 발송하는 우편물

　㉡ 국제특급우편물과 소포우편물의 우편요금은 현금과 신용카드(혹은 체크카드)로 결제하므로 별납취급에 특별한 요건이 없다.

④ **취급요령**

　㉠ 발송인이 적어 제출한 별납신청서를 접수한다(별납신청서는 전산으로 출력).

　㉡ 접수검사 : 신청서 기록사항이 현물과 다른 점은 없는지 확인한다.

　㉢ 외부 기록사항 확인

　　㉮ 우편물 앞면의 오른쪽 윗부분에 요금별납표시가 날인 · 인쇄되어 있는지 확인한다.

　　㉯ 발송인이 표시를 하지 아니한 경우에는 우체국에서 요금별납인을 날인한다.

　㉣ 접수와 참관

　　㉮ 요금별납우편물의 접수담당자는 접수담당책임자(6급 이하 관서의 경우에는 국장)가 보는 앞에서 확인 · 접수한다.

　　㉯ 접수와 입회 확인 절차는 국내우편요금별납의 취급 예에 따른다.

　㉤ 요금별납우편물에는 우편날짜도장의 날인은 생략한다.

　㉥ 접수된 우편물은 국제우체국 앞으로 별도우편자루 체결 · 발송을 원칙으로 한다. 단, 물량이 적을 경우에는 단단히 묶어서 다른 우편물과 함께 발송한다.

(3) 국제우편요금의 후납

① **정의** … 국제우편물의 요금(특수취급수수료 포함)을 우편물을 접수할 때에 납부하지 않고 발송우체국의 승인을 얻어 1개월 간 발송예정 우편물 요금액의 2배에 해당하는 금액을 담보금으로 제공하고 1개월간의 요금을 다음 달 20일까지 납부하는 제도

② **취급대상물**(발송기준 통수) … 동일인이 매월 100통 이상 발송하는 국제 통상우편 및 국제 소포우편물

③ **취급우체국** … 모든 우체국

④ 취급요령

    ㉠ 우편물 및 발송표의 제출 : 우편물의 발송인은 국제우편요금후납우편물 발송신청서를 작성하여 우편물과 함께 요금후납 계약우체국에 제출한다.

    ㉡ 우편물 및 발송신청서의 검사

        ㉮ 우편물의 검사

          • 요금후납우편물이 우리나라를 발송국으로 하는지 확인

          • 우편물의 오른쪽 윗부분에는 요금별(후)납(Postage Paid)의 표시 확인

          • 발송인이 표시를 하지 아니한 경우에는 우체국 보관 요금별(후)납인 날인

        ㉯ 발송신청서의 검사

          • 요금후납우편물 발송표 기록사항이 발송하는 우편물과 다름없는지 확인

          • 발송표의 그 밖의 기록사항 확인

    ㉢ 접수 및 입회 확인

        ㉮ 요금후납우편물의 접수담당자는 접수담당책임자(6급 이하 관서의 경우에는 국장)가 보는 앞에서 확인 · 접수

        ㉯ 요금후납우편물 발송신청서는 요금별납우편물 접수 및 입회확인방법에 준하여 상호 확인인을 날인

    ㉣ 날짜도장 날인 : 요금후납우편물에는 우편날짜도장 날인 생략

(4) 국제우편요금 수취인부담(IBRS ; International Business Reply Service)

① **개념** … 우편물을 외국으로 발송하는 자가 국내 배달우체국과 계약을 체결하여 회신요금을 자신이 부담할 수 있도록 하는 제도

② **취급우체국** … 집배우체국에 한하여 취급

③ **취급 대상 우편물**

    ㉠ 종류 : 인쇄물(봉투)과 엽서에 한함

    ㉡ 최대중량 : 50g

④ **요금징수**

    ㉠ 수취인이 우편물을 받을 때 납부하며 후납 취급도 가능

    ㉡ 인쇄물(봉투) : 1,100원 / 엽서 : 500원

⑤ **이용계약**

    ㉠ IBRS의 이용계약을 체결하려는 자는 신청서와 수취할 우편물의 견본 2매를 배달우체국에 제출

    ㉡ 계약체결 후 우편물을 발송하는 자는 우편물 표시사항과 배달우체국장이 부여한 계약번호를 수취할 봉투 또는 엽서에 인쇄한 견본 2매를 배달우체국에 제출

⑥ IBRS 접수 우체국의 취급

ⓐ IBRS 우편물은 발송유효기간에 한정하여 발송. 발송유효기간이 끝난 다음에 발송한 IBRS 우편물은 발송인에게 돌려보냄

ⓑ IBRS 우편물에는 날짜도장을 날인하지 않음

ⓒ IBRS 우편물은 모두 항공 취급하며, 그 밖의 부가취급 불가

ⓓ 유효기간 등이 정상적으로 표시된 IBRS 우편물은 접수시스템에 별도로 입력하지 않고 국제항공우편물과 같이 국제우편물류센터로 보냄

⑦ 외국에서 도착된 IBRS 우편물의 취급 … 국내우편요금 수취인부담 우편물의 배달 예에 준해 배달하고 요금 징수

(5) 해외 전자상거래용 반품서비스(IBRS EMS)

① 개념 … 인터넷쇼핑몰 등을 이용하는 온라인 해외거래 물량 증가에 따라 늘어나는 반품 요구를 충족하기 위해 기존의 국제우편요금수취인부담 제도를 활용하여 반품을 수월하게 하는 제도

② 서비스 개요

ⓐ 취급우체국과 발송가능국가

㉮ 취급우체국 : 계약국제특급 이용우체국(집배국)에 한정함

㉯ 발송가능국가 : 일본

ⓑ 취급대상 우편물

㉮ 종류 : EMS에 한정함(최대 무게 2kg)

㉯ 우편물의 규격 : 국가별 EMS 발송 조건의 규격과 같음

㉰ 구매자가 반품을 요청할 경우 반품서비스 이용계약을 체결한 판매자는 전자적인 방법으로 아래 서식의 반품서비스라벨을 구매자에게 전송, 구매자는 해당 우편물 표면에 반품서비스 라벨을 부착하여 접수(라벨의 규격 : 최소 90×140mm, 최대 140×235mm)

```
      EMS                REPLY PAID/REPONSE PAYEE          NE PAS AFFRANCHIR
                         KOREA(SEOUL)/COREA(SEOUL)
   IBRS/CCRI N°:                                           NO STAMP REQUIRED

                         MESSRS. T. Smith & Co.
                         99 Jongno. Jongno-gu
                         SEOUL
                         SEOUL. 110-110, KOREA
```

ⓒ 부가취급 : EMS 우편물로 취급, 그 밖의 부가취급은 할 수 없음

② 요금의 징수

  ㉮ IBRS EMS 우편물의 요금은 수취인이 우편물을 받을 때 납부하게 하며 후납 취급도 가능

  ㉯ 수취인으로부터 징수할 IBRS EMS우편물의 요금은 통당 10,000원

(6) 국제반신우표권(International Reply Coupons)

① 개요

  ㉠ 국제반신우표권은 수취인에게 회신요금의 부담을 지우지 아니하고 외국으로부터 회답을 받는 편리한 제도

  ㉡ 만국우편연합 국제사무국에서 발행하며 각 회원국에서 판매. 국제반신우표권 1장은 그 나라의 외국 발송 항공보통서장 최저 요금의 우표와 교환

② 판매

  ㉠ 우리나라에서 1매당 1,450원에 판매

  ㉡ 판매할 때에는 국제반신우표권의 왼쪽 해당란에 날짜도장을 날인

  ㉢ 국제반신우표권의 수급을 원활하게 조절하고, 통신목적 이외의 용역·물품대금 지급수단으로 이용하거나 환투기 목적의 사용을 방지하기 위하여, 다음과 같이 판매수량을 제한

    ㉮ 판매제한내용 : 20장 이하는 자유 판매, 초과하여 구매하려는 경우 구체적인 사용목적을 확인한 후 판매하는 등 판매수량을 합리적으로 제한

    ㉯ 다량 판매를 요구할 때에는 판매방법 : 신청서에는 최소한 신청인의 주소·성명과 사용 용도를 기록하도록 함

③ 교환

  ㉠ 외국에서 판매한 국제반신우표권은 우리나라에서 외국으로 발송되는 항공 보통서장의 4지역 20g 요금(850원)에 해당하는 우표류와 교환

  ㉡ 우리나라에서 판매된 국제반신우표권은 우리나라에서 교환할 수 없음

  ㉢ 국제반신우표권을 교환하여 줄 때에는 반드시 진위 여부를 검사 (UPU의 문자가 선명하게 인쇄되었는지 등)하여야 하며, 오른쪽 해당란에 국제날짜도장을 날인(유효기간이 경과한 국제반신우표권은 교환 불가능)

④ 기타사항
  ㉠ 반신권은 우표류에 속하나 할인판매가 불가능
  ㉡ 다량의 반신권 판매 요구 시에는 정당사용 여부를 확인 후 판매 : 한 사람이 하루에 20매를 초과하여 구입 요구 시 별도의 신청서 필요
  ㉢ 우표류와 교환 시 위조여부를 반드시 확인

[국제반신우표권(CN01) 사양]

❺ 국제특급우편(EMS) 주요 부가서비스 및 제도

(1) EMS 배달보장 서비스

① 개념
  ㉠ 최상의 EMS 배송서비스를 제공하는 고품질 서비스로서 EMS배달보장일 계산 프로그램에 따라 발송지(접수 우체국)와 수취인의 우편번호를 입력하면 상대국 공휴일, 근무일, 항공스케줄을 참고하여 배달보장날짜를 알려주는데 만약 알려준 배달예정일보다 늦게 배달되면 지연사실 확인 즉시 우편요금을 배상해 주는 보장성 서비스
  ㉡ 우편취급국을 포함한 모든 우체국에서 위 국가로 발송하는 EMS 우편물에 대하여 배달보장일 제공 가능
    ※ EMS 접수 시 수취인의 우편번호를 PostNet에 입력하는 경우에 한하여 배달 보장일이 제공됨에 유의하여야 함
    ※ 통관 보류나 수취인 부재 등의 사유로 인한 미배달은 배달완료로 간주

② 대상국(10개국) … 한국, 일본, 미국, 중국, 호주, 홍콩, 영국, 스페인, 프랑스, 태국 간에 운영되며, 별도 취급 수수료는 없다.
  ※ 해당국가 사정에 따라 중지 될 수 있음

③ 서비스 최초 시행일 … 2005. 7. 25.

④ 서비스 요약

구분	주요내용
대상지역	10개 국가 우정당국간 공동시행 −10개 우정당국이 모든 지역에 대해 EMS 배달보장서비스 제공
배달기한	배달보장일 계산프로그램 활용 −배달보장일 계산프로그램에서 안내되는 배달보장일자가 EMS 배달보장서비스 배달기한이 됨 −아시아지역 : 접수 + 2일 이내 배달보장 −미국, 호주, 유럽 : 접수 + 3일이내 배달보장
배달기한보다 지연될 경우 손해배상	책임우정당국 책임과 배상
우정당국 정산방법	우정당국간 상호정산 −책임소재를 확인한 후 발송국가우정당국 변상 또는 사후 우정당국간 정산

(2) EMS 프리미엄 서비스(민간 국제특송사 제휴서비스)

① 배경 및 의의

　㉠ 배경 : 민간 국제특송서비스를 제공하여 상품의 다양화를 도모하기 위해 2001년 세계적 물류회사인 TNT 와의 전략적 제휴로 만들어졌으며 이후 2012년 제안서 공모 및 평가를 통해 UPS(국제 화물 운송을 주 로 취급하는 미국기업)를 제휴 사업자로 선정하여 운영

　㉡ 의의 : EMS 프리미엄 서비스는 공익성을 추구하는 공기업과 이윤추구를 목적으로 하는 사기업의 제휴를 통한 시너지 제고

② 서비스 개요

　㉠ 접수가능 우체국 : 전국 모든 우체국

　㉡ 업무흐름

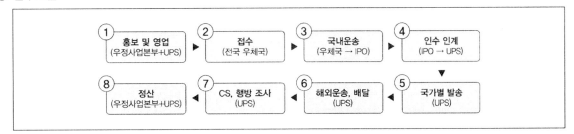

　㉢ 서비스 내역

　　㉮ 지역 및 대상 구분 : 1~5지역 및 서류와 비서류로 구분

　　㉯ 부피제한 : 우편물의 길이와 둘레의 합이 419cm 초과 불가(최대 길이 270cm 이하)

    ⒟ 무게 산정 : 중량과 체적중량 중 무거운 중량 적용

        ※ 체적중량 : 가로cm×세로cm×높이cm/6,000＝○○Kg

    ㉣ EMS 미 취급 국가를 비롯한 국제특송우편물의 해외 송달

    ㉤ 국가별 EMS 제한무게를 초과하는 고중량 국제특송우편물 송달

    ㉥ SMS 배달안내, Export/Import 수취인 요금부담, 통관대행 등 다양한 부가 서비스 제공

③ EMS프리미엄 접수

  ㉠ EMS프리미엄 접수

    ㉮ EMS프리미엄 접수는 우체국에서, 해외운송은 UPS가 수행

    ㉯ 원칙적인 EMS프리미엄 접수번호체계 : UP 000 000 000 KR

      • PostNet용 : UP 000 000 001 KR ~ UP 700 000 000 KR

      • 고객참여창구용 : UP 700 000 001 KR ~ UP 750 000 000 KR

      • ePOST 개인용 : UP 750 000 001 KR ~ UP 800 000 000 KR

      • 외부연계고객용 : UP 800 000 001 KR ~ UP 900 000 000 KR

      • 사업자포털용 : UP 900 000 001 KR ~ UP 999 999 999 KR

        ※ 전산 상황에 따라 변동될 수 있음

    ㉰ 서류 접수 : 종이로 된 문서형식의 편지류, 계약서, 선적·입학서류

    ㉱ 비서류 접수 : 취급한도 70Kg

      • 체적무게와 실제 무게의 구분 : 부피가 큰 우편물에 대해서는 실제무게에 비해 체적무게가 적용됨

        ※ 체적무게(부피요금) 계산방법 : 체적무게는 우편물의 부피를 기준으로 계산하는 방법이며, 산출 공식은 가로(cm)×세로(cm)×높이(cm)÷6,000임. 계산결과는 kg단위로 표시. 체적무게가 실제무게를 초과하는 경우에는 체적무게를 적용하여 접수하고 실제무게가 큰 경우에는 실제 무게를 적용함

          📖 무게가 6kg이고, 가로가 30cm, 세로가 50cm, 높이가 40cm인 우편물 ⇒ 체적무게 30×50×40÷6,000 = 10kg이므로 요금은 10kg 요금을 적용

        ※ 실제무게가 70kg 초과될 경우에는 EMS 프리미엄으로 발송할 수 없지만, 체적무게가 70kg 초과될 경우에는 기표지를 2장으로 하여 발송 가능하다.

      • 우편물 사이즈 제한

      －우편물의 길이와 둘레의 합이 419cm를 초과 할 수 없음

      －길이와 둘레의 합 계산 방법 : (가로＋세로)×2＋높이(가장 긴 변을 높이로 간주함) 단위는 cm로 표시

      • 비서류 요금입력 : 전산에 입력할때 '종별란'에서 반드시 '비서류'를 선택하여 요금을 입력

      • 세관신고서 작성 방법(Invoice)

      －상업용 비서류 발송할 때는 Invoice 3부를 반드시 첨부

      －내용품명, 물건 개수, 물품가격을 정확하게 영문으로 기록해야 함

      －상업송장의 물품가격이 2백만 원(미화 약2천 불)이 초과하거나 운송장에 수출이라고 표시한 경우 정식으로 수출 신고를 한 후 발송

• 주요 발송 불가 품목

금지품목	
알코올 첨가된 음료	• 향수나 알코올이 포함된 스킨도 금지
음식 및 의약품	• 김치, 육포 등 건어물, 젓갈, 주류, 신선식품(육류, 야채, 어패류, 냉동품), 가정에서 만든 음식 등 • 위급 환자의 전문 의약품, 처방전 없이 구매할 수 있는 약품 또는 개방된 약품 불가
담배나 담배제품	• 전자담배포함
탄약	• 화약, 총알 등 폭발성이 있다고 분류된 물품은 국제적으로 발송금지
소형화기 및 무기, 모형총기	• 장난감 무기, 총기 포함
드라이아이스	• 위험물품으로 간주
가공되지 않은 동물성 생산품 (Animal Products −Non-domesticated)	• 암소, 염소, 양, 돼지는 가축으로, 그 외 다른 동물들은 가공되지 않은 동물들로 여겨지며, 이들에게서 나온 아이템이나 제품들은 발송금지 • 가공되지 않은 동물들에게서 나온 제품은 옷(신발, 벨트, 지갑, 핸드백), 장식품(보석, 실내장식)이나 그 외 부산물(by-products)이며, 다음과 같은 아이템 등으로 만든 것들임 −양서류, 조류, 갑각류, 어류, 산호, 조개류, 동물성 해면스펀지, 뿔, 발톱, 발굽, 손톱, 상아, 치아, 부리, 거북딱지, 고래수염(이 제품들의 가루 및 폐기물을 포함)
화기성 제품	• 메탄올, 아세톤, 매니큐어, 초, 성냥 등도 발송 불가
칼	• 신체적 위해를 가할 목적의 무기용 칼은 금지 • 일반적으로 음식준비에 쓰이는 칼, 만능칼, 주머니칼은 발송 가능하며, 무기용 칼, 스위치블레이드(칼날이 튀어나오는 나이프), 도검, 총검은 금지 ※ 각국의 금지 제한물품을 참고 　(예 : 중국은 버터나이프를 제외한 모든 종류의 칼을 금지)
위험물 · 위험물품	• 가스, 방사성물질, 소화기, 스프레이 등도 발송 불가
발전기	• 대부분의 발전기는 가솔린으로 테스트 되는데, 탱크 가스를 다 빼냈다 하더라도 잔여물이 남게 되고 이로 인해 불이 날 수 있으므로 금지
주류, 알코올 성분이 함유된 화장품	
가격측정이 어려운 물품	• 동전, 화폐, 우표, 유가증권, 우편환, 세팅되지 않은 보석류, 산업용 다이아몬드, 사람의 유해
현금 및 양도성 물품	• 고가의 우표, 유가증권 불가
시체	• 사람의 유해 등 유골을 포함한 사람과 동물의 시체
상아 · 상아제품, 모피류	
살아있는 동식물	• 종자류, 채소, 야채 포함
특별용품	• 예술품, 골동품, 보석, 금, 은 등

- 화학약품이나 원료를 발송할 때는 제품의 MSDS 반드시 첨부
  - 🖼 잉크, 페인트, 액상 모기약, 렌즈 클리너, 본드, 화장품 원료, 의약품 원료, 합성수지(Resin) 등
  - ※ MSDS(Meterial Safety Data Sheet) : 화학물질을 안전하게 사용·관리하기 위해 필요한 정보(제조자명, 제품명, 성분과 성질, 취급상 주의사항, 사고가 생겼을 때 응급처치방법 등)를 기록한 서류
- 사서함 PO BOX 발송
- 사서함 배달주소 발송 동의서 반드시 첨부
- 중동, 아프리카, 일부 섬나라 등 사서함 PO BOX 주소가 일반적인 국가를 제외하고는 도시명, 거리명 등 최소한의 주소와 수취인 연락처 반드시 기재
- EMS 프리미엄 홈페이지(www.emspremium.com) 자료실을 통해 첨부서류 양식 출력 가능
  - ※ **첨부서류** : 사서함(PO Box) 배달주소 발송 동의서, 물품 파손에 관한 배상관계 승인서, 관세와 제반비용에 대한 확약서, 중고 휴대전화 발송 사유서
- 그 밖의 유의사항
- 파손될 우려가 크거나 고가의 물품인 경우에는 보험가입을 권유
- 모든 물품은 정상적으로 단단히 포장이 되어야 하며, 파손되기 쉬운 물품이나 전자제품은 완충재로 충분히 보호한 후 나무로 포장
- ⓛ EMS 프리미엄 주요 부가서비스 종류
  - ㉮ 고중량서비스
    - 30kg 초과 70kg 이하의 고중량우편물을 해외로 배송하는 서비스
    - 접수관서 : 전국 총괄국(5급 이상)
    - 대상고객 : 모든 고객(개인 및 EMS 계약고객)
    - 고중량 우편물의 개인, 계약고객에 대한 방문접수는 5급 이상 총괄우체국에서 수행(부득이한 경우 UPS 지점이나 대리점에서 방문접수 가능)
    - UPS에서는 재포장이나 특수포장으로 인하여 무게가 추가되거나 포장비용이 추가로 들어갈 경우에는 발송인의 동의를 얻어 실비로 재포장하고, 보완처리에 소요되는 시간과 재포장비, 추가운송요금을 발송인과 총괄국에 알림
    - 고중량우편물 인수인계 장소 : 5급 이상 총괄국
    - 부득이한 경우 우체국 자체 운송망으로 연결하여 서울국제우편물류센터에서 인수할 수 있으며 이 경우 UPS와 정산 시 건당 1만 원 차감정산
  - ㉯ 보험취급
    - 우편물의 분실이나 파손에 대비하여 최고 5천만 원까지 내용품 가액에 대한 보험을 들어두는 서비스
    - 취급국가 : 전 국가
    - 접수관서 : 전국 우체국
    - 대상고객 : 모든 고객(개인 및 EMS 계약고객)
    - 보험가입한도 : 5천만 원
    - 부가요금 : 최초 114,300원까지 2,800원(114,300원 초과마다 550원)
    - 내용품 가액이 고가품일 경우에는 우편물을 접수할 때 보험가입을 안내하고 우편요금과 함께 부가요금을 수납하여 세입처리

ⓓ 통관대행
- 접수우편물의 수출통관을 UPS에서 대행하는 서비스
- 취급국가 : 전 국가
- 접수관서 : 전국 우체국
- 대상고객 : 모든 고객(개인 및 EMS 계약고객)

ⓡ 수출신고서 발급대행
- 접수우편물을 수출통관할 때 관세사무소의 수출신고서 발급을 대행하는 서비스
- 취급국가 : 전 국가
- 접수관서 : 전국 우체국
- 대상고객 : 모든 고객

ⓜ Export 수취인 요금부담
- 우편물을 발송할 때의 요금을 도착국의 수취인이 지불하는 서비스(발송인과 수취인의 UPS 고객번호를 기재하여야 함)
- 취급국가 : 180여 개국
- 접수관서 : 전국 총괄국
- 대상고객 : EMS 계약고객(요금납부방법이 후납인 경우), 수집대행 제외
- 접수제한
-수취인이 개인인 경우
-수취인의 주소가 PO BOX일 경우
-수취인의 전화번호나 담당자 이름 미기록
-수취인의 주소가 호텔이나 전시회장 등 일시적인 경우
-선물용 물품인 경우
- 운송장의 '받는 사람'란에 수취인의 고객번호 기록
- 운송장의 '보내는 사람'란에 발송인의 고객번호 기록
- Export 수취인 요금부담 지불확약서를 작성한 후 UPS로 팩스 송부

ⓑ Import 수취인 요금부담
- 외국에서 한국행 수입물품에 대해 수취인이 발송요금을 지불하는 서비스
- 취급국가 : 180여 개국
- 접수관서 : 전국 총괄국
- 대상고객 : EMS 계약고객(요금납부방법이 후납인 경우), 수집대행 제외
- Import 수취인 요금부담 서비스 계약서를 3부 작성하여 UPS로 팩스 송부

ⓢ 발송인 관세와 세금부담
- 발송한 우편물의 도착국가에서 발생한 관세와 부가세 등 모든 비용을 발송인이 지불하는 서비스
- 취급국가 : 170여 개국
- 접수관서 : 전국 총괄 우체국(5급 이상)
- 대상고객 : EMS 계약고객(요금납부방법이 후납인 경우), 수집대행 제외

- 부가요금 : 25,000원
- 관세 및 제반비용 지불확약서 3부를 작성하여 UPS로 팩스 송부
  ㉚ **고중량특송 서비스**
- 70kg 초과 고중량화물을 팔레트 단위로 Door to Door 방식으로 배송하는 전문 특송 서비스
- 취급국가 : 40여 개국(항공발송일+1~5일 이내 배송)
- 취급무게 : 71kg~2,000kg (체적무게 적용)
- 취급규격 : 국가별 규격은 EMS 프리미엄 업무처리지침 참조
- 접수관서 : 전국 우체국
- 대상고객 : 모든 고객(개인 및 EMS 계약고객)
- 팔레트 포장대행 : 고객이 팔레트 포장을 요청할 경우 UPS 지정업체에서 팔레트 포장을 대행한 후 실비 청구
- 견적요청 : 국가명, 도시명, 우편번호, 팔레트 사이즈, 총무게, 품명 등 발송정보를 파악한 후 UPS 영업부에 발송가능 여부와 요금문의
- 국내운송 : UPS가 지정한 위탁운송업체(대신화물)을 통해 인천공항 UPS 발송센터까지 운송

(3) 수출우편물 발송확인 서비스

① **개요** ⋯ 외국으로 발송하는 국제우편물 중 수출신고 대상물품이 들어 있는 경우 우체국에서 해당우편물의 발송 사실을 세관에 확인하여 주는 서비스

② **업무 절차** ⋯ 사후증빙 또는 관세 환급 심사를 위하여 수출하고자 하는 물품을 세관에 수출 신고한 후 필요한 검사를 거쳐 수출 신고를 받아 물품을 외국무역선에 적재하기까지의 절차

③ **대상 우편물** ⋯ 발송인이 사전에 세관에 수출신고를 하여 수리된 물품이 들어 있는 우편물로 수리일로부터 30일내에 선(기)적 하여야 하며, 기일 내 선(기)적하지 아니한 경우에는 과태료 부과와 수출신고 수리가 취소됨

(4) 국제우편 요금의 주요 감액 제도

① **계약국제특급우편 요금 감액**
  ㉠ 계약 국제특급우편 이용자가 발송하는 EMS 우편물의 요금과 취급수수료는 다음의 조건에 따라 감액
    ㉮ 요금을 감액할 때에는 계약 이용자(요금후납 이용자)의 월간 EMS 발송요금을 확인하여 감액조건에 따른 기준 이상일 경우 해당 감액률 적용(감액 대상금액에 보험취급수수료 등 부가취급수수료는 제외)
    ㉯ 감액률에 따른 감액요금은 다음과 같이 산정
    - 감액요금 = 월간 이용금액 × 해당 감액률
    - 납부할 요금 = 월간 이용금 - 감액요금
      (10원 미만 절사, 「국고금관리법」 제47조)

ⓛ 계약국제특급우편 요금 감액대상

 ㉮ 우체국과 발송인과의 EMS 이용계약에 따라 국제특급우편물(EMS)을 발송하는 이용자로, 계약 EMS 이용자와 일괄계약 EMS 이용자가 있음

 ㉯ 계약 EMS 이용자(1:1 계약)

 ㉰ 일괄계약 EMS 이용자(1:N 계약) : 본사의 전체 EMS 이용 금액을 기준으로 모든 지사에 동일한 감액률을 적용하는 제도

  ※ 예시 : 본사-지사, 무역협회, 다문화가정, 중소기업 지원 등

ⓒ 감액요건과 감액범위

 ㉮ 계약 국제특급우편

(단위 : 1개월, 만 원)

이용금액	50초과 ~150	150초과 ~500	500초과 ~1,000	1,000초과 ~2,000	2,000초과 ~5,000	5,000초과 ~10,000	10,000초과 ~20,000	20,000 초과
감액률	4%	6%	8%	10%	12%	14%	16%	18%

 ※ 단, 18% 이상 감액률은 해당 지방우정청이 승인한 후 적용

 ※ 감액할 때 기준금액은 고시된 요금(EMS 프리미엄은 요금표)기준이며, 수수료는 제외

 ㉯ 일괄계약 국제특급우편

(단위 : 1개월, 만 원)

이용금액	50초과 ~500	500초과 ~1,000	1,000초과 ~2,000	2,000초과 ~5,000	5,000초과 ~10,000	10,000초과 ~20,000	20,000 초과
감액률	2%	3%	4%	5%	6%	7%	8%

 ※ 감액할 때 기준금액은 고시된 요금(EMS 프리미엄은 요금표) 기준이며, 수수료는 제외

② 수시 국제특급우편(EMS) 요금 감액

ⓐ 수시 국제특급우편(EMS) 이용자가 발송하는 요금과 취급수수료는 다음과 같음

 ㉮ 요금을 감액할 때에는 이용자의 1회 EMS 발송요금을 확인하여 감액조건에 따른 기준 이상일 경우 해당 감액률을 적용(감액 대상금액에 보험취급수수료 등 부가취급수수료는 제외)

 ㉯ 감액률에 따른 감액요금은 다음과 같이 산정(10원 미만 절사, 「국고금관리법」 제47조)

  • 감액요금 = 1회 이용금액 × 해당 감액률

  • 납부할 요금 = 1회 이용금액 – 감액요금

ⓑ 수시국제특급우편 요금 감액대상 : 우체국과 별도의 EMS 이용계약을 맺지 않고 1회에 30만원을 초과하여 국제특급우편물(EMS)을 발송하는 이용자

ⓒ 감액요건과 감액범위

이용금액별	30초과~50까지	50초과
감액률	3%	계약국제특급우편 감액률을 준용

※ 감액할 때 기준금액은 고시된 요금(EMS프리미엄은 요금표) 기준이며, 수수료는 제외

③ 국제특급우편(EMS) 요금의 주요 특별 감액

  ㉠ 감액 적용 대상

    ㉮ EMS 계약업무 처리지침 개정일(2015.8.30.) 이후 계약한 고객

    ㉯ 변경된 감액고시를 적용받고자 하는 고객은 재계약 후 이용 가능

  ㉡ 장기이용 계약고객 감액

    ㉮ 계약기간이 1년을 초과하고 직전 계약기간 이용 금액이 6백만 원 이상인 경우, 1%p 추가 감액(요금감액에 추가 적용)

    ㉯ 계약기간이 3년을 초과하고 직전 계약기간 이용 금액이 1억 원 이상인 경우, 2%p 추가 감액(요금감액에 추가 적용)

    ※ 감액조건의 금액은 고시된 요금(EMS 프리미엄은 요금표) 기준이며, 일괄계약 고객 및 환적프로세스 이용고객은 제외

  ㉢ 접수비용 절감 감액

    ㉮ 인터넷 접수시스템(e-Shipping)을 통해 접수한 경우, 5%p 추가 감액

    ㉯ e-Shipping으로 수출우편물 정보 또는 수출신고번호를 제공한 경우, 2%p 추가 감액(요금감액에 추가 적용)

    ㉰ e-Shipping으로 제공하는 국가명, 중량 등 수출관련 정보가 허위로 작성된 경우는 감액을 적용하지 않음

  ㉣ 정부정책 부응 감액 : 전자상거래 플랫폼(쇼핑몰 등)을 통해 고객의 주문을 받은 상품을 발송하는 업체의 경우, 3%p 추가 감액(요금감액에 추가 적용)

    ※ 감액조건의 금액은 고시된 요금(EMS 프리미엄은 요금표) 기준이며, 환적프로세스 이용고객은 제외

  ㉤ 이용 활성화 감액

    ㉮ 감액요건

      • 우정사업본부가 이용 활성화를 위하여 지정한 일정 기간에 국제특급우편을 이용하는 경우

      • 신규 상품 또는 서비스 도입 등을 우해 시범운영을 하는 경우

    ㉯ 감액률 : 0.5%~50% 사이에서 별도 계획에 따라 실시

④ 한 · 중 해상특송서비스(Sea Express) 요금 감액   (단위 : 1개월, 만 원)

이용금액	50초과 ~150	150초과 ~500	500초과 ~1,000	1,000초과 ~2,000	2,000초과 ~5,000	5,000초과 ~10,000	10,000 초과
감액률	4%	6%	8%	10%	12%	14%	16%

※ 감액할 때 기준금액은 고시된 요금이며, 수수료는 제외

⑤ K-Packet, 등기소형포장물 요금 감액   (단위 : 1개월, 만 원)

이용금액	50초과 ~100	100초과 ~200	200초과 ~300	300초과 ~400	400초과 ~500	500초과 ~1,000	1,000초과 ~3,000	3,000초과 ~5,000	5,000초과 ~10,000	10,000 초과
감액률	5%	6%	7%	8%	9%	10%	12%	13%	14%	15%

※ 감액할 때 기준금액은 고시된 요금이며, 수수료는 제외
※ 등기소형포장물 감액은 계약고객에 한한다.

❻ 각종 청구제도

(1) 행방조사청구제도

① 행방조사의 개념 ⋯ 발송인이나 수취인의 청구에 따라 국제우편물의 행방을 추적 조사하고 그 결과를 청구자에게 알려주는 제도로서 조사결과 우편관서에서 취급하던 중 일어난 사고로 판명되고 해당 우편물이 손해배상 대상이 되는 경우에는 발송인이나 수취인의 청구에 따라 손해배상을 실시한다. 행방조사청구제도는 손해배상문제와 직결되는 업무이므로 정확하고 신속히 처리한다.

② 주요 내용
   ㉠ 청구대상우편물 : 등기우편물, 소포우편물, 국제특급우편물
   ㉡ 청구기한 : 우편물을 발송한 다음 날부터 계산하여 6개월 (다만, 국제특급우편물의 경우에는 4개월 이내)
      ※ EMS프리미엄의 청구기한은 발송한 날부터 3개월, 배달보장서비스는 30일 이내
   ㉢ 종류 : 우편을 이용하는 행방조사, 모사전송(팩스)을 이용하는 행방조사, 전자우편ㆍ전자전송방식(인터넷)을 이용하는 행방조사
   ㉣ 청구권자 : 발송인이나 수취인
      ㉮ 분실된 경우 : 발송인
      ㉯ 파손된 경우 : 발송인이나 수취인
         ※ 많은 국가에서 발송인 청구 위주로 행방조회를 진행함(미국, 독일, 프랑스 등)
   ㉤ 발송국가와 도착국가(배달국가)는 물론이고 제3국에서도 청구 가능
   ㉥ 행방조사청구 요금
      ㉮ 항공우편에 의한 청구 : 무료
      ㉯ 모사전송(팩스)에 의한 청구 : 해당 모사전송(팩스) 요금
      ㉰ 국제특급우편에 의한 청구 : 해당 국제특급우편요금(청구요금은 우표로 받아 청구서 뒷면에 붙이고 소인 처리)
      ㉱ 처음에 배달통지청구우편물로 발송한 우편물의 배달통지서(CN07)가 통상적인 기간 안에 회송되어 오지 아니한 경우에 청구하는 행방조사 청구는 이른바 '무료행방조사청구'로서 청구료를 징수하지 아니한다.

(2) 국제우편 손해배상제도

① 개요 ⋯ 행방조사 결과 우편물의 분실 및 파손 등으로 발송인 또는 수취인이 재산상으로 손해를 입은 것으로 확정 되었을 때 일정한 조건과 규정에 따라 손해를 보전하는 제도

② 손해배상 청구권자
   ㉠ 청구권자 : 발송인 또는 수취인
   ㉡ 원칙적으로 수취인에게 배달되기 전까지는 발송인이 되며, 배달된 후에는 수취인에게 청구 권한이 있음

③ 손해배상금의 부담
　　㉠ 우편물의 분실, 파손 또는 도난 등의 사고에 대한 책임이 있는 우정청
　　㉡ 국제특급의 경우 지급된 배상금은 원칙적으로 발송우정청이 부담하고 있으나 상대국에 따라 책임우정청
　　　이 배상하는 경우도 있음

④ 손해배상의 면책
　　㉠ 화재, 천재지변 등 불가항력에 의해 발생한 경우
　　㉡ 발송인 귀책사유에 의한 경우 : 포장부실, 내용품의 성질상 훼손된 경우 등
　　㉢ 도착국가의 국내법에 따라 압수 및 금지물품 등에 해당되어 몰수, 폐기된 경우
　　㉣ 내용품의 실제가격을 초과 사기하여 보험에 든 경우 등

⑤ 손해배상의 요건
　　㉠ 우편물에 실질적인 손해가 발생하여야 한다.
　　㉡ 우편관서의 과실이 있어야 한다.
　　㉢ 행방조사청구가 기한 내에 이루어져야 한다.

⑥ 국제우편물 유형별 손해배상액

종류별	손해배상의 범위	배상금액
등기우편물	• 분실, 전부 도난 또는 전부 훼손된 경우 • 일부 도난 또는 일부 훼손된 경우	• 52,500원 범위 내의 실손해액과 납부한 우편요금(등기료 제외) • 52,500원 범위 내의 실손해액
등기우편낭 배달 인쇄물	• 분실, 전부 도난 또는 전부 훼손된 경우 • 일부 도난 또는 일부 훼손된 경우	• 262,350원과 납부한 우편요금(등기료 제외) • 262,350원 범위 내의 실손해액
보통소포우편물	• 분실, 전부 도난 또는 전부 훼손된 경우 • 일부 분실·도난 또는 일부 훼손된 경우	• 70,000원에 1kg당 7,870원을 합산한 금액범위 내의 실손해액과 납부한 우편요금 • 70,000원에 1kg당 7,870원을 합산한 금액범위 내의 실손해액
보험서장 및 보험소포우편물	• 분실, 전부 도난 또는 전부 훼손된 경우 • 일부 분실·도난 또는 일부 훼손된 경우	• 보험가액 범위 내의 실손해액과 납부한 우편요금(보험취급수수료 제외) • 보험가액 범위 내의 실손해액
국제특급우편물 (EMS)	• 내용품이 서류인 국제특급우편물이 분실된 경우 • 내용품이 서류인 국제특급우편물이 일부 도난 또는 훼손된 경우 • 내용품이 서류가 아닌 국제특급우편물이 분실·도난 또는 훼손된 경우 • 보험취급한 국제특급우편물이 분실·도난 또는 훼손된 경우 • 배달예정일보다 48시간 이상 지연 배달된 경우 (단, EMS 배달보장서비스는 배달예정일보다 지연배달의 경우)	• 52,500원 범위 내의 실손해액과 납부한 국제특급우편요금 • 52,500원 범위 내의 실손해액과 납부한 국제특급우편요금 • 70,000원에 1kg당 7,870원을 합산한 금액 범위 내의 실손해액과 납부한 국제특급우편요금 • 보험가액 범위 내의 실손해액과 납부한 국제특급우편요금(보험취급수수료 제외) • 납부한 국제특급우편요금(보험취급수수료 제외)

※ 지연배달 등으로 인한 간접손실 또는 수익의 손실은 배상하지 않도록 규정함]

❼ 국제우편물 및 국제우편요금의 반환

(1) 국제우편물의 반환

① 외부 기재사항에 대한 변경(정정) 청구 및 우편물 반환
  ㉠ 외부 기재사항에 대한 변경 및 정정 청구 요건
    ㉮ 외부기재사항을 잘못 기재하여 발송한 경우
    ㉯ 발송 후 수취인의 주소가 변경된 것을 알게 된 경우
  ㉡ 우편물 반환 청구 요건 : 수취인에게 보낼 필요가 없게 된 경우

② 청구 개요
  ㉠ 청구시한 : 우편물이 수취인에게 배달되기 전 청구서가 해당우체국에 도착되어 적절하게 조치할 수 있는 시점
  ㉡ 청구권자 : 발송인
  ㉢ 대상우편물 : 등기, 소포, 특급우편 및 보통통상 등 모든 국제우편물이 해당 되나 청구서 접수 시 청구의 수리 가능 여부를 검토하여 접수

[수취인 주소 · 성명 변경청구와 우편물 반환청구 수수료]

구분	청구 수수료	비고
접수우체국 발송 전	무료	
접수우체국 발송 후	국내등기취급수수료	2018. 1. 2.기준

[외국 발송 전 국제우편물의 국내 반송취급료]

우편물 종류	반송취급료	비고
등기통상/K-Packet/EMS(서류)	국내등기통상우편요금	
국제소포/EMS(비서류)/한 · 중 해상특송	국내등기소포요금	

  ㉣ 청구서 접수우체국의 업무처리절차
    ㉮ 발송준비 완료 후인 경우에는 다음 우편물에 한정하여 청구할 수 있음
      • 도착국가가 청구를 허용하는 경우
      • 도착국가의 법령에 따라 몰수되거나 폐기처분되지 아니한 경우(금지물품이 들어 있지 않은 경우 등)
      • 해당 우편물이 수취인에게 배달되지 않은 경우
    ㉯ 청구인이 해당 우편물의 발송인이 맞는지 확인(기록취급우편물인 경우에는 접수증 등으로 확인)
    ㉰ 청구인에게 국제우편물 반환 및 주소변경 · 정정청구서(CN17)를 로마문자 활자체와 아라비아 숫자로 정확하게 적도록 해야 하며 한 발송인이 같은 수취인 앞으로 한 우체국에서 한꺼번에 부친 여러 개의 우편물에 대하여는 하나의 서식을 사용하게 할 수 있음

(2) 국제우편요금의 반환청구

① 청구 개요
　㉠ 납부한 국제우편요금에 상응하는 역무를 이용자에게 제공하지 아니하였을 때 제한된 범위 내에서 청구에 의해 요금을 환불하는 것
　㉡ 청구기한 : 우편물을 발송한 다음 날로부터 기산하여 1년 이내

② 요금 반환 요건
　㉠ 우편관서의 과실로 과다 징수한 경우 : 과다 징수한 국제우편요금 등
　㉡ 부가취급 국제우편물의 국제우편요금 등을 받은 후 우편관서의 과실로 부가취급을 하지 아니한 경우 : 부가취급 수수료
　㉢ 항공서간을 선편으로 발송한 경우 : 항공서간 요금과 해당 지역의 선편 보통서신 최저요금의 차액
　㉣ 등기우편물 · 소포우편물 또는 보험취급 된 등기우편물 · 소포우편물의 분실 · 전부도난 또는 완전파손 등의 경우 : 납부한 국제우편요금 등 (등기 · 보험취급수수료 제외)
　㉤ 특급우편물 또는 보험취급 된 특급우편물의 분실 · 도난 또는 파손 등의 경우 : 납부한 국제우편요금 등 (보험취급 수수료 제외)
　㉥ 행방조사청구에 따른 조사결과 우편물의 분실 등이 우편관서의 과실로 발생하였음이 확인된 경우 : 행방조사 청구료
　㉦ 수취인의 주소 · 성명이 정확하게 기재된 우편물을 우편관서의 과실로 발송인에게 반환한 경우 : 납부한 국제우편요금 등
　㉧ 외국으로 발송하는 부가취급 되지 아니한 통상우편물이 우편관서의 취급과정에서 파손된 경우 : 납부한 국제우편요금 등
　㉨ 다른 법령에 따른 수출금지 대상이거나 그 밖의 부득이한 사유로 발송인에게 반환된 경우 : 납부한 국제우편요금 등 (우편물의 반환에 따른 국내우편요금 및 수수료 공제)
　　※ 발송인의 고의 또는 중대한 과실이 있는 경우 반환하지 아니함
　㉩ 다른 법령 또는 상대국의 규정에 따라 압수되는 등의 사유로 반환되지 아니하는 우편물에 대한 국제우편요금 등은 반환 불가

최근 기출문제 분석

2019. 10. 19. 우정서기보(계리직)

1 국제우편 종류별 접수방법에 대한 설명으로 옳은 것은?

① 보험소포우편물 취급 시 중량이 '8kg 883g'인 경우, '8,900g'으로 기록한다.

② 우편자루배달인쇄물 접수 시 하나의 소포우편물로 취급하며, 우편 요금과 별도로 관세회부대행 수수료 4,000원을 징수한다.

③ 국제특급우편(EMS)은 내용품에 따라 서류용과 비서류용 2가지로 구분되며, 운송장의 번호는 KM 또는 KS로 시작된다.

④ K-Packet의 발송인 란에는 통관, 손해배상, 반송 등의 업무 처리를 위해 반드시 한 명의 주소 및 성명을 기재해야 한다.

> **TIP** ④ K-Packet은 「국제우편규정」 제3조, 제9조에 따라 과학기술정보통신부장관이 고시한 전자상거래용 국제우편서비스 이다. K-Packet 운송장의 발송인 란에는 통관, 손해배상, 반송 등의 업무처리를 위하여 반드시 한 명의 주소·성 명을 기재해야 한다.
> ① 보험소포우편물의 중량은 10g 단위로 표시하며, 10g 미만의 단수는 10g으로 절상한다. 따라서 중량이 '8kg 883g' 인 경우, '8,890g'으로 기록한다.
> ② 우편자루배달인쇄물은 동일인이 동일수취인에게 한꺼번에 다량으로 발송하고자 하는 인쇄물 등을 넣은 우편자루를 한 개의 우편물로 취급한다. 우편자루배달인쇄물은 우편요금과 별도로 통관절차대행수수료 4,000원을 징수한다.
> ③ 국제특급우편(EMS)을 접수할 때에는 EMS 운송장을 이용자(계약고객, 수시이용고객)에게 교부하여 작성을 요청한 다. 운송장은 내용품에 따라 서류용과 비서류용의 2가지로 구분하는데, 내용물이 서류인 경우 EE운송장, 내용물이 물품인 경우 EM 또는 ES로 시작된다.

2019. 10. 19. 우정서기보(계리직)

2 국제통상우편물 종별 세부내용에 대한 설명으로 옳은 것은?

① 인쇄물로 접수할 수 있는 것은 서적, 홍보용 팸플릿, 상업 광고물, 도면, 포장박스 등이다.

② 그림엽서의 경우, 앞면 윗부분에 우편엽서를 뜻하는 단어를 영어나 프랑스어로 표시해야 한다.

③ 특정인에게 보내는 통신문을 기록한 우편물, 법규 위반 엽서, 법규위반 항공서간은 서장으로 취급한다.

④ 소형포장물의 경우, 제조회사의 마크나 상표는 내부나 외부에 기록이 가능하나, 발송인과 수취 인 사이에 교환되는 통신문에 관한 참고사항은 내부에만 기록할 수 있다.

Answer 1.④ 2.③

TIP ③ 서장(Letters)은 특정인에게 보내는 통신문(Correspondence)을 기록한 우편물(타자한 것을 포함)이다. 서장 취급
예시로는 법규 위반 엽서, 법규 위반 항공서간 등이 해당한다.
① 인쇄물로 접수할 수 있는 물품은 서적, 정기간행물, 홍보용 팸플릿, 잡지, 상업광고물, 달력, 사진, 명함, 도면 등이
다. CD, 비디오테이프, OCR, 포장박스, 봉인한 서류 등은 인쇄물로 접수할 수 없다.
② 우편엽서의 경우, 앞면 윗부분에 우편엽서를 뜻하는 영어나 프랑스어로 표시(Postcard 또는 Carte postale)해야 한
다. 다만 그림엽서의 경우에 꼭 영어나 프랑스어로 표시해야 하는 것은 아니다.
④ 제조회사의 마크나 상표, 발송인과 수취인 사이에 교환되는 통신문에 관한 참고 사항은 모두 우편물의 내부나 외부
에 기록이 가능하다.
※ 소형포장물의 내부나 외부에 기록 가능한 사항
㉠ 상거래용 지시 사항
㉡ 수취인과 발송인의 주소ㆍ성명
㉢ 제조회사의 마크나 상표
㉣ 발송인과 수취인 사이에 교환되는 통신문에 관한 참고 사항
㉤ 물품의 제조업자 또는 공급자에 관한 간단한 메모, 일련번호나 등기번호, 가격ㆍ무게ㆍ수량ㆍ규격에 관한 사항,
상품의 성질, 출처에 관한 사항

2019. 10. 19. 우정서기보(계리직)
3 국제특급우편(EMS) 주요 부가서비스 및 제도에 대한 설명으로 옳은 것은?

① 수출우편물 발송확인서비스 대상 우편물의 경우, 발송인은 수리일 다음 날로부터 30일 내에 해
당 우편물을 선적 또는 기적해야 한다.
② EMS 프리미엄 서비스는 1~5개 지역 및 서류용과 비서류용으로 구분되며, 최고 7천만 원까지
내용품의 가액에 한해 보험 취급이 가능하다.
③ EMS 프리미엄의 부가서비스인 고중량특송 서비스는 전국 우체국에서 접수 가능하며, 우체국과
계약 여부에 상관없이 누구나 이용 할 수 있다.
④ 2003년부터 EMS 배달보장서비스가 시행되어 운영 중이며, 실무에서 처리할 경우, 도착 국가에
서 통관 보류나 수취인 부재 등의 사유로 인한 미배달은 배달완료로 간주한다.

TIP ① 수출우편물 발송확인서비스 대상 우편물의 경우, 발송인은 수리일로부터 30일내에 선적 또는 기적하여야 하며, 기
일 내 선적 또는 기적하지 아니한 경우에는 과태료 부과와 수출신고 수리가 취소된다.
② EMS 프리미엄 서비스는 1~5개 지역 및 서류용과 비서류용으로 구분되며, 우편물의 분실이나 파손하여 대비하여 최
고 50백만 원(5천만 원)까지 내용품 가액에 대한 보험취급이 가능하다.
④ EMS 배달보장 서비스는 2005. 7. 25. 최초 시행되어 운영 중이며, 통관 보류나 수취인 부재 등의 사유로 인한 미
배달은 배달완료로 간주한다.
※ EMS 프리미엄 서비스의 특징
㉠ EMS 미 취급 국가를 비롯한 국제특송우편물의 해외 송달
㉡ 국가별 EMS 제한무게를 초과하는 고중량 국제특송우편물 송달
㉢ SMS 배달안내, Export/Import 수취인 요금부담, 통관대행 등 다양한 부가서비스 제공

Answer   3.③

4 **국제 통상우편물에 대한 설명으로 옳은 것은?**

① 항공서간은 세계 모든 지역에 대해 단일요금이 적용된다.

② 소설 원고, 신문 원고, 필서한 악보는 인쇄물로 취급하지 않는다.

③ 소형포장물에는 개인적인 통신문 성격의 서류를 동봉할 수 없다.

④ 시각장애인용 점자우편물은 항공부가요금을 포함한 모든 요금이 면제된다.

> **TIP** ② 소설 원고, 신문 원고, 필서한 악보는 인쇄물로 취급한다.
> ③ 소형포장물에는 현실적이고 개인적인 통신문 성격의 서류동봉이 가능하다.
> ④ 시각장애인용 점자우편물은 항공부가요금을 제외한 모든 요금이 면제된다.

5 **K-Packet에 대한 설명으로 옳은 것을 〈보기〉에서 모두 고른 것은?**

〈보기〉

㉠ 월 최소 계약물량은 제한이 있다.

㉡ 요금은 EMS보다 저렴하고, 이용실적에 따른 요금감액 제도가 있다.

㉢ 해외로 발송하는 2kg 이하 소형물품을 e-Shipping으로 접수하는 전자상거래 전용 국제우편 서비스
이다.

㉣ 'R'로 시작하는 우편물 번호를 사용하는 경우에는 1회 배달 성공률을 높이기 위하여 수취인의 서명
없이 배달한다.

---

① ㉠, ㉢   ② ㉠, ㉣

③ ㉡, ㉢   ④ ㉡, ㉣

> **TIP** ㉠ 월 최소 계약물량은 제한 없다.
> ㉣ 'R'로 시작하는 우편물번호를 사용하는 것은 국제등기(Registered)이다.

Answer 4.① 5.③

6 IBRS(International Business Reply Service) EMS에 대한 설명으로 옳지 않은 것은?

① 수취인이 요금을 부담하는 제도이다.

② 모든 우체국에서 취급하며, 통당 요금은 5,000원이다.

③ 접수 중량은 최대 2kg까지이며, 일본에만 발송이 가능하다.

④ 국내 소비자가 해외 인터넷쇼핑몰에서 구매한 상품을 반품할 때 이용하는 국제우편 상품이다.

> **TIP** ② 집배우체국에 한하여 취급하며, 인쇄물(봉투)은 1,100원, 엽서는 500원이다.

출제 예상 문제

1 다음은 어떤 조직의 기원이다. 이 조직의 약어로 옳은 것은?

> 1868년 하인리히 본 스테판이 제안한 문명국가간 우편연합

① SDR

② APPC

③ APPU

④ UPU

TIP 위 내용은 일반우편연합(General Postal Union)에 대한 내용으로 만국우편연합(UPU ; Universal Postal Union)의 기원이다.
① 국제준비통화
② 아시아 · 태평양 우정대학
③ 아시아 · 태평양 우정연합
④ 만국우편연합

2 만국우편연합에 대한 것으로 옳지 않은 것은?

① 공용어가 영어이며, 조약문의 해석상 문제가 있을 때는 영어를 기준으로 한다.

② 우리나라는 1900년 1월 1일 '대한제국' 국호로 정식가입 하였다.

③ 4년마다 총회가 열린다.

④ 기준화폐는 SDR이다.

TIP 만국우편연합의 공용어는 프랑스어로 조약문의 해석상 문제가 있다면 프랑스어를 기준으로 한다.

Answer 1.④ 2.①

3 다음 설명하는 국제우편물의 종류는?

> 30kg 이하 물품의 해외 다량 발송에 적합한 전자상거래 전용 국제우편서비스로 e-Shipping을 이용하는 고객에 한하여 이용 가능하다.

① 국제특급우편물
② K-Packet
③ 국제소포우편물
④ 한 · 중 해상특송서비스

TIP 한 · 중 해상특송서비스는 30kg 이하 물품의 해외 다량 발송에 적합한 서비스로서 우체국과 계약하여 이용하는 전자상거래 전용 국제우편서비스 이다. e-Shipping을 이용하는 고객에 한하여 인천-위해간 운항하는 여객선 및 화물선으로 배송한다.

4 다음 중 우편엽서의 요건으로 맞지 않는 것은?

① 앞면 윗부분에 우편엽서를 뜻하는 영어나 프랑스어 'Printed papers' 또는 'Imprimé'를 표시해야 한다.
② 엽서는 봉함하지 않은 상태로 발송한다.
③ 튼튼한 판지나 견고한 종이로 제조해야 한다.
④ 사제엽서는 우편요금을 표시하는 증표를 인쇄 할 수 없다.

TIP 'Printed papers', 'Imprimé'는 인쇄물(Printed papers)에 표시해야 하며, 우편엽서에는 'Postcard' 또는 'Carte postale'을 표시해야 한다.

5 EMS 배달보장서비스에 대한 내용으로 옳은 것은?

① 대상국은 9개(한국, 미국, 일본, 호주, 홍콩, 영국, 스페인, 프랑스, 태국)이다.
② 국가별 EMS 제한무게를 초과하는 고중량 국제특송우편물을 송달한다.
③ SMS 배달안내 등 다양한 부가서비스를 진행한다.
④ 배달예정일 보다 늦게 도착하면 즉시 우편요금을 배상해 준다.

TIP ① 배달보장서비스의 대상국은 10개(중국포함)이다.
②③ EMS 프리미엄 서비스에 대한 내용이다.

Answer   3.④   4.①   5.④

6 다음 중 국제우편물의 종류에 해당하지 않는 것은?

① 국제통상우편물　　　　　　　　② 국제소포우편물

③ 국제특급우편물　　　　　　　　④ 국제등기우편물

TIP 국제우편물의 종류는 국제통상우편물, 국제소포우편물, 국제특급우편물로 한다(「국제우편규정」 제11조 제1항).

7 다음 중 국제통상우편물의 분류기준은 무엇인가?

① 취급속도 및 내용물　　　　　　② 중량과 내용물

③ 발송수단과 내용물　　　　　　④ 지역과 내용물

TIP 「만국우편협약」 규정에 따라 통상우편물은 취급속도나 내용물에 근거하여 분류한다.

8 국제우편에 대한 설명으로 옳지 않은 것은?

① 국가 또는 그 관할 영토의 경계선을 넘어 물건을 송달하는 제도이다.

② 국제우편물의 종류에는 익일특급, 인쇄물, 항공서간, 소형포장물 등이 있다.

③ 교역의 확대에 따른 우편수요의 증가로 범세계적인 국제우편기구인 만국우편연합이 창설되었다.

④ 국제우편은 나라와 나라 사이의 우편 교환이기 때문에 독특한 취급내용과 절차를 갖고 있다.

TIP 국제우편물의 종류
　㉠ 국제통상우편물
　　• 취급속도에 따른 구분 : 우선취급우편물, 비우선취급우편물
　　• 내용물에 따른 구분 : 서장, 우편엽서, 항공서간, 인쇄물, 소형포장물, 시각장애인용우편물, 우편자루배달인쇄물
　㉡ 국제소포우편물 : 각국 우정당국 간에 교환하는 소포
　㉢ K-Packet : 2kg 이하 소형물품을 우체국과의 계약으로 해외 배송하는 서비스
　㉣ 국제특급우편물(EMS) : 서류, 비서류
　㉤ 한·중 해상특송우편물 : 계약고객이 온라인으로 접수하는 30kg 이하의 전자상거래 물품전용 서비스

Answer　6.④　7.①　8.②

9 다음에서 설명하고 있는 UPU의 기관은?

> 우편업무에 관한 운영적, 상업적, 기술적, 경제적 사안을 담당한다.

① 총회
② 관리이사회
③ 우편운영이사회
④ 국제사무국

TIP ① 연합의 최고 의결기관으로서 매 4년마다 개최되며, 전 회원국의 전권대표로 구성된다. 전 세계 우편사업의 기본 발전방향을 설정한다.
② 우편에 관한 정부정책 및 감사 등과 관련된 사안을 담당한다.
④ 연합업무의 수행, 지원, 연락, 통보 및 협의기관으로 기능한다.

10 국제소포우편물 접수 시 우편물의 검사내용이 아닌 것은?

① 도착국가와 우리나라 간 소포 교환 여부와 접수 중지 여부
② 용적과 중량제한
③ 금지물품의 여부와 포장상태
④ 우편물의 가격 및 수수료 확인

TIP 국제소포우편물 접수 검사
• 도착국가와 우리나라의 소포 교환 여부, 접수 중지 여부
• 금지물품 여부, 포장상태
• 용적과 중량제한(국제우편요금, 발송조건표, 우편물류시스템 참조)
• 운송장 기록 사항
 −내용품의 영문 표기 및 수량과 가격 표기
 −잘못을 발견하였을 때에는 발송인에게 보완 요구, 불응하면 접수 거절

11 국제소포우편물 운송장의 작성방법에 대한 설명으로 옳지 않은 것은?

① 발송인으로 하여금 국제소포우편물 운송장을 작성하게 하여 소포우편물 외부에 떨어지지 않도록 붙인다.
② 국제소포우편물 운송장에는 도착국가에서 필요한 서식을 별도 작성하여 첨부하여야 한다.
③ 발송인이 운송장을 기재할 때에는 왼쪽 아래 부분의 지시사항란을 반드시 기록하여야 한다.
④ 발송인이 작성 제출한 운송장에는 우편물의 총중량과 요금, 접수우체국명, 접수일자 등을 접수 담당자가 명확하게 기재한다.

TIP ② 국제소포우편물 운송장에는 도착국가에서 필요한 서식(송장, 세관신고서)이 포함되어 있으므로 이러한 서식을 별도 작성하여 첨부할 필요가 없다. 다만, 발송인이 필요하다고 인정하는 경우에는 우리나라와 도착국가에서의 통관 수속에 필요한 모든 서류 (상업송장, 수출허가서, 수입허가서, 원산지증명서, 건강증명서 등)를 첨부할 수 있다.

12 국제보험소포우편물 접수요령에 대한 설명 중 틀린 것은?

① 보험소포우편물은 특히 포장을 튼튼히 한 후 쉽게 뜯지 못하도록 봉함하였는지 확인해야 한다.
② 통관검사를 위하여 개봉한 후에는 통관우체국에서 가능한 한 원상태에 가깝도록 다시 봉해야 한다.
③ 통관절차대행수수료 4,000원을 징수한다.
④ 운송장의 구성, 통관에 필요한 서류 추가 등에 관하여는 보통소포우편물 접수와 동일하다.

TIP ③ 우편자루배달인쇄물(M bag)에 대한 내용이다.
 ※ 국제보험소포우편물 접수요령
 • 보험소포우편물은 특히 포장을 튼튼히 한 후 뜯지 못하도록 봉함했는지 확인
 • 통관검사를 위하여 개봉한 후에는 통관우체국에서 가능한 한 원상태에 가깝도록 다시 봉함
 • 그 밖의 사항은 보통소포우편물의 접수 검사 절차와 동일

13 다음 중 국제우편물 손해배상제도에 대한 설명으로 옳지 않은 것은?

① 우편물이 분실 또는 파손되어 발송인 또는 수취인이 재산상 손해를 입었을 때 우정청이 이를 보전해 주는 제도이다.

② 국제특급의 경우 지급된 배상금은 원칙적으로 발송우정청이 부담하고 있으나 상대국에 따라 책임우정청이 배상하는 경우도 있다.

③ 손해배상 청구권자는 수취인에게 배달되기 전까지는 발송인이 되며, 배달된 후에는 수취인이 된다.

④ 발송인의 포장부실로 인하여 파손된 우편물의 경우 우정청이 손해배상금을 부담한다.

> **TIP** ④ 발송인의 귀책사유인 포장부실로 인하여 파손된 우편물, 내용품의 성질로 인하여 훼손된 우편물의 경우에는 손해배상의 면책사유에 해당한다.

14 다음 중 EMS로 보낼 수 있는 물품에 해당하는 것은?

① 여권　　　　　　　　　　　　② 유가증권류
③ 보석류　　　　　　　　　　　④ 컴퓨터 데이터

> **TIP** EMS로 보낼 수 있는 물품
> 업무용 · 상업용 서류, 컴퓨터 데이터, 상품견본, 마그네틱 테이프, 마이크로 필름, 상품(국가에 따라 차이가 있음)

15 국제우편요금의 반환청구에 대한 설명으로 옳지 않은 것은?

① 납부한 국제우편요금에 상응하는 역무를 이용자에게 제공하지 아니하였을 때 제한된 범위 내에서 청구에 의해 요금을 환불하는 것이다.

② 우편물을 발송한 다음 날로부터 기산하여 1년 이내에 청구하여야 한다.

③ 다른 법령에 따른 수출금지 대상이거나 그 밖의 부득이한 사유로 발송인에게 반환된 경우 요금반환이 불가능하다.

④ 우편관서의 과실로 우편요금을 과다 징수한 경우 과다 징수된 국제우편요금은 반환된다.

> **TIP** ③ 발송인의 고의, 중대한 과실이 없다면 납부한 국제우편요금을 반환받을 수 있다.

Answer　13.④　14.④　15.③

16 다음 중 국제통상우편물을 취급속도에 따라 구분한 것은?

① 우편엽서

② 소형포장물

③ 우선취급우편물

④ 우편자루배달인쇄물

TIP 국제통상우편물의 분류
ⓐ 취급속도에 따른 분류 : 우선취급 및 비우선취급우편물
ⓑ 내용물에 따른 분류 : 서장, 우편엽서, 항공서간, 인쇄물, 소형포장물, 시각장애인용우편물, 우편자루배달인쇄물

17 K-Packet에 대한 설명으로 옳지 않은 것은?

① 2kg이하 소형물품을 우체국과의 계약을 통해 이용하는 전자상거래용 국제우편서비스이다.

② 평균 송달기간은 7~10일이다.

③ e-Shipping을 이용하는 고객에 한하여 이용이 가능하다.

④ 월 이용금액에 따라 이용금액을 감액 해준다.

TIP ③ 한 · 중 해상특송서비스(POST Sea express)에 관한 내용이다.

18 아시아 · 태평양우편연합에 대한 설명으로 옳지 않은 것은?

① 집행이사회는 매 4년마다 개최한다.

② 사무국은 태국의 방콕에 있다.

③ 총회, 집행이사회, 아시아 · 태평양우정대학, 사무국의 기관으로 구분할 수 있다.

④ 지역 내 각 회원국 간의 우편관계를 확장, 촉진 및 개선하고 우편업무분야에 있어서 국제 협력을 증진하는데 그 설립 목적이 있다.

TIP ① 집행이사회는 매년 1회 개최한다.

Answer 16.③ 17.③ 18.①

19 우편엽서에 대한 설명으로 옳지 않은 것은?

① 조약에 규정된 조건에 따라 정부가 발행하는 관제엽서와 정부 이외의 자가 조제하는 사제엽서로 구분한다.

② 사제엽서는 우편요금표시 증표 인쇄를 할 수 있다.

③ 앞면위쪽에 "Postcard" 또는 "Carte postale"표시가 있어야 한다.

④ 사제엽서는 관제엽서에 준하여 조제한다.

TIP ② 사제엽서는 우편요금표시 증표 인쇄를 할 수 없다.

20 항공서간에 대한 설명으로 옳지 않은 것은?

① 외부에 'Aerogramme'를 표시해야 한다.

② 정부에서 발행하는 항공서간과 사제 항공서간으로 나뉜다.

③ 정부에서 발행하는 항공서간과 사제 항공서간에는 우편요금을 표시하는 증표를 인쇄할 수 있다.

④ 세계 어느 지역이나 단일 요금으로 보낼 수 있다.

TIP ③ 정부에서 발행하는 항공서간은 가능하나, 사제 항공서간에는 증표를 인쇄할 수 없다.

21 다음 중 보험서장으로 발송할 수 있는 물건이 아닌 것은?

① 수표   ② 우표
③ 복권표   ④ 화공품류

TIP 보험서장으로 발송할 수 있는 물건
 ㉠ 은행권, 수표, 지참인불 유가증권
 ㉡ 우표, 복권표, 기차표 등과 같은 금전적 가치가 있는 서류
 ㉢ 귀금속 및 보석류
 ㉣ 고급시계, 만년필 등 귀중품
 ㉤ 수출입관련 법령에서 허용하는 범위 내에서 취급

Answer 19.② 20.③ 21.④

22 국제우편요금에 대한 설명으로 틀린 것은?

① 국제우편요금은 만국우편협약에서 정한 범위 내에서 과학기술정보통신부장관이 정한다.

② 운송편별에 따라 선편요금과 항공요금으로 구분할 수 있다.

③ 우편물 종별에 따라 통상우편물요금, 소포우편물요금, 국제특급우편요금 등으로 구분한다.

④ 구성내용에 따라 통상우편물취급비, 소포우편물취급비로 구분한다.

> **TIP** 국제우편요금은 구성내용에 따라 국내취급비, 도착국까지의 운송요금과 도착국내에서의 취급비로 구분한다.

23 국제우편요금별납에 대한 내용으로 옳지 않은 것은?

① 한사람이 한 번에 같은 우편물을 발송할 때 우편물 외부에 요금별납 표시를 하여 발송하고 우편요금은 별도로 즉납하는 제도이다.

② 통상우편물 10통 이상을 취급요건으로 한다.

③ 우편물 앞면의 왼쪽 윗부분에 요금별납표시를 한다.

④ 접수된 우편물은 국제우체국 앞으로 별도우편자루를 체결·발송함을 원칙으로 한다.

> **TIP** 외부기재사항
> ㉠ 우편물 앞면의 오른쪽 윗부분에 요금별납표시를 확인한다.
> ㉡ 발송인이 표시를 하지 아니한 경우 우체국 보관 요금별납인을 날인한다.

24 국제우편물의 요금을 우편물을 접수할 때에 납부하지 않고 발송우체국의 승인을 얻어 1개월 간 발송예정 우편물 요금액의 2배에 해당하는 금액을 담보금으로 제공하고 1개월 간의 요금을 다음달 20일까지 납부하는 제도는?

① 국제우편요금의 별납
② 국제우편요금의 일시납
③ 국제우편요금의 후납
④ 국제우편요금 수취인부담

> **TIP** ① 동일인이 동시에 동일한 우편물을 발송할 때에 우편물 외부에 요금별납 표시를 하여 발송하고 우편요금은 별도로 즉납하는 제도
> ④ 우편물을 외국으로 발송하는 자가 국내 배달우체국과 계약을 체결하여 회신요금을 자신이 부담할 수 있도록 하는 제도

Answer   22.④ 23.③ 24.③

25 인쇄물의 요건을 갖추지 아니하고도 인쇄물로 취급할 수 있는 물품이 있다. 다음 중 인쇄물로 취급하는 것이 아닌 것은?

① 소설의 원고

② 신문원고

③ 학교에서 학생들에게 보낸 통신강의록

④ 악보 원본

TIP 인쇄물의 요건을 갖추지 않은 것 중 인쇄물로 취급되는 것의 종류
ⓐ 관계 학교의 교장을 통하여 발송하는 것으로 학교의 학생끼리 교환하는 서장이나 엽서
ⓑ 학교에서 학생들에게 보낸 통신강의록 및 학생들의 과제원본과 채점답안. 다만, 성적과 직접 관계되지 않는 사항은 기록할 수 없다.
ⓒ 소설 또는 신문원고
ⓓ 필서한 악보
ⓔ 인쇄한 사진
ⓕ 동시에 여러 통을 발송하는 타자기로 치거나 컴퓨터로 출력한 인쇄물

26 다음 중 시각장애인용 우편물에 대한 내용으로 옳지 않은 것은?

① 녹음물, 서장, 시각장애인용 활자가 표시된 금속판을 포함한다.

② 모든 요금이 면제된다.

③ 수취인 주소가 있는 면에 특별한 상징이 그려진 표지를 부탁해야 한다.

④ 신속하고 간편하게 확인 받을 수 있으면서도 내용물을 보호할 수 있도록 포장해야 한다.

TIP ② 시각장애인용 우편물은 항공부가요금을 제외한 모든 요금이 면제 된다. 따라서 항공 등기로 접수할 때는 요금이 징수된다.

27 다음 중 특수취급우편물에 해당하지 않는 것은?

① 국제항공우편물   ② 보험서장

③ 배달통지   ④ 점자우편물

TIP 특수취급우편물의 종류 … 항공, 등기, 배달통지, 보험서장

28 다음에서 설명하는 것은 무엇인가?

우편물을 항공운송수단을 이용하여 운송하는 등 송달과정에서 우선적 취급을 하는 제도

① 배달통지   ② 항공

③ 보험서장   ④ 등기

TIP ① 우편물 접수 시 발송인의 청구에 따라 우편물을 수취인에게 배달하고 수취인으로부터 수령 확인을 받아 발송인에게 통지하여 주는 제도
③ 은행권, 수표 등의 유가증권, 금전적 가치가 있는 서류나 귀중품 등이 들어있는 서장우편물을 발송인이 신고한 가액에 따라 보험취급하여 교환하고, 망실·도난 또는 파손된 경우 보험가액의 범위 내에서 실제로 발생된 손해액을 배상하는 제도
④ 우편물마다 접수번호를 부여하고 접수한 때로부터 배달되기까지의 취급과정을 그 번호에 의하여 기록취급하여 우편물취급 및 송달의 확실성을 보장하기 위한 제도로서, 망실·도난·파손의 경우에는 손해배상을 하여주는 제도

29 국제특급우편(EMS)에 대한 설명으로 옳지 않은 것은?

① 다른 우편물 보다 최우선으로 취급하는 가장 신속한 우편 업무이다.

② 계약국제특급우편과 수시국제특급우편으로 나뉜다.

③ 외국에서 국내에 도착한 EMS는 국내당일특급 우편물 취급하여 배달한다.

④ 자성을 띠는 마그네틱테이프는 접수 할 수 없다.

TIP EMS로 보낼 수 있는 물품
㉠ 업무용 서류
㉡ 상업용 서류
㉢ 컴퓨터데이터
㉣ 상품 견본
㉤ 마그네틱테이프
㉥ 마이크로 필름
㉦ 상품(취급을 금지하는 나라도 있음)

30 국제반신우표권에 대한 설명으로 옳지 않은 것은?

① 수취인에게 회신요금의 부담을 지우지 아니하고 외국으로부터 회답을 받는 제도이다.

② 만국우편연합 국제사무국에서 발행하여 각 회원국에서 판매한다.

③ 우리나라에서는 1매당 1,450원에 판매한다.

④ 우리나라에서 판매된 국제반신우표권은 우리나라에서 교환할 수 있다.

TIP 우리나라에서 판매된 국제반신우표권은 우리나라에서 교환할 수 없다.

31 국제특급우편 부가서비스 중 EMS 배달보장 서비스 대상국에 해당하지 않는 나라는?

① 한국   ② 태국

③ 미국   ④ 이탈리아

TIP EMS 배달보장 서비스 대상국 … 한국, 일본, 미국, 중국, 호주, 홍콩, 영국, 스페인, 프랑스, 태국

32 다음 중 국제특급우편에 부가할 수 있는 부가취급의 종류로 옳지 않은 것은?

① 배달통지   ② 보험취급

③ 국제송달   ④ EMS프리미엄

TIP 항공 및 등기를 기본으로 취급하며, 배달통지, 보험취급, EMS프리미엄, 배달보장서비스가 있다.

Answer   30.④   31.④   32.③

33 다음 중 서장에 대한 설명으로 옳지 않은 것은?

① 중량제한은 5g 이내이다.

② 특정인에게 보내는 통신문을 기록한 우편물이다.

③ 우편물 주소 면에 'Letter'라는 단어를 써야 한다.

④ 법규위반엽서, 법규위반 항공서간이 대표적인 서장취급 우편물이다.

TIP 서장의 중량제한은 2kg까지 가능하다.

34 다음 중 EMS 프리미엄 서비스에 대한 설명이 아닌 것은?

① 분실, 파손에 대비해 5천만 원까지 보험을 적용할 수 있다.

② 전국 모든 우체국에서 접수가 가능하다.

③ SMS 배달안내, Export/Import 수취인 요금부담, 통관대행 등 다양한 부가서비스를 제공한다.

④ 국가별 EMS 제한무게를 초과하는 고중량 국제특송우편물을 송달하며 100kg까지 접수가 가능하다.

TIP ④ 70kg까지 접수가 가능하다.

35 다음 중 EMS에 관한 사항을 고시하는 자는?

① 과학기술정보통신부장관   ② 국토교통부장관

③ 행정자치부장관   ④ 대통령

TIP 과학기술정보통신부장관은 EMS에 관한 업무협정 또는 양해각서, 취급지역 및 취급관서 등에 관한 사항을 고시한다(「국제특급우편취급규칙」 제3조).

Answer   33.① 34.④ 35.①

36 다음 중 EMS운송장 기록사항에 대한 것으로 옳지 않은 것은?

① 100g 단위로 무게를 기록한다.

② 10만 원 이상의 물품일 경우 반드시 고객에게 보험이용 여부를 문의한다.

③ 신속한 통관과 배달을 위해 반드시 우편번호를 기록한다.

④ 보내는 사람과 받는 사람의 주소·성명을 영문으로 기록한다.

TIP EMS운송장에는 10g 단위로 무게를 기록해야 한다.

37 다음에서 설명하는 서비스는?

> 외국으로 발송하는 국제우편물 중 수출신고 대상물품이 들어있는 경우 우체국에서 해당 우편물의 발송 사실을 세관에 확인하여 주는 서비스

① 수출우편물 발송확인 서비스

② 수출신고서 발급대행 서비스

③ 통관대행 서비스

④ 내용증명 서비스

TIP ② EMS프리미엄의 부가서비스로 접수우편물을 수출통관할 때 관세사무소의 수출신고서 발급을 대행하는 서비스
③ EMS프리미엄의 부가서비스로 접수우편물의 수출통관을 UPS에서 대행하는 서비스
④ 발송인이 수취인에게 어떤 내용의 문서를 언제 발송했다는 사실을 우편관서가 공적으로 증명해 주는 국내 우편서비스

38 EMS 프리미엄 부가서비스에 대한 내용으로 옳지 않은 것은?

① 고중량서비스
② 보험취급
③ 통관대행
④ 광고우편엽서

TIP ④ 국내전자우편서비스의 부가서비스 이다.

39 우리나라에서 취급하는 국제소포우편물이 아닌 것은?

① 속달소포
② 전쟁포로 및 민간인 피억류자 소포
③ 우편사무소포
④ 보험소포

TIP 속달소포와 대금교환소포는 우리나라에서 취급하지 않는다.

40 국제통상우편물 중 통관에 회부해야 할 우편물이 아닌 것은?

① 접수우편물을 검사결과 규정 위반이 발견될 때
② 통관우체국장이나 세관장이 특히 통관검사에 부칠 필요가 있다고 인정하는 그 밖의 통상우편물
③ 소형포장물
④ 세관표지 및 세관신고서가 붙어있는 통상우편물

TIP 규정 위반이 발견된 우편물은 발송인에게 보완하여 제출하도록 요구하고 이를 거부할 시 이유를 상세히 설명하고 접수를 거절 해야 한다.

41 보험소포우편물의 보험가액을 기록할 때의 유의사항으로 옳지 않은 것은?

① 보험가액은 원화로 표시한다.
② 내용품은 반드시 객관적 가치가 있어야 한다.
③ 내용물 보다 최대 2배 높은 가액을 보험가액으로 할 수 있다.
④ 발송 우체국은 원화로 기록된 보험가액을 SDR로 환산하여 운송장에 기록해야 한다.

TIP 소포우편물 내용물의 실제 가격보다 높은 가격을 보험가액으로 할 수 없으며 이 경우 사기보험으로 간주된다.

Answer   39.① 40.① 41.③

42 국제우편물 중 보험서장으로 발송할 수 있는 물건이 아닌 것은?

① 귀금속 및 보석류

② 고급시계 만년필 등의 귀중품

③ 여권 등의 신분증

④ 우표, 복권표 등의 금전적 가치가 있는 서류

TIP 보험서장으로 발송할 수 있는 물건
  ㉠ 은행권, 수표, 지참인불 유가증권
  ㉡ 우표, 복권표, 기차표 등과 같은 금전적 가치가 있는 서류
  ㉢ 귀금속 및 보석류
  ㉣ 고급시계, 만년필 등 귀중품
  ㉤ 수출입관련 법령(대외무역법 등)에서 허용하는 범위 내에서 취급

43 다음 내용이 설명하는 제도는 무엇인가?

> 우편물을 외국으로 발송하는 자가 국내 배달우체국과 계약을 체결하여 회신요금을 자신이 부담할 수 있도록 하는 제도

① EMS 배달보장제도

② 국제반신우표권제도

③ 국제우편요금 수취인부담제도

④ 수출우편물 발송확인제도

TIP 국제우편요금 수취인부담제도는 50g 미만의 인쇄물과 엽서에 한하여 회신요금을 자신이 부담할 수 있는 제도로서 수취인이 우편물을 받을 때 납부하며 후납 취급도 가능하다.

44 다음에서 설명하는 제도의 내용으로 옳지 않은 것은?

> 발송인이나 수취인의 청구에 따라 국제우편물의 행방을 추적 조사하고 그 결과를 청구자에게 알려주는 제도

① 청구대상 우편물은 국제통상우편물, 국제소포우편물, 국제특급우편물이다.
② 일반적으로 우편물을 발송한 다음 날부터 계산하여 6개월간 청구 할 수 있다.
③ 많은 국가에서 발송인 청구 위주로 행방조사를 진행한다.
④ 발송국가, 배송국가 뿐만 아니라 제 3국에서도 청구가 가능하다.

TIP 청구대상우편물은 등기우편물, 소포우편물, 국제특급우편물이다.

45 국제우편 손해배상제도 면책사유가 아닌 것은?

① 도착국가의 국내법에 따라 압수, 폐기된 경우
② 행방조사 결과 우편물의 분실, 파손의 책임이 발송 우정청에 있을 때
③ 내용물의 실제가격을 초과 사기하여 보험에 든 경우
④ 화재, 천재지변 등 불가항력에 의해 발생한 경우

TIP 국제우편 손해배상제도의 면책사유
 • 화재, 천재지변 등 불가항력에 의해 발생한 경우
 • 발송인 귀책사유에 의한 경우 : 포장부실, 내용품의 성질상 훼손된 경우 등
 • 도착국가의 국내법에 따라 압수 및 금지물품 등에 해당되어 몰수, 폐기된 경우
 • 내용물의 실제가격을 초과 사기하여 보험에 든 경우

Answer 44.① 45.②

02 PART

금융상식

01 예금

❶ 금융경제 일반

(1) 국민경제의 순환과 금융의 역할

① **경제의 정의** … 인간이 물질생활을 유지하기 위한 활동을 의미하며 이러한 활동에는 활동의 주체(경제주체) 가 존재하고 활동주체에 의한 일정한 흐름의 현상(순환)이 나타난다.

　㉠ **경제주체**(Economic Subjects) : 가계, 기업, 정부, 해외로 구분

　　㉮ **가계** : 생산요소의 공급주체로서 노동, 자본, 토지를 제공하고 그 결과로 얻은 소득을 소비하거나 저축한다.

　　㉯ **기업** : 생산의 주체로서 생산요소(노동, 자본, 토지)를 투입하여 재화와 용역(서비스)을 생산하며, 그 결과로 이윤을 얻는다.

　　㉰ **정부** : 규율과 정책의 주체로서 정책을 수립·집행하며 그에 필요한 자금을 세금 등으로 징수하거나 지출한다.

　　㉱ **해외** : 국외자로서 국내부문의 과부족을 수출입을 통하여 해결해준다.

　㉡ **생산요소**(Factors of Production) : 기업은 생산을 위해 생산요소를 투입

　　㉮ 인적요소(노동)와 물적요소(자본, 토지)로 나뉜다.

　　㉯ 생산과정에 투입된 후에도 소멸되지 않고 다음 생산에 재투입될 수 있다(비소멸성).

　　㉰ 노동, 토지는 원래 존재하는 본원적 생산요소이며 자본은 생산된 생산요소이다.

　　㉱ 생산요소가 투입되면 이를 초과하는 생산량이 산출되며, 이 생산량은 부가가치(Added value)가 되어 소득으로 분배된다.

　　㉲ 기업가의 경영행위 또한 생산요소의 하나로 기업은 그 대가로 이윤을 획득한다.

　㉢ **지출**(Consumption, Expenditure) : 생산요소를 투입하여 생산된 결과물이 한 경제에서 모두 소비되는 것으로 가정하면 소비를 위한 지출은 가계는 소비지출로, 기업은 투자지출로, 정부는 재정지출로, 해외 는 수출의 모습으로 이행된다.

　㉣ **분배**(Distribution) : 소득이 누구에게 나뉘는가의 문제로 생산물이 소비되어야 이를 바탕으로 생긴 소득 을 각 경제주체에게 분배할 수 있으므로 분배와 소비는 동전의 양면과 같다.

　　※ 생산자가 소득을 분배하고 남은 금액은 생산자(기업가)의 몫(이윤)이 된다.

ⓜ 순환과정(Circulation)
　　㉮ 경제행위는 생산, 소비(지출), 분배가 경제주체들 간에 유동적으로 흘러가는 순환과정이다.
　　㉯ 경제의 순환은 국내뿐만 아니라 해외부문에서도 일어난다.

　　　1년간의 국민총생산량(생산국민소득) = 지출국민소득 = 분배국민소득

　　　※ 이를 국민소득 3면 등가의 법칙 이라고 한다.

ⓑ 국민경제와 금융의 연결
　　㉮ 금융이란 자금이 부족하거나 여유가 있는 사람과 금융회사 간에 돈을 융통하는 행위이다.
　　㉯ 금융활동의 주체는 가계(소비자금융), 기업, 정부, 금융회사이다.
　　㉰ 경제의 순환은 금융을 매개로 이루어지며, 현대사회는 수많은 거래, 지급, 결제가 금융을 통하지
　　　않고는 완료될 수 없다.
　　㉱ 금융회사는 다른 금융주체간 중개기능을 수행한다.

[자금의 상업적 유통과 금융적 유통]

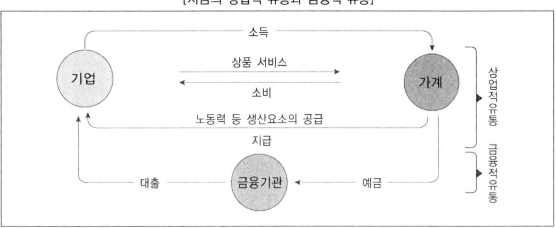

② **금융의 역할** … 경제활동이 원활하게 일어나도록 윤활유 역할을 하며, 금융상품을 통해 자금의 수요 · 공급
　이 이루어진다. 다양한 경로를 통해 이루어지는 금융은 각 경제주체들에게 아래와 같은 기능을 제공한다.
　㉠ **개인 간 자금거래 중개** : 여윳돈을 모아 필요한 사람에게 이전해주는 중계기능을 수행한다.
　㉡ **거래비용의 절감** : 신용카드, 인터넷 뱅킹 등 신속하게 금융거래를 할 수 있다.
　㉢ **가계에 대한 자산관리수단 제공** : 소득 변동성으로 인한 소득과 지출의 차이를 금융을 통해 해소할 수 있다.
　㉣ **자금의 효율적인 배분** : 금리(이자율)를 조정하여 자금의 효율적인 배분을 주도한다.
　㉤ **금융위험 관리수단 제공** : 변동성, 불확실성 같은 위험(risk)을 적절히 분산시키거나 해소할 수 있는 수단
　　을 제공한다.

(2) 주요 금융경제지표

① 금리(이자율) … 돈을 빌려 사용할 때 드는 대가를 이자라고 하며 기간 당 원금에 대한 이자의 비율을 금리(이자율)이라고 하며 금융거래 이후 일정기간이 지나야 발생하므로 돈의 시간가치라고도 한다.

　※ 보통 연간 이자액의 원금에 대한 비율을 금리라 한다.

　㉠ 금리의 결정

　　㉮ 돈의 가격인 금리는 금융시장에서 자금의 수요와 공급에 의해 결정된다.

　　㉯ 자금수요는 주로 가계소비, 기업투자 등에 영향을 받고 자금공급은 가계의 저축, 한국은행의 통화정책 등에 영향을 받는다.

[금리의 결정]

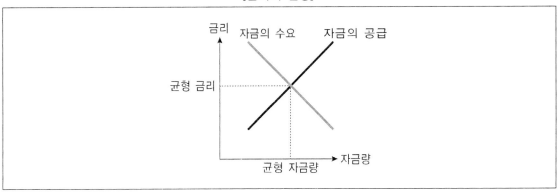

　㉡ 금리변동의 영향

　　㉮ 가계소비와 기업투자, 물가, 국가 간 자금이동 등 큰 영향을 미친다.

　　㉯ 금리는 국가 간의 자금흐름에도 신호 역할을 하기 때문에 각국 중앙은행은 기준금리 조정을 통해 경제흐름을 안정화 시킨다.

　　※ 국내금리보다 해외금리가 높아지면 더 높은 수익을 좇아 국내자금이 외국으로 유출되거나 외국으로부터의 자금유입이 줄어들기 때문. 반대의 경우도 있다.

　㉢ 금리의 종류

　　㉮ 단리와 복리

　　　• 단리 : 단순히 원금에 대한 이자를 계산

　　　• 복리 : 이자에 대한 이자도 함께 감안하여 계산

　　㉯ 표면금리와 실효금리

　　　• 표면금리 : 겉으로 나타난 금리

　　　• 실효금리 : 실제로 지급받거나 부담하는 금리(이자계산 방법이나 세금의 부과여부 등에 따라 달라짐)

　　㉰ 수익률과 할인율

　　　• 수익률 : 이자금액을 투자원금으로 나눈 비율(100만 원에 이자 10만 원을 받는다면 수익률은 10%)

　　　• 할인율 : 할인금액을 투자원금으로 나눈 비율(100만 원의 수익을 위해 90만 원에 사고 이자로 10만 원을 받는다면 할인율은 10%)

      ㉣ 기준금리
- 한국은행이 경제흐름을 종합적으로 고려하여 시중에 풀린 돈의 양을 조절하기 위해 금융통화위원회 (금통위)의 의결을 거쳐 인위적으로 결정하는 정책금리이다.
- 경기가 과열되면 기준금리를 인상하고, 침체되면 인하한다.
- 금융시장에서 거래되는 금리는 기준금리를 기준으로 한다.

      ㉤ 시장금리 : 단기금리와 장기금리로 나뉜다.
- 단기금리 : 만기 1년 이내의 이자율로 콜금리, 환매조건부채권금리, 기업어음금리, 무기명인 양도성 예금증서의 금리 등이 있다.
- 장기금리 : 만기가 1년을 초과하는 이자율로 국공채, 회사채, 금융채 등이 있다.
  ※ 채권시장에서 형성되는 금리는 채권수익률 이라고 하는데 채권수익률은 채권 가격의 변동과 반대방향으로 움직인다.
- 일반적으로 장기금리보다 단기금리가 높다.
- 돈을 빌리는 사람의 신용도가 높으면 금리가 낮지만 신용도가 낮으면 금리가 높다.
  ※ 주요 신용평가회사 : Moody's, S&P, Fitch IBCA, NICE신용평가, 한국기업평가, KCB(코리아크레딧뷰로)

      ㉥ 명목금리와 실질금리 : 화폐의 가치는 물가 변동에 의해 영향을 받기 때문에 명목금리와 실질 금리로 나뉜다.
- 명목금리 : 물가상승에 따른 구매력의 변화를 감안하지 않은 금리, 돈을 빌리거나 빌려줄 때 보통 명목금리로 계산한다.
- 실질금리 : 명목금리에서 물가상승률을 뺀 금리, 기업이 투자를 하거나 개인이 예금을 할 때는 실질 금리로 계산한다.

② 환율
    ㉠ 환율 : 외국과 거래할 때는 국제통화인 미 달러화 등으로 바꿔 거래해야 한다. 이때 각 나라 화폐 간 교환비율을 결정하는데 이를 환율이라고 한다.

    ㉡ 환율의 결정과 변동
      ㉮ 외화의 수요와 공급에 따라 자유롭게 결정된다.
      ㉯ 환율이 상승하면 원가 가치가 하락하고, 환율이 하락하면 원가 가치가 상승한다.
      ㉰ 수출과 수입, 자본의 유입과 유출, 외국인의 국내투자나 자국민의 해외투자 등 우리나라와 다른 국가 간 돈의 흐름에 따라 결정된다.

    ㉢ 고정환율제도와 변동환율제도
      ㉮ 고정환율제도 : 정부나 중앙은행이 외환시장에 개입하여 환율을 일정한 수준으로 유지시키는 제도
      ㉯ 변동환율제도 : 환율이 외환시장에서의 수요와 공급에 따라 결정, 국제수지에 불균형 발생 시 고정환율제도보다 더 빠르게 조정된다.
  ※ 급격한 변동으로 경제에 충격이 발생할 때는 정부가 외환시장에 개입하여 변동 속도를 조정하기도 한다.
      ㉰ 우리나라는 변동환율제도를 채택하고 있다.

    ㉣ 환율의 영향
      ㉮ 환율이 상승하면 우리나라 수출품의 가격이 하락해 국제시장에서 가격 경쟁력이 높아지지만, 원자재, 부품 같은 수입품의 가격이 올라 물가상승의 원인이 되기도 한다(반대의 경우도 있음).

④ 환율이 오르고 내리는 폭인 환율변동성이 높아지는 것은 경제에 부정적인 영향을 주므로 정책당국은 외환보유고를 이용해 외환시장을 진정시킨다.

③ 주가

㉠ 주식과 주식시장

㉮ 주식 : 기업이 필요한 자본을 조달하기 위해 발행하는 증권

㉯ 주식시장 : 기업공개(IPO ; Initial Public Offering)나 유상증자(기업이 새로 주식을 발행하여 자금을 조달하는 것)를 통해 주식이 발행되는 발행시장과 발행된 주식이 거래되는 유통시장으로 나뉜다.

㉰ 우리나라 유통시장은 장내유통시장(유가증권시장, 코스닥시장, 코넥스시장)과 장외유통시장(K-OTC 시장)으로 구분된다.

㉡ 주가지수와 경기변동

㉮ 주가지수는 주식시장의 전체적인 등락을 파악하기 위한 평균적 지표(index)이다.

㉯ 특정 시점의 경제상황을 판단하고 미래 경제전망 예측에도 활용할 수 있는 대표적인 지수이다.

㉰ 경제활동이 활발하여 경제에 대한 신뢰도가 높으면 주가지수가 상승하고 불경기나 경제 신뢰도가 떨어지면 주가는 하락한다.

주가지수 = 비교시점 시가총액 / 기준시점 시가총액 × 100

㉢ 우리나라의 주가지수

㉮ 코스피지수(KOSPI ; Korea Composite Stock Price Index) : 유가증권시장에 상장되어 있는 종목을 대상으로 산출되는 대표적 종합주가지수로 1980년 1월 4일의 주가지수를 100으로 하고(기준시점) 개별종목 주가에 상장주식수를 가중한 기준시점의 시가총액과 비교시점의 시가총액을 비교하여 산출하는 시가총액방식 주가지수이다.

㉯ 코스닥지수(KOSDAQ Index) : 코스닥지수는 코스닥시장에 상장되어 있는 종목을 대상으로 산출하는 종합지수로 코스닥시장의 대표지수이며, 코스피지수와 동일한 시가총액방식으로 산출된다.

㉰ 코스피200지수(KOSPI 200 ; Korea Stock Price Index 200) : 유가증권시장에 상장된 주식 중 시장 대표성, 업종대표성, 유동성 등을 감안하여 선정되는 200개 종목을 대상으로 최대주주지분, 자기 주식, 정부지분 등을 제외한 유동주식만의 시가총액을 합산하여 계산하는 주가지수이다.

㉱ KRX100지수(Korea Exchange 100) : 유가증권시장(90개)과 코스닥시장(10개)의 우량종목 100개로 구성된 통합주가지수이다.

㉲ 코스닥스타지수(KOSTAR Index) : 코스닥시장에 상장된 주식들 중 유동성, 경영투명성, 재무안정성 등을 감안하여 선정되는 30개 우량종목을 대상으로 산출되는 지수이다.

㉣ 글로벌 주요 주가지수 : 국제금융시장의 자유화ㆍ개방화 추세에 따라 해외주식ㆍ파생상품 등 다양한 투자수단을 위한 기준지표로서 MSCI지수, FTSE지수 등이 있다.

㉤ 주요 국가의 주가지수 : 미국의 다우존스 산업평균지수, NASDAQ지수, S&P500지수, 일본의 니케이지수, 홍콩의 항셍지수, 중국의 상하이종합지수, 대만의 자이취엔지수 등이 대표적이다.

ⓑ 거래량과 거래금액
  ㉮ 주가가 변동하기 전에 일반적으로 거래량이 먼저 변동한다.
  ㉯ 거래량이 증가하면 주가가 상승하고 거래량이 감소하면 주가가 하락한다.

(3) 금융시장

① **금융시장의 의미** … 자금공급자와 자금수요자간에 금융거래가 조직적으로 이루어지는 장소
  ㉠ 자금수요자는 주로 기업이며 자금공급자는 주로 개인들이다.
  ㉡ 금융거래를 하기위한 금융 수단을 금융자산, 금융상품이라고 하며 예금증서, 어음, 채권 등이 있다.
  ㉢ 자금공급자로부터 자금수요자로 이동하는 형태에 따라 직접금융과 간접금융으로 나뉜다.
    ㉮ **직접금융**(Direct finance) : 차입자가 대출자에게 주식이나 사채 등을 직접적으로 발행함으로써 자금을 직접 조달하는 방식으로 이렇게 차입자가 발행하는 금융자산을 본원적 증권(Primary security)이라고 하며, 국채·주식·사채·어음·채무증서 등이 이에 해당한다.
    ㉯ **간접금융**(Indirect finance) : 은행 등 금융회사가 자금공급자의 예금을 받아 자금수요자에게 대출해주는 방식으로 자금공급자가 금융회사에 자금을 맡길 때 예금증서 등을 교부하고, 금융회사가 자금수요자에게 자금을 제공하고 차용증서를 교부 받는다. 이때 금융회사는 차입자의 본원적 증권 발행의 한계 비용을 인하하고 대출자가 보유하는 금융자산의 한계효용을 높여 저축과 투자를 활발하게 하여 효율적인 자금배분을 실현한다.

[금융시장과 자금흐름]

② **금융시장의 기능**
  ㉠ **자원배분기능** : 가계부문의 여유자금을 투자수익성이 높은 기업을 중심으로 이전시킴으로써 국민경제의 생산력을 향상시킨다.
  ㉡ **위험분산기능** : 다양한 금융상품을 제공하여 투자자가 분산투자를 통해 투자위험을 줄일 수 있도록 한다.
  ㉢ **금융자산의 환금성** : 투자자는 환금성이 떨어지는 금융자산을 매입할 때 손실에 대한 일정한 보상(유동성 프리미엄)을 요구하는데, 금융시장이 발달하면 유동성 프리미엄이 낮아짐으로써 자금수요자의 차입비용이 줄어든다.

ⓐ **금융거래에 필요한 비용과 시간 절감** : 차입자의 신용에 관한 정보가 주식의 가격이나 회사채의 금리 등에 반영되어 있으므로 투자자가 투자정보를 취득하는데 따른 비용과 시간을 크게 절감한다.

ⓜ **시장규율기능** : 시장참가자는 차입자가 발행한 주식, 채권가격 등의 시장신호를 활용해 감시할 수 있는데 이를 통해 차입자의 건전성을 확인할 수 있다.

③ **금융시장의 유형**

㉠ **단기금융시장(자금시장)과 장기금융시장(자본시장)** : 금융거래의 만기에 따라 구분

㉮ **단기금융시장**
- 만기 1년 이내의 금융자산이 거래되는 시장
- 금융기관, 기업, 개인 등이 일시적인 자금수급의 불균형을 조정하는데 활용
- 콜시장, 기업어음시장, 양도성예금증서시장, 환매조건부채권매매시장, 표지어음시장, 통화안정증권시장 등이 해당된다.
  - 콜거래 : 콜시장에서 이루어지는 거래로 초단기 자금거래가 이루어지며 최장 90일 만기이나 대부분 익일물이 차지함
  - 기업어음 : 기업 등 발행자가 자기 신용을 이용하여 어음을 발행, 간단한 절차를 통해 단기자금을 조달하는 수단
  - 양도성예금증서 : 정기예금에 양도성을 부여한 예금증서, 할인방식으로 발행되며 발행금리는 발행금액 및 기간, 발행 금융회사의 신용도, 시장금리 등을 감안하여 결정됨

㉯ **장기금융시장**
- 금리변동에 따른 가격변동 위험이 크다.
- 미래의 자금지출에 대한 불확실성이 낮은 금융기관, 연기금 및 개인 등이 장기적인 관점에서 투자하는 경우가 많다.
- 위험을 회피하기 위해 선물, 옵션, 스왑 등 파생금융상품에 대한 투자를 병행하는 경우가 대부분이다.

㉡ **채무증서시장과 주식시장** : 금융수단의 성격에 따라 구분

㉮ **채무증서시장**
- 차입자가 만기까지 일정한 이자를 정기적으로 지급할 것을 약속하고 발행한 채무증서가 거래되는 시장
- 단기(1년 이내), 중기(1~10년), 장기(10년 이상)
- 기업어음시장, 양도성예금시장, 표지어음시장, 통화안정증권시장, 국채·회사채·금융채 등의 채권시장이 채무증서시장에 해당한다.

㉯ **주식시장**
- 회사의 재산에 대한 지분을 나타내는 주식이 거래되는 시장
- 주식으로 조달된 자금에 대해서는 원리금 상환의무가 없다.
- 주주는 기업 순이익에 대한 배당청구권을 갖는다.
- 코스닥시장, 코넥스시장, K-OTC시장 등이 있다.
- 채권은 우선변제권을 행사할 수 있으나 주식은 채무를 변제한 잔여재산에 대해 지분권을 행사한다.

- 채무증서 소유자는 이자, 원금 등 고정된 소득을 받게 되므로 안정적이나, 주주의 경우는 기업의 자산가치, 손익의 변동에 따라 이익을 볼 수도 있고 손해를 입을 수도 있다(자산가치의 변동성이 큼).
ⓒ 발행시장과 유통시장 : 금융거래의 단계에 따라 구분
  ㉮ 발행시장
  - 채권, 주식 등 장 · 단기금융상품이 신규로 발행되는 시장
  - 기업이 직접 발행하는 직접발행과 인수기관이 발행하는 간접발행으로 구분
  ㉯ 유통시장
  - 이미 발행된 장 · 단기금융상품이 거래되는 시장
  - 투자자가 보유한 회사채, 주식을 쉽게 현금화 할 수 있다.
  - 금융상품의 발행가격을 결정하는 발행시장에 영향을 미쳐 자금수요자의 자금조달비용에 영향을 줌
  ㉰ 유통시장에서 거래가 원활하지 않은 증권은 발행시장에서 인기가 없고, 이로 인해 규모가 작아지면 유통시장에서도 인기가 없게 되므로 발행시장과 유통시장은 서로 밀접한 관계를 가지고 있다.
ⓔ 거래소시장과 장외시장 : 금융거래의 장소에 따라 구분
  ㉮ 거래소시장
  - 금융상품에 대한 매수 · 매도가 거래소에 집중되어 있기 때문에 장내시장이라고도 하며 표준화된 거래 규칙에 따라 처리한다.
  - 시장참가자 간의 거래관계가 다면적이고 거래소에 집중된 매수 · 매도 주문의 상호작용에 의해 가격이 결정되므로 거래정보가 투명하다.
  - 거래 정보가 누구에게나 잘 알려지고, 거래의 익명성이 보장된다.
  - 한국거래소가 증권과 파생상품의 원활한 거래와 가격형성을 담당하고 있으며, 증권회사와 선물회사 등이 회원으로 가입해 있다.
  - 한국거래소에서는 주식, 채권, 상장지수펀드(ETF), 상장지수증권(ETN) 및 파생상품 등을 모두 거래하고 있다.
  ㉯ 장외시장
  - 특정한 규칙 없이 거래소 이외의 장소에서 당사자 간 금융상품의 거래가 이루어진다.
  - 직접거래시장과 점두시장(딜러 · 브로커 등이 거래를 중개하는 시장)으로 구분된다.
  - 거래정보의 투명성이나 익명성이 낮다
  - 우리나라의 경우 대부분의 채권이 거래되고 있으며 콜, 양도성예금증서, 기업어음 등 단기금융상품은 물론 외환 및 외환파생상품, 금리 및 통화 스왑 등의 파생금융상품 등도 대부분 장외시장에서 거래된다.
  - 주로 증권회사를 매개로 거래가 이루어지며 증권회사는 매도나 매수를 원하는 투자자와 반대거래를 원하는 상대방을 연결시켜 거래를 중개한다.

❷ 금융회사와 금융상품

(1) 금융회사

금융회사는 금융시장에서 자금수요자와 공급자 사이에 자금을 중개해주는 역할을 하는 회사이며 취급하는 금융서비스의 성격에 따라 은행, 비은행 금융회사, 보험회사, 금융투자회사, 금융지주회사, 금융유관기관 등으로 구분할 수 있다.

① 은행
  ㉠ 개념 : 예금, 채무증서 등을 통해 자금을 조달하고 기업, 가계 등에 대출하는 금융회사로 「은행법」에 의해 설립되어 운영되는 일반은행, 개별 특수은행법에 의해 설립되어 운영되는 특수은행으로 구분된다.
  ㉡ 주요업무
    ㉮ 고유업무 : 예적금 수입, 유가증권 또는 채무증서 발행, 자금의 대출, 어음할인 및 내·외국환 등 (「은행법」 제27조)
    ㉯ 부수업무 : 채무보증, 어음인수, 상호부금, 보호예수 등 (고유업무에 부수하는 업무)
    ㉰ 겸영업무 : 「자본시장법」상의 집합투자업, 집합투자증권에 대한 투자매매·중개업 및 투자자문업, 신탁업, 「여신전문금융업법」상의 신용카드업, 「근로자퇴직급여보장법」상의 퇴직연금사업 등 (다른 업종의 업무 중에서 은행이 영위할 수 있는 업무)
  ㉢ 전국을 영업대상으로 하는 시중은행과 특정지역을 기반으로 하는 지방은행으로 나눌 수 있으며, 2017년부터 오프라인 채널 없이 온라인으로만 운영하는 인터넷전문은행도 있다.
  ㉣ 개별적인 특별법에 의해 설립된 특수목적은행으로 한국산업은행, 한국수출입은행, 중소기업은행, 농협은행, 수협은행 등이 있다.

② 비은행 금융회사(상호저축은행)
  ㉠ 개념 : 지역서민들과 중소기업을 대상으로 여·수신업무를 수행
    ※ 여신(금융회사에서 고객에게 돈을 빌려줌), 수신(금융회사가 고객에게서 돈을 받아 예치함)
  ㉡ 신용도가 낮은 개인이나 기업을 대상으로 해서 대출금리가 은행보다 높은 대신 예금금리도 은행보다 높다.
  ㉢ 상호신용금고법의 제정으로 설립되었으며, 일정 비율 이상의 자금을 영업구역 내 개인 및 중소기업에 운용해야 한다.
  ㉣ 지역단위의 신용협동조합, 새마을금고, 농·수협 단위조합, 산림조합 등은 조합원에 대한 여·수신을 통해 조합원간 상호금융을 목적으로 운영된다(상호금융).
  ㉤ 고객으로부터 예금을 수취하지 않고 자체적으로 자금을 조달하여 빌려주는 금융회사도 있다.
    ㉮ 리스회사 : 건물, 자동차, 기계 등을 구입, 시설대여를 통해 사용료를 받음
    ㉯ 할부금융 : 상품을 구입할 때 할부금융회사가 미리 돈을 지불하고 소비자가 일정기간 동안 나누어 갚음
      • 상품 구매액을 초과하는 자금을 대출할 수 없다.
      • 자금을 소비자에게 대출하지 않고 판매자에게 직접 지급하도록 되어있다.

@ **신용카드 회사** : 소비자가 구입하는 상품의 가격을 미리 지불하고 결제일에 한꺼번에 금액을 받거나 (일시불) 나누어서 갚게 하고(할부) 해당기간 동안 발생하는 이자소득이나 사용수수료로 수입을 만들어 낸다.

③ 보험회사

  ㉠ 개념 : 다수의 계약자로부터 보험료를 받아 자금을 운용하여 계약자의 노후, 사망, 질병, 사고발생 시에 보험금을 지급하는 업무를 수행하는 금융회사

  ㉡ 종류 : 생명보험회사, 손해보험회사, 우체국보험, 공제기관, 한국무역보험공사 등이 있다.

   ㉮ **생명보험회사** : 사람의 생존, 또는 사망사건이 발생했을 때 약정 보험금을 지급하는 보장기능을 주로 하는 금융회사이며 과거엔 사망보험의 비중이 높았으나 2001년 변액보험제도 이후 자산운용수단으로 인식되어 변액보험의 비중이 증가하는 추세이다.

   ㉯ **손해보험회사** : 자동차사고 등 각종 사고에 대비한 보험을 취급하는 금융회사이며 사고로 발생하는 재산상의 손해에 대처하는 상호 보장적 기능을 한다.

④ 금융투자회사

  ㉠ 개요 : 6가지 금융투자업 중 전부 또는 일부를 담당하는 회사

  ㉡ 금융투자업의 종류

종류	내용	예
투자매매업	금융회사가 자기자금으로 금융투자상품을 매도·매수하거나 증권을 발행·인수 또는 권유·청약·승낙하는 것	증권회사 선물회사
투자중개업	금융회사가 고객으로 하여금 금융투자상품을 매도·매수하거나 증권을 발행·인수 또는 권유·청약·승낙하는 것	증권회사 선물회사
집합투자업	2인 이상에게 투자를 권유하여 모은 금전 등을 투자자 등으로부터 일상적인 운영지시를 받지 않으면서 운용하고 그 결과를 투자자에게 배분하여 귀속시키는 것을 영업으로 하는 것	자산운용회사
신탁업	자본시장법에 따라 신탁을 영업으로 수행하는 것	신탁회사 증권회사 보험회사
주자자분업	금융투자상품의 가치 또는 투자판단에 관하여 자문을 하는 것을 여업으로 하는 것	투자자문회사 증권회사 자산운용회사
투자일임업	투자자로부터 금융상품에 대한 투자판단의 전부 또는 일부를 일임받아 투자자별로 구분하여 자산을 취득·처분, 그 밖의 방법으로 운용하는 것	투자일임회사 증권회사 자산운용회사

ⓒ 대표적인 금융투자회사

　　㉮ **증권회사** : 주식, 채권 등 유가증권의 발행을 주선하고 발행된 유가증권의 매매를 중개하며 주식을 매입한 투자자는 그 기업의 주주가 되어 여러 권리를 행사할 수 있게 된다.

　　㉯ **자산운용회사** : 펀드매니저가 투자자로부터 모은 돈을 채권, 주식 매매 등을 통해 운용한 후 결과를 배분해 주는 회사

　　㉰ **투자자문회사** : 투자자로부터 금융투자상품 등에 대한 투자일임업이나 투자자문업을 주로 하는 금융회사

⑤ **금융유관기관** … 금융제도의 원활한 작동에 필요한 여건을 제공하는 기관으로 한국은행, 금융감독원, 예금보험공사 등이 포함된다.

　ⓐ **한국은행**

　　㉮ 화폐를 독점적으로 발행하는 발권은행

　　㉯ 물가안정을 위해 통화신용정책을 수립·집행

　　㉰ 한국은행에는 기준금리(정책금리)를 정하고 통화신용정책에 대한 주요 사항을 심의·의결하는 정책기구인 금융통화위원회(금통위)가 있다.

　　㉱ 금융회사로부터 예금을 받아 금융회사 고객의 예금인출에 대비한 지급준비금으로 이용하고 금융회사에도 대출을 해주는 등 은행의 은행역할을 수행한다.

　　㉲ 세금 등의 정부수입을 국고금으로 받아두었다가 필요할 때 내어주는 정부의 은행역할을 수행한다.

　ⓑ **금융감독원**

　　㉮ **개념** : 금융시장의 안정성 도모, 건전한 신용질서, 공정한 금융거래관행 확립과 금융수요자를 보호함으로써 국민경제에 기여하기 위한 기관이다.

　　㉯ 행정부의 영향력에 의해 자율성을 잃지 않고 중립적이고 전문적인 금융감독기능을 구현하기 위해 정부조직과는 독립된 특수법인으로 되어있다.

　　㉰ 금융회사에 대한 감독업무를 수행한다.

　　　• **시스템감독** : 금융혼란에 대비하여 금융시스템의 안정성을 확보하는데 주력

　　　• **건전성감독** : 개별 금융회사의 건전성, 자본적정성 및 각종 지표를 통해 금융회사의 건전성을 감독

　　　• **영업행위감독** : 소비자 보호를 위해 금융회사가 소비자들과의 거래에서 공정한 영업 관행을 유지하는지 감독

　　㉱ 금융회사 현장에서 점검하는 임점검사와 금융회사의 업무보고서를 토대로 점검하는 상시감시를 병행한다.

　ⓒ **예금보험공사**

　　㉮ **개념** : 금융회사가 파산 등으로 예금을 지급할 수 없을 때 예금지급을 보장함으로써 예금자를 보호하고 금융제도의 안정성을 유지하는 기관이다.

　　㉯ 기금의 손실을 최소화하기 위해 금융회사의 경영분석 등을 통해 부실 가능성을 조기에 파악하고 있으며, 부실금융회사에 대한 구조조정을 추진하여 금융시스템을 안정화 하는 역할을 한다.

㉹ 은행, 증권투자매매·중개업을 인가받은 회사(증권사, 선물사, 자산운용사 등), 보험회사, 상호저축
　　　　은행, 종합금융회사 등이 있으며 대부분 1인당 5천만 원까지 보호된다.

　　　㉺ 정부, 지방자치단체, 한국은행, 금융감독원, 예금보험공사 및 부보금융회사의 예금은 보호대상에서
　　　　제외된다.

(2) 금융상품

① 저축상품

㉠ 입출금이 자유로운 상품

㉮ 보통예금 및 저축예금

- 거래대상, 예치금액. 예치기간 입출금 횟수 등에 아무런 제한 없이 누구나 자유롭게 입출금 할 수
  있다.
- 보통예금은 이자율이 매우 낮아 은행은 저금리로 자금을 조달할 수 있는 재원이 되며 저축예금은
  이보다 조금 더 높아 가계의 여유자금을 초단기로 예치하여 운용하기에 적합하다.

㉯ 가계당좌예금

- 가계수표를 발행할 수 있는 개인용 당좌예금
- 무이자인 일반당좌예금과 달리 이자가 지급되는 가계우대성 요구불예금
- 신용상태가 양호한 개인, 자영업자가 1인 1계좌만 거래할 수 있다.

㉰ 시장금리부 수시입출금식예금(MMDA)

- 우체국이나 은행에 맡긴 자금을 단기금융상품에 투자해 얻은 이익을 이자로 지급하는 구조
- 시장실세금리에 의한 고금리가 적용되며 입출금이 자유롭고 이체 및 결제기능이 가능하다.
- 통상 500만 원 이상의 목돈을 1개월 이내의 초단기로 운용할 때 유리하다.

㉱ 단기금융상품펀드(MMF)

- 모은 자금을 기업어음(CP), 양도성예금증서(CD), 환매조건부채권(RP), 콜(call) 자금이나 잔존 만기
  1년 이하의 안정적인 국공채로 운용하는 실적배당상품
- 일시적 자금예치기능을 수행할 수 있도록 운용가능한 채권의 신용등급을 AA등급이상(기업어음은
  A2)으로 제한하고 운용자산 전체 가중평균 잔존 만기를 90일 이내로 제한하여 위험을 최소화 하고
  있다.
- 자산운용회사가 운용하며 은행, 증권사, 보험사 등에서 판매한다.
- 입출금이 자유롭고 실적에 따라 수익이 발생하지만 이체, 결제할 수 없고 예금자보호의 대상이 되
  지 않는다.

㉲ 어음관리계좌(CMA)

- 종합금융회사나 증권회사가 예탁금을 어음, 국공채 등 단기금융상품에 직접 투자하여 그 수익을 고
  객에게 돌려주는 상품
- 종합금융회사의 CMA는 예금자보호 대상이지만 증권회사는 대상이 아님

- 예탁금에 제한이 없고 수시 입출금이 허용되면서도 실세금리 수준의 수익을 올릴 수 있다.

상품명	취급금융회사	예금자보호	이율	이체 및 결제
MMDA	은행	보호	확정금리(차등)	가능
MMF	은행, 증권사	비보호	실적배당	불가능
CMA	종금사, 증권사	종금사만 보호	실적배당	가능

ⓛ 적립식 예금

㉮ 정기적금
- 계약금액과 계약기간을 정하고 일정 금액을 정기적으로 납입하면 만기에 계약금액을 지급하는 제도로 목돈을 마련하는데 적합한 장기 금융상품이다.
- 필요 시 적금잔액의 일정범위(통상 95%) 이내에서 대출을 받을 수 있다.
- 기간이 정해져 있어 보통예금보다 이자가 많지만 유동성은 낮다.
- 만기 이전에 해약하면 약정한 이자보다 훨씬 낮은 이자를 받거나 없을 수 있으며 만기 이후에는 적용금리가 약정이율의 1/2이하로 크게 낮아지는데 유의해야 한다.

㉯ 자유적금
- 가입자가 자금여유가 있을 때 금액, 입금 횟수에 제한 없이 입금할 수 있는 상품
- 금리의 변동위험 때문에 보통 월별 1천만 원 정도로 입금한도를 두어 운용한다.

ⓒ 거치식 예금

㉮ 정기예금
- 예금자가 이자수취를 목적으로 예치기간을 사전에 약정하여 일정금액을 예입하는 장기 저축성 기한부예금
- 약정기간이 길수록 높은 확정이자가 보장되므로 장기간 안정적으로 운용하기 좋음
- 우리나라 전체 예금 잔고 가운데 50%이상을 차지하는 대표적인 예금

㉯ 자유예탁금
- 상호금융, 새마을금고, 신용협동조합 등 신용협동기구들이 취급하는 상품
- 조합원 · 준조합원 또는 회원 등이 가입할 수 있다.
- 은행권보다 상대적으로 높은 금리를 지급한다.

㉰ 실세금리연동형 정기예금
- 일정기간마다 시장실세에 금리를 반영하여 적용금리를 변경하는 정기예금
- 금리상승기에 실세금리따라 목돈을 운용하는데 적합한 상품

㉱ 주가지수연동 정기예금(ELD)
- 원금을 안전한 자산에 운용하여 만기 시 원금은 보장되고 장래에 지급할 이자의 일부 혹은 전부를 주가지수의 움직임에 맞춘 파생상품에 투자하여 고수익을 추구하는 상품
- 주가지수 전망에 따라 상승형, 하락형, 횡보형 등 다양한 구조의 상품이 있다.

㉲ 양도성예금증서(CD)
- 정기예금에 양도성을 부여한 금융상품 은행이 무기명 할인 식으로 발행하여 거액의 부동자금을 운용하는 수단으로 활용

- 예치기간 동안의 이자를 액면금액에서 할인하여 발행한 후 만기 시 증서소지인에게 액면금액을 지급
- 1,000만 원 이상의 목돈을 3~6개월 정도 운용하는데 적합하다.
- 은행에서 발행된 증서를 직접 살 수 있고, 증권회사에서 유통되는 양도성예금증서를 살 수도 있다.

ⓑ 환매조건부채권(RP)
- 금융회사가 보유하고 있는 국채, 지방채, 특수채, 상장법인 및 등록법인이 발행하는 채권 등을 고객이 매입하면 일정 기간 후 이자를 가산하여 다시 매입하겠다는 조건으로 운용되는 단기금융상품
- 투자금액과 기간을 자유롭게 선택할 수 있다.
- 비교적 수익률이 높으며 단기여유자금을 운용할 때 유리하다.
- 예금자보호 대상은 아니지만 국채, 지방채 등 우량 채권을 대상으로 투자되므로 안정성이 높으며, 만기 이후에는 별도의 이자를 가산해 주지 않는다.

ⓔ 주택청약종합저축(특수목적부 상품)
- ㉮ 신규분양 아파트 청약에 필요한 저축
- ㉯ 전체 은행을 통해 1인 1계좌만 개설 가능
- ㉰ 청약자격은 만 19세 이상이며 미만일 경우는 세대주만 가능
- ㉱ 수도권의 경우 가입 후 1년이 지나면 1순위가 되며 이외 지역은 6~12개월 범위에서 시·도지사가 정하는 기간이 지나면 1순위가 된다.
- ㉲ 국민주택의 경우 해당 지역에 거주하는 무주택 세대의 구성원으로서 1세대 당 1주택, 민영주택의 경우 지역별 청약가능 예치금을 기준으로 1인당 1주택 청약이 가능하다.
- ㉳ 총 급여 7천만 원 이하 무주택 근로소득자 세대주는 최대 연 240만원의 40%인 96만원 까지 소득공제 혜택이 주어진다.

② 투자 상품
ⓐ 펀드(Fund)
- ㉮ 개념 : 여러 사람의 돈을 모아 수익이 예상되는 곳에 투자하여 돈을 번 후 그 수익금을 투자한 금액에 비례하여 나누어 돌려주는 금융상품(집합투자증권)
- ㉯ 구조 : 자산운용회사의 펀드매니저가 운용전략을 세워 관리하며 은행 등 펀드판매회사는 투자계약을 체결하며 수익증권을 판매한 대금은 자산운용회사가 아닌 보관회사가 별도로 관리하고, 이로 인한 사무업무는 별도의 일반사무수탁회사에서 담당한다.

[펀드의 구조]

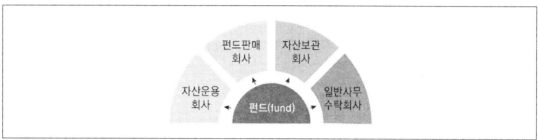

ⓒ 펀드투자 비용 : 투자자가 펀드를 관리·운용해주는 금융회사에게 지급하는 각종 수수료나 보수로서 펀드 자산의 일정 비율로 지급하게 된다. 또한 펀드 가입 후 3~6개월이 지나지 않고 펀드를 해지하면 투자 운용전략의 지장이 생기기 때문에 이에 따른 페널티로 환매수수료가 발생한다.

ⓔ 펀드투자의 장점
- 소액으로 분산투자가 가능하다(리스크의 최소화).
- 전문가에 의해 투자되고 관리·운영된다.
- 규모의 경제로 인한 비용절감(개인이 자금을 관리하는데 소요되는 시간과 노력으로 인한 기회비용의 감소)

ⓕ 펀드의 유형
- 기본적 유형

기준	펀드의 종류와 유형	
환매여부	개방형펀드	• 환매가 가능한 펀드로, 운용 후에도 추가로 투자자금을 모집하는 것이 가능하다.
	폐쇄형펀드	• 환매가 원칙적으로 불가능한 펀드로, 첫 모집 당시에만 자금을 모집한다. • 기간이 끝나면 전 자산을 정산해서 상환이 이루어진다.
추가불입여부	단위형펀드	• 추가입금이 불가능하고 기간이 정해져 있다.
	추가형펀드	• 수시로 추가입금이 가능하다.
자금모집방법	공모형펀드	• 불특정 다수의 투자자로부터 자금을 모집한다.
	사모형펀드	• 49인 이하의 투자자들로부터 자금을 모집한다.

- 투자대상에 따른 유형

종류		내용
주식형 (주식에 60% 이상 투자)	성장형펀드	상승유망종목을 찾아서 높은 수익을 추구하는 펀드
	가치주형펀드	시장에서 저평가되는 주식을 발굴하여 투자하는 펀드
	배당주형펀드	배당금을 많이 주는 기업에 투자하는 펀드
	섹터형펀드	업종의 대표기업에 집중투자하여 운용하는 펀드
	인덱스펀드	KOSPI 200지수와 같은 지표를 따라가도록 설계한 펀드
채권형 (채권에 60% 이상 투자)	하이일드펀드	BB+이하인 투자기등급채권과 B+이하인 기업어음에 투자하는 펀드
	회사채펀드	BBB-이상인 우량기업의 회사채에 투자하는 펀드
	국공채펀드	국공채에 투자하는 펀드
	MMF펀드	단기금융상품(양도성예금증서, 기업어음, 국공채, 환매조건부채권 등)에 투자하여 시장이율 변동이 반영되도록 한 펀드
혼합형		주식과 채권에 각각 60% 미만으로 투자한 펀드

• 종류형펀드

종류	내용
A클래스	가입 시 선취판매수수료가 부과되며 환매가능성이 있지만 장기투자에 적합
B클래스	일정기간 내에 환매 시 후취수수료가 부과, 판매가능성이 낮은 장기투자에 적합
C클래스	선취, 후취 판매수수료가 없으나 연간 보수가 높은 펀드, 단기투자에 적합
D클래스	선취, 후취 판매수수료가 모두 부과되는 펀드
E클래스	인터넷 전용펀드
F클래스	금융기관 등 전무투자자 펀드
H클래스	장기주택마련저축 펀드
I클래스	법인 또는 거액개인고객 전용 펀드
W클래스	WRAP전용 펀드
S클래스	펀드슈퍼마켓에서 투자가능한 클래스로 후취수수료가 있는 펀드
P클래스	연금저축펀드(5년 이상 유지 시 55세 이후 연금을 받을 수 있는 펀드)
T클래스	소득공제장기펀드(5년 이상 유지 시 납입금액의 40%를 소득공제해주는 펀드)

• 상장지수펀드(ETF) : 지수에 연동되어 수익률이 결정된다는 점에서 인덱스 펀드와 유사하지만 증권 시장에 상장되어 주식처럼 실시간 매매가 가능하다.

구분	ETF	인덱스펀드
특징	주식시장 인덱스를 추종하여 주식처럼 유가증권시장에 상장되어 거래	특정 인덱스를 추종하는 펀드임. ETF처럼 상장되어 거래되지 않고 일반펀드와 가입과정이 동일
투자비용	액티브펀드보다 낮은 비용이 발생하며 ETF 거래를 위해 거래세 및 수수료 지불	대부분 ETF보다 높은 보수를 책정하고 있으나 액티브펀드보다는 낮은 수준
거래	일반 주식처럼 장중 거래 가능하며 환금성이 뛰어남. 주식과 같은 거래비용 발생	일반펀드와 마찬가지로 순자산에 의해 수익률이 하루에 한번 결정되며 일반펀드와 같은 가입·환매체계를 거침
운용	운용자는 환매 등에 신경을 쓰지 않으며 인덱스와의 추적오차를 줄이기 위해 최선을 다함	환매요청 시 포트폴리오 매각과정에서 추적오차가 발생할 수 있음. 펀드규모가 너무 작을 경우 포트폴리오 구성에 문제 발생 가능

• 주가지수연계펀드(ELF) : 펀드재산의 대부분을 국공채나 우량 회사채에 투자하여 만기 시 원금을 확보하고 나머지 잔여 재산을 증권회사에서 발행하는 권리 증서를 편입해 펀드 수익률이 주가에 연동되도록 한 상품

• 부동산투자신탁(REITs) : 투자자금을 모아 부동산 등에 투자한 후 이익을 배당하는 금융상품으로 소액 개인투자자도 전문가를 통해 부동산 투자를 간접적으로 할 수 있다.

• 재간접펀드(Fund of funds) : 다른 펀드에 투자하는 펀드로서 여러 펀드에 분산투자가 가능하며 일반투자자가 접근하기 어려운 펀드에 대해서도 분산투자가 가능하다. 그러나 판매보수와 운용보수를

이중으로 지급하는 등 비용부담이 일반펀드에 비해 높다.

- ⓑ 펀드 유의사항
  - 예금자보호대상이 아니기 때문에 원금손실에 이를 수도 있다.
  - 섹터, 테마, 지역, 운용회사 등에 따라 분산투자 하는 것이 바람직하다.
  - 수수료 및 보수 체계가 다양하고 환매조건이 다르기 때문에 계약조건을 꼼꼼히 따져봐야 한다.
  - 과거의 수익률을 과신해선 안 된다.
  - 고수익 고위험의 원칙이 적용된다.
- ⓛ **장내파생상품** : 기초자산의 가치 변동에 따라 가격이 결정되는 파생상품 중 거래소에서 거래되는 선물, 옵션과 같은 상품이다. 불확실한 미래의 가격변동을 예상하고 이를 이용한 투기적 목적으로 활용된다.
  - ㉮ **선물계약**
    - 개념 : 장래의 일정 시점을 인수·인도일로 정해 일정한 품질과 수량의 물건 또는 금융상품을 사전에 정한 가격에 사고팔기로 약속하는 계약
    - 기능
    - −가격변동 리스크를 줄이는 헤징(hedging)기능으로 현물의 투자위험이 감소되는 결과를 가져온다.
    - −장래의 가격정보를 제공하여 미래의 현물가격을 예상 할 수 있는 가격예시 기능을 가진다.
    - −선물과 현물 간 가격 차이를 이용한 차익거래처럼 새로운 투자수단을 제공한다.

> **TIP**

헤징(Hedging) … 환율, 금리 또는 다른 자산에 대한 투자 등을 통해 보유하고 있는 위험자산의 가격변동을 제거하는 것을 말하며, 확정되지 않은 자산을 확정된 자산으로 편입하는 과정이라 할 수 있다. 주로 선물 옵션과 같은 파생상품을 이용한다. 이를 통해 가격변동에 대한 리스크를 줄일 수 있다.

    - 종류
    - −상품선물 : 기초자산이 실물상품인 선물
    - −금융선물 : 기초자산이 금리에 의해 가격이 결정되는 장단기 채권인 금리선물, 주식을 대상으로 하는 주식관련선물, 주요국의 통화를 대상으로 하는 통화선물이 있다.
  - ㉯ **옵션계약**
    - 개념 : 미래 일정 시점에 특정 기초자산을 정한 가격에 팔거나 살 수 있는 권리로써 선물계약이 쌍방이 계약이행의 의무가 있는 반면, 옵션계약은 계약의 상대방만이 의무를 지게 된다.
    - 기능
    - −다양한 투자수단 제공
    - −미래에 가격이 불리한 방향으로 움직이는 것에 대비한 보호수단이 되며 유리한 방향으로 움직일 때는 이익을 취할 수 있게 해준다.
    - −선물시장과 마찬가지로 투기거래가 존재한다.

㉯ 선물과 옵션의 비교

구분	주가지수선물	주가지수옵션
정의	미래 일정 시점(만기일)에 특정주가지수를 매매하는 계약	미래 일정 시점(만기일)에 특정 주가지수를 매매할 수 있는 권리를 매매
가격	현물지수의 움직임에 연동	일정 범위에서는 현물지수의 움직임에 연동하나 그 범위 밖에서는 연동하지 않음
증거금	매수, 매도자 모두 필요	매도자만 필요
권리 및 의무	매수, 매도자 모두 계약이행의 권리와 의무를 지님	매수자는 권리만 가지고 매도자는 계약이행의 의무를 지님
결제방법	반대매매, 최종결제, 현금결제	반대매매, 권리행사 또는 권리 포기, 현금결제
이익과 손실	매도자, 매수자의 이익과 손실이 무한정임	매수자 : 손실은 프리미엄에 한정, 이익은 무한정 매도자 : 이익은 프리미엄에 한정되나 손실은 무한정

㉢ 구조화상품

㉮ 개념 : 예금, 주식, 옵션 등의 기초자산을 가공, 혼합하여 만든 상품

㉯ 특징 : 기초자산의 다양한 수익과 리스크를 혼합하여 완화하거나 증폭시킨 것이기 때문에 기대수익률에 앞서 기초자산, 상품구조와 유동성 등에 대한 이해가 선행 되어야 한다.

㉰ 대표적 구조화상품으로 주식이나 채권, 파생상품을 혼합하여 만든 주가연계증권(ELS ; Equity Linked Securities)이 있다.

③ 기타상품

㉠ 신탁상품

㉮ 금전신탁 : 금전으로 신탁을 설정하고 종료 시 금전 또는 운용재산을 수익자에게 그대로 교부하는 신탁

㉯ 재산신탁 : 금전 외 재산인 금전채권, 유가증권, 부동산 등을 관리·운용·처분한 후 종료 시 운용재산을 그대로 교부하는 신탁

㉰ 종합재산신탁 : 금전 및 금전 외 재산을 하나의 계약으로 포괄적으로 설정하는 신탁으로 모든 재산권을 종합적으로 관리·운용·처분하여 주는 신탁

㉡ 랩어카운트(wrap account) : 주식, 채권, 금융상품 등의 자금을 한꺼번에 싸서 투자자문업자로부터 운용서비스 및 그에 따른 부대서비스를 포괄적으로 받는 계약

㉢ 외화예금 관련 금융상품 : 외국통화로 가입할 수 있는 예금 (달러, 엔, 유로화 등 10여개 통화로 예치 가능하다.

㉮ 외화보통예금 : 보통예금처럼 자유로운 외화예금으로 해외송금을 자주 하는 기업이나 개인들이 이용하고 원화로 외화를 매입하여 예금할 수도 있으며 환율에 따라 차익이나 차손이 발생할 수 있다.

ⓐ 외화정기예금 : 외화로 예금하고 인출하는 정기예금으로 약정기간이 길수록 확정이자가 보장되므로 여유자금을 장기간 안정적으로 운용하기 좋다.
ⓑ 외화적립식예금 : 외화를 매월 일정액 또는 자유롭게 적립하여 예치기간별로 금리를 적용받는 상품으로 정기적금과 비슷하다.

❸ 저축과 금융투자에 대한 이해

(1) 저축의 기초

① **저축과 이자** … 미래의 소비를 위해 현재의 소비를 포기하고 저축하여 미래 어느 시점에 원금과 이자를 회수한다. 이때 이자는 단리와 복리로 구분된다.

㉠ 단리 : 일정한 기간에 오직 원금에 대해서만 미리 정한 이자율을 적용하여 이자를 계산하기 때문에 이자에 대한 이자가 발생하지 않는다.

$$FV = PV \times [1 + (r \times n)]$$
[FV = 미래가치, PV = 현재가치, r = 수익률(연이율), n = 투자기간(연단위)]

㉡ 복리 : 원금뿐 아니라 발생한 이자도 재투자됨을 가정해 이자에도 이자가 붙는 계산방식

$$FV = PV \times (1 + r)^n$$
[FV = 미래가치, PV = 현재가치, r = 수익률(연이율), n = 투자기간(연단위)]

㉢ 단리 vs 복리 : 동일한 금액, 동일 수준의 이자율이라 해도 단리계산과 복리계산에 따라 원리금은 크게 달라지며 그 기간이 길어질수록 현격한 차이가 난다.

㉣ 72의 법칙 : 복리로 계산하여 원금이 두 배가 되는 시기를 알 수 있는 공식으로 목표수익률이나 자금운용기간을 정할 때에도 사용할 수 있다.

(72의 법칙) 72 ÷ 금리 = 원금이 두 배가 되는 시기(년)

② **저축과 인플레이션**(Inflation)

㉠ 인플레이션 : 지속적으로 물가가 상승하는 현상 똑같은 돈으로 구입할 수 있는 물건이 줄어들기 때문에 화폐 가치가 하락한다.

㉡ 저축을 해도 실제 돈의 가치는 인플레이션에 따라 달라진다.

③ 저축과 세금
　　㉠ 원칙적으로 금융상품에 가입하거나 매매할 때는 세금이 부과된다.
　　㉡ 이자 또는 배당에 대해 과세되지 않는 비과세 상품이나 낮은 세율이 적용되는 세금 우대상품도 있으나 제한적이다.

(2) 투자의 기초
① 투자 vs 투기
　　㉠ 투자
　　　㉮ 미래에 긍정적인 이익이 발생하기를 바라면서 경제적 가치가 있는 자산을 합리적으로 운용하는 것
　　　㉯ 개인의 합리적인 투자는 자금이 필요한 곳에 적절히 공급하는 역할을 하므로 경제 및 사회의 발전에도 도움이 된다.
　　㉡ 투기
　　　㉮ 과도한 이익을 추구하면서 비합리적으로 자금을 운용하는 것
　　　㉯ 과도한 위험을 떠안으면서 단기간에 부당한 이득을 취하는 것으로 개인 및 가계의 재정을 위험에 빠뜨리고 경제와 사회에 큰 해를 끼친다.
② 수익 vs 투자수익률
　　㉠ 수익 : 투자한 양과 회수될 양과의 차이
　　㉡ 투자수익률 : 투자량과 회수 량과의 비율
　　　㉮ 보유기간수익률 : 투자금액 규모의 차이를 감안해 비교하기위해 산출한 것

$$\text{투자수익률} = (\text{기말의 투자가치} - \text{투자원금}) \div \text{투자원금} \times 100$$

　　　㉯ 보유기간수익률은 투자기간이 서로 다르면 비교가 불가능하기 때문에 투자수익률은 통상 1년을 기준으로 표준화(연율화)하여 표시한다(연간 보유기간수익률).
　　㉢ 수익률 계산 시 고려할 비용
　　　㉮ 거래비용 : 증권을 거래할 때의 거래수수료, 부동산거래를 할 때의 중개수수료
　　　㉯ 세금 : 저축이나 투자를 통해 발생한 수익에 대한 과세
　　　㉰ 기회비용 : 투자에 들인 시간과 노력에 대한 비용

③ 투자의 위험(risk)

    ㉠ 투자수익률과 리스크

        ㉮ 불확실성으로 인해 투자는 필연적으로 리스크가 수반되며 보통 위험이 클수록 높은 수익이 난다(고수익 고위험).

        ㉯ 기대수익률(expected return) : 투자 시 평균적으로 예상되는 수익률로 실제 실현 수익률을 의미하진 않는다. 따라서 기대수익률은 리스크가 전혀 없는 상태의 수익률인 '무위험수익률'과 리스크에 대한 보상으로 증가하는 수익률인 '리스크 프리미엄'을 합한 값과 같다.

    ㉡ 분산투자 : 투자위험을 줄이기 위한 대표적 방법으로 개별 자산을 나누어 여러 가지 자산을 구성(포트폴리오)하면 개별적으로는 투자 리스크가 커도 전체 포트폴리오의 리스크는 감소한다.

[분산투자와 투자위험]

※ 체계적 위험 : 분산투자로 줄일 수 없는 위험(천재지변, 전쟁 등)
   비체계적 위험 : 분산투자를 통해 줄일 수 있는 위험(산업재해, 파업 등)

    ㉢ 레버리지 효과 : 기대수익률을 높이기 위해 투자위험을 오히려 확대

        ㉮ 개념 : 실제 가격변동률보다 몇 배 많은 투자수익률을 발생하는 현상으로 손익의 규모를 확대시키기 위해 투자액의 일부를 자신의 자본이 아닌 부채로 조달한다.

        ㉯ 투자의 레버리지는 총 투자액 중 부채의 비중이 커지면 증가하지만, 리스크도 커진다.

④ 자본시장과 금융투자업에 관한 법률 … 전문성이 부족한 투자자를 보호하기 위한 법률

    ㉠ 금융투자상품 : 원금의 손실 가능성(투자성)이 있는 금융상품을 의미하며, 투자원금까지를 한도로 손실이 발생할 가능성이 있는 것은 증권, 원금을 초과한 손실이 발생할 가능성이 있는 것은 파생상품으로 분류된다.

ⓛ 표준투자권유준칙 : 금융회사가 꼭 지켜야할 금융상품 판매기준과 절차

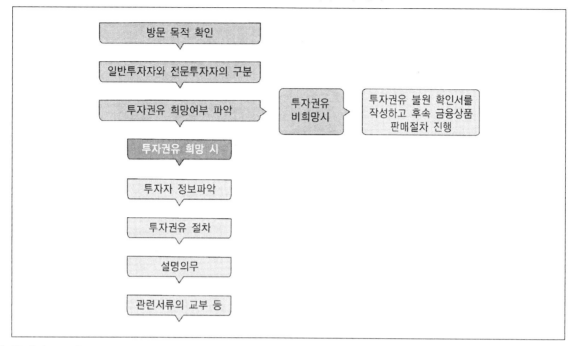

ⓒ 투자자보호제도

규제 명칭	주요 내용
신의성실의무	• 신의성실 원칙에 따라 공정하게 금융업을 수행해야 함
투자자의 구분	• 투자자를 일반투자자와 전문투자자로 구분
고객알기제도	• 투자자의 특성(투자목적 · 재산상태 등)을 면담 · 질문 등을 통하여 파악한 후 서면 등으로 확인받아야 함
적합성원칙	• 투자권유는 투자자의 투자목적 · 재산상태 · 투자경험 등에 적합해야 함
적정성원칙	• 파생상품 등이 일반투자자에게 적정한 지 여부 판단
설명의무	• 투자권유 시 금융상품의 내용 · 위험에 대하여 설명하고 이해했음을 서면 등으로 확인받도록 함 • 설명의무 미이행으로 손해발생 시 금융투자회사에게 배상책임을 부과하고 원본손실액을 배상액으로 추정
부당권유 규제	• 손실부담의 약속 금지 및 이익보장 약속 금지 • 투자자가 원하는 경우를 제외하고 방문 · 전화 등에 의한 투자권유 금지(unsolicited call 규제)
약관 규제	• 약관의 제정 · 변경 시 금융위원회 보고 및 공시 의무화
광고 규제	• 금융투자회사가 아닌 자의 투자광고 금지 • 금융상품의 위험 등 투자광고 필수 포함내용 규정

(3) 주식투자

① 주식의 개념

　㉠ 개념 : 주식회사는 법률상 반드시 의사결정기관인 주주총회, 업무집행의 대표기관인 이사회 및 대표이사, 감독기관인 감사를 두어야 한다. 주식은 주식회사가 발행한 출자증권으로서 주주들에게 돈을 받아 그 대가로 주식을 발행한다. 주주는 주식 보유수에 따라 회사의 순이익과 순자산에 대한 지분 청구권을 가지며, 회사 순이익에 대한 이익배당청구권, 회사가 망했을 때 잔여재산 분배청구권을 가진다.

　㉡ 자익권 vs 공익권

　　㉮ 자익권 : 이익배당청구권, 잔여재산 분배청구권 등 주주 자신의 재산적 이익을 위해 인정되는 권리

　　㉯ 공익권 : 주주총회에서 의결에 참여하는 의결권, 회계장부와 관련된 주요 정보의 열람을 청구할 수 있는 회계장부 열람청구권, 이사해임청구권, 주주총회 소집요구권 등 회사 전체의 이익과 관련된 권리

　㉢ 주식투자의 특성

　　㉮ 높은 수익을 기대할 수 있음

　　㉯ 뛰어난 환금성

　　㉰ 소액주주의 상장주식 매매차익에 대해 양도소득세가 없음

　　㉱ 인플레이션 헤지(hedge) 기능

② 주식의 발행

　㉠ 기업이 성장하고 보다 많은 자금이 필요해지면 최초기업공개(IPO ; Intial Public Offering)를 하고 거래소에 상장된다. 이후 주식의 발행은 아래와 같은 형태로 이루어진다.

　　㉮ 기업공개 : 신규발행 주식을 다수의 투자자로부터 모집하거나 이미 발행된 대주주의 소유 주식을 매출하여 주식을 분산시키는 것

　　㉯ 유 · 무상증자

　　　• 유상증자 : 기업이 새로운 주식(신주)을 발행하여 자본금을 증가시키는 것

　　　• 무상증자 : 준비금이나 자산재평가적립금 등을 자본에 전입하고 전입한 만큼 발행한 신주를 기존주주에게 무상으로 교부하는 것

　　㉰ 주식배당 : 현금대신 주식으로 주주들에게 배당하는 것

　　㉱ 주식분할과 주식병합

　　　• 주식분할 : 주가가 높은 경우 주식의 시장가격을 낮추기 위해 기존의 주식을 쪼개는 것

　　　• 주식병합 : 주가가 낮은 경우 주식의 시장가격을 올리기 위해 기존의 주식을 합하는 것

③ 주식의 종류

　㉠ 보통주 : 자익권과 공익권 등 일반적인 성격의 주식 각 주식은 평등한 권리내용을 가진다.

　㉡ 우선주 : 사채권자에 비해 우선순위가 낮고 보통주 주주에 비해 우선권이 있는 주식으로 사체와 보통주의 성격이 복합된 증권이다.

ⓒ 성장주와 가치주 : 성장주는 기업의 실적이나 수익이 높을 것으로 기대되는 주식으로 수익을 기업내부에 유보(재투자)하여 높은 성장률과 기업가치 증대에 주력한다. 가치주는 주식이 저평가되어 있을 때 앞으로 가격이 오를 것으로 예상하는 주식이다.

ⓔ 경기순환주와 경기방어주 : 경기순환주는 경제 활동수준에 따라 수익의 기복이 심한 주식이며 경기방어주는 경제 활동수준의 변화에 덜 민감하여 안정적인 주식이다.

ⓜ 대형주 · 중형주 · 소형주 : 시가총액에 따라 1~100위까지의 기업을 대형주, 101~300위를 중형주, 301위 이하를 소형주로 나눈다.

ⓗ 주식예탁증서 : 주식을 외국에서 거래하는 경우 원활한 유통을 위해 외국의 예탁기관으로 하여금 현지에서 증권을 발행하게 함으로서 본래 주식과 상호 전환이 가능하도록 한 주식대체증서

④ 주식유통시장
ㄱ 발행된 주식의 거래가 이루어지는 시장
ㄴ 우리나라 주식유통시장의 종류
㉮ 유가증권시장 : 한국거래소(KRX)가 운영하는 시장으로 상장 요건을 충족하는 주식이 거래되는 시장
㉯ 코스닥시장 : 중소기업이나 벤처기업의 주식이 많은 장내시장
㉰ 코넥스(KONEX) : 창업초기의 중소기업을 위한 주식유통시장
㉱ 한국장외시장(K-OTC) : 위의 시장에서 거래되지 못하는 비상장주식 가운데 일정 요건을 갖추어 지정된 주식의 매매를 위한 장외시장

⑤ 주식거래방법
ㄱ 매매체결원칙에 따름 : 매수주문의 경우 가장 높은 가격을, 매도주문의 경우 가장 낮은 가격을 우선적으로 체결하고 동일한 가격일 때는 먼저 접수된 주문을 체결함
ㄴ 주문방법
㉮ 지정가주문 : 원하는 매수나 매도 가격을 지정해 주문하는 것으로 대부분의 주식거래가 지정가주문에 의해 이루어진다.
㉯ 시장가주문 : 주문시점에서 가장 유리한 가격에 우선적으로 거래될 수 있도록 주문
ㄷ 거래비용 : 배당금은 금융소득으로 간주되어 소득세가 부과되고, 주식 매매 시 중개기관인 증권회사에 거래수수료를 지급하는 비용이 발생한다.

(4) 채권투자

① 채권의 개념 … 정부, 지방자치단체, 공공기관, 특수법인 또는 주식회사가 불특정 다수의 투자자를 대상으로 장기간 대규모 자금을 조달하기 위해 발행하는 유가증권으로 유통시장에서 자유롭게 매매할 수 있다. 채권은 발행 시 발행자가 지급해야 할 원리금이 확정된다.

② 채권의 특성
ㄱ 확정이자부증권 : 발행자의 영업실적과 무관하게 이자와 원금을 상환해야 한다.

  ⓛ 기한부증권 : 채권은 이자의 상환기간이 발행할 때 정해지는 기한부증권이다.

  ⓒ 장기증권 : 발행자는 장기적으로 안정적인 자금을 조달할 수 있다.

③ 채권의 기본용어

  ㉠ 액면 : 채권 1장마다 권면 위에 표시되어 있는 금액

  ⓛ 매매단가 : 유통시장에서 매매할 때 적용되는 가격, 액면 10,000원당 적용 수익률로 계산

  ⓒ 표면이자율 : 액면금액에 대해 1년 동안 지급하는 이자금액의 비율로 채권을 발행할 때 결정된다.

  ㉣ 만기와 잔존기간 : 발행일부터 상환일 까지 기간을 만기(원금상환기간)이라고 하며, 채권이 일정기간 지났을 때 그때부터 만기일까지 남은 기간을 잔존기간이라고 한다.

  ⓜ 수익률 : 투자원본금액에 대한 수익의 비율 보통 1년을 단위로 계산한다.

④ 채권투자의 특징

  ㉠ 수익성 : 투자자가 얻을 수 있는 수익, 이자소득세가 과세되는 이자소득과 과세되지 않는 자본소득이 있다.

  ⓛ 안전성 : 채권은 정부, 지방자치단체 등 신용도가 높은 곳에서 발행해서 채무 불이행 위험이 낮고, 차입자가 파산 하더라도 주주권에 우선하여 변제받을 수 있기 때문에 원금의 손실가능성이 매우 낮아 복리효과를 이용한 장기투자에 적합하다.

  ⓒ 환금성(유동성) : 유통시장을 통해 비교적 효과적으로 현금화 할 수 있다.

⑤ 채권의 종류

  ㉠ 발행주체별

   ㉮ 국채 : 국회의 의결을 거쳐 국가가 재정정책의 일환으로 발행

   ㉯ 지방채 : 지방정부가 지방자치법과 지방재정법에 의해 특수목적 달성에 필요한 자금을 조달하기 위해 발행하는 채권

   ㉰ 특수채 : 특별한 법률에 의해 설립된 기관이 특별법에 의해 발행하는 채권, 공채와 사채의 성격을 모두 지니고 있다.

   ㉱ 금융채 : 특별법에 의해 설립된 금융회사가 발행하는 채권, 금융회사의 중요한 자금조달수단이다.

   ㉲ 회사채 : 주식회사가 발행하는 채권

  ⓛ 만기유형별

   ㉮ 단기채 : 통상적으로 상환기간이 1년 이하인 채권(금융채, 통화안정증권 등)

   ㉯ 중기채 : 상환기간이 1년 초과 5년 이하인 채권(회사채, 금융채)

   ㉰ 장기채 : 상환기간이 5년 초과인 채권(국채)

    ※ 시간이 지나면서 장기채 → 단기채권 으로 바뀌게 되며 채권가격의 변동성이 감소한다.

  ⓒ 이자 지급방법별

   ㉮ 이표채 : 채권의 권면에 이표(coupon)가 붙어있어 이자지급일에 이표를 떼어 이자를 받는 채권 우리나라는 보통 3개월 단위로 지급한다.

   ㉯ 할인채 : 표면상 이자가 지급되지 않지만, 액면금액에서 상환 일까지의 이자를 공제한 금액으로 이자가 선급되는 효과가 있다.

ⓒ 복리채 : 정기적으로 이자가 지급되는 대신에 복리로 재투자 되어 만기상환 시 원금과 이자를 동시에 지급하는 채권

ⓔ 발행유형별

㉮ 보증채 : 원리금의 상환을 다른 제3자가 보증하는 채권으로 정부가 보증하는 정부보증채와 그 외의 일반보증채로 구분된다.

㉯ 무보증채 : 제3자의 보증 없이 발행회사의 신용에 의해 발행·유통되는 채권

㉰ 담보부채권 : 원리금 지급불능 시 발행주체의 특정 재산에 대한 법적 청구권을 가지는 채권

㉱ 무담보부채권 : 발행주체의 신용을 바탕으로 발행하는 채권

㉲ 후순위채권 : 발행주체의 이익과 자신에 대한 청구권을 가지나 다른 무담보사채보다 우선권이 없는 채권

ⓜ 특수한 형태의 채권

㉮ 전환사채(CB) : 일정기간 이후 보유자의 청구에 의해 발행회사의 주식으로 전환될 수 있는 권리가 부여된 사채, 주식과 채권의 중간적 성격

㉯ 신주인수권부사채(BW) : 일정기간 이후 일정한 가격으로 발행회사의 일정 수의 신주를 인수할 수 있는 권리(신주인수권)가 부여된 사채

㉰ 교환사채(EB) : 일정기간 이후 보유자의 청구에 의해 발행회사가 보유 중인 다른 주식으로의 교환을 청구할 수 있는 권리가 부여된 사채

㉱ 옵션부사채 : 발행당시 제시된 일정한 조건이 성립되면 만기 전이라도 발행회사가 채권자에게 채권의 매도를 청구할 수 있는 권리(조기상환권)나, 채권자가 발행회사에게 채권의 매입을 요구할 수 있는 권리(조기변제요구권)가 부여된 사채

㉲ 변동금리부채권(FRN) : 지급이자율이 시장금리에 연동하여 매 이자지급 기간마다 재조정되는 채권

㉳ 자산유동화증권(ABS) : 금융회사가 보유중인 자산을 집합(Pooling)하여 증권을 발행한 후 유동화자산으로부터 발생하는 현금흐름으로 원리금을 상환하는 증권

㉴ 주가지수연계채권(ELN) : 채권의 이자나 만기상환액이 주가나 주가지수에 연동되어 있는 채권

㉵ 물가연동채권(KTBi) : 정부가 발행하는 국채로 원금 및 이자지급액을 물가에 연동시켜 물가상승에 따른 실질구매력을 보장하는 채권

㉶ 신종자본증권 : 일정 수준 이상의 자본요건을 충족할 경우 자본으로 인정되는 채무증권 채권과 주식의 중간적 성격으로 하이브리드채권으로 불리기도 한다.

ⓑ 소액채권거래제도

㉮ 정부는 첨가소화채권 같은 의무매입국공채의 환금성을 높여서 채권시장의 공신력을 높이고 대다수 국민의 채권시장에 대한 신뢰도를 높이기 위해 소액국공채거래제도를 운용함.

㉯ 첨가소화채권 : 일반인이 주택이나 자동차를 구입하거나 금융회사에서 부동산을 담보로 대출을 받을 때 법률에 의해 의무적으로 구입해야 하는 소액채권으로 보통 매입과 동시에 현장에서 매도된다.

㉰ 이 외에도 제1종 국민주택채권, 서울도시철도채권 등이 소액국공채 매매거래제도를 적용받는다.

⑥ 주식과 채권의 비교

㉠ 전통적인 구분

구분	주식	채권
발행자	주식회사	정부, 지자체, 특수법인, 주식회사
자본조달 방법	자기자본	타인자본
증권소유자의 지위	주주	채권자
소유로부터의 권리	결산 시 사업이익금에 따른 배당을 받을 권리	확정이자 수령 권리
증권 존속기간	발행회사와 존속을 같이하는 영구증권	기한부증권(영구채권 제외)
원금상환	없음	만기시 상환
가격변동위험	크다	작다

㉡ 최근에는 주식과 채권이 혼합된 증권(전환사채, 교환사채 등)이 많이 발행됨

(5) 증권분석

① **증권의 투자가치 분석** … 증권의 가격은 매수·매도를 통해 결정되는데 여러 가지 정보를 토대로 가격의 적정성이나 미래 가격예측에 대해 판단을 하는 것을 증권분석 이라 하며 크게 기본적 분석과 기술적 분석이 있다.

㉠ **기본적 분석**: 시장가격과 증권의 내재가치가 동일하지 않다고 보고 증권의 내재가치를 중점적으로 분석하는 방법으로 내재가치 추정 이후 시장가격과 비교하고 과소·과대평가 된 증권을 매입·매도하여 초과수익을 추구한다. 기본적 분석에는 환경적 분석(경제분석, 산업분석, 기업분석)과 재무적 분석(기업의 재무상태, 경영성과 평가)이 포함된다.

㉮ **하향식(Top-down) 분석**: 일반 경제에서 시작하여 최종적으로 기업자체를 검토하는 분석 방법

㉯ **상향식(Bottom-up) 분석**: 투자 가망회사에 초점을 두고 사업, 재무, 가치 등을 분석해 기업을 선택한 후 산업과 시장에 대해 그 기업을 비교하는 분석 방법

㉡ **기술적 분석**: 과거의 증권가격 등 여러 정보를 이용하여 미래 증권가격의 움직임을 예측하는 분석기법으로 증권시장의 시장동향을 미리 포착하여 초과수익을 얻는 데 초점을 둔다.

② **기업정보** … 개별 증권가격에 영향을 미치는 가장 중요한 요인은 기업에 대한 정보로서 공시정보, 경영실적정보, 지배구조 및 경영권 등의 기업정보는 주가에 반영된다.

㉠ **기업공시정보**: 증권시장 내의 정보 불균형을 해소하고 공정성을 확보하기 위해 상장기업은 반드시 기업정보를 공시하도록 되어있다.

㉡ **경영실적정보**: 주식시장에서 가장 중요한 정보는 기업의 실적이며 일반적으로 분기별로 중요한 재무정보를 발표하도록 되어있다.

㉢ **지배구조 및 경영권정보**: 기업 가치를 평가할 때는 기업이 영위하는 사업뿐 아니라 관계회사, 자회사의 가치정보 등을 함께 고려해야 한다.

② **유행성정보** : 갑자기 출현한 이슈에 따라 주가가 급등락 하는 경우가 있다. 특히 비슷한 이슈를 가진 주가가 동반 상승하는 '테마주'를 형성하기도 하는데 집단적 심리현상으로 거품(Bubble)을 형성하기도 한다.

③ **재무비율 분석**

㉠ **개념** : 기업의 재무 상태와 경영성과를 파악할 수 있는 재무제표에서 중요한 정보만 정리하여 간결한 수치로 나타낸 재무비율 지표를 분석하는 것

㉡ **종류**

㉮ **레버리지비율** : 기업이 소유한 총자산 대비 총부채로 측정하는 비율로 부채의 레버리지효과는 기업이익을 증폭시키지만, 파산 가능성을 높이게 된다.

㉯ **유동성비율** : 1년 이내에 만기가 돌아오는 유동부채 대비 현금성이 있는 유동자산의 비율로 기업이 단기부채를 상환할 수 있는 능력을 가지고 있는지 알려준다.

㉰ **활동성비율** : 총자산 대비 매출액으로 측정하는 비율로 기업이 보유자산을 얼마나 잘 활용하고 있는지(자산회전율)를 보여준다.

㉱ **수익성비율** : 기업의 경영성과를 나타내는 가장 중요한 재무비율지표이다.

> 매출액순이익률 = 당기순이익 ÷ 매출액
> 매출액영업이익률 = 영업이익 ÷ 매출액
> 총자산이익률(ROA) = 순이익 ÷ 총자산
> 자기자본이익률(ROE) = 순이익 ÷ 자기자본

㉢ **한계** : 주가는 미래의 가능성을 반영하지만 재무제표는 기업의 과거 결과만을 정리한 것이며 기술개발력, 브랜드 가치 등 질적 정보를 고려하지 못하므로 해설과 활용에 신중할 필요가 있다.

④ **주가배수 평가**

㉠ **개념** : 기업의 내재가치와 현재 주가를 비교하여 저평가된 주식을 매입하고 고평가된 주식을 매도하기 위해 기업의 가치와 주가를 비교하는 방법

㉡ **종류**

㉮ **주가이익비율(PER)** : 주식가격을 1주당 순이익(EPS)으로 나눈 값으로 기업이 버는 주당이익에 대해 증권시장 투자자들이 어느 정도의 가격을 지불하고 있는지를 뜻한다.

㉯ **주가장부가치비율(PBR)** : 주가를 주당순자산(BPS)으로 나눈 비율(주당시장가격÷주당장부가치)이며 시장가격과 장부가치의 괴리 정도를 평가하는 지표이다.

❹ 예금업무 일반사항

(1) 예금거래의 성질

① 예금계약의 법적 성질

    ㉠ 소비임치계약

        ㉮ 소비임치계약이란 수취인이 보관을 위탁받은 목적물의 소유권을 취득하여 이를 소비한 후 그와 같은 종류·품질 및 수량으로 반환할 수 있는 특약이 붙어 있는 것을 내용으로 하는 계약을 말한다.

        ㉯ 예금계약은 예금자가 금전의 보관을 위탁하고 금융기관이 이를 승낙하여 자유롭게 운용하다가 같은 금액의 금전을 반환하면 되는 소비임치계약이다.

        ㉰ 당좌예금은 위임계약과 소비임치계약이 혼합된 계약이다.

    ㉡ 상사계약

        ㉮ 금융기관은 상인이므로 금융기관과 체결한 예금계약은 상사임치계약이다.

        ㉯ 예금의 소멸시효는 5년의 소멸시효에 걸린다.

        ㉰ 민사임치의 경우와는 달리 금융기관은 임치물에 대하여 주의의무가 가중되어 선량한 관리자의 주의의무를 부담한다.

> **TIP**
>
> **선량한 관리자의 주의의무** … 그 사람이 종사하는 직업 및 그가 속하는 사회적인 지위 등에 따라 일반적으로 요구되는 주의의무를 말한다.

        ㉱ 예금업무를 처리함에 있어서 금융기관 종사자에게 일반적으로 요구되는 정도의 상당한 주의를 다해야만 면책된다.

    ㉢ 부합계약

        ㉮ 계약당사자의 일방이 미리 작성하여 정형화 시켜 놓은 일반거래약관에 따라 체결되는 계약을 부합계약이라 한다.

        ㉯ 예금계약은 금융기관이 예금거래기본약관 등을 제정하고 이를 예금계약의 내용으로 삼는다는 점에서 부합계약에 해당한다.

        ㉰ 예금거래기본약관은 그 내용이 공정하여야 하며, 거래처와 계약을 체결함에 있어 금융기관은 약관의 내용을 명시하고 중요내용을 설명하여야만 예금계약이 성립한다.

② 각종 예금계약의 법적구조

    ㉠ 보통예금·저축예금

        ㉮ 보통예금·저축예금은 반환기간이 정해지지 않아 언제든지 입출금이 자유로우며 질권 설정이 금지되어 있다는데 그 특징이 있다.

        ㉯ 금융기관이 승낙하면 양도는 가능하나 최종의 입금 또는 출금이 있으면 그 잔액에 대하여 하나의 새로운 예금채권이 성립하므로 그 예금채권의 소멸시효는 입금 또는 출금이 있는 때부터 새롭게 진행된다.

ⓛ 정기예금

    ㉮ 예치기간이 약정된 금전소비임치계약으로 기한이 도래하지 않음으로써 그 기간동안 당사자가 받는 이익을 기한의 이익이라고 한다.

    ㉯ 거치식예금약관 제2조에서 정기예금은 약정한 만기일 이후 거래처가 청구한 때에 지급한다고 규정하여 기한의 이익이 금융기관에 있음을 명확히 하고 있다.

    ㉰ 예금주는 원칙적으로 만기일 전에 예금의 반환을 청구할 수 없으나 거래처에게 부득이한 사유가 있는 때에는 만기 전이라도 지급할 수 있다.

ⓒ 별단예금 : 각종 금융거래에 수반하여 발생하는 미정리예금 · 미결제예금 · 기타 다른 예금종목으로 처리가 곤란한 일시적인 보관금 등을 처리하는 예금계정으로, 각각의 대전별로 그 법적성격이 다르다.

ⓔ 정기적금 : 월부금을 정해진 회차에 따라 납입하면 만기일에 금융기관이 계약액을 지급하겠다는 계약이므로 가입자는 월부금을 납입할 의무가 없다.

ⓜ 상호부금

    ㉮ 일정기간을 정하여 부금을 납입하게 하고 기간의 중도 또는 만료 시에 부금자에게 일정한 금전을 급부할 것을 내용으로 하는 약정이다.

    ㉯ 종래 실무계에서는 거래처가 부금을 납입할 의무를 부담하고 금융기관은 중도 또는 만기시에 일정한 급부를 하여야 하는 쌍무계약의 성질을 지닌 것으로 보아왔다.

    ㉰ 그러나 상호부금의 예금적 성격을 강조하여 정기적금과 동일하게 편무계약으로 보아야 한다는 견해도 현재 유력하게 주장되고 있다.

ⓗ 당좌예금

    ㉮ 어음 · 수표의 지급사무처리의 위임을 목적으로 하는 위임계약과 금전소비임치계약이 혼합된 계약이다.

    ㉯ 당좌거래계약에 있어서 무엇보다 중요한 것은 지급사무에 관하여 위임을 받은 금융기관은 당좌수표나 어음금의 지급 시 선량한 관리자의 주의의무를 다하여야 한다는데 있다.

⑵ 예금계약의 성립

① 현금에 의한 입금

    ㉠ 창구입금의 경우

        ㉮ 예금계약을 요물소비임치계약으로 보는 견해에 의하면 예금의사의 합치와 요물성의 충족이 있으면 예금계약이 성립한다고 한다.

        ㉯ 예금의사의 합치란 막연히 예금을 한다는 합의와 금전의 인도가 있었던 것으로는 부족하고, 어떤 종류 · 어떤 이율 · 어떤 기간으로 예금을 하겠다는 의사의 합치가 있는 경우를 말한다.

        ㉰ 예금자가 예금계약의 의사를 표시하면 금융기관에 금전을 제공하고, 금융기관이 그 의사에 따라서 그 금전을 받아서 확인하면 요물성이 충족된 것으로 본다. 예금거래기본약관도 현금입금의 경우, 예금계약은 금융기관이 금원을 받아 확인한 때에 성립하는 것으로 규정하고 있다.

㉑ 다만, 예금계약은 금융기관과 거래처와의 예금을 하기로 하는 합의에 의해 성립하며, 반드시 입금
　　　자원의 입금이 있어야 하는 것이 아니라는 낙성계약설에 의하면 위와 같은 예금의 성립시기 문제
　　　를 예금반환청구권의 성립시기 문제로 다루게 된다는 점에 유의하여야 한다.
　ⓒ 점외수금의 경우
　　㉑ 그 수금직원이 영업점으로 돌아와 수납직원에게 금전을 넘겨주고 그 수납직원이 이를 확인한 때에
　　　예금계약이 성립하는 것으로 보아야 한다.
　　㉯ 그러나 영업점 이외에서 예금을 수령할 수 있는 대리권을 가진 자, 예컨대 지점장(우체국장) 또는
　　　대리권을 수여받은 자 등이 금전을 수령하고 이를 확인한 때에는 즉시 예금 계약이 성립하는 것으
　　　로 보아야 한다.
　ⓒ ATM에 의한 입금의 경우
　　㉑ ATM(Automated Teller Machine)이란 현금자동입출금기를 말한다.
　　㉯ 고객이 ATM의 예입버튼을 누르면 예금신청이 있다고 보고, 예금자가 ATM의 현금투입박스에 현금
　　　을 투입한 때에 현금의 점유이전이 있다고 보아야 하며, ATM이 현금계산을 종료하여 그 금액이
　　　표시된 때에 예금계약이 성립한다고 보아야 할 것이다.
　　㉰ ATM의 조작은 예금주 자신에 의하여 이루어지고 최종적으로 그 현금이 금융기관에 인도되는 것은
　　　예금주가 확인버튼을 누른 때인 것이므로, 예금계약이 성립하는 시기는 고객이 확인버튼을 누른
　　　때라고 보는 것이 통설이다.
② 증권류에 의한 입금
　ⓘ 타점권 입금의 경우
　　㉑ 타점권 입금에 의한 예금계약의 성립시기
　　　• 추심위임설 : 타점권의 입금과 동시에 그 타점권이 미결제통보와 부도실물이 반환되지 않는 것을 정
　　　　지조건으로 하여 예금계약이 성립한다.
　　　• 양도설 : 타점권의 입금과 동시에 예금계약이 성립하고 다만 그 타점권이 부도반환되는 경우에는 소
　　　　급하여 예금계약이 해제되는 것으로 본다.
　　　• 예금거래기본약관 : 추심위임설의 입장을 취하여 증권으로 입금했을 때 은행이 그 증권을 교환에 돌
　　　　려 부도반환시한이 지나고 결제를 확인했을 때에 예금계약이 성립한다고 규정하고 있다.
　　㉯ 타점발행의 자기앞수표로 입금할 경우에는 발행은행에 사고신고된 사실이 없고 결제될 것이 틀림
　　　없음을 확인하여 예금원장에 입금기장을 마친 때에도 예금계약은 성립한다.
　ⓒ 자점권입금의 경우
　　㉑ 자점권으로 당해 점포가 지급인으로 된 증권의 경우에는 발행인이 당좌예금잔고를 확인하여 당좌
　　　예금계좌에서 액면금 상당을 인출한 다음 예입자의 계좌에 입금처리하면 예금계약이 성립한다.
　　㉯ 실무상 잔고를 확인하지 않고 일단 입금기장하고 잔고를 나중에 처리할 경우에도 발행인의 잔고에
　　　서 수표액면금액이 현실로 인출되어 예입자의 계좌에 입금되지 않으면 예금계약이 성립하지 않는다.
　　㉰ 예금거래기본약관 또한 개설점에서 지급하여야 할 증권은 그 날 안에 결제를 확인했을 경우에 예금
　　　이 된다고 규정하고 있으며, 자점 발행의 자기앞수표의 경우에는 입금 즉시 예금계약이 성립한다.

③ 계좌송금

    ㉠ 계좌송금은 계좌송금신청인의 수탁영업점에 대한 송금신청, 수탁영업점의 수취인의 예금거래영업점에 대한 입금의뢰, 수취인의 예금거래영업점의 입금처리 형식으로 업무처리 과정이 진행된다.

    ㉡ 현금에 의한 계좌송금의 경우에는 예금원장에 입금기장을 마친 때에 예금계약이 성립하며, 증권류에 의한 계좌송금의 경우에는 증권류의 입금과 같은 시기에 예금계약이 성립한다.

(3) 예금거래약관

① 약관일반

    ㉠ 약관의 기본적 이해

        ㉮ 약관이 계약당사자에게 구속력을 갖게 되는 근거는 계약당사자가 이를 계약의 내용으로 하기로 하는 명시적 또는 묵시적 합의가 있기 때문이다.

        ㉯ 약관은 기업에게는 계약체결에 소요되는 시간·노력·비용을 절약할 수 있고 그 내용을 완벽하게 구성할 수 있다는 장점이 있는 반면, 고객에게는 일방적으로 불리한 경우가 많다는 단점을 가지고 있다.

        ㉰ 일반거래약관의 양면성을 고려하여 기업거래의 효율화 및 소비자의 권익을 보호한다는 차원에서 우리나라는 1984. 10. 20. 「독점규제 및 공정거래보호한한 법률」을 제정하고, 1986. 12. 31. 「약관의 규제에 관한 법률」을 제정하여 약관의 공정성을 기하도록 제도화하였다.

    ㉡ 약관의 계약편입 요건

        ㉮ 약관을 계약의 내용으로 하기로 하는 합의가 있어야 한다.

        ㉯ 약관의 내용을 명시하여야 하며, 명시의 정도는 고객이 인지할 가능성을 부여하면 족하므로 사업자의 영업소에서 계약을 체결하는 경우 사업자는 약관을 쉽게 보이는 장소에 게시하고, 고객에게 약관을 교부하거나 고객이 원할 경우 집어갈 수 있어야 한다.

        ㉰ 중요한 내용을 고객에게 설명하여야 한다. 여기서 중요한 내용이란 계약의 해지·기업의 면책사항·고객의 계약위반시의 책임가중 등 계약체결여부에 영향을 미치는 사항을 말하며, 약관 외에 설명문 예컨대 통장에 인쇄된 예금거래 유의사항에 의해 성실하게 설명한 경우에는 중요내용의 설명의무를 다한 것으로 본다. 다만 계약의 성질상 대량·신속하게 업무를 처리하여야 하는 경우 등 설명이 현저히 곤란한 때에는 설명의무를 생략할 수 있다.

        ㉱ 고객의 요구가 있는 경우에는 약관사본을 교부하여야 한다.

        ㉲ 계약내용이 공정하여야 한다. 「약관의 규제에 관한 법률」은 불공정약관조항 여부를 판단하는 일반원칙으로서 신의성실의 원칙에 반하여 공정을 잃은 약관조항은 무효라고 선언하고 공정을 잃은 약관조항의 판단기준으로 고객에 대하여 부당하게 불리한 조항, 고객이 계약의 거래행태 등 제반사정에 비추어 예상하기 어려운 조항, 계약의 목적을 달성할 수 없을 정도로 계약에 따르는 본질적 권리를 제한하는 조항을 구체적으로 규정하여 이에 해당하는 약관조항을 불공정한 약관으로 추정하고 있다.

ⓒ 약관의 해석원칙

㉮ 객관적 · 통일적 해석의 원칙 : 약관은 해석자의 주관이 아니라 객관적 합리성에 입각하여 해석되어야 하며 시간, 장소, 거래상대방에 따라 달리 해석되어서는 안된다는 원칙이다.

㉯ 작성자불이익의 원칙 : 약관의 의미가 불명확한 때에는 작성자의 기업측에 불이익이 되고 고객에게는 유리하게 해석되어야 한다는 원칙이다.

㉰ 개별약정우선의 원칙 : 기업과 고객이 약관에서 정하고 있는 사항에 대하여 명시적 또는 묵시적으로 약관의 내용과 다르게 합의한 사항이 있는 경우에는 당해 합의사항을 약관에 우선하여 적용하여야 한다는 원칙이다.

② 예금거래약관

㉠ 예금거래약관의 개요

㉮ 예금거래도 금융기관과 고객간의 계약이므로 계약자유의 원칙이 지배한다.

㉯ 계약 당사자의 일방이 미리 작성하여 정형화 시켜 놓은 계약조항을 일반거래약관이라고 부르고, 이러한 일반거래약관에 따라 체결되는 계약을 부합계약이라고 부른다.

㉰ 금융기관의 예금계약은 대부분 부합계약의 형식을 가지며, 금융기관과 거래처 사이에 법률분쟁이 발생한 경우에, 그 해결은 예금거래약관의 해석에서 비롯된다.

㉡ 우리나라 예금거래약관의 체계

㉮ 모든 금융기관의 통일적인 약관체계 : 각 금융기관이 독자적인 약관을 운영함으로써 거래처가 혼란에 빠지는 것을 방지하기 위하여 대한민국 내의 모든 은행은 동일한 약관체계를 가지고 있다(단, 우체국의 경우 시중은행과의 근거법 및 제도운영상 차이로 인하여 일부분에 있어 차이가 존재한다). 다만 금융자율화의 진전으로 각행이 독립적인 상품을 개발함으로써 그 상품에 특유한 독자적인 약관을 보유하고 있다.

㉯ 단계별 약관체계 : 현행 예금거래약관은 모든 예금에 공통적으로 적용될 기본적인 사항을 통합 정리하여 규정한 예금거래기본약관과 각 예금종류별로 약관체계를 이원화하였다는 점에서 단계별 약관체계를 구성하고 있다고 할 것이다.

㉰ 약관의 이원적 체계 : 예금계약에 대해서는 당해 예금상품의 약관이 우선적으로 적용되고 그 약관에 규정이 없는 경우에는 예금별 약관, 예금거래기본약관의 내용이 차례로 적용된다.

(4) 예금거래의 상대방

① 자연인과의 거래

㉠ 권리 · 의무 주체로서의 자연인 : 사람은 살아있는 동안 권리 · 의무의 주체가 되므로 개인과 예금거래를 함에 있어서 특별한 제한이 없는 것이 원칙이고, 단지 예금의 종류에 따라서 그 가입자격에 제한이 있는 경우가 있다.

ⓛ 제한능력자와의 거래

㉮ 제한능력자 : 단독으로 유효한 법률행위를 하는 것이 제한되는 자로서 이에는 미성년자 · 피성년후견인 · 피한정후견인이 있다.

- 미성년자 : 만19세 미만의 자로서, 원칙적으로 행위능력이 없다. 따라서 법정대리인의 동의를 얻어 직접 법률행위를 하거나 법정대리인이 미성년자를 대리하여 그 행위를 할 수 있다. 미성년자가 법정대리인의 동의 없이 법률행위를 한 때에는 법정대리인은 미성년자의 법률행위를 취소할 수 있다.
- 피성년후견인 : 질병, 장애, 노령 등의 사유로 인한 정신적 제약으로 사무를 처리할 능력이 지속적으로 결여되어 성년후견개시의 심판을 받은 자로서, 원칙적으로 행위능력이 없다. 따라서 법정대리인인 후견인은 피성년후견인을 대리하여 법률행위를 할 수 있고, 피성년후견인이 직접한 법률행위를 취소할 수 있다. 다만 가정법원이 정한 범위 또는 일상생활에 필요하고 대가가 과도하지 않는 법률행위는 취소할 수 없다(일용품 구입 등 일상 행위 가능).
- 피한정후견인 : 질병, 장애, 노령 등의 사유로 인한 정신적 제약으로 사무를 처리할 능력이 부족하여 한정후견개시의 심판을 받은 자로서, 원칙적으로 행위능력이 있다. 다만 가정법원이 범위를 정하여 동의를 유보할 수 있는 바(가정법원이 정한 행위에만 후견인의 동의가 필요), 이 경우에 후견인의 동의없이 한 법률행위는 취소할 수 있다. 한편 법정대리인인 후견인이 대리권을 행사하려면 법원의 대리권 수여가 필요하다.

㉯ 금융기관이 피성년후견인과 예금계약을 체결하거나, 법정대리인의 동의 없이 미성년자 또는 피한정후견인과 예금계약을 맺은 경우 법정대리인이 예금계약을 취소한다 할지라도 원금을 반환하면 족하고, 금융기관이 예금을 지급한 후에는 법정대리인이 예금계약을 취소하려 하여도 취소의 대상이 없으므로 금융기관이 손해를 입을 염려는 없다.

㉰ 미성년자의 경우 그 법정대리인이 범위를 정하여 처분을 허락한 재산과 피성년후견인의 경우 일상생활에 필요하고 대가가 과도하지 않는 범위 내에서의 재산 및 피한정후견인의 경우 가정법원이 결정한 동의유보의 범위에 포함되지 않은 재산은 자유로이 처분할 수 있으므로 이들이 용돈 · 학비 등을 가지고 예금을 하는 경우에는 전혀 문제가 없다.

㉱ 당좌예금거래는 어음 · 수표의 지급사무를 위임하는 계약이므로 제한능력자의 단독거래는 허용하지 않는 것이 원칙이다.

ⓒ 대리인과의 거래

㉮ 대리제도

- 대리란 타인이 본인의 이름으로 법률행위를 하거나 의사표시를 수령함으로써 그 법률효과가 직접 본인에 관하여 생기는 제도이다.
- 대리권의 발생원인으로는 본인의 수권행위에 의하여 생기는 임의대리와 법률의 규정에 의하여 생기는 법정대리가 있다.

㉯ 대리인과의 거래 시 유의사항

- 금융기관이 대리인과 예금거래계약을 체결함에 있어서 대리인이라고 칭하는 자가 진정한 대리인인지 여부 및 그 대리행위가 대리권의 범위에 속하는지 여부를 확인하여야 한다.

- 예금을 수입하는 경우에는 금융기관이 대리인의 권한 등을 확인하지 않았다 하더라도 금융기관이 손해를 볼 염려가 없으므로 대리권의 존부 등을 확인할 필요는 거의 없다. 그러나 예금을 지급할 경우에는 이중지급의 위험이 있으므로 정당한 대리권자인지 여부를 확인하여야 한다.
- 임의대리의 경우 : 통장상의 인감이 날인되거나 인감증명서 또는 본인서명사실확인서가 붙어있는 본인의 위임장 및 대리인의 주민등록증에 의하여 진정한 대리인인지 여부 및 대리권의 범위를 확인하여야 한다.
- 법정대리의 경우 대리관계의 확인방법

구분	대리인	확인서류
미성년자의 경우	친권자, 후견인	가족관계등록부
피성년후견인 및 피한정후견인의 경우	후견인	후견등기부
부재자의 경우	부재자 재산관리인	법원의 선임심판서
사망한 경우	유언집행자, 상속재산관리인	사망자의 유언, 법원의 선임심판서

- 예금의 중도해지와 예금담보대출의 경우 : 예금의 중도해지나 예금담보 대출의 경우에는 예금약관상의 면책규정이나 채권의 준점유자에 대한 변제규정이 적용되지 아니하거나 적용된다 하더라도 주의의무가 가중된다 할 것이므로 위임장 이외에도 예금주 본인의 의사를 반드시 확인하여야 한다.

　ⓔ 외국인과의 거래
　　㉮ 외국인과의 예금거래의 성립과 효력은 당사자 간에 준거법에 관한 합의가 없으면 행위지의 법률에 따른다.
　　㉯ 예금거래에 관하여 외국법에 따르기로 합의하는 일은 거의 없으므로 결국 우리나라법이 적용된다. 따라서 원칙적으로 내국인과의 예금거래와 다른 점이 없다.
　　㉰ 외국환거래법상의 외국인은 거주자와 비거주자를 구분하여 제한하고 있으나, 외국인이라도 거주자이면 금융기관과의 원화예금거래는 자유이다.
　　㉱ 비거주자라도 외국환은행과 일부 예금거래는 가능하다.

② 법인과의 거래
　㉠ 법인제도
　　㉮ 법인은 자연인이 아니면서 법에 의하여 권리능력이 부여되어 있는 사단 또는 재단을 말한다.
　　㉯ 자연인은 출생과 동시에 당연히 권리의무의 주체가 되는데 반하여, 법인은 법률의 규정에 의함이 아니면 성립하지 못한다.
　　㉰ 법인과의 예금거래는 그 대표자 또는 그로부터 대리권을 수여받은 대리인과 하여야 한다.
　　㉱ 법인과 예금거래를 하려면, 진정한 대표자인지 여부와 대리인의 대리권의 존부나 대리권의 범위 등을 확인하여야 한다.

ⓛ 회사와의 거래

㉮ 거래의 특징

- 회사의 대표권은 주식회사와 유한회사의 경우는 대표이사, 합명회사와 합자회사의 경우에는 업무집행사원이 회사를 대표하고 업무집행권을 가진다.
- 당좌거래와 같이 회사의 신용상태와 행위능력 등이 특히 문제되는 경우에는 등기부등본과 인감증명 등을 징구하며 법인의 존재 여부와 대표자를 엄격하게 확인할 필요가 있다.

㉯ 공동대표이사제도를 채택하고 있는 경우의 거래

- 공동대표이사 제도는 회사의 대표자가 독단 또는 전횡으로 권한을 남용하는 것을 방지하기 위하여 여러 사람의 대표자가 공동으로써만 대표권을 행사할 수 있도록 하는 제도이다. 따라서 예금거래도 공동으로 하는 것이 원칙이다.

㉰ 외국회사와의 거래

- 외국회사란 외국법에 의하여 설립된 법인을 말하며, 외국법에 의하여 설립된 회사라 할지라도 국내에 본점을 두거나 대한민국 내에서 영업을 하는 것을 주목적으로 하는 회사는 내국회사와 동일한 규제에 따라야 한다.
- 외국회사가 국내에서 영업을 하고자 하는 경우에는 한국에서의 대표자를 정하고 영업소를 설치하여야 하며, 회사설립의 준거법·한국에서의 대표자·회사명 등을 등기하여야 한다.
- 외국회사의 대표자로 등기된 자는 회사의 영업에 관하여 재판상·재판 외의 권한을 행사할 수 있으므로 법인등기부등본을 징구하여 한국 내의 예금자와 예금거래를 하면 된다.
- 등기가 이루어지지 않은 외국회사는 계속적 거래는 할 수 없으므로, 계속적 거래를 전제로 하는 당좌계좌개설은 허용되지 않는다.

ⓒ 국가·자치단체와의 거래

㉮ 공법인의 개념을 가장 넓게 해석할 경우에는 국가까지 포함하는 것으로 보며, 가장 좁은 의미로 볼 경우에는 국가나 지방자치단체를 제외한 공공단체만을 의미하기도 한다.

㉯ 국가나 지방자치단체와의 예금 거래행위의 법적성질을 통설은 사법관계로 본다.

㉰ 국고금은 법령 규정이 인정하는 예외적인 경우를 제외하고는 한국은행에 예탁하여야 하며, 국고대리점 또는 국고수납대리점 업무를 취급하는 일반은행에서도 이를 수납할 수 있다.

㉱ 지방자치단체는 그 재정을 지방재정법이 정하는 바에 따라 규율하며, 그 재정의 출납사무는 지방자치단체의 장 또는 그의 위임을 받은 공무원이 임명한 출납원이 담당한다.

㉲ 국가·지방자치단체 등과 예금거래를 할 때 예금주명의는 공공단체로 하되, 예금거래 입출금과 관련해서는 출납원을 거래상대방으로 거래하는 것이 타당하다.

③ 법인격 없는 단체와의 거래

㉠ 법인격 없는 사단

㉮ 법인격 없는 사단이란 아파트입주자대표회의·아파트부녀회·학교·교회·종중·동문회·노동조합 등 법인으로서의 실체를 가지고 있으면서도 주무관청의 허가를 받지 않아 법인격을 취득하지 않은 단체를 말하며, 「민법」은 법인격 없는 사단의 소유관계를 총유로 본다.

④ 법인격 없는 사단과 거래시 부가가치법에 의한 고유번호를 부여받은 경우에는 그 대표자와 예금거래를 하면 되고, 위와 같이 개설된 예금은 대표자 개인의 예금이 아니라 법인격 없는 사단에 총유적으로 귀속된다.

㉯ 고유번호를 부여받지 못한 경우에는 대표자 개인의 성명 및 주민등록번호에 의하여 거래를 하되 단체명을 부기할 수 있으나 위와 같이 개설된 예금은 개인예금으로 처리되므로 사전에 고객에게 이를 고지, 설명해주는 것이 바람직하다.

ⓒ 법인격 없는 재단

㉮ 법인격 없는 재단이란 장학재단이나 종교재단 등과 같이 「민법」상 재단법인의 실체 즉 일정한 목적을 위해서 출연된 재산의 집단이되, 민법상 절차에 따라 법인격을 취득하지 아니한 것을 말한다.

㉯ 법인격 없는 재단은 권리능력이 없고, 법인격 없는 사단과 같은 구성원도 없으므로 그 예금의 귀속관계는 준총유나 준합유의 관계가 될 수 없다.

㉰ 이론상 법인격 없는 재단에 대해서도 등기에 관한 사항을 빼고는 재단법인에 관한 규정을 유추 적용할 수 있는 바, 대표자나 관리자와 예금거래를 할 수 있다.

㉱ 법인격 없는 재단은 그 실체파악이 어려운 점, 「금융실명거래 및 비밀보장에 관한 법률」상 실명확인방법을 구체적으로 정하지 않은 점 등을 고려하면 대표자 개인명의로 거래할 수 밖에 없다.

ⓒ 조합

㉮ 조합이란 2인 이상의 특정인이 서로 출자하여 공동의 사업을 영위함을 목적으로 결합된 단체를 말한다. 그런데 민법은 조합에 대하여는 법인격을 인정하지 않고 구성원 사이의 계약관계로 보고 있다.

㉯ 금융기관이 이러한 조합과 예금거래를 하기 위해서는 조합원 전원의 이름으로 하는 것이 원칙이나 각 조합원의 위임을 받은 조합대표자와 거래를 할 수 있고 그 예금의 귀속관계는 조합원 전원의 준합유에 속하게 된다.

(5) 예금의 입금업무

① 현금입금

ⓐ 금액의 확인

㉮ 금융회사는 현금을 수납함에 있어서 입금자의 면전에서 확인해야 한다.

㉯ 그렇지 못한 경우에는 입금자에게 나중에 확인절차를 거쳐 확인된 금액으로 수납 처리 하겠다는 것을 분명히 밝혀두어야 한다.

ⓑ 과다입금

㉮ 금융회사가 받은 금액보다 과다한 금액으로 통장 등을 발행할 경우 입금한 금액에 한해 예금계약이 성립되고 초과된 부분은 성립하지 않으므로 예금주의 계좌에서 초과입금액을 인출하면 된다.

㉯ 예금주가 과다입금 사실을 알면서 돈을 인출하였다면 부당이득으로 반환해야 한다.

㉰ 제3자가 과다입금 사실을 모르고 예금에 대해 질권을 취득하고 금전을 대부해 주거나 압류·전부명령을 받은 경우 전부명령신청 등 절차를 취하는 과정에서 발생한 비용은 금융회사가 배상해야 한다.

ⓒ 계좌상위입금

㉮ 직원의 실수로 착오계좌에 입금하고 정당계좌에 자금부족이 발생한 경우 금융회사의 과실에 의한 채무불이행으로 되어 손해를 배상해야 한다.

㉯ 잘못된 입금은 착오에 기인한 것으로 착오계좌 예금주의 동의 없이 취소하여 정당계좌에 입금할 수 있다.

㉰ 잘못된 입금을 취소하기 전 예금주가 인출하였다면 부당이득이므로 반환해야 한다.

② 증권류의 입금

㉠ 타점권 입금의 법적 성격 : 금융회사는 선량한 관리자로서 주의를 가지고 타점권 입금업무를 처리해야 하기 때문에 다음과 같은 사항을 확인해야 한다.

㉮ 어음의 경우

• 입금 받은 어음을 지급제시기간 내에 제시할 수 있는지 확인

• 어음요건을 완전히 충족하고 있는지를 확인

㉯ 수표의 경우

• 지급제시기간 내에 수표가 제시될 수 있는지 확인

• 선일자 수표인지의 여부 확인

• 수표요건을 구비하였는지 확인

• 일반 횡선수표인 경우 입금인이 우체국과 계속적인 거래가 있는 거래처인지 여부 확인

• 특정 횡선수표인 경우 특정된 금융회사가 우체국인지 여부 확인

㉡ 선관주의의무를 위반한 경우 금융회사의 책임

㉮ 금융회사가 선량한 관리자로서의 주의의무를 다하지 못했을 경우 입금인에게 손해를 배상해야 한다.

• 금융회사의 과실로 지급제시기일에 제시하지 못한 경우

• 교환 회부할 수 없는 증권을 입금 받아 입금인이 소구권을 상실한 경우

• 파출수납 시 증권류의 교환회부를 부탁받고 당일에 교환에 회부하지 않아 입금인에게 손해가 발생한 경우

• 부도사실을 추심의뢰인에게 상당한 기일이 지나도록 통지하지 않은 경우

㉯ 입금인은 증권을 입금시키고자 하는 경우 백지를 보충해야 하며 금융회사는 백지보충의무를 부담하지 않는다.

③ 계좌송금

㉠ 계좌송금의 의의

㉮ 예금주가 개설점 이외에서 자기의 계좌에 입금하거나 제3자가 개설점·다른 영업점 또는 다른 금융회사에서 예금주의 계좌에 입금하는 것을 말한다.

㉯ 계좌송금은 입금의뢰인이 수납 금융회사에 송금할 금액을 입금하면서 예금주에게 입금하여 줄 것을 위탁하고 수납 금융회사가 이를 승낙함으로써 성립하는 위임계약이다.

㉰ 금융실명거래 및 비밀보장에 관한 법률에 의해 계좌송금의 경우 실명확인을 해야 한다.

⑭ 법적 성질이 위임이므로 위임사무가 종료한 때에 위임인에게 처리결과를 통지해야 하므로 반드시 입금의뢰인의 주소, 전화번호 등을 기재해 놓아야 한다.

ⓛ 계좌송금의 철회·취소
㉮ 입금의뢰인은 금융회사가 위임사무를 종료하기 전 언제든지 위임계약을 해지하고 계좌송금 철회를 할 수 있다.
㉯ 현금 계좌송금의 경우 입금기장을 마친 시점에서, 타점권 계좌송금의 경우 부도반환시한이 지나고 결제를 확인한 시점에서 예금계약은 성립하고 위임계약은 종료되므로 이후 입금의뢰인은 입금의 취소를 주장할 수 없다.
㉰ 금융회사가 실수로 다른 계좌에 입금하였다면 금융회사는 위임사무를 종료한 것으로 볼 수 없고 착오임이 명백하므로 입금을 취소할 수 있다.

ⓒ 착오송금 시 법률관계
㉮ 착오송금이란 송금인의 착오로 인해 이체된 거래로서 착오송금액은 법적으로 수취인의 예금이기 때문에 수취인의 동의 없이는 자금을 돌려받을 수 없다.
㉯ 법적으로 자금이체의 원인인 법률관계가 없으므로 수취인은 송금인에게 금전을 돌려줄 반환의무가, 송금인은 수취인에 대해 부당이득반환청구권을 가진다.
㉰ 금융회사는 자금 중개 기능을 담당할 뿐 이득을 얻은 바가 없으므로 부당이득반환의 대상이 되지 않는다.

ⓔ 통장·증서의 교부
㉮ 예금통장이나 예금증서는 단순한 증거증권이기 때문에 소지하고 있다는 사실만으로 소지인이 금융회사에 예금의 반환을 청구할 수 없다.
㉯ 금융회사가 과실 없이 예금통장이나 증서 소지자에게 예금을 지급한 경우 채권의 준점유자에 대한 변제에 해당되어 면책이 된다.
㉰ 예금통장이나 증서를 소지하고 있지 않아도 실질적 권리자임을 입증한 경우 예금의 반환을 청구할 수 있다.
㉱ 양도성예금증서나 표지어음 등은 성격이 유가증권이므로 원칙적으로 증서 소지자에게만 발행대전을 지급할 수 있다.

(6) 예금의 지급업무

① 예금지급의 법적 성질
㉠ 예금주의 청구에 의하여 금융기관이 예금을 지급함으로써 예금계약이 소멸한다.
㉡ 예금주가 금융기관에 대하여 예금의 지급을 청구하는 행위는 의사의 통지라는 것이 통설이고, 이에 따라 금융기관이 예금을 지급하는 행위는 채무의 변제인 것이므로 변제에 의하여 예금채무는 소멸한다.
㉢ 기타 예금의 소멸원인으로는 변제공탁·상계·소멸시효의 완성 등이 있다.

② 예금의 지급장소
- ㉠ 지명채권은 원칙적으로 채무자가 채권자의 주소지에서 변제하는 지참채무가 원칙이나 예금채권은 예금주가 금융기관에 나와서 이를 수령한다는 점에서 추심채무이다.
- ㉡ 예금거래기본약관에서 거래처는 예금계좌를 개설한 영업점에서 모든 예금거래를 한다고 규정하여 예금채무가 추심채무임을 규정하고 있다.
- ㉢ 무기명채권은 변제 장소의 정함이 없으면 채무자의 현영업소를 지급장소로 하며, 영업장소가 여러 곳인 때에는 거래를 한 영업소가 지급장소가 되므로 무기명예금을 지급하여야 할 장소는 원칙적으로 계좌개설 영업점이다.

③ 예금의 지급시기
- ㉠ 보통예금이나 당좌예금과 같이 기한의 정함이 없는 예금에 대하여는 예금주는 금융기관 영업시간 내에는 언제라도 예금을 청구할 수 있고 금융기관이 이에 응하지 않을 경우에는 채무불이행이 된다.
- ㉡ 금전채권의 성질상 채무자인 금융기관은 원칙적으로 불가항력을 주장할 수도 없다.
- ㉢ 정기예금 등과 같이 기한의 정함이 있는 예금은 약정한 지급기일에 지급을 하여야 하나 기한의 정함이 있는 예금도 추심채무이므로 예금의 기일이 도래하고 예금주의 청구가 있는 때에만 채무불이행으로 인한 책임을 부담한다.

④ 예금의 지급과 면책
- ㉠ 면책의 근거
  - ㉮ 면책의 일반적인 근거
    - 예금채권은 원칙적으로 지명채권이기 때문에 진정한 예금주에게 변제한 때에 한하여 금융기관은 예금채무를 면하게 되는 것이 원칙이다.
    - 예금계약은 소비임치계약이므로 수취인인 금융기관은 예금의 선량한 관리자로서의 주의의무를 다하여 임치물을 보관하였다가 이를 반환해야 하기 때문에 금융기관은 예금을 지급할 때마다 그 청구자가 진정한 예금주인지 또는 예금을 청구할 정당한 권리나 권한을 가지고 있는지를 면밀히 조사해야 한다.
    - 양도성예금증서(CD)와 같은 유가증권은 그 증권의 점유자에게 지급하면 그 소지인이 정당한 권리자인지 여부에 관계없이 금융기관은 면책된다.
    - 금융기관이 채권의 준점유자에 대한 변제, 영수증 소지자에 대한 변제, 상관습, 예금거래기본약관의 면책의 요건을 구비한 자에게 예금을 지급한 경우에는 이를 수령한 자가 진정한 권리자인지 여부에 관계없이 그 지급이 유효하고 금융기관은 면책되는 것으로 규정하고 있다.
  - ㉯ 민법상 채권의 준점유자에 대한 변제
    - 채권의 준점유자에 대한 변제는 변제자가 선의이며 과실이 없는 때에 효력이 있다.
    - 채권의 준점유자란 거래의 관념상 진정한 채권자라고 믿게 할 만한 외관을 갖춘 자이며, 예금거래에서는 예금통장을 소지하고 그에 찍힌 인영과 같은 인장 및 신고된 비밀번호에 의하여 예금을 청구하는 자를 말한다.

- 금융기관이 이러한 예금채권의 준점유자에 대하여 선의·무과실로 예금을 지급한 경우에는 설령 그 청구자가 무권리자라 하더라도 그 지급은 유효한 것으로 된다.
  - ㉰ 약관상의 면책규정: 예금거래기본약관 제16조는 채권의 준점유자에 대한 변제에 관한 민법의 이론을 구체화하여 예금통장·증서를 소지하고 인감 또는 서명이 일치하며 비밀번호가 일치하면, 금융기관이 선의·무과실인 한 책임을 면하는 것으로 규정하고 있다.
- ㉡ 면책요건:「민법」과 약관상의 면책규정을 하나의 면책규정으로 본다면 금융기관이 예금지급에 관하여 면책을 주장하기 위해서는 다음과 같은 요건을 모두 갖추어야 한다.
  - ㉮ 채권의 준점유자에 대한 변제일 것
    - 채권의 준점유자가 되기 위해서는 예금통장이나 증서 등을 소지하고 있어야하나 표현상속인이나, 전부채권자 또는 추심채권자는 예금통장·증서를 소지하고 있지 않더라도 금융기관이 선의·무과실이면 면책된다.
    - 예금통장·증서를 소지하고 신고인감 등을 절취하여 예금주의 대리인임을 주장하며 예금을 지급받은 자도 채권의 준점유자에 대한 변제규정의 취지가 선의의 변제자를 보호하기 위한 규정이므로 채권의 준점유자로 볼 수 있다.
  - ㉯ 인감 또는 서명이 일치할 것
    - 인감 또는 서명은 육안으로 상당한 주의를 하여 일치한다고 인정되면 족하다.
    - 인감대조의 정도는 필적감정가 수준보다는 낮고 일반인보다는 높은 수준을 말한다고 볼 수 있으나 서명 대조 시 요구되는 금융기관 종사자의 주의의무는 실무경험이 없는 금융기관 종사자가 육안으로 외형상 전체적으로 유사여부를 평면대조하면 족하다.
    - 서명이란 동일인이라 하더라도 경우에 따라서는 상당한 차이가 있기 때문에 서명대조의 정도는 인감대조의 정도보다는 약간 낮은 주의의무를 요구하고 있는 것으로 보이나, 실거래 상으로는 본임임을 확인하고 거래하는 것이 통상적인 예이다.
  - ㉰ 비밀번호가 일치할 것
  - ㉱ 금융기관이 선의·무과실일 것
    - 선의란 채권의 준점유자에게 변제수령의 권한이 없음을 알지 못한다는 것만으로는 부족하며, 적극적으로 채권의 준점유자에게 수령권한이 있다고 믿었어야 한다.
    - 무과실이란 선의인데 과실이 없음을 뜻한다.
    - 예금의 준점유자로서 청구서상의 인감 또는 서명이 일치한다 하더라도, 금융기관이 예금에 관하여 분쟁이 발생한 사실을 알고 있거나 예금주 회사에 경영권분쟁이 있음을 알면서 예금을 지급한 때에는 주의의무를 다한 것으로 볼 수 없다.
- ㉢ 유의사항
  - ㉮ 정당한 예금주에 의한 청구인지 여부
    - 예금의 귀속에 관하여 다툼이 있는 경우에는 진정한 예금주가 누구인지에 관하여 소송의 결과 등을 통하여 확인한 후 지급하여야 한다.
    - 예금주 본인에게만 지급하겠다는 특약이 있는 예금을 제3자에게 지급할 경우 인감이나 비밀번호가 일치한다 할지라도 금융기관이 면책될 수 없으므로 주의를 요한다.

ⓑ 예금청구서가 정정된 경우 : 예금청구서는 영수증의 역할을 하는 것이므로 예금청구서의 금액·비밀번호·청구일자 등이 정정된 경우에는 반드시 정정인을 받든가 또는 새로운 전표를 작성하도록 하여야 한다.

ⓒ 기한부예금의 중도해지의 경우 : 기한부예금이나 적금을 중도해지 하는 경우 이는 금융기관이 이익을 포기하여 중도해지청구에 응하는 것이고, 예금주로서는 만기까지 통장이나 인감보관, 그 상실의 경우 금융기관에 대한 신고에 있어 보통예금이나 기한도래후의 정기예금에 비하여 소홀히 할 가능성이 있으므로 금융기관의 예금주 본인, 당사자 또는 대리인에 대한 확인의 주의의무가 가중되므로 반드시 본인의 의사를 확인해야 한다.

ⓓ 사고신고 여부 등을 확인 : 전산등록 되므로 별 문제가 없으나 사고신고를 지연하여 예금주에게 손해를 입혔다면 그 손해를 배상하여야 한다.

ⓔ 폰뱅킹에 의한 자금이체신청의 경우

- 판례는 자금이체가 기계에 의하여 순간적으로 이루어지는 폰뱅킹에 의한 자금이 채권의 준점유자에 대한 변제로서 금융기관의 주의의무를 다하였는지를 판단함에 있어서는 자금이체시의 사정만을 고려할 것이 아니라 그 이전의 폰뱅킹 등록을 할 당시에 예금주의 주민등록증의 진정여부, 부착된 사진과 실물을 대조하고 본인이 폰뱅킹의 비밀번호를 직접 등록하였는지 여부의 확인과 같은 폰뱅킹 등록 당시의 제반사정을 고려하여야 한다고 판시한다.
- 금융기관이 폰뱅킹신청 등록시 거래상대방의 본인여부를 확인하는 때 그 상대방이 거래명의인의 주민등록증을 소지하고 있는지 여부를 확인하는 것만으로는 부족하고, 그 직무수행상 필요로 하는 충분한 주의를 다하여 주민등록증의 진정여부 등을 확인함과 아울러 그에 부착된 사진과 실물을 대조하여야 한다.

ⓒ 편의지급

ⓐ 편의지급이란 무통장 지급·무인감지급 등과 같이 약관이 정하는 예금지급절차를 따르지 않은 지급을 말한다.

ⓑ 예금주에게 지급한 경우에는 변제의 효과가 발생하나, 종업원 등과 같은 예금주 아닌 제3자에게 지급한 경우에는 면책될 수 없다.

ⓒ 실무상 부득이 편의 취급할 경우에는 예금주에 한해서 취급하고, 평소 예금거래를 대신하는 종업원 등이 편의취급을 요구할 경우에도 본인의 의사를 확인하여야 한다.

ⓓ 과다지급

ⓐ 금융기관 직원의 착오 또는 실수로 예금주가 청구한 것보다 많은 금액을 지급하게 되면 금융기관은 부당이득의 법리에 따라 과다 지급된 금액에 대하여 예금주에게 부당이득반환 청구권을 행사하여 잘못 지급된 금액의 반환을 청구할 수 있다.

ⓑ 거래처가 과다 지급된 사실을 부인하면서 지급에 응하지 않는 경우에는 금융기관은 부당이득반환 청구소송을 통해서 동 금원은 물론 지연배상금까지 회수할 수 있음을 고지시키고, 형사적으로도 과다 지급된 금원을 부당수령하게 되는 경우 점유이탈물 횡령죄에 해당할 수 있어 형사상 문제로 비화될 수 있음을 주지시키면서 즉시 반환하도록 설득시켜야 한다.

(7) 예금의 관리

① 예금주의 사망

　㉠ 상속

　　㉮ 사망한 사람의 재산이 생존하고 있는 사람에게 승계되는 것

　　㉯ 예금상속은 재산권의 일종인 예금채권이 그 귀속주체인 예금주가 사망함에 따라 상속인에게 승계되는 것을 말한다.

　　㉰ 사망한 시점에서 개시되며 피상속인의 권리·의무가 포괄적으로 상속인에게 상속된다.

　　㉱ 상속인은 사망한 자의 유언에 따라 결정되며(유언상속), 유언이 없을 경우 법률에 정해진 바에 따라 상속인이 결정된다(법정상속).

　　㉲ 「민법」은 법정상속을 원칙으로 하고 유언상속은 유증의 형태로 인정하고 있다.

　㉡ 법정상속

　　㉮ 혈족상속인 : 자연혈족 뿐만 아니라 법정혈족도 포함하여 혈연상의 근친에 따라 순위가 정해지고 선순위 상속권자가 1인이라도 있으면 후순위 상속권자는 상속권을 가지지 못한다.

　　　• 제1순위 : 피상속인의 직계비속

　　　• 제2순위 : 피상속인의 직계존속

　　　• 제3순위 : 피상속인의 형제자매

　　　• 제4순위 : 피상속인의 4촌 이내의 방계혈족

　　㉯ 배우자 : 피상속인의 직계비속 또는 직계존속과 동순위로 상속권자가 된다.

　　㉰ 대습상속 : 상속인이 될 직계비속 또는 형제자매가 상속개시 전에 사망하거나 결격자가 된 경우에 그 직계비속이 있을 때, 그 직계비속이 사망하거나 결격된 자의 지위를 순위에 갈음하여 상속권자가 되며 배우자 상호간에도 대습상속이 인정된다.

　　㉱ 공동상속과 상속분 : 같은 순위의 상속인이 여러 사람인 경우 최근친을 선순위로 보며 같은 순위의 상속인이 두 사람 이상인 경우 공동상속을 한다.

　　㉲ 상속재산 공유의 성질

　　　• 공동상속인은 각자의 상속분에 응하여 피상속인의 권리와 의무를 승계하나, 분할을 할 때까지는 상속재산을 공유로 한다.

　　　• 상속재산 공유의 성질은 공유설과 합유설이 있다.

　　　– 공유설 : 공동상속인이 상속분에 따라 각자의 지분을 가져 지분만큼 자유로이 처분할 수 있다는 견해

　　　– 합유설 : 공동상속인이 상속분에 따라 각자의 지분을 가지나, 분할하기 전에는 공동상속인 전원의 동의를 얻어야 처분할 수 한다는 견해

　　　• 은행(우체국)의 입장으로는 합유설에 따라 지급하는 것이 합리적이나, 법원의 실무처리인 공유설에 따라 상속인의 범위와 자격을 확인한 뒤 예금을 지급하였다면 문제가 없다.

　㉢ 유언상속(유증)

　　㉮ 개념 : 유언에 따른 증여행위이며 상속재산의 전부 또는 일정비율로 자산과 부채를 함께 유증하는 포괄유증과 상속재산 가운데 특정한 재산을 지정하여 유증하는 특정유증이 있다.

㉯ **유언의 확인**: 수증자가 유언에 의하여 예금지급을 청구할 경우에는 유언의 형식 및 내용을 확인하여야 한다. 공정증서, 구수증서에 의한 것이 아닐 경우 가정법원의 유언검인심판서를 징구하여 유언의 적법성 여부를 확인해야 한다.

　㉰ **유언집행자의 확인**: 유언집행자가 선임되어 있는 경우 상속재산에 대한 관리권이 유언집행자에 있으므로 그 유무를 확인하고 예금 지급 시 유언집행자의 청구에 의해 지급해야 한다.

　㉱ **수증자의 예금청구가 있는 경우**
　　• 포괄유증을 받은 자는 재산상속인과 동일한 권리의무가 있으므로, 적극재산뿐만 아니라 소극재산인 채무까지도 승계한다.
　　• 특정유증을 받는 자는 수증자가 상속인의 채권적 청구권만 가지므로 은행(우체국)은 예금을 상속인에게 지급해야 한다.
　　• 수증자가 직접 지급하여 줄 것을 요구하는 경우 법정상속인으로부터 유증을 원인으로 하는 명의변경신청서를 징구하여 예금주의 명의를 수증자로 변경한 후에 예금을 지급해야 한다.

ⓒ **상속인 확인방법**: 예금주가 유언 없이 사망한 경우 법정상속이 이루어지게 되며 가족관계등록사항별 증명서를 요구하여 상속인을 확인해야 하고, 유언상속의 경우 유언서의 내용을 확인하되 자필증서·녹음·비밀증서에 의한 경우 법원의 유언검인심판서를 받아야 한다.

ⓓ **상속과 관련된 특수문제**
　㉮ **상속인이 행방불명인 경우**: 합유설에 따르면 행방불명인 자의 지분을 제외한 나머지 부분도 지급할 수 없으나, 공유설을 취할 경우 행방불명인 자의 상속분을 제외한 나머지는 지급할 수 있다.

　㉯ **상속인이 부존재하는 경우**: 이해관계인 및 검사의 청구에 의해 상속재산관리인을 선임하고 채권신고기간을 정하여 공고하고 상속재산을 청산하는 절차를 밟는다. 이후 2년간의 상속인 수색절차를 거쳐 상속인이 없으면 특별연고권자에게, 이마저도 없으면 국고에 귀속된다.

　㉰ **피상속인이 외국인인 경우**: 만기가 도래한 예금은 채권자의 지급청구가 있으면 변제자가 과실 없이 채권자를 알 수 없는 경우를 사유로 변제 공탁해야 하고, 만기가 도래하지 않으면 변제공탁을 할 수 없으므로 주한 해당국 공관의 확인을 받고 내국인의 보증 이후 지급해야 한다.

　㉱ **상속재산 분할방법**
　　• 유언에 의한 분할: 피상속인은 유언으로 상속재산의 분할방법을 정하거나 제3자에게 위탁할 수 있다.
　　• 협의분할: 공동상속인 간의 협의에 의한 분할로 상속인의 범위를 확정하고 상속재산분할협의서·공동상속인의 인감증명서·손해담보각서 등을 징구한 후 지급하면 된다.
　　• 심판분할: 공동상속인 간 협의가 이루어지지 않아 가정법원의 심판에 의해 상속재산을 분할하는 방법

　㉲ **상속포기, 한정상속**: 상속인은 상속의 개시를 안 날로부터 3개월 내에 상속을 포기할 수 있으며 법원의 심판서를 징구하여 확인해야 한다. 한정승인이란 상속으로 인해 취득할 재산 범위 내에서 채무를 변제할 것을 조건으로 상속을 승인하는 것이다.

　㉳ **은행(우체국)이 예금주 사망사실을 모르고 예금을 지급한 경우**: 은행(우체국)이 선의로 통장이나 증서를 소지한 자에게 신고된 인감과 비밀번호에 의해 예금을 지급한 경우 준점유자에 대한 변제로서 면책된다. 그러나 주의의무를 다하지 않거나 과실이 있는 경우까지 면책되는 것은 아니다.

ⓑ 상속예금의 지급

  ㉮ 상속예금의 지급절차

    • 상속인들로부터 가족관계등록사항별 증명서·유언장 등을 징구하여 상속인을 확인

    • 상속인의 지분에 영향을 미치는 상속의 포기·한정승인·유류분의 청구 등이 있는지 확인

    • 각종증빙서류가 적법한지 확인

    • 상속재산관리인 선임여부 확인

    • 상속재산의 분할여부 확인

    • 상속예금지급 시 상속인 전원의 동의서 및 손해담보약정을 받는 것이 바람직하다.

  ㉯ 당좌계정의 처리 : 당좌거래는 법적성질이 위임계약이고 당사자 일방의 사망으로 계약관계가 종료되므로 당좌거래계약을 해지하고 상속인으로부터 미사용 어음·수표를 회수해야 한다.

  ㉰ 정기적금의 처리 : 예금주가 사망한 경우 상속인이 예금주의 지위를 승계하므로, 일반 상속재산의 지급절차에 의하면 된다.

② 예금채권의 양도와 질권설정

  ㉠ 예금채권의 양도

    ㉮ 예금주가 예금채권을 다른 사람에게 양도하는 것을 말함, 원칙적으로 양도성이 인정되나 양도금지특약으로 양도성을 배제할 수 있다.

    ㉯ 양도금지특약 : 대량적·반복적 지급거래를 수반하는 예금거래에 있어 은행(우체국)이 정당한 양도인지 확인하기 어렵기 때문에 사전에 은행에 통지하고 동의를 받지 않으면 양도할 수 없다.

    ㉰ 예금주가 양도금지 특약을 위반하여 예금을 다른 사람에게 양도한 경우 그 양도는 무효이다.

    ㉱ 예금의 양도방법

      • 양도인과 양수인 사이 양도계약 및 은행(우체국)의 승낙이 있어야 한다.

      • 제3자에게 예금양도로서 대항하기 위해서는 은행(우체국)의 승낙서에 확정일자를 받아 두어야 한다.

      • 예금의 양도가 유효하면 예금은 동일성을 유지한 채로 양수인에게로 이전되므로 예금주의 명의를 양수인으로 변경해야 한다.

    ㉲ 은행(우체국)실무처리 시 유의사항

      • 양도인인 예금주의 양도의사를 확인한다. 이때 예금 중에는 그 성질상 예금양도가 금지되는 경우와 근로자장기저축 등 법령상 양도가 금지되는 예금이 있음에 유의하여야 한다.

      • 예금양도승낙신청서를 징구한다. 이때 예금양도승낙신청서에는 양도인과 양수인 연서로 하며 제3자에게 대항하기 위해 확정일자를 득한 것을 징구하는 것이 바람직하다. 또한 승낙서는 2부를 작성하여 1부는 교부하고 1부는 은행(우체국)이 보관하여 향후 분쟁에 대비해야 한다.

      • 당해 예금에 가압류·압류 등이 있는지 확인한다.

      • 예금주에 대해 대출금채권 등을 가지고 있는 경우에는 상계권행사를 유보하고 승낙할지 여부를 결정한다.

      • 명의변경과 개인(改印)절차를 밟으며 실명확인절차 또한 거쳐야 한다.

ⓛ 예금채권의 질권설정

㉮ 예금을 받은 은행(우체국)이 질권 설정하는 경우에는 자기가 받은 예금에 질권설정 하는 것이므로 승낙이라는 절차를 거치치 않아도 된다.

㉯ 제3자가 질권설정 하는 경우에는 질권설정금지특약에 의해 은행(우체국)의 승낙을 필요로 한다.

㉰ 예금에 대한 질권의 효력

- 질권자는 질권의 목적이 된 채권을 직접 청구할 수 있고, 채권이 목적이 금전인 때는 자기의 채권액에 해당하는 부분을 직접 청구해서 자기 채권의 우선변제에 충당할 수 있다.
- 이자에 대한 효력 : 예금 채권에 대한 질권의 효력은 그 예금의 이자에도 미친다.
- 질권 설정된 예금을 기한 갱신 하는 경우에는 이전 예금과 신규 예금 간 동일성이 인정되므로 종전 예금 채권에 설정한 담보권은 새로 성립하는 예금 채권에도 미친다.
- 질권 설정된 예금을 다른 종목의 예금으로 바꾼 경우에는 동일성이 인정되지 않으므로 종전 예금 채권에 설정된 담보권은 새로이 성립하는 예금 채권에 미치지 않는다.

㉱ 질권 설정된 예금의 지급

- 예금주에 대한 지급 : 질권은 지급금지의 효력이 있으므로 피담보채권이 변제 등의 사유로 소멸하여 질권자로부터 질권해지의 통지를 받은 경우에는 그 예금을 예금주에게 지급할 수 있다.
- 질권자에 대한 지급 : 질권 설정된 예금과 피담보채권의 변제기가 도래하여 질권자의 직접청구가 있는 경우 제3채무자인 은행(우체국)은 예금주에게 질권자에 대한 지급에 이의가 있는지의 여부를 조회하고, 승낙문헌을 기재한 질권설정승낙의뢰서, 피담보채권에 관한 입증서류, 피담보채권액에 관한 입증서류, 예금증서 및 질권자의 지급청구서 등을 징구한 후 지급해야 한다.

㉲ 실무상 유의사항

- 피담보채권의 변제기보다 예금의 변제기가 먼저 도래한 경우 은행(우체국)이 예금주를 위해 그 예금을 새로 갱신하는 경우가 있다. 이때 같은 종류의 예금으로 갱신해야 한다. 기한갱신을 한 경우 새로운 통장이나 증서에도 질권설정의 뜻을 표시하고 예금거래신청서 및 전산원장에도 역시 같은 뜻의 표시를 해야 한다.
- 예금의 변제기보다 피담보채권의 변제기가 먼저 도래한 경우 질권자가 피담보채권의 변제기가 이르렀음을 이유로 예금을 중도 해지하여 지급청구 하는 경우가 있다. 이러한 경우 질권자는 중도해지권이 없기 때문에 예금주의 동의가 있어야 한다.

③ 예금에 대한 압류

㉠ 예금에 대한 (가)압류 명령이 송달된 경우의 실무처리절차

㉮ 압류명령의 송달연월일 및 접수시각을 명확히 기록하고, 송달보고서에 기재된 시각을 확인한다.

㉯ 어떤 종류의 명령인지 명백히 파악한다.

㉰ 피압류채권에 해당되는 예금의 유무를 조사하고 피압류채권의 표시가 예금을 특정할 정도로 유효하게 기재되어 있는지 확인한다.

㉱ 압류명령상의 표시에 하자가 있는 경우에는 경정결정을 받아오도록 한다.

㉲ 압류된 예금에 대하여는 즉시 ON-LINE에 주의사고 등록을 하고 원장 등에 압류사실을 기재하여

지급 금지조치를 취한다.

  ㉺ 해당예금에 대한 질권설정의 유무 및 예금주에 대한 대출금의 유무를 조사하고 대출채권이 있는 경우 상계권 행사여부를 검토한다.

  ㉻ 해당예금에 대한 압류경합여부를 확인하고, 공탁의 여부를 검토한다.

  ㉼ 예금주, 질권자 등에게 압류사실을 통지한다.

  ㉽ 압류명령에 진술최고서가 첨부된 경우에는 송달일로부터 1주일 이내에 진술서를 작성하여 법원에 제출한다.

 ⓛ 압류명령의 접수

  ㉮ 압류의 효력발생시기

   • 압류명령의 효력이 발생하는 시기는 결정문이 제3채무자인 은행(우체국)에 송달된 때이다.

   • 압류명령을 접수한 본점은 신속하게 소관 영업점에 통지하여 예금이 지급되지 않도록 해야 한다.

  ㉯ 접수시각의 기록 및 송달 보고서에 기재된 시각의 확인 : 은행(우체국)은 압류결정문의 송달연월일 · 접수시각을 정확히 기록하고, 송달보고서에 기재된 시각을 확인해야 한다.

  ㉰ 예금주 등에 대한 통지의 필요

   • 보통예금이나 당좌예금과 같이 운전자금이 필요한 경우 미리 예금주가 계획을 세울 수 있도록 알려 줄 필요가 있다.

   • 예금에 대해 질권이 설정되어 있는 경우 질권자에게도 통지할 필요가 있다.

 ⓒ 피압류예금의 특정 : 압류를 신청할 때 압류할 채권이 다른 채권과 구별하여 특정할 수 있도록 예금종류 와 피압류예금액을 명시해야 한다.

  ㉮ 예금장소의 특정 : 통상 소관 ○○지점이라고 표시되며 이 경우 특정성이 인정된다.

  ㉯ 예금계좌의 특정 : 예금주에게 한 종류의 예금 1개 계좌만 있을 때는 예금의 종류와 계좌를 명시하 지 않더라도 특정된다고 본다.

  ㉰ 특정성에 관하여 의문이 있는 경우의 실무상 처리방법 : 압류가 유효한 것으로 취급하여 지급정지 조 치를 취한 후 예금주가 그 특정성을 인정하든가 또는 경정결정에 의하여 예금채권이 특정된 경우 에 한하여 압류채권자에게 지급하되, 그렇지 않은 경우에는 소송의 결과에 따라 지급여부를 결정 한다.

 ⓔ 압류된 예금의 지급 : 예금채권의 압류만으로써는 압류채권자의 집행채권에 만족을 줄 수 없으므로 압류 채권자는 자기 채권의 만족을 위해 압류한 예금채권을 환가할 필요가 있으며 환가방법으로는 추심명령 과 전부명령이 이용된다.

  ㉮ 추심명령의 경우

   • 집행채무자(예금주)가 제3채무자(우체국)에 대해 가지는 예금채권의 추심권을 압류채권자에게 부여 하여 그가 직접 제3채무자에게 이행의 청구를 할 수 있도록 하는 집행법원의 명령을 말한다.

   • 추심명령은 전부명령의 경우와 달리 제3채무자에 대한 송달로서 그 효력이 생긴다.

   • 추심채권자에게 지급함에 있어서는 확정여부의 확인이 필요 없다.

④ 전부명령의 경우
- 집행채무자가 제3채무자에 대해 가지는 예금채권을 집행채권과 집행비용청구권에 갈음하여 압류채권자에게 이전시키는 법원의 명령을 말한다.
- 즉시항고 없이 법정기간이 지나거나 즉시항고가 각하 또는 기각되어야 즉시항고는 확정되고 전부명령은 그 효력이 생긴다.
- 전부채권자에게 지급하려면 전부명령이 확정되었음을 법원에서 발급한 확정증명원으로 확인해야 한다.
④ **전부채권자 · 추심채권자의 본인확인** : 전부명령이 있는 때 전부채권자는 종전채권자(집행채무자)에 갈음해서 새로운 채권자가 되고, 추심채권자는 집행법원에 갈음해서 추심권을 가지므로 은행(우체국)이 그 지급조건이 충족되었을 때 전부명령 또는 추심명령서로써 권리자를 확인하고, 주민등록증 등으로 수령권한을 확인한 후 영수증을 징구하고 전부채권자나 추심채권자에게 지급하여야 한다.

⑩ 예금에 대한 체납처분압류
㉮ **체납처분에 의한 압류의 의의** : 세금체납처분의 1단계로서 세금체납자가 독촉을 받고서도 기한까지 세금을 완납하지 않을 경우 체납자의 재산처분을 금하고 체납자를 대위하여 추심할 수 있는 행정기관의 명령을 말하는 것으로 세금의 강제징수방법이다.
㉯ **체납처분압류의 절차와 효력**
- 세무서장이 체납자가 은행(우체국)에 대하여 가지고 있는 예금채권을 압류할 때는 제3채무자인 은행(우체국)에 압류통지서를 우편 또는 세무공무원편으로 송달한다.
- 압류의 효력 발생 시기는 압류통지서가 은행(우체국)에 송달된 때로 체납처분압류는 압류목적채권의 지급금지 · 처분금지 및 추심권의 효력까지 있다.
㉰ **체납처분압류와 민사집행법상 강제집행의 경합** : 대법원 판례에 의해 국세징수법상 체납처분절차와 민사집행법의 압류가 경합한 경우 체납처분절차가 우선할 수 없다.

구분	공탁 가능여부	업무기준
민사집행법 압류 vs 국세징수법 압류	집행공탁 가능	집행공탁(우선권 없음)
민사집행법 압류 vs 준용기관 압류	집행공탁 가능	집행공탁(우선권 없음)
국세징수법 압류 vs 국세징수법 압류	집행공탁 불가	압류선착주의
국세징수법 압류 vs 준용기관 압류	집행공탁 불가	국세청 지급(국세우선원칙)
준용기관 압류 vs 준용기관 압류	집행공탁 불가	기관간 협의처리

㉱ 체납처분에 의한 압류예금의 지급절차
- 징수직원이 은행(우체국)에 나와 금전을 수령해 가도록 하며 신분증명서에 의해 수령인의 권한을 확인하고 처분청장의 위임장 · 현금영수증 등을 받고 지급에 응하면 된다.
- 압류통지서에 처분청의 예금계좌를 지정하고 입금을 요청하는 경우 지시에 따라 입금한다.
- 연금 · 건강보험료 등을 체납하면 연금관리공단이나 국민건강보험공단 등은 자신의 권한으로 체납자의 재산을 압류할 수 있다. 이 경우 조세의 체납처분압류에 준하여 하면 된다.

❺ 전자금융

(1) 전자금융의 의의

① 전자금융의 이해
- ㉠ 금융 업무에 IT기술을 적용하여 자동화, 전산화를 구현한 것
- ㉡ 금융기관 업무를 자동화함으로써 입출금, 송금 등 기본적인 금융서비스 처리 속도를 향상시키는 한편, 다양한 공동망 구축을 통하여 금융기관 간 거래의 투명성, 효율성 등을 확보
- ㉢ 금융기관 직원의 개입 없이 계좌 간, 금융기간 간 거래가 자동화되었으며 실시간 거래도 가능해졌다.
- ㉣ 은행들은 온라인 뱅킹, 지로 등 고객 대상 전자금융서비스를 제공할 수 있고 고객들은 영업점을 방문하지 않아도 PC, 전화 등 정보통신기기를 사용해서 금융거래가 가능

② 전자적 장치-전달 채널
- ㉠ IT 인프라 구축으로 신용카드, 현금카드 등 전자지급수단이 등장하게 되었으며 구매자의 대금이 판매자에게 지불되는 전 과정이 전산화 되었다.
- ㉡ 스마트폰의 등장으로 다양한 직불 및 선불 전자지급수단이 출시되고 금융기관을 중심으로 모바일금융서비스 제공이 확산되고 있다.
- ㉢ 전자금융거래에서 이용되고 있는 전자적 장치는 전화, 현금자동 입출금기(CD/ATM ; Cash Dispenser/Automated Teller Machine) 등 전통적인 전자매체에서부터 PC, 스마트폰 등 새로운 전자매체에 이르기 까지 매우 다양하다.
- ㉣ 새로운 접근장치의 등장으로 인터넷, 모바일을 통한 온라인 쇼핑 대금의 지불, 전자인증, 소액지급서비스, 개인 간 송금 등 다양한 금융서비스 제공이 가능해졌다.

③ 접근 매체-거래의 진정성 확보 수단
- ㉠ 접근 매체 : 전자금융거래에서 거래지시를 하거나 거래내용의 진실성과 정확성을 확보하기 위해 사용되는 수단, 정보
- ㉡ 전자식 카드, 전자적 정보, 「전자서명법」상의 인증서, 금융회사 또는 전자금융업자에 등록된 이용자 번호, 이용자의 생체정보, 비밀번호 등 「전자금융거래법」에서 정하고 있는 것을 말한다.

④ 스마트 금융(Smart Finance)
- ㉠ 개인 고객의 특성에 적합한 금융서비스를 적시에 제공
- ㉡ IT기술의 융합이 가속화되면서 IT업체들의 전자금융산업 참여를 가능하게 함
- ㉢ 최근 금융과 기술의 융합인 핀테크(Fintech)가 등장하는 등 관련 산업 환경이 변화하면서 비금융기업들의 참여가 활발해지고 있다.

(2) 전자금융의 특징

① **금융서비스 이용편의 증대** … 비대면·비서면 으로 언제든지 어디서나 금융 거래가 가능해졌기 때문에 고객은 시간과 공간의 제약을 받지 않으면서 편리하고 빠르게 금융 거래를 이용할 수 있게 되었다.

② **금융기관 수익성 확보**
  ㉠ 종이 사용량이 크게 감소하여 관리비용과 거래건당 처리비용을 크게 낮출 수 있다.
  ㉡ 다양한 전자금융 전용 상품 및 서비스의 개발로 높은 부가가치 창출이 가능해졌다.
  ㉢ 고객의 영업점 방문 횟수를 감소시켜 효율적인 창구운영의 기회를 제공한다.
  ㉣ 영업점 창구의 모습을 금융상품 판매와 전문화된 금융서비스 제공에 집중할 수 있는 분위기로 전환시켜 수익성과 생산성을 높일 수 있는 영업점으로 변화되었다.

③ **전자금융의 이면**
  ㉠ 전산화된 금융서비스는 IT시스템 문제(전산장애, 운영자의 실수)로 운영이 중단될 수 있어 안정적인 환경과 장애에 대비한 업무지속계획을 수립해 준수해야 한다.
  ㉡ 해킹 등 악의적인 접근으로 금융정보유출, 부정거래 발생 빈도가 높아져 내부직원에 대한 정보보호, 윤리 교육 등으로 정보유출 사고를 예방해야 한다.

(3) 전자금융의 발전 과정

① **1단계 : PC기반 금융업무 자동화**
  ㉠ 1970년대 은행에서 본점-지점 간 온라인망 구축으로 수작업으로 처리하던 업무를 전산으로 처리할 수 있게 되어 업무전산화가 본격적으로 시작되었다.
  ㉡ CD/ATM 및 지로 등을 도입하여 장표처리를 자동화 하여 창구업무의 효율화를 도모하였다.
  ㉢ 1980년대 국가정보화사업의 하나였던 은행 공동의 전산망 구축으로 확대되어 다양한 전자금융서비스를 제공할 수 있는 기반이 되었다.

② **2단계 : 네트워크 기반 금융전산 공동망화**
  ㉠ 1980년대 금융네트워크(금융공동망)를 형성하여 개별 금융기관에서만 처리하던 금융거래를 공동망에서 편리하고 신속하게 이용할 수 있게 되었다.
  ㉡ 거래은행에 관계없이 CD/ATM, 전화기를 이용한 전자금융거래가 가능해져 창구거래 위주의 금융거래가 전자금융으로 확대되기 시작했다.
  ㉢ 자금의 수수도 현금이나 어음·수표 등 장표기반의 지급수단을 직접 주고받는 대신에 자동이체, 신용카드와 같은 전자지급수단을 이용해 전자금융거래가 대중화되는 계기가 되었다.

③ **3단계 : 인터넷 기반 금융서비스 다양화**
  ㉠ 1990년대 중반 이후 인터넷과 컴퓨터 보급의 확산으로 고객들의 PC 이용률이 증가하자 은행은 CD/ATM, 전화에 의존하던 전자금융서비스 채널을 컴퓨터로 확대시켰다.
  ㉡ 인터넷 공간에서 실시간으로 업무를 수행함 으로서 편의성과 효율성이 크게 향상되었다.

© 전자상거래의 발달로 PG(Payment Gateway)서비스, 결제대금예치서비스, 각종 대금을 조회하고 납부할 수 있는 EBPP(Electronic Bill Presentation and Payment)서비스와 같은 새로운 전자금융서비스가 등장

② 전자어음, 전자외상매출채권과 같은 기업 고객을 위한 전자지급수단이 개발

③ 서비스 전달 채널이 더욱 다양해져 휴대폰 PDA, TV를 통해서도 전자금융거래를 할 수 있게 되었다.

④ 각종 보안사고와 전문화된 해킹으로 전자금융 사기피해가 증가하면서 안전성에 대한 경각심이 부각되었다.

④ 4단계 : 모바일 기반 디지털금융 혁신화

　　㉠ 2000년대 후반 스마트폰의 확산으로 은행, 증권, 카드업계에서 스마트 기기를 활용한 스마트 금융서비스 시대가 시작되었다.

　　㉡ 모바일뱅킹, 모바일증권, 모바일카드 등 모바일기반 디지털 금융서비스를 통해 언제 어디서나 편리하게 금융거래가 가능해졌다.

　　㉢ 전자상거래 활성화로 해외 전자금융서비스 이용 규모도 증가했다.

⑤ 5단계 : 신기술 기반 금융IT 융합화

　　㉠ 인터넷과 모바일 금융서비스의 발전은 스타트업, 대형 IT기업 등을 중심으로 비금융기업들의 금융서비스 진출이라는 변화를 가져왔다.

　　㉡ 글로벌 IT기업들은 많은 고객층과 간편결제를 바탕으로 국내 전자상거래 시장 진출을 시도하고 있다.

　　㉢ 정부와 금융당국은 전자금융의 관리 감독을 법제화한 「전자금융거래법」에 금융소비자 편의성과 효율성 제고 필요에 따른 공인인증서 의무사용 폐지, Active X 제거, 국제 웹 표준 적용 등의 규제를 완화하고 핀테크 산업 육성을 위해 노력하고 있다.

⑥ 전자금융과 미래 전망

　　㉠ 금융기관들은 점포를 두지 않은 채 인터넷 · 모바일뱅킹 서비스만을 전문으로 제공하는 인터넷 전문은행도 성업 중이며 우리나라도 2017년부터 케이뱅크와 카카오뱅크가 출범하여 영업 중이다.

　　㉡ 전자금융의 신속성 및 편리성, 저비용 등을 감안할 때 앞으로 전자서명 등을 통한 안정성 강화와 함께 인터넷 · 모바일금융은 더욱 활성화 될 것이다.

　　㉢ IT기술의 발달로 인터넷을 통한 기업-은행 간, 개인-은행 간 쌍방향 거래가 용이하게 이루어지게 되어 전자금융을 통해 고객별로 차별화된 상품이나 맞춤형 상품도 취급할 수 있게 될 것이다.

　　㉣ 고도화된 금융보안사고 대책마련과 자율과 책임이 따르는 금융서비스를 위한 금융업계의 노력이 요구된다.

(4) 인터넷뱅킹 서비스

① 인터넷뱅킹의 개요 … 1990년대 개인용 컴퓨터의 보급과 네트워크 인프라 확충에 따라 인터넷이라는 새로운 전달 채널을 통해 금융서비스 제공이 가능해 졌다. 전자금융의 가장 대표적인 서비스라 할 수 있는 인터넷뱅킹은 고객이 인터넷을 통해 각종 은행 업무를 원격지에서 편리하게 처리할 수 있는 금융서비스이다.

② PC뱅킹과 인터넷뱅킹

　㉠ PC뱅킹 : 고객이 VAN사업자나 은행이 제공하는 전용소프트웨어를 이용하여 자신의 PC를 은행의 호스트
　　　컴퓨터와 연결하여 금융서비스를 제공받는 방식으로 이용자를 기준으로 기업이 이용하면 펌뱅킹, 개인
　　　이 이용하면 홈뱅킹이라고 한다.

　㉡ 인터넷뱅킹

　　㉮ 인터넷을 통하여 고객의 PC와 은행의 호스트컴퓨터를 연결하여 금융서비스를 제공하는 시스템을
　　　　지칭한다.

　　㉯ 스마트기기를 이용하는 모바일뱅킹도 전용 앱이나 웹브라우저를 통해 금융서비스가 전달되기 때문
　　　　에 넓은 의미에서 인터넷뱅킹의 범주에 포함된다.

③ 인터넷뱅킹의 특징

　㉠ 지역적·시간적 제약을 뛰어넘은 금융거래가 가능해져 금융서비스의 범세계화와 금융거래의 비용을 절
　　　감할 수 있다.

　㉡ 인터넷을 통해 금융상품 및 서비스에 대해 비교가 가능해지고 저렴한 수수료, 인터넷예금과 대출 시 우
　　　대금리 제공, 환율우대, 각종 공과금의 인터넷납부, 사고신고 및 고객정보 변경, 계좌관리 등 고객중심
　　　의 신속하고 편리한 서비스를 제공한다.

　㉢ 점포 등 공간 확보에 따른 비용과 인건비가 감소되어 서비스 제공비용을 대폭 절감할 수 있다.

　㉣ 해킹 등으로 인해 안전성에 문제가 생길 가능성이 높아 고수준의 암호문과 방화벽, 공인인증서 등 다양
　　　한 인증수단을 통해 보안성과 안전성을 높이는 등 철저한 보안대책이 필요하다.

④ 인터넷뱅킹의 이용

　㉠ 이용신청 및 등록

　　㉮ 인터넷뱅킹은 개인고객과 기업고객(법인, 개인사업자)으로 구분된다.

　　㉯ 개인고객은 금융실명거래 확인을 위한 신분증을 지참하고 금융기관을 방문하여 신청하거나 비대면
　　　　으로 신청할 수 있다.

　　㉰ 기업고객은 사업자등록증, 대표자 신분증 등 관련 서류를 지참하여 금융기관에 방문하여 신청해야
　　　　한다.

　　㉱ 인터넷뱅킹 신청 고객에게 보안매체(보안카드, OTP 등)를 지급해주며 비대면의 경우 인터넷뱅킹
　　　　보안센터에서 타 금융기관 OTP를 등록하거나, 금융기관 앱에서 디지털 OTP를 발급받을 수 있다.

　　㉲ 고객은 인터넷뱅킹의 인증센터에 접속하여 공인인증서를 발급받고 최초 거래 시 이체비밀번호를
　　　　등록해야 한다(조회서비스만 이용할 고객은 공인인증서 발급 없이도 서비스를 이용할 수 있음).

　㉡ 인터넷뱅킹 제공서비스 : 대부분 예금조회, 이체, 대출 등의 기본적 금융서비스 외에도 계좌통합서비스,
　　　기업 간 전자상거래(B2B) 결제서비스 등의 금융서비스도 제공하고 있다.

　㉢ 이용시간 및 수수료 : 대부분 24시간 연중무휴지만, 일부 서비스의 경우 00:00부터 07:00까지는 금융기
　　　관별로 제한이 있으며 대고객업무 중 환율안내는 09:30부터 23:55까지로 하고 있다. 인터넷뱅킹의 경
　　　우 자행이체의 수수료는 대부분 면제지만 타행이체의 경우 500원 내외의 수수료를 적용하고 있다.

ⓔ 디지털 신원인증

　　㋐ 디지털 공간에서 본인을 증명하는 행위로 인터넷 서비스, 특히 금융서비스를 디지털 공간에서 이용하기 위해 필수적으로 거쳐야 한다.

　　㋑ 2020년 「전자서명법」 개정 전까지는 공인인증서를 디지털 신원인증 방법으로 사용하였다.

> **TIP**
>
> **공인인증서** … 1999년부터 도입된 정부에서 인정한 공인인증기관이 발행하는 인증서로 인터넷에서 일어나는 각종 계약·신청 등에 사용하는 인증서이다. 공인인증서를 사용하면 거래사실을 법적으로 증빙하는 인감을 날인한 것과 같은 효력이 생긴다. 공인인증서는 거래금융기관의 인터넷 뱅킹 홈페이지에서 발급받을 수 있으며, 전자금융거래용, 범용공인인증서 중 하나를 선택하여 발급받을 수 있다.

　　㋒ 개정 이후 여러 민간기관에서 발행하는 디지털 신원인증을 사용할 수 있다.

ⓜ 보안매체 : 전자금융거래 시 기존의 비밀번호 이외에 보안용 비밀번호를 추가 입력하는 보안수단으로 금융거래 사고를 예방하며 보안카드와 OTP로 구분된다.

　　㋐ 보안카드

　　　• 보안용 비밀번호를 추가로 사용하기 위한 카드

　　　• 30개 또는 50개의 코드번호와 해당 비밀번호가 수록되어 거래할 때마다 무작위로 임의의 코드번호에 해당하는 비밀번호를 입력한다.

　　㋑ OTP(One Time Password) : 일회용 비밀번호 생성 보안매체로 실물형 OTP와 전자형 OTP로 나뉜다.

　　　• 실물형 OTP : 1분마다 자동 변경되는 6자리 숫자를 고객이 전자금융 이용 시 입력하는 보안매체로 OTP 1개로 모든 금융기관에서 전자금융서비스 이용이 가능하며 다른 금융기관에서 사용하기 위해서는 신분증을 가지고 해당 금융기관을 방문해 OTP 사용신청을 하면 된다.

　　　• 전자형 OTP : 금융기관 앱에서 발급이 가능하며, 전자금융 거래 시 금융기관 앱에 접속하여 사용자가 지정한 비밀번호를 통해 생성된 OTP번호를 자동으로 인증한다. PC와 휴대폰을 연결한 2채널 인증이며 발급 받은 금융기관에서만 사용이 가능하다.

ⓗ 업무처리 절차 : 인터넷뱅킹을 이용하여 계좌이체를 하기 위해 고객은 인터넷뱅킹 신청 시 발급받은 공인인증서를 제출하는 등 보안절차를 완료해야 한다. 그리고 출금계좌와 입금계좌를 입력한 후 이체내역을 확인함으로써 거래가 완료된다.

⑤ 인터넷 공과금 납부

　㉠ 의미 : 공과금 납부를 위해 영업점 방문 없이 인터넷뱅킹을 통해 납부하는 서비스

　㉡ 납부 가능한 공과금의 종류

　　㋐ 금융결제원에서 승인한 지로요금

　　㋑ 서울시를 포함한 지방세(100여개 지방자치단체)

　　㋒ 국세, 관세, 각종기금을 포함한 국고금(재정 EBPP)

　　㋓ 전화요금, 아파트관리비, 상하수도 요금 등 생활요금

　　㋔ 국민연금, 고용보험료, 산재보험료 등

ⓑ 경찰청 교통범칙금, 검찰청 벌과금

ⓢ 대학등록금

(5) 모바일뱅킹 서비스

① **모바일뱅킹의 개요** … 이동통신시장의 성장과 휴대폰 기능의 진화를 배경으로 등장한 모바일뱅킹 서비스는 고객이 휴대전화나 스마트기기 등을 수단으로 무선인터넷을 이용해 금융서비스를 받는 전자금융서비스로 인터넷뱅킹 서비스에 포함되는 것으로 보이지만 공간적 제약과 이동성 면에서 큰 차이가 있다.

② **모바일뱅킹의 의의**

   ㉠ 금융과 통신의 대표적인 서비스 융합 사례로서 CD/ATM, 인터넷뱅킹과 달리 장소의 제약을 받지 않고 자유롭게 이용할 수 있다는 점에서 U-Banking(Ubiquitous Banking)시대의 시작을 알리는 전자금융서비스로 인식되었다.

   ㉡ IC칩 기반의 모바일뱅킹에서 IC칩이 필요 없는 VM모바일 뱅킹으로 전환되었으며, 2009년 말 이후 스마트폰의 보급으로 모든 시중은행들이 자체 앱을 통해 스마트폰뱅킹서비스를 제공하고 있다.

   ㉢ 스마트폰뱅킹은 휴대성, 이동성, 개인화라는 특성을 살려 부동산담보대출 등의 고관여 업무까지 범위를 확장하는 등 비대면업무의 한계를 극복하고 있다.

   ㉣ 2016년 말 스마트폰뱅킹을 제외한 모든 모바일뱅킹서비스는 종료되었다.

③ **모바일뱅킹의 이용**

   ㉠ **모바일뱅킹 제공서비스** : 예금조회, 거래명세조회, 계좌이체, 현금서비스, 대출신청, 예금 및 펀드 가입, 환율조회, 사고신고 등이 있다.

   ㉡ **이용시간 및 수수료** : 이용가능 시간은 인터넷뱅킹과 동일하며, 조회 및 자행이체 서비스는 무료, 타행이체의 경우 건당 수수료를 부과하는 것이 일반적이다.

   ㉢ **이용방법 및 유의사항** : 모바일뱅킹 서비스는 거래 금융기관에 방문하여 인터넷뱅킹과 모바일뱅킹을 가입하고 모바일뱅킹 앱을 다운로드해 서비스를 이용하거나, 모바일뱅킹 앱에서 비대면 전자금융서비스 신청을 통해 이용한다.

(6) 텔레뱅킹 서비스

① **텔레뱅킹의 개요** … 고객이 전화기를 통해 자동응답서비스나 은행직원과 통화함으로서 자금이체, 조회, 분실신고 및 팩스통지 등을 할 수 있는 금융서비스로 단순한 텔레뱅킹 제공에서 나아가 고객에 대한 1:1마케팅 영업이 새로운 소매금융 영업 전략이 되고 있다. 전화를 이용한 마케팅은 CTI(Computer Telephony Integration)기술을 도입한 콜센터의 구축이 필수적인데 우리나라에선 이미 대부분의 은행이 이러한 콜센터를 운영 중이다.

② 텔레뱅킹의 이용

ⓐ 이용신청 및 등록

㉮ 실명확인증표가 있는 개인(외국인, 재외교포 포함) 및 기업(법인의 경우 사업자등록증 등)이면 누구나 금융기관 영업점에 신청가능하며 본인의 수시입출식 예금계좌(보통, 저축, 기업자유, 가계당좌, 당좌예금)가 있어 출금계좌로 지정할 수 있어야 한다.

㉯ 영업점에서 이용자번호 등록과 보안카드를 수령 후 각 은행별 텔레뱅킹 접속번호에 접속하여 서비스를 이용해야 한다.

㉰ 텔레뱅킹 서비스 신청 후 3영업일 이내(금융기관별로 상이) 비밀번호를 등록하지 않거나 일정횟수 이상 잘못 입력하면 서비스가 제한되며 은행(우체국)창구에서 확인 절차를 거쳐야 다시 이용할 수 있다.

[본인확인절차]

구분	징구서류	본인 확인 방법
신규고객	주민등록증	• 주민등록증의 홀로그램, 사진, 성명 등 확인 • ARS 또는 인터넷으로 주민등록증 진위여부 확인[1]
	주민등록증 이외의 실명확인이 가능한 신분증	• 신분증의 사진, 성명 등 확인 • ARS 또는 인터넷으로 주민등록증 진위여부 확인
기존고객	주민등록증	• 주민등록증의 사진, 성명 등 확인 • ARS 또는 인터넷으로 주민등록증 진위여부 확인 • 기존 전산등록 되어 있는 정보와 대조
	주민등록증 이외의 신분증	• 신분증의 사진, 성명 등 확인 • ARS 또는 인터넷으로 주민등록증 진위여부 확인 • 기존 전산등록 되어 있는 정보와 대조

1) 주민등록증 진위확인 서비스
 −ARS 확인 : 국번 없이 '1382'(행정안전부)에서 확인
 −인터넷 확인 : 대한민국 전자정부 홈페이지(http://www.egov.go.kr 접속 → 민원서비스)에서 확인
 −ARS와 인터넷 장애 시 주민센터에서 유선으로 확인

ⓑ 이용시간 및 수수료

㉮ 대부분 24시간 연중무휴 이용이 가능하나, 일부서비스의 경우 통상적으로 00:00~07:00사이에 제한이 있다.

㉯ 타행이체의 경우 건당 500원 내외의 수수료가 부과된다.

㉰ 상담원을 이용한 상담 및 이체의 경우 주말 및 공휴일에는 일반적으로 제공하지 않는다.

ⓒ 업무처리 절차

㉮ 자동응답시스템(ARS)과 상담원을 통해 이용이 가능하다.

㉯ 자동응답시스템의 경우 전화기를 이용해 은행의 주전산기에 접속하게 된다.

㉰ 상담원을 이용할 경우 통화내용이 녹취되는 장치가 필요하다.

ⓐ 불만처리 등의 업무를 위해 고객정보호출시스템 등을 설치하여 전화하는 고객에 대한 정보를 상담원이 볼 수 있도록 한다.

　　ⓜ 텔레뱅킹을 통한 업무는 금융결제원의 전자금융공동망을 이용해 처리된다.

　ⓡ 안전거래를 위한 보안조치

　　㉮ 도청 등의 보안상 취약점을 방지하기 위해 각 금융기관은 도·감청 보안솔루션을 도입하고 있다.

　　㉯ 지정된 전화번호 이외 번호는 텔레뱅킹 서비스 이용을 제한하는 금융기관도 있다.

　　㉰ 계좌이체 시 이용자 비밀번호 이외에 보안카드 비밀번호와 출금계좌의 비밀번호를 요구하기도 한다.

　　㉱ 최종거래일부터 6개월 이상 이용실적이 없는 경우 이용을 제한하고 있으며 본인이 거래금융기관에 직접 방문하여 제한을 해제하면 바로 이용이 가능하다.

(7) CD/ATM 서비스

① CD/ATM 서비스의 개요 … 현금자동 입출금기를 이용하는 금융서비스로 고객은 통장과 도장이 없더라도 현금카드, 신용·체크카드 등을 지참하고 CD/ATM기기를 이용하여 손쉽게 서비스를 이용할 수 있다. 이는 금융기관의 무인점포영업이 조기에 도입되는 계기가 되었다.

② CD/ATM 이용매체

　㉠ 칩 내장 휴대폰 이용

　　㉮ 모바일뱅킹용 금융 IC칩이 내장된 휴대폰으로 RF수신기가 부착되어 있는 CD/ATM에서 무선주파수 방식으로 현금인출, 계좌이체 등의 업무를 처리할 수 있다.

　　㉯ 고객이 서비스를 신청하면 고객의 휴대폰으로 Callback URL이 있는 SMS가 발송되고 고객은 URL에 접속하여 자신의 카드번호를 대체한 바코드를 전송 받는데 이를 CD/ATM에 접촉하여 금융서비스를 이용할 수 있다.

　㉡ 생체인식으로 본인인증

　　㉮ ID, 비밀번호 등의 도용에 따른 금융 사고를 예방하기 위해 본인 확인수단으로 생체인식기술이 이용된다.

　　㉯ 고객의 지문, 홍채, 정맥 등 생체정보를 금융기관에 등록해 놓고 고객이 CD/ATM을 이용할 때 생체정보와 비교하여 일치하면 이용권한을 부여한다.

　　㉰ 최근에는 손바닥·손가락 정맥 등 종류가 다양화 되고 있으며, 2개 이상의 복합정보를 적용한 스마트 키오스크 및 스마트ATM이 보급되고 있다.

　　㉱ 접촉식 수단으로 지문, 손가락 정맥이 있으며, 비접촉식 수단으로 홍채, 손바닥 정맥이 있다.

　㉢ 무매체거래

　　㉮ 사전에 금융기관에 신청하여 무매체거래용 고유승인번호를 부여받은 뒤 CD/ATM에서 주민등록번호, 계좌번호, 계좌비밀번호, 고유승인번호를 입력하여 금융서비스를 이용하는 거래이다.

　　㉯ 카드나 통장을 지니고 다녀야 하는 불편함과 분실의 위험을 해소하고 창구 대기시간을 단축하기 위해 개발된 서비스이나, 타인에 의한 부정인출 가능성이 있으며 다른 은행의 CD/ATM에서는 이용할 수 없다는 단점이 있다.

③ CD/ATM 제공 서비스
  ㉠ 현금 입출금 : 고객이 예금 잔액 범위 내에서 현금을 인출하거나 자신의 계좌에 입금하는 서비스로 최근 보이스피싱 사건 피해를 최소화하기 위해 1회 인출한도 및 1일 인출한도를 정하여 운영하고 있다.
  ㉡ 현금서비스(단기카드대출) : 고객이 CD/ATM을 통해 신용카드 현금서비스를 받을 수 있는 금융서비스로 거래은행과 상관없이 개별고객의 신용도에 따라 정해진 이용한도 내에서 현금을 인출 할 수 있다.
  ㉢ 계좌이체 : 고객이 CD/ATM을 이용하여 계좌이체를 할 수 있는 서비스이다. 금융위원회의 전자금융감독 규정에 의해 1회 이체가능금액 및 1일 이체가능금액이 정해져 있으며 보이스피싱 피해방지를 위해 100만 원 이상 이체금액에 대해 CD/ATM 인출 시 30분 후 이체가 가능해지는 지연인출제도가 시행되고 있다.

④ 기타 CD/ATM 서비스
  ㉠ 제2금융권 연계서비스
    ㉮ 은행은 CD/ATM을 통해 제2금융권과 연계하여 카드, 증권, 보험관련서비스를 제공하고 있다.
    ㉯ 현금서비스 제공을 위한 전업계 카드사의 은행 CD/ATM 연계를 시작으로 이후 은행의 CD/ATM을 이용한 증권사 자산관리계좌의 관리가 일반화되고, 보험사의 대출원금 및 이자상환이나, 분할보험 금 · 배당금 · 중도보험금 등의 입출금 서비스도 가능하게 되었다.
    ㉰ 공과금납부, 티켓발행, 화상상담, 기업광고 등 다양한 서비스로 확대되어 은행은 CD/ATM서비스를 통해 수익 창출의 기회를 얻게 되었다.
    ㉱ 기차나 버스터미널의 CD/ATM에서 차표 발권 · 발매 서비스를 제공하는 등 설치된 장소의 특성을 고려하여 특화된 부가서비스를 제공하기도 한다.
  ㉡ CD/ATM 기능의 진화
    ㉮ 1990년대 초반부터 금융자동화기기 제조업체의 기술진보로 CD/ATM은 키오스크 기능과 접목되어 정보검색, 티켓 발권, 서류발급 및 출력까지 할 수 있는 다기능 기기로 발전
    ㉯ 노인, 외국인, 장애인 등 이용이 어려운 사람의 편의를 도모하고 있다.

(8) 신용카드, 직불카드, 체크카드, 선불카드

① 신용카드(Credit Card)
  ㉠ 신용카드의 개요
    ㉮ 신용카드업자가 카드 신청인의 신용상태나 미래소득을 근거로 상품이나 용역을 신용구매하거나 현 금서비스, 카드론 등의 융자를 받을 수 있도록 발급하는 지급수단
    ㉯ 현금, 어음 · 수표에 이어 제3의 화폐라고도 불린다.
    ㉰ 우리나라의 경우 민간소비지출에서 신용카드 결제가 차지하는 비중이 70.3%(2017년 기준)에 해당 할 만큼 주요 결제수단이 되었다.
  ㉡ 신용카드의 특징
    ㉮ 현금 및 수표를 대체하는 지급수단이다.
    ㉯ 개인의 경제 현황에 따라 발급되는 카드등급이 다르므로 사회적 지위를 나타낸다.

ⓓ 회원에게는 대금 결제일 까지 이용대금 납부를 유예하므로 신용제공의 기능도 있다.

ⓔ 소지하기 편리하고 현금이 없어도 신용을 담보로 일정 시점 후에 결제가 가능해 이용이 증가하고 있다.

ⓕ 정부는 1999년부터 신용카드 사용금액에 대한 소득·세액공제 등 신용카드 활성화 정책을 실시하여 이용이 증가했다.

ⓖ 무분별한 신용카드 발급과 현금서비스 위주의 무분별한 확장영업으로 신용불량자 양산과 같은 사회경제적 문제를 초래했다.

ⓒ 신용카드 서비스 제공기관

ⓐ 1969년 신세계백화점이 최초의 판매점 카드를 발행하였으며 1978년 외환은행이 비자카드를 발급한 이후 은행계 카드가 카드시장을 주도하게 되었다.

ⓑ 1980년대 후반부터 전문 신용카드 회사가 설립되고 1990년대부터 신용카드에 대한 규제가 완화됨에 따라 카드산업이 크게 성장했다.

ⓒ 국내 신용카드는 해외에서의 이용을 위해 국제적 서비스 망을 갖춘 VISA, Master card 등과 제휴하고 있다.

ⓓ 신용카드 제공서비스

ⓐ 1968년 BC카드가 최초로 현금카드 기능을 추가했고 금융위원회가 정한 최고 한도 범위 내에서 현금서비스, 카드론 등의 대출서비스도 제공되고 있다.

ⓑ 최근에는 물품구매 및 현금서비스 외에 통신판매, 항공권 예약, 보험가입 등 유통서비스 부문을 중심으로 부수업무를 확대함과 아울러 기업체와 연계한 제휴카드를 발급하는 등 서비스가 다양해지고 있다.

ⓔ 신용카드 회원

ⓐ 카드회사와의 계약에 따라 신용카드를 발급받은 자를 뜻한다.

ⓑ 개인회원과 기업회원으로 구분된다.

• 개인회원 : 별도로 정한 심사 기준에 의해 신용카드 회원으로 입회가 허락된 실명의 개인으로서 본인회원과 가족회원으로 나뉜다.

• 기업회원 : 기업카드 신용평가 기준에 따라 신용카드 회원으로 가입한 기업체로 기업 또는 법인 임직원 누구든지 사용 가능한 기업공용카드(무기명식 기업카드)와 기업회원이 특정 이용자를 지정한 기업개별카드(사용자 지정카드)가 있다.

ⓕ 이용수수료

ⓐ 가맹점이 부담하는 가맹점 수수료와 이용고객이 부담하는 서비스 수수료가 있다.

ⓑ 신용카드로 현금서비스나 카드론을 받을 경우 그에 따른 수수료를 지급해야 한다.

ⓖ 신용카드 이용방법

ⓐ 가입신청서, 신분증, 자격확인 서류 등을 구비하여 은행 및 카드사 앞으로 신청하면 심사절차를 거쳐 발급된다.

ⓑ 결제 방식으로는 일시불, 할부, 리볼빙 등이 있다.

- 일시불결제 : 결제 약정일에 카드사용 대금 전액을 결제하는 방식으로 고객입장에서는 수수료 부담이 없지만 일시 상환에 따른 자금 부담이 있을 수 있다.
- 할부결제 : 이용대금을 할부로 2개월 이상 분할하여 1개월 단위로 희망하는 기간 동안 이자를 부담하여 결제하는 방식으로 여유로운 자금 운용이 가능하나 할부수수료의 부담이 있다.
- 리볼빙결제 : 이용대금 중 사전에 정해져 있는 일정금액 이상의 건별 이용금액에 대해 일정비율을 결제하면 나머지 이용 잔액은 다음 결제대상으로 연장되며, 카드는 잔여 이용한도 내에서 계속 사용할 수 있는 결제방식으로 이용고객의 경제여건에 따라 결제를 조절할 수 있지만 높은 리볼빙 수수료를 부담해야 한다.

② **직불카드**
- ㉠ 고객이 카드를 이용함과 동시에 고객의 신용한도가 아닌 예금계좌의 잔액 범위 내에서 카드결제대금이 바로 인출되는 카드이다.
- ㉡ 즉시 카드결제대금이 인출되고 CD/ATM을 이용하여 즉시 자금을 인출할 수 있기 때문에 현금카드라고도 한다.
- ㉢ 1970년대 중반부터 사용하기 시작하여 1996년 2월에 은행 공동의 직불카드가 도입되었다.
- ㉣ 신용카드는 신용공여에 기반을 둔 후불결제방식이지만 직불카드는 예금계좌를 기반으로 한 즉시결제방식이다.
- ㉤ 예금계좌가 개설되어 있는 은행에서 발급받으며 직불카드 취급가맹점 어디에서나 사용할 수 있다.

③ **체크카드**
- ㉠ 체크카드의 개요
  - ㉮ 지불결제기능을 가진 카드로서 카드거래 대금은 체크카드와 연계된 고객의 예금계좌 범위 내에서 즉시 인출된다.
  - ㉯ 체크카드는 신용공여 기능이 없어 할부서비스나 현금서비스를 이용할 수 없지만 최근에는 고객의 신용등급에 따라 소액의 신용공여(30만 원 한도)가 부여된 하이브리드형 카드가 있다.
  - ㉰ 가맹점 이용과 이용시간에 제약을 받는 직불카드에 비해 체크카드는 은행, 또는 카드사가 제휴한 은행에 입출금 자유로운 통장을 소지한 개인 및 기업회원을 대상으로 발급 가능하다.
  - ㉱ 최근에는 증권사나 종금사의 CMA를 결제계좌로 하는 체크카드의 발급도 활발하다.
- ㉡ 체크카드의 특징
  - ㉮ 발급가능 연령, 신용상태, 국적 여부에 따라 제한사항을 두기도 하지만 기본적으로 신용공여기능이 없어 별도의 결제능력을 심사하지 않는다.
  - ㉯ 카드사나 은행 영업점에서 즉시 발급하는 경우가 많다.
  - ㉰ 금융기관 전산점검시간을 제외하면 이용시간에 제한이 없고 신용카드 가맹점이면 이용이 가능하다는 장점이 있다.
  - ㉱ Visa, Master 등 해외사용 브랜드로 발급된 경우 해외에서 물품거래 및 현지통화로 예금인출도 가능하다.

ⓜ 외국환거래규정상 외국인 거주자인 경우 별도의 등록거래를 통해 연간 미화 5만 불 한도 내에서 해외 예금인출 및 해외직불가맹점 이용이 가능하다.

ⓑ 이용 한도는 1회, 1일, 월간으로 정할 수 있으며 하이브리드 체크카드를 제외한 모든 체크카드는 별도의 신용한도가 부여되지 않는다.

ⓢ 이용 명세는 별도의 이용내역서 통지 혹은 이메일로도 통지 가능하다.

ⓐ 신용카드 프로세스를 그대로 적용할 수 있어 전국의 신용카드 가맹점 망을 이용할 수 있다.

ⓩ 신용카드 대비 높은 세액공제 제공, 소액 신용한도가 부여된 체크카드의 등장, 신용카드 대비 낮은 가맹점 수수료율, 체크카드 가맹점 수수료의 지속적 인하 등으로 체크카드는 계속 활성화 될 전망이다.

ⓒ 하이브리드 카드

ⓐ 하이브리드 체크카드

- 계좌 잔액범위 내에서는 체크카드로 결제되고 잔액이 소진되면 소액 범위 내에서 신용카드로 결제
- 계좌 잔액이 부족한 상태에서 잔액을 초과하여 승인 신청이 되면 신청금액 전액이 신용카드로 결제되며, 부여 가능 최대한도는 30만 원

ⓑ 하이브리드 신용카드

- 회원이 지정한 일정금액 이하의 거래는 체크카드로 결제되고, 초과 거래는 신용카드로 결제
- 기존의 신용카드 회원에게 체크결제서비스를 부가하는 형태

④ 선불카드

㉠ 선불카드의 개요 및 특징

ⓐ 카드사에 미리 대금을 결제하고 카드를 구입한 후 저장된 금액 내에서만 이용할 수 있는 카드로 기프트카드가 대표적이다.

ⓑ 선불카드 구매 시 현금, 체크카드 및 신용카드를 사용하며 유효기간은 대부분 발행일로부터 5년이며 연회비는 없다.

ⓒ 개인 신용카드로 구매 및 충전할 수 있는 이용한도는 1인당 월 최대 100만 원(선불카드 금액과 상품권 금액 합산)이다.

ⓓ 원칙적으로 신용카드 가맹점에서 이용 가능하지만 일부 백화점 및 대형할인점 등에서는 사용하지 못하는 경우도 있다.

ⓔ 온라인으로 사용할 수 있지만 본인확인용 비밀번호를 등록해야 한다.

ⓕ 선불카드 환불은 천재지변으로 사용하기 곤란한 경우, 선불카드의 물리적 결함, 선불카드 발행 권면금액 또는 충전액의 60%(1만 원 이하의 경우 80%) 이상 사용한 경우 가능하며 기명식 선불카드의 경우 본인여부와 실명을, 무기명식 선불카드의 경우 선불카드 소지자의 실명 등을 확인한다.

  ⓛ 선불카드의 종류

    ㉮ 기명식 선불카드 : 카드 실물에 회원의 성명이 인쇄되어 있거나 전산에 회원으로서 정보가 존재하여 발급 이후 양도가 불가능하고 최고 500만원까지 충전할 수 있다.

    ㉯ 무기명식 선불카드 : 카드 실물에 성명이 인쇄되어 있지 않고, 전산에 회원으로서 정보가 없으므로 양도가 가능하다. 무기명식 선불카드는 뇌물 등의 악용을 방지하기 위해 충전금액 한도를 최고 50만원으로 제한하고 있다.

❻ 우체국금융 일반현황

(1) 우체국금융

① 연혁

  ㉠ 1905년 우편저금과 우편환, 1929년 우편보험을 실시한 이후 전국 각지에 고루 분포되어 있는 우체국을 금융창구로 활용하여 국민들에게 각종 금융서비스를 제공하고 있다.

  ⓛ 과거 우체국 금융은 우편사업의 부대업무로 운영되며 적자 누적과 전문성 부재 논란이 이어져 사업을 중단하고 1977년 농업협동조합으로 이관하였으나, 우편사업의 재정지원과 금융의 대중화 실현을 위해 1982년 12월 제정된 「우체국예금·보험에 관한 법률」에 의해 1983년 1월부터 금융사업의 재개와 함께 현재의 국영금융기관으로서의 역할을 수행하고 있다.

  ㉢ 1990년 6월 전국 우체국 온라인망이 구축되었고 1995년에는 은행전산망과 연결되어 전국을 연결하는 편리한 우체국 금융서비스를 제공할 수 있게 되었다.

  ㉣ 2000년 7월부터 과학기술정보통신부 산하에 우정사업본부를 설치하여 우정사업을 총괄하고 있으며, 2007년 우체국금융의 책임경영 강화를 위해 우체국 예금과 보험의 조직을 분리하여 운영하고 「우정사업운영에 관한 특례법」에 의해 통신사업특별회계를 우편사업, 예금사업, 보험사업 특별회계로 분리하여 투명성과 전문화를 도모했다.

  ㉤ 2011년부터 우체국 독자 체크카드 사업과 2012년 스마트금융 시스템 오픈과 함께 국민들이 편리한 금융서비스를 제공 받을 수 있게 하였다.

  ㉥ 2018년에는 농어촌 등 금융소외 지역 국민들의 편익증진을 위해 대국민 우체국 펀드판매를 실시하는 등 금융사업의 다각화와 전문화를 통해 국민금융을 제공하는 국내 유일의 소매금융 중심의 국영금융기관이 되었다.

② 업무범위

  ㉠ 우체국금융 일반

    ㉮ 우체국의 금융 업무는 「우정사업운영에 관한 특례법」에서 고시하는 우체국예금, 우체국보험, 우편환·대체, 외국환업무, 체크카드, 펀드판매, 전자금융서비스 등이 있다.

ⓐ 우체국금융은 경영주체가 국가이므로 사업의 영리만이 목적이 아니며, 우체국예금의원금과 이자, 우체국보험의 보험금 등은 국가가 법으로 전액 지급을 보장한다.

ⓒ 우체국금융은 우체국예금·보험에 관한 법률 등 소관 특별법에 이해 운영되는 국영금융기관으로 대출, 신탁 신용카드 등 일부 금융 업무에 제한을 받고 있다.

[국내 예금취급기관의 예금자보호 비교]

구분	주요내용
우체국예금	우체국예금·보험에 관한 법률에 의해 국가가 전액 지급 보장
은행, 저축은행	예금자보호법에 따라 1인당 최고 5천만 원(세전)까지 지급 보장
상호금융 (농·축협, 신협, 새마을금고 등)	소관 법률 내 예금자보호준비금을 통하여 5천만 원까지 보장 -제2금융권은 각각 영업점이 독립 법인체로 운영되므로 거래하는 각 사업체별로 예금자보호 적용 -각 지역 본점은 각각 5천만 원까지 보호되며, 해당 지역 본점과 지점의 예금은 합산하여 5천만 원까지 보호

ⓛ 우체국예금

ⓐ 우체국예금은 우체국예금·보험에 관한 법률에 따라 우체국에서 취급하는 예금을 말하며 누구나 간편하게 저축수단을 이용하게 함으로써 국민의 저축의욕을 북돋우고 일상생활의 안정을 도모한다.

ⓑ 예금상품의 종류 및 가입대상, 금리 등은 과학기술정보통신부장관이 정하여 고시하고 있다.

ⓒ 「민법」, 「상법」에 의해 취급되는 타 금융기관 예금과는 달리 우체국예금은 「소관법」에 의해 취급되어 여러 차이점이 있다.

• 주식 발행이 없으므로 자기자본에 자본금 및 주식발행 초과금이 없다.

• 타인자본에는 예금을 통한 예수부채만 있고, 은행채의 발행 등을 통한 차입 혹은 금융기관 등으로부터의 차입을 통한 차입부채는 없다.

• 우편대체 계좌대월 등 일부 특수한 경우를 제외하고는 여신이 없다. 단, 환매조건부채권매도 등을 통한 차입부채는 있을 수 있다.

ⓒ 우체국보험

ⓐ 「우체국예금·보험에 관한 법률」에 따라 우체국에서 피보험자의 생명·신체의 상해를 보험사고로 하여 취급하는 보험을 말하며 보험의 보편화를 통해 재해의 위험에 공동으로 대처하게 함으로써 국민의 경제생활 안정과 공공복리의 증진에 이바지함을 목적으로 한다.

ⓑ 우체국보험은 「우체국예금·보험에 관한 법률」에 따라 계약 보험금 한도액이 보험종류별로 피보험자 1인당 4천만 원으로 제한되어 있다.

ⓒ 우체국보험의 종류는 보장성보험, 저축성보험, 연금보험이 있으며 각 보험의 종류에 따른 상품별 명칭, 특약, 보험기간, 보험료납입기간, 가입연령, 보장내용 등은 우정사업본부장이 정하여 고시한다.

ⓔ 기타 금융업무

ⓐ 이 외에도 우편환, 우편대체, 체크카드, 집합투자증권(펀드)판매, 외국환, 전자금융 업무가 있다.

④ 전국 우체국 금융창구를 업무제휴를 통해 민영금융기관에 개방하여 신용카드 발급, 증권계좌 개설, 결제대금 수납, 은행 입출금서비스 제공 등 민영금융기관의 창구망 역할을 대행하고 있다.

⑪ 최근 민영금융기관의 영업점이 줄어들고 있는 추세를 감안하여 우체국은 농·어촌지역에도 도시지역과 동일한 수준의 금융서비스를 제공하여 도시·농어촌간 금융서비스 격차를 해소하는데 기여하고 있다.

③ 역할

㉠ 보편적 금융서비스의 제공 : 우체국금융은 수익성과 관계없이 전국적으로 고르게 분포되어 있고 민영금융기관과의 다양한 제휴를 통해 시중은행 수준의 금융서비스를 제공함으로서 국민들에게 지역차별 없는 금융접근성을 제공하고 있다.

㉡ 우편사업의 안정적 운영 지원 : 우체국금융에서 발생한 수익의 일부로 저렴한 우편서비스의 안정적인 운영에 이바지 하고 있다.

㉢ 국가 재정 및 산업육성에 기여 : 우체국금융에서 발생하는 수익을 통해 일반회계전출(국가 재정으로의 이익금 귀속)과 공적자금 상환기금 등을 지원하고 있다. IMF 외환 위기인 1998년부터 현재까지 이익금 일부를 국가 재정으로 귀속하는 등 국가재정 및 경제회복 지원을 위한 국영금융기관으로서의 역할을 수행하고 있다.

㉣ 서민경제 활성화 지원 : 기초생활보호대상자, 장애인, 소년소녀가장, 다문화 가정 등 사회 취약계층과 서민·소상공인을 대상 보험료 부담 경감, 금융수수료 면제, 사회공헌 활동을 통해 공익적 역할을 수행한다. 또한 1995년부터 각 사업단에서 추진 중이던 공익사업을 이어받아 2013년 우체국공익재단을 설립하여 여러 공익사업을 수행 중에 있다.

④ 소관법률

법률	대통령령	부령
우정사업운영에 관한 특례법	우정사업운영에 관한 특례법 시행령	–
우체국예금·보험에 관한 법률	우체국예금·보험에 관한 법률 시행령	우체국예금·보험에 관한 법률 시행규칙
우체국보험특별회계법	우체국보험특별회계법 시행령	우체국보험특별회계법 시행규칙
우체국창구업무의 위탁에 관한 법률	우체국창구업무의 위탁에 관한 법률 시행령	우체국창구업무의 위탁에 관한 법률 시행규칙
우편환법	–	우편환법 시행규칙 국제환 규칙
우편대체법	–	우편대체법 시행규칙
–	우체국어음교환소 참가규정	
–	체신관서 현금수불 규정	체신관서의 국채·공채매도등에 관한 규칙

❼ 우체국금융 상품

(1) 요구불예금(입출금이 자유로운 예금)

① **보통예금** … 예입과 지급에 있어서 특별한 조건을 붙이지 않고 입출금이 자유로운 예금

② **저축예금** … 개인고객을 대상으로 하여 입출금이 자유로운 예금

③ **듬뿍우대저축예금**(MMDA ; Money Market Deposit Account) … 개인을 대상으로 예치 금액별로 차등 금리를 적용하는 개인 MMDA상품으로 입출금이 자유로운 예금

④ **e-Postbank예금** … 인터넷뱅킹, 스마트뱅킹 또는 우체국 창구를 통해 가입하고 별도의 통장 발행 없이 전자금융 채널(인터넷뱅킹, 스마트뱅킹, 폰뱅킹, 자동화기기)을 통해 거래하는 입출금이 자유로운 예금

⑤ **기업든든 MMDA통장** … 법인, 고유번호증을 부여받은 단체, 사업자등록증을 가진 개인사업자 등을 대상으로 예치금액별로 차등 금리를 적용하는 기업 MMDA 상품으로 입출금이 자유로운 예금

⑥ **우체국 행복지킴이통장** … 저소득층 생활안정 및 경제활동 지원 도모를 목적으로 기초생활보장, 기초(노령)연금, 장애인연금, 장애(아동)수당 등의 기초생활 수급권 보호를 위한 압류방지 전용 통장으로 관련 법령에 따라 압류방지 수급금에 한해 입금이 가능한 예금

가입대상	아래에서 정하는 실명의 개인 ① 「국민기초생활보장법」에서 정하는 기초생활 수급자 ② 「기초연금법」에서 정하는 기초(노령)연금 수급자 ③ 「장애인연금법」에서 정하는 장애인연금 수급자 ④ 「장애인복지법」에서 정하는 장애수당, 장애아동수당 수급자 ⑤ 「한부모가족지원법」에서 정하는 한부모가족지원 보호대상자 ⑥ 「국민건강보험법」에서 정하는 요양비등 보험급여 수급자 ⑦ 「긴급복지지원법」에서 정하는 긴급지원 수급자 ⑧ 「어선원 및 어선 재해보상보험법」에서 정하는 어선원보험의 보험급여 지급대상자 ⑨ 「노인장기요양보험법」에서 정하는 특별현금급여비 수급자 ⑩ 「건설근로자의 고용개선 등에 관한 법률」에서 정하는 건설근로자 퇴직공제금 수급자 ⑪ 「아동수당법」에서 정하는 아동수당 수급자 ⑫ 「중소기업협동조합법」에서 정하는 소기업·소상공인 공제금 수급자 ⑬ 「아동복지법」에서 정하는 자립수당 수급자 ⑭ 「재난적의료비 지원에 관한 법률」에서 정하는 재난적의료비 지원금액 수급자

⑦ **우체국 국민연금안심통장** … 국민연금 수급권자의 연금수급 권리를 보호하기 위한 압류방지 전용 통장으로 관련 법령에 따라 국민연금공단에서 입금하는 국민연금 급여에 한하여 입금이 가능한 예금

⑧ **우체국 Young利한 통장** … 만 18세 이상에서 만 35세 이하의 개인을 대상으로 전자금융 타행이체, 자동화기기 인출 및 이체 등 수수료 면제 등 젊은 층의 금융이용 욕구를 반영한 서비스를 제공하는 입출금이 자유로운 예금

⑨ **우체국 선거비관리통장**⋯ 선거관리위원회에서 관리·운영하는 선거 입후보자의 선거비용과 선거관리위원회의 선거경비 관리를 위한 입출금 통장으로 선거기간을 전후로 일정기간 동안 거래 수수료 면제 서비스를 제공하는 입출금이 자유로운 예금

⑩ **우체국 하도급지킴이통장**⋯ 조달청에서 운영하는 '정부계약 하도급관리시스템'을 통해 발주한 공사대금 및 입금이 하도급자와 근로자에게 기간 내 집행될 수 있도록 관리, 감독하기 위한 전용통장이며 예금 출금은 '정부계약 하도급관리시스템'의 이체요청을 통해서만 가능하며 우체국창구, 전자금융, 자동화기기 등을 통한 출금은 불가

⑪ **우체국 다드림통장**⋯ 예금, 보험, 우편 등 우체국 이용고객 모두에게 혜택을 제공하는 상품으로 거래 실적별 포인트제공과 패키지별 우대금리 및 수수료 면제 등 다양한 우대서비스를 제공하는 우체국 대표 입출금이 자유로운 예금

패키지	주니어	직장인	사업자	실버	베이직
가입대상자	만 19세 미만 실명의 개인	실명의 개인	개인사업자, 법인, 단체 (금융기관 제외)	만 50세 이상 실명의 개인	개인, 개인사업자, 법인, 단체 (금융기관 제외)

⑫ **우체국 공무원연금평생안심통장**⋯ 공무원연금, 별정우체국연금 수급권자의 연금수급 권리를 보호하기 위한 압류방지 전용 통장으로 관련 법령에 따라 공무원연금공단, 별정우체국연금관리단에서 입금하는 수급금에 한하여 입금이 가능한 예금

⑬ **우체국 호국보훈지킴이통장**⋯ 독립·국가유공자의 보훈급여금 등 수급 권리를 보호하기 위한 압류방지 전용 통장으로 관련 법령에 따라 가입자에게 지급되는 보훈급여금, 참전명예수당, 고엽제수당 등 정기 급여에 한하여 입금이 가능한 예금

⑭ **우체국 생활든든통장**⋯ 금융소외계층 중 하나인 만 50세 이상 시니어 고객의 기초연금, 급여, 용돈 수령 및 체크카드 이용 시 금융 수수료 면제, 우체국 보험료 자동이체 또는 공과금 자동이체 시 캐시백, 창구소포 할인쿠폰 등 다양한 서비스를 제공하는 시니어 특화 입출금이 자유로운 예금

⑮ **우체국 페이든든통장**⋯ 우체국예금 모바일 어플리케이션인 Postpay를 통한 간편결제·간편송금 이용 실적에 따라 우대혜택 및 소상공인·소기업에게 우대금리를 제공하는 입출금이 자유로운 예금

⑯ **우체국 정부보관금통장**⋯ 출납공무원이 배치된 국가기관을 대상으로 정부보관금의 효율적인 자금관리를 위한 입출금이 자유로운 예금

⑰ **우체국 청년미래든든통장**⋯ 대학생·취업준비생·사회초년생의 안정적인 사회 진출 지원을 위해 금리우대, 수수료 면제, 창구소포 할인쿠폰 등 다양한 혜택을 제공하는 입출금이 자유로운 예금

⑱ **우체국 희망지킴이통장**⋯ 산업재해 보험급여 수급권자의 보험급여에 한해 입금이 가능하며, 관련 법령에 따라 압류 대상에서 제외하는 압류방지 전용 통장

⑲ **우체국 건설하나로 통장** … 건설업에 종사하는 '우체국 하나로 전자카드' 이용고객을 우대하는 전용통장으로 우대금리 혜택과 금융수수료 면제서비스를 제공하는 입출금이 자유로운 예금

(2) 거치식 예금 (목돈 굴리기 예금)

① **정기예금** … 일정의 약정기간을 정하여 그 기간 내에는 지급청구를 하지 않고 기간 만료 시에 지급하는 조건으로 일정금액을 일시에 예입하는 거치식 예금의 기본 상품

② **챔피언정기예금** … 가입기간(연, 월, 일 단위 가입) 및 이자지급방식(만기일시지급식, 월이자지급식)을 자유롭게 선택할 수 있는 고객맞춤형 정기예금

③ **실버우대정기예금** … 고령화 사회에 대응하여 만 50세 이상 실버 고객의 노후 생활 자금 마련을 위한 전용 정기예금

④ **이웃사랑정기예금** … 국민기초생활수급자, 장애인, 한부모가족, 소년소녀가정, 조손가정, 다문화가정 등 사회 소외계층과 장기기증희망등록자, 골수기증희망등록자, 헌혈자, 입양자 등 사랑나눔 실천자 및 농어촌 지역(읍·면 단위 지역 거주자) 주민의 경제생활 지원을 위한 공익형 정기예금

⑤ **우체국 퇴직연금 정기예금** … 「근로자퇴직급여보장법」에서 정한 자산관리업무를 수행하는 퇴직연금사업자를 위한 전용 정기예금으로 우정사업본부와 퇴직연금사업자의 사전 협약에 의해 가입이 가능하며, 우정사업본부가 정한 우체국에 한해 취급이 가능한 상품이다.

⑥ **e-Postbank정기예금** … 인터넷뱅킹, 스마트뱅킹으로 가입이 가능한 온라인 전용상품으로 온라인 예·적금 가입, 자동이체약정, 체크카드 이용실적에 따라 우대금리를 제공하는 정기예금

⑦ **2040^{+a} 정기예금** … 20~40대 직장인과 카드 가맹점, 법인 등의 안정적 자금운용을 위해 급여이체 실적, 신용카드 가맹점 결제계좌 약정 고객, 우체국예금, 보험, 우편 우수고객 등 일정 조건에 해당하는 경우 우대금리를 제공하는 정기예금

⑧ **우체국 ISA(개인종합자산관리계좌)정기예금** … 「조세특례제한법」에서 정한 개인종합자산관리계좌(ISA ; Individual Savings Account) 판매자격을 갖춘 신탁업자 및 금융투자업자 등 ISA 취급 금융기관을 대상으로 ISA 편입 자산을 운용을 위한 전용 정기예금

⑨ **우체국 소상공인정기예금** … 소상공인·소기업 대표자를 대상으로 노란우산공제에 가입하거나 우체국 수시입출식예금 평균 잔고 실적에 따라 우대금리를 제공하는 서민자산 형성 지원을 위한 공익형 정기예금

⑩ **우체국 파트너든든정기예금** … 회전주기(1개월, 3개월, 6개월) 적용을 통해 고객의 탄력적인 목돈운용이 가능하며 우편 계약 고객(우체국택배, EMS, 우체국쇼핑 공급업체) 및 예금 거래 고객을 우대하는 정기예금

⑪ **우체국 편리한 e정기예금** … 보너스입금, 비상금 출금, 자동 재예치, 만기 자동해지 서비스로 편리한 목돈 활용이 가능한 디지털 정기예금

(3) 적립식 예금(목돈마련 예금)

① 정기적금 … 일정기간 후에 약정금액을 지급할 것을 조건으로 하여 예금자가 일정금액을 일정일에 예입 하는 적립식 예금

② 2040^{+a}자유적금 … 20~40대 직장인과 카드 가맹점 등의 자유로운 목돈 마련을 위해 급여이체 및 신용카드 가맹점 결제계좌 이용고객, 인터넷뱅킹 가입 고객 등의 조건에 해당하는 경우 우대금리를 제공하는 적립식 예금

③ 우체국 새출발자유적금 … 사회 소외계층 및 농어촌 고객의 생활 안정과 사랑 나눔실천(헌혈자, 장기기증자 등) 국민 행복 실현을 위해 우대금리 등의 금융혜택을 적극 지원하는 공익형 적립식 예금

패키지	새출발 희망	새출발 행복
가입대상자	기초생활수급자, 근로장려금수급자, 장애인 연금 · 장애수당 · 장애아동수당수급자, 한부모가족지원보호 대상자, 소년소녀가장, 북한이탈주민, 결혼이민자	헌혈자, 입양자, 장기 · 골수기증자, 다자녀가정, 부모봉양자, 농어촌 읍면단위 거주자, 신용등급 7등급 이하 개인, 협동조합종사자, 소상공인

④ 우체국 다드림적금 … 주거래 고객 확보 및 혜택 제공을 목적으로 각종 이체 실적 보유 고객, 우체국예금 우수고객, 장기거래 등 주거래 이용 실적이 많을수록 우대 혜택이 커지는 자유적립식 예금

⑤ 우체국 아이LOVE적금
  ㉠ 만 19세 미만의 어린이 · 청소년의 목돈 마련을 위해 사회소외계층, 단체가입, 가족 거래 실적 등에 따라 우대금리를 제공하는 적립식 예금
  ㉡ 가입 고객을 대상으로 우체국 주니어보험 무료가입, 캐릭터통장 및 통장 명 자유선정, 자동 재예치 서비스 등의 부가서비스 제공
  ㉢ 우체국 수시입출식 예금의 자투리 금액(1만 원 미만 잔액)을 매월 이 적금으로 자동 저축하는 서비스인 자투리 저축 서비스 제공

⑥ 우체국 마미든든 적금
  ㉠ 일하는 기혼 여성 및 다자녀 가정 등 워킹맘을 우대하고, 다문화 · 한부모 가정 등 목돈마련 지원과 금융거래 실적 해당 시 우대혜택이 커지는 적립식 예금
  ㉡ 우체국 수시입출식 예금에서 이 적금으로 월 30만 원 이상 자동이체약정 시 부가서비스로 우체국쇼핑 할인쿠폰을 제공

⑦ 우체국 가치모아적금
  ㉠ 여행자금, 모임회비 등 목돈 마련을 위해 여럿이 함께 저축 할수록 우대혜택이 커지고 다양한 우대 서비스를 제공하는 적립식 예금
  ㉡ 예금주에게 매월 자동이체 저축현황을 알려주는 자동이체 알림 서비스, 모임추천번호에 등록한 인원 현황을 알려주는 모임적금 알림 서비스, 고객이 통장명칭을 자유로이 선정할 수 있는 통장별칭서비스 등 다양한 우대서비스 제공

⑧ 우체국 장병내일준비적금
  ㉠ 국군병사의 군복무 중 목돈 마련을 지원하고, 금융실적에 따라 우대금리, 부가서비스를 제공하는 적립식 예금
  ㉡ 가입대상은 현역병, 상근예비역, 사회복무요원, 전환복무자(의무경찰, 해양의무경찰, 의무소방대원)등 병역의무 수행자로 만기일은 전역(또는 소집해제) 예정일로 한정
  ㉢ 이 예금의 저축한도는 매월 20만원 범위 내에서 적립 가능하며, 장병내일준비적금 상품을 판매하는 모든 취급기관을 합산하여 고객의 최대 저축 한도는 월 40만 원까지 가능
    ※ 취급기관 : 14개(우체국, 국민, 기업, 신한, 우리, 하나, 농협, 수협, 대구, 부산, 광주, 전북, 경남, 제주은행)

⑨ 우체국 매일모아 e적금 ⋯ 매일 저축 및 매주 알림저축 서비스를 통해 소액으로 쉽고 편리하게 목돈 모으기가 가능한 디지털전용 적립식 예금

(4) 기타

① 국고예금 ⋯ 정부의 관서운영경비를 지급하는 관서운영경비 출납공무원이 교부받은 자금을 예치 · 사용하기 위해 개설하는 일종의 보통예금

② 환매조건부채권(RP) ⋯ 기간별 약정 이율을 차등 지급하여 단기 여유자금 운용에 유리하며 일정기간 경과 후 약정가격에 의해 매입할 것을 조건으로 판매하는 환매조건부 상품

③ 공익형 예금상품 ⋯ 국영금융기관으로서의 공적인 역할 수행을 위한 예금으로서 정부정책 지원 및 금융소외계층, 사회적 약자를 지원하기 위한 예금으로 우체국은 총 10종의 예금상품을 통해 금융소외계층의 기초생활 보장을 위한 수급금 압류방지 통장과 서민 · 소상공인 등 금융소외계층의 자산형성을 지원하기 위한 특별 우대이율을 제공 중에 있다.

[공익형 예금상품의 종류]

구분	요구불예금	적립식 예금	거치식 예금
10종	행복지킴이통장, 국민연금안심통장, 공무원연금평생안심통장, 호국보훈지킴이통장, 청년미래든든통장, 희망지킴이통장	새출발자유적금, 장병내일준비적금	이웃사랑정기예금, 소상공인정기예금

(5) 카드상품 (체크카드)

① 사용한도 및 발급대상

㉠ 우체국 체크카드 사용한도

구분		기본 한도		최대 한도	
		일한도	월한도	일한도	월한도
개인	만 12세 이상	3만 원	30만 원	3만 원	30만 원
	만 14세 이상	6백만 원	2천만 원	5천만 원	5천만 원
법인		6백만 원	2천만 원	1억 원	3억 원

※ 미성년자(만 12세~만 13세)는 만 14세 이상이 되는 시점에 자동으로 한도상향이 되지 않으며 우체국창구, 우체국예금보험 홈페이지 모바일뱅킹(PostPay)을 통하여 한도 상향 신청 필요

㉡ 우체국 체크카드 발급대상

구분		발급대상
개인카드	일반	만 12세 이상 –단, 학생증 체크카드는 만 14세 이상 우체국 요구불예금 가입자로서 우체국체크카드를 학생증으로 사용하기로 한 대학교(원)생에 한하며, 학생신분 확인을 위해 학교 측에서 학적사항을 우체국에 제출한 경우에만 발급 가능
	하이브리드	만 18세 이상 –단, 만 18세 미성년자의 경우 후불교통기능만 가능
	후불하이패스	하이브리드(Hybrid)카드 소지자
	가족카드	본인회원의 배우자, 자녀, 자녀의 배우자, 부모, 조부모, 형제자매, 손자, 본인회원, 배우자의 보모, 배우자의 형제자매 등 가족회원 대상
개인카드	복지카드	우정사업본부 직원으로서 복지 포인트 부여 대상자
법인카드		법인, 개인사업자, 고유번호 또는 납세번호가 있는 단체

1) '본인회원'이란 우체국 요구불성예금 계좌를 소지한 자로 우체국이 정한 입회절차에 따라 체크카드를 신청하여 카드를 발급받은 자
2) '가족회원'이란 본인회원의 가족으로서 대금 지급 등 카드 이용에 관한 모든 책임을 본인회원이 부담하는 것을 조건으로 체크카드를 발급받은 자
3) 학생증(또는 복지)체크카드는 기존 우체국 체크카드에 학생증(또는 복지카드) 기능을 추가한 카드

② 우체국 체크카드 상품 및 특징 … 2020년 9월 기준 개인 15종, 법인 4종의 상품이 있다.

구분	카드명	주요 특징
개인	영리한	패스트푸드, 커피, 영화, 어학원 10% 캐시백 등 젊은 층의 선호와 자기계발 노력에 중심적인 부가 혜택을 부여한 카드
	행복한	병·의원, 약국, 학원, 마트, 문화 10% 캐시백, 우편서비스 12% 할인 등 의료 및 의료혜택 중심의 카드
	다드림	전 가맹점 이용액 0.3%, 우체국 알뜰폰 통신료 10%, 우체국서비스 5%가 우체국 포인트로 적립되는 체크카드
	나눔	전 가맹점 0.4%, 구세군자선냄비 기부금(카드결제)의 30% 캐시백 혜택을 제공하는 나눔 카드
	우리동네PLUS	전국 가맹점 뿐만 아니라 지역별 가맹점을 포함한 지역 별 추가 캐시백 혜택을 제공하는 특화 카드
	아이행복	보육료, 유아학비 통합 바우처, 육아교육, 의료, 온라인쇼핑, 우체국 서비스 5% 캐시백을 제공하는 카드
	국민행복	정부의 임신출산 진료비 지원 바우처인 구 고운맘카드와 아이행복카드의 기능 및 서비스를 기본으로 선호 생활 서비스 중심으로 A, B, C 세 타입의 선택적인 혜택 제공이 가능한 카드
	하이브리드여행	신용과 체크결제를 동시에 이용 가능한 하이브리드 카드 주요업종(교통, 숙박, 면세점 등 여행관련) 및 우편서비스 10% 할인, 기타업종 포인트 적립, 그린서비스 등 여행업종 특화혜택
	후불하이패스	현금결제와 충전이 필요 없는 후불 하이패스 카드 평일 출퇴근 시간대 통행료 20~50% 자동 할인
	어디서나	쇼핑부터 음식점, 커피, 문화, 통신료, 주요까지 다양한 혜택을 하나의 카드로 받을 수 있는 체크카드
	포미	편의점, 간편결제, 쇼핑, 배달앱 등에서 캐시백 할인이 되는 싱글족 맞춤혜택 특화 카드
	e-나라도움 (개인형)	국고보조금을 교부받는 개인에게 발급하는 전용카드
	드림플러스 아시아나	아시아나 항공 마일리지 적립과 국내 주요 가맹점 5% 캐시백 적립을 동시에 할 수 있는 마일리지 적립용 체크카드
	라이프플러스	쇼핑, 레저/스포츠, 반려동물 업종 국내 주요 가맹점 10% 캐시백 혜택을 제공하는 카드
	하나로 전자카드	건설업에 종사하는 건설근로자 특화카드
법인	성공파트너	주유시 리터당 60원 할인, 일식·한식, 인터넷몰 등 이용액 할인, 전 가맹점 0.3% 포인트 적립 등 법인 고객이 선호하는 사업장 할인 혜택이 강화 법인 전용 체크카드
	e-나라도움 (법인형)	국고보조금을 교부받는 사업자 및 보조사업자에게 발급하는 전용카드
	정부구매	정부기관 및 공공기관 전용 정부구매 체크카드
	Biz플러스	마트, 주유소, 신차구매 등 개인사업자 및 소상공인을 위한 맞춤형 혜택을 제공하는 카드

③ **상품별 기능** … 상품별 특성에 따라 다양한 기능이 추가 가능하며 일반적인 플라스틱 카드 외 모바일카드 (2012년 9월 시행), 점자카드(2013년 9월 시행) 등 다양한 형태로도 발급 가능하다.

구분	카드명	현금 카드 가능	복지 카드 가능	교통		가족 카드	점자 카드	해외 겸용
				선불	후불			
개인	영리한	O	O	O	X	O	O	O
	행복한(green/하이브리드)	O	X	X	△2)	O	O	O
	다드림(일반/하이브리드)	O	X	X	△2)	O	O	O
	나눔	O	X	O	X	X	O	X
	우리동네PLUS(green)	O	X	O	X	X	O	X
	아이행복(green)	O	X	O	X	X	O	X
	국민행복(green)	O	X	X	O	X	O	X
	하이브리드여행(green/하이브리드)	O	X	X	O	X	O	X
	후불하이패스(하이브리드)	X	X	X	O	X	O	X
	어디서나(일반/하이브리드)	O	O	△2)	△2)	X	O	O
	포미(하이브리드)	O	O	X	O	X	X	O
	e-나라도움(개인형)	O	X	X	X	X	O	X
	드림플러스아시아나(일반/하이브리드)	O	O	X	△2)	X	O	O
	라이프플러스	O	O	X	X	X	O	O
	하나로 전자카드	O	X	O	X	X	O	O
법인	성공파트너(일반/VISA)	△3)	X	X	X	X	X	O
	e-나라도움(법인형)	△3)	X	X	X	X	X	X
	정부구매	X	X	X	X	X	X	O
	Biz플러스	△3)	X	X	X	X	O	O

1) 각 체크카드 상품 및 특징은 2020년 9월 우체국 판매상품 기준(판매중지 상품 제외)
2) 하이브리드 가능 체크카드의 교통기능은 체크카드일 경우 선불, 하이브리드카드는 후불 적용
3) 법인용 체크카드의 현금 입출금 기능은 개인사업자에 한하여 선택 가능
※ green(그린서비스) : 설악산 국립공원, N서울타워 등 지자체 시설 무료입장 및 할인, 에코머니 포인트적립

④ **효력의 발생과 상실**
ㄱ 우체국 체크카드는 회원이 가입신청서를 작성하여 카드 발급을 요청하면 우체국에서 이를 심사하여 등록하고, 카드를 교부함으로써 효력이 발생한다.
ㄴ 위탁업체를 통해 발급받은 경우 본인이 ARS, 우체국 스마트뱅킹이나 직접 방문하여 사용등록을 해야 효력이 발생한다.

ⓒ 카드 유효기간이 만료 되거나, 회원 본인의 사망 또는 피성년후견인/피한정후견인 등으로 우체국에 신고 등록한 경우 효력이 상실된다.

ⓓ 법인 회원의 경우 폐업, 청산에 따라 우체국에 신고 등록하면 효력이 상실된다.

⑤ 카드 해지와 이용정지

ⓐ 카드 유효기간 내 회원의 요청에 의해 해지되는 일반해지, 체크카드 결제계좌 해지에 따른 당연해지, 기존 우체국 체크카드를 동종의 복지카드로 전환 발급하거나, 본인 회원카드 해지 시 가족카드가 해지되는 자동해지가 있으며 해지 시 현금카드 기능도 함께 해지된다.

ⓑ 체크카드 이용정지 및 일시 제한 사유

㉮ 미성년자의 경우 법정대리인이 거래 중단을 요청하는 경우

㉯ 예금에서 결제계좌의 지급정지 사유에 해당하는 경우

㉰ 카드의 부정사용 · 비정상적인 거래로 판단되거나, 해킹으로 인하여 회원에게 피해가 갈 것이 우려되는 경우

(6) 펀드상품

① 의의

ⓐ 2016년 금융당국은 실물경제 지원을 위한 공모펀드 활성화 방안의 일환으로 집합투자증권업(펀드판매) 채널의 확대를 위해 우체국을 포함한 농협 등 중소서민금융 회사의 펀드판매를 허용하여 2018년 9월부터 우체국 펀드판매를 개시하였다.

ⓑ 전국적인 네트워크망을 활용하여 금융소외지역 서민층의 펀드 정보 접근성을 강화하고 투자시장 활성화를 통해 서민의 자산형성 지원 및 실물경제의 활성화를 수행하는 국영금융기관이라는 의의를 가진다.

② 펀드 상품의 종류 및 특징

ⓐ 2020년 9월 기준 우체국 펀드상품은 대부분 안정형 위주로 공모펀드 중 원금손실 위험도가 낮은 MMF 15종, 채권형펀드 10종, 주식 비중이 30% 이하인 채권혼합형펀드 11종 등 총 36개의 펀드상품을 우체국 창구 및 온라인을 통해 판매하고 있다.

ⓑ 펀드는 원금과 이자, 보험금 등 전액을 보장하는 우체국예금 · 보험 상품과는 달리 운용실적에 따라 손익이 결정되는 실적배당 상품이기 때문에 원금 손실이 발생할 수도 있다.

ⓒ 종류

구분	펀드 상품명
단기금융펀드 (MMF)	• IBK그랑프리국공채MMF개인투자신탁제1호(국공채) • NH-Amundi개인MMF1호(국공채) • KB법인용-MMFI-2호(국공채) • 한화골드법인MMF-KM3호(국공채) • 신한BNPPBEST국공채개인MMFⅡ5(국공채) • 미래에셋개인전용-MMF1호(국공채) • 교보악사프라임법인MMFJ-1호 • 삼성스마트MMF법인1호 • 한화개인MMF2호(국공채) • 멀티에셋국공채법인MMF투자신탁제1호(국공채) • 브이아이천하제일법인MMF1호 • 키움프런티어개인용-MMF제1호(국공채) • NH-Amundi법인MMF8호 • 삼성MMF법인제1호
증권펀드 (채권형)	• 키움단기국공채증권자투자신탁제1호(채권) • 한화단기국공채증권자투자신탁(채권) • 유진챔피언단기채증권자투자신탁(채권) • 우리단기채권증권투자신탁(채권) • NH-Amundi하나로단기채증권투자신탁(채권) • 한국투자크레딧포커스증권투자신탁1호(채권) • 흥국멀티플레이증권자투자신탁4호(채권) • 우리하이플러스단기우량채권증권자투자신탁1호(채권) • 한화코리아밸류채권증권자투자신탁(채권) • 유진챔피언중단기채증권자투자신탁(채권)
증권펀드 (혼합채권형)	• 키움장대트리플플러스증권투자신탁1호(채권혼합) • 흥국멀티플레이30공모주증권투자신탁(채권혼합) • NH-Amundi4차산업혁명30증권투자신탁(채권혼합) • 우리중소형고배당30증권투자신탁1호(채권혼합) • 브이아이공모주&배당주10증권투자신탁(채권혼합) • KB밸류포커스30증권자투자신탁(채권혼합) • 한국밸류10년투자배당증권투자신탁(채권혼합) • 흥국공모주로우볼채움플러스증권투자신탁1호(채권혼합) • NH-AmundiAllset모아모아15증권투자신탁(채권혼합) • 신한BNPP삼성전자알파증권투자신탁제1호(채권혼합) • NH-AmundiAllset모아모아30증권투자신탁(채권혼합)

❽ 우체국금융 서비스

(1) 전자금융

① **인터넷뱅킹** … 고객이 우체국 창구에 직접 방문하지 않고 우체국예금보험 홈페이지(www.epostbank.go.kr)에 접속하여 신청에 따라 금융상품 정보획득, 각종 조회 및 이체, 예금·보험상품의 가입 등 우체국예금 및 우체국 보험에 대한 다양한 금융서비스를 이용 할 수 있는 전자금융서비스이다.

구분	주요 서비스
예금	• 예금상품, 조회, 이체(휴대폰송금 포함), 경조금배달, 비대면계좌개설 • 외환(환율조회, 인터넷환전, 해외송금), 공과금, 뱅킹정보관리 • 부가서비스(예금담보대월, 우편환/대체, 계좌이체지불, 에스크로, 가맹점 예치 각종 우대제도 소개 등)
보험	• 보험상품, 약관, 조회, 납입, 대출, 지급, 자동이체, 계약변경 등
카드	• 체크카드상품 소개, 발급, 이용안내, 정보조회, 포인트, 가맹점조회, 제휴카드 안내
펀드	• 자산현황 등 조회, 매수, 환매, 취소, 사고등록, 자동이체, 펀드소액투자서비스, 각종 펀드 관련 자료실
기타	• 공인인증서 발급, 사고신고, 각종 제휴 서비스(크라우드펀딩 포함) 소개 등 우체국금융소개

② **폰뱅킹** … 고객의 신청에 따라 우체국예금·보험 고객센터를 통해 가정이나 사무실 등에서 다양한 우체국예금·보험 서비스를 전화통화로 간편하게 처리할 수 있는 서비스이다.

구분	주요 서비스
예금	• (조회) 각종 분실신고 및 분실신고조회, 잔액 및 입출금 거래내역 조회 • (이체) 일반이체 및 경조금 서비스, 자동이체, 예약이체, 지로이체 • (기타) Fax, e-mail 서비스(입출금 거래명세, 계좌이체 확인서 등), 상담사 연결, 각종 정보 관리 및 비밀번호 변경
보험	• 보험해약, 만기, 연금, 배당금, 휴면보험금 조회 및 신청 • 보험료 납입, 보험료자동이체, 보험료 소득공제 및 기타 납입확인 • 보험환급금 대출, 상담사연결, ARS 청약 인증
기타	• (편한말 서비스) 잔액조회, 거래내역조회, 자행·타행 이체 • (빠른 서비스) 잔액조회, 거래내역조회, 자행·타행 이체, 경조금배달, 온라인환송금/조회, 각종 분실신고/조회, 지정전화번호 등록

③ **모바일뱅킹** … 스마트폰을 이용해 금융서비스를 제공받는 것으로 현재 스마트폰 어플리케이션을 기반으로 스마트뱅킹과 포스트페이 2가지 모바일뱅킹 서비스를 제공한다.

   ㉠ 스마트뱅킹

      ㉮ 스마트폰으로 우체국 금융서비스(가입, 조회, 이체 등)를 이용할 수 있는 스마트폰뱅킹 전용 어플리케이션

ⓑ 우체국 창구 및 인터넷뱅킹 수준의 다양한 서비스 제공과 QR코드를 활용한 쉽고 편리한 지로/공과금 납부서비스를 제공한다.
ⓒ SMS, PUSH알림을 통한 입출금통지, 모바일 경조금 등 고객 편의를 위한 부가서비스 이용이 가능하다.
ⓓ 공인인증서, 지문인증, 얼굴인증, 패턴인증, PIN(Personal Identification Number)인증 등을 통해서 로그인이 가능하다.
ⓔ 우체국 인터넷뱅킹을 해지하면 스마트뱅킹은 자동 해지되지만, 스마트뱅킹을 해지하더라도 인터넷뱅킹 이용은 계속 유지된다.

구분	주요 서비스
상품가입	• 비대면 계좌개설 • 예 · 적금상품 가입 • 체크카드 발급
예금	• (계좌통합관리) 계좌조회, 예금상품 해지, 이체한도 감액, 예금수령계좌 변경 등 • (이체) 계좌이체, 전화번호이체, 자동이체 등록, 지연이체 신청, 기부금송금 등 • (결제) 제로페이(계좌이체 방식의 QR/바코드 결제) • (공과금) 통합공과금(지방세, 국세) 간편조회 및 납부, 지로(전기 · 통신요금 등) 조회 및 납부 • (환전 · 해외송금) 환율조회, 환전신청, 해외송금신청(Swift, 유로지로 등) 및 조회 · 변경 · 취소
체크카드	• 발급카드 사용등록, 카드 이용내역 조회, 포인트 관리, 이용한도 설정 등
펀드	• 펀드상품, 계좌조회, 펀드소액투자 서비스 신청 및 조회
	• (더치페이) 지정한 금액을 다수의 대상자에게 전화번호로 지불 요청하는 서비스 • (ATM출금) 출금금액 지정 및 실행번호 생성 후 우체국 자동화기기에서 지정금액 출금 • (경조금송금) 경조금 우편배달을 신청하거나 모바일 경조카드와 함께 전화번호 송금 • (선물하기) 모바일 상품권을 계좌이체로 결제하여 구매 및 이용
기타	• (보험) 보험증권 및 납입내역 조회 • (보안인증센터) 간편인증 및 공인인증서 등록 및 관리, OTP 등록 및 관리, 전자금융사기 예방 서비스 등 • (고객센터) 사고신고, 일시정지 해제, 고객센터 연결 안내, 우체국금융 챗봇서비스 등

ⓛ 포스트페이(PostPay) : 우체국 특화서비스인 우편환기반 경조금 송금서비스와 핀테크를 접목시켜 간편결제, 간편송금 서비스를 제공하는 앱이다. 포스트페이 앱을 통해 휴대전화번호만 알면 경조카드와 함께 경조금을 보낼 수 있다.

구분	주요 서비스
상품가입	• 비대면 계좌개설
간편결재	• QR코드, 바코드를 활용한 간편결제, 결제 내역 조회

구분		주요 서비스
간편송금 (이체)	계좌번호 송금	별도 인증 없이 핀번호만으로 바로 송금
	전화번호 송금	수신자의 계좌번호를 몰라도 전화번호로 바로 송금
	경조 송금	전화번호 송금에 온라인 경조사 카드(결혼, 상조 등)와 메시지 첨부
		집배원이 직접 지정한 수신자에게 현물(현금, 현금증서)과 경조카드 배달
	더치페이	모임 등 목적으로 다수 대상자에게 송금 요청
체크카드		• 모바일에서 우체국 체크카드 및 모바일카드 신청 및 발급 • 보유카드 조회, 이용내역 조회, 사고신고 등 부가기능 제공

© 기타 우체국금융 모바일 어플리케이션

㉮ 우체국보험 : 우체국 방문 없이 보험가입 · 청구 등의 서비스를 이용할 수 있는 모바일 어플리케이션

구분	주요 서비스
계약 사항 조회 · 변경	• 기본계약사항, 부활보험료, 휴면보험금 조회 등 다양한 조회서비스 제공 • 자동이체관리, 가입금액 감액처리, 기간 변경, 연금변경 등 다양한 변경서비스 제공
보험	• 간편 계산 기능으로 생년월일/성별 입력만으로 보험료 계산 가능 • 모바일보험 가입
보험금 청구	• 보험사고 발생 시 모바일을 통해 청구할 수 있는 기능 제공
대출 · 상환	• 환급금대출, 보험료자동대출, 대출내역조회, 환급금대출 상환 등의 기능 제공
사용자 편의기능	• 고객센터, 상담예약신청, 이용 안내, ARS 안내, 사고예방 안내 등 사용자 편의를 위한 서비스 제공
부가 서비스	• 보험웹툰, 설문조사, 우체국 및 ATM 찾기 기능 제공
인증관리	• 공인인증서 가져오기 및 간편인증(생체인증, PIN 인증 등)

㉯ 우체국 미니앱 : 고객들이 가장 많이 사용하는 계좌조회, 이체 등의 기본메뉴로만 구성하여 빠르게 업무를 처리할 수 있도록 만들어진 어플리케이션

구분	주요 서비스
조회이체	• 계좌조회, 빠른이체, 즉시이체, 이체결과조회, 자주 쓰는 입금계좌 서비스
외환	• 환율조회, 환전신청, SWIFT 국제환 등 해외송금 서비스 제공
인증서비스	• 인증서 발급, 가져오기, 내보내기, 갱신, 폐기, 관리, 이용안내 등
고객센터	• 고객센터 연결, 공지사항, 이용안내, 알림설정, 알림내역, 서비스 해지, 언어설정 서비스

④ 전자금융을 이용한 자금이체 한도 … 이용 고객은 1회 및 1일 이체한도를 우체국이 정한 보안등급별 자금이체한도와 보안매체별 거래이용수단에 따라 계좌이체 한도를 지정할 수 있으며, 우체국과 별도 약정을 통해 우체국이 정한 한도를 초과하여 지정할 수 있다.

㉠ 전자금융 보안 등급별 자금이체 한도

구분			보안등급		
			안전등급	일반등급	기본등급
인터넷뱅킹	개인	1회	1억 원	1천만 원	3백만 원
		1일	5억 원	5천만 원	3백만 원
	법인	1회	10억 원	–	–
		1일	50억 원	–	–
	법인 (별도계약[1])	1회	10억 원	–	–
		1일	무제한	–	–
모바일뱅킹	개인	1회	1억 원	1천만 원	1천만 원
		1일	5억 원	5천만 원	1천만 원
폰뱅킹	개인	1회	5천만 원	3백만 원	–
		1일	2억 5천만 원	5백만 원	–
	법인	1회	1억 원	–	–
		1일	5억 원	–	–

1) 법인 별도계약을 통해 한도 초과 약정을 하고자 할 경우 안전등급의 거래이용수단을 이용하고 관할 지방우정청장의 승인을 받아야 함

※ 인터넷·모바일의 1일 자금이체한도는 합산하여 처리됨

※ 인터넷뱅킹의 기본등급은 본인거래(본인 우체국계좌 거래, 공과금 납부 등)에 한하여 적용

㉡ 전자금융 보안매체별 거래이용 수단

구분	서비스	거래이용수단
안전등급	인터넷뱅킹/모바일뱅킹	우체국이 정한 인증서[1] + OTP(디지털 OTP 포함)
		HSM[2]방식 공인인증서 + 보안카드
	폰뱅킹	OTP(디지털 OTP 포함) + 이체비밀번호
일반등급	인터넷뱅킹/모바일뱅킹	우체국이 정한 인증서[1] + 보안카드
	폰뱅킹	보안카드 + 이체비밀번호
기본등급	인터넷뱅킹/모바일뱅킹	우체국이 정한 인증서[1]

1) 우체국이 정한 인증서 : 우체국 간편인증서(PIN), 공인인증서 등

2) HSM(Hardware Security Module) : 공인인증서 복사방지를 위해 사용하는 보안성이 강화된 스마트카드 USB 저장장치

※ 보안등급에 따른 보안매체수단은 추후 변경 가능하며 추가 지정할 수 있음

⑤ 전자금융서비스 이용 제한

㉠ 계좌 비밀번호, 보안카드 비밀번호, 폰뱅킹 이체비밀번호, 모바일 인증서에 등록한 PIN, 패턴, 디지털 OTP 인증번호 및 생체인증 정보 등을 연속 5회 이상 잘못 입력한 경우

㉡ OTP의 경우 OTP를 발생시키는 전 금융기관을 통합하여 연속 10회 이상 잘못 입력한 경우

ⓒ 인터넷뱅킹 이용자가 서비스 신청일 포함 5일 이내에 전자적 장치를 통해 최초 서비스 이용등록을 하지 않은 경우

ⓔ 기타 예금거래 기본약관 등에서 정한 거래 제한 사유가 발생한 경우

⑥ 자동화기기

　ⓐ 개념 : 우체국금융 자동화기기(CD 또는 ATM)을 이용하여 현금입출금, 잔액조회, 계좌이체 등을 통장 및 카드거래(현금 또는 체크) 또는 무통장/무카드 거래로 손쉽게 제공 받을 수 있는 서비스로 최근 보급이 확대되고 있는 지능형 자동화기기인 "우체국 스마트 ATM"에서는 화상인증(신분증 복사기능+얼굴사진 촬영) 및 지문·얼굴 등 생체인증을 통해 이용고객의 신원확인이 가능하여, 서비스 제공범위가 기존 자동화기기 서비스는 물론 우체국 창구에서만 처리 가능 하던 일부 업무(상품가입, 체크카드발급, 비밀번호 변경 등)까지 확대 되었다.

　ⓑ 우체국 자동화기기 서비스

구분	주요 서비스
CD/ATM	예금입금·출금·조회, 계좌이체(송금)/해외송금, 통장/보험정리, 무통장/무카드거래, 휴대폰거래, 신용카드, 지로/공과금/대학등록금, 전자통장/T-money거래, 보험서비스 등
스마트ATM	기존 ATM 서비스(입출금·이체·조회) + 계좌개설, 체크카드발급, 보안매체발급, 비밀번호 및 고객정보 변경, 분실신고 및 해지 등

(2) 우편환·대체

① 우편환 … 「우편환법」에 따라 우편 또는 전자적 수단으로 전달되는 환증서(전자적 매체를 통해 표시되는 지급지시서 및 계좌입금 등을 포함)를 통한 송금수단으로 금융기관의 온라인망이 설치되어 있지 않은 지역에 대한 송금을 위해 이용된다. 우체국의 우편환 서비스는 크게 통상환, 온라인환 및 경조금배달서비스가 있다.

② 우편대체 … 우편대체는 우체국에 개설한 우편대체계좌를 통하여 자금 결제를 할 수 있는 제도로서 이를 통하여 세금·공과금·할부금 등 수납, 각종 연금·급여 지급, 공과금 자동 이체 및 수표 발행 등의 서비스가 제공된다.

(3) 외국환

① 해외송금

　ⓐ SWIFT(Society for Worldwide Interbank Financial Telecommunication) 해외송금

　　㉮ 국제은행 간의 금융통신망으로 은행 간 자금결제 및 메시지교환을 표준화된 양식에 의거 송수신함으로써 신속, 저렴, 안전하게 처리하기 위해 1973년 유럽 및 북미은행 중심으로 설립된 국제은행 간 정보통신망 송금 서비스이다.

　　㉯ 우체국은 신한은행과 제휴를 통한 신한은행 SWIFT 망을 통해 전 세계금융기관을 대상으로 해외송금 서비스를 운영하고 있으며, 수취인의 해외은행계좌에 송금하는 당발송금과 해외은행으로부터 수취인의 한국 우체국계좌로 송금하는 타발송금 업무가 있다.

㉱ 매월 약정한 날짜에 송금인 명의의 우체국계좌에서 자금을 인출하여 해외의 수취인에게 자동으로 송금해주는 SWIFT 자동송금서비스도 제공하고 있다.

　㉡ Eurogiro 해외송금 : 유럽지역 우체국 금융기관이 주체가 되어 설립한 Eurogiro社의 네트워크를 사용하는 EDI(전자문서교환)방식의 국제금융 송금서비스로 우정사업자와 민간 금융기관이 회원으로 가입 후 회원 간 쌍무협정을 통해 해외송금을 거래한다. 계좌와 주소지 송금이 가능하다.

　㉢ MoneyGram 특급송금 : 미국 댈러스에 소재하고 있는 머니그램社와 제휴한 Agent 간 네트워크 상 정보에 의해 자금을 송금, 수취하는 무계좌 거래로 송금번호(REF.NO)만으로 송금 후 약 10분 만에 수취가 가능한 특급해외송금 서비스이다. 우체국은 신한은행 및 머니그램社와 제휴를 통해 계좌번호 없이 8자리 송금번호 및 수취인 영문명으로 해외로 자금을 송금 후 약 10분 뒤 수취인 지역 내 머니그램 Agent를 방문하여 수취 가능한 특급송금 서비스를 제공하고 있다.

　㉣ 우체국 해외송금 비교

구분	SWIFT 송금	유로지로	머니그램 특급송금
송금방식	SWIFT network	Eurogiro network	Moneygram network
소요시간	3~5영업일	3~5영업일	송금 후 10분
거래유형	계좌송금	주소지/계좌송금	수취인 방문 지급
중계 · 수취 은행수수료	약 15~25 USD	중계은행 수수료 : 없음 수취은행 수수료 : 3USD/2EUR	–
취급 국가	전 세계 약 214개국	태국, 필리핀, 스리랑카, 일본, 베트남, 몽골	약 200개 국가

　　* 2020년 9월 기준

② 환전업무

　㉠ 외화환전 예약서비스

　　㉮ 우체국 방문, 인터넷 · 스마트뱅킹을 이용해 환전거래와 대금 지급을 완료하고, 원하는 수령일자 및 장소를 선택하여 지정한 날짜에 외화 실물을 직접 수령하는 서비스

　　㉯ 수령 장소는 고객이 지정한 일부 환전업무 취급 우체국 및 우정사업본부와 환전업무 관련 제휴 된 KEB하나은행 지점(환전소)에서 수령할 수 있다.

　　㉰ 환전 가능금액은 건당 1백만 원 이내이고 환전가능 통화는 미국달러(USD), 유럽유로(EUR), 일본엔(JPY), 중국위안(CNY), 캐나다달러(CAD), 호주달러(AUD), 홍콩달러(HKD), 태국바트(THB), 싱가폴달러(SGD), 영국파운드(GBP) 등 총 10종이다.

　㉡ 외화배달 서비스

　　㉮ 우체국 인터넷뱅킹 또는 스마트뱅킹 등 비대면 채널을 통하여(우체국 창구 접수는 불가) 환전거래와 대금 지급을 완료하고, 고객이 직접 날짜와 장소를 지정하면 우편서비스를 이용하여 접수 된 외화 실물을 직접 배달해 주는 서비스

　　㉯ 외화 수령일 지정은 신청일로부터 3영업일에서 10영업일 이내로 지정 할 수 있으며, 외화 배달서비스 신청이 가능한 취급 통화는 미국달러(USD), 유럽유로(EUR), 일본엔(JPY), 중국위안(CNY) 총 4개 통화로 한정한다.

(4) 제휴서비스

① 개념 및 종류

　　㉠ 개념 : 국민들에게 지역차별 없는 종합적이고 보편적인 금융서비스 제공을 위해 민간금융과의 다양한 제
　　　　휴 서비스를 운영하고 있다. 우체국의 제휴 사업은 「우정사업 운영에 관한 특례법 시행령」 제2조 제4호
　　　　에서 정한 우체국예금 사업의 부대되는 사업으로 다른 행정기관 또는 타인으로부터 위임 또는 위탁받은
　　　　업무를 근거로 추진한다.

　　㉡ 종류

구분	분야	주요업무
창구망 개방	창구망 공동이용업무	• 창구공동망업무(자동화기기 포함) • 노란우산공제 판매대행 • SWIFT해외송금 • 환전서비스 • 특급해외송금(머니그램) • 우체국CMS 입금업무
	카드업무 대행 서비스	• 신용/체크카드 • 선불카드(T-Money카드)
	증권계좌 개설대행 서비스	• 증권계좌 개설 대행 • 증권제휴카드 발급 등
	소계	10개 업무
시스템 개방	결제자금 수납 대행	• 일괄배치 서비스 • 실시간 자동이체서비스 • 가상계좌 서비스 • 인터넷 지불결제 • 예금주실명조회서비스 • 금융결제원 지로/CMS
	자동화기기 이용업무	• 제휴CD업무 이용 • 현금서비스
	전자금융 서비스	• 신용정보서비스 • 공인인증서비스
	소계	10개 업무
합계		20개 업무

② 창구망 공동이용

　㉠ 개념 … 우체국과 은행이 업무제휴를 맺고 양 기관의 전산시스템을 연결하여 제휴은행 고객이 우체국 창구에서 자행거래 방식으로 입출금 거래를 할 수 있다.

　㉡ 제휴기관 및 이용가능 업무

구분	주요내용
제휴기관	• KDB산업은행, 한국씨티은행, IBK기업은행, 전북은행, KEB하나은행(자동화기기 한정) 등
이용가능업무	• (입금) 제휴은행 고객이 우체국 창구에서 제휴은행 고객계좌로 입금 • (지급) 제휴은행 고객이 우체국 창구에서 출금(통장에 의한 지급) • (조회) 무통거래내역, 계좌잔액, 처리결과, 수수료 조회 　* 우체국 창구에서 제휴은행 통장 신규발행 및 해지는 불가

* 2020년 9월 기준

③ 노란우산공제 판매대행

　㉠ 개념 : 소기업·소상공인이 폐업, 노령, 사망 등의 위험으로부터 생활안정을 기하고 사업재기 기회를 제공받을 수 있도록 「중소기업협동조합법」 제 115조 규정에 따라 2007년 9월부터 비영리기관인 중소기업중앙회에서 운영하는 공적 공제제도로 2013년 7월부터 우체국금융창구를 통해 가입, 지급신청 등을 할 수 있다.

　㉡ 우체국 노란우산 공제 대행업무

구분	주요내용
업무대행내용	• 청약 전 고객 상담 　-기 가입자 또는 강제해지 후 1년 미경과 시에는 신규 및 (재)청약이 불가함으로 창약 전 기 　　가입여부 등 조회를 필수적으로 실시 • 청약서(철회서) 및 제반서류 접수 　-단 무등록사업자의 신규청약 업무는 제외 • 부금 수납, 공제금/해약지급신청서 및 제반서류 접수

④ 우체국 CMS 업무

　㉠ 개념 : 우체국은 카드·캐피탈社 등과의 개별 이용약정을 통해 전국 우체국에서 CMS 입금업무를 대행한다. CMS는 고객이 우체국에 개설된 제휴회사의 계좌로 무통장입금하고 그 입금 내역을 우체국금융 IT 운영을 담당하는 우정사업정보센터에서 입금회사로 실시간으로 전송하는 시스템이며, 입금 된 자금은 우정사업정보센터에서 회사의 정산계좌로 일괄 입금 처리한다.

　※ CMS(Cash Management Service ; 자금관리서비스) : 입출금 자금에 대한 관리를 우체국 등 금융기관이 관리대행 해주는 서비스로서, 기업의 자금관리 담당자가 자금흐름을 한눈에 파악하여 자금관리 업무를 용이하게 수행할 수 있도록 지원하는 서비스

ⓛ 우체국 CMS 업무분담 내역

구분	업무분담 내역
제휴회사	• 대금청구서 등 수납자료를 우체국 CMS 계좌번호와 함께 고객에게 통지 • 입금거래내역과 정산자금 대사확인 * 신한카드, 삼성카드, 현대카드, 다음다이렉트 자동차보험 등 7개 업체
고객	• 우체국창구에 무통입금을 의뢰하거나 인터넷뱅킹, 폰뱅킹, 자동화기기를 통한 CMS 이체를 함
우체국	• 고객이 우체국 창구에 입금을 의뢰하면 해당계좌에 CMS 번호와 함께 무통입금
우정사업 정보센터	• 입금거래내역을 해당회사로 실시간 전송하고 입금된 자금을 해당회사 정산계좌로 일괄 이체 • 익월 10일까지 해당회사에 수수료내역을 통보하고 20일에 해당회사 계좌에서 출금하여 수수료 정산함

⑤ 카드업무 대행 서비스

ⓐ 개념 : 우체국은 신용카드사와의 업무제휴를 통해 우체국예금의 현금카드 또는 체크카드 기능이 결합 된 카드를 발급하거나 우체국의 현금카드 기능과 신용카드사의 신용카드 기능이 포함된 제휴 신용카드 상품을 출시함으로써 국민들의 카드이용 편의를 제공한다.

ⓛ 우체국 제휴 체크카드 및 신용카드 비교

구분	제휴 체크카드	제휴 신용카드
발급대상	• 개인 : 카드사 별 상이함 • 법인, 임의단체 : 카드사별 심사	• 개인 : 만 19세 이상 소득이 있는 자 • 법인, 임의단체 : 카드사별 심사
심사기준	• 자격기준 없음(신용불량자도 가입가능)	• 별도 자격기준 부여
이용범위	• 제휴카드사 가맹점에서 일시불만 이용(할부불가)	• 국내·외 가맹점 일시불/할부/현금서비스 이용
사용한도	• 우체국예금 결제계좌 잔액	• 개인별 신용한도액
연회비	• 연회비 없음	• 회원등급별 연회비 징수
제휴기관	• 삼성카드, 신한카드	• 우리카드, 국민카드, 신한카드, 하나카드

⑥ 증권계좌 개설 대행

ⓐ 개념 : 우체국은 증권·선물회사와 업무제휴 계약을 체결하고 전국 우체국 창구에서 고객의 증권·선물 계좌개설, 관련 제휴카드 발급, 이체서비스 등을 대행하고 있다.

ⓛ 제휴기관 및 이용가능 업무

구분	주요내용
제휴기관	• (증권) 한국투자, NH투자, 대신, 교보, KB, 하이투자, 삼성, 한화, SK, 미래에셋대우, 키움, 하나대투, 신한금투, 유안타, 한국포스증권(舊 펀드온라인코리아) 등 • (선물) 삼성선물

이용가능 업무	• 우체국 고객의 증권/선물 계좌 개설 대행 　-위탁(주식) : 제휴증권사 전체(삼성선물 제외) 　-선물/옵션 : 제휴증권사 전체(한국포스증권 제외) 　-수익증권 : 한국투자, 삼성, 하이투자, 미래에셋대우, 키움, SK, 한국포스증권 　-CMA : 삼성증권, 하이투자증권 • 우체국과 증권/선물회사 간의 자금이체 • 우체국 및 증권/선물 회사 고객의 증권제휴카드 발급 • 증권/선물 계좌 비밀번호 변경

* 2020년 9월 기준

❾ 내부통제 및 리스크관리

(1) 내부통제

① 의의

　㉠ 내부통제란 조직이 효율적인 업무운영, 정확하고 신뢰성 있는 재무보고 체제의 유지, 관련법규 및 내부 정책·절차의 준수 등과 같은 목표를 달성하려는 합리적인 확신을 주기 위하여 조직 내부에서 자체적으로 마련하여 이사회, 경영진 및 직원 등 조직의 모든 구성원들이 지속적으로 실행·준수하도록 하는 일련의 통제과정이다.

　㉡ 임직원 모두가 고객재산의 선량한 관리자로서 제반 법규뿐만 아니라 내규까지 철저하게 준수하도록 사전 또는 상시적으로 통제·감독하는 것을 말하며 조직의 자산보호, 회계자료의 정확성 및 신뢰성 체크, 조직운영의 효율적 증진, 경영방침의 준수를 위하여 채택한 조정수단 및 조치 등을 의미한다.

　㉢ 내부통제제도는 조직이 추구하는 최종목표를 달성하기 위한 과정 또는 수단이고, 금융회사 내 모든 구성원에 의해 수행되는 일련의 통제활동이며, 특정한 목표를 달성하는데 합리적인 확신을 주는 것이다.

② **법적 근거** … 「금융회사의 지배구조에 관한 법률」에는 금융회사가 효과적인 내부통제제도를 구축·운영해야 하는 법적인 근거를 제시하고 있다. 「동법」 제24조에서는 "금융회사는 법령을 준수하고 경영을 건전하게 하며 주주 및 이해관계자 등을 보호하기 위하여 금융회사의 임직원이 직무를 수행할 때 준수하여야 할 기준 및 절차(내부통제기준)를 마련하여야 한다."고 되어 있다.

③ 필요성

　㉠ 1997년 국내기업들의 경영투명성 결여, 회계정보의 신뢰성 부족, 경영감시기능 미흡으로 인한 독단적 경영 등이 IMF 경제위기의 주요한 원인으로 주목되면서 내부통제의 중요성이 강조되기 시작하자 1999년에는 정부와 금융당국에서도 내부통제 수단으로 사외이사와 감사위원회, 준법감시인 및 선진화된 리스크관리 제도 등을 도입하게 되었다.

ⓛ 내부통제제도의 운영을 통해 금융회사는 자산을 보전하고 신뢰성 있는 재무보고체계의 유지, 법규 준수 등을 효과적으로 하면서 회사의 목표를 달성할 수 있다.

ⓒ 영업활동 시 중요한 오류 및 일탈행위 가능성을 감소시키고 오류 등이 실제 발생하는 경우 시의적절하게 감지하여 시정조치를 할 수 있다.

④ 내부통제의 구성요소

㉠ **통제환경** : 내부통제에 적합한 조직구조, 효과적인 내부통제가 이루어지도록 유인하는 보상체계, 적절한 인사 및 연수정책, 이사회의 내부통제에 대한 관심 방향, 임직원의 성실성과 자질 등 환경적 요인이다. 조직 내 모든 구성원이 내무통제시스템의 중요성을 인식하고, 내부통제기준 및 절차를 준수하겠다는 통제문화의 형성이 중요하다.

㉡ **리스크평가** : 조직이 직면하고 있는 리스크를 종류별·업무별로 인식하고 측정, 분석하는 것이다. 효과적인 내부통제시스템 구축을 위해 조직의 목표달성에 부정적인 영향을 미칠 수 있는 리스크를 정확히 인식하고 평가한다.

㉢ **통제활동** : 목표달성에 부정적인 영향을 미치는 리스크를 통제하기 위한 정책 및 절차 수립 등 제도의 구축과 운영을 말한다. 적절한 직무분리, 각종 한도 설정, 예외 적용시 특별승인절차 등의 방법이 있다.

㉣ **정보와 의사소통** : 구성원이 본연의 책임과 역할을 적절히 수행하기 위해서는 적절한 정보가 수집·관리되고, 필요한 사람에게 신속하게 제공될 수 있는 시스템을 갖추어야 한다.

㉤ **모니터링** : 내부통제의 모든 과정은 모니터링되고 지속적으로 수정 및 보완되어야 한다. 내부통제시스템을 상시 모니터링해야 하며, 중요한 리스크에 대한 모니터링은 내부감시기능에 의해 정기적으로 평가되고 일상적인 영업활동의 일부가 되어야 한다.

⑤ **내부통제의 수단** … 일반적인 내부통제 수단은 권한의 적절한 배분 및 제한, 회사 자산 및 각종 기록에의 접근제한, 직무분리 및 직무순환, 정기적인 점검 및 테스트, 불시 점검 및 테스트 등이 있다.

⑥ 내부통제기준에 포함되어야 하는 사항

㉠ 업무의 분장 및 조직구조

㉡ 임직원이 업무를 수행할 때 준수하여야 하는 절차

㉢ 내부통제와 관련하여 이사회, 임원 및 준법감시인이 수행하여야 하는 열할

㉣ 내부통제와 관련하여 이를 수행하는 전문성을 갖춘 인력과 지원조직

㉤ 경영의사결정에 필요한 정보가 효율적으로 전달될 수 있는 체제의 구축

㉥ 임직원의 내부통제기준 준수 여부를 확인하는 절차·방법과 내부통제기준을 위한 임직원의 처리

㉦ 임직원의 금융관계법령 위반행위 등을 방지하기 위한 절차나 기준

㉧ 내부통제기준의 제정 또는 변경 절차

㉨ 준법감시인의 임면절차

㉩ 이해상충을 관리하는 방법 및 절차 등

㉪ 상품 또는 서비스에 대한 광고의 제작 및 내용과 관련한 준수사항

  ⓔ 「금융회사의 지배구조에 관한 법률」 제11조 제1항에 따른 임직원 겸직이 제11조 제4항 제4호 각 목의 요건을 충족하는지에 대한 평가·관리

  ⓟ 그 밖에 내부통제기준에서 정하여야 할 세부적인 사항으로서 금융위원회가 정하여 고시하는 사항

⑦ 준법감시인제도

  ㉠ 준법감시(Compliance)란 법령, 기업윤리, 사내규범 등의 법규범을 철저히 준수해 사업운영을 완전하게 하기 위한 것으로, 법규범 위반을 조직적으로 사전에 방지하는 것이다

  ㉡ 준법감시인이란 내부통제기준의 준수 여부를 점검하고 내부통제기준을 위반하는 경우 이를 조사하는 등 내부통제 관련 업무를 총괄하는 자를 말한다.

  ㉢ 외환위기 이후 금융권 전 부문에 대한 규제완화, 구조조정 및 개방화가 진전되면서 금융회사의 내부통제 강화를 위한 선진국의 준법감시제도가 국내에 도입되는 분위기가 조성되었다.

  ㉣ 「금융회사의 지배구조에 관한 법률」 제25조에서는 "금융회사는 내부통제기준의 준수 여부를 점검하고 내부통제기준을 위반하는 경우 이를 조사하는 등 내부통제 관련 업무를 총괄하는 사람(준법감시인)을 1명 이상 두어야 하며, 준법감시인이 필요하다고 판단되는 경우 조사결과를 감사위원회 또는 감사에게 보고할 수 있다."고 규정하고 있다.

(2) 금융실명거래 원칙 및 방법

① 의의 ⋯ 1993년 실명에 의한 금융거래를 실시하고 그 비밀을 보장하여 금융거래의 정상화를 꾀함으로써 경제 정의를 실현하고 국민경제의 건전한 발전을 도모할 목적으로 금융실명제가 실시되고 이를 바탕으로 1997년 금융실명제를 법규화한 「금융실명거래 및 비밀보장에 관한 법률(금융실명법)」이 제정되었다.

② 실명확인방법

  ㉠ 실명확인자 : 실명확인자는 실제로 고객의 실명을 확인한 금융회사의 직원으로 실명확인업무에 대한 권한·의무가 주어진 영업점 직원(계약직, 시간제, 도급직 포함)이다.

  ㉡ 실명확인증표

    ㉮ 실명확인은 성명, 주민등록번호와 첨부된 사진까지 확인하여 본인여부를 확인하는 것으로 제시받은 실명확인증표의 식별이 곤란한 경우 다른 실명확인증표를 보완적으로 사용 가능하다.

    ㉯ 개인의 경우 주민등록증이 원칙이나, 운전면허증, 여권, 청소년증 같은 성명, 주민등록번호가 기재되어 있고 부착된 사진에 의해 본인임을 확인할 수 있는 유효한 증표는 실명확인증표가 될 수 있다.

    ㉰ 법인의 경우 사업자등록증, 고유번호증, 사업자등록증명원이 실명확인증표가 되며, 사업자등록증 사본은 동일 금융회사 내부에서 원본을 대조·확인한 경우에 사용이 가능하다.

    ㉱ 임의단체의 경우 납세번호증, 고유번호증이 실명확인증표가 되며, 없는 경우 대표자 개인의 실명확인증표로 가능하다.

    ㉲ 외국인의 경우 외국인등록증, 여권, 신분증이 실명확인증표가 된다.

TIP

계좌에 의한 실명확인 원칙

㉠ 계좌개설시(신규 및 재예치)마다 실명확인증표 원본에 의하여 실명을 확인하여 거래원장, 거래신청서, 계약서 등에 "실명확인필"을 표시하고 확인자가 날인 또는 서명 (동시에 다수의 계좌를 개설하는 경우 기 실명확인 된 실명확인증표 재사용 가능)

㉡ 계좌개설시에는 실명확인증표 사본 등 실명확인에 필요한 관련 서류를 첨부·보관

※ 실명확인할 의무가 있는 금융회사 직원이 금융회사가 통제·관리할 수 있는 스캐너 또는 디지털카메라에 의해 스캔(촬영) 후 파일을 별도 보관하거나 사본 출력 후 거래신청서 등에 첨부·보관도 가능 (기징구된 실명확인증표 사본 등 관련서류 재사용 금지)

㉢ 대리인을 통하여 계좌개설을 할 경우 인감증명서 징구

※ 본인 및 대리인 모두의 실명확인증표와 본인의 인감증명서가 첨부된 위임장을 제시받아 실명확인함 (이 경우 본인의 실명확인증표는 사본으로도 가능)

㉣ 가족대리시 징구하는 주민등록등본, 가족관계증명서(가족관계등록부)의 유효기간은 발급일로부터 3개월이다.

ⓑ 비대면 실명확인

㉮ 비대면 실명확인은 거래자 본인 여부를 확인할 때 온라인 채널 등 대면 이외의 방식으로 실명확인하는 것을 의미한다.

㉯ 비대면 실명확인 대상 금융거래는 계좌개설에 한정되는 것은 아니며 「금융실명법」상 실명확인 의무가 적용되는 모든 거래에 적용된다.

㉰ 비대면 실명확인 적용 대상자는 명의자 본인에 한정하고 대리인은 제외되며 인정 대상 실명확인증표는 주민등록증, 운전면허증 및 여권이다.

㉱ 비대면 실명확인의 적용 대상으로 개인뿐만 아니라 법인도 가능하지만, 법인의 경우 금융회사가 위임·대리 관계를 확인 할 수 있는 각종 서류(위임장 및 인감증명서 등)의 검증을 위해 대면 확인을 하는 것이 바람직하다.

TIP

비대면 실명확인방식(2가지 이상의 방식을 활용해야 한다)

㉠ 거래자의 실명확인증표 사본을 제출받아 확인

㉡ 거래자와의 영상통화를 통해 확인

㉢ 「전자금융거래법」 제2조 제10호에 따른 접근매체 전달업무 위탁기관 등을 통하여 실명확인증표 확인

㉣ 「금융실명법」상 실명확인을 거쳐 거래자 명의로 금융회사에 이미 개설된 계좌와의 거래를 통한 확인

㉤ 기타 ㉠~㉣에 준하는 새로운 방식을 통하여 확인

※ 금융회사가 「금융실명법」상 실명확인을 거쳐 거래자의 동의를 받아 「전자금융거래법」 제2조 제10호 라목에 따른 생체정보를 직접 등록 받은 후 이와 대조하여 확인하는 방식도 ㉤에 해당

③ 실명확인 생략이 가능한 거래

㉠ 실명이 확인된 계좌에 의한 계속 거래 : 실명이 확인된 계좌에 의한 계속거래라 하는 것은 실명확인 된 계좌의 입출금, 해지 및 이체 등을 말한다. 재 예치 등 계좌가 새로 개설되는 경우는 계속거래가 아니다.

㉡ 각종 공과금 등의 수납

ⓒ 100만 원 이하의 원화 또는 그에 상당하는 외국통화의 송금과 100만 원 이하에 상당하는 외국통화 매입·매각

    ㉮ 수표 및 어음 입금 시 금액 상관없이 실명확인 대상이며 수표·어음 뒷면에 입금계좌번호를 기재하는 것으로 실명확인에 갈음하고 무통장입금 의뢰서에 실명확인 날인

    ㉯ 동일 금융회사 등에서 본인 또는 그 대리인이 동일자 동일인에게 100만 원을 초과하는 금액을 분할 입금하는 것을 금융회사가 인지한 경우에는 그 초과금액에 대하여 실명확인

        ※ 실명확인 대상 외국환거래의 종류 : 외화예금, 환전(100만 원 초과), 해외로 외화송금, 해외로부터 외화송금 등

④ 불법·탈법 차명거래 금지

  ㉠ 금융실명거래 및 비밀보장에 관한 법률은 불법재산의 은닉, 자금세탁행위(조세포탈 등), 공중협박자금조달행위, 강제집행의 면탈 또는 그 밖의 탈법행위를 목적으로 하는 차명거래를 금지하고 있다

  ㉡ 금융회사 종사자는 불법 차명거래를 알선·중개하는 행위를 금지하고, 금융회사 종사자에게 거래자를 대상으로 불법 차명거래가 금지된다는 사실을 설명해야 하며, 설명한 내용을 거래자가 이해하였음을 서명, 기명날인, 녹취 등의 방법으로 확인 받아야 한다.

(3) 금융거래에 대한 비밀보장

① 비밀보장제도

  ㉠ 「금융실명거래 및 비밀보장에 관한 법률」은 금융회사 종사자에게 명의인의 서면 상 요구 나 동의 없이는 금융거래정보 또는 자료를 타인에게 제공하거나 누설할 수 없도록 비밀보장의무를 규정하고 있다.

  ㉡ 비밀보장의 대상이 되는 금융거래정보 또는 자료란 특정인의 금융거래사실(누가 어느 금융회사 등, 어느 점포와 금융거래를 하고 있다는 사실)과 금융회사가 보유하고 있는 금융거래 내용을 기록·관리하고 있는 모든 장표·전산기록 등의 원본·사본(금융거래자료) 및 그 기록으로부터 알게 된 것(금융거래정보), 당해 정보만으로 명의인의 정보 등을 직접 알 수 없으나 다른 정보와 용이하게 결합하여 식별할 수 있는 것을 말한다.

② 금융거래 정보제공

  ㉠ 금융거래정보제공의 흐름

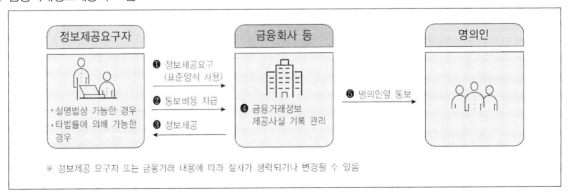

ⓛ 금융거래 정보제공의 법률적 근거

㉮ 「금융실명거래 및 비밀보장에 관한 법률」은 금융회사 종사자로 하여금 명의인의 서면상 요구나 동의 등 법률상 일정한 사유가 있는 경우에만 금융거래정보를 제3자에게 제공할 수 있게 하고, 제공하는 경우에도 사용목적에 필요한 최소한의 범위 내에서 인적사항을 명시하는 등 법령이 정하는 방법 및 절차에 의하여 정보를 제공하도록 하고 있다.

㉯ 금융실명법상 정보제공이 가능한 경우
  • 명의인의 서면상의 요구나 동의를 받은 경우
  • 법원의 제출명령 또는 법관이 발부한 영장에 의한 경우
  • 「조세에 관한 법률」의 규정에 의하여 소관관서장의 요구(상속·증여재산의 확인, 체납자의 재산조회 등)에 의한 거래정보 등을 제공하는 경우
  • 동일 금융회사의 내부 또는 금융회사 상호간에 업무상 필요한 정보 등을 제공하는 경우

ⓒ 정보제공 요구 방법

㉮ 금융위원회가 정하는 표준양식
  • 명의인의 인적 사항(성명, 주민등록번호, 계좌번호, 수표·어음 등 유가증권의 증서번호 등 중 하나)
  • 요구대상 거래기간
  • 요구의 법적 근거
  • 사용목적
  • 요구하는 거래정보의 내용
  • 요구하는 기관의 담당자 및 책임자의 성명과 직책

㉯ 정보제공요구는 특정점포에 요구해야 하지만 다음의 경우 본점부서에서 일괄 조회요구를 할 수 있다.
  • 명의인이 서면상의 요구나 동의에 의한 정보제공
  • 제출명령 또는 법관이 발부한 영장에 의하여 거래정보를 요구하는 경우
  • 부동산거래와 관련한 소득세 또는 법인세의 탈루혐의가 인정되는 자의 필요한 거래정보를 세무관서의 장이 요구하는 경우
  • 체납액 1천만 원 이상인 체납자의 재산조회를 위하여 필요한 거래정보를 국세청장 등이 요구하는 경우
  • 금융회사 내부 또는 금융회사 상호간에 업무상 필요한 정보를 요구하는 경우

ⓔ 정보제공 사실의 기록·관리 의무

㉮ 금융회사가 명의인 이외의 자로부터 정보의 제공을 요구받았거나 명의인 이외의 자에게 정보 등을 제공하는 경우, 그 내용을 기록·관리하여야 한다.

㉯ 과세자료의 제공, 금융회사 내부 또는 금융회사 상호간의 정보제공의 경우에는 기록·관리의무가 면제된다.

㉰ 관련 서류의 보관기간은 정보제공일로부터 5년간이며 금융회사 등이 기록·관리하여야 하는 사항은 다음과 같다.
  • 요구자의 인적사항, 요구하는 내용 및 요구일자

- 제공자의 인적사항 및 제공일자
- 제공된 거래정보 등의 내용
- 제공의 법적근거
- 명의인에게 통보된 날

    ⓜ 명의인에 대한 정보 등의 제공사실 통보

        ㉮ 금융회사가 금융거래정보 등을 제공한 경우에는 정보 등을 제공한 날로부터 10일 이내에 제공한 거래정보 등의 주요 내용, 사용 목적, 제공받은 자 및 제공일자 등을 명의인에게 서면으로 통보하여야 한다.

        ㉯ 요구자가 통보 유예를 요청하는 경우 유예할 수 있으며 사유는 다음과 같다.
- 사람의 생명이나 신체의 안전을 위협할 우려가 있는 경우
- 증거인멸·증인위협 등 공정한 사법절차의 진행을 방해할 우려가 명백한 경우
- 질문·조사 등의 행정절차의 진행을 방해하거나 과도하게 지연시킬 우려가 있는 경우

        ㉰ 통보유예기간이 종료되면 종료일로부터 10일 이내에 명의인에게 정보제공사실과 통보유예 사유 등을 통보해야 한다.

③ 금융실명거래 위반에 대한 처벌 및 제재

    ㉠ 「금융실명거래 및 비밀보장에 관한 법률」은 실명거래의무 위반행위, 불법 차명거래 알선·중개행위, 설명의무 위반행위, 금융거래 비밀보장의무 위반행위, 금융거래정보의 제공사실 통보의무 위반행위, 금융거래정보 제공 내용 기록·관리의무 위반행위에 대한 처벌로서 벌칙과 과태료에 대한 규정을 두고 있다.

    ㉡ 금융회사의 직원이 불법 차명거래 알선·중개행위를 하거나 금융거래 비밀보장의무 위반행위를 한 경우에는 5년 이하의 징역 또는 5천만 원 이하의 벌금에 처하고, 실명거래의무 위반행위를 하거나 설명의무 위반행위, 금융거래정보의 제공사실 통보의무 위반행위, 금융거래 정보 제공 내용 기록·관리의무 위반행위를 한 경우에는 3천만 원 이하의 과태료를 부과하도록 규정하고 있다.

⑷ 금융소비자보호

① 금융소비자보호법

    ㉠ 2020년 3월 금융소비자의 권익 증진과 금융소비자 보호의 실효성을 높이고 금융상품판매업 및 금융상품자문업의 건전한 시장질서 구축을 위하여 금융상품판매업자 및 금융상품자문업자의 영업에 관한 준수사항과 금융소비자 권익 보호를 위한 금융소비자정책 및 금융분쟁조정절차 등에 관한 사항을 규정하는 「금융소비자보호에 관한 법률」이 제정

    ㉡ 「금융소비자보호법」은 동일기능 동일규제 원칙아래 금융상품의 유형과 금융회사 등의 업종 구분 등을 정의하고 금융소비자의 권리와 책무, 국가와 금융상품 판매업자 등의 책무, 금융상품판매업자 등의 영업행위 준수사항, 금융소비자보호 감독 및 처분 등에 대하여 규정하고 있다.

ⓒ 금융소비자보호법 관련 개념

㉮ 금융상품의 유형

구분	개념	대상(예시)
예금성	은행법상 예금 및 이와 유사한 것으로서 대통령령으로 정하는 것	예·적금
대출성	은행법상 대출 및 이와 유사한 것으로서 대통령령으로 정하는 것	주택대출, 신용대출 등
투자성	「자본시장법」상 금융투자상품 및 이와 유사한 것으로서 대통령령으로 정하는 것	펀드, 신탁 등
보장성	「보험업법」상 보험상품 및 이와 유사한 것으로서 대통령령으로 정하는 것	생명보험, 손해보험 등

㉯ 금융회사등의 업종 구분

구분	개념	대상(예시)
직접 판매업자	자신이 직접 계약의 상대방으로서 금융상품에 관한 계약체결을 영업으로 하는자(투자중개업자 포함)	은행, 보험사, 증권사, 여전사, 저축은행 등
판매대리·중개업자	금융회사와 금융소비자의 중간에서 금융상품 판매를 중개하거나 금융회사의 위탁을 받아 판매를 대리하는 자	투자권유대행인, 보험설계·중개사, 보험대리점, 카드·대출모집인 등
자문업자	금융소비자가 본인에게 적합한 상품을 구매할 수 있도록 자문을 제공	투자자문업자

② 금융상품판매업자등의 영업행위 준수사항(6대 판매원칙)

㉠ 적합성의 원칙 : 소비자의 재산상황, 금융상품 취득·처분 경험 등의 정보를 파악하고 이에 비추어 부적합한 금융상품 계약 체결의 권유를 금지

㉡ 적정성의 원칙 : 소비자가 자발적으로 구매하려는 금융상품이 소비자의 재산상황, 투자경험, 신용 및 변제계획 등에 비추어 부적정할 경우 이를 고지하고 확인

㉢ 설명의무 : 계약 체결을 권유하거나 소비자가 설명을 요청하는 경우 상품의 중요사항을 설명

㉣ 불공정영업행위 금지 : 판매업자등이 금융상품 판매 시 우월적 지위를 이용하여 소비자의 권익을 침해하는 행위 금지

㉤ 부당권유행위 금지 : 금융상품 계약 체결 권유 시 소비자가 오인할 우려가 있는 허위 사실 등을 알리는 행위를 금지

㉥ 허위·과장광고 금지 : 금융상품 또는 판매업자 등의 업무에 관한 광고 시 필수 포함사항 및 금지행위 등

③ 금융소비자보호를 위한 장치

㉠ 「금융소비자보호법」은 금융상품 판매원칙 위반과 관련 위법계약해지권, 징벌적 과징금 도입, 과태료부과, 판매제한명령, 손해배상 입증책임 전환 등 금융상품판매업자 등의 판매원칙 준수를 위한 다양한 실효성 확보 수단을 명시하고 위반 시 제재를 강화하였다. 특히 설명의무 위반에 따른 손해배상청구 소송 시 고의·과실에 대한 입증 책임을 소비자가 아닌 금융회사가 입증하도록 하였다.

ⓛ 금융소비자보호법을 제정함으로서 소비자의 선택권 확대, 피해 방지, 사후구제 강화 등을 위한 제도 또한 새롭게 도입하였다. 청약철회권을 도입하여 일정기간 내 소비자가 금융상품 계약을 철회하는 경우 금융상품 판매자는 이미 받은 금전·재화 등을 소비자에게 반환하여야 한다.

[금융상품 유형 별 청약 철회 숙려기간]

상품 구분	상품 유형 별 숙려 기간
보장성	보험증권 수령일로부터 15일과 청약일로부터 30일 중 먼저 도래하는 기간 이내
투자성·금융상품자문	계약서류 제공일 또는 계약체결일로부터 7일 이내
대출성	계약서류 제공일, 계약체결일 또는 계약에 따른 금전·재화 등 제공일로부터 14일 이내

⓾ 기타사항

(1) 예금자보호

① 예금보험의 구조

ㄱ 예금 지급불능 사태 방지 : 금융회사가 영업정지나 파산 등으로 고객의 예금을 지급하지 못하게 될 경우 해당 예금자는 물론 전체 금융제도의 안정성도 큰 타격을 입게 되므로 이러한 사태를 방지하기 위하여 우리나라에서는 「예금자보호법」을 제정하여 고객들의 예금을 보호하는 예금보험제도를 시행하고 있다.

ㄴ 보험의 원리를 이용하여 예금자 보호 : 「예금자보호법」에 의해 설립된 예금보험공사가 평소에 금융회사로부터 보험료(예금보험료)를 받아 기금(예금보험기금)을 적립한 후, 금융회사가 예금을 지급할 수 없게 되면 금융회사를 대신하여 예금(예금보험금)을 지급한다.

ㄷ 법에 의해 운영되는 공적 보험 : 예금을 대신 지급할 재원이 금융회사가 납부한 예금 보험료만으로도 부족할 경우에는 예금보험공사가 직접 채권(예금보험기금채권)을 발행하는 등의 방법을 통해 재원을 조성하게 된다.

② 보호대상 금융회사

ㄱ 은행, 보험회사(생명보험·손해보험회사), 투자매매업자·투자중개업자, 종합금융회사, 상호저축은행이다. 농협은행, 수협은행 및 외국은행 국내지점은 보호대상 금융회사이지만 농·수협 지역조합, 신용협동조합, 새마을금고는 현재 예금보험공사의 보호대상 금융회사는 아니며, 관련 법률에 따른 자체 기금에 의해 보호된다.

ㄴ 우체국의 경우 예금보험공사의 보호대상 금융회사는 아니지만, 「우체국예금·보험에 관한 법률」 제4조(국가의 책임)에 의거하여 우체국예금(이자 포함)과 우체국보험 계약에 따른 보험금 등 전액에 대하여 국가에서 지급을 책임지고 있다.

③ 보호대상 금융상품

　㉠ 예금보험공사는 예금보험 가입 금융회사가 취급하는 예금만 보호한다.

　㉡ 정부, 지방자치단체(국·공립학교 포함), 한국은행, 금융감독원, 예금보험공사, 부보금융회사의 예금은
보호대상에서 제외한다.

　㉢ 보호금융상품과 비보호금융상품

구분	보호금융상품	비보호금융상품
은행	• 요구불예금(보통예금, 기업자유예금, 당좌예금 등) • 저축성예금(정기예금, 주택청약예금, 표지어음 등) • 적립식예금(정기적금, 주택청약부금, 상호부금 등) • 외화예금 • 예금보호대상 금융상품으로 운용되는 확정기여형 퇴직연금제도 및 개인형퇴직연금제도의 적립금 • 개인종합자산관리계좌(ISA)에 편입된 금융상품 중 예금보호 대상으로 운용되는 금융상품 • 원본이 보전되는 금전신탁 등	• 양도성예금증서(CD) • 환매조건부채권(RP) • 금융투자상품 　(수익증권, 뮤추얼펀드, MMF 등) • 특정금전신탁 등 실적배당형 신탁 • 은행 발행채권 • 주택청약저축, 주택청약종합저축 등
보험회사	• 개인이 가입한 보험계약 • 퇴직보험 • 변액보험계약 특약 • 변액보험계약 최저사망보험금·최저연금적립금·최저중도인출금 등 최저보증 • 예금보호대상 금융상품으로 운용되는 확정기여형 퇴직연금제도 및 개인형퇴직연금제도의 적립금 • 개인종합자산관리계좌(ISA)에 편입된 금융상품 중 예금보호 대상으로 운용되는 금융상품 • 원본이 보전되는 금전신탁 등	• 보험계약자 및 보험료납부자가 법인인 보험계약 • 보증보험계약 • 재보험계약 • 변액보험계약 주계약(최저사망보험금·최저연금적립금·최저중도인출금 등 최저보증 제외) 등

④ 보호한도

　㉠ 예금자보호제도는 다수의 소액예금자를 우선 보호하고 부실 금융회사를 선택한 예금자도 일정 부분 책임을 분담한다는 차원에서 예금의 전액을 보호하지 않고 일정액만을 보호하고 있다.

　㉡ 원금과 소정이자를 합하여 1인(법인도 대상)당 5천만 원까지만 보호되며 초과금액은 보호되지 않는다.

　㉢ 예금의 지급이 정지되거나 파산한 금융회사의 예금자가 해당 금융회사에 대출이 있는 경우에는 예금에서 대출금을 먼저 상환(상계)시키고 남은 예금을 기준으로 보호한다.

(2) 금융소득 종합과세

① 개요 … 금융실명제 실시에 따른 후속조치로 1996년부터 실시되었으며 1998년부터 일시 유보되었다가 2001년부터 다시 실시되고 있다. 현재 실시되고 있는 내용을 보면 개인별 연간금융소득(이자·배당 소득)이 2천만 원 이하일 경우에는 원천징수하고, 2천만 원을 초과하는 금융소득은 2천만 원에 대하여는 원천징수세율을 적용하고 2천만 원을 초과하는 금액은 다른 종합소득(근로소득·사업소득·연금소득 등)과 합산하여 누진세율을 적용하여 종합과세 한다.

② 소득의 종류와 과세방법
　㉠ 「소득세법」상 소득의 종류
　　㉮ 종합소득 : 해당과세기간에 발생하는 이자소득, 배당소득, 사업소득, 근로소득, 연금소득, 기타소득으로 개인별로 합산하여 종합소득세율에 의해 신고·납부 원칙
　　㉯ 퇴직소득 : 근로자가 퇴직함으로 인하여 지급받는 퇴직금
　　㉰ 양도소득 : 자산을 양도함으로 인하여 발생하는 소득(2010년부터 부동산 임대 소득은 종합소득 중 사업소득에 포함하여 과세
　㉡ 과세방법
　　㉮ 종합과세 : 이자소득 등 종합소득 중 비과세소득과 분리과세소득을 제외한 소득을 합산하여 누진세율을 적용하는 방법을 말한다.
　　㉯ 분리과세 : 타소득과 합산되지 아니하고 분리과세 대상소득이 발생할 때에 건별로 단일세율에 의하여 원천징수의무자가 원천징수함으로써 당해 소득자는 납세의무가 종결되는 과세방식을 말한다.

③ 금융소득에 대한 이해
　㉠ 금융소득이란 금융자산의 저축이나 투자에 대한 대가를 말하며, 이자소득과 배당소득을 합한 것이다.
　㉡ 현행 「소득세법」 체계는 종합소득에 대해 종합과세하는 것이 원칙이나, 조세정책적 목적으로 금융소득에 대해서는 다양한 분리과세제도를 운용하고 있다.
　㉢ 「소득세법」에서는 이자소득과 배당소득 둘 다 유형별 포괄주의에 의하여 과세범위를 규정하고 있다.
　　㉮ 이자소득 : 금전을 대여하고 받은 대가인 이자소득은 총수입금액이 되며 비과세되는 이자소득은 포함하지 않는다.
　　㉯ 배당소득 : 주주로서 분배받은 배당금인 배당소득은 총수입금액이 되며 비과세되는 배당소득은 포함하지 않으나 배당소득이 종합소득에 합산되는 경우 법인단계에서 부담한 것으로 간주되는 귀속법인세를 배당소득 총수입금액에 가산하여 Gross-up제도를 적용한다.

④ 금융소득 종합과세 체계

① 금융소득(이자소득+배당소득)	
(−) ② 비과세 금융소득	• 공익신탁의 이익, 장기저축성보험차익 • 장기주택마련저축 이자 · 배당, 개인연금저축 이자 · 배당, 비과세종합저축 이자 · 배당(1인당 5천만 원 이하), 농 · 어민 조합 예탁금 이자, 농어가 목돈 마련저축 이자, 녹색예금 · 채권 이자, 재형저축에 대한 이자 · 배당, 경과규정에 따른 국민주택채권 이자 • 우리사주조합원이 지급받는 배당, 조합 등 예탁금의 이자 및 출자금에 대한 배당, 영농 · 영어조합법인 배당, 재외동포 전용 투자신탁(1억 원 이하) 등으로부터 받는 배당, 녹색투자신탁 등 배당, 저축지원을 위한 조특법에 따른 저축에서 발생하는 배당, 개인종합재산관리계좌(ISA)에서 발생하는 금융소득의 합계액 중 200만 원 또는 400만 원까지
(−) ③ 분리과세 금융소득	• 장기채권이자 분리과세 신청(30%), 비실명금융소득(42.9%), 직장공제회 초과반환금(기본세율) • 7년(15년) 이상 사회기반시설채권이자(14%), 영농 · 영어 조합법인(1천 2백만 원 초과분)으로부터 받는 배당(5%), 농업회사법인 출자 거주자의 식량작물재배소득 외의 소득에서 발생한 배당(14%), 사회가반시설투융자집합투자기구의 배당(5%, 14%), 세금우대종합저축 이자 · 배당(9%), 개인종합자산관리계좌(ISA)에서 발생하는 금융소득의 비과세 한도(200만 원, 400만 원)를 초과하는 금액 등
(=) ④ 종합과세 금융소득	1) ①−(②+③)의 금액 중 2천만 원을 초과하는 금액이 종합과세됨 2) ①−(②+③)의 금액이 2천만 원 이하인 경우 • 국내외 금융소득으로서 국내에서 원천징수되지 아니한 소득에 대해서는 종합과세 • 그 외 금융소득은 원천징수로 분리과세

⑤ 종합과세 되는 금융소득

　㉠ 종합과세 제외 금융소득(비과세 되는 금융소득 + 분리과세 되는 금융소득)

　　㉮ 비과세 되는 금융소득은 과세대상이 아니며, 분리과세 되는 금융소득은 원천징수로 납세의무가 종결되므로 금융소득종합과세 대상에서 제외된다.

　　㉯ 「소득세법」에 의한 비과세 금융소득

　　　• 「신탁법」에 의한 공익신탁의 이익

　　　• 장기저축성보험의 보험차익

　　㉰ 「조세특례제한법」에 의한 비과세 금융소득

　　　• 개인연금저축의 이자 · 배당

　　　• 장기주택마련저축의 이자 · 배당

　　　• 비과세종합저축의 이자 · 배당 (1명당 저축원금 5천만 원 이하)

　　　• 조합 등 예탁금의 이자 및 출자금에 대한 배당

　　　• 재형저축에 대한 이자 · 배당

- 농어가목돈마련저축의 이자
- 우리사주조합원이 지급 받는 배당
- 농업협동조합근로자의 자사출자지분 배당
- 영농 · 영어조합법인의 배당
- 농업회사법인 출자금의 배당
- 재외동포전용 투자신탁 등의 배당 (1억 원 이하)
- 녹색예금, 녹색채권의 이자와 녹색투자신탁 등의 배당
- 경과규정에 의한 국민주택 등 이자
- 개인종합자산관리계좌(ISA)에서 발생하는 금융소득의 합계액 중 200만 원 또는 400만 원 까지

㉔ 「소득세법」에 의한 분리과세 금융소득
- 부동산 경매입찰을 위하여 법원에 납부한 보증금 및 경락대금에서 발생하는 이자 (14%)
- 실지명의가 확인되지 아니하는 이자 (42%)
- 2017. 12. 31. 이전에 가입한 10년 이상 장기채권(3년 이상 계속하여 보유)으로 분리과세를 신청한 이자와 할인액 (30%)
- 직장공제회 초과반환금 (기본세율)
- 수익을 구성원에게 배분하지 아니하는 개인으로 보는 법인격 없는 단체로서 단체명을 표기하여 금융거래를 하는 단체가 금융회사 등으로부터 받는 이자 배당 (14%)
- 금융소득(비과세 또는 분리과세분 제외)이 개인별로 연간 2천만 원(종합과세기준 금액)이하인 경우 (14% 또는 25%)

㉕ 「조세특례제한법」에 의한 분리과세 금융소득
- 발행일부터 최종 상환 일까지의 기간이 7년 이상인 사회기반시설에 대한 「민간투자법」 제58조 제1항의 규정에 의한 사회기반시설채권으로서 2014년말 까지 발행된 채권의 이자 (14%)
  ※ 2010. 1. 1. 이후 발행하는 사회기반시설채권은 최종 상환 일까지의 기간이 7년 이상(15년→7년)으로 변경 되었으며, 2010년부터 수해방지채권은 분리과세 대상에서 제외되었음
- 영농 · 영어조합법인의 배당 (5%)
- 세금우대종합저축의 이자 · 배당 (9%)
- 재외동포전용투자신탁 등의 배당 (5%)
- 집합투자증권의 배당소득에 대한 과세특례 (5%, 14%)
- 고위험고수익투자신탁 등에 대한 이자 배당 (14%)
- 개인종합자산관리계좌(ISA)에서 발생하는 금융소득(이자소득과 배당소득)의 비과세 한도(200만 원, 400만원)를 초과하는 금액 (9%)

㉖ 「금융실명거래 및 비밀보장에 관한 법률」에 의한 분리과세
- 비실명금융자산으로서 금융회사 등을 통해 지급되는 이자 · 배당 (90%)
- 「금융실명거래 및 비밀보장에 관한 법률」에 의하여 발행된 비실명채권에서 발생된 이자(2000. 12. 31. 까지 20%, 2001. 1. 1. 이후 15%)

ⓛ 종합과세 되는 금융소득

㉮ 금융소득이 2천만 원(종합과세기준금액)을 초과하는 경우 금융소득 전체를 종합과세 한다. 단 종합과세 기준금액을 기점으로 한 급격한 세부담 증가 문제를 보완하고 금융소득 종합과세 시 최소한 원천징수세율(14%)이상의 세부담이 되도록 하기 위해 2천만 원을 초과하는 금융소득만 다른 종합소득과 합산하여 산출세액을 계산하고 2천만 원 이하 금액은 원천징수세율(14%)을 적용하여 산출세액을 계산한다.

㉯ 산출세액 계산 시 「소득세법」 제62조의 규정에 따라 기준금액을 초과하는 금융소득을 다른 종합소득과 합산하여 계산하는 종합과세방식과 금융소득과 다른 종합소득을 구분하여 계산하는 분리과세방식에 의해 계산된 금액 중 큰 금액을 산출세액으로 한다.

㉰ 종합과세기준금액(2천만 원)의 초과여부를 계산함에 있어서 배당소득에 대해 배당가산(Gross-up)하지 않은 금액으로 한다.

  ※ 금융소득이 2천만 원을 초과하는 경우로서 기준금액 이하 금액은 형식적으로 종합과세 되나 원천징수세율에 의해 산출세액을 계산하므로 실질적으로는 분리과세 되는 것과 동일함

㉱ 금융소득이 2천만 원을 초과하는 경우에는 배당가산(Gross-up)한 금액을 종합과세 금융소득으로 한다.

㉲ 예외적으로 출자공동사업자로부터 받는 배당(원천징수세율 25%)은 종합과세기준금액(2천만 원)을 초과하지 않더라도 종합과세 한다.

ⓒ 국내에서 원천징수 되지 않는 금융소득

㉮ 국내에서 원천징수 되지 않은 국외에서 받는 금융소득

㉯ 국내에서 받는 2천만 원 이하의 금융소득으로서 「소득세법」 제127조에 따라 원천징수 되지 않은 금융 소득

  ※ 2천만 원(종합과세기준금액) 초과여부 판단 시 국내에서 원천징수 되지 않은 금융소득도 합산한다.

⑥ 금융소득의 세액계산 방법

㉠ 금융소득 중 2천만 원까지는 원천징수세율(14%)을 적용하여 계산한 세액과 2천만 원을 초과하는 금융소득에는 기본세율(6~42%)을 적용하여 계산한 세액을 합계하여 산출세액으로 한다.

  ※ 산출세액 = (금융소득 2천만 원 × 14%) + (종합소득 과세표준 × 기본세율)

㉡ 금융소득 전체 금액에 대하여 원천징수 된 세액 전부를 기납부세액(2천만 원에 대한 원천징수세액을 포함)으로 공제하여 납부할 세액을 계산한다.

  ※ 따라서 전체 금융소득 중 2천만 원까지는 원천징수세율로 납세의무가 종결되는 분리과세와 같은 결과가 된다.

㉢ 종합소득세 기본세율

과세표준(2018년 이후~)	세율	누진공제액
1,200만 원 이하	과세표준 × 6%	–
1,200만 원 초과~4,600만 원 이하	72만 원 + 1,200만 원 초과 금액의 15%	108만 원
4,600만 원 초과~8,800만 원 이하	582만 원 + 4,600만 원 초과 금액의 24%	522만 원

8,800만 원 초과~1억5천만 원 이하	1,590만 원 + 8,800만 원 초과 금액의 35%	1,490만 원
1억5천만 원 초과~3억 원 이하	3,760만 원 + 1억 5천만 원 초과 금액의 38%	1,940만 원
3억 원 초과~5억 원 이하	9,460만 원 + 3억 원 초과 금액의 40%	2,540만 원
5억 원 초과	1억 7,460만 원 + 5억 원 초과 금액의 42%	3,540만 원

⑦ 신고와 납부 … 종합과세대상 금융소득이 발생한 경우(1년간 금융소득이 2천만 원을 초과한 경우 또는 국내에서 원천징수 되지 않는 금융소득이 있는 경우) 발생년도 다음 해 5월 1일부터 5월 31일까지 주소지 관할 세무서에 종합소득세 확정 신고 · 납부하여야 하며, 만약 5월 31일까지 신고하지 않거나 불성실하게 신고하는 경우에는 신고불성실 가산세 또는 납부불성실 가산세를 부담하게 된다.

(3) 자금세탁방지제도

① 개요

ⓐ 자금세탁방지제도란 국내 · 국제적으로 이루어지는 불법자금의 세탁을 적발 · 예방하기 위한 법적 · 제도적 장치로서 사법제도, 금융제도, 국제협력을 연계하는 종합관리시스템을 의미 한다.

ⓑ 자금세탁(Money Laundering)의 개념은 일반적으로 자금의 위법한 출처를 숨겨 적법한 것처럼 위장하는 과정을 의미 한다.

ⓒ 우리나라의 경우 불법재산의 취득 · 처분사실을 가장하거나 그 재산을 은닉하는 행위 및 외국환거래 등을 이용한 탈세목적으로 재산의 취득 · 처분사실을 가장하거나 그 재산을 은닉하는 행위"로 규정하고 있다.

[자금세탁방지제도 체계]

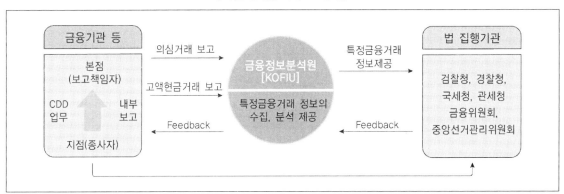

② 금융정보분석기구 (FIU ; Financial Intelligence Unit)

ⓐ 금융기관으로부터 자금세탁 관련 의심거래보고 등 금융정보를 수집 · 분석하여, 이를 법집행기관에 제공하는 단일의 중앙 국가기관이다.

ⓑ 우리나라의 금융정보분석기구는 「특정금융거래정보의 보고 및 이용에 관한 법률」에 의해 설립된 금융정보분석원(KoFIU)이다.

ⓒ 금융정보분석원은 법무부·금융위원회·국세청·관세청·경찰청·한국은행·금융감독원 등 관계기관의 전문 인력으로 구성되어 있으며, 금융기관 등으로부터 자금세탁관련 의심거래를 수집·분석하여 불법거래, 자금세탁행위 또는 공중협박자금조달행위와 관련된다고 판단되는 금융거래 자료를 법 집행기관 (검찰청·경찰청·국세청·관세청·금융위·중앙선관위 등) 제공하는 업무를 주 업무로 하고, 금융기관 등의 의심거래 보고업무에 대한 감독 및 검사, 외국의 FIU와의 협조 및 정보교류 등을 담당하고 있다.

③ 의심거래보고제도(STR ; Suspicious Transaction Report)

ⓐ 정의 : 금융거래(카지노에서의 칩 교환 포함)와 관련하여 수수한 재산이 불법재산이라고 의심되는 합당한 근거가 있거나 금융거래의 상대방이 자금세탁 행위를 하고 있다고 의심되는 합당한 근거가 있는 경우 이를 금융정보분석원장에게 보고하는 제도이다. 불법재산 또는 자금세탁행위를 하고 있다고 의심되는 합당한 근거의 판단주체는 금융회사 종사자이며, 그들의 주관적 판단에 의존하는 제도라는 특성이 있다.

ⓑ 보고대상

㉮ 금융회사 등은 금융거래와 관련하여 수수한 재산이 불법재산이라고 의심되는 합당한 근거가 있거나 금융거래의 상대방이 자금세탁행위나 공중협박자금조달행위를 하고 있다고 의심되는 합당한 근거가 있는 경우에는 지체 없이 의무적으로 금융정보분석원에 의심거래보고를 하여야 한다.

㉯ 의심거래보고를 하지 않는 경우에는 관련 임직원에 대한 징계 및 기관에 대한 시정명령과 과태료 부과 등 제재처분이 가능하다.

㉰ 금융회사가 금융거래의 상대방과 공모하여 의심거래보고를 하지 않거나 허위보고를 하는 경우에는 6개월의 범위 내에서 영업정지처분도 가능하다.

㉱ 의심거래보고건수는 2010년 6월 30일부터 의심거래보고 기준금액이 2천만 원에서 1천만 원으로 하향 조정되고, 2013년 8월 13일부터 의심거래 보고 기준금액이 삭제됨에 따라 크게 증가되고 있는 추세이다.

ⓒ 보고 방법 및 절차

㉮ 금융기관 영업점 직원은 업무지식과 전문성, 경험을 바탕으로 고객의 평소 거래상황, 직업, 사업내용 등을 고려하여 취급한 금융거래가 혐의거래로 의심되면 그 내용을 보고책임자에게 보고하며, 고객확인의무 이행을 요청하는 정보에 대해 고객이 제공을 거부하거나 수집한 정보의 검토 결과 고객의 금융 거래가 정상적이지 못하다고 판단하는 경우 의심스러운 거래로 보고한다.

㉯ 보고책임자는 특정금융 거래정보보고 및 감독규정의 별지 서식에 의한 의심스러운 거래보고서에 보고기관, 거래상대방, 의심스러운 거래내용, 의심스러운 합당한 근거, 보존하는 자료의 종류 등을 기재하여 온라인으로 보고하거나 문서 또는 저장 매체로 제출하되, 긴급한 경우에는 우선 전화나 FAX로 보고하고 추후 보완할 수 있다.

ⓓ 의심거래보고 정보의 법집행기관에 대한 제공 : 금융기관 등 보고기관이 의심스러운 거래의 내용에 대해 금융정보분석원(KoFIU)에 보고하면 보고된 의심거래 내용과 외환 전산망 자료 등을 종합·분석 후 불법거래 또는 자금세탁행위와 관련된 거래라고 판단되는 때에는 해당 금융거래자료를 검찰청·경찰청·국세청·관세청·금융위원회·선거관리위원회 등 법집행기관에 제공하고, 법집행기관은 거래내용을 조사·수사하여 기소 등의 의법 조치를 하게 된다.

④ 고객현금거래보고(CTR ; Currency Transaction Report)
　㉠ 개념
　　㉮ 일정금액 이상의 현금거래를 KoFIU에 보고하는 제도
　　㉯ 1거래일 동안 1천만 원 이상의 현금을 입금하거나 출금한 경우 거래자의 신원과 거래일시, 거래금액 등 객관적 사실을 전산으로 자동 보고하게 되어있다.
　　㉰ 2006년에 이 제도를 처음 도입하였으며 도입당시 기준금액은 5천만 원 이었으나, 2019년 7월부터 1천만 원으로 내려 운영하고 있다.
　㉡ 도입 목적
　　㉮ 불법자금의 유출입 또는 자금세탁혐의가 있는 비정상적 금융거래를 효율적으로 차단하려는데 목적이 있다.
　　㉯ 대부분의 자금세탁거래가 고액의 현금거래를 수반하고 금융기관 직원의 주관적 판단에 의존하는 의심거래보고제도(STR)만으로는 불법자금을 적발하기 불가능하다는 문제점을 해결하기 위해 도입되었다.
　　㉰ 우리나라는 금융거래에서 현금거래 비중이 높은 점 때문에 자금세탁방지의 중요한 장치로서 도입 필요성이 강하게 제기되어 왔으며 FATF(Financial Action Task Force on Money Laundering) 등 자금세탁방지 관련 국제기구는 각국이 이러한 제도를 도입할 것을 권고하고 있다.
　㉢ 외국 사례
　　㉮ 미국을 시작으로 주요 선진국과 대만, 과테말라 등으로 확대되고 있다.
　　㉯ 기준금액은 나라별로 다르지만 미국, 호주 등 주요국에서는 1만 달러(자국화폐 기준)를 기준금액으로 하고 있다.
　　㉰ 분할거래를 통해 회피하는 것을 방지하기 위해 일정기간 동안의 다중거래는 단일거래로 판단하고 있다.
　　㉱ 자금세탁위험이 상대적으로 낮은 정부기관 또는 금융기관 등과 거래는 금융회사 스스로 판단하여 보고대상에서 제외하는 보고면제제도를 운영하고 있다.
　　㉲ 우리나라는 고객현금거래 보고 면제대상기관을 「특정금융정보법 시행령」에 명시하고 이 대상기관의 현금거래는 고액현금거래보고를 면제토록 하는 '면제대상 법정 지정방식'을 채택하고 있다.
⑤ 고객확인제도(CDD ; Customer Due Diligence)
　㉠ 개념
　　㉮ 금융회사가 고객의 실명, 주소, 연락처 등을 추가로 확인하고 자금세탁행위 등의 우려가 있는 경우 실제 당사자 여부 및 금융거래 목적을 확인하는 제도이며 우리나라 법률에서는 이를 합당한 주의로서 행해야 하는 의무사항으로 규정하고 있다.
　　㉯ 관련서류의 제출을 거부하는 경우 금융거래를 거절할 수 있다.
　　㉰ 1993년부터 시행하고 있는 금융실명제는 CDD의 기초에 해당한다.

㉒ 고객확인제도는 금융회사 입장에서 자신의 고객이 누구인지 정확하게 알고 범죄자에게는 금융서비스를 제공하지 않도록 하는 정책이라 하여 고객알기정책(Know Your Customer Policy)이라고도 한다.

ⓛ 실명확인제도와 고객확인 제도의 비교

「금융실명법」	「특정금융정보법」상 고객확인제도(CDD)	
	(2006. 1월 도입)	고위험고객 : 강화된 고객확인(EDD*)
성명, 주민번호	성명, 주민번호 + 주소, 연락처 + 실제소유자에 관한 사항 (2016. 1. 1.부터 시행)	성명, 주민번호, 주소, 연락처 + 실제소유자에 관한 사항, 거래목적, 거래자금의 원천

* EDD(Enhanced Due Diligence)

ⓒ 고객확인 대상

㉠ 계좌의 신규 개설 : 고객이 예금계좌, 위탁매매계좌 등을 개설하고 금융기관과 계속적인 금융거래를 개시할 목적으로 계약을 체결하는 것을 말한다.

※ 계좌 신규개설의 경우 거래금액에 상관없이 고객확인의무를 수행해야 한다.

㉡ 2천만 원(미화 1만불 상당) 이상의 일회성 금융거래 : 무통장입금(송금), 외화송금 · 환전, 자기앞수표 발행, 어음 · 수표의 지급, 선불카드 매매 등이 해당한다.

㉢ 금융거래의 실제 당사자 여부가 의심되는 등 자금세탁행위나 공중협박자금조달 행위를 할 우려가 있는 경우

ⓔ 고객확인 면제 대상

㉠ 「금융실명법」상 실명확인 생략 가능한 각종 공과금의 수납, 100만 원 이하의 원화 송금(무통장입금 포함), 100만 원 이하에 상당하는 외국통화의 매입 · 매각

㉡ 「금융실명법」 제3조 제2항 제3호에서 정한 특정채권의 거래

㉢ 법원공탁금, 정부 · 법원 보관금, 송달료를 지출한 금액

㉣ 보험기간의 만료 시 보험계약자, 피보험자 또는 보험수익자에 대하여 만기환급금이 발생 하지 않는 보험계약

ⓜ 고객확인 내용

㉠ 고객별 신원확인사항

구분	신원확인사항(「시행령」 제10조의4)
개인	실지명의(「금융실명법」 제2조 제4호의 실지명의), 주소, 연락
영리법인	실지명의, 업종, 본점 및 사업장 소재지, 연락처, 대표자, 실지명의
비영리법인 및 기타 단체	실지명의, 설립목적, 주된 사무소 소재지, 연락처, 대표자 실지명의
외국인 및 외국단체	위의 분류에 의한 각각의 해당사항, 국적, 국내 거소 또는 사무소 소재지

④ 고객이 자금세탁행위를 할 우려가 있는 경우 : 고객별 신원확인 외에 고객의 실제 당사자 여부 및 금융거래 목적 까지 확인해야 한다.

　　ⓑ 강화된 고객확인의무(EDD ; Enhanced Due Diligence)

　　　　㉮ 고객별 · 상품별 자금세탁 위험도를 분류하고 자금세탁위험이 큰 경우 실제당사자 여부와 거래목적, 거래자금 등의 원천 등을 확인하는 제도이다.

　　　　㉯ 2016년부터 강화된 FATF 국제기준을 반영하여 금융회사는 고객확인 시 실제소유자(해당금융거래를 통하여 궁극적으로 혜택을 보는 개인) 여부를 확인하는 사항이 추가되었고, 거부하는 고객에 대해 거래 거절 및 종료가 의무화 되도록 했다.

　　ⓒ 개인고객에 대한 확인과정

　　　　㉮ 타인을 위한 거래를 하고 있다고 의심되거나 고객이 실제소유자가 따로 존재한다고 밝힌 경우에만 실제소유자(이 경우 계좌 명의인으로 간주)를 새로 파악

　　　　㉯ 파악된 실제소유자의 실지명의(성명, 주민등록번호)를 확인하고 기재

　　ⓓ 법인 또는 단체고객에 대한 확인과정

　　　　㉮ 투명성이 보장되거나 정보가 공개된 국가 · 지자체 · 공공단체 · 금융회사 및 사업보고서 제출대상법인의 경우 확인의무 면제 가능

　　　　㉯ 3단계로 실제소유자 파악

(1단계) 100분의 25 이상의 지분증권을 소유한 사람

　　⇓ (1단계에서 확인할 수 없는 경우)

(2단계) ①, ②, ③ 중 택일 ① 대표자 또는 임원 · 업무집행사원의 과반수를 선임한 주주(자연인) ② 최대 지분증권을 소유한 사람 ③ ① · ②외에 법인 · 단체를 사실상 지배하는 사람 * 단, 최대 지분증권 소유자가 법인 또는 단체인 경우, 금융회사는 3단계로 바로 가지 않고 최종적으로 지배하는 사람을 추적하는 것을 선택할 수 있음

　　⇓ (2단계에서 확인할 수 없는 경우)

(3단계) 법인 또는 단체의 대표자

　　* 금융회사는 주주, 대표자, 임원 등을 법인등기사항전부증명서, 주주명부 등을 통해 확인 가능

　　　　㉰ 파악된 실제소유자의 성명, 생년월일을 확인하고 기재

(4) 금융정보 자동교환 협정

① 금융정보자동교환을 위한 국제 협정 … 조세조약에 따른 국가 간 금융정보자동교환을 위하여 국내 금융회사들은 매년 정기적으로 상대국 거주자 보유 계좌정보를 국세청에 제출하고 있다.

[국가 간 자동 정보교환 방식]

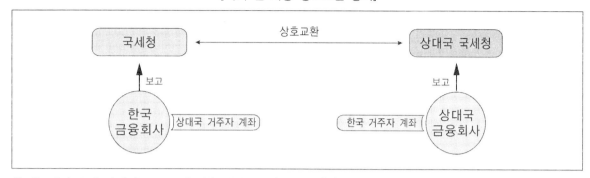

㉠ 한-미간 국제 납세의무 준수 촉진을 위한 협정(FATCA협정)

㉮ 2010년 3월 미국은 해외금융회사에 대해 자국 납세자의 금융정보 보고를 의무화하는 조항을 신설하고 동 정보교환을 위해 2012년부터 다른 나라 정부간 협정 체결을 추진하였다.

㉯ 우리나라는 2012년 4월 한미 재무장관 회의에서 상호교환 방식으로 금융정보자동교환 협정을 체결하기로 하고 협상을 진행하여 2014년 3월 협정문에 합의하였으며 2015년 6월 양국 간 정식 서명하였다.

㉰ 협정은 2016년 9월 국회 비준에 따라 발효되었으며, 국세청은 2016년 11월 국내 금융회사로부터 미국 거주자 등 미국 납세의무자에 대한 금융정보를 수집하여 미국 과세당국과 금융정보를 상호교환 하고 있다.

㉡ 다자 간 금융정보자동교환 협정(MCAA협정)

㉮ 미국이 양자 간 금융정보자동교환을 추진한 이후, OECD 및 G20을 중심으로 각 국에 납세 의무가 있는 고객의 금융정보를 교환하기 위한 다자 간 금융정보자동교환 협정(MCAA ; Multilateral Competent Authority Agreement on Automatic Exchange of Financial Account Information)이 추진되었다.

㉯ 2014년 10월 독일 베를린에서 우리나라를 포함한 총 51개국이 동 협정에 서명했고 현재 100개국 이상이 참여하고 있다. 각국은 OECD가 마련한 공통보고기준(CRS ; Common Reporting Standard)을 기반으로 금융정보자동교환 관련 의무를 이행하고 있다.

② 금융정보자동교환을 위한 국내 규정

㉠ 「국제조세조정에 관한 법률」 제31조, 제31조의2, 제37조의3, 제37조의4 : 정기적인 금융정보 교환을 위한 금융회사의 금융정보 제출 의무, 정보보안의무, 금융거래 상대방에게 자료 제출 요구 근거, 과태료와 벌칙 등 규정

㉡ 「국제조세조정에 관한 법률 시행령」 제47조 : 금융정보 제출 방법, 금융거래 상대방에게 요청할 수 있는 인적사항의 종류, 제출된 정보의 시정요구 및 오류시정 절차 등 규정

㉢ 정보교환협정에 따른 금융정보자동교환 이행규정(기획재정부 고시) : 「국제조세조정에 관한 법률」에서 위임을 받아 금융회사가 금융거래 상대방의 인정사항 등을 확인하기 위한 실사절차, 자료제출방법, 비보고 금융회사와 제외계좌 등 규정

③ 금융회사의 의무

　　㉠ 실사의 의무

　　　㉮ 개념 : 금융정보 자동교환을 위한 국제 협정을 이행하기 위하여 국내 금융회사는 관리하고 있는 금융계좌 중 계좌보유자가 보고대상 해외 납세의무자에 해당하는지 여부를 확인하는 실사 절차를 수행해야한다.

　　　㉯ 실사 일반사항

구분			주요내용
개인	기존계좌	소액	• 거주지 주소확인(미국 제외) • 전산기록 검토를 통해 추정정보 확인
		고액	• 고액계좌 : 미화 100만 달러 초과 계좌 • 전산 · 문서기록 검토 통해 추정정보 확인 • 고객담당자 확인
	신규계좌		본인확인서
단체	기존계좌		규제목적상 또는 고객관리 목적상 관리되는 정보 확인
	신규계좌		본인확인서

　　㉡ 정보수집 및 보고의 의무

　　　㉮ 개념 : 금융회사는 보고대상 금융계좌에 대한 정보를 수집하여 해당 정보를 국세청에 보고하여야 한다.

　　　㉯ 보고대상 금융계좌의 종류(이행규정 제11조 ~ 제18조)

구분	개요
예금계좌	금융기관이 은행업에 따른 은행업무 또는 이와 유사한 업무를 운영하는 과정에서 관리하는 예금 · 적금 · 부금 등 계좌, 예금증서 또는 이와 유사한 증서로 증명되는 계좌
수탁계좌	타인의 이익을 위해 투자 목적으로 금융상품을 보유하거나 금융계약을 체결하기 위해 개설된 계좌(보험계약 또는 연금계약인 경우에는 수탁계좌로 보지 않음)
자본지분 채무지분	금융회사에 의해 보유되는 금융회사 소유의 자본 및 채무 지분 그리고 그와 동등한 조합 및 신탁의 지분
현금가치 보험계약*	사망, 징병, 사고, 법적 책임, 현금성 자산위험에 대한 보험계약 및 기대수명에 의해 전적 또는 부분적으로 결정되는 기간 동안 보험료를 납부해야 하는 계약
연금계약	발행인이 1인 이상인 개인의 기대수명 전부 또는 일부에 기초하여 일정기간 동안 금전 또는 그 밖의 급여를 지급할 것을 약정하는 계약

　　* 현금가치보험계약에서 제외되는 보험계약(이행규정 제17조) : ① 보험업감독규정 제1~2조 제11호에 따른 일반손해보험계약, ② 제1호에 해당하지 않는 보험계약 중 순보험료가 위험보험료만으로 구성되는 보험계약, ③ 두 보험회사 간의 보장성 재보험계약

　　　㉰ 제외계좌 : 생명보험계약, 연금계좌 같이 계좌가 세제혜택 대상이고 계좌 정보가 과세당국에 보고되는 등 조세회피 등에 사용될 위험이 낮은 것으로 판단되는 특정 금융계좌이다. 금융계좌라 하더라도 제외계좌에 해당하는 계좌들은 보고, 실사절차, 계좌잔액 합산 대상 금융계좌에서도 제외된다.

최근 기출문제 **분석**

2019. 10. 19. 우정서기보(계리직)

1 A씨의 2018년 귀속 금융소득 현황이 다음과 같을 때 종합소득 산출세액으로 옳은 것은?

> • 정기예금 이자: 55,100,000원
> • 우리사주 배당금: 20,000,000원
> • 환매조건부채권 이자(RP): 30,000,000원
> • 농업회사법인 출자금 배당: 10,000,000원
>
> 단, 종합소득 공제는 5,100,000원, 누진 공제액은 5,220,000원으로 한다.

① 9,580,000원 ② 11,980,000원
③ 14,380,000원 ④ 16,780,000원

> **TIP** 개인별 연간 금융소득(이자·배당 소득)이 2천만 원 이하일 경우에는 원천징수하고, 2천만 원을 초과하는 금융소득은 2천만 원에 대하여는 원천징수세율(14%)을 적용하고 2천만 원을 초과하는 금액은 다른 종합소득(근로소득·사업소득·연금소득 등)과 합산하여 누진세율을 적용하여 종합과세 한다.
> 제시된 금융소득 중 우리사주 배당금과 농업회사법인 출자금 배당은 「조세특례제한법」에 의한 비과세 금융소득이므로 종합과세에서 제외된다. 따라서 A씨의 종합소득산출세액을 계산하면 아래와 같다.
> • 총 금융소득 = 5,510만 원 + 3,000만 원 = 8,510만 원
> • 총 금융소득 − 종합소득 공제 = 8,510만 원 − 510만 원 = 8,000만 원
> • 2,000만 원에 대한 원천징수 : 2,000만 원 × 0.14 = 280만 원
> • 2,000만 원을 초과하는 금액 6,000만 원 : 582만 원 + (6,000만 원 − 4,600만 원) × 0.24 = 918만 원
> • A씨의 종합소득산출세액 = 280만 원 + 918만 원 = 1,198만 원

Answer 1.②

2 예금자보호법에서 정한 예금보험제도에 대한 설명으로 옳은 것은?

① 은행, 보험회사, 종합금융회사, 수협은행, 외국은행 국내지점은 보호대상 금융회사이다.

② 외화예금, 양도성예금증서(CD), 환매조건부채권(RP), 주택청약저축은 비보호 금융상품이다.

③ 서울시가 시중은행에 가입한 정기예금 1억 원은 5천만 원 한도 내에서 예금자보호를 받는다.

④ 금융회사가 예금을 지급할 수 없게 되면 법에 의해 금융감독원이 대신하여 예금을 지급하는 공적 보험제도이다.

> **TIP** ① 부보금융회사란 「예금자보호법」에 따른 예금보험의 적용을 받는 자로서 다음 각 목의 어느 하나에 해당하는 금융회사를 말한다(「예금자보호법」 제2조 제1호).
> 가. 「은행법」 제8조 제1항에 따라 인가를 받은 은행
> 나. 「한국산업은행법」에 따른 한국산업은행
> 다. 「중소기업은행법」에 따른 중소기업은행
> 라. 「농업협동조합법」에 따른 농협은행
> 마. 「수산업협동조합법」에 따라 설립된 수협은행
> 바. 「은행법」 제58조 제1항에 따라 인가를 받은 외국은행의 국내 지점 및 대리점(대통령령으로 정하는 외국은행의 국내 지점 및 대리점은 제외한다)
> 사. 「자본시장과 금융투자업에 관한 법률」 제12조에 따라 같은 법 제3조 제2항에 따른 증권을 대상으로 투자매매업·투자중개업의 인가를 받은 투자매매업자·투자중개업자(「자본시장과 금융투자업에 관한 법률」 제78조에 따른 다자간매매체결회사, 예금 등이 없는 투자매매업자·투자중개업자로서 대통령령으로 정하는 자 및 「농업협동조합의 구조개선에 관한 법률」 제2조 제1호에 따른 조합은 제외한다)
> 아. 「자본시장과 금융투자업에 관한 법률」 제324조 제1항에 따라 인가를 받은 증권금융회사
> 자. 「보험업법」 제4조 제1항에 따라 허가를 받은 보험회사(재보험 또는 보증보험을 주로 하는 보험회사로서 대통령령으로 정하는 보험회사는 제외한다)
> 차. 「자본시장과 금융투자업에 관한 법률」에 따른 종합금융회사
> 카. 「상호저축은행법」에 따른 상호저축은행 및 상호저축은행중앙회
> ② 외화예금은 보호 금융상품이다.

보호 금융상품	은행	• 요구불예금(보통예금, 기업자유예금, 당좌예금 등) • 저축성예금(정기예금, 주택청약예금, 표지어음 등) • 적립식예금(정기적금, 주택청약부금, 상호부금 등) • 외화예금 • 예금보호대상 금융상품으로 운용되는 확정기여형 퇴직연금제도 및 개인형퇴직연금제도의 적립금 • 개인종합자산관리계좌(ISA)에 편입된 금융상품 중 예금보호 대상으로 운용되는 금융상품 • 원본이 보전되는 금전신탁 등
	보험 회사	• 개인이 가입한 보험계약 • 퇴직보험 • 변액보험계약 특약 • 변액보험계약 최저사망보험금·최저연금적립금·최저중도인출금 등 최저보증 • 예금보호대상 금융상품으로 운용되는 확정기여형 퇴직연금제도 및 개인형퇴직연금제도의 적립금 • 개인종합자산관리계좌(ISA)에 편입된 금융상품 중 예금보호 대상으로 운용되는 금융상품 • 원본이 보전되는 금전신탁 등

비보호 금융상품	은행	• 양도성예금증서(CD) • 환매조건부채권(RP) • 금융투자상품(수익증권, 뮤추얼펀드, MMF등) • 특정금전신탁 등 실적배당형 신탁 • 은행 발행채권 • 주택청약저축, 주택청약종합저축 등
	보험 회사	• 보험계약자 및 보험료납부자가 법인인 보험계약 • 보증보험계약 • 재보험계약 • 변액보험계약 주계약(최저사망보험금 · 최저연금적립금 · 최저중도인출금 등 최저보증 제외) 등

③ 정부 · 지방자치단체 · 한국은행 · 금융감독원 · 예금보험공사 및 부보금융회사의 예금은 보호대상에서 제외된다.

④ 예금보험공사는 예금보험제도를 통해 금융회사의 보험료, 정부와 금융회사의 출연금, 예금보험기금채권 등으로 예금보험기금을 조성해두었다가 금융회사가 고객들에게 예금을 지급하지 못하는 경우에 대신 지급해 준다.

2019. 10. 19. 우정서기보(계리직)

3 **예금주의 사망 시 적용되는 상속제도에 대한 설명으로 옳지 않은 것은?**

① 친양자 입양제도에 따라 입양된 친양자는 법정혈족이므로 친생 부모 및 양부모의 예금을 상속받을 수 있다.

② 예금주의 아들과 손자는 같은 직계비속이지만 아들이 손자보다 선순위로 상속받게 된다.

③ 특정유증의 경우, 수증자는 상속인 또는 유언집행자에 대하여 채권적 청구권만을 가진다.

④ 협의 분할 시 공동상속인 중 친권자와 미성년자가 있는 경우, 미성년자에 대하여 특별대리인을 선임하여 미성년자를 대리하도록 해야 한다.

> **TIP** ① 양자는 법정혈족이므로 친생부모 및 양부모의 예금도 상속한다. 다만, 2008. 1. 1.부터 시행된 친양자 입양제도에 따라 입양된 친양자는 친생부모와의 친족관계 및 상속관계가 모두 종료되므로 생가부모의 예금을 상속하지는 못한다.
> ※ 서자와 적모 사이 · 적자와 계모 사이 · 부와 가봉자(의붓아들) 사이에는 혈연도 없고 법정혈족도 아니므로 상속인이 아니다.

4 **우체국 예금상품 및 체크카드에 대한 설명으로 옳은 것을 모두 고른 것은?**

> ㉠ 법인용 체크카드의 현금 입출금 기능은 개인사업자에 한하여 선택 가능하다.
> ㉡ 우체국 소상공인정기예금은 노란우산공제에 가입하거나 신용카드 가맹점 결제계좌 약정 시 우대금리를 제공한다.
> ㉢ 우체국 Smart퍼즐적금, 우체국 e-포인트적금, 스마트정기예금, e-Postbank예금은 우체국 창구를 통한 가입이 불가하다.
> ㉣ 우체국 포미 체크카드는 싱글족 맞춤혜택 카드로, 교통기능은 후불 적용되며 점자카드는 발급이 불가하고 해외에서 사용이 가능한 카드이다.

① ㉠, ㉡   ② ㉡, ㉢

③ ㉢, ㉣   ④ ㉠, ㉣

TIP ㉠ [O] 우체국 체크카드 법인용 상품 중 '정부구매' 체크카드의 경우 현금카드 기능이 지원되지 않으며, '성공파트너', 'e-나라도움', 'Biz플러스' 체크카드의 현금 입출금 기능은 개인사업자에 한하여 선택이 가능하다.

㉡ [X] 우체국 소상공인정기예금은 소상공인 또는 소기업 대표자가 1년 이상 3년 이하의 기간으로 100만 원 이상 1억 원 이하의 한도 내에서 저축할 수 있고, 정기예금 이율에 가입자 우대금리 0.3%p를 추가로 받는다. 또 노란우산공제에 가입하거나 우체국 수시입출식 예금의 평균 잔액이 200만 원 이상인 경우 각각 0.1%p 추가 우대금리가 제공된다.

㉢ [X] 우체국 Smart퍼즐적금과 우체국 e-포인트적금은 우체국 창구를 통한 가입이 불가능하지만, 스마트정기예금과 e-Postbank예금은 우체국 창구에서도 신규가입 및 해지가 가능하다.

㉣ [O] 우체국 포미 체크카드는 편의점, 간편결제, 쇼핑, 배달앱 등에서 캐시백 할인이 되는 싱글족 맞춤혜택 특화 카드이다. 현금카드, 복지카드 기능이 가능하고, 교통기능은 후불 적용되며 가족카드, 점자카드는 발급이 불가하고 해외에서 사용이 가능하다.

Answer 4.④

2018. 7. 21. 우정서기보(계리직)
5 예금의 입금과 지급 업무에 대한 설명으로 옳지 않은 것은?

① 기한부 예금을 중도해지 하는 경우, 반드시 예금주 본인의 의사를 확인하는 것이 필요하다.

② 금융기관은 진정한 예금주에게 변제한 때에 한하여 예금채무를 면하게 되는 것이 원칙이다.

③ 송금인의 단순착오로 인해 수취인의 계좌번호가 잘못 입력되어 이체가 완료된 경우, 언제든지 수취인의 동의 없이도 송금액을 돌려받을 수 있다.

④ 금융기관이 실제 받은 금액보다 과다한 금액으로 통장을 발행한 경우, 실제 입금한 금액에 한하여 예금계약이 성립하고 초과된 부분에 대하여는 예금계약이 성립하지 않는다.

> **TIP** ③ 착오송금이란 송금인의 착오로 인해 송금금액, 수취금융회사, 수취인 계좌번호 등이 잘못 입력돼 이체된 거래로서, 착오송금액은 법적으로 수취인의 예금이기 때문에 송금인은 수취인의 동의 없이는 자금을 돌려받을 수 없다.

2018. 7. 21. 우정서기보(계리직)
6 우체국 해외송금서비스에 대한 설명으로 옳은 것은?

① 머니그램(MoneyGram) 해외송금은 수취인의 계좌번호 없이 당발송금이 가능하다.

② 유로지로(Eurogiro) 해외송금의 당발송금 한도는 건당 미화 5천 달러 상당액 이하이다.

③ SWIFT와 유로지로(Eurogiro)의 타발송금 한도는 1일 기준으로 미화 5만 달러 상당액 이하이다.

④ SWIFT 망을 통해 해외은행 계좌에 송금할 수 있는 한도는 건당 미화 3천 달러 상당액 이하이고, 외국인은 송금을 할 수 없다.

> **TIP** ② 유로지로(Eurogiro) 해외송금의 당발송금 한도는 건당 미화 3천 달러 상당액 이하이다.
> ③ SWIFT와 유로지로(Eurogiro)의 타발송금 한도는 1일 기준으로 미화 2만 달러 상당액 이하이다.
> ④ SWIFT 망을 통해 해외은행 계좌에 송금할 수 있는 한도는 건당 미화 5만 달러 상당액 이하이고, 외국인도 송금을 할 수 있다.

Answer 5.③ 6.①

7 우체국 예금상품에 대한 설명으로 옳은 것은?

① 실버우대정기예금의 최저 가입 금액은 100만 원이다.

② 우체국국민연금안심통장과 우체국생활든든통장은 압류금지 전용 통장이다.

③ 우체국Smart퍼즐적금의 목표 금액은 100만 원 이상이고, 저축한도는 제한이 없다.

④ 우체국Young利한통장의 가입 대상은 만 18세 이상에서 만 35세 이하 실명의 개인이다.

> **TIP** ① 실버우대정기예금의 최저 가입 금액은 1,000만 원 이상이다.
> ② 우체국 행복지킴이통장, 우체국 희망지킴이통장, 우체국 국민연금안심통장, 우체국 공무원연금평생안심통장, 우체국 호국보훈지킴이통장은 압류금지 전용 통장이다.
> ③ 우체국Smart퍼즐적금의 목표 금액은 100만 원 이상이고, 저축한도는 2,000만 원(분기당 300만 원) 이내다.

8 금리에 대한 설명으로 옳지 않은 것은?

① 명목금리는 실질금리에서 물가상승률을 뺀 금리이다.

② 채권가격이 내려가면 채권수익률은 올라가고, 채권가격이 올라가면 채권수익률은 내려간다.

③ 표면금리는 겉으로 나타난 금리를 말하며 실효금리는 실제로 지급받거나 부담하게 되는 금리를 뜻한다.

④ 단리는 원금에 대한 이자만 계산하는 방식이고, 복리는 원금에 대한 이자뿐만 아니라 이자에 대한 이자도 함께 계산하는 방식이다.

> **TIP** ① 명목금리는 물가상승에 따른 구매력의 변화를 감안하지 않은 금리이며 실질금리는 명목금리에서 물가상승률을 뺀 금리이다.

Answer 7.④ 8.①

출제 예상 문제

1 다음 빈칸에 들어갈 단어로 알맞은 것은?

> ___㉠___ 은(는) 인간이 물질생활을 유지하기 위한 활동을 의미하며, 그러한 물질적인 활동에는 ___㉡___ 이 (가) 존재하고 ___㉡___ 에 의한 일정한 흐름의 현상(순환)이 나타난다.

㉠	㉡
① 사회	기업
② 경제	경제주체
③ 문화	금융기관
④ 기업	소비자

TIP 지문의 내용은 경제에 대한 정의이다. 경제는 인간이 물질생활을 유지하기 위한 활동을 의미하며, 그러한 물질적인 활동에는 경제주체(활동의 주체)가 존재하고 경제주체에 의한 일정한 흐름의 현상(순환)이 나타난다.

2 다음 중 경제주체가 아닌 것은?

① 기업   ② 정부
③ 해외   ④ 상품

TIP 경제활동을 하는 경제주체는 가계(Household sector), 기업(Corporation sector), 정부(Government sector), 해외(Foreign sector)로 분류할 수 있다.

Answer 1.② 2.④

3 생산요소의 특징으로 옳지 않은 것은?

① 인적요소인 노동과 물적요소인 토지, 자본으로 나누어진다.

② 생산과정에 투입되고 나면 소멸된다는 특성을 가진다.

③ 노동, 토지는 원래 존재하던 생산요소로 본원적 생산요소이다.

④ 자본의 일부는 소비되지 않고 다시 생산과정에 투입되어 부가가치를 생산한다.

> **TIP** 생산요소(Factors of Production)는 기업이 생산을 위해 투입하는 것으로 인적요소인 노동과 물적요소인 토지, 자본이 있다. 생
> 산요소는 생산과정에 투입되어도 소멸하지 않고 다음 회차의 생산과정에 다시 투입될 수 있다(비소멸성)는 점에서 원재료, 중간
> 재와는 다르다. 노동, 토지 같이 본원적 생산요소가 있으며, 자본은 생산으로 산출되지만 일부는 소비되지 않고 재투입되어 부가
> 가치를 생산한다.

4 다음 중 금융의 역할이 아닌 것은?

① 개인 간 자금거래 중개　　　　　　② 거래비용의 절감

③ 상품의 생산　　　　　　　　　　　④ 자금의 효율적인 배분

> **TIP** ③ 상품의 생산은 기업의 역할이다.
> ※ 금융의 역할
> 　　㉠ 개인 간 자금거래 중개
> 　　㉡ 거래비용의 절감
> 　　㉢ 가계에 대한 자산관리수단 제공
> 　　㉣ 자금의 효율적인 배분
> 　　㉤ 금융위험 관리수단 제공

5 금리에 대한 설명으로 옳지 않은 것은?

① 기간 당 원금에 대한 이자의 비율이다.　　② 각 나라 화폐 간 교환비율이다.

③ 돈의 시간가치 이다.　　　　　　　　　　④ 현재의 소비를 희생한 대가이다.

> **TIP** ② 환율에 대한 설명이다.
> 금리는 이자율이라고도 하는데 기간 당 원금에 대한 이자(돈의 사용대가)의 비율로서 현재의 소비를 희생한 대가이자 일정기간
> 이 지나야 발생 하므로 돈의 시간가치이다.

Answer　3.② 4.③ 5.②

6 다음 내용이 설명하는 것은 무엇인가?

> 중앙은행인 한국은행이 경기상황이나 물가수준, 금융·외환시장 상황, 세계경제 흐름 등을 종합적으로 고려하여 시중의 풀린 돈의 양을 조절하기 위해 금융통화위원회 의결을 거쳐 인위적으로 결정하는 정책금리

① 실질금리   ② 명목금리
③ 기준금리   ④ 시장금리

TIP 지문의 내용은 기준금리의 내용이다. 모든 금리의 출발점이자 나침반 역할을 하는 기준금리는 금융통화위원회의 의결을 거쳐 결정되는 정책금리이다. 일반적으로 기준금리를 내리면 시중에 돈이 풀려 침체된 경기가 회복되고 물가가 상승하며, 기준금리를 올리면 시중에 돈이 말라 과열된 경기가 진정되고 물가가 하락한다.

7 금리의 종류에 대한 설명으로 옳지 않은 것은?

① 명목금리는 물가상승에 따른 구매력의 변화를 반영한 금리이다.
② 실질금리는 명목금리에서 물가상승률을 뺀 금리이다.
③ 단기금리는 만기 1년 이내의 이자율로 콜금리, 환매조건부채권금리, 양도성예금증서의 금리 등이 있다.
④ 장기금리는 만기가 1년을 초과하는 이자율로 국공채, 회사채, 금융채 등이 있다.

TIP 명목금리는 물가상승에 따른 구매력의 변화를 감안하지 않은 금리로서 돈을 빌리거나 빌려줄 때 보통 명목금리로 이자를 계산한다.

Answer 6.③ 7.①

8 다음 환율에 대한 설명 중 옳지 않은 것은 무엇인가?

① 고정환율제도는 정부나 중앙은행이 외환시장에 개입하여 환율을 일정한 수준으로 유지시키는 제도이다.
② 변동환율제도는 환율을 외환시장에서의 수요와 공급에 따라 결정하는 것이다.
③ 우리나라는 고정환율제도를 채택하고 있다.
④ 환율은 각 나라 화폐 간 교환비율을 뜻한다.

TIP 우리나라는 변동환율제도를 채택하고 있다.

9 주식에 대한 설명으로 옳지 않은 것은 무엇인가?

① 기업이 필요한 자본을 조달하기 위해 발행하는 증권을 주식이라 한다.
② 주식시장은 기업공개나 유상증자를 통해 주식이 발행되는 주가시장과 주식이 거래되는 유통시장으로 나뉜다.
③ 주식시장 전체적인 등락을 파악하기 위한 지표를 주가지수라고 한다.
④ 주가지수를 통해 특정 시점의 경제상황을 판단하고 미래 경제전망 예측에도 활용할 수 있다.

TIP 주식시장은 기업공개나 유상증자를 통해 주식이 발행되는 발행시장과 주식이 거래되는 유통시장으로 나뉜다.

10 다음 지문에서 설명하는 것에 포함되지 않는 것은?

> 다수의 계약자로부터 보험료를 받아 자금을 운용하여 계약자의 노후, 사망, 질병, 사고발생 시에 보험금을 지급하는 업무를 수행하는 금융회사

① 공제기관   ② 한국무역보험공사
③ 생명보험회사   ④ 예금보험공사

TIP 지문에서 설명하는 것은 보험회사에 대한 내용이다. 보험회사에는 생명보험회사, 손해보험회사, 공제기관, 한국무역보험공사 등이 있다.
④ 예금보험공사는 금융회사가 예금을 지급할 수 없을 때 예금지급을 보장하는 금융유관기관이다.

Answer   8.③   9.②   10.④

11 주택청약종합저축에 대한 것으로 옳지 않은 것은?

① 청약자격은 만 19세 이상이며 미만일 경우는 세대주만 가능하다.

② 신규분양 아파트 청약에 필요한 저축이다.

③ 한 은행 당 1개씩만 개설 가능하다.

④ 수도권의 경우 가입 후 1년이 지나면 1순위가 된다.

TIP 신규분양 아파트 청약을 위한 주택청약종합저축은 전체 은행을 통틀어 1인 1계좌만 개설이 가능하다.

12 단기금융상품펀드(MMF)에 대한 내용이 아닌 것은?

① 은행과 증권사, 보험사 등에서 판매한다.

② 예금자보호 대상이다.

③ 잔존만기 1년 이하의 국공채로 운용하는 실적배당 상품이다.

④ 입출금이 자유롭지만 이체, 결제할 수는 없다.

TIP MMF는 자금을 기업어음, 환매조건부채권 등 잔존만기 1년 이하의 국공채로 운용하는 실적배당상품으로 예금자 보호 대상이 되지 않는다.

13 다음 지문이 설명하는 펀드는 무엇인가?

> 다른 펀드에 투자하는 펀드로서 여러 펀드에 분산투자가 가능하며 일반인이 접근하기 어려운 펀드에 대해서도 분산투자가 가능하다.

① 주가지수연계펀드   ② 부동산투자신탁

③ 상장지수펀드   ④ 재간접펀드

TIP ① 펀드재산의 대부분을 국공채나 우량 회사채에 투자하여 만기시 원금을 확보하고 잔여 재산을 증권회사에서 발행하는 권리증서를 편입해 펀드 수익률이 주가에 연동되도록 한 상품
② 투자자금을 부동산 등에 투자한 후 이익을 배당하는 금융상품
③ 주가지수에 연동되어 수익이 결정되는 펀드로 증권시장에 상장되어 주식처럼 실시간 매매가 가능하다.

Answer   11.③   12.②   13.④

14 다음 중 우리나라 장내유통시장이 아닌 것은 무엇인가?

① K-OTC시장   ② 코넥스시장
③ 유가증권시장   ④ 코스닥시장

TIP 우리나라 장내유통시장으로는 유가증권시장, 코스닥시장, 코넥스 시장이 있으며 장외유통시장으로 K-OTC시장이 있다.

15 다음 지문이 설명하고 있는 우리나라 주가지수는 무엇인가?

> 코스닥시장에 상장된 주식들 중 유동성, 경영투명성, 재무안정성 등을 감안하여 선정되는 30개 우량종목을 대상으로 산출되는 지수

① KRX100지수   ② 코스피지수
③ 코스닥지수   ④ 코스닥스타지수

TIP ① KRX100지수는 유가증권시장에서 90개, 코스닥시장에서 10개의 우량종목 총 100개로 구성된 통합주가지수이다.
② 코스피지수는 유가증권시장에 상장되어있는 종목을 대상으로 산출되는 대표적인 종합주가지수로 시가총액방식의 주가지수이다.
③ 코스닥시장에 상장되어 있는 동목을 대상으로 산출하는 종합지수로 시가총액방식의 주가지수이다.

16 다음 지문이 설명하는 것에 대한 내용으로 옳지 않은 것은?

> 자금공급자와 자금수요자 간에 금융거래가 조직적으로 이루어지는 장소

① 금융거래를 하기위한 금융수단을 금융매개라고 한다.
② 차입자가 대출자에게 주식이나 사채 등을 발행해주는 것을 직접금융이라 한다.
③ 자금공급자는 주로 기업이며 자금수요자는 주로 개인들 이다.
④ 은행 등의 금융회사가 자금공급자의 예금을 받아 자금수요자에게 대출해 주는 방식을 간접금융이라 한다.

Answer   14.①   15.④   16.①

17 금융시장의 기능이 아닌 것은?

① 금융자산의 환금성   ② 위험분산기능

③ 자원배분기능   ④ 인플레이션의 지연기능

18 주식시장에 대한 설명으로 옳지 않은 것은?

① 회사의 재산에 대한 지분을 나타내는 주식이 거래되는 시장이다.

② 주주는 기업 순이익에 대한 배당청구권을 갖는다.

③ 코스닥시장, 코넥스시장 등이 있다.

④ 주식으로 조달된 자금에 대해서는 원리금 상환의무가 있다.

19 상호저축은행에 대한 설명으로 옳지 않은 것은?

① 한국산업은행, 한국수출입은행, 농협, 수협 등이 있다.

② 일정 비율 이상의 자금을 영업구역 내 개인 및 중소기업에 운용해야 한다.

③ 지역서민들과 중소기업을 대상으로 여신, 수신업무를 수행한다.

④ 신용도가 낮은 개인이나 기업을 대상으로 하는 금융회사로 대출금리가 높은 편이다.

> **TIP** 상호저축은행은 비은행 금융회사이다. 신용도가 낮은 개인이나 기업을 대상으로 여신·수신 업무를 수행하며 대출금리와 예금금리 모두 일반 은행보다 높다. 「상호신용금고법」의 제정으로 설립되어 일정 비율 이상의 자금을 영업구역 내 개인, 중소기업에 운용해야 한다.
> ① 한국산업은행, 한국수출입은행, 중소기업은행, 농협, 수협 등은 개별적인 특별법에 의해 설립된 특수목적은행으로 은행에 대한 설명이다.

20 다음 금융투자업 중 종류와 내용이 바르게 이어지지 않은 것은?

① 집합투자업 : 2인 이상에게 투자를 권유하여 모은 자산을 운용해 결과를 투자자에게 배분하는 영업

② 투자중개업 : 투자자로부터 금융상품 투자판단의 전부 또는 일부를 일임 받아 자산을 취득하거나 처분하는 영업

③ 신탁업 : 자본시장법에 따라 신탁을 영업으로 수행하는 것

④ 투자자문업 : 금융투자상품의 가치 또는 투자판단에 대해 자문을 해주는 영업

> **TIP** 금융투자업은 6가지 업종으로 구분되는데(투자매매업, 투자중개업, 집합투자업, 신탁업, 투자자문업, 투자일임업) 투자자로부터 금융상품에 대한 투자판단의 전부 또는 일부를 일임 받아 투자자별로 구분하여 자산을 취득하거나 처분하고 그 밖의 방법으로 운용해주는 영업을 투자일임업이라고 한다.

21 한국은행에 대한 설명으로 옳지 않은 것은?

① 금융회사로부터 예금을 받아 지급준비금으로 이용한다.

② 물가안정을 위해 통화신용정책을 수립하고 집행한다.

③ 금융감독기능을 구현하기 위해 정부조직과 독립된 특수법인이다.

④ 화폐를 독점적으로 발행하는 발권은행이다.

TIP 한국은행은 우리나라의 중앙은행으로 금융제도의 원활한 작동에 필요한 여건을 제공하는 금융유관기관 중 하나이다.
금융감독기능을 구현하기 위해 정부조직과 독립된 특수법인은 금융감독원에 대한 설명이다.

22 다음 지문이 설명하는 저축상품은?

> • 우체국이나 은행에 맡긴 자금을 단기금융상품에 투자해 얻은 이익을 이자로 지급하는 구조
> • 시장실세금리에 의한 고금리가 적용되며 자유로운 입출금과 이체, 결제가 가능
> • 통상 500만 원 이상의 목돈을 1개월 이내의 초단기로 운용할 때 유리

① 단기금융상품펀드

② 가계당좌예금

③ 어음관리계좌

④ 시장금리부 수시입출금식예금

TIP 해당 지문은 시장금리부 수시입출금식예금(MMDA)에 대한 내용이다.
단기금융상품펀드(MMF) : 모은 자금을 잔존만기 1년 이하의 안정적 국공채로 운용하는 실적배당상품
가계당좌예금 : 가계수표를 발행할 수 있는 개인용 당좌예금
어음관리계좌(CMA) : 종합금융회사나 증권회사가 예탁금을 어음 등의 단기금융상품에 투자하여 수익을 고객에게 돌려주는 상품

23 펀드투자의 장점이 아닌 것은?

① 소액으로 분산투자가 가능하다.
② 예금자보호대상으로 원금손실에 대한 보장이 있다.
③ 규모의 경제로 인한 비용절감이 가능하다.
④ 전문가에 의해 투자, 관리, 운영된다.

TIP 펀드투자는 예금자보호대상 금융상품이 아니므로 원금손실에 이를 수 있어 투자하기 전 주의가 필요하다.

24 펀드투자의 유의사항이 아닌 것은?

① 섹터, 테마 지역, 운용회사 등에 따라 분산투자 해야 한다.
② 고수익 고위험의 원칙이 적용된다.
③ 과거의 수익률을 과신하면 안된다.
④ 수수료 및 보수체계가 정해져 있고 일정한 환매조건을 가져 통합계약조건을 유심히 봐야한다.

TIP 펀드는 상품별로 수수료 및 보수체계가 다양하고 환매조건 또한 다르기 때문에 각 상품별로 계약조건을 따져봐야 한다.

25 다음 지문이 뜻하는 단어는?

> 환율, 금리 또는 다른 자산에 대한 투자 등을 통해 보유하고 있는 위험자산의 가격변동을 제거하는 것을 말하며, 확정되지 않은 자산을 확정된 자산으로 편입하는 과정이라 할 수 있다. 주로 선물 옵션과 같은 파생상품을 이용한다. 이를 통해 가격변동에 대한 리스크를 줄일 수 있다.

① 레버리지   ② 랩어카운트
③ 풀링   ④ 헤징

TIP ① 타인의 자본을 빌려 자기 자본의 이익률을 높이는 것
② 주식, 채권 등의 자금을 한꺼번에 싸서 투자전문가에게 운용서비스 및 부대서비스를 포괄적으로 받는 계약
③ 금융회사가 여러 투자자로부터 자산을 모아 집합시키는 일

Answer　23.②　24.④　25.④

26 서원이는 연이율이 10% 단리로 적용되는 적금에 10,000원을 넣었다. 3년 후 원리금은 얼마인가?

① 13,000원

② 13,310원

③ 13,440원

④ 13,450원

> **TIP** 단리는 원금에 대해서만 미리 정한 이자율을 적용하여 이자를 계산한다.
>
> 현재가치 × [1 + (수익률 × 투자 연수)] = 미래가치
>
> $10000 \times [1 + (\frac{10}{100} \times 3)] = 13000$
>
> 원금과 이자를 합친 원리금은 13,000원이다.

27 소정이는 연이율이 10% 복리로 적용되는 적금에 10,000원을 넣었다. 3년 후 원리금은 얼마인가?

① 12,305원

② 12,848원

③ 13,310원

④ 14,341원

> **TIP** 복리는 원금뿐 아니라 발생한 이자도 재투자됨을 가정해 이자에도 이자가 붙는 계산방식이다.
>
> 현재가치 × (1 + 수익률)투자 연수 = 미래 가치
>
> $10000 \times (1 + \frac{10}{100})^3 = 13310$
>
> 원금과 이자를 합친 원리금은 13,310원이다.

28 다음 지문이 설명하는 것은?

천재지변, 전쟁 등과 같이 분산투자로 인해 줄일 수 없는 위험

① 체계적 위험

② 비체계적 위험

③ 불확실성의 위험

④ 분산투자의 위험

> **TIP** 투자는 불확실성으로 인해 반드시 리스크(위험)가 수반되며 이를 줄이기 위해 개별 자산을 나누어 여러 가지 자산으로 구성하면 (포트폴리오) 투자 리스크가 감소하게 된다. 이때 분산투자로 줄일 수 없는 천재지변과 같은 위험을 체계적 위험이라 하고 줄일 수 있는 산업재해, 파업 등의 위험을 비체계적 위험이라고 한다.

Answer 26.① 27.③ 28.①

29 예금거래 약관의 해석원칙이 아닌 것은?

① 개별약정우선의 원칙　　　　　　　　② 설명의무의 원칙

③ 객관적·통일적 해석의 원칙　　　　　④ 작성자불이익의 원칙

TIP 예금거래 약권의 해석원칙
　㉠ 객관적·통일적 해석의 원칙: 약관은 객관적 합리성에 입각하여 해석되어야 하며 시간, 장소, 거래상대방에 따라 달리 해석되어서는 안 된다.
　㉡ 작성자불이익의 원칙: 약관의 의미가 불명확한 때는 고객에게 유리하게 해석되어야 한다.
　㉢ 개별약정우선의 원칙: 기업과 고객이 약관에 대해 명시적, 묵시적으로 다르게 합의한 사항이 있는 경우 당해 합의사항을 약관에 우선해 적용해야 한다.

30 다음 중 외국인과의 예금거래에 대한 설명으로 옳지 않은 것은?

① 비거주자는 외국환은행과 예금거래가 불가능하다.

② 외국환거래법상 외국인이라도 거주자이면 금융기관과의 원화예금거래는 자유이다.

③ 외국인과의 예금거래의 성립과 효력은 당사자 간에 준거법에 관한 합의가 없으면 행위지의 법률에 따른다.

④ 외국인의 예금거래에 대해서도 우리나라 법이 적용되므로 내국인과의 예금거래와 다른 점이 없다.

TIP 비거주자라도 외국환은행과 일부 예금거래는 가능하다.

31 다음 혈족상속인 중 가장 높은 순위의 상속자는 누구인가?

① 피상속인의 사촌　　　　　　　　　　② 피상속인의 양자

③ 피상속인의 형　　　　　　　　　　　④ 피상속인의 어머니

TIP 혈족상속인의 순위는 1순위로 직계비속(자녀), 2순위로 직계존속(부모), 3순위로 형제자매, 4순위로 4촌 이내 방계혈족이다. 그러나 혈족은 자연혈족 뿐만 아니라 법정혈족도 포함하기 때문에 피상속인의 법정직계비속인 피상속인의 양자가 1순위 이다.

32 금융기관의 예금지급 중 편의지급에 대한 설명으로 옳지 않은 것은?

① 실무상 부득이 편의 취급할 경우 예금주에 한해서 취급해야 한다.

② 예금주에게 지급한 경우에는 변제의 효과가 발생하나, 종업원 등과 같은 제3자에게 지급한 경우 면책될 수 없다.

③ 금융기관 직원의 착오 또는 실수로 예금주가 청구한 것보다 많은 금액을 지급하게 되면 부당이득반환 청구권을 행사 한다.

④ 무통장 지급, 무인감 지급 등과 같이 약관이 정하는 예금지급절차를 따르지 않은 지급을 말한다.

TIP ③ 과다지급에 대한 내용이다.

33 상속예금의 지급절차가 올바르게 나열된 것은?

> ㉠ 상속예금지급 시 상속인 전원의 동의서 및 손해담보약정 체결
> ㉡ 상속재산관리인 선임여부 확인
> ㉢ 상속인의 지분에 영향을 미치는 상속포기, 한정승인 등이 있는지 확인
> ㉣ 상속인들로부터 가족관계증명서, 유언장 등을 징구
> ㉤ 각종 증빙서류가 적법한지 확인
> ㉥ 상속재산의 분할여부 확인

① ㉠ - ㉡ - ㉢ - ㉣ - ㉤ - ㉥
② ㉡ - ㉢ - ㉣ - ㉠ - ㉥ - ㉤
③ ㉢ - ㉥ - ㉣ - ㉡ - ㉤ - ㉠
④ ㉣ - ㉢ - ㉤ - ㉡ - ㉥ - ㉠

TIP 상속예금의 지급절차
㉣ 상속인들로부터 가족관계등록사항별 증명서 · 유언장 등을 징구하여 상속인을 확인한다.
㉢ 상속인의 지분에 영향을 미치는 상속의 포기 · 한정승인 · 유류분의 청구 등이 있는지 확인 한다.
㉤ 각종 증빙서류가 적법한 것인지를 확인한다(유언검인심판서 · 한정승인심판서 등).
㉡ 상속재산관리인 선임여부를 확인한다.
㉥ 상속재산의 분할여부를 확인한다.
㉠ 상속예금지급 시 상속인 전원의 동의서 및 손해담보약정 체결

Answer 32.③ 33.④

34 압류에 대한 설명으로 옳지 않은 것은?

① 압류명령을 접수한 본점은 신속하게 소관 영업점에 통지하여야 한다.

② 예금에 대해 질권이 설정되어 있는 경우 질권자에게도 통지할 필요가 있다.

③ 압류명령의 효력이 발생하는 시기는 압류 집행개시 순간이다.

④ 압류를 신청할 때 압류할 채권이 다른 채권과 구별하여 특정하도록 예금 종류와 피압류예금액을 명시해야 한다.

TIP 압류명령의 효력이 발생하는 시기는 압류결정문이 제3채무자인 은행(우체국)에 송달된 때부터 이다.

35 전자금융에 대한 설명으로 옳지 않은 것은?

① 고객들은 영업점을 방문하지 않아도 PC, 전화 등의 정보통신 기기를 사용해 금융거래가 가능하다.

② 금융기관 업무를 자동화 하여 입출금, 송금 등 기본적인 금융서비스 처리 속도가 향상되었으나 거래의 투명성은 낮아졌다.

③ 금융업무에 IT기술을 적용하여 자동화, 전산화 한 것이다.

④ 금융기관 직원의 개입 없이 계좌 간, 금융기간 간 거래가 자동화되었다.

TIP 금융기관 업무의 자동화로 빠른 금융서비스 처리가 가능해 졌으며 이로 인해 금융기간 간 거래가 투명해지고 효율성도 높아졌다.

36 인터넷 뱅킹의 특징으로 옳지 않은 것은?

① 지역적 시간적 제약을 받지 않고 금융거래가 가능해졌다.

② 인터넷 예금, 인터넷 납부 등 고객중심의 신속하고 편리한 서비스가 가능해졌다.

③ 해킹 등으로 인해 안전선에 문제가 생길 가능성이 높아져 철저한 보안대책이 필요해졌다.

④ 간단한 서비스를 제공하는 점포가 많이 늘어나 서비스 비용이 줄어들었다.

TIP 인터넷 뱅킹의 등장으로 점포 등 공간 확보에 따른 비용과 인건비가 감소되어 서비스 제공비용이 대폭 절감되었다.

Answer 34.③ 35.② 36.④

37 스마트 금융에 대한 설명으로 옳지 않은 것은?

① 금융과 기술의 융합인 핀테크가 등장했다.

② IT기술의 융합이 가속화 되면서 IT업체들의 전자금융산업 참여가 가능해졌다.

③ 금융기업들의 전문화가 요구되어 비금융기업들의 참여가 어려워지고 있다.

④ 개인 고객의 특성에 적합한 금융서비스를 적시에 제공할 수 있다.

TIP 스마트 금융으로 금융과 기술이 융합되면서 비금융기업들의 참여가 활발해지고 있다.

38 전자금융의 발전 과정으로 옳지 않은 것은?

① 1970년대 금융네트워크(금융공동망)을 형성하여 수작업으로 처리하던 업무를 전산으로 처리할 수 있게 되었다.

② 1980년대 전화기를 이용한 전자금융거래가 가능해졌다.

③ 1990년대 중반 이후 인터넷과 컴퓨터 보급이 확산되어 인터넷 공간에서 실시간으로 업무를 수행할 수 있게 되었다.

④ 2000년대 후반 스마트폰 확산으로 스마트 금융서비스 시대가 시작되었다.

TIP 금융네트워크 망을 형성하여 개별금융기관에서만 처리하던 금융거래를 공동망에서 할 수 있게 된 것은 1980년대이다.

39 다음 지문에서 설명하는 것으로 옳은 것은?

> 금융과 통신의 대표적인 서비스 융합사례로서 장소의 제약을 받지 않고 자유롭게 이용할 수 있다.

① 인터넷뱅킹

② 텔레뱅킹

③ 모바일뱅킹

④ CD/ATM서비스

TIP 지문에 대한 내용은 모바일뱅킹이다. 휴대전화나 스마트기기 등을 수단으로 무선인터넷을 이용해 금융서비스를 받는 전자금융서비스로 인터넷뱅킹 서비스에 포함되는 것으로 보이지만 공간적 제약와 이동성 면에서 차이가 있다.

Answer   37.③   38.①   39.③

40 텔레뱅킹의 보안조치로 옳지 않은 것은?

① 각 금융기관은 보안상 취약점을 방지하기 위해 도청, 감청 보안솔루션을 도입하고 있다.

② 지정된 전화번호 이외 번호는 텔레뱅킹 서비스 이용을 제한하기도 한다.

③ 계좌이체 시 이용자 비밀번호 이외에 보안카드 비밀번호와 출금계좌의 비밀번호를 요구하기도 한다.

④ 최종거래일부터 1년 이상 이용실적이 없는 경우 이용이 제한된다.

> **TIP** 전화기의 자동응답서비스나 직원과의 통화로 금융서비스를 받는 텔레뱅킹은 최종거래일로부터 6개월 이상 이용실적이 없는 경우 이용이 제한되며 거래금융기관에 직접 방문하여 제한을 해제하면 바로 다시 이용가능하다.

41 CD/ATM에 대한 내용으로 옳은 것은?

① 보안매체로 OTP를 이용한다.

② 금융사고를 예방하기 위해 본인확인 수단으로 생체인식 기술이 이용된다.

③ 상담원을 이용할 경우 통화내용이 녹취된다.

④ U-Banking시대의 시작을 알리는 전자금융서비스이다.

> **TIP** CD/ATM 서비스는 금융사고를 예방하기 위해 지문, 홍채, 정맥 등의 생체인식으로도 본인인증을 한다.
> ① 인터넷뱅킹에 대한 내용이다.
> ③ 텔레뱅킹에 대한 내용이다.
> ④ 모바일뱅킹에 대한 내용이다.

42 다음 지문이 설명하는 것은 무엇인가?

현금이 없어도 신용을 담보로 일정 시점 후에 결제가 가능해 이용이 증가하고 있으나, 무분별한 발급과 현금서비스 위주의 확장영업으로 신용불량자가 늘어났다.

① 직불카드
② 선불카드
③ 체크카드
④ 신용카드

43 다음 중 직불카드에 대한 내용으로 올바르지 않은 것은?

① 현금카드라고도 불린다.

② 신용공여에 기반 한 후불경제방식이다.

③ 예금계좌가 개설되어 있는 은행에서 발급받으며 취급가맹점 어디에서나 사용할 수 있다.

④ 1970년대 중반부터 사용되었고, 1996년 2월에 은행 공동의 직불카드가 도입 되었다.

44 다음 지문이 설명하는 것은?

> • 지불결제기능을 가진 카드로서 카드거래 대금은 고객의 예금계좌 범위 내에서 인출된다.
> • 신용공여 기능이 있어 30만 원 한도 내에서 현금서비스를 이용할 수 있다.

① 신용카드

② 체크카드

③ 직불카드

④ 하이브리드 카드

Answer 43.② 44.④

45 다음 지문이 설명하는 신용카드 결제 방식은 무엇인가?

> 이용대금 중 사전에 정해져 있는 일정금액이상의 건별 이용금액에 대해 일정비율을 결제하면 나머지 이용 잔액은 다음 결제대상으로 연장되며, 카드는 잔여 이용한도 내에서 계속 사용할 수 있는 결제방식

① 일시불결제   ② 리볼빙결제
③ 할부결제   ④ 이월결제

TIP 지문이 설명하고 있는 신용카드 결제 방식은 리볼빙결제로 고객의 경제 여건에 따라 결제를 조절할 수 있지만 높은 리볼빙 수수료를 부담해야 한다.

46 체크카드의 특징으로 옳지 않은 것은?

① Visa, Master 등 해외사용 브랜드로 발급된 경우 해외에서 현지통화로 예금인출이 가능하다.
② 외국환거래규정상 외국인 거주자인 경우 별도의 등록거래를 통해 연간 미화 10만 불 한도 내에서 해외 예금인출 및 해외직불가맹점 이용이 가능하다.
③ 이용 명세는 별도의 이용내역서 통지 혹은 이메일로도 가능하다.
④ 카드사나 은행 영업점에서 즉시 발급하는 경우가 많다.

TIP 외국인 거주자의 겨우 별도의 등록거래를 통해 연간 미화 5만 불 한도 내에서 해외 예금인출 및 해외직불가맹점 이용이 가능하다.

47 선불카드에 대한 내용으로 옳지 않은 것은?

① 기명식 선불카드는 최대 500만 원까지 충전할 수 있으며 양도가 가능하다.
② 온라인으로 사용할 수 있지만 본인확인용 비밀번호를 등록해야 한다.
③ 기프트카드가 대표적이다.
④ 일부 백화점 및 대형할인점 등에서 사용하지 못하는 경우도 있다.

TIP 기명식 선불카드는 카드 실물에 회원의 성명이 인쇄되어 있거나 전산에 회원으로서 정보가 존재하여 발급 이후에 양도가 불가능하다. 양도가 가능한 선불카드는 무기명식 선불카드이다.

Answer   45.②   46.②   47.①

48 다음 지문 중 하이브리드 신용카드의 특성으로 옳은 것을 모두 고르면?

> ㉠ 계좌 잔액이 부족한 상태에서 잔액을 초과하여 승인신청이 되면 신청금액 전액이 신용카드로 결제된다.
> ㉡ 기존의 신용카드 회원에게 체크결제서비스를 부가하는 형태이다.
> ㉢ 회원이 지정한 일정금액 이하의 거래는 체크카드로 결제되고, 초과거래는 신용카드로 결제된다.
> ㉣ 계좌 잔액범위 내에서는 체크카드로 결제되고 잔액이 소진되면 소액 범위 내에서 신용카드로 결제된다.

① ㉠   ② ㉠㉡

③ ㉡㉢   ④ ㉡㉢㉣

TIP ㉠㉣ : 하이브리드 체크카드에 대한 내용이다.

49 다음 중 우체국금융의 역할로 옳지 않은 것은?

① 전국적으로 고르게 분포되어 기존 은행과는 다른 우체국만의 특수한 금융서비스를 국민들에게 제공하고 있다.
② 우체국 금융에서 발생하는 수익을 국가 재정으로 귀속하는 등 국영금융기관으로서의 역할을 수행하고 있다.
③ 기초생활보호대상자 같은 취약계층에 보험료 부담 경감, 수수료 면제 등 공익적 역할을 한다.
④ 우체국금융에서 발생한 수익의 일부로 저렴한 우편서비스 운영에 기여한다.

TIP 우체국금융은 수익성과 관계없이 전국적으로 고르게 분포되어 있으며 민영금융기관과의 다양한 제휴를 통해 시중은행 수준의 금융서비스를 제공하고 있다.

50 우체국예금에 대한 설명으로 옳지 않은 것은?

① 국민의 저축의욕을 북돋고 일상생활의 안정을 도모하는 것이 목표이다.
② 민법과 상법에 의해 취급된다.
③ 주식발행이 없으므로 자기자본에 자본금 및 주식발행 초과금이 없다.
④ 예금상품의 종류 및 가입대상, 금리 등은 과학기술정보통신부장관이 정하여 고시한다.

TIP 우체국예금은 「우체국예금 · 보험에 관한 법률」에 의해 취급되기 때문에 타 금융기관 예금과는 여러 차이점이 있다.

51 우체국보험에 대한 설명으로 옳지 않은 것은?

① 우체국예금 · 보험에 관한 법률에 따라 재해의 위험에 공동으로 대처하게 함으로서 국민 공공복리 증진에 이바지한다.
② 우체국보험은 한도액이 보험 종류별로 피보험자 1인당 4천만 원으로 제한되어 있다.
③ 우체국보험의 종류는 보장성보험, 저축성보험, 펀드형보험이 있다.
④ 보험의 종류에 따른 내용은 우정사업본부장이 정하여 고시한다.

TIP 우체국보험의 종류는 보장성보험, 저축성보험, 연금보험이 있다.

52 다음 우체국금융상품 중 요구불예금을 모두 고르면?

㉠ 듬뿍 우대 저축예금	㉡ e-Postbank예금
㉢ 우체국 행복지킴이통장	㉣ 챔피언정기예금
㉤ 우체국 파트너든든정기예금	㉥ 2040자유적금

① ㉠㉡㉢
② ㉡㉣㉥
③ ㉢㉣㉥
④ ㉣㉤㉥

TIP 일반 예금 및 통장은 입출금이 자유로운 요구불예금 상품이며, 정기예금은 목돈을 굴리기 위한 거치식 예금이고, 적금은 목돈마련을 위한 적립식 예금이다. 따라서 ㉠㉡㉢이 요구불예금 상품이다.

Answer 50.② 51.③ 52.①

53 다음 지문이 설명하는 것은 무엇인가?

> 정부의 관서운영경비를 지급하는 관서운영경비 출납공무원이 교부받은 자금을 예치·사용하기 위해 개설하는 일종의 보통예금

① 환매조건부채권
② 공익형 예금상품
③ 국고예금
④ 우체국 정부보관금통장

TIP ① 일정기간 경과 후 약정가격에 의해 매입할 것을 조건으로 판매하는 환매조건부 상품
② 정부정책지원 및 금융소외계층을 지원하기 위한 예금으로 금융소외계층의 자산형성을 지원하기 위한 특별 우대이율을 제공한다.
④ 출납공무원이 배치된 국가기관을 대상으로 정부보관금의 효율적 자금관리를 위한 요구불예금

54 우체국 체크카드 발급대상으로 옳은 것은?

① 후불하이패스 카드는 일반 체크카드 소유자 모두 발급받을 수 있다.
② 하이브리드 카드는 만 12세 이상부터 발급받을 수 있다.
③ 학생증 체크카드는 만 12세 이상 학생이면 누구나 별도의 절차 없이 발급할 수 있다.
④ 복지카드는 우정사업본부 직원으로서 복지포인트 부여 대상자가 발급받을 수 있다.

TIP ① 후불하이패스 카드는 하이브리드카드 소지자만이 발급받을 수 있다.
② 하이브리드카드는 만 18세 이상부터 가능하다.
③ 학생증체크카드는 만 14세 이상 우체국 요구불예금 가입자로서 학생신분 확인을 위해 학교 측에서 학적사항을 우체국에 제출한 경우에만 발급 가능하다.

55 다음 중 우체국 법인체크카드가 아닌 것은?

① 후불하이패스   ② 성공파트너

③ Biz플러스   ④ 정부구매

TIP 후불하이패스 카드는 우체국이 발급하는 개인체크카드이다.

56 체크카드 이용정지 및 일시 제한 사유가 아닌 것은?

① 카드의 부정사용, 비정상적 거래가 발견되었을 때

② 부주의로 카드가 파손된 경우

③ 해킹으로 인하여 회원에게 피해가 갈 것이 우려되는 경우

④ 미성년자의 법정대리인이 거래 중단을 요청하는 경우

TIP 체크카드 이용정지 및 일시제한 사유
    ㉠ 미성년자의 경우 법정대리인이 거래 중단을 요청하는 경우
    ㉡ 예금에서 결제계좌의 지급정지 사유에 해당하는 경우
    ㉢ 카드의 부정사용, 비정상적인 거래로 판단되거나, 해킹으로 인하여 회원에게 피해가 갈 것이 우려되는 경우

57 우체국 펀드상품에 대한 설명으로 옳은 것은?

① 고수익을 얻기 위해 리스크가 큰 상품이 대부분이다.

② 전액 원금 보장이 가능한 상품이다.

③ 운용실적에 따라 손익이 결정되는 실적배당 상품이다.

④ 우체국 창구에서만 판매하고 있다.

TIP 우체국 펀드는 2018년 9월부터 시작되었으며 투자시장 활성화와 서민 자산형성 지원 및 실물경제 활력을 제고하기 위해 개시되었다. 대부분 안정형 위주의 공모펀드로 원금손실위험이 낮으며 운용실적에 따라 손익이 결정되는 실적배당상품이므로 원금손실이 발생할 수도 있으나 우체국이 이를 보장하지는 않는다.

Answer   55.①   56.②   57.③

58 우체국 모바일뱅킹에 대한 설명으로 옳지 않은 것은?

① 스마크뱅킹과 포스트페이 2가지 모바일뱅킹 서비스를 제공한다.
② SMS, PUSH알림을 통한 입출금통지 등의 부가서비스 이용이 가능하다.
③ 민영은행수준의 서비스 제공과 QR코드를 이용한 공과금 납부서비스를 제공한다.
④ 스마트뱅킹을 해지하면 인터넷뱅킹도 같이 자동 해지된다.

TIP 우체국인터넷뱅킹을 해지하면 스마트뱅킹이 자동으로 해지되지만, 스마트뱅킹을 해지하더라도 인터넷뱅킹은 계속 이용할 수 있다.

59 다음 지문이 설명하는 것은?

> 우체국 특화서비스인 우편환기반 경조금 송금서비스와 핀테크를 접목시켜 앱을 통해 경조카드와 경조금을 간편하게 보낼 수 있는 서비스

① 우체국 미니앱
② 폰뱅킹
③ 포스트페이
④ 에스크로

TIP 포스트페이는 우체국 특화서비스인 우편환기반 경조금 송금서비스와 핀테크를 접목시켜 간편결제, 간편송금 서비스를 제공하는 앱이다. 포스트페이 앱을 통해 휴대전화번호만 알면 경조카드와 함께 경조금을 보낼 수 있다.

60 전자금융서비스 이용 제한 사유로 옳지 않은 것은?

① 인터넷 뱅킹 이용자가 서비스 신청 당일에 전자적 장치를 통해 최초 이용등록을 하지 않은 경우
② 예금거래 기본약관 등에서 정한 거래 제한 사유가 발생한 경우
③ 모든 금융기관을 통합하여 OTP를 10회 이상 잘못 입력 한 경우
④ 계좌 비밀번호, 보안카드 비밀번호, 폰뱅킹 이체비밀번호, 모바일 인증서에 등록한 PIN, 패턴, 생체인증 정보 등을 연속 5회 이상 잘못 입력한 경우

TIP 전자적 장치를 통한 최초 이용등록은 서비스 신청일 포함 5일 이내에 해야 한다.

Answer 58.④ 59.③ 60.①

61 다음 지문이 설명하는 것은?

> 우편 또는 전자적 수단으로 전달되는 환증서를 통한 송금수단으로 금융기관의 온라인망이 설치되어 있지 않은 지역에 대한 송금을 위해 이용된다.

① 우편대체
② SWIFT
③ MoneyGram
④ 우편환

TIP 해당 내용은 우편환에 대한 내용이다 우편환은 「우편환법」에 따라 우편 또는 전자적 수단으로 전달되는 환증서(전자적 매체를 통해 표시되는 지급지시서 및 계좌입금 등을 포함)를 통한 송금수단으로 금융기관의 온라인망이 설치되어 있지 않은 지역에 대한 송금을 위해 이용된다. 우체국의 우편환 서비스는 크게 통상환, 온라인환 및 경조금배달서비스가 있다.

62 Eurogiro에 대한 설명으로 옳은 것은?

① 송금번호(REF.NO)만으로 송금 후 약 10분 만에 수취가 가능한 특급해외송금 서비스이다.
② 유럽지역 우체국 금융기관의 네트워크를 사용하는 국제금융 송금서비스이다.
③ 매월 약정한 날짜에 송금인 명의의 우체국계좌에서 자금을 인출하여 해외의 수취인에게 자동으로 송금해준다.
④ 국제은행 간 자금결제 및 메시지 교환을 표준화된 양식에 의거 송수신 하는 국제은행 간 정보통신망 송금서비스 이다.

TIP ① MoneyGram 특급송금에 대한 내용이다.
③④ SWIFT 해외송금에 대한 내용이다.

63 지문에서 설명하는 우체국 제휴서비스는 무엇인가?

> 우체국과 은행이 업무제휴를 맺고 양 기관의 전산시스템을 연결하여 제휴은행 고객이 우체국에서 자행 거래 방식으로 입출금 거래를 할 수 있는 서비스

① 노란우산공제 판매대행 ② 카드업무 대행 서비스
③ 창구망 공동이용 ④ 우체국 CMS 업무

TIP ① 소기업·소상공인이 폐업, 노령, 사망 등의 위험으로부터 생활안정을 기하고 사업재기 기회를 제공받을 수 있도록 「중소기업협동조합법」 제115조 규정에 따라 2007년 9월부터 비영리기관인 중소기업중앙회에서 운영하는 공적 공제제도
② 신용카드사와의 업무제휴를 통해 우체국예금의 현금카드 또는 체크카드 기능이 결합 된 카드를 발급하거나 우체국의 현금카드 기능과 신용카드사의 신용카드 기능이 포함된 제휴 신용카드 상품을 출시해 카드이용 편의를 제공하는 서비스
④ 카드·캐피탈社 등과의 개별 이용약정을 통해 전국 우체국에서 CMS(자금관리서비스) 입금업무를 대행한다.

64 내부통제의 수단으로 적절하지 않은 것은?

① 권한의 적절한 배분과 제한 ② 회사 자산 및 기록의 투명한 공개
③ 직무분리 및 직무순환 ④ 정기적인 점검

TIP 내부통제의 수단으로는 권한의 적절한 배분 및 제한, 회사 자산 및 각종 기록에의 접근제한, 직무분리 및 직무순환, 정기적인 점검 및 테스트, 불시 점검 및 테스트 등이 있다.

65 준법감시인제도에 대한 설명으로 옳지 않은 것은?

① 법규범 위반을 조직적으로 사전에 방지하는 것이다.
② 준법감시인이란 내부통제기준에 대한 조사 등의 관련 업무를 총괄하는 자이다.
③ 외환위기 이후 구조조정 및 개방화가 진전되면서 감시제도의 영향력이 줄어들었다.
④ 금융회사는 준법감시인을 1명 이상 두어야 한다.

TIP 외환위기 이후 금융권 전 부문에 대한 규제완화, 구조조정 및 개방화가 진전되면서 금융회사의 내부통제 강화를 위한 선진국의 준법감시제도가 국내에 도입되는 분위기가 조성되었다.

Answer 63.③ 64.② 65.③

66 실명확인증표에 대한 것으로 옳지 않은 것은?

① 제시받은 실명확인증표의 식별이 곤란한 경우 이후 실명확인이 불가능하다.
② 주민등록번호, 성명, 사진에 의해 본인임을 확인 할 수 있는 유효한 증표는 실명확인증표가 될 수 있다.
③ 임의단체의 경우 납세번호증, 고유번호증이 실명확인증표가 된다.
④ 외국인의 경우 외국인등록증, 여권, 신분증이 실명확인증표가 된다.

TIP 제시받은 실명확인증표의 식별이 곤란한 경우 다른 실명확인증표를 보완적으로 사용 가능하다.

67 다음 밑줄에 들어갈 단어로 올바른 것은?

> 1993년 실명에 의한 금융거래를 실시하고 그 비밀을 보장하여 금융거래의 정상화를 꾀함으로써 _____가 실시 되었다.

① 실명확인제
② 금융실명거래 및 비밀보장에 관한 법률
③ 준법감시인제
④ 금융실명제

TIP 1993년 경제정의를 실현하고 국민경제의 건전한 발전을 위해 금융실명제가 실시되었으며 이후 1997년 금융실명제를 법규화한 「금융실명거래 및 비밀보장에 관한 법률(금융실명법)」이 제정되었다.

68 다음 중 실명확인 생략이 가능한 거래가 아닌 경우는?

① 신규계좌를 만드는 경우
② 실명이 확인된 계좌에 의한 계속된 거래
③ 각종 공과금 등의 수납
④ 100만 원 이하의 원화 또는 그에 상응하는 외국통화의 송금

TIP 자금세탁 방지를 위하여 신규계좌를 만들 때는 항상 실명확인을 해야 하며 의심될 경우 계좌의 목적까지 확인해야 한다.

Answer 66.① 67.④ 68.①

69 금융실명법상 정보제공이 가능한 경우가 아닌 것은?

① 명의인의 서면상의 요구나 동의를 받은 경우

② 법원의 제출명령 또는 법관이 발부한 영장에 의한 경우

③ 부가서비스 목적으로 비금융회사가 요청한 경우

④ 동일 금융회사의 내부 또는 타 금융회사 간에 업무상 필요한 정보 등을 제공하는 경우

TIP 금융회사 상호간에 업무상 필요한 정보는 제공할 수 있지만 비금융회사는 그렇지 않다.

70 다음 중 금융상품판매업자 등의 영업행위 준수사항이 아닌 것은?

㉠ 허위 과장광고 금지	㉡ 설명의무
㉢ 실명확인의 원칙	㉣ 적합성의 원칙
㉤ 부당권유행위 금지	㉥ 불공정영업행위 금지
㉦ 적정성의 원칙	㉧ 소비자보호의 원칙

① ㉠㉡

② ㉢㉣

③ ㉦㉧

④ ㉢㉧

TIP 금융상품판매업자 등의 영업행위 준수사항
• 적합성의 원칙 : 소비자의 재산상황, 금융상품 취득·처분 경험 등의 정보를 파악하고 이에 비추어 부적합한 금융상품 계약 체결의 권유를 금지
• 적정성의 원칙 : 소비자가 자발적으로 구매하려는 금융상품이 소비자의 재산상황, 투자경험, 신용 및 변제계획 등에 비추어 부적정할 경우 이를 고지하고 확인
• 설명의무 : 계약 체결을 권유하거나 소비자가 설명을 요청하는 경우 상품의 중요사항을 설명
• 불공정영업행위 금지 : 판매업자 등이 금융상품 판매 시 우월적 지위를 이용하여 소비자의 권익을 침해하는 행위 금지
• 부당권유행위 금지 : 금융상품 계약 체결 권유 시 소비자가 오인할 우려가 있는 허위 사실 등을 알리는 행위를 금지
• 허위·과장광고 금지 : 금융상품 또는 판매업자등의 업무에 관한 광고 시 필수 포함사항 및 금지행위 등

Answer 69.③ 70.④

71 다음 지문이 설명하는 것으로 옳은 것은?

> 금융상품판매업 및 금융상품자문업의 건전한 시장질서 구축을 위해 금융상품판매업자 및 금융상품자문업자의 영업에 관한 준수사항을 규정하는 법률

① 금융실명법   ② 금융소비자보호법
③ 비밀보장제도   ④ 금융거래 정보제공

> **TIP** 지문의 내용은 「금융소비자보호법」으로 2020년 3월 금융소비자의 권익 증진과 금융소비자 보호의 실효성을 높이고 금융상품판매업 및 금융상품자문업의 건전한 시장질서 구축을 위하여 금융상품판매업자 및 금융상품자문업자의 영업에 관한 준수사항과 금융소비자 권익 보호를 위한 금융소비자정책 및 금융분쟁조정절차 등에 관한 사항을 규정하는 법이다.

72 예금자보호의 구조에 대한 설명이 아닌 것은?

① 법에 의해 운영되는 공적보험이다.
② 예금 지급불능 사태를 방지하기 위함이다.
③ 보험의 원리를 이용한 예금자보호제도이다.
④ 금융소비자 권익보호에 관한 제도이다.

> **TIP** ④ 「금융소비자보호법」에 해당하는 내용이다.

73 다음 중 예금자보호 금융상품이 아닌 것은?

① 적립식예금   ② 주택청약저축
③ 저축성예금   ④ 외화예금

> **TIP** 은행에서 판매하는 주택청약저축과 주택청약종합저축은 비보호 금융상품이다.

Answer 71.② 72.④ 73.④

74 예금자 보호제도에 대한 내용으로 옳은 것은?

① 예금의 전액을 보호해 준다.

② 원리금을 합하여 1인당 5천만 원까지 보장되며 초과금액은 심사를 통해 추가 보호된다.

③ 예금의 지급이 정지되거나 파산한 금융회사의 예금자가 해당 금융회사에 대출이 있는 경우 예금에서 매출금을 먼저 상환시키고 남은 예금을 기준으로 보호한다.

④ 보험회사의 상품은 보장하지 않는다.

> **TIP** ① 부실금융회사를 선택한 예금자도 책임을 분담한다는 차원에서 일정액만 보호한다.
> ② 초과금액은 보호되지 않는다.
> ④ 퇴직보험이나 변액보험계약 특약처럼 보호되는 보험회사금융상품도 있다.

75 금융소득에 대한 설명으로 옳지 않은 것은?

① 금융소득은 금융자산의 저축이나 투자에 대한 대가를 말한다.

② 금융소득은 종합과세하는 것이 원칙이다.

③ 이자소득은 금전을 대여하고 받은 대가인 이자의 총수입금액이다.

④ 배당소득은 주주로서 분배받은 배당금의 총수입금액으로 Gross-up 제도가 적용된다.

> **TIP** 현행 소득세법 체계는 종합소득에 대해 종합과세하는 것이 원칙이나, 조세정책적 목적으로 금융소득에 대해서는 다양한 분리과세제도를 운용하고 있다.

76 금융정보분석기구에 대한 내용으로 옳지 않은 것은?

① 금융기관으로부터 자금세탁 관련 정보를 수집, 분석하여 법집행기관에 제공하는 국가기관이다.

② 법무부, 국세청, 관세청, 한국은행 등 관계기관의 전문 인력으로 구성되어 있다.

③ 금융기관 등의 의심거래 보고업무에 대한 감독 및 검사, 외국 금융정보분석기구와 협업을 담당하고 있다.

④ 우리나라의 금융정보분석기구는 금융감독원이다.

> **TIP** 우리나라 금융정보분석기구는 금융정보분석원(KoFIU)이다.

Answer 74.③ 75.② 76.④

77 의심거래보고제도에 대한 설명으로 옳지 않은 것은?

① 금융회사가 불법재산, 자금세탁행위 등 불법이라고 의심되는 경우 금융기관 내부회의를 거쳐 금융정보분석원에 보고해야 한다.
② 의심거래보고를 하지 않은 경우 시정명령과 과태료 부과 등 제재처분이 가능하다.
③ 금융회사가 상대방과 공모하여 의심거래보고를 하지 않거나 허위보고 하는 경우 6개월 범위 내에서 영업정지처분도 가능하다.
④ 2010년 6월 30일부터 기준금액이 1천만 원으로 하향조정 되었다.

> **TIP** 금융회사는 불법이 의심되는 경우 즉시 금융정보분석원에 보고해야한다.

78 고객현금거래보고에 대한 설명으로 옳지 않은 것은?

① 관련 국제기구는 각국이 고객현금거래보고 제도를 도입할 것을 권고하고 있다.
② 일정금액 이상의 현금거래를 금융정보분석원에 보고하는 제도이다.
③ 불법자금의 유출입, 자금세탁 등의 비정상적 금융거래를 차단하기 위함이다.
④ 1거래일동안 2천만 원 이상의 현금을 입금하거나 출금한 경우 전산으로 자동 보고된다.

> **TIP** 2006년 이 제도를 처음 도입하였을 당시 기준금액은 5천만 원 이었으나 2019년 7월부터 1천만 원으로 내려 운영하고 있다.

79 고객확인제도에 대한 설명으로 옳지 않은 것은?

① 금융회사가 자금세탁행위 등의 우려가 있는 경우 실제 당사자 여부 및 금융거래 목적을 확인하는 제도이다.
② 계좌의 신규 개설시 거래금액에 상관없이 고객확인의무를 수행해야 한다.
③ 관련서류의 제출을 거부하는 경우 즉시 금융정보분석원에 보고된다.
④ 고객알기정책이라고도 한다.

> **TIP** 관련서류의 제출을 거부하는 경우 따로 보고되진 않으며 금융거래를 거절할 수 있다.

Answer 77.① 78.④ 79.③

80 고객확인 면제대상이 아닌 것은?

① 공과금을 수납하거나 100만 원 이하의 원화송금이나 외국통화 매입, 매각

② 법원공탁금, 정부·법원 보관금, 송달료를 지출한 금액

③ 미화 1만 불 이상의 일회성 금융거래

④ 보험기간 만료 시 보험계약자, 피보험자 또는 보험 수익자에 대해 만기환급금이 발생하지 않는 보험계약

TIP 미화 1만 불 이상의 일회성 금융거래 시 반드시 고객확인 과정이 이루어져야 한다.

81 금융정보 자동교환 협정에 대한 내용으로 옳지 않은 것은?

① 금융회사는 금융정보 자동교환을 위해 관리하고 있는 금융계좌 중 계좌보유자가 보고대상 해외 납세의무자에 해당하는지 여부를 확인해야 한다.

② 조세조약에 따른 국가 간 금융정보 자동교환을 위해 국내 금융회사들은 매년 상대국 거주자 보유 계좌정보를 국세청에 제출하고 있다.

③ 금융회사는 보고대상 금융계좌에 대한 정보를 수집하여 해당 정보를 국세청에 보고해야 한다.

④ 생명보험계약, 연금계좌 같이 조세회피 위험이 낮아도 실사의 의무가 적용 받는다.

TIP 생명보험계약, 연금계좌 같이 계좌가 세제혜택 대상이고 계좌 정보가 과세당국에 보고되는 등 조세회피 등에 사용될 위험이 낮은 것으로 판단되는 금융계좌를 제외계좌라고 한다. 금융계좌라 하더라도 제외계좌에 해당하는 계좌들은 보고, 실사절차, 계좌잔액 합산 대상 금융계좌에서도 제외된다.

Answer 80.③ 81.④

02 보험

❶ 보험일반 이론

(1) 위험관리와 보험

① 보험의 정의
- ㉠ 생애주기 동안 수많은 위험에 대비해 경제적 손실을 보전하기위한 제도
- ㉡ 장래 손실이 발생할 경우 그 손실을 회복하기 위한 비용을 같은 위험에 노출되어 있는 여러 사람들이 공동으로 부담하는 제도적 장치
- ㉢ 보험자(보험회사)에게 손실발생과 관련된 불확실성을 전가함으로써 계약자의 예기치 못한 손실을 집단화하여 분배하는 것

② 보험의 목적과 특성
- ㉠ 예상치 못한 손실의 집단화 : 손실을 한데 모아 개별위험을 손실집단으로 전환시킴으로써 개인이 부담해야 할 실제 손실을 위험그룹의 평균손실로 대체하는 것으로 불확실한 손실을 확정손실로 전환하고 손실을 개인으로부터 그룹 전체로 분산할 수 있다.
- ㉡ 위험의 분산 : 개별적으로 감당하기 힘든 손실 위험을 집단화 하여 서로 분담(risk sharing)하며 이러한 상호부조적 관계가 당사자 간의 자율적 시장거래를 통해 달성된다.
- ㉢ 위험의 전가 : 손실의 빈도는 낮지만 규모가 커서 스스로 부담하기 어려운 위험을 보험회사에 보험료 납부를 통해 전가함으로써 개인이나 기업이 위험에 대해 효과적으로 대응할 수 있게 해주는 사회적 장치이다.
- ㉣ 실제손실에 대한 보상(실손 보상의 원리)
  - ㉮ 보험금지급 사유 발생 시 실제 발생한 손실을 원상회복, 교체할 수 있는 금액으로 한정하므로 이론상 보험보상을 통해 이익을 볼 수 없다.
  - ㉯ 손실금액을 확정할 수 없는 손실(신체적 손해, 미술품의 파손 등)이 발생할 경우 사전에 결정한 금액을 보상할 수 있다.
  - ㉰ 보험으로 보상을 받기 위해서는 손실을 화폐가치로 환산할 수 있어야 하기 때문에 정서적 가치 훼손, 정신적 괴로움과 같은 경우 대체적으로 보호받을 수 없다.
- ㉤ 대수의 법칙 적용

    ㉮ 대수의 법칙 : 표본이 많을수록 결과가 점점 예측된 확률에 가까워진다는 법칙

    ㉯ 동질의 위험에 대한 다수의 보험계약자를 확보함으로써 손실의 예측능력을 확보할 수 있다.

③ 위험의 구분

  ㉠ 순수위험 · 투기적 위험 : 사건발생에 연동되는 결과에 따라서 구분

    ㉮ 순수위험 : 조기사망, 교통사고 등과 같이 손실이 발생하거나 손실이 발생하지 않는 불확실성에 대한 리스크이다. 원칙적으로 보험상품의 대상이 되는 위험은 순수위험에 국한된다.

    ㉯ 투기적 위험 : 주식투자, 도박 등과 같이 경우에 따라 손실이 발생하거나, 이익이 발생하는 불확실성에 대한 리스크이다.

  ㉡ 정태적 위험 · 동태적 위험 : 위험의 발생상황에 따라서 구분

    ㉮ 정태적 위험(개인적 위험) : 사회 · 경제적 변화와 관계없이 발생하는 자연재해, 화재, 방화 등의 개인적인 위험으로 손실만 발생시키는 순수위험적 성격을 가지고 있다. 개별적 사건 발생은 우연적이고 불규칙적이나, 집단적으로 관찰시 일정한 확률을 가지므로 예측이 가능하며 대부분 보험의 대상이 된다.

    ㉯ 동태적 위험(사회적 위험) : 산업구조 변화, 물가변동, 정치적 요인 등 사회의 동적변화에 따라 발생할 수 있는 불확실성이다. 위험의 영향이 광범위하기 때문에 발생 확률을 측정하기 어렵고 정태적 위험과 달리 경제적 손실 가능성과 동시에 이익을 창출할 가능성을 가지기 때문에 보험의 대상이 되기 어렵다.

④ 보험의 대상이 되는 불확실성(위험)의 조건

  ㉠ 다수의 동질적 위험단위 : 자동차사고처럼 유사한 속성(발생빈도 및 손실규모)의 위험이 독립적으로 다수 존재해야 하며, 대수의 법칙을 적용하여 손실을 예측할 수 있고 보험료를 계산할 수 있어야 한다.

  ㉡ 우연적이고 고의성 없는 위험 : 손실사고 발생에 인위적이거나 의도가 개입되지 않으며 예측할 수 없이 무작위로 발생하는 손실이어야 한다.

  ㉢ 한정적 측정가능 손실 : 피해를 명확히 식별하고 손실금액을 측정할 수 있어야 하며 이를 위한 객관적 자료 수집과 처리를 통해 정확하게 보험금 산정 및 지급이 가능해야 한다.

  ㉣ 측정 가능한 손실확률 : 손실사건 발생확률을 추정할 수 있는 위험이어야 한다.

  ㉤ 비재난적 손실 : 보험회사가 보상이 가능한 규모의 손실이어야 한다. (천재지변, 전쟁, 대량실업 등의 재난적 손실은 보험회사가 감당하지 못하므로 일반적으로 보상이 불가능)

  ㉥ 경제적으로 부당 가능한 보험료 수준 : 위험에 따른 보험료가 매우 높게 산정된 경우 가입자가 경제적으로 부담이 불가능해 시장성이 없어져 계약이 되지 않는다.

(2) 보험의 기능

① 보험의 긍정적 기능

  ㉠ 사회보장제도 보완

    ㉮ 3층 보장론 : 부족한 정부의 사회보장제도를 보완하기 위한 복지사회 구현방안

- 사회보장(정부가 최저수준의 국민생활보장)

> 국가가 국민 최저생활을 보장해 주기 위해 실사하는 제도를 총칭하며, 우리나라의 경우 사회보험, 공공부조, 사회복지서비스 등으로 구성되어 있다.
> - 사회보험 : 국민의 경제적 생활을 보장하기 위해 생활에 위협을 가져오는 사고가 발생할 경우 보험의 원리를 응용해 생활을 보장하고자 하는 사회보장 정책
>   📖 국민건강보험(장기요양보험), 국민연금, 산재보험, 고용보험 등 4대 보험
> - 공공부조 : 국가 및 지방자치단체의 비용부담으로 생활유지능력이 없거나 생활이 어려운 국민에게 최저생활을 보장하고 자립을 촉진하는 경제적 보호제도
>   📖 기초생활보장(생계급여, 주거급여, 의료급여, 교육급여, 해산급여, 장제급여, 자활급여)
> - 사회서비스 : '삶의 질' 향상을 위해 사회적으로 꼭 필요하지만 저수익성으로 민간 참여가 부진하기 때문에 정부·지자체 등이 함께 제공하는 복지서비스
>   📖 노인복지, 장애인복지, 아동복지, 건강복지

- 기업보장(기업이 퇴직 후 생활을 보장)
- 개인보장(개인별 노후를 위한 보장)
  ㉯ 3층 보장론의 측면에서 볼 때 정부의 사회보험과 민영보험은 상호보완적이자 경쟁관계라는 양면성을 가진다.
  ㉡ 손해 감소 동기부여 : 보험은 사고 발생 예방이 목적이 아니지만, 사고발생에 따른 보상책임 부담을 줄이기 위해 면책제도, 보험료할인제도 등을 통해 사고예방에 대한 노력을 하고 있다.
  ㉢ 기업의 자본효율성 향상 : 보험이 있으면 기업이 위험에 대비해 거액의 자금을 준비금으로 두지 않아도 되므로 기업의 자본효율성을 제고할 수 있다.
  ㉣ 국가경제 발전에 기여
    ㉮ 보험금을 운용하여 이익금이 발생할 경우 배당을 하는 등 일부 금융기능을 담당하고 있다.
    ㉯ 국가기간산업에 적립금을 투자하여 국가경제 발전에 기여한다.
    ㉰ 우발적 사고로 인한 국민의 생활 보호를 위한 국가의 재정 부담을 보험회사가 보상하여 국가 재정 부담을 감소시킬 수 있다.

② 보험의 부정적 영향
  ㉠ 보험회사 측면
    ㉮ 보험회사는 이익추구를 위해 피보험 목적물 가액을 과대평가하여 도박과 같은 보험계약을 유발시킬 수 있다.
    ㉯ 보험금 지급을 위한 준비금을 적립하는 대신 자금을 부당하게 사용하여 피보험자에게 손해를 끼치고 사회에 악영향을 줄 수 있다.
  ㉡ 보험가입자 측면
    ㉮ 보험사고 발생 시 보험금을 지급받게 되므로 우발적 위험에 대비한 저축이나 사고발생을 예방하기 위한 노력에 소홀하게 된다.
    ㉯ 보험금을 사취하기 위해 고의적 사고를 일으키거나, 사건 발생을 가장·위증하는 등 사회질서를 해치는 행위를 유발한다.

(3) 보험의 종류

① 상법상 손해보험과 인보험으로 분류된다.

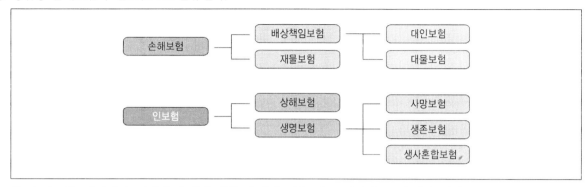

- ㉠ 손해보험 : 계약자가 신체상 손해나 재물 손해가 났을 때 보험자가 그 손해를 배상
  - ㉮ 배상책임보험 : 계약자가 타인의 신체(대인)나 재물(대물)에 손해를 끼침으로써 법률상 책임을 졌을
    때 그 손해를 배상
  - ㉯ 재물보험 : 계약자(개인 또는 법인) 소유의 건물, 건축물, 전자기기, 기계 등이 화재 등에 의해 직접
    손해, 폭발 및 파열손해 등이 발생했을 때 그 손해를 배상
- ㉡ 인보험 : 계약자의 생명이나 신체를 위협하는 사고가 발생한 경우 보험자가 일정한 금액 또는 기타의 급
  여를 지급
  - ㉮ 상해보험 : 계약자가 우발적 사고로 상해를 입으면 보험금을 지급하는 보험
  - ㉯ 생명보험 : 계약자의 사망 또는 일정 연령까지 생존 시 약정한 보험금을 지급하는 보험, 노후의 생
    활비, 사망 후 유가족의 생활보호를 위한 자금 등을 마련하기 위해 이용

② 보험실무상으로 손해보험과 생명보험으로 분류

ㄱ **손해보험** : 지정된 유형에 따른 보험사고 발생 시 약정된 보험금 지급
- ㉮ **화재보험** : 화재나 번개로 인하여 재산상의 손해가 발생한 경우(상품에 따라 태풍, 도난 등과 같은 손인들이 포함됨)
- ㉯ **해상보험** : 항해에 따르는 사고로 인해 발생하는 많은 위험을 종합적으로 담보
- ㉰ **자동차보험** : 계약자가 자동차를 소유, 운행, 관리하는 동안 발생하는 사고로 인한 피해에 대해 보험금 지급
- ㉱ **보증보험** : 각종 거래에서 발생하는 신용위험을 감소시키기 위한 보증제도로 보증보험회사가 일정한 대가를 받고 계약상의 채무이행 또는 법령상 의무이행을 보증
- ㉲ **장기(손해)보험** : 일반적으로 3년 이상의 기간을 가지며 보장기능 외에 저축이 포함된 상품으로 만기 도달 시 환급금을 돌려주는 저축기능이 부과되어 있음
- ㉳ **특종보험** : 위의 보험을 제외한 모든 형태의 보험으로 항공보험, 도난보험 등 기타 보험이 해당됨

ㄴ **생명보험**
- ㉮ **개인보험** : 위험선택의 단위가 개인으로, 개인의 책임 하에 임의로 보험금액·보험금수령인 등을 결정할 수 있고 연령·성별 등에 따라 다른 보험료를 각출하는 보험
- ㉯ **연금보험** : 피보험자의 종신 또는 일정 기간 동안 해마다 일정 금액을 지불할 것을 약속하는 생명보험
- ㉰ **단체보험** : 일정 단체에 소속되어 있는 사람 전체를 대상으로 하는 보험상품으로 평균보험료율이 적용되며 보험금액 등의 선택에도 상당한 제약이 존재하지만 보험료 측면에서 개인보험대비 저렴하다.

(4) 생명보험의 역사

① **고대시대** … 집단생활을 하며 구성원의 손실비용을 공동부담
- ㄱ **에라노이(Eranoi)** : 기원전 3세기경의 종교적 공제단체로 구성원이 사망하거나 어려운 일이 생길 때를 대비하여 서로 도움을 주었다.
- ㄴ **콜레기아(Collegia Tenuiorum)** : 로마제정시대의 상호부조조합으로 사회적 약자나 소외계층 등 하층민들이 서로 돕기 위해 회비를 낸 후 추후에 구성원의 사망 장례금, 유가족 지원금 등으로 지급하였다.

② **중세시대** … 과학·경제·금융의 발달과 함께 생명보험의 초기형태가 등장
- ㄱ **길드(Guild)** : 13~14세기경 교역의 발달에서 파생된 상호구제제도로 해상교역 중에 발생하는 손해를 공동으로 부담하고 구성원의 사망 등의 재해도 구제해 주었다.
- ㄴ 길드의 상호구제 기능은 영국의 우애조합(Friendly Society), 독일의 구제금고(Hilfskasse) 등의 형태로 발전

③ **근대시대** … 현대 생명보험 형태의 토대가 만들어짐
- ㄱ **톤틴연금** : 17세기 말 이탈리아 은행가 톤티(Lorenzo Tonti)가 고안한 연금제도로 루이 14세에 의해 시행되었다. 대중의 출자로 대량의 자금을 만들어 연령별로 결정된 금액을 국가에 납부하고 이를 생존자 간에 분배하는 일종의 종신연금이다.
- ㄴ 1787년 프랑스에서 제국보험회사(Compaie Rayale d' Assurance)가 설립되었다.

ⓒ 1762년 영국에서 세계 최초의 근대적 생명보험회사 에퀴터블(Equitable)이 설립되었다. 최초로 수학적 예측을 통해 인간의 예상 수명을 보험에 적용하는 등 현대 생명보험 운영의 토대가 되는 각종 근대적인 제도를 도입하였다.

(5) 우리나라 생명보험의 역사

① 계와 보
ⓐ 계(契) : 삼한시대부터 시작된 상호협동조직으로 친목도모, 관혼상제 공동부담 등 지금까지도 목돈 마련을 위해 대중적으로 활용되는 수단이다.
ⓑ 보(寶) : 신라시대 불교의 '삼보'에서 비롯된 일종의 재단으로 특정 공공사업을 수행할 목적으로 기본자산을 마련한 뒤 그 기금을 운용해 생기는 이자로 경비를 충당하거나 자선에 활용하는 제도이다. 고려시대 당시에는 국가 공공목적 수행을 위한 재원 확보책이었으나 시간이 지날수록 고리대(高利貸)의 성격이 짙어졌다.

② 근대적 생명보험
ⓐ 1876년 강화도조약 체결 후 서양 열강의 보험회사들이 진출
ⓑ 일본은 1891년 부산에 테이코쿠생명이 대리점을 냈고 이후 쿄사이생명, 니혼생명, 치요타생명 등이 인천·목포 등 항구도시를 중심으로 대리점을 개설하였다.
ⓒ 우리나라 최초의 생명보험사는 1921년 한상룡씨가 설립한 '조선생명보험주식회사'이며 1922년 최초의 손해보험회사인 '조선화재해상보험주식회사'가 설립된다.
ⓓ 광복 이후 일본 생명보험사들이 보험료를 환급하지 않아 보험에 대한 불신풍조가 오랫동안 지속되었다.
ⓔ 1940년대부터 50년대 말에는 대한생명, 협동생명, 고려생명, 흥국생명, 제일생명(현 알리안츠), 동방생명(현 삼성생명), 대한교육보험(현 교보생명) 등이 설립되었다.
ⓕ 1960년대 정부의 경제개발계획 추진으로 생명보험회사가 국민저축기관으로 지정되었으며 1970~1980년대 경제성장과 함께 생명보험도 개인보험 위주로 고도성장을 이루었다.
ⓖ 1990년대 보험시장 개방, 금융자율화 정책 등으로 생명보험 시장 내에서도 본격적인 경쟁이 시작되어 규모위주 성장전략에 따른 과다한 실효해약 등으로 경영부실이 확대되고 1997년 IMF 외환위기로 1998년 4개 생명보험회사의 허가가 취소되는 등 대규모 구조조정이 이루어진다.
ⓗ 2000년대 이후 생명보험산업의 주요 연혁

연도	주요 내용
2000년대	방카슈랑스(은행이 고객을 대상으로 보험판매) 제도 도입 홈쇼핑, T/M , C/M, 대형마트 등 판매채널 다양화
2013년	인터넷 전문 생명보험사 출범 온라인 채널 확대 가속화
2015년	생명·손해보험협회, '온라인 보험 슈퍼마켓(보험다모아)' 서비스 개설
2017년	생명·손해보험협회, 보험가입내역과 숨은보험금을 조회할 수 있는 '내보험찾아줌(ZOOM)' 서비스 운영 실시

❷ 생명보험 이론

(1) 생명보험 계약

① 생명보험계약의 관계자

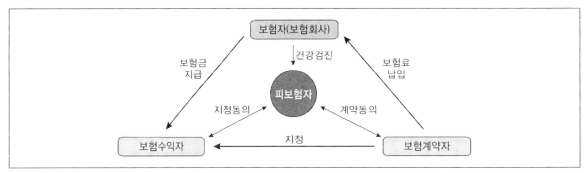

㉠ **보험자** : 위험을 인수하는 보험회사

  ㉮ 보험자는 보험계약 당사자로서 보험계약자와 보험계약을 체결

  ㉯ 보험금 지급사유 발생 시 보험금을 지급할 의무가 있음

  ㉰ 다수의 보험계약자로부터 위험을 인수하여 관리해야 하므로 보험사업을 하려면 금융위원회의 사업허가가 필요하다.

㉡ **보험계약자** : 보험회사와 보험계약을 체결하는 보험계약당사자

  ㉮ 보험계약에 대한 여러 의무와 보험금 청구 권리를 가짐

> **TIP**
>
> 보험계약자의 주된 의무
>
> | | |
> |---|---|
> | • 보험료 납입의무 | • 보험계약 시 고지의무 |
> | • 주소변경 통지의무 | • 보험금 지급사유발생 통지의무 |

  ㉯ 보험계약자의 자격에는 제한이 없어 자연인·법인 상관없이 보험계약자가 될 수 있다.

  ㉰ 만 19세 미만의 경우 친권자나 법정대리인의 동의가 필요하다.

㉢ **피보험자** : 보험사고가 발생해 손해를 입는 사람

  ㉮ 피보험자와 보험계약자가 동일할 경우 '자기의 생명보험', 다를 경우 '타인의 생명보험' 이라고 한다.

  ㉯ 타인의 생명보험일 경우 반드시 타인의 서면동의(또는 전자서명, 공인전자서명 등)를 받아야 하는 제한이 있다.

㉣ **보험수익자** : 보험자에게 보험금지급을 청구·수령할 수 있는 권리를 가진 사람

  ㉮ 보험수익자와 보험계약자가 동일한 경우 '자기를 위한 보험', 다를 경우 '타인을 위한 보험'이라 한다.

  ㉯ 보험수익자가 여러 명일 경우 대표자를 지정해야 하며 보험수익자의 지정과 변경권은 보험계약자에게 있다.

  ㉰ 타인의 생명보험일 경우 보험수익자 지정 또는 변경 시 피보험자의 동의가 필요하다.

보험금을 받는 자를 지정하지 않은 경우

계약자가 보험계약 시 보험수익자를 지정하지 않은 경우 보험사고별 종류에 따라 보험수익자가 결정

보험사고별 종류	보험수익자
사망보험금	피보험자의 상속인
생존보험금	보험계약자
장해 · 입원 · 수술 · 통원급부금 등	피보험자

     ⓜ 기타 : 계약자와 보험자간의 계약체결을 위해 중간에서 도와주는 보조자

        ㉮ **보험설계사** : 보험회사, 대리점, 중개사에 소속되어 보험체결을 중개하는 사람

        ㉯ **보험대리점** : 보험자를 위해 보험계약 체결을 대리

        ㉰ **보험중개사** : 독립적으로 보험계약 체결을 중개

           ※ 보험대리점은 계약체결권, 고지 수령권, 보험료 수령권의 권한을 가지지만 보험중개사는 권한이 없다.

② **보험계약의 요소**

     ㉠ **보험목적물**(보험 대상)

        ㉮ 보험사고 발생의 객체로 보험자가 배상해야 할 범위와 한계를 정해준다.

        ㉯ 생명보험에서는 피보험자의 생명 또는 신체를 말한다.

     ㉡ **보험사고**(보험금 지급사유)

        ㉮ 보험에 담보된 재산 · 생명 · 신체에 대해 보험자가 보험금 지급을 약속한 사고

        ㉯ 생명보험의 경우 피보험자의 사망 · 생존, 장해, 입원, 진단 · 수술, 만기 등이 지급사유이다.

     ㉢ **보험기간**(위험기간, 책임기간)

        ㉮ 보험에 의한 보장이 제공되는 기간

        ㉯ 상법에서는 보험자의 책임을 최초의 보험료를 지급받은 때부터 개시한다고 규정한다.

     ㉣ **보험금**

        ㉮ 보험사고 발생 시 보험자가 지급해야 하는 금액

        ㉯ 보험계약 체결 시 보험자와 보험계약자 간 합의에 의해 설정할 수 있다.

     ㉤ **보험료** : 보장을 받기위해 보험계약자가 보험자에게 지급해야 할 금액으로 납부하지 않는다면 계약은 해제되거나 해지된다.

     ㉥ **보험료 납입기간**

        ㉮ **전기납**(全期納)**보험** : 보험기간의 전 기간에 걸쳐 납부하는 보험

        ㉯ **단기납**(短期納)**보험** : 납입기간이 보험기간보다 짧은 기간에 종료되는 보험

(2) 생명보험의 기본원리

① 상부상조의 정신

- ㉠ 언제 일어날지 모르는 사고에 대비해 공동준비재산을 마련하고 예기치 못한 불행을 당한 사람에게 미리 약정된 금액을 지급함으로써 서로를 돕는 것
- ㉡ 상부상조의 정신을 과학적이고 합리적 방법으로 제도화 한 것이 생명보험이다.
- ㉢ 생명보험의 기초가 되는 것으로 대수의 법칙, 생명표, 수지상등의 원칙 등이 있다.

② 대수의 법칙

- ㉠ 측정대상의 숫자나 측정횟수가 많아질수록 예상치가 실제치에 근접한다는 원칙
- ㉡ 특정인의 우연한 사고 발생 가능성 및 발생 시기 등은 불확실하지만 많은 사람을 대상으로 관찰하면 통계적인 사고 발생확률이 산출된다.
- ㉢ 생명보험은 다수의 보험계약자로 구성된 동일한 성질의 위험을 가진 보험집단이 존재해야 하며, 보험계약자가 많을수록 통계적 정확성이 높아져 정확한 보험요율을 산정하고 미래 손실의 빈도와 강도에 대해 정확히 예측할 수 있다.

③ 생명표 … 대수의 법칙에 각 연령대별 생사잔존상태를 나타낸 표

- ㉠ **국민생명표** : 국민 또는 특정지역의 인구를 대상으로 인구 통계에 의해 사망상황을 작성한 생명표
- ㉡ **경험생명표** : 생명보험회사, 공제조합 등의 가입자에 대한 실제 사망 경험을 근거로 작성한 생명표
- ㉢ **우체국보험생명표** : 우체국보험 가입자의 실제 사망현황을 감안하여 작성한 생명표

  ※ 사람의 사망률은 의료기술 발달 등에 따라 낮아지는 특성이 있어 사망상황을 측정하는 방법 및 연도에 따라 생명표를 분류하기도 한다.

④ 수지상등의 원칙

- ㉠ 보험계약자가 납입하는 보험료 총액과 보험자가 지급하는 보험금 및 사업비 등 지출비용의 총액이 동일하도록 하는 것을 뜻함
- ㉡ 1인당 보험료 × 가입자 수 = 지급 보험금 × 사고발생건수
- ㉢ 보험회사는 대수의 법칙을 통한 보험사고 발생확률과 평균 손실금액을 산정하여 총 지급보험금을 예측하고 이에 따라 보험료를 징수하여 총 보험료와 사업비 등을 포함한 총 보험금 간의 균형이 이루어지도록 해야 한다.

[생명보험의 기본원리]

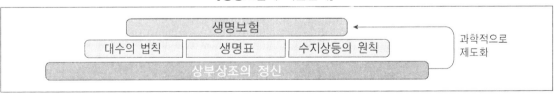

(3) 보험료 계산의 기초 (3이원방식, 현금흐름방식)

① 3이원방식 … 수지상등원칙에 의거 예정사망률, 예정이율, 예정사업비율의 3대 예정률을 기초로 계산

   ㉠ 예정사망률(예정위험률)

      ㉮ 특정 개인의 수명을 대수의 법칙에 의해 예측하여 보험료 계산에 적용하는 것

      ㉯ 예정사망률이 낮아지면 사망보험의 보험료는 내려가고 생존보험의 보험료는 올라간다.

   ㉡ 예정이율

      ㉮ 보험자는 보험계약자가 납입한 보험료를 적립·운용하여 수익을 내는데 이 수익을 사전에 예상하여 일정 비율로 보험료를 할인해주는 할인율이다.

      ㉯ 예정이율이 낮아지면 보험료는 올라가고 예정이율이 높아지면 보험료는 내려간다.

   ㉢ 예정사업비율

      ㉮ 보험자가 보험계약을 유지·관리해나가기 위해 발생하는 비용으로 보험자는 이 비용을 미리 예상하고 보험료에 포함한다.

      ㉯ 예정사업비율이 낮아지면 보험료는 내려가고 예정사업비율이 높아지면 보험료는 올라간다.

② 현금흐름방식

   ㉠ 기존의 3이원방식 가격요소와 함께 계약유지율, 판매량, 투자수익률 등 다양한 가격요소를 반영하여 보험료를 산출하는 방식

   ㉡ 다양한 기초율을 가정하여 미래 현금흐름을 예측하고, 이에 따른 목표 수익률을 만족시키는 영업보험료를 역으로 산출하는 방식이다.

   ㉢ 보험회사는 상품개발의 유연성을 재고하고 보험소비자는 상품선택의 폭을 확대할 수 있다.

> **TIP**
>
> 3이원방식과 현금흐름방식의 비교

구분	3이원방식	현금흐름방식

기초율 가정	• 3이원
	(위험률, 이자율, 사업비율)
		• 3이원 포함 다양한 기초율
		  ▣ 경제적 가정: 투자수익율, 할인율, 적립이율 등
		  ▣ 계리적 가정: 위험률, 해지율, 손해율, 사업비용 등

기초율 가정적용	• 보수적 표준기초율 일괄 가정 • 기대이익 내재	• 각 보험회사별 최적가정 • 기대이익 별도 구분
장점	• 보험료 산출이 비교적 간단 • 기초율 예측 부담 경감	• 상품개발 시 수익성 분석을 동시에 할 수 있으며 상품개발 후 리스크 관리 용이 • 새로운 가격요소 적용으로 정교한 보험료 산출 가능
단점	• 상품개발 시 별도의 수익성 분석 필요 • 상품개발 후 리스크 관리 어려움	• 정교한 기초율 예측 부담 • 산출방법이 복잡하고, 전산시스템 관련 비용이 많음

(4) 영업보험료

① 정의 … 영업보험료(총 보험료)는 보험계약자가 실제로 보험회사에 납입하는 보험료를 뜻한다.

② 구성

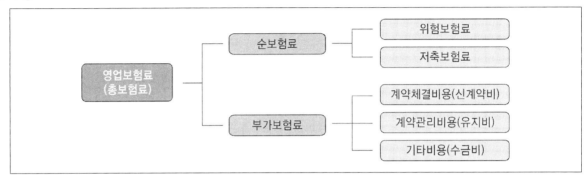

㉠ 순보험료 : 장래의 보험금 지급의 재원이 되는 보험료

㉮ 위험보험료 : 사망보험금, 장해급여금 등 보험사고 발생 시 보험금 지급 재원이 되는 보험료

㉯ 저축보험료 : 만기보험금, 중도급부금 등의 지급 재원이 되는 보험료

㉡ 부가보험료 : 보험회사가 보험계약을 체결, 유지, 관리하기 위한 경비에 사용되는 보험료

㉮ 계약체결비용(신계약비) : 보상금 및 수당, 보험증서 발행 등 신계약과 관련한 비용에 사용되는 보험료

㉯ 계약관리비용(유지비) : 보험계약의 유지 및 자산운용 등에 필요한 경비로 사용되는 보험료

㉰ 기타비용(수금비) : 보험료 수금에 필요한 경비로 사용되는 보험료

③ 보험료의 산정

㉠ 일시납보험료

㉮ 보험계약 및 유지에 필요한 모든 보험료를 한 번에 납입하는 방식

㉯ 미래에 예상되는 모든 보험금지급비용 충당에 필요한 금액을 일시금으로 납입한다.

㉡ 자연보험료

㉮ 매년 납입 순보험료 전액이 그 해 지급되는 보험금 총액과 일치하도록 계산하는 방식

㉯ 나이가 들수록 사망률이 높아짐에 따라 보험금지급이 증가하므로 보험료가 매년 높아진다.

㉢ 평준보험료

㉮ 정해진 시기에 매번 납입하는 보험료의 액수가 동일한 산정방식

㉯ 사망률이 낮은 계약 전반기 동안 납입된 평준보험료는 보험금 및 지급분에 비해 크며 이렇게 남은 보험료에 이자가 붙어 기금이 조성된다.

㉰ 계약 후반기 늘어나는 보험금 지급에 대비하여 전반기에 미리 기금을 조성해 놓는 방식

㉣ 유동적보험료 : 기본적으로 보험계약자는 보험기간 중에 보험회사가 정한 납입보험료의 최저·최고치 규정에 따라 본인이 원하는 만큼의 보험료를 납입할 수 있다.

④ 배당
　　㉠ 배당의 의의 : 유배당보험의 경우 보험회사는 계약에 대해 잉여금이 발생할 경우 잉여금의 일정비율을 계약자배당준비금으로 적립하여 이를 보험계약자에게 배당금으로 지급한다.

> **TIP**

잉여금

보험료 산출 시 사용되는 3대 예정율은 적정수준의 안전성을 가정하므로 수지계산에 있어 일반적으로 과잉분을 낳는다. 이러한 잉여금은 일반적으로 계약자에게 정산환원 되어야 하는데 이를 계약자배당이라 한다.

　　㉡ 배당금의 지급 : 보험업감독규정에 의해 보험회사의 경영성과에 따라 아래의 방법 중 계약자가 선택하는 방법으로 배당된다.
　　　　㉮ 현금지급 : 배당금 발생 시 계약자에게 현금으로 지급
　　　　㉯ 보험료 상계 : 계약자가 납입해야 하는 보험료를 배당금으로 대납(상계)
　　　　㉰ 보험금 또는 제환급금 지급 시 가산 : 계약이 소멸할 때까지 혹은 보험계약자의 청구가 있을 때까지 발생한 배당금을 보험회사가 적립하여 보험금 또는 각종 환급금 지급 시 가산
　　㉢ 보험안내자료상 배당에 대한 예산의 기재금지 및 예외사항
　　　　㉮ 보험모집 시 미래 불확실한 배당을 과장되게 기재함으로써 발생할 수 있는 과당경쟁 및 고객과의 마찰 등을 방지하기위해 배당에 대한 예산을 기재할 수 없다.
　　　　㉯ 유배당 연금보험의 경우 직전 5개년도 실적을 근거로 장래계약자배당을 예시할 수 있지만, 보험계약자가 오해하지 않도록 실제 배당금액과 차이가 발생할 수 있음을 명시해야 한다.

(5) 언더라이팅과 클레임

① 언더라이팅의 의미
　　㉠ 보험회사 입장에서 보험가입을 원하는 피보험자의 위험을 각 위험집단으로 분류하여 보험 가입 여부를 결정 하는 과정(계약심사)
　　㉡ 언더라이팅을 위해 피보험자의 환경 · 신체 · 재정 · 도덕적 위험 등 전반에 걸친 위험평가가 이루어진다.
　　㉢ 언더라이팅 결과에 따라 보험계약청약에 대한 승낙여부와 보험료 및 보험금 한도를 설정할 수 있다.
　　㉣ 언더라이팅은 위험평가 과정을 통해 우량 피보험자 선택, 보험사기와 같은 역선택 위험을 방지하는 등 보험사업의 핵심적인 업무에 해당한다.

> **TIP**

역선택 위험

보험계약자 스스로 위험도가 높은 상황임을 알고 있으나, 보험금 수령을 목적으로 위험 사실을 의도적으로 은폐하여 보험을 가입하는 행위로 언더라이팅을 통해 이러한 계약을 사전에 차단하여 선의의 계약자를 보호할 수 있다.

② 언더라이팅의 필요성

    ㉠ 보험회사는 보험계약자를 공평하게 대우해야 하고, 보험계약자는 자신의 위험도에 대한 적절한 보험료를 납부해야 쌍방 간 공평성이 유지된다.

    ㉡ 보험회사가 지나치게 높은 수준의 위험까지 인수할 경우 : 보험금 지급액이 증가하여 정상적인 사업운영이 어려워진다.

    ㉢ 보험회사가 지나치게 낮은 수준의 위험만 인수할 경우 : 가입자가 줄어 회사의 경쟁력이 상실된다.

    ㉣ 보험회사는 피보험자 및 보험계약자의 위험 수준을 적절하게 유지해야 하며, 위험수준에 부합하는 보험료를 보험계약자에게 부담시켜야 한다.

    ㉤ 언더라이팅을 통한 위험분석 및 선별 능력이 좋은 보험회사는 영업적인 측면에서 경쟁력 우위를 가지고 효율적인 보험리스크 관리를 통해 안정적인 수익창출과 고객보호에도 기여할 수 있다.

③ 언더라이터의 의미와 역할

    ㉠ 언더라이터(계약심사업무담당자) : 보험계약의 위험을 평가하고 선택하며 위험인수기준과 처리절차(계약인수 · 계약거절 · 조건부인수)를 결정하는 직무를 수행한다.

    ㉡ 언더라이터의 역할

        ㉮ 보험설계사를 통해 접수된 청약서를 검토하고 보험가입의 승인 여부, 또는 특별한 조건으로 조건부인수를 할 것인지 결정한다.

        ㉯ 피보험자의 위험수준에 따른 적절한 보험료 및 보장한도를 결정한다.

> **TIP**
>
> 이상적인 언더라이터의 조건
> - 모든 계약을 합리적이고 객관적으로 인수
> - 논리적이며 유연한 사고를 바탕으로 법과 규정 등을 준수

④ 언더라이팅의 대상

    ㉠ 환경적 언더라이팅

        ㉮ 피보험자의 직업, 운전습관, 흡연, 음주, 취미생활 등이 있다.

        ㉯ 업계 표준직업분류 및 등급표에 따라 위험등급을 비위험직 · 위험직 1~5등급으로 구분하며 등급별 보장범위 및 가입한도 등을 설정하여 운영한다.

        ㉰ 위험등급별 보장범위를 초과하는 경우 일반적으로 계약을 거절한다.

    ㉡ 신체적 언더라이팅

        ㉮ 연령, 성별, 체격, 가족력 등에 따른 사망 또는 발병 가능성이 포함된다.

        ㉯ 세부평가를 위해 피보험자에 대한 전문의의 진단결과나 기타자료를 참고한다.

    ㉢ 도덕적 언더라이팅

        ㉮ 도덕적 위험은 고의적 · 악의적으로 보험을 역이용하려는 행위와 결과를 의미한다.

        ㉯ 도덕적 위험은 자기 자신을 이용한 위험(피보험자가 자신)과 타인을 이용한 위험(피보험자가 타인)으로 구분된다.

ⓐ 피보험자를 대상으로 고액보험 가입 후 고의적인 보험사고 유발 및 부실고지 등을 통해 보험회사를 의도적으로 속이는 행위를 차단하기 위해 도덕적 위험평가를 실시한다.

> **TIP**
> 도덕적 위험의 영향
> • 도덕적 위험 발생증가 → 손해율 증가 및 보험회사 경영수지 악화 → 보험료 인상
> • 보험과 보험회사 이미지 악화, 보험에 대한 불신풍조로 사회적 피해 증가

ⓔ 재정적 언더라이팅
   ⑦ 보험계약자의 가입 상품의 보장내용이 청약자의 생활환경·소득수준에 적합한지 여부를 확인
   ⓐ 보험을 투기의 목적으로 가입하는 것을 예방하고 피보험자가 적정 수준의 보장을 받도록 하기 위함이다.

⑤ 언더라이팅의 절차
   ㉠ 1단계 : 모집조직에 의한 선택
      ⑦ 보험설계사는 피보험자의 건강상태, 생활환경 등에 대해 파악하고 1차 위험 선택의 기능을 수행한다.
      ⓐ 보험설계사는 피보험자와 계약자에게 언더라이팅 판단자료와 계약조건 결정에 필수적인 기본 정보를 고객에게 정확히 고지하고 안내해야 한다.
      ⓐ 향후 보험분쟁의 발생을 예방하기 위해 상품에 대한 충분한 설명과 계약상의 중요한 사실을 계약자와 피보험자에게 알려야 하고 보험료 수령 등이 정확히 이행될 수 있도록 해야 한다.
      ⓐ 보험설계사는 상품 및 약관 등 기초서류에 대한 정확한 지식이 필요하며 언더라이팅을 위한 과정에서 피보험자와의 불만을 야기하지 않고 정보를 수집할 수 있어야 한다.
      ⓐ 최근에는 모집조직에 의한 선택과정을 차별화 하는 '무심사 보험'과 '간편심사 보험'의 개발이 활발해지고 있다.
        • 무심사 보험 : 고령자의 경우 일반 고객과 동일한 계약 기준으로 인수가 불가능하기 때문에 보험료를 일반보험에 비해 할증하여 보험계약을 인수하는 보험상품이다.
        • 간편심사 보험(유병자보험) : 과거 병력 또는 현재 만성질환을 가지고 있는 고객이나 고령자를 대상으로 계약심사과정과 서류를 간소화한 보험상품으로 가입절차는 간편하나 보험료는 비교적 높게 책정된다.
   ㉡ 2단계 : 건강진단에 의한 선택
      ⑦ 계약인수 과정에서 건강진단은 보험회사가 보다 객관적인 입장에서 피보험자의 중요 고지내용에 대한 확인 또는 중요 고지내용의 추가 등을 수행하기 위한 선택과정이다.
      ⓐ 병원진단, 서류진단, 방문진단이 실시되고 있다.
   ㉢ 3단계 : 언더라이팅 부서에 의한 선택
      ⑦ 언더라이터가 1단계, 2단계 선택과정에서 수집한 정보를 토대로 피보험자의 위험을 평가하여 청약의 승낙 여부를 결정하고 계약내용과 조건 보험료, 보험금액 등을 최종 결정하는 과정

④ 언더라이팅 부서의 주요 역할
  - 영업적 역할 : 언더라이팅 과정에서 영업력을 축소시키지 않아야 함
  - 관리적 역할 : 효율적인 언더라이팅을 통해 관리 부담 축소 및 비용 측면의 효율성 확보
  - 공익적 역할 : 모든 피보험자(보험대상자)에 대해 공정하게 언더라이팅 실시
⑤ 언더라이터가 활용하는 주요 수집정보
  - 청약서 상의 계약 전 알릴 의무사항과 보험설계사의 모집보고서
  - 의적진단보고서(병원진단 또는 서류)
  - 계약적부확인에 의한 조사보고서 등

② 4단계 : 계약적부확인

㉮ 3단계 선택과정에서 보험금액이 과도하게 크거나 피보험자의 잠재적 위험이 높은 것으로 의심되는 경우, 또는 계약 성립 이후라도 역선택 가능성이 높다고 의심되거나 사후분쟁의 여지가 있는 계약에 대해 보험회사 직원이나 계약적부확인 전문회사 직원이 피보험자의 체질 및 환경 등 계약 선택상 필요한 모든 사항을 직접 면담·확인하는 것

㉯ 계약적부확인은 계약 선택의 합리성을 제고하고, 고객의 고지의무사항 위반 계약을 조기에 발견함으로써 양질의 계약을 확보하고 역선택 방지 및 보험사고 발생 시 분쟁을 최소화하며 보험금을 신속하게 지급하는 데 목적이 있다.

㉰ 계약적부조사 과정에서 다음과 같은 사항이 위반되면 계약을 감액하거나 해지, 무효, 취소 처리할 수 있다.
  - 청약서에 피보험자의 자필서명이 누락된 경우
  - 피보험자가 보험가입에 동의하지 않은 경우
  - 피보험자가 청약서상 고지사항에 대해 고지하지 않거나 병력을 축소 고지한 경우
  - 피보험자의 직업·운전·취미 등의 위험이 청약서에 고지한 내용보다 높은 경우
    ※ 표준약관에는 피보험자의 고지의무 위반사실을 안 날로부터 1개월 이내, 계약체결일로부터 3년 이내에 해지할 수 있도록 규정되어 있다.

⑩ 5단계 : 사고 및 사망조사 : 보험계약 체결 이후 보험사고 발생으로 보험계약자가 보험금 지급을 신청한 경우 고지의무와 관련하여 의심 가는 사항이 있는 계약에 대해 실시하는 사후적 심사과정이며 이를 통해 역선택에 따른 보험금지급을 최소화할 수 있다.

⑥ 표준미달체/우량체의 인수

㉠ 국내 보험업계의 언더라이팅은 표준체(통상의 보험요율이 적용되는 생명보험의 표준적인 피보험체) 중심으로 되어있다.

㉡ 표준미달체 : 언더라이팅 결과가 표준체 기준 위험보다 높은 경우 보험료 할증, 보험금 삭감, 부담보 등의 형태로 계약을 인수한다.

㉮ 보험료 할증 : 표준미달체의 위험 수준이 시간 흐름에 따라 증가하는 체증성의 경우와 일정한 상태를 유지하는 항상성의 경우 주로 적용

ⓑ 보험금 삭감 : 보험가입 후 시간 흐름에 따라 위험 수준이 감소하는 체감성 위험에 대해 적용하며 보험가입 후 일정기간 내 보험사고 발생 시 미리 정해진 비율로 보험금을 감액하여 지급
　　　ⓒ 부담보 : 보험 가입 기간 중 특정 신체 부위 및 특정 질환에 대해 일정 기간 또는 전 기간 동안 질병으로 인한 수술 및 입원 등의 각종 보장을 제외하는 조건부 계약의 형태
　　ⓒ 우량체 : 언더라이팅 결과가 표준체 기준 위험보다 낮은 경우 보험료 할인혜택이 부여된다.

⑦ 언더라이팅의 실무
　ⓐ 청약서 작성 시 주의사항
　　ⓐ 청약서를 작성할 때 계약 전 알릴 의무사항에 고지사항을 적고, 성명·서명란과 신용정보의 제공·활용에 대한 동의란에 반드시 보험계약자와 피보험자의 자필서명을 기입해야 한다.
　　ⓑ 피보험자가 과거 또는 현재 병력이 있을 경우 계약 전 알릴 의무사항의 고지사항을 피보험자가 작성해야 하며 질병명(진단명), 치료내용, 치료시기 및 기간, 현재 상태 등 병력정보에 대해서도 정확하게 기재하도록 설명해야 한다.
　　ⓒ 청약서 기재사항은 원칙적으로 보험설계사가 임의대로 수정할 수 없으며, 변경이나 수정이 필요한 경우 새로운 청약서 발행이 필요하다.
　　ⓓ 보험계약자와 피보험자가 동일하지 않은 경우 피보험자와의 관계와 함께 근무처, 직위, 수행업무 등 직업과 관련된 사항, 그리고 집과 직장 주소 모두 상세하고 정확하게 기재하도록 설명해야 한다.
　　ⓔ 피보험자의 체격, 흡연, 음주관련 정보의 경우 언더라이팅 측면에서 중요한 정보 이므로 피보험자가 직접 작성하도록 안내해야 하며 운전, 취미 등 기타사항과 타 보험사 가입 보험상품, 해외출국 예정여부에 대해서도 정확하게 고지하도록 설명해야 한다.
　ⓑ 보험가입한도
　　ⓐ 고위험군 피보험자의 위험부담이 저위험군 피보험자에게 전이되지 않도록 언더라이터가 보험계약을 인수하기로 최종 승인하기 이전에 일정한 가입한도에 대한 선택이 이루어진다.
　　ⓑ 일반적으로 가입한도 운영기준에는 직업(업종) 위험등급과 운전 위험등급이 있다.
　　ⓒ 위험등급은 업계 전체의 경험사망률을 기반으로 설정되나, 해당 등급별 가입한도는 보험회사별 운영기준에 따라 상이할 수 있어 청약서 뒷면에 가입한도를 표기함으로써 계약자 및 피보험자에게 이를 고지한다.
　　ⓓ 대부분의 국내 보험회사는 청약서 상에 사망보험금, 장해보험금, 입원보험금의 가입한도를 명시하고 있다. 또한 업종별 위험등급을 크게 5등급 체계로 분류하여 같은 위험등급일 경우 그 위험의 실제 난이도와 관계없이 가입한도를 동일하게 적용하는 것이 일반적이다.
　ⓒ 건강진단 가입한도(건강진단결과에 따른 가입한도 설정이 필요한 경우)
　　ⓐ 보험회사에서 정한 건강진단 범위를 초과하여 가입하는 경우
　　ⓑ 피보험자가 과거 또는 현재 병력이 있는 경우
　　ⓒ 언더라이터의 건강진단 지시

ⓔ 특이계약

㉮ 외국인

- 외국인등록증, 국내거소신고증을 통해 실명확인
- 체류목적 및 체류예정기간에 따라 위험을 평가해 보험계약 인수여부 결정
- 일반적으로 단기체류의 경우 인수를 거절하고, 방문동거, 거주, 재외동포, 영주의 경우 큰 제한 없이 인수한다.

㉯ 해외체류자

- 거주지역의 위험도 및 거주목적을 기반으로 위험을 평가
- 다음의 경우 계약인수가 거절된다.
- 이민 또는 귀화 목적으로 거주하는 경우
- 열대 · 한대 · 동란 및 전쟁지역 등의 지역을 목적지로 하는 경우
- 해외 노무자 · 탐험대 · 등반대의 경우
- 해외 체류기간이 일정기간을 초과하는 경우 인수될 수도 있으나 일반적으로는 거절한다.

⑧ 클레임 업무

㉠ 클레임 업무의 정의와 분류

㉮ 보험금 청구에서 지급까지 일련의 업무

㉯ 보험금 청구 접수, 사고조사, 조사건 심사, 수익자 확정, 보험금 지급 등의 업무가 포함

㉰ 지급 청구에 대해 약관 규정상 지급사유에 해당되지 않는 경우 이에 대한 부지급처리 업무, 클레임 업무 과정에서 발생 가능한 민원업무 및 법원소송업무, 보험가입자의 채권자가 보험금액 등을 압류하는 경우에 발생하는 채권가압류 처리 등의 부수적인 업무가 포함된다.

㉱ 클레임은 보험사고의 분류와 동일하게 생존, 사망, 장해, 진단, 수술, 입원, 통원 등으로 구분할 수 있으며, 발생 원인이 사고 혹은 질병인지에 따라 재해와 질병으로 구분 할 수 있다.

㉡ 클레임 업무의 필요성

㉮ 클레임 업무는 잘못 처리될 경우 현실적으로 상당한 금액이 보험금으로 지출 되므로 회사의 경영수지에 큰 영향을 주고, 공정하지 못하게 보험금이 지급된다면 다수의 선의의 가입자에게 막대한 피해를 준다.

㉯ 선의의 가입자를 보호하고 보험경영의 건전성을 도모하기 위해서는 보험계약 체결단계의 언더라이팅 업무와 함께 보험금지급 단계의 클레임 업무 또한 매우 중요하며 업무의 전문성이 요구된다.

㉢ 클레임 업무 담당자에게 요구되는 요건

㉮ 조사경험 및 조사기법 : 사고조사 및 현장조사 등 다양한 조사업무를 경험해야 하며 이를 통한 조사기법을 터득하고 현실적으로 적용할 수 있어야 한다.

㉯ 법률지식 : 보험관련 법규와 약관을 올바르게 해석하고 적용할 수 있어야 한다.

㉰ 의학지식 : 사고 및 현장 조사와 관련하여 의사와 면담이 필요할 경우 해당 건과 관련된 중요한 질문을 통해 업무처리에 필요한 답변을 얻어낼 수 있다.

(6) 생명보험 세제

① 생명보험의 세제혜택 부여 목적

    ㉠ 사회보장 기능 강화 및 복지국가 실현

        ㉮ 국가에서 책임지고 시행하고 있는 사회보장제도는 국민 개개인의 위험 보장을 감당하기에 어려움이 있기 때문에 보험의 순기능을 통해 이를 보완하고 있다.

        ㉯ 국가는 국민 개개인의 미래보장을 보완하기 위해 생명보험의 긍정적 기능을 인정하여 다양한 세제혜택을 부여하고 있다.

    ㉡ 산업자금 조달을 위한 저축 유인책 기능수행

        ㉮ 대부분 생명보험계약은 만기가 10년 이상으로 적립금 자산을 활용해 장기간 안정적으로 운용이 가능하다.

        ㉯ 국가경제발전에 필요한 역할을 수행할 수 있다.

          • 사회간접자본 및 국가경제발전에 필요한 산업자금 지원역할 수행

          • 투자확대를 통한 경제 활성화

          • 일자리 창출 등

② 보험계약 세제

    ㉠ 일반 보장성보험료의 세액공제 : 만기환급금이 납입보험료를 초과하지 않는 보험

        ㉮ 세액공제 사항 : 일용근로자를 제외한 근로소득자가 기본공제대상자를 피보험자로 하는 일반 보장성보험에 가입한 경우 과세 기간에 납입한 보험료(100만 원 한도)의 12%에 해당되는 금액을 종합소득산출세액에서 공제받을 수 있다.

        ㉯ 근로소득자 : 세액공제 대상을 근로소득자로 제한하고 있어 연금소득자 또는 개인사업자 등은 보장성보험에 가입하더라도 세액공제를 받을 수 없다.

        ㉰ 기본공제대상자 : 피보험자에 해당하는 기본공제대상자는 본인을 포함한 부양가족으로 근로소득자 본인에 대해서는 별도의 요건이 없으나, 배우자 및 부양가족 등은 근로소득자 본인이 보험료를 납입하더라도 소득 및 연령 요건 미충족 시 세액공제를 받을 수 없다. 다만, 기본공제대상자가 장애인일 경우 연령에 상관없이 소득금액 요건만 충족 시 세액공제가 가능하다.

보험료 납입인	피보험자	소득금액 요건	연령 요건	세액공제여부
본인	부모	연간 100만 원 이하	만 60세 이상	가능
본인	배우자	연간 100만 원 이하	특정 요건 없음	가능
본인	자녀	연간 100만 원 이하	만 20세 이하	가능
본인	형제자매	연간 100만 원 이하	만 20세 이하 또는 60세 이상	가능

        ㉱ 보장성보험 중도해지 시 세액공제 여부 : 과세기간 중 보장성보험을 해지할 경우 해지 시점까지 납입한 보험료에 대해 세액공제가 가능하며 이미 세액공제 받은 보험료에 대한 추징 또한 없다.

ⓛ 장애인전용보장성보험료의 세액공제 : 근로소득자가 기본공제대상자 중 장애인을 피보험자 또는 수익자로 하는 장애인전용보험(보험계약 또는 보험료 납입영수증에 장애인전용보험으로 표시) 및 장애인전용보험 전환특약을 부가한 보장성보험의 경우 과세기간 납입 보험료(1년 100만 원 한도)의 15%에 해당되는 금액을 종합소득산출세액에서 공제받을 수 있다.

ⓒ 연금계좌의 세액공제

  ㉮ 연금저축계좌 : 금융회사와 체결한 계약에 따라 '연금저축'이라는 명칭으로 설정하는 계좌이며 연금저축보험, 연금저축신탁, 연금저축펀드가 이에 해당한다.

  ㉯ 퇴직연금계좌 : 퇴직연금을 지급받기 위해 가입하는 계좌로 확정급여형(DB형), 확정기여형(DC형), 개인형퇴직금(IRP) 등이 있다. 이 중 확정급여형(DB형)은 세액공제 대상에서 제외된다.

  ㉰ 세액공제사항

종합소득금액 (총급여액)	세액공제 대상 납입한도 (퇴직연금 합산 시)		공제율
	만 50세 미만	만 50세 이상 (금융소득 2천만 원 이하)	
4천만 원 이하(5천 500만 원 이하)	400만 원 (700만 원)	600만 원 (900만 원)	15%
1억 원 이하(1억 2천만 원 이하)			
1억원 초과(1억 2천만 원 초과)	300만 원 (700만 원)		12%

ⓓ 저축성보험의 보험차익 비과세 : 일반적으로 저축성보험의 보험차익은 「소득세법」상 과세대상이지만, 아래의 조건 충족 시 이자소득세가 비과세 된다.

  ㉮ ㉯와 ㉰를 제외한 저축성 보험 : 최초 보험료 납입 시점부터 만기일 또는 중도해지일 까지 기간이 10년 이상으로 계약자 1인당 납입 보험료가 1억 원 이하인 계약의 보험차익에 대해 비과세한다.

    ※ 단 최초납입일 10년 경과 이전에 연금형태로 분할하여 지급받은 경우 비과세 요건에서 제외된다.

  ㉯ 월 적립식 저축성 보험 : 최초 보험료 납입 시점부터 만기일 또는 중도해지일 까지 기간이 10년 이상으로 아래 각 요건을 모두 충족하는 계약에 대해 보험차익을 비과세

   • 최초 납입일로부터 납입기간이 5년 이상인 월 적립식 보험계약

   • 최초 납입일로부터 매월 납입 기본보험료가 균등하고 기본보험료 선납기간이 6개월 이내

   • 계약자 1명당 매월 납입 보험료 합계액이 150만 원 이하(2017년 4월 1일부터 가입한 보험계약에 한해 적용)

   • 월 적립식 보험료 합계액은 만기 환급금액이 납입보험료를 초과하지 않는 보험계약으로 아래 조건을 충족하는 순수보장성보험은 제외한다.

    –저축을 목적으로 하지 않고 피보험자의 사망·질병·부상 등 신체상의 상해나 자산의 멸실·손괴만을 보장하는 보험계약

    –만기 또는 보험 계약기간 중 특정 시점에서의 생존을 보험사건으로 보험금을 지급하지 않는 보험계약

      ㉐ 종신형 연금보험
- 계약자가 보험료 납입기간 만료 후 만 55세 이후부터 사망 시까지 보험금·수익 등을 연금으로 지급받는 계약
- 연금 외의 형태로 보험금·수익 등이 지급되지 않는 계약
- 사망 시 보험계약 및 연금재원이 소멸하는 계약
- 계약자, 피보험자 및 수익자가 동일한 계약으로 최초 연금지급개시 이후 사망일 전에 중도 해지할 수 없는 계약
- 매년 수령 연금액이 아래의 계산식에 따른 금액 이내인 계약

  ㉑ 비과세 종합저축(보험)에 대한 과세특례 : 비과세종합저축은 만 65세 이상 또는 장애인 등을 가입대상으로 하며, 1인당 저축원금 5천만 원까지 납입 가능하다. 여기서 발생한 이자소득은 전액 비과세이며, 고령자, 장애인 등에 대한 복지강화와 생활안정 지원 등을 위해 한시적으로 운용되는 상품이기 때문에 2020년 12월 31일까지 가입이 가능하다.

      ㉮ 비과세종합저축 가입요건 : 아래 요건을 모두 갖춘 저축
- 「금융실명거래 및 비밀보장에 관한 법률」 제2조 제1호에 따른 금융회사 등 및 아래에 해당하는 공제회가 취급하는 저축(투자신탁·보험·공제·증권저축·채권저축 등 포함)
- 군인공제회, 한국교직원공제회, 대한지방행정공제회, 경찰공제회, 대한소방공제회, 과학기술인공제회
- 가입 당시 저축자가 비과세 적용을 신청할 것

      ㉯ 비과세종합저축 가입대상 한정
- 만 65세 이상 거주자 또는 「장애인복지법」 제32조에 따라 등록한 장애인
- 「독립유공자 예우에 관한 법률」 제6조에 따라 등록한 독립유공자와 그 유족 또는 가족
- 「국가유공자 등 예우 및 지원에 관한 법률」 제6조에 따라 등록한 상이자
- 「국민기초생활보장법」 제2조 제2호에 해당되는 수급자
- 「고엽제후유의증 환자지원 등에 관한 법률」 제2조와 제3조에 따른 고엽제후유의증환자
- 「5·18민주유공자 예우에 관한 법률」 제4조 제2호에 따른 5·18민주화운동 부상자

❸ 보험윤리와 소비자보호

(1) 보험회사 영업행위 윤리준칙

① 보험영업활동 기본원칙
  ㉠ 보험회사는 보험상품을 판매하고 서비스를 제공하는 일련의 과정에서 보험소비자의 권익이 침해되는 일이 발생하지 않도록 노력해야 한다.
  ㉡ 모집종사자는 금융인으로서 사명감과 윤리의식을 가지고, 보험소비자의 권익 보호를 최우선 가치로 삼고 영업활동을 수행해야 한다.

ⓒ 보험회사는 모집종사자의 도입 · 양성 · 교육 · 관리 등에 있어서 법령을 준수하고 건전한 금융거래질서가 유지될 수 있도록 노력해야 한다.

ⓔ 보험회사 및 모집종사자는 부당한 모집행위나 과당경쟁을 하지 않고 합리적이고 공정한 영업풍토를 조성함으로써 모집질서를 확립하고 보험계약자의 권익보호에 최선을 다해야 한다.

ⓜ 보험회사 및 모집종사자는 보험상품 판매에 관한 보험관계 법규 등을 철저히 준수해야 하며, 법령 등에서 정하고 있지 않은 사항은 사회적 규범과 시장의 일관된 원칙 등을 고려하여 선의의 판단에 따라 윤리적으로 행동해야 한다.

② 보험상품 판매 전 · 후 보험소비자와의 정보 불균형 해소

ⓐ 신의성실의 원칙 준수

㉮ 보험회사 및 모집종사자는 보험소비자의 권익을 보호하기 위해 보험영업활동 시 합리적으로 행동하고 적절하게 판단해야 하며, 보험소비자가 합리적인 선택을 할 수 있도록 지원해야 한다.

㉯ 보험회사는 보험상품 판매과정에서 보험소비자에게 피해가 생긴 경우에는 신속한 피해구제를 위해 노력해야 한다.

㉰ 모집종사자는 보험소비자와의 신뢰관계를 성실하게 유지해야 하며, 이를 위해 정직, 신용, 성실 및 전문 직업의식을 가지고 보험영업활동을 수행해야 한다.

ⓑ 보험소비자에게 적합한 상품 권유 : 보험회사 및 모집종사자는 보험소비자의 연령, 보험가입목적, 보험상품 가입경험 및 이해수준 등에 대한 충분한 정보를 파악하고, 보험상품에 대한 합리적 정보를 제공함으로써 불완전판매가 발생하지 않도록 노력해야 한다.

ⓒ 부당한 영업행위 금지

㉮ 보험소비자의 보험가입 니즈와 구매 의사에 반하는 다른 보험상품의 구매를 강요하는 행위를 금지한다.

㉯ 새로운 보험상품을 판매하기 위해 보험소비자가 가입한 기존 상품을 해지하도록 유도하는 행위를 금지한다.

㉰ 보험회사로부터 승인을 받지 않은 보험안내자료나 상품광고 등을 영업에 활용하는 행위를 금지한다.

㉱ 보험소비자에게 객관적이고 올바른 정보를 제공하지 않아 보험소비자가 합리적인 선택을 불가능하게 하는 행위를 금지한다.

㉲ 보험회사의 대출, 용역 등 서비스 제공과 관련하여 보험소비자의 의사에 반하는 보험상품의 구매를 강요하는 행위를 금지한다.

㉳ 보험소비자가 보험상품의 중요한 사항을 보험회사에 알리는 것을 방해하거나 알리지 아니할 것을 권유하는 행위를 금지한다.

㉴ 실제 명의인이 아닌 자의 보험계약을 모집하거나 실제 명의인의 동의가 없는 보험계약을 모집하는 행위를 금지한다.

㉵ 보험소비자의 자필서명을 받지 아니하고 서명을 대신하는 행위를 금지한다.

ⓛ 보험상품 권유 시 충실한 설명의무 이행
  ㉮ 보험회사 및 모집종사자는 보험상품을 권유할 때 보험소비자가 보험상품의 종류 및 특징, 유의사항 등을 제대로 이해할 수 있도록 충분히 설명하여야 한다.
  ㉯ 보험회사는 보험계약 체결 시부터 보험금 지급 시까지의 주요 과정을 보험업법령에서 정하는 바에 따라 보험소비자에게 충분히 설명하여야 한다.
  ㉰ 보험회사는 중도해지 시 불이익, 보장이 제한되는 경우 등 보험소비자의 권익에 관한 중요사항은 반드시 설명하고, 상품설명서 등 관련 정보를 보험소비자에게 제공해야 한다.
  ㉱ 보험회사 및 모집종사자는 보험상품의 기능을 왜곡하여 설명하는 등 보험계약자의 이익과 필요에 어긋나는 설명 행위를 해서는 안 된다.
ⓜ 보험계약 유지관리 강화 : 보험회사는 보험소비자에게 보험료 납입안내, 보험금 청구절차 안내 등 보험계약 유지관리서비스를 강화하여 보험소비자의 만족도를 제고하도록 노력해야 한다.

③ 보험소비자에 대한 정보 제공
  ㉠ 정보의 적정성 확보
    ㉮ 모집종사자는 보험회사가 제작하여 승인된 보험안내자료만 사용해야 하며, 승인되지 않은 보험안내 자료를 임의로 제작하거나 사용할 수 없다
    ㉯ 보험회사는 보험상품 안내장, 약관, 광고, 홈페이지 등 보험소비자에게 정보를 제공하는 수단에 대하여 부정확한 정보나 과대광고로 보험소비자가 피해를 입는 일이 없도록 해야 한다.
    ㉰ 보험회사는 보험상품에 대한 판매광고 시, 보험협회의 상품광고 사전심의 대상이 되는 보험상품에 대해서는 보험협회로부터 심의필을 받아야 하며, 공정한 거래질서를 해치거나 보험소비자의 윤리적 · 정서적 감정을 훼손하는 내용을 제외해야 한다.
    ㉱ 보험소비자에게 제공하는 정보는 보험소비자가 알기 쉽도록 간단 · 명료하게 작성되어야 하며, 객관적인 사실에 근거하여 보험소비자가 오해할 우려가 있는 정보를 배제해야 한다.
  ㉡ 정보의 시의성 확보
    ㉮ 보험소비자에 대한 정보제공은 제공시기 및 내용을 보험소비자의 관점에서 고려하고, 정보제공이 시의 적절하게 이루어질 수 있도록 운영해야 한다.
    ㉯ 보험회사는 공시자료 내용에 변경이 생긴 경우 특별한 사유가 없는 한 지체 없이 자료를 수정함으로써 보험소비자에게 정확한 정보를 제공해야 한다.
  ㉢ 계약체결 · 유지 단계의 정보 제공
    ㉮ 모집종사자는 보험소비자에게 보험계약 체결 권유 단계에 상품설명서를 제공해야 하며, 보험계약 청약 단계에 보험계약청약서 부본 및 보험약관을 제공해야 한다.
    ㉯ 모집종사자는 보험소비자에게 제공하는 보험안내자료상의 예상수치는 실제 적용되는 이율이나 수익률 등과 다를 수 있다는 점을 분명하게 설명해야 한다.
    ㉰ 보험회사는 1년 이상 유지된 계약에 대해 보험계약관리내용을 연 1회 이상 보험소비자에게 제공해야 하며, 변액보험에 대해서는 분기별 1회 이상 제공해야 한다.

ㅤ㉣ 보험회사는 저축성보험에 대해 판매시점의 공시이율을 적용한 경과기간별 해지환급금을 보험소비자에게 안내하고, 해지환급금 및 적립금을 공시기준에 따라 공시해야 한다.

ㅤ㉤ 보험회사는 미가입 시 과태료 부과 등 행정조치가 취해지는 의무보험에 대해서는 보험기간이 만료되기 일정 기간 이전에 보험만기 도래 사실 및 계약 갱신 절차 등을 보험소비자에게 안내해야한다.

④ 모집질서 개선을 통한 보험소비자 보호

ㅤ㉠ 완전판매 문화 정착 및 건전한 보험시장 질서 확립

ㅤㅤ㉮ 보험회사는 보험소비자 보호 강화를 위해 완전판매 문화가 정착되도록 노력해야 하며 모집종사자의 모집관리지표를 측정·관리하고 그 결과에 따라 완전판매 교육체계를 마련해야 한다.

ㅤㅤ㉯ 불완전판매 등 모집종사자의 부실모집 행위에 대하여 양정기준을 운영함으로써 모집종사자의 불완전판매 재발을 방지해야 한다.

ㅤㅤ㉰ 보험회사는 대출을 위한 조건으로 보험가입을 강요하는 구속성보험계약의 체결을 요구해서는 안 된다.

ㅤ㉡ 보험회사와 모집종사자의 불공정행위 금지

ㅤㅤ㉮ 보험회사 및 모집종사자는 위탁계약서의 내용을 충실히 이행해야 하며, 위탁계약서에 명시된 것 이외의 항목에 대해서는 부당하게 지원 및 요구를 하지 않아야 한다.

ㅤㅤ㉯ 보험회사는 정당한 사유 없이 모집종사자에게 지급되어야 할 수수료의 일부 또는 전부를 지급하지 않거나 지급을 지연해서는 안 된다. 또한 기지급된 수수료에 대해 정당한 사유 없이 환수해서는 안 된다.

ㅤㅤ㉰ 보험회사는 보험설계사에게 보험료 대납 등 불법모집행위를 강요하는 행위를 하여서는 안 된다.

ㅤ㉢ 모집종사자의 전문성 제고

ㅤㅤ㉮ 모집종사자는 판매하는 상품에 대한 모집자격을 갖추어야 하며, 판매하는 상품에 대한 충분한 지식을 갖추어야 한다.

ㅤㅤ㉯ 보험회사는 보험설계사의 전문성 제고를 위한 교육프로그램을 운영하여 보험설계사가 종합적인 재무·위험전문 컨설턴트로서 보험소비자에게 최고의 서비스를 제공할 수 있도록 지원해야 한다.

ㅤㅤ㉰ 보험회사는 협회에서 시행하는 우수인증 설계사에 대한 우대방안을 마련하여 불완전판매가 없는 장기근속 우수한 설계사 양성을 도모해야 한다.

⑤ 개인정보의 보호

ㅤ㉠ 개인정보의 수집 및 이용 : 보험회사는 보험상품 판매를 위해 개인정보의 수집 및 이용이 필요할 경우 명확한 동의절차를 밟아야 하며 그 목적에 부합하는 최소한의 정보만 수집·이용해야 한다.

ㅤ㉡ 개인정보의 보호 및 파기

ㅤㅤ㉮ 보험회사는 수집한 개인정보를 고객의 동의 없이 제3자에게 제공해서는 아니 되며, 개인정보가 외부에 유출되지 않도록 기술적·관리적 조치를 취해야 한다.

ㅤㅤ㉯ 보험회사는 수집한 개인정보를 당해 목적이외에는 사용하지 아니하며, 그 목적이 달성되었을 때에는 수집한 정보를 파기해야 한다.

⑥ 판매관련 보상체계

　㉠ 보험회사는 보험상품을 판매하는 과정에서 판매담당 직원과 보험소비자의 이해상충이 발생하지 않도록 판매담당 직원 및 단위조직(이하 '판매담당 직원 등'이라 한다)에 대한 평가 및 보상체계를 설계해야 한다.

　　※ 판매담당 직원 등의 범위 : 보험소비자에게 금융상품을 직접 판매하는 직원과 이러한 직원들의 판매실적에 따라 주로 평가받는 직원 및 영업 단위조직으로 보험설계사와 보험대리점은 포함되지 않음

　㉡ 보험회사는 판매담당 직원 등에 대한 평가 및 보상체계에 판매실적 이외에도 불완전판매건수, 고객수익률, 소비자만족도 조사결과, 계약관련 서류의 충실성, 판매프로세스 적정성 점검결과 등 관련 요소들을 충분히 반영하여 평가결과에 실질적인 차별화가 있도록 운영해야 한다. 다만, 구체적인 반영항목 및 기준은 각 보험회사가 합리적으로 마련하여 운영할 수 있다.

　㉢ 보험소비자들이 판매담당 직원의 불건전영업행위, 불완전판매 등으로 금융거래를 철회·해지하는 경우 보험회사는 판매담당 직원에게 이미 제공된 금전적 보상을 환수할 수 있으며, 이를 위해 보상의 일정부분은 소비자에게 상품 및 서비스가 제공되는 기간에 걸쳐 분할 또는 연기하여 제공할 수 있다.

　㉣ 판매담당 직원 등에 대한 성과·보상 체계 설정 부서, 성과평가 부서, 상품 개발·영업 관련 부서, 준법감시 부서 등이 불완전판매 등 관련 정보를 수집·공유하고 특정 보험상품에 대한 판매 목표량과 판매실적 가중치 부여의 적정 여부, 부가상품 판매에 따른 불완전판매 발생 사례 및 발생 가능성 등에 대해 정기적으로 협의·검토해야 한다.

⑦ 분쟁 방지 및 민원 처리

　㉠ 불완전판매 등에 대한 관리

　　㉮ 보험회사는 보험상품 판매 과정에서 불완전판매가 발생하지 않도록 보험소비자보호 관점에서 지속적으로 관리해야 한다.

　　㉯ 보험회사는 상품 및 서비스와 관련한 주요 보험소비자 불만사항에 대해 그 불만내용과 피해에 대한 분석을 통해 불만의 주요원인을 파악하고 이를 관련부서와 협의하여 개선해야 한다.

　㉡ 민원관리시스템 구축

　　㉮ 보험회사는 독립적이고 공정한 민원처리와 구제절차를 마련하여 운영해야 하며, 보험소비자가 시의적절하고 효율적으로 이용할 수 있도록 해야 한다.

　　㉯ 보험회사는 보험소비자가 다양한 민원접수 채널을 통해 민원을 제기할 수 있도록 해야 하고, 해당 민원을 One-Stop으로 처리할 수 있도록 전산화된 시스템을 구축해야 한다.

　　㉰ 보험회사는 민원관리시스템을 통한 민원처리 시 접수사실 및 사실관계 조사현황 등을 보험소비자에게 고지해야 하며, 민원인의 의견을 검토하여 민원예방에 노력해야 한다.

　㉢ 분쟁방지 및 효율적 처리방안 마련

　　㉮ 보험회사는 보험소비자와의 분쟁을 해결하는 부서를 지정하고, 분쟁이 발생하지 않도록 분쟁예방대책을 마련해야 한다.

　　㉯ 보험회사는 분쟁발생시 조기에 분쟁이 해소될 수 있도록 노력해야 하며, 분쟁과 관련하여 정당한 사유 없이 보험소비자의 피해가 발생하지 않아야 한다.

㉰ 보험회사는 분쟁발생시 보험소비자에게 분쟁 해결에 관한 내부 절차를 알려야 한다.

　　㉱ 보험회사는 보험소비자가 분쟁 처리 결과에 이의가 있는 경우, 이의제기 방법 또는 객관적인 제3
　　　자를 통한 분쟁해결 방법에 대해 안내해야 한다.

⑧ 내부 신고제도 운영

　㉠ 보험회사는 금융 사고를 미연에 방지하고 사고발생시 피해를 최소화하기 위해 내부 신고 제도를 운영한다.

　㉡ 신고대상 행위는 아래와 같다.

　　㉮ 횡령, 배임, 공갈, 절도, 뇌물수수 등 범죄 혐의가 있는 행위

　　㉯ 업무와 관련하여 금품, 향응 등을 요구하거나 수수하는 행위

　　㉰ 업무와 관련된 상사의 위법 또는 부당한 지시행위

　　㉱ 기타 위법 또는 부당한 업무처리로 판단되는 일체의 행위

(2) 보험범죄 방지활동

① **보험범죄의 정의** … 보험계약을 악용하여 보험 원리상 지급받을 수 없는 보험금을 수령하거나 실제 손해액 대비 많은 보험금을 청구하는 행위 또는 보험 가입 시 실제 위험수준 대비 낮은 보험료를 납입할 목적으로 행하는 일체의 불법행위

　㉠ **연성사기**(Soft fraud)

　　㉮ 우연히 발생한 보험사고의 피해를 부풀려 실제 손해 이상의 과다한 보험금을 청구하는 행위

　　㉯ 경미한 질병·상해에도 장기간 입원하거나 보험료 절감을 위해 보험회사에 허위 정보를 제공하는 행위(고지의무 위반) 등이 있다.

　㉡ **경성사기**(Hard fraud)

　　㉮ 보험계약에서 담보하는 손실을 의도적으로 각색·조작하는 행위

　　㉯ 피보험자의 신체에 상해를 입히거나 해치는 행위, 생존자를 사망한 것으로 위장하는 행위 등이 속한다.

　　㉰ 사기행위를 통해 보험금을 부정편취 하는 과정에서 추가적인 피해자가 발생한다.

> **TIP**
> **보험범죄와 구별되는 유형**(정보의 불균형으로 인해 발생)
> • **도덕적 해이** : 경우에 따라서 보험범죄로 규정하기는 어려우나, 보험사고의 발생가능성을 높이거나 손해를 증대시킬 수 있는 보험계약자 또는 피보험자의 고의 또는 불성실에 의한 행동으로 보험계약자 또는 피보험자가 직접적으로 보험제도를 악용·남용하는 행우에 의해 야기되는 내적 도덕적 해이와 피보험자와 관계있는 의사, 병원, 변호사 등이 간접적으로 보험을 악용·남용하는 행위에 의해 위험을 야기하는 외적 도덕적 해이로 구분할 수 있다.
> • **역선택** : 보험계약에 있어 역선택이란 특정군의 특성에 기초하여 계산된 위험보다 높은 위험을 가진 집단이 동일 위험군으로 분류되어 보험계약을 체결함으로써 그 동일 위험군의 사고발생률을 증가시키는 현상이다. 보험에 가입하고자 하는 자가 지금까지 걸렸던 질병이나 외상 등 현재에 이르기까지의 병력이 있었다고 하더라도 그 병력으로 인한 보험금 수령 사실이 없을 경우 보험회사로서는 보험계약 당시 이러한 병력에 대한 여부를 확인하기가 매우 어렵다.

② 보험범죄의 특성

　　㉠ 관련·후속 범죄 유발 : 보험금을 부정편취하기 위해 피보험자를 해하거나 살해하는 경우 또는 진단서 등의 문서위조, 건물 방화 등 다른 범죄가 함께 발생하는 경우가 많다.

　　㉡ 범죄입증의 어려움 : 보험사고의 과실이나 고의를 구분하는 것이 어렵고 생명보험의 경우 사고발생 후 상당기간 경과한 후 보험금을 청구하는 경우가 많아 입증이 더욱 어렵다.

　　㉢ 수법의 다양화·지능화·조직화 : 보험금 편취를 위해 치밀하고 다양한 형태의 수법이 사용되고 있으며 개인의 단독 범행 뿐 아니라 가족, 조직폭력배, 전문 브로커 등에 의한 조직적·계획적 보험사기가 증가하고 있다.

③ 보험범죄의 유형

　　㉠ 사기적 보험계약 체결 : 보험계약자가 보험계약 시 자신의 건강·직업 등의 정보를 허위로 알리거나 타인에게 자신을 대신해 건강진단을 받게 하는 행위 등을 통해 중요한 사실을 숨기는 행위가 이에 속한다.

　　㉡ 보험사고 위장 또는 허위사고 : 보험사고 자체를 위장하거나 보험사고가 아닌 것을 보험사고로 조작하는 행위이다.

　　㉢ 보험금 과다청구 : 보험사고에 따른 실제 피해보다 과다한 보험금을 지급받기 위해 병원과 공모하여 부상 정도나 장해등급을 상향, 또는 통원치료를 하였음에도 입원치료를 받은 것으로 서류를 조작하는 행위 등 사기적으로 보험금을 과다 청구하는 행위이다.

　　㉣ 고의적인 보험사고 유발 : 보험금을 부정 편취하기 위해 고의적인 살인·방화·자해 등으로 사고를 유발하는 가장 악의적인 보험범죄 유형으로 최근에는 가족 또는 지인들과 사전 공모하여 고의로 사고를 일으키는 등 계획적·조직적 보험범죄 양상을 보이고 있다.

④ 보험범죄 방지활동

　　㉠ 정부 및 유관기관의 방지활동

　　　　㉮ 금융감독원, 보험협회 등 유관기업이 보험사기 적발 및 예방을 위한 대책과 방지활동을 강화하고 있다.

　　　　㉯ 검찰·경찰과 유관기관이 함께 참여하는 '보험범죄전담합동대책반'을 검찰에 설치·운용하고 있으며 지방검찰청에 보험범죄 전담검사를 지정·배치하여 운영하고 있다.

　　　　㉰ 보험회사에서는 자체적으로 보험심사시스템을 구축하는 등 언더라이팅을 강화하여 역선택을 방지하고 보험사기특별조사반을 설치하여 금융감독원의 보험사기대응단 및 생·손보협회의 보험범죄방지부서와 유기적인 협조체제를 갖추고 보험범죄에 대처하고 있다.

　　㉡ 보험모집 종사자의 방지활동 : 보험설계사 등 모집종사자는 보험계약자 등과 1차적 접점관계에 있으므로 보험계약 모집이나 보험금 지급 신청 시 보험계약자의 보험범죄 유발 가능성 등을 파악하고 범죄예방활동에 참여해야 한다.

(3) 보험모집 준수사항

① 보험모집의 개요와 자격

　㉠ 개요 : 보험모집이란 보험회사와 보험에 가입하려는 소비자 사이에서 보험계약의 체결을 중개 · 대리하는 행위로 일반적으로는 소비자를 대상으로 보험상품을 판매하는 행위로 정의할 수 있다.

　㉡ 자격 : 보험업법 상 보험을 모집할 수 있는 자격은 아래와 같이 제한된다.

　　㉮ 보험설계사 : 보험회사, 보험대리점 또는 보험중개사에 소속되어 보험계약 체결을 중개하는 자

　　㉯ 보험대리점 : 보험회사를 위하여 보험계약의 체결을 대리하는 자

　　㉰ 보험중개사 : 독립적으로 보험계약의 체결을 중개하는 자

　　㉱ 보험회사의 임직원(단, 대표이사, 사외이사, 감사 및 감사위원은 제외)

② 보험모집 관련 준수사항

　㉠ 「보험업법」상 준수사항 주요내용

　　㉮ 보험안내자료(제95조) : 보험모집을 위해 사용하는 보험안내자료는 보험회사의 상호나 명칭 또는 보험설계사, 보험대리점 또는 보험중개사의 이름 · 상호나 명칭, 보험 가입에 따른 권리 · 의무에 관한 주요 사항, 보험약관으로 정하는 보장에 관한 사항, 보험금 지급제한 조건에 관한 사항, 해약환급금에 관한 사항, 「예금자보호법」에 따른 예금자보호와 관련된 사항 등을 명백하고 알기 쉽게 적어야 한다.

　　㉯ 설명의무(제95조의2)

　　　• 보험회사 또는 보험의 모집에 종사하는 자는 일반보험계약자에게 보험계약 체결을 권유하는 경우에는 보험료, 보장범위, 보험금 지급제한 사유 등 보험계약의 중요 사항을 일반보험계약자가 이해할 수 있도록 설명해야 하며, 이를 일반보험계약자가 이해하였음을 서명, 기명날인, 녹취 등으로 확인받아야 한다.

　　　• 보험회사는 보험계약의 체결 시부터 보험금 지급 시까지의 주요 과정을 일반보험계약자에게 설명하여야 한다. 다만, 일반보험계약자가 설명을 거부하는 경우에는 설명하지 않아도 된다.

　　　• 보험회사는 일반보험계약자가 보험금 지급을 요청하는 경우 「보험업법 시행령」 제42조의 2(설명의무의 중요사항 등)에 따른 보험금 지급절차 및 지급내역 등을 설명해야 하며, 보험금을 감액하거나 지급하지 않는 경우 그 사유에 대해 설명해야 한다.

　　㉰ 중복계약 체결 확인 의무(제95조의4) : 보험회사 또는 보험의 모집에 종사하는 자는 실손의료보험계약을 모집하기 전에 보험계약자가 되려는 자의 동의를 얻어 모집하고자 하는 보험계약과 동일한 위험을 보장하는 보험계약을 체결하고 있는지를 확인하여야 하며 확인한 내용을 보험계약자가 되려는 자에게 즉시 알려야 한다.

　　㉱ 통신수단을 이용한 모집관련 준수사항(제96조) : 전화 · 우편 · 컴퓨터통신 등 통신수단을 이용하여 모집을 하는 자는 「보험업법」상 보험모집을 할 수 있는 자이어야 하며, 사전에 통신수단을 이용한 모집에 동의한 자를 대상으로 해야 한다. 또한 통신수단을 이용해 보험계약을 청약한 경우 청약의 내용 확인 및 정정, 청약 철회 및 계약 해지도 통신수단을 이용할 수 있도록 해야 한다.

⑪ 보험계약 체결 또는 모집에 관한 금지행위(제97조)
- 보험계약자나 피보험자에게 보험상품의 내용을 사실과 다르게 알리거나 그 내용의 중요한 사항을 알리지 아니하는 행위
- 보험계약자나 피보험자에게 보험상품 내용의 일부에 대하여 비교의 대상 및 기준을 분명하게 밝히지 아니하거나 객관적인 근거 없이 다른 보험상품과 비교하여 그 보험상품이 우수하거나 유리하다고 알리는 행위
- 보험계약자나 피보험자가 중요한 사항을 보험회사에 알리는 것을 방해하거나 알리지 아니할 것을 권유하는 행위
- 보험계약자나 피보험자가 중요한 사항에 대하여 부실한 사항을 보험회사에 알릴 것을 권유하는 행위
- 보험계약자 또는 피보험자로 하여금 이미 성립된 보험계약을 부당하게 소멸시킴으로써 새로운 보험계약을 청약하게 하거나 새로운 보험계약을 청약하게 함으로써 기존보험계약을 부당하게 소멸시키거나 그 밖에 부당하게 보험계약을 청약하게 하거나 이러한 것을 권유하는 행위
- 실제 명의인이 아닌 자의 보험계약을 모집하거나 실제 명의인의 동의가 없는 보험계약을 모집하는 행위
- 보험계약자 또는 피보험자의 자필서명이 필요한 경우에 보험계약자 또는 피보험자로부터 자필서명을 받지 아니하고 서명을 대신하거나 다른 사람으로 하여금 서명하게 하는 행위
- 다른 모집 종사자의 명의를 이용하여 보험계약을 모집하는 행위
- 보험계약자 또는 피보험자와의 금전대차의 관계를 이용하여 보험계약자 또는 피보험자로 하여금 보험계약을 청약하게 하거나 이러한 것을 요구하는 행위
- 정당한 이유 없이 「장애인차별금지 및 권리구제 등에 관한 법률」 제2조에 따른 장애인의 보험가입을 거부하는 행위
- 보험계약의 청약철회 또는 계약해지를 방해하는 행위
⑫ 특별이익제공 금지(제98조) : 보험계약의 체결 또는 모집에 종사하는 자는 그 체결 또는 모집과 관련하여 보험계약자나 피보험자에게 금품, 기초서류에서 정한 사유에 근거하지 아니한 보험료의 할인 또는 수수료의 지급, 기초서류에서 정한 보험금액보다 많은 보험금액의 지급 약속, 보험료 대납, 보험회사로부터 받은 대출금에 대한 이자의 대납, 보험료로 받은 수표 또는 어음에 대한 이자 상당액의 대납, 「상법」 제682조에 따른 제3자에 대한 청구권대위행사의 포기 등의 특별이익을 제공하거나 제공하기로 약속하여서는 아니된다.
⑬ 수수료 지급 등의 금지(제99조) : 보험회사는 「보험업법」상 보험을 모집할 수 있는 자 이외의 자에게 모집을 위탁하거나 모집에 관하여 수수료, 보수, 그 밖의 대가를 지급하지 못한다.
ⓛ 생명보험 공정경쟁질서 유지에 관한 협정에서 정한 준수사항
㉮ 무자격자 모집 금지 : 보험회사는 보험업법상 보험모집을 할 수 없거나 보험모집 등에 관한 부당한 행위로 보험모집을 할 수 없게 된 자에게 보험모집을 위탁하여서는 아니된다.
㉯ 특별이익제공 금지 : 보험회사는 모집종사자가 보험계약자에게 보험료의 할인 기타 특별한 이익을 제공하거나 이를 약속하는 행위를 하지 못하도록 하여야 하며 회사 또한 동일한 행위를 하여서는 아니된다.

ⓓ 작성계약 금지 : 보험회사는 보험계약자의 청약이 없음에도 모집종사자가 계약자 또는 피보험자의 명의를 가명·도명·차명으로 보험계약 청약서를 임의로 작성하여 성립시키는 계약을 하지 못하도록 하여야 한다.

ⓔ 경유계약 금지 : 보험회사는 모집종사자 본인이 모집한 계약을 타인의 명의로 처리하지 못하도록 하여야 한다.

ⓕ 허위사실 유포 금지 : 보험회사는 모집종사자가 다른 회사를 모함하거나 허위사실을 유포하는 행위를 하지 못하도록 하여야 하며, 회사 또한 동일한 행위를 하여서는 아니된다.

(4) 보험소비자 보호

① 보험소비자 보호제도

㉠ 「예금자보호법」 : 보험회사의 인가취소나 해산 또는 파산 시 보험계약자 등은 「예금자보호법」에 따라 예금보험공사로부터 보험금을 지급받을 수 있다.

구분	주요 내용
지급사유	• 보험금 지급정지, 보험회사의 인가취소·해산·파산·제3자 계약이전 시 계약이전에서 제외된 경우
보호대상	• 예금자(개인 및 법인 포함)
보장금액	• 1인당 최고 5,000만 원(원금 및 소정의 이자 합산) • 동일한 금융기관 내에서 보호받을 수 있는 총 합산 금액임
산출기준	• 해지환급금(사고보험금, 만기보험금)과 기타 제지급금의 합산금액 • 대출 채무가 있는 겨우 이를 먼저 상환하고 남은 금액
보험상품별 보호여부	• 보호상품 : 개인이 가입한 보험계약, 퇴직보험, 변액보험계약 특약 및 최저보증금, 예금자보호대상 금융상품으로 운용되는 확정기여형 퇴직연금제도 및 개인형 퇴직연금제도의 적립금 등 • 비보호상품 : 보험계약자 및 보험료납부자가 법인인 보험계약, 보증보험계약, 재보험계약, 변액보험계약 주계약

㉡ 금융분쟁조정위원회

㉮ 금융회사, 예금자 등 금융수요자 및 기타 이해관계자는 금융 관련 분쟁 발생 시 금융감독원에 분쟁의 조정을 신청할 수 있다.

㉯ 금융감독원은 분쟁 관계당사자에게 내용을 통지하고 합의를 권고할 수 있으며, 분쟁조정 신청일 이후 30일 이내로 합의가 이루어지지 않는 경우 금융감독원장은 지체 없이 이를 금융분쟁조정위원회로 회부해야 한다.

㉰ 금융분쟁조정위원회는 조정 회부로부터 60일 이내 이를 심의하여 조정안을 마련해야 하며 금융감독원장은 신청인과 관계당사자에게 이를 제시하고 수락을 권고할 수 있다.

㉱ 관계당사자가 조정안을 수락한 경우 해당 조정안은 재판상 화해와 동일한 효력을 갖는다.

ⓒ 고객상담창구 및 보험가입조회
  ㉮ 금융감독원·생명보험협회·보험회사는 보험관련 소비자 상담 등을 위해 고객상담창구를 설치 및 운영하고 있으며 생명보험협회의 경우 생존자 및 사망자에 대한 보험가입조회제도를 운영하고 있다.
  ㉯ 보험가입 내역은 생명보험과 손해보험에 대해 확인이 가능하나 우체국, 새마을금고 등 공제보험의 가입내역은 조회할 수 없다(우체국보험의 경우 우체국보험 홈페이지의 보험간편서비스를 통해 확인 가능).

② 보험금 대리청구인 지정제도
  ㉠ 보험계약자와 피보험자, 그리고 보험수익자가 동일한 본인을 위한 보험상품 가입 시 보험금을 수령하기 위해서는 본인이 직접 보험금을 청구해야 한다.
  ㉡ 치매 등 보험사고 발생으로 본인이 의식불명상태 등 스스로 보험금 청구가 현실적으로 어려운 상황일 경우 보험금 대리청구인을 미리 지정해두어 대리청구인이 계약자를 대신하여 보험금을 청구할 수 있다.

③ 생명보험 광고심의제도
  ㉠ 생명보험업계는 보험소비자 보호 및 보험업 이미지 제고를 위해 2005년 생명보험광고·선전에 관한규정을 제정하고 생명보험 광고에 대한 심의제도를 운영하고 있다.
  ㉡ 우체국보험을 포함한 우정사업본부의 광고는 「정부기관 및 공공법인 등의 광고시행에 관한 법률」에 따라 기본계획을 수립하고, 광고를 「동법 시행령」 제6조(업무의 위탁)에 따라 정부광고 업무를 수탁한 한국언론진흥재단의 정부광고통합시스템에 의뢰하며 해당 시스템을 통해 소요경비를 지출한다.

④ 보험민원
  ㉠ 보험민원의 정의 : 보험회사가 계약에 따른 의무를 이행하지 않거나 보험상품 및 서비스가 고객 입장에서 기대에 미치지 못했을 때 고객이 보험회사에 대해 이의신청·진정·건의·질의 및 기타 특정한 행위를 요하는 의사표시이다.
  ㉡ 보험민원의 특징
    ㉮ 보험회사의 상품개발, 판매정책, 불완전판매 등 다양한 민원이 존재하며 악성민원의 경우 선량한 소비자의 정당한 민원·분쟁처리가 지연될 수 있다.
    ㉯ 보험회사는 정확한 사실관계 확인을 바탕으로 관련 법규 및 기준에 근거하여 민원을 객관적·합리적으로 처리해야 한다.
  ㉢ 현장에서의 보험민원 주요유형

주요 유형	세부 유형
불완전판매	• 약관 및 청약서 부본 미교부 • 고객불만 야기 및 부적절한 고객불만 처리 • 고객의 니즈에 부합하지 않는 상품을 변칙 판매

부당행위	• 자필서명 미이행 • 적합성원칙 등 계약권유준칙 미이행 • 약관상 중요 내용에 대한 설명 불충분 및 설명의무 위반 • 고객의 계약 전 알릴 의무 방해 및 위반 유도 • 대리진단 유도 및 묵인 • 약관과 다른 내용의 보험안내자료 제작 및 사용 • 특별이익 제공 또는 제공을 약속 • 보험료, 보험금 등을 횡령 및 유용 • 개인신용정보관리 및 보호 관련 중요사항 위반 • 보험료 대납, 무자격자 모집 또는 경유계약
보험금지급	• 보험금 지급처리 지연 • 보험금 부지급 또는 지급 처리과정에서의 불친절 • 최초 안내(기대)된 보험금 대비 적은 금액을 지급
계약인수	• 계약인수 과정에서 조건부 가입에 대한 불만 • 계약적부심사 이후 계약해지 처리 불만 • 장애인 계약 인수과정에서 차별로 오인함에 따른 불만 • 계약 전 알릴 의무 위반사항과 인과관계 여부에 대한 불만

❹ 생명보험과 제3보험

(1) 생명보험 개요

① **생명보험의 의의** … 일상생활에는 예측하기 힘들고 우연발생적인 사고의 가능성이 항상 존재하는데 이로 인해 발생하는 경제적 손실을 보전하고 우리 주변을 둘러싸고 있는 여러 가지 위험으로부터 안정적인 생활을 영위할 필요에 따라 만들어진 제도이다.

② **생명보험의 개요** … 생명보험은 주로 사람의 생사(生死)에 관련된 불의의 사고에 대한 경제적 손실을 보전하며 많은 사람이모여 합리적으로 계산된 소액의 분담금(보험료)을 모아서 공동준비재산을 조성하고 불의의 사고가 발생했을 경우에 약정된 금액(보험금)을 지급하는 것이 생명보험이다.

(2) 생명보험 상품

① 생명보험 상품의 특성

    ㉠ **무형의 상품** : 생명보험은 형태가 없으므로 타 상품과 성능을 비교 검증하기 힘들기 때문에 보험가입자의 정확한 이해가 중요하다. 따라서 상품 권유단계부터 가입자에게 충분한 설명이 필요하다.

    ㉡ **미래지향적 · 장기효용성 상품** : 생명보험은 미래지향적 상품으로 가입과 효용이 동시에 발생하지 않는다.

ⓒ 장기계약·비자발적 상품 : 생명보험은 짧게는 수년에서 길게는 종신동안 계약의 효력이 지속되고, 대부분의 경우 보험판매자의 권유와 설득에 의해 가입하는 비자발적 상품이다.

② 생명보험 상품의 구성

　ⓐ 주계약(기본보장계약) : 보험계약에 있어서 기본이 되는 중심적인 보장내용이다.

　ⓑ 특약(추가보장계약) : 여러 보험계약자들의 다양한 욕구를 모두 충족시키기 위해 별도의 보장을 주계약에 부가하는 계약

▶**TIP**

특약의 분류

구분		내용
독립성에 따라	독립특약	별도의 독립된 상품으로 개발되어 어떤 상품에든지 부가될 수 있는 특약
	종속특약	특정상품에만 부가할 목적으로 개발되어 다른 상품에는 부가하지 못하는 특약
필수가입 여부에 따라	고정부가특약	계약자 선택과 무관하게 주계약에 고정시켜 판매되는 특약
	선택부가특약	계약자가 선택하는 경우에만 부가되는 특약

③ 생명보험 상품의 종류

　ⓐ 사망보험 : 피보험자가 보험기간 중 사망하였을 때 보험금이 지급되는 보험

　　㉮ 정기보험 : 보험기간을 미리 정해놓고 피보험자가 그 기간 내에 사망했을 때 보험금이 지급되는 보험

　　㉯ 종신보험 : 보험기간을 정하지 않고 피보험자가 일생을 통하여 언제든지 사망했을 때 보험금을 지급하는 보험

　ⓑ 생존보험 : 피보험자가 보험기간이 끝날 때까지 생존했을 때에만 보험금이 지급되는 보험으로서 저축기능이 강한 대신 보장기능이 약하다. 그러나 만기보험금을 매년 연금형식으로 받을 수 있는 등 노후대비에 좋다.

　ⓒ 생사혼합보험(양로보험) : 사망보험의 보장기능과 생존보험의 저축기능을 결합한 보험으로 요즘 판매 되는 대부분의 생명보험 상품은 암, 성인병, 어린이 관련 등 고객 성향에 맞춰 특화된 생사혼합보험이다.

　ⓓ 저축성보험 : 생명보험 고유의 기능인 위험보장보다는 생존 시에 보험금이 지급되는 저축 기능을 강화한 보험으로 목돈 마련에 유리한 고수익 상품이다.

　　㉮ 보장부분 : 위험보험료를 예정이율로 부리 하여 피보험자가 사망 또는 장해를 당했을 때 보험금을 지급하는 부분

　　㉯ 적립부분 : 저축보험료를 일정 이율로 부리 하여 만기 또는 중도 생존 시 적립된 금액을 지급하는 부분

　ⓔ 보장성보험 : 주로 사망, 질병, 재해 등 각종 위험보장에 중점을 둔 보험으로, 보장성보험은 만기 시 환급되는 금액이 없거나 기 납입 보험료보다 적거나 같다.

ⓑ **교육보험** : 자녀의 교육자금을 종합적으로 마련할 수 있도록 설계된 보험으로, 부모 생존 시 뿐만 아니라 사망 시에도 양육자금을 지급해주는 특징이 있다. 즉, 교육보험은 일정시점에서 계약자와 피보험자가 동시에 생존했을 때 생존급여금을 지급하고, 계약자가 사망하고 피보험자가 생존하였을 때 유자녀 학자금을 지급하는 형태를 가진다.

ⓢ **연금보험** : 소득의 일부를 일정기간 적립했다가 노후에 연금을 수령하여 일정수준의 소득을 계속 유지함으로써 노후의 생활능력을 보호하기 위한 보험이다. 연금은 가입자가 원할 경우 지급기간을 확정하여 받거나 종신토록 받을 수 있다.

ⓞ **변액보험** : 계약자가 납입한 보험료를 특별계정을 통하여 기금을 조성한 후 주식, 채권 등에 투자하여 발생한 이익을 보험금 또는 배당으로 지급하는 상품으로 변액종신보험, 변액연금보험, 변액유니버셜보험 등이 있다.

ⓩ **CI(Critical Illness)보험** : 중대한 질병이며 치료비가 고액인 암, 심근경색, 뇌출혈 등에 대한 급부를 중점적으로 보장하여 주는 보험으로 생존 시 고액의 치료비, 장해에 따른 간병비, 사망 시 유족들에게 사망보험금 등을 지급해주는 상품이다.

(3) 제3보험의 개요

① **제3보험의 의의** … 위험보장을 목적으로 사람의 질병·상해 또는 이에 따른 간병에 관하여 금전 및 그 밖의 급여를 지급할 것을 약속하고 대가를 수수하는 계약

ⓐ 생명보험의 약정된 정액 보상적 특성과 손해보험의 실손 보상적 특성을 모두 가진다.

ⓑ 생명보험영역과 손해보험영역 모두 포함하는 제3의 보험은 Gray Zone 보험이라고도 한다.

ⓒ 우리나라는 2003년 8월 「보험업법」 개정을 통해서 최초로 제3보험이 제정되었다.

> **TIP**
> 생명보험, 손해보험, 제3보험 구분

구분	생명보험	손해보험	제3보험
보험사고대상(조건)	사람의 생존 또는 사망	피보험자 재산상의 손해	신체의 상해, 질병, 간병
보험기간	장기	단기	단기, 장기 모두 존재
피보험이익	원칙적으로 불인정	인정	원칙적으로 불인정
피보험자(보험대상자)	보험사고 대상	손해에 대한 보상받을 권리를 가진 자	보험사고 대상
보상방법	정액보상	실손보상	정액보상, 실손보상

② **제3보험의 종목** … 보험업감독규정에 따라 3가지로 구분된다.

ⓐ **상해보험** : 우연한 사고로 인한 신체에 입은 상해에 대한 치료 등에 소요되는 비용 보장

ⓑ **질병보험** : 질병 또는 질병으로 인한 입원·수술 등에 소요되는 비용보장

ⓒ **간병보험** : 치매 또는 일상생활장해 등으로 타인의 간병이 필요한 상태로 진단받거나 간병과 관련된 비용을 보장

③ 재3보험의 특성 … 생명보험과 손해보험의 특성 모두를 가진다.

㉠ 생명보험으로서 제3보험

㉮ 피보험자의 동의 필요

㉯ 피보험이익 평가불가

㉰ 보험자 대위 금지

㉱ 15세미만 계약 허용

㉲ 중과실 담보

㉡ 손해보험으로서 제3보험

㉮ 실손 보상의 원칙

㉯ 보험사고 발생 불확정성

④ 제3보험 관련 법규

㉠ 「상법」상의 분류 : 「상법」에서 제3보험에 대한 분류는 없지만 제3보험과 관련된 생명보험, 상해보험, 질병보험 등의 법규를 준용하게 된다.

제2절 생명보험 제730조(생명보험자의 책임) 생명보험계약의 보험자는 피보험자의 사망, 생존, 사망과 생존에 관한 보험사고가 발생할 경우에 약정한 보험금을 지급할 책임이 있다.

제3절 상해보험 제737조(상해보험자의 책임) 상해보험계약의 보험자는 신체의 상해에 관한 보험사고가 생길 경우에 보험금액 기타의 급여를 할 책임이 있다.

제4절 질병보험 제739조의2(질병보험자의 책임) 질병보험계약의 보험자는 피보험자의 질병에 관한 보험사고가 발생할 경우 보험금이나 그 밖의 급여를 지급할 책임이 있다.

㉡ 「보험업법」상의 분류 : 제3보험의 정의와 독립된 보험종목임을 명시하고 있다.

제2조(정의) 제1호 다목 제3보험상품 위험보장을 목적으로 사람의 질병·상해 또는 이에 따른 간병에 관하여 금전 및 그 밖의 급여를 지급할 것을 약속하고 대가를 수수하는 계약으로서 대통령령으로 정하는 계약

제4조(보험업의 허가)
① 보험업을 경영하려는 자는 다음 각 호에서 정하는 보험종목별로 금융위원회의 허가를 받아야 한다.
   1. 생명보험업의 보험종목
   2. 손해보험업의 보험종목
   3. 제3보험업의 보험종목
      가. 상해보험
      나. 질병보험
      다. 간병보험
      라. 그 밖에 대통령령으로 정하는 보험종목

⑤ 제3보험의 겸영
  ㉠ 「보험업법」은 서로 다른 성격인 생명보험업과 손해보험업의 겸영을 금지하고 있지만, 보험회사가 생명보험업이나 손해보험업에 해당하는 전 종목에 대해 허가를 받았을 때는 제3보험업에 대해서도 허가를 받은 것으로 본다.
  ㉡ 생명보험회사나 손해보험회사는 질병보험 주계약에 각종 특약을 부가하여 보장을 확대한 보험상품을 판매하고 있다. 다만, 손해보험회사에서 판매하는 질병사망 특약의 보험기간은 80세 만기, 보험금액 한도는 개인당 2억 원 이내로 부가할 수 있으며, 만기 시 지급하는 환급금이 납입보험료 합계액 범위 내일 경우 겸영이 가능하다.

> TIP
제3보험(질병사망)의 특약에 따른 겸영가능 요건

구분	생명보험	손해보험
보험만기		80세 이하
보험금액	제한없음	개인당 2억 원 이내
만기환급금		납입보험료 합계액 범위내

(4) 제3보험상품

① 상해보험
  ㉠ 정의
    ㉮ 상해보험은 갑작스럽고 우연한 외래 사고로 인해 사람의 신체에 입은 상해에 대하여 발생한 비용을 보상하는 상품이다.
    ㉯ 외부로부터의 급작스러운 사고로 인한 상해인정 여부가 중요한 조건이 되며, 피보험자의 책임으로 타인에게 상해 등을 입힌 경우는 보장하지 않는다.
  ㉡ 상해사고의 요건
    ㉮ 급격성 : 사고가 피할 수 없을 정도로 급박한 상태에서 발생한 것을 의미한다. 시간이 흐르는 질병 등의 경우에는 상해보험의 보험사고에 충족되지 않는다.
    ㉯ 우연성 : 피보험자가 보험사고의 원인 또는 결과의 발생을 예견할 수 없는 사고를 말한다.
    ㉰ 외래성 : 사고의 원인이 피보험자 신체 외부적 요인에 기인하는 것을 말한다. 따라서 피보험자가 의도하거나 예상할 수 있는 자살, 싸움 등에 의한 사고는 상해보험의 보험사고가 아니다.

> TIP
상해요건과 보험금지급 단계

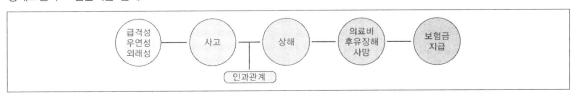

ⓒ 보상 제외사항 : 질병에 의해 발생되는 상해사고는 보상이 제외되지만 상해로 인한 질병은 보상이 된다.

ⓔ 상해보험의 종류

㉮ 생명보험의 재해보험 : 특정 재해분류표 등을 이용하여 담보위험을 열거 및 보장해주는 상품

㉯ 손해보험의 상해보험 : 특정 상해사고를 보상하는 특별약관으로 보장하는 상품

ⓜ 상해보험의 보장내용

구분	내용
상해입원급부금	보험기간 중 상해로 인해 직접치료를 목적으로 입원하였을 경우
상해수술급부금	보험기간 중 상해로 인해 직접치료를 목적으로 수술을 받았을 때
상해장해급부금	보험기간 중 상해로 인해 장해분류표에서 정한 각 장해지급률에 해당하는 장해상태가 되었을 경우
상해사망보험금	보험기간 중에 상해의 직접적인 원인으로 사망하였을 경우
만기환급금	보험기간이 끝날 때까지 피보험자가 살아있는 경우

ⓗ 알릴 의무 관련 유의사항

㉮ 직업변경 시 : 상해보험은 직업의 성격에 따라 보험요율을 구분하여 산출하기 때문에 직업이 변경되면 계약자의 납입보험료도 그에 따라 달라진다.

㉯ 위험한 직업으로 변경 시 보험회사에 고지 : 추후 분쟁방지를 위해 서면 등으로 변경 통지하고 보험증권에 확인을 받아두어야 한다.

② 질병보험

㉠ 질병보험의 정의

㉮ 암, 성인병 등의 각종 질병으로 인한 진단, 입원, 수술 시 보험금을 지급하는 상품

㉯ 질병으로 인한 사망은 제외된다.

㉰ 건강보험이라고도 하며 종류로는 진단보험, 암보험, CI보험, 실손의료보험 등이 있다.

㉡ 질병보험 시장의 변화

㉮ 급속한 인구 노령화의 진행 : 의료기술의 발전으로 평균수명이 연장되어 노인인구가 급증하고 있기 때문에 각종 노인성 질환이 증가하고 질병에 대한 치료기간도 길어지게 되었다.

㉯ 질병형태의 변화 : 생활양식의 서구화 등으로 질병형태가 변화하고 있다.

㉰ 새로운 상품 개발 : IMF 이후 종신보험 시장이 포화됨에 따라 새롭게 CI보험, 장기간병보험 등 다양한 상품이 개발 판매되고 있다.

㉱ 고액 의료비용 발생 : 중대한 질병에 걸려도 과거와 달리 완치율이 높아서 의료비 외에 각종 비용이 추가적으로 발생하게 되어 경제적 부담이 가중되었다.

㉢ 질병보험의 특성

㉮ 질병 보상한도의 설정 : 진단비, 수술비에는 1회 보상한도 금액을 설정하고 있으며 입원의 경우 120일, 180일 등으로 한도를 정하고 있다.

ⓒ 질병의 진단에 대한 판정기준 : 새로운 질병이 지속적으로 증가하고 있어 약관에 판정기준 및 용어의 정의를 정확히 규정하고 있다.

ⓓ 보험나이에 따른 보험료 계산 : 연령별로 보험료가 차이가 있으며 고령일수록 보험료가 증가한다.

ⓔ 면책 질병 및 개시일

- 선천성 질병, 정신질환, 알코올중독 등의 질병은 면책 질병으로 분류된다.
- 질병보험의 개시일은 보험계약일이지만 일부 질병담보의 경우 보험계약일(당일포함)로부터 일정기간의 면책기간을 둔다.

ⓕ 부담보조건 인수로 보험가입대상 확대

- 계약 전 알릴의무에 해당하는 질병으로 피보험자가 과거에 의료기관에서 진단 또는 치료를 받은 경우 부담보 조건의 계약을 인수하고 가입이후 해당 질병으로 보험금 지급사유가 발생하여도 보험금을 지급하지 않는다.
- 그 외의 질병에 대해서는 보상하도록 하여 보험가입 대상을 확대할 수 있도록 하고 있다.

ⓛ 질병보험의 일반적 가입 조건

ⓐ 0세부터 가입이 가능하다.

ⓑ 사망보장의 경우 만 15세 이상부터 가능하다.

ⓒ 고령이거나 건강상태에 따라 가입이 제한될 수 있다.

ⓓ 연령이 증가할수록 보험료가 높아진다.

ⓔ 보험금의 지급사유가 발생하기 전에 사망한 경우 보험계약은 소멸하며 보험금 대신 책임준비금을 지급하게 된다.

ⓜ 질병보험의 종류

ⓐ 진단비 보장보험 : 뇌출혈, 급성심근경색증, 말기신부전증, 말기간경화 등의 질병으로 진단받을 경우 진단보험금으로 보장해준다.

ⓑ 암보험

- 암보험의 종류 : 만기환급금에 따라 순수보장형과 만기환급형으로 구분되며 특정암만을 집중적으로 보장하는 형태의 상품도 있다.
- 암보험금의 종류
  - 암 진단보험금 : 피보험자가 보장개시일 이후 암으로 진단 확정되면 보험금을 지급
  - 암 수술보험금 : 피보험자가 보장개시일 이후 암 치료를 목적으로 수술을 받은 경우 지급
  - 암 직접치료 입원보험금 : 피보험자가 직접적인 치료를 목적으로 입원치료를 받는 경우 입원 1일당 약정 보험금을 지급
  - 암 직접치료 통원보험금 : 피보험자가 직접적인 치료를 목적으로 통원할 경우 통원 1회당 약정 보험금을 지급
  - 암 사망보험금 : 피보험자가 암으로 사망할 시 보험금을 지급
  - 방사선 약물치료비 : 피보험자가 치료를 목적으로 항암방사선치료나 항암약물치료를 받는 경우 지급

- 암보험의 일반적 가입 조건
  - 보험기간은 10년 이상으로 가입 가능연령은 0세 이상(사망보장의 경우 만 15세 이상)이다.
  - 연령이 증가할수록 보험료도 증가하며 갱신 시 보험료가 변동될 수 있다.
  - 도덕적 해이 방지를 위해 일정기간 이후부터 보장이 개시되며 가입 후 일정시점(보통 1년)을 기준으로 보험금이 차등 책정된다.
- ㉑ 실손의료보험
  - 상품개요 : 피보험자가 질병·상해로 입원이나 통원치료를 할 경우 실제 부담하게 되는 의료비(국민건강보험 급여 항목 중 본인부담액 + 비급여 항목의 합계액)의 일부를 보험회사가 보상하는 상품
  - 가입 전 주의사항 : 가입자가 다수의 실손의료보험을 가입해도 초과이익 금지를 위해 본인부담 치료비를 상품별로 비례보상하게 되므로 치료비가 가입 상품 수만큼 지급되는 것은 아니다. 따라서 보험계약 전 중복가입 여부를 반드시 확인해야 한다.
  - 단체-개인실손보험 간 연계제도
  - 퇴직자의 단체실손보험 해지에 따른 보장공백을 해소하고 단체·개인실손 보험의 중복가입자에 대한 보험료 이중부담을 해소하기 위해 단체-개인실손보험간 연계제도가 운영 중이다.
  - 단체실손보험에 5년 이상 가입한 사람이 퇴직할 경우 1개월 이내 개인실손으로 전환하여 가입할 수 있으며, 개인실손보험에 1년 이상 가입한 사람이 취직 등으로 회사의 단체실손보험에 가입 시, 기존에 가입한 개인실손보험의 보험료 납입 및 보장을 중지한 후 퇴직 후 1개월 이내 중지했던 개인실손보험을 재개할 수 있다.

③ 간병보험
- ㉠ 간병보험의 정의 : 피보험자가 보험기간 중 상해 또는 질병으로 장기요양상태가 되거나 중증치매 등으로 일상생활이 어려워졌을 때 간병을 필요로 하게 되면 약관에 의거 보험금을 지급하는 상품
  - ㉮ 장기요양상태 : 거동이 불편하여 장기요양이 필요하다고 판단될 경우, 노인장기요양보험법에 따라 건강보험공단의 장기요양등급 판정위원회에서 장기요양 1등급 또는 2등급을 판정받은 경우
  - ㉯ 중증치매 : 각종 상해 또는 질병 등으로 인지기능 장애가 발생한 산태
- ㉡ 간병보험의 특성
  - ㉮ 보험금 지급사유 : 중증치매상태와 일상생활에서 행동의 제한이 있는 상태에 있을 때 보험금을 지급하는 것으로, 기존 진단, 수술, 입원 등의 사유로 보험금을 지급하는 질병보험과는 다르다.
  - ㉯ 노인장기요양보험의 장기요양등급 적용 : 노인장기요양보험제도의 도입이후로 기존 일상생활기본동작 제한 장해평가표(ADLs)를 기준으로 적용하는 방식과 정부의 장기요양등급을 기준으로 적용하는 상품으로 적용되어 판매되고 있다.
- ㉢ 간병보험의 종류
  - ㉮ 장기간병보험(공적) : 노인장기요양보험
    - 2008년 7월 1일부터 노인장기요양보험제도 시행으로 고령 및 노인성 질병 등으로 인한 장기간의 간병·요양문제를 국가와 사회가 책임을 분담하게 되었다.

- 만 65세 이상의 노인 및 노인성질병(치매, 뇌혈관성질환, 파킨슨병 등)을 가진 만 65세 미만의 자를 대상으로 한다.
- 심신의 기능상태에 따라 장기요양 인정점수로 등급을 판정하고, 등급에 따라 노인요양시설 등과 계약을 체결하여 요양서비스를 제공받게 되며 해당 비용을 지원받게 된다.

㉯ 장기간병보험(민영)
- 2003년 8월부터 판매되기 시작했다.
- 보험금 지급방식에 따라 정액보상형과 실손보상형으로 구분된다.
- 상품구조에 따라 연금형, 종신보장형, 정기보장형과 특약형태로 구분되며 갱신형, 비갱신형으로 구분된다.

㉣ 보험금 지급사유
  ㉮ 보험기간 중 장기요양상태가 되거나, 보장개시일 이후에 장기요양상태가 될 때 최초 1회에 한해 지급
  ㉯ 보험기간이 끝날 때 까지 살아 있을 때는 건강관리자금으로 구분하여 지급
  ㉰ 보험기간 중 일상생활장해상태나 중증치매상태가 되는 경우 약관에 따라 보험금을 지급하는 상품도 있다.
  ㉱ 공적 요양보험의 장기요양 등급판정을 받으면 지급하는 상품도 있다. 이 경우 만 65세 이상이거나 노인성 질병환자가 지급대상이다.

❺ 보험계약법(인보험편)

(1) 보험계약의 의의

① 의의 … 보험계약자가 약정한 보험료를 납부하고, 보험자가 재산 또는 생명이나 신체의 불확정한 사고가 생길 경우 일정한 보험금액 기타의 급여를 지급할 의무를 부담하는 계약을 말하며 법률효과로서 보험자와 보험계약자 또는 피보험자나 보험수익자 사이에 보험사고가 발생 할 경우 보험금지급, 보험료지급에 관한 권리의무관계인 보험관계가 형성된다.

② 관련 법령

「상법」 제638조(보험계약의 의의) 보험계약은 당사자 일방이 약정한 보험료를 지급하고 재산 또는 생명이나 신체에 불확정한 사고가 발생할 경우에 상대방이 일정한 보험금이나 그 밖의 급여를 지급할 것을 약정함으로써 효력이 생긴다.

「상법」 제730조(생명보험자의 책임) 생명보험계약의 보험자는 피보험자의 사망, 생존, 사망과 생존에 관한 보험사고가 발생할 경우에 약정한 보험금을 지급할 책임이 있다.

(2) 보험계약의 법적성질

① **낙성계약** … 보험계약자의 청약과 동시에 최초보험료를 미리 납부하는 것이 관행이라 요물계약처럼 운용되지만 본질적으로 당사자끼리의 합의만으로 계약이 성립되는 낙성계약이므로 보험료 선납이 없어도 보험계약은 성립한다. 그러나 최초보험료 납부 없이는 보험자의 책임이 개시되지 않는다.

② **불요식계약** … 보험계약은 계약에 대해 특별한 방식을 요구하지 않는 불요식계약이다. 따라서 서면으로 체결되지 않아도 효력이 있다. 그러나 실제 보험실무에서는 정형화된 보험계약 청약서가 이용되고 있다.

③ **쌍무계약** … 보험계약자는 보험료 납부의무를, 보험자는 보험사고 발생 시 보험금 지급의무를 부담하므로 보험계약자와 보험자는 상호의무관계인 쌍무계약관계이며 대가관계의 유상계약이다.

④ **부합계약성** … 보험계약은 다수인을 상대로 체결되고 보험의 기술성과 단체성으로 인해 정형성이 요구되므로 계약의 내용이 보험자에 의해 정해져 있고, 계약자는 이에 따르는 부합계약에 속한다. 일반적으로 보험회사가 미리 작성한 보통보험약관을 매개로 체결되는데 보험계약자는 약관을 승인하거나 거절하는 형식을 취하므로 약관 해석 시 작성자 불이익의 원칙을 두고 있다.

⑤ **상행위성** … 영리보험에 있어서 보험계약은 상행위성이 인정되며 이를 영업으로 하는 보험자가 상인이 된다. 따라서 보험계약에도 상행위에 관한 규정이 적용되나 그 특수성으로 인해 많은 제약을 받는다.

⑥ **사행계약성** … 보험범죄나 인위적 사고의 유발과 같은 도덕적위험이 내재되어 있기 때문에 이를 규제하기 위한 피보험이익, 실손 보상원칙, 최대선의 원칙 등의 제도적 장치가 있다.

⑦ **최대선의성과 윤리성** … 일반적으로 보험계약은 보험자의 보험금지급책임이 우연한 사고의 발생에 발생하는 소위 사행성계약이므로 보험계약자 측의 선의가 반드시 요청된다.

⑧ **계속계약성** … 보험기간 동안에 보험관계가 지속되는 계속계약의 성질을 지니며, 「상법」상 독립한 계약이다. 따라서 보험계약자 등은 보험료를 모두 납부한 후에도 보험자에 대한 통지 의무와 같은 보험 계약상의 의무를 진다.

(3) 보험계약의 특성

① **사익조정성(영리성)** … 보험자의 입장에서 보험의 인수는 영리 추구를 위한 수단으로 사용되므로 보험계약법은 사보험관계에 적용되는 법이다.
  ㉠ **보험공법의 의의** : 「보험업법」 등 보험사업에 대한 감독과 규제에 관한 법
  ㉡ **보험사법의 의의** : 「보험계약법」 등 보험계약을 둘러싼 법률관계로, 어느 당사자가 어떠한 의무를 지고 권리를 갖는가에 대한 관계를 규율하는 것

② **단체성** … 보험계약자는 보험자와 개인적으로 계약을 체결하지만 보험계약의 배후에는 수많은 보험계약자로 구성된 보험단체 또는 위험단체의 관념이 존재한다.

③ **기술성** … 보험자는 대수의 법칙과 수지상등의 원칙에 따라 보험사업을 영위해야 한다. 이를 뒷받침하기 위해 「보험계약법」은 기술적인 성격을 가지게 된다.

④ **사회성과 공공성** … 보험제도는 다수의 가입자로부터 거둔 보험료를 기초로 하여 가입자의 경제적 안정 도모를 목적으로 하기 때문에 사회성과 공공성이 특히 강조된다.

⑤ **상대적 강행법성** … 계약자는 보험자에 비하여 법적·경제적 열세를 보이고 있기 때문에 「보험계약법」은 상대적 강행법규를 많이 정해두어 약자인 보험계약자를 보호하도록 이루어져 있다.

(4) 보험계약의 요소

① **보험대상자와 보험목적물**
   ㉠ 피보험자의 생명 또는 신체를 지칭
   ㉡ 보험계약에서의 목적물은 보험사고 발생 후 보험자가 배상하여야 할 범위와 한계를 정해준다.

② **보험사고** … 보험금 지급사유라고도 하며 보험금이 지급되는 구체적인 조건을 뜻한다. 보험사고는 보험상품에 따라 다르지만 생명보험은 대개 생존, 사망, 장해 등을 보험사고로 본다.

③ **보험료와 보험금**
   ㉠ 보험료 : 보험계약자가 보험자에게 내는 금액
   ㉡ 보험금 : 보험사고가 발생할 경우 보험자가 지급하는 금액
   ㉢ 보험금의 지급책임은 보험계약자로부터 최초의 보험료를 받은 때부터 생긴다.

④ **보험기간과 보험료 납입기간**
   ㉠ 보험기간 : 보험에 의한 보장이 제공되는 기간으로 최초의 보험료를 지급 받은 때부터 보험금 지급책임이 존속하는 기간이다.
   ㉡ 보험료 납입기간 : 보험계약자가 보험자에게 보험료를 납입해야 할 기간

(5) 보험계약의 성립과 체결

① **보험계약의 성립과 거절**
   ㉠ 보험자는 청약일로부터 30일 이내에 계약을 승낙 또는 거절해야 하며, 30일 이내 통지 하지 않으면 계약은 승낙된 것으로 본다.
   ㉡ 보험계약은 보험계약자의 청약과 보험자의 승낙으로 성립된다.
   ㉢ 보험자는 계약자의 청약에 대해 피보험자가 계약에 적합하지 않은 경우 계약을 거절할 수 있으며 이 경우 보험료를 받은 기간에 대해 일정 이자를 보험료에 더하여 돌려줘야 한다.

② **보험계약의 체결** … 불요식의 낙성계약이므로 계약자의 청약에 대해 보험자가 승낙한 때 성립한다. 보험회사는 별도의 승낙 의사표시를 하지 않고 보험증권을 교부하므로 승낙절차와 보험증서의 교부절차는 통합되어 이루어진다.

③ 승낙의제(「상법」제638조의2 제1항)

    ㉠ 보험계약자가 보험계약 청약 시 보험료 상당액을 납부하면 보험자는 30일 이내에 승낙의 통지를 발송해야 한다.

    ㉡ 인보험계약의 피보험자가 신체검사를 받아야 하는 경우 승낙 통지기간은 신체검사를 받은 날부터 기산한다.

④ 승낙 전 사고담보 ··· 보험자가 청약을 승낙하기 전에 보험사고가 생긴 때에는 고지의무위반, 건강진단 불응 등 해당 청약을 거절할 사유가 없는 한 보험자는 보험계약상의 책임을 진다.

⑤ 보험증서(보험증권)의 교부 ··· 계약이 성립하면 보험자는 계약자에게 보험증서를 교부한다. 단 보험증서는 계약 성립에 대한 내용을 나타낼 뿐 계약 성립 요건은 아니므로 보험계약자에게 보험증서가 도달되지 못한 경우에도 보험계약은 유효하게 성립한 것이다.

(6) 보험계약의 철회, 무효, 취소, 실효

① 보험계약의 철회 ··· 보험계약자는 보험가입증서(보험증권)를 받은 날부터 15일 이내에 청약을 철회할 수 있다(받은 날은 세지 않고 다음 날부터 계산). 단 진단계약이나 보험기간이 1년 미만인 계약 또는 전문보험계약자가 체결한 계약과 청약일로부터 30일이 초과한 계약은 청약철회가 불가능하다.

② 보험계약의 무효와 취소

    ㉠ 계약의 무효 : 계약의 법률상 효력이 처음부터 발생하지 않은 것

    ㉡ 계약의 취소 : 계약이 처음에는 성립하나 취소사유 발생으로 계약의 법률상 효력이 계약시점으로 소급되어 없어지는 것

    ㉢ 보험계약의 무효와 취소 사유

구분	보험계약 무효	보험계약 취소

요건	• 사기에 의한 초과, 중복보험
	• 기 발생 사고
	• 피보험자의 자격미달(사망보험의 경우)
		• 보험자의 법률 위반이 존재할 때
		• '3대기본지키기'를 미이행 했을 때
		  1) 고객 자필 서명
		  2) 청약서 부본 전달
		  3) 약관 설명 및 교부

효력	• 보험금 지급사유가 발생하더라도 보험금 지급을 하지 않음	• 보험자는 납입한 보험료에 일정 이자를 합한 금액을 계약자에게 반환

③ 보험계약의 실효

    ㉠ 정의 : 특정 원인의 발생으로 계약의 효력이 장래 소멸되는 것을 뜻한다.

ⓛ 보험계약의 실효 사유

구분	내용
당연 실효	• 보험회사가 파산선고를 받고 3개월이 경과하였을 때 • 감독당국으로부터 허가취소를 받았을 때 • 법원으로부터 해산명령을 받고 3개월이 경과하였을 때
임의해지	• 보험계약자가 보험사고 발생 전에 계약의 전부 또는 일부를 해지할 때 ※ 타인을 위한 계약의 경우 타인의 동의를 얻지 못하면 해지할 수 없다.
해지권 행사	• 보험자는 계속보험료 미지급, 고지의무 위반, 통지의무 위반 등의 경우 보험계약에 대한 해지권을 행사하였을 때 ※ 타인을 위한 계약의 경우 보험계약자가 납입을 지체하여도 보험회사가 상당기간 보험료 납입을 최고한 후가 아니면 계약을 해지할 수 없다.

(7) 고지의무

① 고지의무의 정의와 예시

ⓖ 정의 … 보험계약자 또는 피보험자는 청약 시 청약서에서 질문한 사항에 대해 보험자에게 사실대로 알려야 하는데, 이를 고지의무라 한다. 고지의무는 계약 청약 시 뿐 아니라 부활 시에도 이행하여야 한다.

ⓛ 고지의무 예시(세부사항은 보험업감독업무시행세칙 별표 14-표준사업방법서 참고)

구분	질문항목(요약)
현재 및 과거의 질병 (6개 항목)	• 최근 3개월 이내에 의사로부터 진단, 치료, 입원, 수술, 투약 등 의료행위를 받은 사실 여부 • 최근 3개월 이내에 특정약물 복용 여부 • 최근 1년 이내에 의사로부터 진찰 또는 검사를 통하여 추가검사 여부 • 최근 5년 이내 입원, 수술, 7일 이상 치료 또는 30일 이상 투약 여부 등
외부환경 (10개 항목)	• 직업, 운전여부, 위험이 높은 취미(암벽등반 등) 등 • 부업(계절업무 종사), 해외위험지역 출국계획, 음주, 흡연, 체격, 타보험 가입현황 등

② 고지의무 당사자

ⓖ 고지의무자 : 보험계약법상 고지할 의무를 부담하는 보험계약자, 피보험자 및 이들의 대리인(보험수익자에게는 고지의 의무가 부여되지 않음)

ⓛ 고지수령권자 : 보험자 또는 보험자로부터 고지 수령권을 받은 자

③ 고지의무위반의 효과

ⓖ 피보험자가 고의 또는 중대한 과실로 인하여 보험금 지급사유 발생에 영향을 미치는 고지의무를 위반한 때에는 보험금 지급사유 발생여부와 관계없이 보험자는 계약을 해지할 수 있다.

※ 고의 : 보험계약자가 중요한 사실을 알면서 고지하지 않거나 허위로 고지하는 것

중대한 과실 : 보험계약자가 주의를 다하지 않아 중요한 사실을 알리지 않거나(불고지), 사실과 다르게 말하는 것(부실고지)

ⓛ 피보험자가 직종에 대한 고지의무를 위반하여 초과 청약한 경우 초과 청약액에 대해서만 계약을 해지하고 초과 보험료는 반환하며 승낙거절 직종에 대해서는 계약 전부를 해지한다.

ⓒ 고지의무위반으로 계약이 해지되면 보험자는 해약환급금을 지급한다.

ⓔ 고지의무를 위반한 사실이 보험금지급사유 발생에 영향을 미쳤음을 보험자가 증명하지 못하는 경우 해당 보험금을 지급한다.

④ 고지의무위반에 대해 해지할 수 없는 경우

ⓖ 보험자가 계약 당시에 고지의무 위반사실을 알았거나 과실로 알지 못한 경우

ⓛ 보험자가 고지의무 위반사실을 안 날로부터 1개월 이상 지났거나 보장개시일 부터 보험금 지급사유가 발생하지 않고 2년 이상 지났을 때

ⓒ 계약을 체결한 날부터 3년이 지났을 때

ⓔ 보험을 모집한 자가 계약자 또는 피보험자에게 고지할 기회를 주지 않았어가 계약자 또는 피보험자가 사실대로 고지하는 것을 방해한 경우, 계약자 또는 피보험자에게 사실대로 고지하지 않게 하였거나 부실한 고지를 권유한 경우

※ 다만 모집자 등의 행위가 없었다 하더라도 계약자 또는 피보험자가 사실대로 고지하지 않거나 부실한 고지를 했다고 인정되는 경우에는 계약을 해지하거나 보장을 제한할 수 있음

(8) 보험계약의 효과

① 보험자의 의무

ⓖ **보험증서(보험증권) 교부의무** : 보험계약이 성립하면 보험자는 지체 없이 보험증서를 교부할 의무가 있으며 계약자는 보험자에 대해 보험증서 교부청구권을 가진다.

ⓛ **보험금지급의무** : 보험자는 보험기간 내에 보험사고가 생긴 때 피보험자(손해보험) 또는 보험수익자(인보험)에게 보험금을 지급할 의무를 진다.

▶**TIP**

보험금 지급사유

구분	내용
중도보험금/장해보험금/입원보험금	보험기간 중 피보험자가 생존해 있을 때 계약서에 정한 조건에 부합하여 지급하는 경우
만기보험금	보험기간이 끝날 때 피보험자가 생존해 있을 경우
사망보험금	보험기간 중 피보험자가 사망한 경우

② 보험자의 보험료 반환의무

ⓖ 보험계약의 일부 또는 전부가 무효인 경우 보험계약자와 피보험자가 선의이며 중대한 과실이 없다면 보험자는 납입보험료의 일부 또는 전부를 반환할 의무를 진다.

ⓛ 보험계약자가 보험사고의 발생 전에 보험계약의 전부 또는 일부를 해지한 경우 보험자는 다른 약정이 없으면 미경과 보험료를 반환하여야 할 의무를 진다.

ⓒ 생명보험의 경우 보험자는 보험계약이 해지되었거나 보험금지급이 면책된 경우에는 소위 보험료적립금을 반환할 의무가 있다.

③ 보험자의 보험금 지급 면책사유

　㉠ 법정 면책사유 중 도덕적 위험

　　㉮ 보험사고가 보험계약자, 피보험자, 보험수익자 등 보험계약자 측의 고의 또는 중과실로 생긴 경우 보험자는 보험금지급책임을 면한다.

　　㉯ 도덕적 위험에 대한 면책사유의 입증책임은 보험자에게 있으며 보험계약자나 피보험자 또는 보험수익자 중의 어느 한 사람의 고의나 중과실이 있으면 성립한다.

　㉡ 법정 면책사유 중 전쟁위험 : 보험사고가 전쟁, 기타의 변란으로 인하여 생긴 때에는 당사자 간에 다른 약정이 없으면 보험자는 보험금을 지급할 책임이 없다

④ 보험계약자 등의 의무

　㉠ 보험료 지급의무와 그 성질

　　㉮ 보험계약자의 가장 중요한 의무로 계약이 성립되면 보험자에게 보험료를 납부할 의무를 진다.

　　㉯ 보험료는 보험금에 대한 대가관계에 있는 것으로 보험료의 지급은 보험자의 책임발생의 전제가 되는 것이다.

　　㉰ 보험료지급은 원칙적으로 지참채무이지만 당사자의 합의나 보험모집인의 관행을 통하여 추심채무로 될 수 있다.

　　㉱ 은행 등의 창구에서 보험료를 납입하거나 온라인과 지로청구에 의한 보험료납입도 지참채무로 볼 수 있다.

　㉡ 보험료의 납부시기

　　㉮ 원칙적으로 보험계약자는 계약체결 후 지체 없이 보험료의 전부 또는 제1회 보험료를 납부하여야 한다.

　　㉯ 실제 실무에서는 보험계약청약 시 보험료의 전부 또는 제1회 보험료를 선납부하는 관행이 행해지고 있다.

　　㉰ 분할지급의 경우 제2회 이후의 계속보험료는 약정한 납입기일에 납부해야 한다.

　㉢ 보험료 납입지체의 효과

　　㉮ 보험계약의 체결 후 보험계약자가 보험료의 전부 또는 제1회 보험료를 납입하여야 함에도 불구하고, 납입하지 아니하는 경우에 다른 약정이 없는 한 계약 성립 후 2개월이 경과하면 그 계약은 해제된 것으로 본다.

　　㉯ 계속보험료가 약정되어 있는 시기에 납부되지 아니할 경우 보험자는 '상당한' 기간을 정하여 보험료 납입을 최고하고, 해당 기간 내에 보험계약자가 보험료의 납입을 지체한 경우 별도의 해지통보를 통해 계약을 해지할 수 있다.

② 위험변경 증가의 통지의무

㉮ 보험기간 중에 보험계약자 또는 피보험자가 사고발생의 위험이 현저하게 변경 또는 증가된 사실을 안 때에는 지체 없이 이를 보험자에게 통지하여야 한다.

㉯ 위험의 변경 또는 증가의 원인은 객관적이어야 하므로 보험계약자 또는 피보험자의 행위로 인한 것이 아니어야 한다. 보험계약자 또는 피보험자가 이를 해태한 때에는 보험자는 그 사실을 안 날로부터 1개월 내에 계약을 해지할 수 있다.

⑩ 보험사고 발생의 통지의무

㉮ 보험자에 대한 보험사고의 통지는 보험자로 하여금 그 사고가 보험사고에 해당하는지 여부 등과 면책사유가 존재하는지 여부를 확정하는 전제가 되므로 보험계약자 또는 피보험자가 계약에서 정한 보험사고의 발생을 안 때에는 지체 없이 이를 보험자에게 통지해야 한다.

㉯ 보험계약자 등의 통지 해태로 인해 손해가 증가된 때에는 그 증가된 손해를 보상할 책임이 없다.

(9) 부활

① 부활의 의미

㉠ 보험계약자가 계속 보험료를 체납해서 해지 또는 실효된 계약에 대해 일정기간 내에 연체보험료에 약정이자를 붙여 보험자에게 지급하면 부활(효력회복)을 청구 할 수 있는 제도

㉡ 부활의 목적은 계약의 해지로 인해 보험계약자가 새로운 보험계약을 체결해야 하는 불이익을 막는데 있다. 특히 생명보험은 연령증가에 따른 보험료의 인상과 보험료적립금, 해지환급금의 지급 상 불이익이 초래되므로 부활을 통해 이를 방지할 수 있다.

② 부활의 요건

㉠ 부활계약 청구 시에도 계약자는 중요사항에 대한 고지의무가 발생한다.

㉡ 해지되거나 실효된 보험계약의 해지환급금이 지급되지 않았어야 한다.

㉢ 부활 가능한 일정 기간 내에 연체된 보험료에 약정이자를 붙여 보험자에게 납부하고 부활을 청구한 뒤 보험자가 이를 승낙해야 한다.

㉣ 보험자가 약정이자와 연체보험료를 받은 후 30일이 지나도록 낙부통지하지 않으면 승낙처리 되어 해당 보험계약은 부활한다.

③ 부활의 효과

㉠ 실효되기 이전의 보험계약과 동일한 내용의 보험계약을 계속 유지한다.

㉡ 실효시기부터 부활시기까지 발생한 보험사고에 대해서는 보험자가 책임지지 않는다.

㉢ 계약자가 약정이자를 포함한 연체보험료를 지급하고 부활을 청구한 때부터 보험자가 승낙하기 전에 보험사고 발생 시 보험자는 거절할 사유가 없는 한 보상책임을 진다.

❻ 우체국보험 일반현황

(1) 우체국보험 연혁

① 근대 우체국보험의 역사
- ㉠ 1929년 5월 제정된 「조선간이생명보험령」에 따라 1929년 10월에 조선총독부 체신국에서 종신보험과 양로보험을 판매하기 시작한 것이 시초이다.
- ㉡ 1952년 12월 「국민생명보험법」 및 「우편연금법」을 제정함에 따라 국민생명보험으로 개칭하고 생명보험 4종, 연금보험 4종으로 보험사업을 확대하였다.
- ㉢ 1977년 1월 당시 국민생명보험사업 분야를 농협으로 모두 이관조치 하였으나, 1982년 12월 31일 「체신예금 · 보험에 관한 법률 및 체신보험특별회계법」을 제정하였고 1983년부터 본격적인 보험사업을 재개했다.

② 현재의 우체국 보험
- ㉠ 2007년 11월 보험사업단을 신설하고 2013년에는 '국가가 보장하는 착한보험 우체국보험' 이라는 슬로건을 선포하였다.
- ㉡ 이후 서민을 위한 보편적 보험서비스 제공을 위해 우체국통합건강보험 등 다양한 보험상품을 출시하였다.
- ㉢ 우체국보험은 국영보험으로 사회적 책임과 역할을 체계적, 효율적으로 수행하기 위해 2013년 9월 우체국공익재단을 설립하고 국영보험으로서 다양한 사회공헌 활동과 공익사업을 추진하고 있다.

(2) 우체국보험의 업무범위

① 우체국 보험의 목적
- ㉠ 국가가 간편하고 신용 있는 보험사업을 운영함으로써 보험의 보편화 달성
- ㉡ 질병과 재해의 위험에 공동으로 대처하여 국민의 경제생활 안정과 공공복리 증진에 기여
- ㉢ 우체국 우편사업의 운영 · 유지에 필요한 비용을 마련

② 우체국보험의 업무범위
- ㉠ 4천만 원 이하의 소액보험(생명 · 신체 · 상해 · 연금 등)의 개발, 판매, 운영
- ㉡ 기타 보험사업에 부대되는 환급금대출과 증권의 매매 및 대여
- ㉢ 부동산의 취득 · 처분과 임대서비스

③ 우체국 보험의 특징 … 국영보험으로서 민영보험과 구별되는 특징을 가진다.
- ㉠ 소액 서민 보험서비스 : 무진단 · 단순한 상품구조를 바탕으로 서민들을 위한 저렴한 소액 보험상품을 취급하고 있다.
- ㉡ 보편적 보험서비스 : 전국적으로 널리 분포된 우체국 조직을 이용하므로 보험료가 저렴하고 가입절차가 간편하여 보험의 보편화에 기여하고 있다.
- ㉢ 공적 역할 : 사익을 추구하지 않는 국영보험으로 장애인, 취약계층 등과 관련된 보험상품을 확대 보급하고 있다.

ⓔ 운영 주체 : 국가가 경영하고 과학기술정보통신부 장관이 관장하며 감사원의 감사와 국회의 국정감사를 받고 있다.

ⓜ 회계 특성 : 우체국보험은 국가가 운영함에 따라 정부예산회계 관계법령의 적용을 받고 외부 회계법인의 검사를 받고 있다.

ⓑ 인력 및 조직 :「정부조직법」,「국가공무원법」등의 통제를 받고 있다.

ⓢ 예산 · 결산 : 우체국보험사업의 필요경비는 기획재정부와 협의, 국회의 심의를 거쳐 정부예산으로 편성되고 집행 내역 및 결과를 국회 및 감사원에 보고한다.

④ 우체국보험과 타 기관보험의 비교

㉠ 우체국보험과 공영보험

구분	우체국보험	공영보험
가입의무	• 자유가입	• 의무가입
납입료 대비 수혜 비례성	• 비례함(수익자 부담)	• 비례성 약함(소득재분배 및 사회 정책적 기능)

㉡ 우체국보험과 민영보험

구분	우체국보험	민영보험
보험료	• 상대적 소액이다	• 상대적 고액이다
가입 한도액	• (사망) 4,000만 원 • (연금) 연 900만 원	• 제한 없음
지급보장	• 국가 전액 보장	• 동일 금융기관내에서 1인당 최고 5천만 원 (예금보험공사 보증)
운영방법	• 농어촌 · 서민 위주 전 국민 대상	• 도시 위주 전 국민 대상
사익추구	• 주주이익 없음(국영사업)	• 주주이익 추구
취급제한	• 변액보험, 퇴직연금, 손해보험 불가	• 제한 없음
감독기관	• 과학기술정보통신부, 감사원, 국회, 금융위원회 등	• 금융위원회, 금융감독원
적용법률	•「우체국예금 · 보험에 관한 법률」,「우체국보험특별회계법」 •「보험업법(일부)」,「상법(보험 분야)」	•「보험업법」 •「상법(보험 분야)」

(3) 소관법률 및 근거

① 우체국보험 관련 법률

㉠ 법률 :「우체국예금 · 보험에 관한 법률」,「우체국보험특별회계법」

㉡ 대통령령 :「우체국예금 · 보험에 관한 법률 시행령」,「우체국보험특별회계법 시행령」

㉢ 부령 :「우체국예금 · 보험에 관한 법률 시행규칙」,「우체국보험특별회계법 시행규칙」

② 보험적립금 관련 주요내용

  ㉠ 근거 및 목적

    ㉮ 근거 : 「우체국보험특별회계법」 제4조

    ㉯ 목적 : 보험금, 환급금 등 보험급여의 지급을 위한 책임준비금에 충당하기 위해 우체국보험특별회계의 세입·세출 외에 별도 우체국보험적립금을 설치하고 운영한다.

  ㉡ 재원 조달 및 운용

    ㉮ 우체국보험적립금은 순보험료, 운용수익 및 우체국보험특별회계 세입·세출의 결산상 잉여금으로 조성한다.

    ㉯ 조성된 적립금은 주로 보험금 지급에 충당하고, 여유자금은 유가증권 매입 또는 금융기관에 예치하여 수익성을 제고하는 한편, 공공자금관리기금 및 금융기관을 통한 산업자금 지원과 지방경제 활성화를 위한 지방은행에의 자금예치 및 보험계약자를 위한 대출제도 운영에 사용된다.

(4) 역할(사회공헌)

① 개요 … 1995년 소년소녀가장 장학금 지원 사업을 시작으로 공공복지의 사각지대에 있는 사회소외계층(아동, 노인, 장애인 등)에 대한 다양한 지원을 통해 국가기관으로서 사회적 책임과 사회안전망기능을 강화하였다.

② 추진경과

  ㉠ 1995년 휴면보험금으로 소년소녀가장에게 장학금을 지원하는 공익사업 시작

  ㉡ 2000년 들어서 교통안전보험 재원을 활용하여 본격적인 공익사업 추진

  ㉢ 2013년 9월 우체국공익재단을 설립하여 현재까지 다양한 공적역할을 수행

③ 재원(공익준비금)

  ㉠ 교통안전보험 수입보험료의 1%

  ㉡ 전 회계연도 적립금 이익잉여금의 5%이내

  ㉢ 그린보너스 저축보험 전년도 책임준비금의 0.05%이내

④ 공익재단 출연 기준 … 공익재단 출연을 위해서 공익자금 조성액의 기중처분은 전 회계연도 이익잉여금을 기준으로 조성하되, 전년 및 당해 연도(추정) 당기순이익과 적립금 재무건전성을 고려하여 조성한다.

⑤ 사회공헌 관련 세부사업

분야	세부사업
우체국 자원과 네트워크를 활용한 민관 협력	• 지역협력 거버넌스 구축사업 • 우체국 행복나눔 봉사단 운영 • 지역사회 불우이웃 지원(예금위탁)
미래창의세대 육성 기반조성	• 우체국 청소년꿈보험 지원 • 장애부모가정 아동 성장 멘토링(예금위탁) • 음악을 통한 탈북 및 다문화 청소년 정서지원

의료복지 인프라 기반조성	• 무의탁환자 야간간병 지원(예금위탁) • 우체국 흔사랑의집을 통한 소아암 환자 · 가족 지원 • 저소득 장애인 우체국 암보험 지원 • 전국 휠체어 농구대회 지원
친환경사업을 통한 미래 생태 조성 기여	• 환경성질환 숲캠프 지원 • 우체국 도시숲 조성 사업

❼ 우체국보험 상품

(1) 우체국보험 개요

① 보험의 종류

ㄱ 보장성보험 : 생존 시 지급되는 보험금의 합계액이 이미 납입한 보험료를 초과하지 아니하는 보험

ㄴ 저축성보험 : 생존 시 지급되는 보험금의 합계액이 이미 납입한 보험료를 초과하는 보험

ㄷ 연금보험 : 일정 연령 이후에 생존하는 경우 연금의 지급을 주된 보장으로 하는 보험

※ 우체국보험의 계약보험금 한도액은 보험종류별로 피보험자 1인당 4천만 원이다(단, 연금보험의 최초 연금액은 1인당 1년에 900만 원 이하이다).

② 보험상품의 개발

ㄱ 보험상품 개발 시 우정사업본부장은 예정이율 · 예정사업비율 및 예정사망률 등을 기초로 하여 보험료를 산정하고, 우체국보험의 재무건전성, 계약자보호 및 사회공익 등을 고려하여 사업방법서, 보험약관, 보험료 및 책임준비금 산출방법서 등 기초서류를 합리적으로 작성하여야 한다.

ㄴ 보험약관 기재사항

구분	내용
1	보험금의 지급사유
2	보험계약의 변경
3	보험계약의 무효사유
4	보험자의 면책사유
5	보험자의 의무의 한계
6	보험계약자 또는 피보험자가 그 의무를 이행하지 아니한 경우에 받는 손실
7	보험계약자 전부 또는 일부의 해지사유와 해지한 경우의 당사자의 권리 · 의무
8	보험계약자 또는 보험수익자가 이익금 또는 잉여금을 배당받을 권리가 있는 경우 그 범위
9	그 밖에 보험계약에 관하여 필요한 사항

③ 판매중인 상품(2020년 9월 1일 기준)

보험종류		시행일(고시일)
보장성 보험 (28종)	무배당 우체국든든한종신보험	2020. 9. 1.
	무배당 우체국건강클리닉보험(갱신형)	2020. 9. 1.
	무배당 우체국100세건강보험	2020. 9. 1.
	무배당 우체국하나로OK보험	2020. 9. 1.
	무배당 우체국실속정기보험	2020. 9. 1.
	무배당 우리가족암보험	2020. 9. 1.
	무배당 우체국자녀지킴이보험	2020. 9. 1.
	무배당 어깨동무보험	2020. 9. 1.
	무배당 에버리치상해보험	2020. 9. 1.
	무배당 우체국예금제휴보험	2020. 9. 1.
	무배당 우체국단체보장보험	2020. 9. 1.
	무배당 우체국안전벨트보험	2020. 9. 1.
	무배당 우체국착한안전보험	2020. 9. 1.
	무배당 우체국실손의료비보험(갱신형)	2020. 9. 1.
	무배당 우체국실손의료비보험(계약전환용)(갱신형)	2020. 9. 1.
	무배당 우체국노후실손의료비보험(갱신형)	2020. 9. 1.
	무배당 우체국간편실손의료비보험(갱신형)	2020. 9. 1.
	무배당 만원의행복보험	2020. 9. 1.
	무배당 우체국통합건강보험	2020. 9. 1.
	무배당 우체국간편가입건강보험(갱신형)	2020. 9. 1.
	무배당 우체국치아보험(갱신형)	2020. 9. 1.
	무배당 우체국치매간병보험	2020. 9. 1.
	무배당 우체국요양보험	2020. 9. 1.
	무배당 우체국온라인어린이보험	2020. 9. 1.
	무배당 우체국온라인암보험	2020. 9. 1.
	무배당 우체국나르미안전보험	2020. 9. 1.
	무배당 win-win단체플랜보험	2020. 9. 1.
	무배당 내가만든희망보험	2020. 9. 1.

	보험종류	시행일(고시일)
저축성 보험 (5종)	무배당 청소년꿈보험	2020. 9. 1.
	무배당 그린보너스저축보험	2020. 9. 1.
	무배당 파워적립보험	2020. 9. 1.
	무배당 우체국온라인저축보험	2020. 9. 1.
	무배당 알찬전환특약	2020. 9. 1.
연금보험 (6종)	무배당 우체국연금보험	2020. 9. 1.
	우체국연금저축보험	2020. 9. 1.
	무배당 우체국연금저축보험(이전형)	2020. 9. 1.
	무배당 우체국온라인연금저축보험	2020. 9. 1.
	무배당 우체국개인연금보험(이전형)	2020. 9. 1.
	어깨동무연금보험	2020. 9. 1.

(2) 보장성 상품

① 무배당 우체국든든한종신보험

㉠ 특징

- 해약환급금 50% 지급형 선택 시 동일한 보장혜택을 제공하고, 표준형 대비 저렴한 보험료로 고객 부담 완화
- 주계약에서 3대질병 진단 시 사망보험금 일부를 선지급하여 치료자금 지원
- 주계약 및 일부 특약을 비갱신형으로 설계하여 보험료 상승 부담없이 동일한 보험료로 보장
- 다양한 특약 부가로 사망 및 생존(진단, 입원, 수술 등) 보상 등 고객맞춤형 보장 설계
- 주요질환(3대질병) 보장 강화 : 특약부가로 3대질병(암, 뇌출혈, 급성심근경색증) 발병 시 치료비 추가보장 및 고액암 보장 강화
- 납입면제 : 보험료 납입 면제로 부담을 낮추고 안정적인 보장 제공
- 세제혜택 : 근로소득자는 납입보험료(연간 100만 원 한도)에 대하여 12% 세액공제

㉡ 가입요건

㉮ 주계약 [1종(해약환급금 50%지급형), 2종(표준형)]

가입나이	보험기간	납입기간	납입주기	보험가입금액
만 15~50세	종신	5, 10, 15, 20, 30년납	월납	1,000만 원~4,000만 원 (500만 원 단위)
만 51~60세		5, 10, 15, 20년납		
만 61~65세		5, 10, 15년납		
만 66~70세		5, 10년납		

㉯ 특약

• 무배당 재해치료보장특약 II

가입나이, 보험기간, 납입기간, 납입주기	보험가입금액
주계약과 동일	1,000만 원~4,000만 원 (주계약 보험가입금액 이내에서 500만 원 단위)

• 무배당 소득보상특약

가입나이	보험기간	납입기간	납입주기	보험가입금액
만 15~50세		5, 10, 15, 20, 30년납		
만 51~60세	80세 만기	5, 10, 15, 20년납	월납	1,000만 원~4,000만 원 (주계약 보험가입금액 이내에서 500만 원 단위)
만 61~65세		5, 10, 15년납		
만 66~70세		5, 10년납		

• 무배당 입원보장특약(갱신형), 무배당 특정질병입원특약(갱신형),
  무배당 수술보장특약(갱신형), 무배당 암치료특약 II(갱신형),
  무배당 뇌출혈진단특약, 무배당 급성심근경색증진단특약(갱신형)

구분	가입나이	보험기간	납입기간	납입주기	보험가입금액
최초계약	만15~70세	10면	전기납	월납	1,000만 원
갱신계약	만25 이상	(종신갱신형)			(500만 원 단위)

• 무배당 요양병원암입원특약 II(갱신형)

구분	가입나이	보험기간	납입기간	납입주기	보험가입금액
최초계약	만15~70세	10면	전기납	월납	1,000만 원
갱신계약	만25~70세	(갱신형)			(500만 원 단위)

• 이륜자동차 운전 및 탑승 중 재해 부담보 특약, 지정대리청구서비스특약, 장애인전용보험전환특약

㉢ 보험료 할인에 관한 사항 : 고액 할인

주계약 보험가입금액	2천만 원 이상~3천만 원 미만	3천만 원 이상~4천만 원 미만	4천만 원
할인율	1.0%	2.0%	3.0%

㉣ 해약환급금 50%지급형 상품에 관한 사항

1. 1종(해약환급금 50% 지급형)은 보험료 납입기간 중 계약이 해지될 경우 2종(표준형)의 해약환급금 대비 적은 해약환급금을 지급하는 대신 2종(표준형)보다 저렴한 보험료로 보험을 가입할 수 있도록 한 상품임

2. 1종(해약환급금 50% 지급형)의 해약환급금을 계산할 때 기준이 되는 2종(표준형)의 예정해약환급금은 "보험료 및 책임준비금 산출방법서"에서 정한 방법에 따라 산출된 금액으로 해지율을 적용하지 않고 계산함

3. 1종(해약환급금 50% 지급형)의 계약이 보험료 납입기간 중 해지될 경우의 해약환급금은 2종(표준형) 예정해약환급금의 50%에 해당하는 금액에 플러스적립금을 더한 금액으로 함. 다만 보험료 납입기간이 완료된 이후 계약이 해지되는 경우에는 2종(표준형)의 예정해약환급금과 동일한 금액에 플러스적립금을 더한 금액을 지급함

ⓜ **특약의 갱신에 관한 사항**

갱신절차	• 보험기간 만료일 30일 전까지 계약자에게 서면 또는 전화(음성녹음) 안내(보험료 등 변경내용) → 보험기간 만료일 15일 전까지 계약자의 별도 의사표시가 없으면 자동갱신 ※ (무)요양병원입원특약Ⅱ(갱신형)(2종 10년갱신형)의 경우, 피보험자 나이 70세를 초과하는 경우에는 이 특약을 갱신할 수 없음 → 계약자가 갱신 거절의사를 통지하면 계약 종료
갱신계약 보험료	• 갱신계약의 보험료는 각각의 특약상품에 따라 나이의 증가, 적용기초율의 변동 등의 사유로 인상 가능

ⓗ **보장내용**

㉮ **주계약**

지급구분		지급사유
사망보험금	사망하였을 때	3대질병 진단보험금 지급사유가 발생하지 않은 경우
		3대질병 진단보험금 지급사유가 발생한 경우
3대질병 진단보험금	암보장개시일 이후에 최초의 암(갑상선암, 기타피부암, 대장점막내암, 제자리암 및 경계성종양 제외)으로 진단이 확정되었거나, 보험기간 중 최초의 뇌출혈 또는 급성심근경색증으로 진단이 확정되었을 때(단, 암, 뇌출혈 또는 급성심근경색증 중 최초 1회에 한함)	

주1) 암보장개시일은 계약일(부활일)부터 그 날을 포함하여 90일이 지난날의 다음 날로 함

㉯ **특약**

• **무배당 재해치료보장특약Ⅱ**

지급구분	지급사유
교통재해사망보험금	교통재해를 직접적인 원인으로 사망하였을 때
일반재해사망보험금	일반재해를 직접적인 원인으로 사망하였을 때
교통재해장해급부금	교통재해를 직접적인 원인으로 장해분류표에서 정한 각 장해지급률에 해당하는 장해상태가 되었을 때
일반재해장해급부금	일반재해를 직접적인 원인으로 장해분류표에서 정한 각 장해지급률에 해당하는 장해상태가 되었을 때
외모수술자금	재해로 인하여 외모상해의 직접적인 치료를 목적으로 외모수술을 받았들 때(수술 1회당)
골절치료자금	재해로 인하여 골절상태가 되었을 때(사고 1회당)
깁스치료자금	재해로 인하여 그 직접적인 치료를 목적으로 깁스(Cast)치료를 받았을 때(사고 1회당)

• **무배당 소득보상특약**

지급구분	지급사유
장해연금	장해분류표 중 동일한 재해로 여러 신체부위의 합산 장해지급률이 50% 이상인 장해상태가 되었을 때
암생활자금	암보장개시일 이후에 최초의 암으로 진단이 확정되었을 때(단, 최초 1회에 한함)

주1) 암보장개시일은 계약일(부활일)부터 그 날을 포함하여 90일이 지난날의 다음 날로 함

• 무배당 입원보장특약(갱신형)

지급구분	지급사유
입원급부금	질병 또는 재해로 인하여 그 직접적인 치료를 목적으로 4일 이상 입원하였을 때 (3일 초과 입원일수 1일당, 120일 한도)
건강관리자금	보험기간(10년)이 끝날 때까지 살아 있을 때

• 무배당 특정질병입원특약(갱신형)

지급구분	지급사유
암직접치료 입원급부금	암보장개시일 이후 암의 직접적인 치료를 목적으로 4일 이상 입원(단, 요양병원 제외)하였을 때(3일 초과 입원일수 1일당, 120일 한도)
	갑상선암, 기타피부암, 대장점막내암, 제자리암 또는 경계성 종양의 직접적인 치료를 목적으로 4일 이상 입원(단, 요양병원 제외)하였을 때(3일 초과 입원일수 1일당, 120일 한도)
2대질병 입원급부금	뇌출혈 또는 급성심근경색증으로 인하여 그 직접적인 치료를 목적으로 4일 이상 입원하였을 때(3일 초과 입원일 수 1일당, 120일 한도)
주요성인질환 입원급부금	주요성인질환으로 인하여 그 직접적인 치료를 목적으로 4일 이상 입원하였을 때 (3일 초과 입원일 수 1일당, 120일 한도)
건강관리자금	보험기간(10년)이 끝날 때까지 살아 있을 때

주1) 암보장개시일은 계약일(부활일)부터 그 날을 포함하여 90일이 지난날의 다음 날로 함

• 무배당 요양병원암입원특약 Ⅱ(갱신형)

지급구분	지급사유
요양병원 암입원급부금	암보장개시일 이후 암으로 진단이 확정되고 그 치료를 목적으로 4일 이상 요양병원에 입원하였거나, 보험기간 중 갑상선암, 기타피부암, 대장점막내암, 제자리암 또는 경계성 종양으로 진단이 확정되고 그 치료를 목적으로 4일 이상 요양병원에 입원하였을 때(3일 초과 입원일수 1일당 60일 한도)
건강관리자금	보험기간(10년)이 끝날 때까지 살아 있을 때

주1) 암보장개시일은 계약일(부활일)부터 그 날을 포함하여 90일이 지난날의 다음 날로 함

• 무배당 수술보장특약(갱신형)

지급구분	지급사유
수술급부금	질병 또는 재해로 인하여 그 직접적인 치료를 목적으로 수술·신생물 근치 방사선 조사 분류표에서 정한 수술을 받았을 때(수술 1회당)
암수술급부금	암보장개시일 이후 암으로 인하여 그 직접적인 치료를 목적으로 암수술을 받았거나, 보험기간 중 갑상선암, 기타피부암, 대장점막내암, 제자리암 또는 경계성 종양으로 인하여 그 직접적인 치료를 목적으로 암수술을 받았을 때(수술 1회당)

2대질병 수술급부금	뇌출혈 또는 급성심근경색증으로 인하여 그 직접적인 치료를 목적으로 2대질병수술을 받았을 때(수술 1회당)
주요성인질환 수술급부금	주요성인질환으로 인하여 그 직접적인 치료를 목적으로 주요성인질환수술을 받았을 때 (수술 1회당)
건강관리자금	보험기간(10년)이 끝날 때까지 살아 있을 때

주1) 암보장개시일은 계약일(부활일)부터 그 날을 포함하여 90일이 지난날의 다음 날로 함

• 무배당 암치료특약Ⅱ(갱신형)

지급구분	지급사유
암치료보험금	암보장개시일 이후에 최초의 암으로 진단이 확정되었을 때(단, 최초 1회에 한함)
	보험기간 중 최초의 갑상선암, 기타피부암, 대장점막내암, 제자리암 또는 경계성 종양으로 진단이 확정되었을 때(단, 갑상선암, 기타피부암, 대장점막내암, 제자리암 및 경계성 종양 각각 최초 1회에 한함)
건강관리자금	보험기간(10년)이 끝날 때까지 살아 있을 때

주1) 암보장개시일은 계약일(부활일)부터 그 날을 포함하여 90일이 지난날의 다음 날로 함

• 무배당 뇌출혈진단특약(갱신형)

지급구분	지급사유
뇌출혈치료보험금	보험기간 중 최초의 뇌출혈로 진단이 확정되었을 때(단, 최초 1회에 한함)
건강관리자금	보험기간(10년)이 끝날 때까지 살아 있을 때

• 무배당 급성심근경색증진단특약(갱신형)

지급구분	지급사유
급성심근경색증 치료보험금	보험기간 중 최초의 급성심근경색증으로 진단이 확정되었을 때(단, 최초 1회에 한함)
건강관리자금	보험기간(10년)이 끝날 때까지 살아 있을 때

• 이륜자동차 운전 및 탑승 중 재해부담보특약

가입대상	이륜자동차 운전자(소유 및 관리하는 경우 포함)
부담보 범위	이륜자동차 운전(탑승 포함) 중에 발생한 재해로 인하여 주계약 및 특약에서 정한 보험금 지급사유가 발생한 경우에 보험금 부지급

주1) 상품별 이륜자동차 운전 및 탑승 중 재해부담보특약사항 동일(이하 생략)

• 지정대리청구서비스특약

대상계약	• 계약자, 피보험자 및 수익자(사망 시 수익자 제외)가 모두 동일한 계약
지정대리 청구인 지정	• 보험금을 직접 청구할 수 없는 특별한 사정이 있을 경우 대리청구인 지정
지정대리 청구인	• 피보험자와 동거하거나 피보험자와 생계를 같이 하고 있는 피보험자의 가족관계등록부상의 배우자 또는 3촌 이내의 친족
보험금 지급 등의 절차	• 보험수익자가 보험금을 직접 청구할 수 없는 특별한 사정이 있음을 증명하는 서류 제출 • 보험수익자의 대리인으로서 해당 보험금(사망보험금 제외)을 청구하고 수령 • 보험금을 지정대리청구인에게 지급한 경우, 그 이후 보험금 청구를 받더라도 체신관서는 이를 지급하지 않음

주1) 상품별 지정대리청구서비스특약 동일(이하 생략)

• 장애인전용보험전환특약

대상계약	• 피보험자 또는 수익자가 소득세법상 장애인인 계약
장애인전용 보험으로 전환	• 계약자가 증빙서류(장애인증명서, 국가유공자 확인서, 장애인등록증 등)를 제출하고, 특약 가입 신청 • 장애인전용보험으로 전환된 이후 납입된 보험료부터 장애인전용 보장성보험료로 처리

주1) 상품별 장애인전용보험전환특약 동일(이하 생략)

② 무배당 우체국건강클리닉보험(갱신형)

㉠ 주요 특징

• 각종 질병, 사고 및 주요성인질환 종합 보장
• 3대빌병 진단(최대 3,000만 원), 중증수술(최대 500만 원) 및 중증장해(최대 5,000만 원) 고액 보장
• 0세부터 65세까지 가입 가능한 건강보험
• 10년 만기 생존 시마다 건강관리자금 지급
• "국민체력100" 체력 인증시 보험료 지원혜택 제공
• 세제혜택 : 근로소득자는 납입한 보험료(연간 100만 원 한도)에 대하여 12% 세액공제

㉡ 가입요건

㉮ 주계약

구분	가입나이	보험기간	납입기간 (납입주기)	보험가입금액 (구좌수)
최초계약	0~65세	10년 만기 (종신갱신형)	전기납 (월납)	1구좌 (0.5구좌 단위)
갱신계약	10세 이상

주1) 피보험자 가입 당시 60세를 초과할 경우 보험가입금액(구좌수)은 0.5구좌 고정

ⓐ 특약
- 무배당 요양병원암입원특약(갱신형)

구분	가입나이	보험기간	납입기간 (납입주기)	보험가입금액 (구좌수)
최초계약	0~65세	10년 만기 (갱신형)	전기납 (월납)	1구좌(주계약 보험가입금액(구좌수) 이내에서 0.5구좌 단위)
갱신계약	10~70세			

주1) 피보험자 가입 당시 60세를 초과할 경우 보험가입금액(구좌수)은 0.5구좌 고정

- 무배당 정기특약(갱신형)

구분	가입나이	보험기간	납입기간 (납입주기)	보험가입금액 (구좌수)
최초계약	만15~65세	10년 만기 (갱신형)	전기납 (월납)	1구좌(주계약 보험가입금액(구좌수) 이내에서 0.5구좌 단위)
갱신계약	만25~70세			
	만71~79세	80세 만기		

주1) 피보험자 가입 당시 60세를 초과할 경우 보험가입금액(구좌수)은 0.5구좌 고정

- 이륜자동차 운전 및 탑승 중 재해부담보특약 지정대리청구서비스특약, 장애인전용보험전환특약

ⓒ 계약의 갱신에 관한 사항

갱신절차	보험기간 만료일 30일 전까지 계약자에게 서면 또는 전화(음성녹음) 안내 (보험료 등 변경내용) → 보험기간 만료일 15일 전까지 계약자의 별도 의사표시가 없으면 자동갱신 　　※ (무)요양병원암입원특약(갱신형)(2종 10년갱신형)의 경우, 피보험자 나이 70세를 초과하는 경우에는 이 특약을 갱신할 수 없음 　　※ (무)정기특약(갱신형)의 경우, 갱신시점의 피보험자 나이가 80세 이상인 경우에는 이 특약을 갱신할 수 없으며, 갱신시점의 피보험자 나이가 71세에서 79세인 경우에는 보험기간을 80세만기로 갱신함 → 계약자가 갱신 거절의사를 통지하면 계약 종료
갱신계약 보험료	갱신계약의 보험료는 나이의 증가, 적용기초율의 변동 등의 사유로 인상될 수 있음

ⓔ 피보험자의 건강관리 노력에 따른 보험료 납입 일부 지원
ⓐ 사전적 건강관리서비스를 위하여 "국민체력 100" 체력인증 시 보험료 지원
ⓑ 국민체력100(국민체육진흥공단) : 국민의 체력 및 건강 증진에 목적을 두고 체력상태를 과학적 방법에 의해 측정·평가를 하여 운동 상담 및 처방을 해주는 대국민 스포츠 복지 서비스

ㅁ 보장내용

㉮ 주계약

지급구분	지급사유
건강관리자금	만기 생존 시
3대질병 치료보험금	암보장개시일 이후에 최초의 암으로 진단이 확정되었거나, 보험기간 중 최초의 갑상선암, 기타피부암, 대장점막내암, 제자리암, 경계성 종양, 뇌출혈 또는 급성심근경색증으로 진단 확정시(각각 최초 1회한)
신생아뇌출혈 치료보험금	보험기간 중 최초의 신생아 뇌출혈로 진단이 확정 되었을 때(최초 1회한)
암직접치료 입원급부금	암보장개시일 이후에 암의 직접적인 치료를 목적으로 4일 이상 입원(단, 요양병원 제외)하였거나, 보험기간 중 갑상선암, 기타피부암, 대장점막내암, 제자리암 또는 경계성 종양의 직접적인 치료를 목적으로 4일 이상 입원(단, 요양병원 제외)하였을 때(3일 초과 입원일수 1일당, 120일 한도)
주요성인질환 입원급부금	주요성인질환으로 인하여 그 직접적인 치료를 목적으로 4일 이상 입원하였을 때 (3일 초과 입원일수 1일당, 120일 한도)
암수술급부금	암보장개시일 이후에 암으로 인하여 그 직접적인 치료를 목적으로 암수술을 받았거나, 보험기간 중 갑상선암, 기타피부암, 대장점막내암, 제자리암 또는 경계성 종양으로 인하여 그 직접적인 치료를 목적으로 암수술을 받았을 때(수술 1회당)
주요성인질환 수술급부금	주요성인질환으로 인하여 그 직접적인 치료를 목적으로 주요성인질환수술을 받았을 때 (수술 1회당)
입원급부금	질병 또는 재해로 인하여 그 직접적인 치료를 목적으로 4일 이상 입원 시 (3일 초과 입원일수 1일당, 120일 한도)
수술급부금	질병 또는 재해로 인하여 그 직접적인 치료를 목적으로 수술 시(수술 1회당)
장해연금	동일한 재해로 장해지급률 50% 이상 장해 시
장해급부금	재해로 장해지급률 중 3% 이상 50% 미만 장해 시
골절치료자금	출산손상 또는 재해로 골절 시 (사고 1회당)

주1) 암보장개시일은 계약일(부활일)부터 그 날을 포함하여 90일이 지난날의 다음 날로 함(피보험자 나이가 15세 미만인 경우 암보장개시일은 계약일(부활일)로 함)

㉯ 특약

• 무배당 요양병원암입원특약(갱신형)

지급구분	지급사유
요양병원 암입원급부금	암보장개시일 이후 암으로 진단이 확정되고 그 치료를 목적으로 4일 이상 요양병원에 입원하였거나, 보험기간 중 갑상선암, 기타피부암, 대장점막내암, 제자리암 또는 경계성 종양으로 진단이 확정되고 그 치료를 목적으로 4일 이상 요양병원에 입원하였을 때(3일 초과 입원일수 1일당, 60일 한도)
건강관리자금	보험기간(10년)이 끝날 때까지 살아 있을 때

주1) 암보장개시일은 계약일(부활일)부터 그 날을 포함하여 90일이 지난날의 다음 날로 함(피보험자 나이가 15세 미만인 경우 암보장개시일은 계약일(부활일)로 함)

- 무배당 정기특약(갱신형)

지급구분	지급사유
사망보험금	보험기간 중 사망하였을 때
건강관리자금	보험기간(10년)이 끝날 때까지 살아 있을 때

③ 무배당 우체국100세건강보험

㉠ 주요 특징

- 뇌·심장질환의 보장을 경증질환(뇌혈관질환, 허혈성심장질환)까지 확대하고 비갱신형으로 설계하여, 보험료 인상없이 100세까지 집중 보장(주계약)
- 해약환급금 미지급형 선택 시 표준형보다 저렴한 보험료로, 표준형과 동일한 보장혜택 제공
- 다양한 소비자 필요에 따라 특약을 갱신 및 비갱신으로 선택하여 가입 가능
- 암, 만성·중증질환의 진단 및 입원·수술·골절·깁스·응급실내원 등 생존치료비 종합 보장
- 납입면제 : 보험료 납입 면제로 부담을 낮추고 안정적인 보장제공
- "국민체력100" 체력 인증 시 보험료 지원혜택 제공
- 세제혜택 : 근로소득자는 납입보험료(연간 100만 원 한도)에 대하여 12% 세액공제

㉡ 가입요건

㉮ 주계약[1종(해약환급금 미지급형), 2종(표준형)]

가입나이	보험기간	납입기간	납입주기	보험가입금액
15~50세		5, 10, 15, 20, 30년납		1,000만 원 (500만 원 단위)
51~60세	100세 만기	5, 10, 15, 20년납	월납	
61~54세		5, 10, 15년납		

주1) 피보험자가 가입 당시 60세를 초과할 경우 보험가입금액 500만 원 고정

㉯ 특약

- 무배당 암치료특약Ⅲ, 무배당 중대질병치료특약Ⅱ
  무배당 중기이상질병치료특약, 무배당 입원보장특약Ⅱ
  무배당 수술보장특약Ⅱ 무배당 치료보장특약

–1종(갱신형)

구분	가입나이	보험기간	납입기간	납입주기	보험가입금액
최초계약	15~65세	10년			1,000만 원 (주계약 보험가입금액 이내에서 500만 원 단위)
갱신계약	25~90세	10년	전기납	월납	
	91~99세	100세 만기			

주1) 피보험자가 가입 당시 60세를 초과할 경우 보험가입금액 500만 원 고정

-2종(비갱신형)

가입나이	보험기간	납입기간	납입주기	보험가입금액
주계약과 동일				1,000만 원 (주계약 보험가입금액 이내에서 500만 원 단위)

주1) 피보험자가 가입 당시 60세를 초과할 경우 보험가입금액 500만 원 고정

• 무배당 정기특약

가입나이	보험기간	납입기간	납입주기	보험가입금액
15~50세		5, 10, 15, 20, 30년납		1,000만 원 (주계약 보험가입금액 이내에서 500만 원 단위)
51~60세	80세 만기	5, 10, 15, 20년납	월납	
61~65세		5, 10, 15년납		

주1) 피보험자가 가입 당시 60세를 초과할 경우 보험가입금액 500만 원 고정

• 지정대리청구서비스특약, 장애인전용보험전환특약

ⓒ 해약환급금 미지급형 상품에 관한 사항

1. 1종(해약환급금 미지급형)은 보험료 납입기간 중 계약이 해지될 경우 해약환급금을 지급하지 않는 대신 2종(표준형)보다 저렴한 보험료로 보험을 가입할 수 있도록 한 상품임

2. 2종(표준형)의 해약환급금은 "보험료 및 책임준비금 산출방법서"에서 정한 방법에 따라 산출된 금액으로 해지율을 적용하지 않고 계산함

3. 1종(해약환급금 미지급형)의 계약이 보험료 납입기간 중 해지될 경우 해약환급금을 지급하지 않으며, 보험료 납입기간이 완료된 이후 계약이 해지되는 경우에는 2종(표준형)의 해약환급금과 동일한 금액을 지급함

4. "1" 및 "3"에서 "보험료 납입기간"이란 계약일로부터 보험료 납입기간이 경과하여 최초로 도래하는 계약해당일의 전일까지의 기간을 말함. 다만, 보험료의 납입이 연체된 경우 보험료 총액의 납입이 완료된 기간까지를 보험료 납입기간으로 봄

주1) 해약환급금 미지급형 상품에 관한 사항은 주계약에 한해 적용

ⓓ 특약의 갱신에 관한 사항

갱신절차	• 보험기간 만료일 30일 전까지 계약자에게 서면 또는 전화(음성녹음) 안내(보험료 등 변경내용) → 보험기간 만료일 15일 전까지 계약자의 별도 의사표시가 없으면 자동갱신 　※ 특약 1종(갱신형)의 경우, 피보험자의 99세 계약해당일까지 갱신가능하며, 피보험자의 나이 91세 이후에 도래하는 자동계약의 보험기간 만료일은 피보험자의 100세 계약해당일까지로 함 → 계약자가 갱신 거절의사를 통지하면 계약 종료
갱신계약 보험료	• 갱신계약의 보험료는 각각의 특약상품에 따라 나이의 증가, 적용기초율의 변동 등의 사유로 인상 가능

주1) 특약의 갱신에 관한 사항은 특약 1종(갱신형)에 한해 적용

ⓔ 피보험자의 건강관리 노력에 따른 보험료 납입 일부 지원 : 사전적 건강관리 서비스를 위하여 "국민체력 100" 체력인증 시 보험료 지원

ⓑ 보장내용

㉮ 주계약

지급구분	지급사유
뇌출혈 치료보험금	보험기간 중 최초의 뇌출혈로 진단이 확정되었을 때(단, 최초 1회에 한함)
뇌경색증 치료보험금	보험기간 중 최초의 뇌경색증으로 진단이 확정되었을 때(단, 최초 1회에 한함)
뇌혈관질환 치료보험금	보험기간 중 최초의 뇌혈관질환으로 진단이 확정되었을 때(단, 최초 1회에 한함)
급성심금경색증 치료보험금	보험기간 중 최초의 급성심근경색증으로 진단이 확정되었을 때(단, 최초 1회에 한함)
허혈성심장질환 치료보험금	보험기간 중 최초의 허혈성심장질환으로 진단이 확정되었을 때(단, 최초 1회에 한함)

㉯ 특약

• 무배당 암치료특약Ⅲ

지급구분	지급사유
암치료보험금	암보장개시일 이후에 최초의 암으로 진단이 확정되었을 때(단, 최초 1회에 한함)
	보험기간 중 최초의 갑상선암, 기타피부암, 대장점막내암, 제자리암 또는 경계성 종양으로 진단이 확정되었을 때(단, 갑상선암, 기타피부암, 대장점막내암, 제자리암 또는 경계성 종양 각각 최초 1회에 한함)
건강관리자금	보험기간(10년)이 끝날 때까지 살아 있을 때(단, 1종(갱신형)에 한함)

주1) 암보장개시일은 계약일(부활일)부터 그 날을 포함하여 90일이 지난날의 다음 날로 함

• 무배당 중대질병치료특약Ⅱ

지급구분	지급사유
중대질병 치료보험금	보험기간 중 최초의 중대질병으로 진단이 확정 되었을 때(단, 최초 1회에 한함)
건강관리자금	보험기간(10년)이 끝날 때까지 살아 있을 때(단, 1종(갱신형)에 한함)

• 무배당 중기이상질병치료특약

지급구분	지급사유
중기이상질병 치료보험금	보험기간 중 최초의 중기이상질병으로 진단이 확정 되었을 때(단, 최초 1회에 한함)
건강관리자금	보험기간(10년)이 끝날 때까지 살아 있을 때(단, 1종(갱신형)에 한함)

• 무배당 입원보장특약 II

지급구분	지급사유
입원급부금	질병 또는 재해로 인하여 그 직접적인 치료를 목적으로 4일 이상 입원하였을 때 (3일 초과 입원일수 1일당, 120일 한도)
상급종합병원 입원급부금	질병 또는 재해로 인하여 그 직접적인 치료를 목적으로 4일 이상 상급종합병원에 입원하였을 때(3일 초과 입원일수 1일당, 120일 한도)
중환자실 입원급부금	질병 또는 재해로 인하여 그 직접적인 치료를 목적으로 중환자실에 입원하였을 때 (3일 초과 입원일수 1일당, 60일 한도)
5대질병 입원급부금	5대질병으로 인하여 그 직접적인 치료를 목적으로 4일 이상 입원하였을 때 (3일 초과 입원일수 1일당, 120일 한도)
12대성인질환 입원급부금	12대성인질환으로 인하여 그 직접적인 치료를 목적으로 4일 이상 입원하였을 때 (3일 초과 입원일수 1일당, 120일 한도)
건강관리자금	보험기간(10년)이 끝날 때까지 살아 있을 때(단, 1종(갱신형)에 한함)

• 무배당 수술보장특약 II

지급구분	지급사유
수술급부금	질병 또는 재해로 인하여 그 직접적인 치료를 목적으로 수술·신생물 근치 방사선 조 사 분류표에서 정한 수술을 받았을 때(수술 1회당)
암수술급부금	암보장개시일 이후 암으로 인하여 그 직접적인 치료를 목적으로 암수술을 받았거나, 보험기간 중 갑상선암, 기타피부암, 대장점막내암, 제자리암 또는 경계성 종양으로 인 하여 그 직접적인 치료를 목적으로 암수술을 받았을 때(수술 1회당)
5대질병 수술급부금	5대질병으로 인하여 그 직접적인 치료를 목적으로 5대질병수술을 받았을 때(수술 1회당)
12대성인질환 수술급부금	12대성인질환으로 인하여 그 직접적인 치료를 목적으로 12대성인질환수술을 받았을 때(수술 1회당)
건강관리자금	보험기간(10년)이 끝날 때까지 살아 있을 때(단, 1종(갱신형)에 한함)

주1) 암보장개시일은 계약일(부활일)부터 그 날을 포함하여 90일이 지난날의 다음 날로 함

• 무배당 치료보장특약

지급구분	지급사유
골절치료자금	재해로 인하여 골절상태가 되었을 때(사고 1회당)
깁스치료자금	재해로 인하여 그 직접적인 치료를 목적으로 깁스(Cast)치료를 받았을 때(사고 1회당)
응급실내원급부금	응급실 내원 진료비 대상자에 해당하였을 때(내원 1회당)
건강관리자금	보험기간(10년)이 끝날 때까지 살아 있을 때(단, 1종(갱신형)에 한함)

• 무배당 정기특약

지급구분	지급사유
사망보험금	보험기간 중 사망하였을 때

④ 무배당 우체국하나로OK보험

㉠ 주요 특징

- 주계약 사망보험금을 통한 유족보장과 특약 가입을 통한 건강, 상해, 중대질병·수술, 3대질병 보장
- 다수의 특약 중 필요한 보장을 선택하여 가입 가능
- 부담없는 보험료로 각종 질병, 사고 및 고액치료비 보장
- 한번 가입으로 평생 보장되는 종신보험(일부 특약 제외)
- 세제혜택 : 근로소득자는 납입한 보험료(연간 100만 원 한도)에 대하여 12% 세액공제

㉡ 가입요건

㉮ 주계약

가입나이	보험기간	납입기간	납입주기	보험가입금액
만15~45세	종신	5, 10, 15, 20, 30년납	월납	1,000만 원~4,000만 원 (500만 원 단위)
만46~55세		5, 10, 15, 20년납		
만56~60세		5, 10, 15년납		
만61~65세		5, 10년납		

㉯ 특약

- 무배당 건강클리닉특약(갱신형), 무배당 상해클리닉특약(갱신형)
  무배당 중대질병치료특약(갱신형), 무배당 중대수술특약(갱신형)
  무배당 암치료특약Ⅱ(갱신형), 무배당 뇌출혈진단특약(갱신형)
  무배당 급성심근경색증진단특약(갱신형)

구분	가입나이	보험기간	납입기간	납입주기	보험가입금액
최초계약	만15~65세	10년 만기 (종신갱신형)	전기납	월납	1,000만 원 (500만 원 단위)
갱신계약	만25세 이상				

- 무배당 요양병원입원특약Ⅱ(갱신형)

구분	가입나이	보험기간	납입기간	납입주기	보험가입금액
최초계약	만15~65세	10년 (갱신형)	전기납	월납	1,000만 원 (500만 원 단위)
갱신계약	만25~70세				

- 이륜자동차 운전 및 탑승 중 재해 부담보특약, 지정대리청구서비스특약, 장애인전용보험전환특약

ⓒ 보험료 할인에 관한 사항(고액 할인)

주계약 보험가입금액	2천만 원 이상~3천 만원 미만	3천만 원 이상~4천 만원 미만	4천 만원
할인율	1.0%	2.0%	3.0%

주1) 고액 할인은 주계약 보험료(특약보험료 제외)에 한해 적용

ⓓ 특약의 갱신에 관한 사항

갱신절차	• 보험기간 만료일 30일 전까지 계약자에게 서면 또는 전화(음성녹음) 안내(보험료 등 변경 내용) → 보험기간 만료일 15일 전까지 계약자의 별도 의사표시가 없으면 자동갱신 → 계약자가 갱신 거절의사를 통지하면 계약 종료 • (무)요양병원암입원특약Ⅱ(갱신형)의 경우, 갱신계약의 피보험자 나이가 70세를 초과하는 경우에는 이 특약을 갱신할 수 없음
갱신계약 보험료	• 갱신계약의 보험료는 나이의 증가, 적용기초율의 변도 등의 사유로 인상 가능

ⓔ 보장내용

㉮ 주계약

지급구분	지급사유
교통재해사망보험금	교통재해로 사망 시
일반재해사망보험금	일반재해로 사망 시
일반사망보험금	재해 이외의 원인으로 사망 시
교통재해장해급부금	교통재해로 장해 시
일반재해장해급부금	일반재해로 장해 시

㉯ 특약

• 무배당 상해클리닉특약(갱신형)

지급구분	지급사유
장해연금	동일한 재해로 여러 신체부위의 합산 장해지급률이 50% 이상 장해 시
재해입원급부금	재해로 인하여 그 직접적인 치료를 목적으로 4일 이상 입원 시(3일 초과 입원일수 1일 당, 120일 한도)
재해수술급부금	재해로 인하여 그 직접적인 치료를 목적으로 수술 시(수술 1회당)
외모수술급부금	재해로 인하여 외모상해의 직접적인 치료를 목적으로 외모수술 시(수술 1회당)
골절치료자금	재해로 골절 시(사고 1회당)
건강관리자금	보험기간이 끝날 때까지 생존 시

• 무배당 건강클리닉특약(갱신형)

지급구분	지급사유
질병입원급부금	질병으로 인하여 그 직접적인 치료를 목적으로 4일 이상 입원 시 (3일 초과 입원일수 1일당, 120일 한도)
질병수술급부금	질병으로 인하여 그 직접적인 치료를 목적으로 수술 시(수술 1회당)
암직접치료 입원급부금	암보장개시일 이후 암의 직접적인 치료를 목적으로 4일 이상 입원(단, 요양병원 제외) 시 또는 보험기간 중 갑상선암, 기타피부암, 대장점막내암, 제자리암 또는 경계성 종양의 직접적인 치료를 목적으로 4일 이상 입원(단, 요양병원 제외) 시(3일 초과 입원일수 1일당, 120일 한도)
주요성인질환 입원급부금	주요성인질환으로 인하여 그 직접적인 치료를 목적으로 4일 이상 입원 시 (3일 초과 입원일수 1일당, 120일 한도)
암수술급부금	암보장개시일 이후 암으로 인하여 직접적인 치료를 목적으로 암수술 시 또는 보험기간 중 갑상선암, 기타피부암, 대장점막내암, 제자리암 또는 경계성 종양의 직접적인 치료를 목적으로 암수술 시(수술 1회당)
주요성인질환 수술급부금	주요성인질환으로 인하여 그 직접적인 치료를 목적으로 주요성인질환수술 시(수술 1회당)
건강관리자금	보험기간이 끝날 때까지 생존 시

주1) 암보장개시일은 계약일(부활일)부터 그 날을 포함하여 90일이 지난날의 다음 날로 함

• 무배당 중대질병치료특약(갱신형)

지급구분	지급사유
중대질병 치료보험금	중대질병으로 진단 확정 시(단, 최초 1회에 한함)
건강관리자금	보험기간이 끝날 때까지 생존 시

• 무배당 중대수술특약(갱신형)

지급구분	지급사유
중대수술보험금	중대한 수술 시(단, 최초 1회에 한함)
건강관리자금	보험기간이 끝날 때까지 생존 시

• 무배당 암치료특약Ⅱ(갱신형)

지급구분	지급사유
암치료보험금	암보장개시일 이후에 최초의 암으로 진단 확정 시(단, 최초 1회에 한함)
	보험기간 중 최초의 갑상선암, 기타피부암, 대장점막내암, 제자리암 또는 경계성 종양으로 진단 확정 시(단, 갑상선암, 기타피부암, 대장점막내암, 제자리암 또는 경계성 종양 각각 최초 1회에 한함)
건강관리자금	보험기간이 끝날 때까지 생존 시

주1) 암보장개시일은 계약일(부활일)부터 그 날을 포함하여 90일이 지난날의 다음 날로 함

• 무배당 뇌출혈진단특약(갱신형)

지급구분	지급사유
뇌출혈치료보험금	보험기간 중 최초의 뇌출혈로 진단 확정 시(단, 최초 1회에 한함)
건강관리자금	보험기간이 끝날 때까지 생존 시

• 무배당 급성심근경색증진단특약(갱신형)

지급구분	지급사유
급성심근경색증 치료보험금	보험기간 중 최초의 급성심근경색증으로 진단 확정 시(단, 최초 1회에 한함)
건강관리자금	보험기간이 끝날 때까지 생존 시

• 무배당 요양병원암입원특약 II (갱신형)

지급구분	지급사유
요양병원 암입원급부금	암보장개시일 이후 암으로 진단이 확정되고 그 치료를 목적으로 4일 이상 요양병원에 입원 시 또는 보험기간 중 갑상선암, 기타피부암, 대장점막내암, 제자리암 또는 경계성 종양으로 진단이 확정되고 그 치료를 목적으로 4일 이상 요양병원에 입원 시 (3일 초과 입원일수 1일당, 60일 한도)
건강관리자금	보험기간이 끝날 때까지 생존 시

주1) 암보장개시일은 계약일(부활일)부터 그 날을 포함하여 90일이 지난날의 다음 날로 함

⑤ 무배당 우체국실속정기보험

㉠ 주요 특징

• 비갱신형 보험료로 사망과 50% 이상 중증장해 보장
• 특약 선택시 일상생활 재해 및 암, 뇌출혈, 금성심근경색증 추가 보장
• 고객 형편 및 목적에 맞게 순수형 또는 환급형 선택 가능
• 병이 있어도 3가지(건강관련) 간편고지로 간편하게 가입 (2종(간편가입))
• 세제혜택 : 근로소득자는 납입한 보험료(연간 100만 원 한도)에 대하여 12% 세액공제

㉡ 가입요건

㉮ 주계약

구분		가입나이	보험기간	납입기간	납입주기	보험가입금액
1종 (일반가입)	순수형	만15~최대 70세	60, 70, 80, 90세 만기	5, 10, 15, 20, 30년납	월납	1,000만 원~4,000만 원
	환급형					
2종 (간편가입)	순수형	만35세~최대 70세				1,000만 원~2,000만 원
	환급형					

주1) 보험가입금액은 500만 원 단위로 가입 가능
주2) 1종(일반가입)과 2종(간편가입)의 중복가입은 불가하며, 다만, 순수형 및 환급형의 중복가입은 가입금액 이내에서 가능

ⓝ 특약

- 무배당 재해사망특약, 무배당생활재해보장특약, 무배당 3대질병진단특약

특약명	가입나이, 보험기간, 보험료 납입기간	보험가입금액
무배당 재해사망특약	주계약과 동일	1,000만 원~4,000만 원 (주계약 보험가입금액 이내에서 500만 원 단위)
무배당 생활재해보장특약		
무배당 3대질병진단특약		

주1) 상기 특약의 경우 1종(일반가입)에 한하여 부가 가능
- 이륜자동차 운전 및 탑승 중 재해 부담보특약, 지정대리청구서비스특약, 장애인전용보험전환특약

© 간편고지에 관한사항[2종(간편가입)에 한함]

- 이 상품은 "간편고지" 상품으로 유병력자 등 일반심사보험에 가입하기 어려운 피보험자를 대상으로 함
- 간편고지란 보험시장에서 소외되고 있는 유병력자나 고연령자 등이 보험에 가입할 수 있도록 간소화된 계약전 고지의무 사항을 활용하여 계약심사 과정을 간소화함을 의미함
- 간편고지 상품은 일반심사보험에 가입하기 어려운 피보험자를 대상으로 하므로, 일반심사보험보다 보험료가 다소 높으며, 일반심사를 할 경우 이 보험보다 저렴한 일반심사보험에 가입할 수 있음(다만, 일반심사보험의 경우 건강 상태나 가입나이에 따라 가입이 제한될 수 있으며 보장하는 담보에는 차이가 있을 수 있음)
- 이 상품 가입시 간편고지상품과 일반심사보험의 보험료 수준을 비교하여 설명하고, 이에 대한 계약자 확인을 받아야 함
- 이 상품 가입 후 계약일부터 3개월 이내에 일반심사보험 가입을 희망하는 경우, 일반계약 심사를 통하여 일반 심사보험 (무)우체국실속정기보험 1종(일반가입)에 청약할 수 있음. 다만, 본 계약의 보험금이 이미 지급되었거나 청구서류를 접수한 경우에는 그러하지 않음. 일반심사보험 (무)우체국실속정기보험 1종(일반가입)에 가입하는 경우에는 본 계약을 무효로 하며 이미 납입한 보험료를 보험계약자에게 돌려드림

② 보장내용

㉮ 주계약

지급구분	지급사유
만기급부금	보험기간이 끝날 때까지 살아 있을 때(환급형에 한함)
사망보험금	보험기간 중 사망하였을 때
후유장해보험금	보험기간 중 장해분류표 중 동일한 재해 또는 재해 이외의 동일한 원인으로 여러 신체부위의 합산 장해지급률이 50% 이상인 장해상태가 되었을 때(보험기간 중 최초 1회에 한하여 지급함)

※ 플러스보험기간(약관에서 정한 플러스보험기간이 적용되는 경우에 한함)

지급구분	지급사유
플러스사망보험금	플러스보험기간 중 사망하였을 때
플러스후유장해보험금	플러스보험기간 중 장해분류표 중 동일한 재해 또는 재해 이외의 동일한 원인으로 여러 신체부위의 합산 장해지급률이 50% 이상인 장해상태가 되었을 때(플러스보험기간 중 최초 1회에 한하여 지급함)

주1) 플러스보험기간이란 보험기간이 만료되는 시점에 플러스적립금이 발생하는 경우, 보험기간 만료 후부터 10년 동안 자동으로 연장되어 추가적인 보장을 받는 기간

㉯ 특약

• 무배당 재해사망특약

지급구분	지급사유
교통재해사망보험금	보험기간 중 교통재해를 직접적인 원인으로 사망하였을 때
일반재해사망보험금	보험기간 중 일반재해를 직접적인 원인으로 사망하였을 때

• 무배당 생활재해보장특약

지급구분	지급사유
재해장해급부금	보험기간 중 재해를 직접적인 원인으로 장해분류표에서 정한 각 장해지급률에 해당하는 장해상태가 되었을 때
재해입원급부금	보험기간 중 재해로 인하여 그 직접적인 치료를 목적으로 4일 이상 입원하였을 때 (3일 초과 입원일수 1일당, 120일 한도)
골절치료자금	보험기간 중 재해로 인하여 골절상태가 되었을 때(사고 1회당)
깁스치료자금	보험기간 중 재해로 인하여 그 직접적인 치료를 목적으로 깁스(Gast)치료를 받았을 때 (사고 1회당)

• 무배당 3대질병진단특약

지급구분	지급사유
3대 질병 치료보험금	보험기간 중 암보장개시일 이후에 최초의 암으로 진단이 확정되었거나, 보험기간 중 최초의 갑상선암, 기타피부암, 대장점막내암, 제자리암, 경계성종양, 뇌출혈 또는 급성심근경색증으로 진단이 확정 되었을 때(다만, 암, 갑상선암, 기타피부암, 대장점막내암, 제자리암, 경계성종양, 뇌출혈 또는 급성심근경색증 각각 최초 1회에 한하여 지급함)

주1) 암보장개시일은 계약일(부활일)부터 그 날을 포함하여 90일이 지난날의 다음 날로 함

⑥ 무배당 우리가족암보험

㉠ 주요 특징

- 보험료가 저렴하며 암 진단 시 3,000만 원까지 지급
- 고액암(백혈병, 뇌종양, 골종양, 췌장암, 식도암 등) 진단 시 6,000만 원까지 지급
- 한번 가입으로 평생 보장 가능(종신갱신형 혹은 100세 만기 중 선택)
- 고객의 필요에 따라 일반형 주계약 및 특약을 갱신(1종)·비갱신(2종) 선택형으로 가입 가능
- 실버형(3종)은 고연령이나 만성질환(고혈압 및 당뇨병질환자)이 있어도 가입 가능
- (이차암보장특약 가입) 두 번째 암 진단시 보장
- (이차암보장특약 가입) 암 진단시 종신까지 보험료 납입면제
- (암진단생활비특약 가입) 암 진단시 소득상실을 보전하기 위해 암진단생활비를 매월 최고 50만 원씩 5년간 지급(1구좌 기준)
- 세제혜택 : 근로소득자는 납입보험료(연간 100만 원 한도)에 대하여 12% 세액공제

㉡ 가입조건

㉮ 주계약

- 일반형[1종(갱신형)]

구분	가입나이	보험기간	납입기간	가입한도액 (구좌수)
최초계약	0~65세	10년 만기 (종신갱신형)	전기납 (월납)	1구좌 (0.5구좌 단위)
갱신계약	10세 이상			

- 일반형[2종(비갱신형), 순수형/중도환급형]

가입나이	보험기간	납입기간	납입주기	가입한도액 (구좌수)
0~50세		5, 10, 15, 20, 30년납		
51~60세	100세 만기	5, 10, 15, 20년납	월납	1구좌 (0.5구좌 단위)
61~65세		5, 10, 15년납		

- 실버형[3종(갱신형)]

가입나이	가입나이	보험기간	납입기간	가입한도액 (구좌수)
최초계약	61~80세	10면 만기 (종신갱신형)	전기납 (월납)	1구좌 (0.5구좌 단위)
갱신계약	71세 이상			

ⓙ 특약

- 무배당 이차암보장특약, 무배당 암진단생활비특약
-1종(갱신형)

가입나이	가입나이	보험기간	납입기간	가입한도액 (구좌수)
최초계약	0~65세	10면 만기 (종신갱신형)	전기납 (월납)	주계약 보험가입금액 내에서 1구좌(0.5구좌 단위)
갱신계약	10세 이상			

-2종(비갱신형)

가입나이	보험기간	납입기간	납입주기	가입한도액 (구좌수)
0~50세		5, 10, 15, 20, 30년납		주계약 보험가입금액 내에서 1구좌 (0.5구좌 단위)
51~60세	100세 만기	5, 10, 15, 20년납	월납	
61~65세		5, 10, 15년납		

※ 특약의 경우, [1종(갱신형)]은 주계약 일반형[1종(갱신형)]에만 부가 가능하고, [2종(비갱신형)]은 주계약 일반형[2종 (비갱신형)]에만 부가 가능

- 지정대리청구서비스특약, 장애인전용보험전환특약

ⓒ 갱신에 관한 사항(갱신형에 한함)

갱신절차	• 보험기간 만료일 30일 전까지 계약자에게 서면 또는 전화(음성녹음)안내 (보험료 등 변경내용)
	  → 보험기간 만료일 15일 전까지 계약자의 별도 의사표시가 없으면 자동갱신
	  → 계약자가 갱신 거절의사를 통지하면 계약 종료
	• 일반형[1종(갱신형)] 또는 실버형[3종(갱신형)]의 경우, 피보험자에게 암치료보험금(갑상선암, 기타 피부암, 대장점막내암, 제자리암 및 경계성 종양 제외) 지급사유가 발생한 경우에는 계약을 갱신 하지 않음
	• (무)이차암보장특약[1종(갱신형)]의 경우, 피보험자가 암보장개시일 이후에 첫 번째 암(갑상선암, 기타피부암, 대장점막내암, 제자리암 및 경계성 종양 제외)으로 진단이 확정되었을 때에는 이 특 약은 더 이상 갱신되지 않으며, 이 특약의 보험기간을 피보험자 종신까지로 함
	• (무)암진단생활비특약[1종(갱신형)]의 경우, 피보험자에게 암진단생활비 지급사유가 발생한 경우에 는 특약을 갱신하지 않음

갱신계약 보험료	• 갱신계약의 보험료는 나이의 증가, 적용기초율의 변동 등의 사유로 인상될 수 있음

ⓔ 보험료 할인에 관한 사항

㉮ 피보험자가 B형 간염 항체 보유 시 항체보유 사실을 증명할 수 있는 서류를 제출하고 체신관서가 확인 시에는 서류제출시점 이후의 차회보험료부터 영업보험료(갱신계약 영업보험료 포함)의 3%를 할인하여 영수함. 다만, 제1회 보험료는 할인에서 제외

ⓓ 3종(실버형)의 경우, 체신관서는 계약자 또는 피보험자가 계약일부터 보험기간 이내에 피보험자의 건강검진결과(건강검진결과 제출일 직전 1년 이내의 검진결과)를 제출하여 다음의 요건을 모두 충족하는 경우 건강검진결과 제출일 이후 차회보험료부터 보험기간 만료일까지 영업보험료의 5%를 할인하여 이를 영수함. 다만, 제1회 보험료는 할인에서 제외되며, 갱신계약의 경우도 갱신 일을 계약일로 하여 위 내용을 동일하게 적용함

• 고혈압(수축기혈압이 140mmHg이상이거나 이완기혈압이 90mmHg이상 또는 고혈압 약물을 복용하고 있는 경우)이 없을 것
• 당뇨병(공복혈당이 126mg/dL이상이거나 의사진단을 받았거나 혈당강하제복용 또는 인슐린 주사를 투여 받는 경우)이 없을 것

ⓔ 3종(실버형)의 경우, ㉮ 및 ㉯의 할인이 동시에 해당되는 경우에는 중복할인이 적용되지 않고 ㉯의 할인을 적용함

ⓛ 보장내용

㉮ 주계약
• 일반형[1종(갱신형)]

지급구분	지급사유
암치료보험금	암보장개시일 이후에 최초의 암으로 진단이 확정되었을 때 (단, 최초 1회에 한함)
	보험기간 중 최초의 갑상선암, 기타피부암, 대장점막내암, 제자리암 또는 경계성 종양으로 진단이 확정되었을 때 (단, 각각 최초 1회에 한함)
건강관리자금	보험기간이 끝날 때까지 살아 있을 때

주1) 암보장개시일은 계약일(부활일)부터 그 날을 포함하여 90일이 지난날의 다음 날로 함(피보험자 나이가 15세 미만인 경우 암보장개시일은 계약일(부활일)로 함)

• 일반형[2종(비갱신형)]
–순수형

지급구분	지급사유
암치료보험금	암보장개시일 이후에 최초의 암으로 진단이 확정되었을 때 (단, 최초 1회에 한함)
	보험기간 중 최초의 갑상선암, 기타피부암, 대장점막내암, 제자리암 또는 경계성 종양으로 진단이 확정되었을 때 (단, 각각 최초 1회에 한함)

주1) 암보장개시일은 계약일(부활일)부터 그 날을 포함하여 90일이 지난날의 다음 날로 함(피보험자 나이가 15세 미만인 경우 암보장개시일은 계약일(부활일)로 함)

–중도환급형

지급구분	지급사유
암치료보험금	암보장개시일 이후에 최초의 암으로 진단이 확정되었을 때 (단, 최초 1회에 한함)
	보험기간 중 최초의 갑상선암, 기타피부암, 대장점막내암, 제자리암 또는 경계성 종양으로 진단이 확정되었을 때 (단, 각각 최초 1회에 한함)
건강관리자금	보험기간 80세 계약해당일에 살아 있을 때

주1) 암보장개시일은 계약일(부활일)부터 그 날을 포함하여 90일이 지난날의 다음 날로 함(피보험자 나이가 15세 미만인 경우 암보장개시일은 계약일(부활일)로 함)

• 실버형[3종(갱신형)]

지급구분	지급사유
암치료보험금	암보장개시일 이후에 최초의 암으로 진단이 확정되었을 때 (단, 최초 1회에 한함)
	보험기간 중 최초의 갑상선암, 기타피부암, 대장점막내암, 제자리암 또는 경계성 종양으로 진단이 확정되었을 때 (단, 각각 최초 1회에 한함)
건강관리자금	보험기간이 끝날 때까지 살아 있을 때

주1) 암보장개시일은 계약일(부활일)부터 그 날을 포함하여 90일이 지난날의 다음 날로 함

㉯ 특약
• 무배당 이차암보장특약
–1종(갱신형)

지급구분	지급사유
이차암치료보험금	이차암보장개시일 이후에 이차암으로 진단이 확정되었을 때 (단, 최초 1회에 한함)
건강관리자금	보험기간이 끝날 때까지 살아 있을 때

주1) 암보장개시일은 계약일(부활일)부터 그 날을 포함하여 90일이 지난날의 다음 날로 함(피보험자 나이가 15세 미만인 경우 암보장개시일은 계약일(부활일)로 함)

–2종(비갱신형)

지급구분	지급사유
이차암치료보험금	이차암보장개시일 이후에 이차암으로 진단이 확정되었을 때 (단, 최초 1회에 한함)

주1) 암보장개시일은 계약일(부활일)부터 그 날을 포함하여 90일이 지난날의 다음 날로 함(피보험자 나이가 15세 미만인 경우 암보장개시일은 계약일(부활일)로 함)

• 무배당 암진단생활비특약

−1종(갱신형)

지급구분	지급사유
암진단생활비	암보장개시일 이후에 최초의 암으로 진단이 확정되었을 때 (단, 최초 1회에 한함)
건강관리자금	보험기간이 끝날 때까지 살아 있을 때

주1) 암보장개시일은 계약일(부활일)부터 그 날을 포함하여 90일이 지난날의 다음 날로 함(피보험자 나이가 15세 미만인 경우 암보장개시일은 계약일(부활일)로 함)

−2종(비갱신형)

지급구분	지급사유
암진단생활비	암보장개시일 이후에 최초의 암으로 진단이 확정되었을 때 (단, 최초 1회에 한함)

주1) 암보장개시일은 계약일(부활일)부터 그 날을 포함하여 90일이 지난날의 다음 날로 함(피보험자 나이가 15세 미만인 경우 암보장개시일은 계약일(부활일)로 함)

⑦ 무배당 우체국자녀지킴이보험

㉠ 주요 특징

• 자녀 출생 시부터 성인이 될 때까지 필요한 보장 설계
• 태아 가입 시 자녀와 산모 동시 보장 가능 (해당 특약 가입 시)
• 어린이 종합보험 : 진단, 장해, 입원, 수술, 통원(3대질병, 응급실), 골절, 깁스치료 등 일상생활 위험까지 포괄적 보장
• 암, 뇌출혈, 급성심근경색증, 중대질병진단수술(말기신부전증, 조혈모세포이식수술, 5대 장기이식수술) 중증질환 고액보장
• 납입면제 : 보험료 납입 면제로 부담을 낮추고 안정적인 보장 제공
• 만기시 만기급부금 지급으로 자녀의 독립자금 지원
• 세제 혜택 : 근로소득자는 납입한 보험료(연간 100만원 한도)에 대하여 12% 세액공제

㉡ 가입요건

㉮ 주계약

가입나이	보험기간	납입기간	납입주기	보험가입금액
0~15세	30세 만기 20년 만기	전기납	월납	1,000만 원~2,000만 원 (1,000만 원 단위)

주1) 임신 사실이 확인된 태아도 가입 가능함

ⓐ 특약

특약명	가입나이	보험기간	납입기간	가입한도액	부가방법
무배당 선천이상특약Ⅱ	임신 23주 이내 태아	3년	전기납	1,000만 원 (고정)	고정부가
무배당 신생아보장특약		1년			
무배당 산모보장특약	17~45세 (임신 23주 이내 산모)	1년(단, 분만 후 42일까지)			선택
지정대리청구서비스특약	-				
장애인전용보험전환특약					

ⓒ 보장내용

㉮ 주계약

지급구분	지급사유
만기급부금	만기 생존 시
암치료보험금	최초의 암 진단 확정 시(최초 1회에 한함)
	최초의 갑상선암, 기타피부암, 대장점막내암, 제자리암 또는 경계성 종양 진단 확정 시(각각 최초 1회에 한함)
소아암치료보험금	최초의 소아암 진단 확정 시 (최초 1회에 한함)
신생아뇌출혈 치료보험금	최초의 신생아 뇌출혈 진단 확정 시 (최초 1회에 한함)
뇌출혈치료보험금	최초의 뇌출혈 진단 확정 시 (최초 1회에 한함)
급성심근경색증 치료보험금	최초의 급성심근경색증 진단 확정 시 (최초 1회에 한함)
재활보험금	재해로 장해지급률 중 3% 이상 100% 이하 장해 시
입원급부금	질병 또는 재해로 인하여 그 직접적인 치료를 목적으로 4일 이상 입원 시 (3일 초과 입원 1일당, 120일 한도)
상급종합병원 입원급부금	질병 또는 재해로 인하여 그 직접적인 치료를 목적으로 4일 이상 상급종합병원 입원 시(3일 초과 입원 1일당, 120일 한도)
어린이다발성질병 입원급부금	어린이 다발성질병으로 진단이 확정되고, 그 직접적인 치료를 목적으로 4일 이상 입원 시 (3일 초과 입원 1일당, 120일 한도)
응급실내원급부금	"응급실 내원 진료비 대상자" 해당 시 (내원 1회당)
3대질병통원급부금	암, 갑상선암, 기타피부암, 대장점막내암, 제자리암, 경계성 종양, 뇌출혈 또는 급성심근경색증으로 진단이 확정되고, 그 직접적인 치료를 목적으로 통원 시 (통원 1회당)
수술급부금	질병 또는 재해로 인하여 그 직접적인 치료를 목적으로 수술 시 (수술 1회당)
어린이개흉심장 수술급부금	최초의 어린이개흉심장수술 시 (최초 1회에 한함)
중대질병진단 수술급부금	최초의 말기신부전증 진단 확정 시, 최초의 조혈모세포이식수술 또는 5대장기 이식수술 시 (각각 최초 1회에 한함)
골절치료자금	출산손상 또는 재해로 골절 시 (사고 1회당)
깁스치료자금	재해로 인하여 그 직접적인 치료를 목적으로 깁스(Cast)치료 시 (사고 1회당)

ⓒ 특약

• 무배당 선천이상특약 Ⅱ

지급구분	지급사유
선천이상입원급부금	선천이상으로 진단이 확정되고, 그 직접적인 치료를 목적으로 4일 이상 입원 시(3일 초과 입원 1일당, 120일 한도)
선천이상수술급부금	선천이상으로 진단이 확정되고, 그 직접적인 치료를 목적으로 수술 시 (수술 1회당)

• 무배당 신생아보장특약

지급구분	지급사유
저체중아출생보험금	출생시 체중이 2.0kg 미만 시(최초 1회에 한함)
저체중아입원급부금	출생시 체중이 2.0kg 미만이고, 저체중질병의 직접적인 치료를 목적으로 3일 이상 입원 시(2일 초과 입원 1일당, 60일 한도)
3대주요선천이상 진단보험금	최초의 3대주요선천이상 진단 확정 시(최초 1회에 한함)
구순구개열진단보험금	최초의 구순구개열(언청이) 진단 확정 시(최초 1회에 한함)
다지증진단보험금	최초의 다지증 진단 확정 시(최초 1회에 한함)
주산기질환입원급부금	주산기질환으로 진단이 확정되고, 그 직접적인 치료를 목적으로 4일 이상 입원 시(3일 초과 입원 1일당, 120일 한도)
주산기질환수술급부금	주산기질환으로 진단이 확정되고, 그 직접적인 치료를 목적으로 수술 시(수술 1회당)

• 무배당 산모보장특약

지급구분	지급사유
유산입원급부금	유산으로 진단이 확정되고, 그 직접적인 치료를 목적으로 4일 이상 입원 시(3일 초과 입원 1일당, 120일 한도)
유산수술급부금	유산으로 진단이 확정되고, 그 직접적인 치료를 목적으로 수술 시(수술 1회당)
임신·출산질환 입원급부금	임신·출산질환으로 진단이 확정되고, 그 직접적인 치료를 목적으로 4일 이상 입원 시(3일 초과 입원 1일당, 120일 한도)
임신·출산질환 수술급부금	임신·출산질환으로 진단이 확정되고, 그 직접적인 치료를 목적으로 수술 시(수술 1회당)

⑧ 무배당 어깨동무보험

㉠ 주요특징

- 가입자 선택의 폭 확대 : 부양자 사망 시 장애인에게 생활안정자금을 지급하는 '생활보장형', 장애인의 암 발병 시에 치료비용을 지급하는 '암보장형', 장애인의 재해사고 시 사망은 물론 각종 치료비를 보장하는 '상해보장형' 중, 여건에 맞게 가입
- 장애인에게 적용되는 가입 장벽 완화 : 보험가입시 장애인에게 적용되는 고지사항을 생략하거나 최대한 완화하여 가입 용이
- 장애인전용보험만의 세제 혜택 : 근로소득자는 납입한 보험료(연간 100만 원 한도)에 대하여 15% 세액공제, 증여세 면제(보험수익자가 장애인인 경우 연간 4,000만 원 한도) 등
- 가입나이 확대 : 어린이와 고령자도 가입 가능
- 장애로 인한 추가지출이 많은 장애인 가구의 경제적 여건을 고려한 저렴한 보험료
- 건강진단자금 지급 : 상해보장형의 경우, 매 2년마다 건강진단자금 지급으로 각종 질환 조기진단 및 사전예방 자금으로 활용

㉡ 가입요건

㉮ 주계약

보험종류	보험기간	가입나이		납입기간	납입주기
1종(생활보장형)	10년 만기 20년 만기 80세 만기	주피보험자	만15~60세	일시납 5년납 10년납 20년납	일시납 월납
		장애인	0~70세		
2종(암보장형)		0~70세			
3종(상해보장형)	10년 만기	만15~70세		5년납	월납

보험종류	가입한도액	
1종(생활보장형)	4,000만 원	
2종(암보장형)	3,000만 원	(500만 원 단위)
3종(상해보장형)	1,000만 원	

㉯ 특약 : 지정대리청구서비스특약

㉢ 보장내용

㉮ 1종(생활보장형)

지급구분	지급사유
생활안정자금	주피보험자가 사망하고 장애인 생존 시
장해급부금	주피보험자가 재해로 장해상태가 되고 장애인 생존 시
만기급부금	장애인 만기 생존 시

④ 2종(암보장형)

지급구분	지급사유
암치료보험금	암보장개시일 이후에 최초로 암 진단 확정 시(최초 1회에 한함)
	보험기간 중 최초로 갑상선암, 기타피부암, 대장점막내암, 제자리암 또는 경계성 종양으로 진단 확정 시(각각 최초 1회에 한함)
만기급부금	만기 생존 시

주1) 암보장개시일은 계약일(부활일)부터 그 날을 포함하여 90일이 지난날의 다음 날로 함(피보험자 나이가 15세 미만인 경우 암보장개시)

④ 3종(상해보장형)

지급구분	지급사유
재해사망보험금	재해로 사망 시
재해수술급부금	재해로 수술 시 (수술 1회당)
재해골절치료자금	재해로 골절 시 (사고 1회당)
건강진단자금	가입 후 매 2년마다 계약해당일에 살아 있을 때

② 가입자의 자격요건 등

㉮ 장애인의 범위 : 「장애인복지법」 제32조에 의하여 등록한 「장애인 및 국가유공자 등 예우 및 지원에 관한법률」 제6조에 의하여 등록한 상이자

㉯ 청약시 구비서류 : 장애인등록증, 장애인복지카드 또는 국가유공자증 사본

※ 상이자의 경우, 국가유공자증에 기재된 상이등급(1~7급)으로 확인

㉰ 1종(생활보장형)의 경우, 계약자 = 주피보험자

㉱ 1종(생활보장형) "장애인생활안정자금"의 보험수익자는 장애인으로 한정되며, 변경 불가

⑨ 무배당 에버리치상해보험

㉠ 주요 특징

- 교통사고나 각종 재해로 인한 장해, 수술 또는 골절 시 치료비용 체계적으로 보장
- 한번 가입으로 80세까지 보장 및 휴일재해 사망보장 강화
- 세제 혜택 : 근로소득자는 납입한 보험료(연간 100만원 한도)에 대하여 12% 세액공제

㉡ 가입요건

㉮ 주계약

보험기간	가입나이	납입기간	가입한도액
80세 만기	만15~50세	10, 15, 20, 30년납	만15~60세 : 1,000만 원(고정) 61~70세 : 500만 원(고정)
	51~60세	10, 15, 20년납	
	61~65세	10, 15년납	
	66~70세	10년납	

ⓐ 특약

   • 이륜자동차 운전 및 탑승 중 재해 부담보특약 지정대리청구서비스특약, 장애인전용보험전환특약

ⓒ 주계약 보장내용

지급구분	지급사유
사망보험금	교통재해로 사망 시
	일반재해로 사망 시
장해연금	동일한 재해로 여러 신체부위의 합산 장해지급률이 50% 이상 장해 시
장해급부금	재해로 장해지급률 중 3% 이상 50% 미만 장해 시
재해입원급부금	재해로 4일 이상 입원 시 (3일 초과 입원일수 1일당, 120일 한도)
수술급부금	재해로 수술 시 (수술 1회당)
골절치료자금	재해로 골절 시 (사고 1회당)
만기급부금	만기 생존 시

⑩ 무배당 우체국예금제휴보험

  ⓐ 주요 특징

• 1종 (휴일재해보장형) : '우체국 장병내일준비적금' 가입시 무료로 가입
• 2종 (주니어보장형) : '우체국 아이LOVE적금' 가입시 무료로 가입
• 3종 (청년우대형) : 우체국예금 신규가입 고객 중 가입기준을 충족할 경우 무료로 가입 가능

  ⓑ 가입요건

보험종류	보험기간	가입나이	보험료 납입기간	보험료 납입주기	가입한도액
1종(휴일재해보장형)		만 15세 이상			1구좌
2종(주니어보장형)	1년 만기	0~19세	1년납	연납	1구좌
3종(청년우대형)		20~34세			1구좌

  ⓒ 보장내용

    ㉮ 1종(휴일재해보장형)

지급구분	지급사유
휴일재해사망보험금	휴일에 재해로 사망하였거나 장해지급률이 80%이상인 장해상태가 되었을 때

Ⓑ 2종(주니어보장형)

지급구분	지급사유
소아암치료보험금	암보장개시일 이후에 최초의 소아암으로 진단이 확정되었을 때 (단, 최초 1회에 한함)
재해장해급부금	재해로 인하여 장해분류표에서 정한 각 장해지급률에 해당하는 장해상태가 되었을 때
화상치료자금	재해로 인하여 화상으로 진단이 확정되었을 때 (사고 1회당)
식중독치료자금	식중독으로 진단이 확정되고, 그 직접적인 치료를 목적으로 4일 이상 입원하였을 때 (3일 초과 입원일수 1일당, 120일 한도)
외모수술자금	재해로 인하여 외모상해의 직접적인 치료를 목적으로 외모수술을 받았을 때(수술 1회당)

주) 암보장개시일은 계약일(부활일)부터 그 날을 포함하여 90일이 지난날의 다음 날로 함(피보험자 나이가 15세 미만인 경우 암보장개시일은 계약일(부활일)로 함)

Ⓒ 3종(청년우대형)

지급구분	지급사유
재해수술급부금	재해로 인하여 그 직접적인 치료를 목적으로 수술을 받았을 때 (수술 1회당)
교통재해장해급부금	교통재해로 인하여 장해분류표에서 정한 각 장해지급률에 해당하는 장해상태가 되었을 때
교통재해깁스 치료자금	교통재해로 인하여 그 직접적인 치료를 목적으로 깁스(Cast)치료를 받았을 때 (사고 1회당)
교통재해응급실 통원급부금	교통재해로 인하여 응급실 내원 진료비 대상자가 되었을 때 (통원 1회당)
식중독치료자금	식중독으로 진단이 확정되고, 그 직접적인 치료를 목적으로 4일 이상 입원하였을 때 (3일 초과 입원일수 1일당, 120일 한도)
결핵치료보험금	최초의 결핵으로 진단 확정되었을 때 (단, 최초 1회에 한함)

⑪ 무배당 우체국단체보장보험

㉠ 주요 특징

- 과학기술정보통신부 소속 공무원 및 산하기관 직원을 대상으로 한 단체보험

㉡ 가입요건

㉮ 주계약

보험기간	가입나이	보험료 납입기간	보험료 납입주기	가입한도액
1년 만기	만 15세 이상	1년납	연납	10,000만 원

※ 가입대상 : 과학기술정보통신부 소속 공무원 및 산하기관 직원

④ 특약

구분	가입나이	보험기간	납입주기	가입한도액
무배당 단체재해사망특약				20,000만 원
무배당 단체질병사망특약	만15세 이상	1년 만기	연납	10,000만 원
무배당 단체입원의료비보장특약				1,000만 원
무배당 단체통원의료비보장특약				1,000만 원

주1) 주계약, 무배당 단체재해사망특약 및 무배당 단체질병사망특약의 가입한도는 과학기술정보통신부 산하기관의 경우 4,000만 원으로 함

© 보장내용

㉮ 주계약

지급구분	지급사유
사망보험금	사망 또는 80% 이상 장해 발생 시
장해급부금	재해로 장해지급률 3~80% 미만 발생 시

㉯ 특약

• 무배당 단체재해사망특약

지급구분	지급사유
재해사망보험금	재해로 사망 또는 80%이상 장해 발생 시

• 무배당 단체질병사망특약

지급구분	지급사유
질병사망보험금	질병으로 사망 또는 80%이상 장해 발생 시

• 무배당 단체입원치료비보장특약

지급구분	지급사유
입원의료비	상해 또는 질병으로 병원에 입원하여 치료를 받은 경우 (1천만 원 한도)

• 무배당 단체통원의료비보장특약

지급구분		지급사유
통원의료비	외래의료비	상해 또는 질병으로 병원에 통원하여 치료를 받은 경우(1회당 20만 원 한도, 연간 180회 한도)
	처방조제비	상해 또는 질병으로 병원에서 처방조제를 받은 경우(1건당 10만 원 한도, 연간 180건 한도)

⑫ 무배당 우체국안전벨트보험

㉠ 주요 특징

- 교통사고 종합 보장 : 교통재해로 인한 사망, 장해 및 각종 의료비 종합 보장
- 성별에 따른 차이는 있으나 나이에 관계없이 동일한 보험료
- 교통재해 사망 시 최고 2억 원 보장, 교통재해 장해 시 최고 1억 원 보장
- 교통재해로 인한 입원, 수술, 골절, 외모수술 및 깁스치료까지 각종 치료비를 종합적으로 보장, 휴일교통재해 사망 보장 강화
- 세제 혜택 : 근로소득자는 납입한 보험료(연간 100만원 한도)에 대하여 12% 세액공제

㉡ 가입요건

㉮ 주계약

보험기간	가입나이	납입기간	가입한도액
20년 만기	만15~70세	20년납	1,000만 원(고정)

㉯ 특약

- 이륜자동차 운전 및 탑승 중 재해 부담보특약 지정대리청구서비스특약, 장애인전용보험전환특약

㉢ 주계약 보장내용

지급구분	지급사유
휴일교통재해사망보험금	휴일에 발생한 교통재해를 직접적인 원인으로 사망하였을 때
평일교통재해사망보험금	평일에 발생한 교통재해를 직접적인 원인으로 사망하였을 때
교통재해재활치료자금	교통재해로 인하여 장해분류표에서 정한 각 장해지급률에 해당하는 장해상태가 되었을 때
입원급부금	교통재해로 인하여 그 직접적인 치료를 목적으로 4일 이상 입원하였을 때 (3일 초과 입원일수 1일당, 120일 한도)
수술급부금	교통재해로 인하여 그 직접적인 치료를 목적으로 수술·신생물 근치 방사선 조사 분류표에서 정한 수술을 받았을 때(수술 1회당)
외모수술자금	교통재해로 인하여 외모상해의 직접적인 치료를 목적으로 외모수술을 받았을 때(수술 1회당)
골절치료자금	교통재해로 인하여 골절상태가 되었을 때(사고 1회당)
깁스치료자금	교통재해로 인하여 그 직접적인 치료를 목적으로 깁스(Cast)치료를 받았을 때(사고 1회당)

⑬ 무배당 우체국착한안전보험

　　㉠ 주요 특징

- 교통사고 및 재해사고 위주의 보장으로 우체국 최저가 보험료 설계
- 성별에 따른 차이는 있으나 나이에 관계없이 동일한 보험료
- 재해로 인한 사망 및 장해와 교통사고에 대한 의료비(중환자실 입원 등) 집중 보장
- 특약을 통해 재해로 인한 사망, 입원, 수술 등 보장 가능
- 세제 혜택 : 근로소득자는 납입한 보험료(연간 100만원 한도)에 대하여 12% 세액공제

　　㉡ 가입요건

　　　㉮ 주계약

보험기간	가입나이	납입기간	납입주기	가입한도액
20년 만기	만15~70세	전기납	월납	1,000만 원~2,000만 원
30년 만기	만15~60세			(1,000만 원 단위)

　　　㉯ 특약

- 무배당 재해사망보장특약

보험기간, 가입나이, 납입기간, 납입주기	가입한도액
주계약과 동일	1,000만 원~2,000만 원 (주계약 보험가입금액 이내에서 1,000만 원 단위)

- 무배당 재해입원보장특약, 무배당 재해수술보장특약

보험기간	가입나이	납입기간	납입주기	가입한도액
20년 만기	만15~60세	전기납	월납	1,000만 원~2,000만 원
30년 만기	만15~50세			(주계약 보험가입금액 이내에서 1,000만 원 단위)

- 이륜자동차 운전 및 탑승 중 재해 부담보특약, 지정대리청구서비스특약, 장애인전용보험전환특약

　　㉢ 보장내용

　　　㉮ 주계약

지급구분	지급사유
대중교통재해사망보험금	'대중교통 이용 중 교통재해'를 직접적인 원인으로 사망하였을 때
일반교통재해사망보험금	일반교통재해를 직접적인 원인으로 사망하였을 때
일반재해사망보험금	일반재해를 직접적인 원인으로 사망하였을 때
대중교통재해장해급부금	'대중교통 이용 중 교통재해'로 인하여 장해분류표에서 정한 각 장해지급률에 해당하는 장해상태가 되었을 때
일반교통재해장해급부금	일반교통재해로 인하여 장해분류표에서 정한 각 장해지급률에 해당하는 장해상태가 되었을 때

일반재해장해급부금	일반재해로 인하여 장해분류표에서 정한 각 장해지급률에 해당하는 장해상태가 되었을 때
교통재해중환자실입원급부금	교통재해로 인하여 그 직접적인 치료를 목적으로 중환자실에 입원하였을 때 (1일이상 입원일수 1일당, 60일 한도)
교통재해중대수술급부금	교통재해로 인하여 그 직접적인 치료를 목적으로 중대한 수술을 받았을 때 (수술 1회당)
교통재해응급실내원급부금	교통재해로 인하여 응급실 내원 진료비 대상자가 되었을 때 (내원 1회당)
교통재해골절치료자금	교통재해로 인하여 골절상태가 되었을 때 (사고 1회당)

주1) 일반재해란 "재해"에서 "교통재해"를 제외한 재해를 말함
주2) 일반교통재해란 "교통재해"에서 "대중교통 이용 중 교통재해"를 제외한 재해를 말함
주3) "중대한 수술"이라 함은 약관에서 정한 수술 중 개두수술, 개흉수술 또는 개복수술을 말함

    ㉬ 특약
- 무배당 재해사망보장특약

지급구분	지급사유
재해사망보험금	재해를 직접적인 원인으로 사망하였을 때

- 무배당 재해입원보장특약

지급구분	지급사유
재해입원급부금	재해로 인하여 그 직접적인 치료를 목적으로 4일 이상 입원하였을 때 (3일 초과 입원일수 1일당, 120일 한도)

- 무배당 재해수술보장특약

지급구분	지급사유
재해수술급부금	재해로 인하여 그 직접적인 치료를 목적으로 수술·신생물 근치 방사선 조사 분류표에서 정한 수술을 받았을 때(수술 1회당)

⑭ 무배당 우체국실손의료비보험(갱신형)

    ㉠ 주요 특징

- 입원 최대 5천만 원, 통원 최대 30만 원 보장
- 비급여 일부보장 특약화로 필요에 맞게 선택가능
  ※ 비급여 도수치료·체외충격파치료·증식치료, 비급여 주사료, 비급여 MRI/MRA
- 보험금 지급실적이 없는 경우 보험료 할인혜택
- 고객필요에 따라 [기본선택형(종합형, 질병형, 상해형)], [기본표준형(종합형, 질병형, 상해형)] 중 선택
- 세제혜택 : 근로소득자 납입 보험료(연간 100만원 한도) 12% 세액공제

ⓛ 가입조건

㉮ 주계약

- 기본선택형(종합형, 질병형, 상해형)
- 기본표준형(종합형, 질병형, 상해형)

구분	가입나이	보험기간	납입기간	가입금액(구좌수)
최초계약	0~60세			
갱신계약	1세~	1년	전기납	1구좌 고정
재가입	15세~			

주1) 임신 23주 이내의 태아도 가입 가능
주2) 보장내용 변경주기 : 15년
주3) 재가입 종료 나이 : 종신
주4) 종합형, 질병형, 상해형 중 한 가지 형태를 계약자가 선택하여 가입 가능

구분	판매형태	보장종목
기본선택형 기본표준형	질병형	질병입원 + 질병통원
	상해형	상해입원 + 상해통원
	종합형	질병입원 + 질병통원 + 상해입원 + 상해통원

㉯ 특약

- 무배당 비급여도수 · 체외충격파 · 증식치료실손특약(갱신형)
- 무배당 비급여주사료실손특약(갱신형)
- 무배당 비급여MRI/MRA실손특약(갱신형)

구분	가입나이	보험기간	납입기간	가입금액(구좌수)
주계약과 동일				

- 지정대리청구서비스특약, 장애인전용보험전환특약

ⓒ 보험금 지급 실적이 없는 경우 보험료 할인에 관한 사항

갱신(또는 재가입) 직전 보험기간 2년 동안 보험금 지급 실적[급여 의료비 중 본인부담금 및 4대 중증질환으로 인한 비급여 의료비에 대한 보험금은 제외]이 없는 경우, 갱신일(또는 재가입일)부터 차기 보험기간 1년 동안 보험료의 10%를 할인

※ "4대 중증질환"이라 함은 「본인일부부담금 산정특례에 관한 기준(보건복지부 고시)」에서 정한 산정특례 대상이 되는 "암, 뇌혈관질환, 심장질환, 희귀난치성질환"을 말함. 다만, 관련 법령 등의 개정에 따라 "4대 중증질환"의 세부 대상이 변경된 경우에는 변경된 기준을 적용함

ⓔ 자동갱신절차에 관한 사항

> 보험기간 만료일 30일 전까지 계약자에게 서면 또는 전화(음성녹음) 안내 (보험료 등 변경 내용)
> → 보험기간 만료일 15일 전까지 계약자의 별도 의사표시가 없으면 자동갱신
>   ※ 최대 14회까지 갱신 가능
> → 계약자가 갱신 거절의사를 통지하면 계약 종료

주1) 갱신 시 연령 증가 및 의료수가 인상, 적용기초율 변경 등으로 보험료는 인상될 수 있음

ⓜ 재가입에 관한 사항

> 다음 각 호의 조건을 충족하고 계약자가 보장내용 변경주기 만료일 전일(비영업일인 경우 전 영업일)까지 재가입 의사를 표시한 때에는 재가입 시점에서 체신관서가 판매하는 실손의료보험 상품으로 재가입 가능
> ① 재가입일에 있어서 피보험자의 나이가 체신관서가 최초가입 당시 정한 나이의 범위 내일 것 (종신까지 재가입 가능)
> ② 재가입 전 계약의 보험료가 정상적으로 납입완료 되었을 것
>   ※ 계약자로부터 별도의 의사표시가 없을 때에는 계약종료

ⓑ 보장내용

ⓐ 주계약

• 기본선택형

판매형태		보장종목		지급사유
종합형	질병형	질병입원	입원의료비	질병으로 인하여 병원에 입원하여 치료를 받은 경우 (하나의 질병당 5천만 원 한도)
		질병통원	통원의료비 외래	질병으로 인하여 병원에 통원하여 치료를 받은 경우 (1회당 20만 원 한도, 연간 180회 한도)
			통원의료비 처방조제비	질병으로 인하여 병원에 통원하여 처방조제를 받은 경우 (처방조제 건당 10만 원 한도, 연간 180건 한도)
	상해형	상해입원	입원의료비	상해로 인하여 병원에 입원하여 치료를 받은 경우 (하나의 상해당 5천만 원 한도)
		상해통원	통원의료비 외래	상해로 인하여 병원에 통원하여 치료를 받은 경우 (1회당 20만 원 한도, 연간 180회 한도)
			통원의료비 처방조제비	상해로 인하여 병원에 통원하여 처방조제를 받은 경우 (처방조제 건당 10만 원 한도, 연간 180건 한도)

주1) 도수치료·체외충격파치료·증식치료로 발생한 비급여의료비, 비급여 주사료 및 자기공명영상진단(MRI/MRA)으로 발생한 비급여의료비는 보상에서 제외

• 기본표준형

판매형태		보장종목		지급사유
종합형	질병형	질병입원	입원의료비	질병으로 인하여 병원에 입원하여 치료를 받은 경우 (하나의 질병당 5천만 원 한도)
		질병통원	통원의료비 / 외래	질병으로 인하여 병원에 통원하여 치료를 받은 경우 (1회당 20만 원 한도, 연간 180회 한도)
			통원의료비 / 처방조제비	질병으로 인하여 병원에 통원하여 처방조제를 받은 경우 (처방조제 건당 10만 원 한도, 연간 180건 한도)
	상해형	상해입원	입원의료비	상해로 인하여 병원에 입원하여 치료를 받은 경우 (하나의 상해당 5천만 원 한도)
		상해통원	통원의료비 / 외래	상해로 인하여 병원에 통원하여 치료를 받은 경우 (1회당 20만 원 한도, 연간 180회 한도)
			통원의료비 / 처방조제비	상해로 인하여 병원에 통원하여 처방조제를 받은 경우 (처방조제 건당 10만 원 한도, 연간 180건 한도)

주1) 도수치료 · 체외충격파치료 · 증식치료로 발생한 비급여의료비, 비급여 주사료 및 자기공명영상진단(MRI/MRA)으로 발생한 비급여의료비는 보상에서 제외

㉯ 특약
• 무배당 비급여도수 · 체외충격파 · 증식치료실손특약(갱신형)

지급구분	지급사유
의료비	상해 또는 질병의 치료목적으로 병원에 입원 또는 통원하여 비급여 도수치료 · 체외충격파치료 · 증식치료를 받은 경우 (연간 350만 원 이내에서 50회까지 보상)

주1) 50회 : 도수치료 · 체외충격파치료 · 증식치료의 각 횟수를 합산하여 50회

• 무배당 비급여주사료실손특약(갱신형)

지급구분	지급사유
의료비	상해 또는 질병의 치료목적으로 병원에 입원 또는 통원하여 비급여 주사치료를 받은 경우 (연간 250만 원 이내에서 입원과 통원을 합산하여 50회까지 보상)

주1) 항암제, 항생제, 희귀의약품을 위해 사용된 비급여 주사료는 주계약에서 보상

• 무배당 비급여MRI/MRA실손특약(갱신형)

지급구분	지급사유
의료비	상해 또는 질병의 치료목적으로 병원에 입원 또는 통원하여 비급여 자기공명영상진단을 받은 경우(연간 300만 원 한도)

⑮ 무배당 우체국실손의료비보험(계약전환 · 단체개인전환 · 개인중지재개용)(갱신형)

  ㉠ 주요 특징

- 실손의료비보험 계약전환, 단체실손의료비보험 개인실손전환 및 개인실손의료비보험 중지 후 재개시 가입 가능한 실손의료비 상품
- 입원비 최대 5,000만 원 한도, 통원비 최대 30만 원 한도 보상
- 비급여 일부보장 특약화로 필요에 맞게 선택 가능
- 갱신(재가입) 직전 보험기간 2년 동안 보험금 지급 실적이 없는 경우 갱신일(재가입일)부터 차기 보험기간 1년 동안 보험료의 10% 할인
- 피보험자가 의료급여 수급권자인 경우 영업보험료의 5% 할인
- 세제혜택 : 근로소득자는 연말정산 시 납입한 보험료(연간 100만 원 한도)에 대하여 12% 세액공제

  ㉡ 가입요건

    ㉮ 주계약

- 기본선택형(종합형, 질병형, 상해형, 입원형, 통원형)
- 기본표준형(종합형, 질병형, 상해형, 입원형, 통원형)

구분	가입나이	보험기간	납입기간	가입금액(구좌수)
최초계약	0~99세			
갱신계약	1세~	1년	전기납	1구좌 고정
재가입	15세~			

주1) 보장내용 변경주기 : 15년
주2) 재가입 종료 나이 : 종신
주3) 종합형, 질병형, 상해형 중 한 가지 형태를 계약자가 선택하여 가입 가능

구분	판매형태	보장종목
기본선택형 기본표준형	질병형	질병입원 + 질병통원
	상해형	상해입원 + 상해통원
	입원형	질병입원 + 상해입원
	통원형	질병통원 + 상해통원
	종합형	질병입원 + 질병통원 + 상해입원 + 상해통원

    ㉯ 특약

- 무배당 비급여도수 · 체외충격파 · 증식치료실손특약(계약전환 · 단체개인전환 · 개인중지재개용)(갱신형)
- 무배당 비급여주사료실손특약(계약전환 · 단체개인전환 · 개인중지재개용)(갱신형)
- 무배당 비급여MRI/MRA실손특약(계약전환 · 단체개인전환 · 개인중지재개용)(갱신형)

구분	가입나이	보험기간	납입기간	가입금액(구좌수)
		주계약과 동일		

- 실손의료비보험 계약전환특약, 단체실손의료비보험 개인실손전환특약, 개인실손의료비보험 중지 및 재개특약
- 지정대리청구서비스특약, 장애인전용보험전환특약

ⓒ 보험금 지급 실적이 없는 경우 보험료 할인에 관한 사항

> 갱신(또는 재가입) 직전 보험기간 2년 동안 보험금 지급 실적[급여 의료비 중 본인부담금 및 4대 중증질환으로 인한 비급여 의료비에 대한 보험금은 제외]이 없는 경우, 갱신일(또는 재가입일)부터 차기 보험기간 1년 동안 보험료의 10%를 할인
> ※ "4대 중증질환"이라 함은 「본인일부부담금 산정특례에 관한 기준(보건복지부 고시)」에서 정한 산정특례 대상이 되는 "암, 뇌혈관질환, 심장질환, 희귀난치성질환"을 말함. 다만, 관련 법령 등의 개정에 따라 "4대 중증질환"의 세부 대상이 변경된 경우에는 변경된 기준을 적용함

ⓔ 자동갱신절차에 관한 사항

> 보험기간 만료일 30일 전까지 계약자에게 서면 또는 전화(음성녹음) 안내 (보험료 등 변경내용)
> → 보험기간 만료일 15일 전까지 계약자의 별도 의사표시가 없으면 자동갱신
> ※ 최대 14회까지 갱신 가능
> → 계약자가 갱신 거절의사를 통지하면 계약종료

주1) 갱신 시 연령 증가 및 의료수가 인상, 적용기초율 변경 등으로 보험료는 인상될 수 있음

ⓜ 재가입에 관한 사항

> 다음 각 호의 조건을 충족하고 계약자가 보장내용 변경주기 만료일 전일(비영업일인 경우 전 영업일)까지 재가입 의사를 표시한 때에는 재가입 시점에서 체신관서가 판매하는 실손의료보험 상품으로 재가입 가능
> ① 재가입일에 있어서 피보험자의 나이가 체신관서가 최초가입 당시 정한 나이의 범위 내일 것 (종신까지 재가입 가능)
> ② 재가입 전 계약의 보험료가 정상적으로 납입완료 되었을 것
> ※ 계약자로부터 별도의 의사표시가 없을 때에는 계약종료

ⓗ 보장내용

㉮ 주계약

- 기본선택형, 기본표준형

판매형태			보장종목		지급사유
종합형	질병형	질병입원	입원의료비		질병으로 인하여 병원에 입원하여 치료를 받은 경우 (하나의 질병당 5천만 원 한도)
		질병통원	통원의료비	외래	질병으로 인하여 병원에 통원하여 치료를 받은 경우 (1회당 20만 원 한도, 연간 180회 한도)
				처방조제비	질병으로 인하여 병원에 통원하여 처방조제를 받은 경우 (처방조제 건당 10만 원 한도, 연간 180건 한도)

상해형	상해입원	입원의료비		상해로 인하여 병원에 입원하여 치료를 받은 경우 (하나의 상해당 5천만 원 한도)
	상해통원	통원 의료비	외래	상해로 인하여 병원에 통원하여 치료를 받은 경우 (1회당 20만 원 한도, 연간 180회 한도)
			처방 조제비	상해로 인하여 병원에 통원하여 처방조제를 받은 경우 (처방조제 건당 10만 원 한도, 연간 180건 한도)

주1) 도수치료 · 체외충격파치료 · 증식치료로 발생한 비급여의료비, 비급여 주사료 및 자기공명영상진단(MRI/MRA)으로 발생한 비급여의료비는 보상에서 제외

ⓒ 특약

- 무배당 비급여도수 · 체외충격파 · 증식치료실손특약(계약전환 · 단체개인전환 · 개인중지재개용)(갱신형)

지급구분	지급사유
의료비	상해 또는 질병의 치료목적으로 병원에 입원 또는 통원하여 비급여 도수치료 · 체외충격파치료 · 증식치료를 받은 경우(연간 350만 원 이내에서 50회까지 보상)

주1) 50회 : 도수치료 · 체외충격파치료 · 증식치료의 각 횟수를 합산하여 50회
- 무배당 비급여주사료실손특약(계약전환 · 단체개인전환 · 개인중지재개용)(갱신형)

지급구분	지급사유
의료비	상해 또는 질병의 치료목적으로 병원에 입원 또는 통원하여 비급여 주사치료를 받은 경우(연간 250만 원 이내에서 입원과 통원을 합산하여 50회까지 보상)

주1) 항암제, 항생제, 희귀의약품을 위해 사용된 비급여 주사료는 주계약에서 보상
- 무배당 비급여MRI/MRA실손특약(계약전환 · 단체개인전환 · 개인중지재개용)(갱신형)

지급구분	지급사유
의료비	상해 또는 질병의 치료목적으로 병원에 입원 또는 통원하여 비급여 자기공명영상진단을 받은 경우(연간 300만 원 한도)

⑯ 무배당 우체국노후실손의료비보험(갱신형)

㉠ 주요 특징

- (의료비 전문 보험) 상해 및 질병 최고 1억 원, 통원 건당 최고 100만 원, 요양병원의료비 5천만 원, 상급병실료차액 2천만 원
- 최대 75세까지 가입이 가능한 실버 전용보험
- 필요에 따라 종합형 · 질병형 · 상해형 중 선택
- 세제혜택 : 근로소득자는 납입한 보험료(연간 100만 원 한도)에 대하여 12% 세액공제

ⓛ 가입조건

㉮ 주계약(종합형, 질병형, 상해형)

구분	가입나이	보험기간	납입기간	가입금액(구좌수)
최초계약	61~75세			
갱신계약	62세~	1년	전기납	1구좌 고정
재가입	64세~			

주1) 보장내용 변경주기 : 15년
주2) 재가입 종료 나이 : 종신
주3) 종합형, 질병형, 상해형 중 한 가지 형태를 계약자가 선택하여 가입 가능

㉯ 특약

• 무배당 요양병원의료비특약(갱신형), 무배당 상급병실료차액특약(갱신형)
• 지정대리 청구서비스특약, 장애인전용보험전환특약

ⓒ 자동갱신절차에 관한 사항

보험기간 만료일 30일 전까지 계약자에게 서면 또는 전화(음성녹음) 안내 (보험료 등 변경 내용)
→ 보험기간 만료일 15일 전까지 계약자의 별도 의사표시가 없으면 자동갱신
  ※ 최대 2회까지 갱신 가능
→ 계약자가 갱신 거절의사를 통지하면 계약 종료

주1) 갱신 시 연령 증가 및 의료수가 인상, 예정기초율 변경 등으로 보험료는 인상될 수 있음

ⓔ 재가입에 관한 사항

다음 각 호의 조건을 충족하고 계약자가 보장내용 변경주기 만료일 전일(비영업일인 경우 전 영업일)까지 재가입 의사를 표시한 때에는 재가입 시점에서 체신관서가 판매하는 노후실손의료보험 상품으로 재가입 가능
① 재가입일에 있어서 피보험자의 나이가 체신관서가 최초가입 당시 정한 나이의 범위 내일 것 (종신까지 재가입 가능)
② 재가입 전 계약의 보험료가 정상적으로 납입완료 되었을 것
  ※ 계약자로부터 별도의 의사표시가 없을 때에는 계약종료

ⓜ 보장내용

㉮ 주계약

판매형태		보장종목		지급사유
종합형	질병형	질병보장	질병의료비	질병으로 인하여 병원(요양병원 제외)에 입원 또는 통원하여 치료를 받거나 처방조제를 받은 경우(연간 1억 원 한도. 다만, 통원은 회(건)당 최고 100만 원 한도)
	상해형	상해보장	상해의료비	상해로 인하여 병원(요양병원 제외)에 입원 또는 통원하여 치료를 받거나 처방조제를 받은 경우(연간 1억 원 한도. 다만, 통원은 회(건)당 최고 100만 원 한도)

ⓐ 특약

• 무배당 요양병원의료비특약(갱신형)

지급구분	지급사유
요양병원의료비	상해 또는 질병으로 인하여 요양병원에 입원 또는 통원하여 치료를 받거나 처방조제를 받은 경우(상해 및 질병을 통합하여 연간 5천만 원 한도. 다만, 통원은 회(건)당 최고 100만 원 한도)

• 무배당 상급병실료차액특약(갱신형)

지급구분	지급사유
상급병실료차액보험금	상해 또는 질병으로 인하여 병원의 상급병실에 입원하여 치료를 받은 경우 (상해 및 질병을 통합하여 연간 2천만 원 한도, 1일당 평균금액 10만 원 한도)

⑰ 무배당 우체국간편실손의료비보험(갱신형)

㉠ 주요 특징

• 병이 있거나 나이가 많아도 3가지(건강관련) 간편고지로 간편하게 가입하는 실손보험
• 5세부터 70세까지 가입 가능
• 입원 최대 5천만 원, 통원 건당 20만 원(단, 처방조제비 제외) 보장
• 필요에 따라 종합형, 질병형, 상해형 중 선택
• 세제혜택 : 근로소득자 납입 보험료(연간 100만 원 한도) 12% 세액공제

㉡ 가입요건

㉮ 주계약(종합형, 질병형, 상해형)

구분	가입나이	보험기간	납입기간	가입금액(구좌수)
최초계약	5~70세			
갱신계약	6세~	1년	전기납	1구좌 고정
재가입	8세~			

주1) 보장내용 변경주기 : 3년
주2) 재가입 종료 나이 : 종신
주3) 종합형, 질병형, 상해형 중 한 가지 형태를 계약자가 선택하여 가입 가능

판매형태	보장종목
질병형	질병입원 + 질병통원
상해형	상해입원 + 상해통원
종합형	질병입원 + 질병통원 + 상해입원 + 상해통원

㉯ 특약

• 지정대리 청구서비스특약, 장애인전용보험전환특약

ⓒ 자동갱신절차에 관한 사항

보험기간 만료일 30일 전까지 계약자에게 서면 또는 전화(음성녹음) 안내 (보험료 등 변경 내용)
→ 보험기간 만료일 15일 전까지 계약자의 별도 의사표시가 없으면 자동갱신
　※ 최대 2회까지 갱신 가능
→ 계약자가 갱신 거절의사를 통지하면 계약 종료

주1) 갱신 시 연령 증가 및 의료수가 인상, 적용기초율 변경 등으로 보험료 인상 가능

ⓓ 재가입에 관한 사항

다음 각 호의 조건을 충족하고 계약자가 보장내용 변경주기 만료일 전일(비영업일인 경우 전 영업일)까지 재가입 의사를 표시한 때에는 재가입 시점에서 체신관서가 판매하는 간편실손의료보험 상품으로 재가입 가능
① 재가입일에 있어서 피보험자의 나이가 체신관서가 최초가입 당시 정한 나이의 범위 내일 것 (종신까지 재가입 가능)
② 재가입 전 계약의 보험료가 정상적으로 납입완료 되었을 것
　※ 계약자로부터 별도의 의사표시가 없을 때에는 계약종료

ⓔ 간편고지에 관한 사항

• 이 상품은 "간편고지" 상품으로 유병력자 등 일반심사보험에 가입하기 어려운 피보험자를 대상으로 함
• 이 상품은 일반심사보험에 비해 보험료가 할증되어 있으며 일반계약 심사를 할 경우 이 보험보다 저렴한 일반심사형 실손의료비보험에 가입할 수 있음. (다만, 일반심사보험의 경우 건강상태나 가입나이에 따라 가입이 제한될 수 있으며 보장하는 담보 및 내용에는 차이가 있을 수 있음)
• 이 상품 가입 시 간편고지상품과 일반심사보험의 보험료 수준을 비교하여 설명하고, 이에 대한 계약자 확인을 받아야 함
• 최초계약 청약일로부터 직전 3개월 이내에 표준체에 해당하는 일반심사형 상품으로 가입한 피보험자를 대상으로 청약하는 경우, 피보험자의 유병력자 여부를 추가로 심사함. 다만, 해당 일반심사형 계약의 보험금이 이미 지급되거나 청구서류를 접수한 경우에는 그러하지 않음
　※ 피보험자가 유병력자임을 알 수 없을 경우, 간편실손의료비보험 계약의 청약을 거절함
• 이 상품 가입 후 최초계약 계약일로부터 3개월이 지나지 않은 피보험자를 대상으로 표준체에 해당하는 일반심사형 상품에 청약한 경우, 해당 피보험자가 일반실손보험에 가입 가능한지 여부를 심사함. 다만, 본 계약의 보험금이 이미 지급되거나 청구서류를 접수한 경우에는 그러하지 않음
　※ 일반실손보험에 가입이 가능한 경우에는 본 상품의 계약을 무효로 하며 이미 납입한 보험료를 보험계약자에게 돌려주고, 일반실손보험에 가입할 수 있음을 고객에게 안내함

ⓗ 주계약 보장내용

판매형태	보장종목		지급사유
종합형	질병형	질병입원 입원의료비	질병으로 인하여 병원에 입원하여 치료를 받은 경우 (하나의 질병당 5천만 원 한도)
		질병통원 통원의료비	질병으로 인하여 병원에 통원하여 치료를 받은 경우 (단, 처방조제비 제외, 1회당 20만 원 한도, 연간 180회 한도)
	상해형	상해입원 입원의료비	상해로 인하여 병원에 입원하여 치료를 받은 경우 (하나의 상해당 5천만 원 한도)
		상해통원 통원의료비	상해로 인하여 병원에 통원하여 치료를 받은 경우 (단, 처방조제비 제외, 1회당 20만 원 한도, 연간 180회 한도)

주1) 도수치료·체외충격파치료·증식치료로 발생한 비급여의료비, 비급여 주사료 및 자기공명영상진단(MRI/MRA)으로 발생한 비급여의료비는 보상에서 제외

⑱ 무배당 만원의행복보험

㉠ 주요 특징

- 차상위계층 이하 저소득층을 위한 공익형 상해보험
- 성별·나이에 상관없이 보험료 1만 원(1년 만기 기준), 1회 납입 1만 원(1년 만기 기준) 초과 보험료는 체신관서가 공익자금으로 지원
- 사고에 따른 유족보장과 재해입원·수술비 정액 보상
- 만기급부금(1년 만기 1만 원, 3년 만기 3만 원) 지급으로 납입보험료 100% 환급

㉡ 가입요건

㉮ 주계약

보험기간	가입나이	납입기간	가입금액(구좌수)
1년 만기, 3년 만기	만15~65세	일시납	1구좌 고정

주1) 보험계약자는 개별 보험계약자와 과학기술정보통신부장관을 공동 보험계약자로 하며, 개별 보험계약자를 대표자로 함

㉯ 특약

- 지정대리 청구서비스특약, 장애인전용보험전환특약

㉢ 피보험자 자격요건 : 「국민기초생활보장법」에서 정한 차상위계층 이하

㉣ 피보험자 확인서류 : 차상위계층 확인서 또는 수급자 증명서

㉤ 보험료 납입 : 개별 보험계약자는 1년 만기의 경우 1만 원, 3년 만기의 경우 3만 원의 보험료를 납입하며, 나머지보험료는 과학기술정보통신부장관이 납입

ⓑ 주계약 보장내용

지급구분	지급사유
만기급부금	보험기간이 끝날 때까지 살아 있을 때
유족위로금	재해를 직접적인 원인으로 사망하였을 때
재해입원급부금	재해로 인하여 그 직접적인 치료를 목적으로 4일 이상 입원하였을 때 (3일 초과 입원일수 1일당, 120일 한도)
재해수술급부금	재해로 인하여 그 직접적인 치료를 목적으로 수술을 받았을 때(수술 1회당)

⑲ 무배당 우체국통합건강보험

㉠ 주요 특징

- 사망부터 생존(진단, 입원, 수술 등)까지 종합적으로 보장하는 통합건강보험
- 대상포진 및 통풍 등 생활형 질병 보장
- 면역관련(다발경화증, 특정 류마티스관절염 등)질환 및 시니어수술(백내장 · 관절염 · 인공관절 치환 수술) 특화 보장
- 중증치매로 최종 진단 확정 시 평생 중증치매간병생활자금 지급
- 보험료 납입면제 및 고액계약 할인
- 첫날부터 입원비 보장(일반 입원 및 중환자실 입원)
- 세제혜택 : 근로소득자는 납입보험료(연간 100만 원 한도)에 대하여 12% 세액공제

㉡ 가입요건

㉮ 주계약

가입나이	보험기간	납입기간	납입주기	가입금액(구좌수)
만15세~50세	90, 95, 100세 만기	5,10,15,20,30년납	월납	1,000만 원~4,000만 원 (500만원 단위)
51세~60세		5,10,15,20년납		
61세~65세		5,10,15년납		

주1) 피보험자가 가입당시 61세 이상인 경우 보험가입금액 2,000만 원 한도

㉯ 특약

- 무배당 재해치료특약Ⅱ, 무배당 암보장특약, 무배당 뇌혈관질환보장특약, 무배당 심장질환보장특약, 무배당 시니어보장특약

가입나이	보험기간	납입기간	납입주기	가입금액(구좌수)
주계약과 동일				1,000만 원~2,000만 원 (주계약 가입금액 이내에서 500만원 단위)

주1) 피보험자가 가입당시 61세 이상인 경우 보험가입금액 1,000만원(고정) 한도

• 무배당 중증치매간병비특약 II

가입나이	보험기간	납입기간	납입주기	가입금액(구좌수)
30세~50세	90, 95, 100세 만기	5,10,15,20,30년납	월납	1,000만 원~2,000만 원 (주계약 가입금액 이내에서 500만 원 단위)
51세~60세		5,10,15,20년납		
61세~65세		5,10,15년납		

주1) 피보험자가 가입당시 61세 이상인 경우 보험가입금액 1,000만 원(고정) 한도

• 무배당 대상포진보장특약(갱신형), 무배당 통풍보장특약(갱신형),
  무배당 첫날부터 입원특약(갱신형), 무배당 수술특약(갱신형)
  무배당 시니어수술특약(갱신형), 무배당 12대질병입원수술특약(갱신형)

구분	가입나이	보험기간	납입기간	납입주기	보험가입금액
최초계약	만15~65세	10년	전기납	월납	1,000만 원~2,000만 원 (주계약 가입금액 이내에서 500만 원 단위)
갱신계약	만25~(주계약 만기나이-1)세	1~10년			

주1) 피보험자가 가입당시 61세 이상인 경우 보험가입금액 1,000만원(고정) 한도

• 무배당 암입원수술특약(갱신형)

구분	가입나이	보험기간	납입기간	납입주기	보험가입금액
최초계약	만15~65세	10년	전기납	월납	500만 원~1,000만 원 (500만 원 단위)
갱신계약	만25~(주계약 만기나이-1)세	1~10년			

주1) 피보험자가 가입당시 61세 이상인 경우 보험가입금액 500만원(고정) 한도

• 무배당 요양병원암입원특약 III(갱신형)

구분	가입나이	보험기간	납입기간	납입주기	보험가입금액
최초계약	만15~65세	10년만기 (갱신형)	전기납	월납	500만 원~1,000만 원 (500만 원 단위)
갱신계약	만25~70세				

주1) 피보험자가 가입당시 61세 이상인 경우 보험가입금액 500만 원(고정) 한도

• 이륜자동차 운전 및 탑승 중 재해 부담보특약, 지정대리청구서비스특약, 장애인전용 보험전환특약

ⓒ 보험료 할인에 관한 사항(고액 할인)

주계약 보험가입금액	2천만 원 이상~3천만 원 미만	3천만 원 이상~4천만 원 미만	4천만 원
할인율	1.0%	2.0%	3.0%

주1) 고액 할인은 주계약 보험료(특약보험료 제외)에 한하여 적용

ⓡ 특약의 갱신에 관한 사항

갱신절차	보험기간 만료일 30일 전까지 계약자에게 서면 또는 전화(음성녹음) 안내 (보험료 등 변경내용) → 보험기간 만료일 15일 전까지 계약자의 별도 의사표시가 없으면 자동갱신 　※ (무)대상포진보장특약(갱신형), (무)통풍보장특약(갱신형), (무)첫날부터입원특약(갱신형), (무)수술특약(갱신형), (무)시니어수술특약(갱신형), (무)12대질병입원수술특약(갱신형), (무)암입원수술특약(갱신형)의 경우, 최대 주계약 보험기간 만료일의 1년 전 계약해당일까지 갱신 가능하며, 최종 갱신계약의 보험기간 만료일은 주계약 보험기간 만료일까지로 함 　※ (무)요양병원암입원특약Ⅲ(갱신형)의 경우, 피보험자 나이 70세를 초과하는 경우에는 이특약을 갱신할 수 없음 → 계약자가 갱신 거절의사를 통지하면 계약 종료
갱신계약보험료	갱신계약의 보험료는 각각의 특약상품에 따라 나이의 증가, 적용기초율의 변동 등의 사유로 인상 가능

ⓜ 보장내용

　㉮ 주계약

지급구분	지급사유
사망보험금	보험기간 중 사망하였을 때

　※ 플러스보험기간(약관에서 정한 플러스보험기간이 적용되는 경우에 한함)

지급구분	지급사유
플러스사망보험금	플러스보험기간 중 사망하였을 때

주1) 플러스보험기간이란 보험기간이 만료되는 시점에 플러스적립금이 발생하는 경우, 보험기간 만료 후부터 10년동안 자동으로 연장되어 추가적인 보장을 받는 기간

　㉯ 특약

　• 무배당 재해치료특약Ⅱ

지급구분	지급사유
장해급부금	재해로 인하여 장해분류표에서 정한 각 장해지급률에 해당하는 장해상태가 되었을 때
장해연금	장해분류표 중 동일한 재해로 여러 신체부위의 합산 장해지급률이 50% 이상인 장해상태가 되었을 때
외모수술자금	재해로 인하여 외모상해의 직접적인 치료를 목적으로 외모수술을 받았을 때 (수술 1회당)
화상치료자금	재해로 인하여 화상으로 진단이 확정되었을 때 (사고 1회당)
골절치료자금	재해로 인하여 골절상태가 되었을 때 (사고 1회당)
깁스치료자금	재해로 인하여 그 직접적인 치료를 목적으로 깁스(Cast)치료를 받았을 때 (사고 1회당)

• 무배당 암보장특약

지급구분	지급사유
암치료보험금	보험기간 중 암보장개시일 이후에 최초의 암으로 진단이 확정 되었을 때 (단, 최초 1회에 한함)
	보험기간 중 최초의 갑상선암, 기타피부암, 대장점막내암, 제자리암 또는 경계성 종양으로 진단이 확정되었을 때 (단, 각각 최초 1회에 한함)
고액암치료보험금	보험기간 중 암보장개시일 이후에 최초의 고액암으로 진단이 확정 되었을 때 (단, 최초 1회에 한함)
항암방사선 · 약물치료보험금	보험기간 중 암보장개시일 이후에 암으로 진단이 확정되고 그 암의 직접적인 치료를 목적으로 항암방사선치료 또는 항암약물치료를 받았을 때 (단, 항암방사선치료 또는 항암약물치료 둘 중 최초 1회에 한함)
	보험기간 중 갑상선암, 기타피부암, 대장점막내암, 제자리암 또는 경계성종양으로 진단이 확정되고 그 갑상선암, 기타피부암, 대장점막내암, 제자리암 또는 경계성종양의 직접적인 치료를 목적으로 항암방사선치료 또는 항암약물치료를 받았을 때 (단, 갑상선암, 기타피부암, 대장점막내암, 제자리암 및 경계성종양 각각 항암방사선치료 또는 항암약물치료 둘 중 최초 1회에 한함)

주1) 암보장개시일은 계약일(부활일)부터 그 날을 포함하여 90일이 지난날의 다음 날로 함

• 무배당 뇌혈관질환보장특약

지급구분	지급사유
뇌출혈치료보험금	보험기간 중 최초의 뇌출혈로 진단이 확정 되었을 때 (단, 최초 1회에 한함)
뇌경색증치료보험금	보험기간 중 최초의 뇌경색증으로 진단이 확정 되었을 때 (단, 최초 1회에 한함)
뇌혈관질환치료보험금	보험기간 중 최초의 뇌혈관질환으로 진단이 확정 되었을 때 (단, 최초 1회에 한함)

• 무배당 심장질환보장특약

지급구분	지급사유
급성심근경색증치료보험금	보험기간 중 최초의 급성심근경색증으로 진단이 확정 되었을 때(단, 최초 1회에 한함)
허혈성심장질환치료보험금	보험기간 중 최초의 허혈성심장질환으로 진단이 확정 되었을 때(단, 최초 1회에 한함)

• 무배당 시니어보장특약

지급구분	지급사유
특정파킨슨병진단보험금	보험기간 중 특정파킨슨병보장개시일 이후에 최초의 특정파킨슨병으로 최종 진단 확정되었을 때 (단, 최초 1회에 한함)
다발경화증진단보험금	보험기간 중 최초의 다발경화증으로 진단이 확정 되었을 때(단, 최초 1회에 한함)
중증재생불량성빈혈진단보험금	보험기간 중 최초의 중증재생불량성빈혈로 진단이 확정 되었을 때(단, 최초 1회에 한함)
특정류마티스관절염진단보험금	보험기간 중 최초의 특정류마티스관절염으로 진단이 확정 되었을 때(단, 최초 1회에 한함)

주1) 특정파킨슨병보장개시일은 계약일(부활일)부터 그 날을 포함하여 1년이 지난날의 다음 날로 함

• 무배당 중증치매간병비특약 Ⅱ

지급구분	지급사유
중증치매간병생활자금	보험기간 중 치매보장개시일 이후에 "중증치매상태"로 진단 후 90일이 지난 이후에 "중증치매상태"로 최종 진단 확정 되고, 최종 진단 확정된 날을 최초로 하여 매년 최종 진단 확정일에 살아 있을 때 (단, 최초 1회의 최종 진단 확정에 한함)

주1) 치매보장개시일은 계약일(부활일)부터 그 날을 포함하여 1년이 지난날의 다음 날로 함. 다만, 질병으로 인한 "중증치매상태"가 없는 상태에서 재해로 인한 뇌의 손상을 직접적인 원인으로 "중증치매상태"가 발생한 경우 치매보장개시일은 계약일(부활일)로 함

• 무배당 대상포진보장특약(갱신형)

지급구분	지급사유
대상포진진단보험금	보험기간 중 최초의 대상포진으로 진단이 확정 되었을 때 (단, 최초 1회에 한함)
건강관리자금	보험기간(10년)이 끝날 때까지 살아 있을 때

• 무배당 통풍보장특약(갱신형)

지급구분	지급사유
통풍진단보험금	보험기간 중 최초의 통풍으로 진단이 확정 되었을 때 (단, 최초 1회에 한함)
건강관리자금	보험기간(10년)이 끝날 때까지 살아 있을 때

• 무배당 첫날부터 입원특약(갱신형)

지급구분	지급사유
입원급부금	보험기간 중 질병 또는 재해로 인하여 그 직접적인 치료를 목적으로 입원하였을 때 (1일 이상 입원일수 1일당, 120일 한도)
중환자실입원급부금	보험기간 중 질병 또는 재해로 인하여 그 직접적인 치료를 목적으로 중환자실에 입원하였을 때(1일 이상 입원일수 1일당, 60일 한도)
건강관리자금	보험기간(10년)이 끝날 때까지 살아 있을 때

• 무배당 수술특약(갱신형)

지급구분	지급사유
수술급부금	보험기간 중 질병 또는 재해로 인하여 그 직접적인 치료를 목적으로 수술을 받았을 때(수술 1회당)
건강관리자금	보험기간(10년)이 끝날 때까지 살아 있을 때

• 무배당 시니어수술특약(갱신형)

지급구분	지급사유
인공관절치환 수술급부금	보험기간 중 질병 또는 재해로 인하여 그 직접적인 치료를 목적으로 인공관절(견관절, 고관절, 슬관절) 치환수술을 받았을 때 (수술 1회당)
관절염수술급부금	보험기간 중 관절염으로 진단이 확정되고 그 직접적인 치료를 목적으로 수술을 받았을 때(수술 1회당)
백내장수술급부금	보험기간 중 백내장으로 진단이 확정되고 그 직접적인 치료를 목적으로 수술을 받았을 때(수술 1회당)
건강관리자금	보험기간(10년)이 끝날 때까지 살아 있을 때

• 무배당 12대질병입원수술특약(갱신형)

지급구분	지급사유
12대성인질환 입원급부금	보험기간 중 12대성인질환으로 인하여 그 직접적인 치료를 목적으로 4일이상 입원하였을 때 (3일 초과 입원일수 1일당, 120일 한도)
12대성인질환 수술급부금	보험기간 중 12대성인질환으로 인하여 그 직접적인 치료를 목적으로 수술을 받았을 때 (수술 1회당)
건강관리자금	보험기간(10년)이 끝날 때까지 살아 있을 때

• 무배당 암입원수술특약(갱신형)

지급구분	지급사유
암직접치료입원급부금	보험기간 중 암보장개시일 이후 암의 직접적인 치료를 목적으로 4일 이상 입원(단, 요양병원 제외)하였을 때(3일 초과 입원일수 1일당, 120일 한도)
	보험기간 중 갑상선암, 기타피부암, 대장점막내암, 제자리암 또는 경계성 종양의 직접적인 치료를 목적으로 4일 이상 입원(단, 요양병원 제외)하였을 때 (3일 초과 입원일수 1일당, 120일 한도)
암수술급부금	보험기간 중 암보장개시일 이후 암의 직접적인 치료를 목적으로 수술을 받았을 때 (수술 1회당)
	보험기간 중 갑상선암, 기타피부암, 대장점막내암, 제자리암 또는 경계성 종양의 직접적인 치료를 목적으로 수술을 받았을 때 (수술 1회당)
건강관리자금	보험기간(10년)이 끝날 때까지 살아 있을 때

주1) 암보장개시일은 계약일(부활일)부터 그 날을 포함하여 90일이 지난날의 다음 날로 함

• 무배당 요양병원암입원특약Ⅲ(갱신형)

지급구분	지급사유
요양병원암입원급부금	보험기간 중 암보장개시일 이후 암으로 진단이 확정되고 그 치료를 목적으로 4일 이상 요양병원에 입원하였거나, 보험기간 중 갑상선암, 기타피부암, 대장점막내암, 제자리암 또는 경계성 종양으로 진단이 확정되고 그 치료를 목적으로 4일 이상 요양병원에 입원하였을 때(3일 초과 입원일수 1일당, 60일 한도)
건강관리자금	보험기간(10년)이 끝날 때까지 살아 있을 때

주1) 암보장개시일은 계약일(부활일)부터 그 날을 포함하여 90일이 지난날의 다음 날로 함

⑳ 무배당 우체국간편가입건강보험(갱신형)

㉠ 주요 특징

• 병이 있거나 고령이어도 3가지(건강관련) 간편고지로 간편하게 가입 가능
• 입원비ㆍ수술비 중심의 실질적인 치료비를 지급하며 다양한 특약 부가 가능
• 종신갱신형으로 종신토록 의료비 보장 가능 (다만, 사망보장은 최대 80세까지 보장)
• 10년 만기 생존 시마다 건강관리자금 지급(주계약)

㉡ 가입요건

㉮ 주계약

구분	가입나이	보험기간	납입기간	납입주기	보험가입금액
최초계약	35~75세	10년 만기 (종신갱신형)	전기납	월납	1구좌 (0.5구좌 단위)
갱신계약	45세 이상				

㉯ 특약

• 무배당 간편10대성인질환입원수술특약(갱신형),
무배당 간편3대질병진단특약(갱신형), 무배당 간편3대질병입원수술특약(갱신형)

구분	가입나이	보험기간	납입기간	납입주기	보험가입금액
최초계약	35~75세	10년 만기 (종신갱신형)	전기납	월납	1구좌 (주계약 보험가입금액(구좌수) 이내에서 0.5구좌 단위)
갱신계약	45세 이상				

• 무배당 간편사망보장특약(갱신형)

구분	가입나이	보험기간	납입기간	납입주기	보험가입금액
최초계약	35~70세	10년 만기(갱신형)	전기납	월납	1구좌 (주계약 보험가입금액(구좌수) 이내에서 0.5구좌 단위)
갱신계약	45~70세	10년 만기(갱신형)			
	71~79세	80세 만기			

주1) 갱신시점의 피보험자 나이가 80세 이상인 경우에는 이 특약 갱신 불가

• 이륜자동차 운전 및 탑승 중 재해 부담보특약, 지정대리청구서비스특약, 장애인전용보험전환특약

ⓒ 갱신에 관한 사항

갱신절차	보험기간 만료일 30일 전까지 계약자에게 서면 또는 전화(음성녹음) 안내(보험료 등 변경내용) → 보험기간 만료일 15일 전까지 계약자의 별도 의사표시가 없으면 자동갱신 ※ 무배당 간편사망보장특약(갱신형)의 경우, 갱신시점의 피보험자 나이가 80세 이상인 경우에는 이 특약을 갱신할 수 없으며, 갱신시점의 피보험자 나이가 71세에서 79세인 경우에는 보험기간을 80세만기로 갱신함 → 계약자가 갱신 거절의사를 통지하면 계약 종료
갱신계약 보험료	갱신계약의 보험료는 나이의 증가, 적용기초율의 변동 등의 사유로 인상 가능

ⓓ 간편고지에 관한 사항

• 이 상품은 "간편고지"상품으로 유병력자 등 일반심사보험에 가입하기 어려운 피보험자를 대상으로 함.
• 간편고지란 보험시장에서 소외되고 있는 유병력자나 고연령자 등이 보험에 가입할 수 있도록 간소화된 계약전 고지 의무사항을 활용하여 계약심사 과정을 간소화함을 의미함
• 간편고지 상품은 일반심사보험에 가입하기 어려운 피보험자를 대상으로 하므로, 일반심사보험보다 보험료가 다소 높으며, 일반심사를 할 경우 이 보험보다 저렴한 일반심사보험에 가입할 수 있음.(다만, 일반심사보험의 경우 건강상태나 가입나이에 따라 가입이 제한될 수 있으며 보장하는 담보에는 차이가 있을 수 있음)
• 이 상품 가입 시 간편고지상품과 일반심사보험의 보험료 수준을 비교하여 설명하고, 이에 대한 계약자 확인을 받음.
• 이 상품 가입 후 계약일부터 3개월 이내에 일반심사보험 가입을 희망하는 경우, 일반계약 심사를 통하여 일반심사 보험 (무)우체국건강클리닉보험(갱신형)에 청약할 수 있음. 다만, 본 계약의 보험금이 이미 지급되었거나 청구서류를 접수한 경우에는 그러하지 않음. 일반심사보험 (무)우체국건강클리닉보험(갱신형)에 가입하는 경우에는 본 계약을 무효로 하며 이미 납입한 보험료를 보험계약자에게 돌려드림.

ⓔ 보장내용

㉮ 주계약

지급구분	지급사유
건강관리자금	보험기간이 끝날 때까지 살아 있을 때
입원급부금	질병 또는 재해로 인하여 그 직접적인 치료를 목적으로 4일 이상 입원하였을 때 (3일 초과 입원일수 1일당, 120일 한도)
수술급부금	질병 또는 재해로 인하여 그 직접적인 치료를 목적으로 수술을 받았을 때 (수술 1회당)

④ 특약
- 무배당 간편10대성인질환입원수술특약(갱신형)

지급구분	지급사유
암직접치료 입원급부금	암보장개시일 이후 암의 직접적인 치료를 목적으로 4일 이상 입원(단, 요양병원 제외)하였거나, 보험기간 중 갑상선암, 기타피부암, 대장점막내암, 제자리암 또는 경계성 종양의 직접적인 치료를 목적으로 4일 이상 입원(단, 요양병원 제외)하였을 때 (3일 초과 입원일수 1일당, 120일 한도)
주요성인질환 입원급부금	주요성인질환으로 인하여 그 직접적인 치료를 목적으로 4일 이상 입원하였을 때 (3일 초과 입원일수 1일당, 120일 한도)
암수술급부금	암보장개시일 이후 암으로 인하여 그 직접적인 치료를 목적으로 수술을 받았거나, 보험기간 중 갑상선암, 기타피부암, 대장점막내암, 제자리암 또는 경계성 종양으로 인하여 그 직접적인 치료를 목적으로 수술을 받았을 때(수술 1회당)
주요성인질환 수술급부금	주요성인질환으로 인하여 그 직접적인 치료를 목적으로 수술을 받았을 때(수술 1회당)

주1) 암보장개시일은 계약일(부활일)부터 그 날을 포함하여 90일이 지난날의 다음 날로 함

- 무배당 간편3대질병진단특약(갱신형)

지급구분	지급사유
3대질병 치료보험금	암보장개시일 이후에 최초의 암으로 진단이 확정되었거나, 보험기간 중 최초의 갑상선암, 기타피부암, 대장점막내암, 제자리암, 경계성 종양, 뇌출혈 또는 급성심근경색증으로 진단이 확정 되었을 때 (다만, 암, 갑상선암, 기타피부암, 대장점막내암, 제자리암, 경계성 종양, 뇌출혈 또는 급성심근경색증 각각 최초 1회에 한함)

주1) 암보장개시일은 계약일(부활일)부터 그 날을 포함하여 90일이 지난날의 다음 날로 함

- 무배당 간편3대질병입원수술특약(갱신형)

지급구분		지급사유
3대질병 입원급부금	2대질병 입원급부금	뇌출혈 또는 급성심근경색증으로 인하여 그 직접적인 치료를 목적으로 4일 이상 입원하였을 때 (3일 초과 입원일수 1일당, 120일 한도)
	암직접치료 입원급부금	암보장개시일 이후에 암의 직접적인 치료를 목적으로 4일 이상 입원(단, 요양병원 제외)하였을 때 (3일 초과 입원일수 1일당, 120일 한도)
		갑상선암, 기타피부암, 대장점막내암, 제자리암 또는 경계성 종양의 직접적인 치료를 목적으로 4일 이상 입원(단, 요양병원 제외)하였을 때 (3일 초과 입원일수 1일당, 120일 한도)
3대질병 수술급부금		암보장개시일 이후에 암으로 인하여 그 직접적인 치료를 목적으로 수술을 받았거나, 보험기간 중 뇌출혈 또는 급성심근경색증으로 인하여 그 직접적인 치료를 목적으로 수술을 받았을 때(수술 1회당)
		갑상선암, 기타피부암, 대장점막내암, 제자리암 또는 경계성 종양으로 인하여 그 직접적인 치료를 목적으로 수술을 받았을 때(수술 1회당)

주1) 암보장개시일은 계약일(부활일)부터 그 날을 포함하여 90일이 지난날의 다음 날로 함

- 무배당 간편사망보장특약(갱신형)

지급구분	지급사유
사망보험금	피보험자가 보험기간 중 사망하였을 때

㉑ 무배당 우체국치아보험(갱신형)

㉠ 주요 특징

- 보철치료(임플란트, 브릿지, 틀니), 크라운치료, 충전치료, 치수치료, 영구치발거, 치석제거(스케일링), 구내 방사선·파노라마 촬영, 잇몸질환치료 및 재해로 인한 치과지료 등을 보장하는 치과치료 전문 종합보험
- 특약 가입시 임플란트(영구치 발거 1개당 최대 150만 원), 브릿지(영구치발거 1개당 최대 75만 원), 틀니(보철물 1개당 최대 150만 원) 치료자금 지급
- 충전(치아 치료 1개당 최대 15만 원(인레이·온레이 충전치료시)) 및 크라운(치아 치료 1개당 최대 30만 원) 치료자금 지급
- 근로소득자는 납입한 보험료(연간 100만 원 한도)에 대하여 12% 세액공제 혜택

㉡ 가입요건

㉮ 주계약

구분	가입나이	보험기간	납입기간(납입주기)	보험가입금액
최초계약	15~65세	10년 만기(자동갱신형)	전기납 (월납)	1,000만 원 (500만 원 단위)
갱신계약	25~70세			
	71~79세	80세만기		

주1) 피보험자 가입 당시 60세를 초과할 경우 보험가입금액 500만 원 고정

㉯ 특약

- 무배당 보철치료보장특약(갱신형)

구분	가입나이	보험기간	납입기간(납입주기)	보험가입금액
주계약과 동일				1,000만 원 (주계약 보험가입금액 이내에서 500만 원 단위)

주1) 피보험자 가입 당시 60세를 초과할 경우 보험가입금액 500만 원 고정

- 지정대리청구서비스특약, 장애인전용 보험전환특약

㉢ 계약의 갱신에 관한 사항

갱신절차	보험기간 만료일 30일 전까지 계약자에게 서면 또는 전화(음성녹음) 안내(보험료 등 변경내용) → 보험기간 만료일 15일 전까지 계약자의 별도 의사표시가 없으면 자동갱신 ※ 피보험자의 79세 계약해당일까지 갱신가능하며, 피보험자의 71세 이후에 도래하는 갱신계약의 보험기간 만료일은 피보험자의 80세 계약해당일까지로 함 → 계약자가 갱신 거절의사를 통지하면 계약 종료
갱신계약보험료	갱신계약의 보험료는 나이의 증가, 적용기초율의 변동 등의 사유로 인상될 수 있음

ⓒ 보장내용

㉮ 주계약

지급구분	지급사유
가철성의치 (틀니)치료자금	치과치료보장개시일 이후에 치아우식증(충치), 치주질환(잇몸질환) 또는 재해를 직접적인 원인으로 최초로 영구치 발거를 진단 확정 받고, 해당 영구치를 발거한 부위에 가철성의치(Denture) 치료를 받았을 때(보철물 1개당, 연간 1회한도)
임플란트치료자금	치과치료보장개시일 이후에 치아우식증(충치), 치주질환(잇몸질환) 또는 재해를 직접적인 원인으로 최초로 영구치 발거를 진단확정 받고, 해당 영구치를 발거한 부위에 임플란트(Implant) 치료를 받았을 때(영구치 발거 1개당, 연간 3개한도)
고정성가공의치 (브릿지)치료자금	치과치료보장개시일 이후에 치아우식증(충치), 치주질환(잇몸질환) 또는 재해를 직접적인 원인으로 최초로 영구치 발거를 진단확정 받고, 해당 영구치를 발거한 부위에 고정성가공의치(Bridge) 치료를 받았을 때(영구치 발거 1개당, 연간 3개한도)
크라운치료자금	치과치료보장개시일 이후에 치아우식증(충치), 치주질환(잇몸질환) 또는 재해를 직접적인 원인으로 최초로 치아에 크라운치료를 진단 확정 받고, 해당 치아에 대하여 크라운치료를 받았을 때(치아 치료 1개당, 연간 3개한도)
충전치료자금	치과치료보장개시일 이후에 치아우식증(충치), 치주질환(잇몸질환) 또는 재해를 직접적인 원인으로 최초로 치아에 충전치료를 진단 확정 받고, 해당 치아에 대하여 충전치료를 받았을 때(치아 치료 1개당)
치수치료자금	치과치료보장개시일 이후에 치아우식증(충치), 치주질환(잇몸질환) 또는 재해를 직접적인 원인으로 최초로 치아에 치수치료(신경치료)를 진단 확정 받고, 해당 치아에 대하여 치수치료(신경치료)를 받았을 때(치아 치료 1개당)
영구치발거치료자금	치과치료보장개시일 이후에 치아우식증(충치), 치주질환(잇몸질환) 또는 재해를 직접적인 원인으로 최초로 영구치 발거를 진단 확정 받고, 해당 영구치에 대하여 발거치료를 받았을 때 (영구치 치료 1개당)
치석제거치료자금	치과치료보장개시일 이후에 치석제거(스케일링)치료를 받았을 때(치료 1회당, 연간 1회한도)
구내방사선촬영자금	촬영보장개시일 이후에 구내 방사선촬영을 받았을 때(촬영 1회당)
파노라마촬영자금	촬영보장개시일 이후에 파노라마촬영을 받았을 때(촬영 1회당, 연간 1회한도)
치아관리자금	보험기간(10년)이 끝날 때까지 살아있을 때

주1) 치과치료보장개시일 및 촬영보장개시일은 계약일(부활일)부터 그 날을 포함하여 90일이 지난날의 다음 날로 함.
단, 재해를 직접적인 원인으로 치과치료, 구내 방사선촬영 또는 파노라마촬영을 받은 경우 치과치료보장개시일 및
촬영보장개시일은 계약일(부활일)로 함

④ 특약

• 무배당 보철치료보장특약(갱신형)

지급구분	지급사유
가철성의치 (틀니)치료자금	보철치료보장개시일 이후에 치아우식증(충치), 치주질환(잇몸질환) 또는 재해를 직접적인 원인으로 최초로 영구치 발거를 진단확정 받고, 해당 영구치를 발거한 부위에 가철성의치(Denture) 치료를 받았을 때(보철물 1개당, 연간 1회한도)
임플란트치료자금	보철치료보장개시일 이후에 치아우식증(충치), 치주질환(잇몸질환) 또는 재해를 직접적인 원인으로 최초로 영구치 발거를 진단확정 받고, 해당 영구치를 발거한 부위에 임플란트(Implant) 치료를 받았을 때(영구치 발거 1개당, 연간 3개한도)
고정성가공의치 (브릿지)치료자금	보철치료보장개시일 이후에 치아우식증(충치), 치주질환(잇몸질환) 또는 재해를 직접적인 원인으로 최초로 영구치 발거를 진단확정 받고, 해당 영구치를 발거한 부위에 고정성가공의치(Bridge) 치료를 받았을 때(영구치 발거 1개당, 연간 3개한도)

주1) 보철치료보장개시일은 계약일(부활일)부터 그 날을 포함하여 90일이 지난날의 다음 날로 함. 단, 재해를 직접적인 원인으로 보철치료를 받은 경우 보철치료보장개시일은 계약일(부활일)로 함

㉒ 무배당 우체국치매간병보험

㉠ 주요 특징

• 경증치매부터 중증치매까지 체계적으로 보장하는 치매전문보험
• 중증치매로 최종 진단 확정시 평생 중증치매간병생활자금 지급 및 보험료 납입 면제
• 치매 관련 특약부가 : 중증알츠하이머치매 및 특정파킨슨병 등 추가 보장
• 병이 있어도 간편심사로 가입 가능 (2종(간편심사))
• 80세 계약해당일에 생존 시 건강관리자금 지급(중증치매 미발생시)
• 세제혜택 : 근로소득자는 납입보험료(연간 100만 원 한도)에 대하여 12% 세액공제

㉡ 가입요건

㉮ 주계약

• 1종(일반심사)[표준형, 해약환급금 미지급형],
  2종(간편심사)[표준형, 해약환급금 미지급형]

가입나이	보험기간	납입기간	납입주기	가입금액(구좌수)
30세~60세	90,95,100세 만기	10,15,20년납	월납	1종 : 2,000만 원 2종 : 1,000만 원 (500만 원 단위)
61세~65세		10,15년납		
66세~70세		10년납		

주1) 1종(일반심사)과 2종(간편심사)의 중복가입 불가
주2) 피보험자가 가입당시 66세 이상인 경우 보험가입금액 1,000만 원(2종은 500만 원) 한도

ⓘ 특약

- 무배당 중증치매간병비특약[1종(일반심사), 2종(간편심사)],
  무배당 중증알츠하이머진단특약[1종(일반심사), 2종(간편심사)],
  무배당 중증파킨슨병진단특약[1종(일반심사), 2종(간편심사)]

특약명	가입나이, 보험기간, 보험료 납입기간	보험가입금액
(무)중증치매간병비특약		1,000만 원
(무)중증알츠하이머진단특약	주계약과 동일	(주계약 가입금액 이내에서
(무)특정파킨슨병진단특약		500만 원 단위)

주1) 1종(일반심사)는 주계약 1종(일반심사)에 한하여 부가 가능하고, 2종(간편심사)는 주계약 2종(간편심사)에 한하여 부가 가능

주2) 피보험자가 가입당시 66세 이상인 경우 보험가입금액 500만원 한도

- 무배당 뇌출혈진단특약Ⅱ, 무배당 급성심근경색증진단특약Ⅱ, 무배당 정기사망특약

특약명	가입나이, 보험기간, 보험료 납입기간	보험가입금액
(무)뇌출혈진단특약Ⅱ		2,000만 원
(무)급성심근경색증진단특약Ⅱ	주계약과 동일	(주계약 가입금액 이내에서
(무)정기사망특약		500만 원 단위)

주1) 주계약 1종(일반심사)에 한하여 부가 가능

주2) 피보험자가 가입당시 66세 이상인 경우 보험가입금액 1,000만원 한도

- 이륜자동차 운전 및 탑승 중 재해 부담보특약, 장애인전용보험전환특약

ⓒ 해약환급금 미지급형 상품에 관한 사항

1. "해약환급금 미지급형"은 보험료 납입기간 중 계약이 해지될 경우 해약환급금을 지급하지 않는 대신 "표준형"보다 저렴한 보험료로 보험을 가입할 수 있도록 한 상품임.

2. "표준형"의 해약환급금은 "보험료 및 책임준비금 산출방법서"에서 정한 방법에 따라 산출된 금액으로 해지율을 적용하지 않고 계산함.

3. "해약환급금 미지급형"의 계약이 보험료 납입기간 중 해지될 경우 해약환급금을 지급하지 않으며, 보험료 납입기간이 완료된 이후 계약이 해지되는 경우에는 "표준형"의 해약환급금과 동일한 금액을 지급함.

4. "1" 및 "3"에서 "보험료 납입기간"이란 계약일부터 보험료 납입기간이 경과하여 최초로 도래하는 계약해당일의 전일까지의 기간을 말함. 다만, 보험료의 납입이 연체된 경우 보험료 총액의 납입이 완료된 기간까지를 보험료 납입기간으로 봄.

주1) 해약환급금 미지급형 상품에 관한 사항은 주계약에 한하여 적용함

ⓔ 간편심사 상품에 관한 사항[2종(간편심사)에 한함]

- 2종(간편심사)의 경우, "간편심사"상품으로 유병력자 등 일반심사보험에 가입하기 어려운 피보험자를 대상으로 함.
- 간편심사란 보험시장에서 소외되고 있는 유병력자나 고연령자 등이 보험에 가입할 수 있도록 간소화된 계약 전 고지의무사항을 활용하여 계약심사 과정을 간소화함을 의미함.
- 간편심사 상품은 일반심사보험에 가입하기 어려운 피보험자를 대상으로 하므로, 일반심사보험보다 보험료가 다소 높으며, 일반심사를 할 경우 이 보험보다 저렴한 일반심사보험에 가입할 수 있음.(다만, 일반심사보험의 경우 건강상태나 가입나이에 따라 가입이 제한될 수 있으며 보장하는 담보에는 차이가 있을 수 있음)
- 이 상품 가입 시 간편심사상품과 일반심사보험의 보험료 수준을 비교하여 설명하고, 이에 대한 계약자 확인을 받아야 함.
- 이 상품 가입 후 계약일부터 3개월 이내에 일반심사보험 가입을 희망하는 경우, 동일한 피보험자를 대상으로 일반계약 심사를 통하여 일반심사보험에 청약할 수 있는 기회를 제공함. 다만, 본 계약의 보험금이 이미 지급되었거나 청구서류를 접수한 경우에는 그러하지 않음. 일반심사보험에 가입하는 경우에는 본 계약을 무효로 하며 이미 납입한 보험료를 보험계약자에게 돌려드림.

ⓜ 지정대리청구인 지정에 관한 사항

계약자가 본인을 위한 계약(계약자, 피보험자 및 보험수익자가 모두 동일)을 체결할 경우, 체신관서는 지정대리청구서비스 신청서를 교부하고 지정대리청구인 지정에 관련된 내용을 설명하여야 함. 다만, 전화를 이용하여 계약을 체결하는 경우에는 음성 녹음함으로써 교부 및 설명한 것으로 봄.

① 계약자는 보험금을 직접 청구할 수 없는 특별한 사정이 있을 경우를 대비하여 계약을 체결할 때 또는 계약 체결 이후에 다음 각 호의 어느 하나에 해당하는 자 중 1명을 보험금의 대리청구인(이하 "지정대리 청구인"이라 합니다)으로 지정(변경 지정 포함)할 수 있음. 다만, 지정대리청구인은 보험금 청구 시에도 다음 각 호의 어느 하나에 해당하여야 함.
  1. 피보험자와 동거하거나 피보험자와 생계를 같이 하고 있는 피보험자의 가족관계등록부상의 배우자
  2. 피보험자와 동거하거나 피보험자와 생계를 같이 하고 있는 피보험자의 3촌 이내의 친족
② 제1항에도 불구하고 지정대리청구인이 지정된 이후에 보험수익자가 변경되는 경우에는 이미 지정된 지정대리청구인의 자격은 자동적으로 상실된 것으로 봄.

ⓗ 보장내용
ⓐ 주계약

지급구분	지급사유
경도치매치료보험금	보험기간 중 치매보장개시일 이후에 "경도치매상태"로 진단되고 90일이 지난 이후에 "경도치매상태"로 최종 진단 확정 되었을 때 (단, 최초 1회에 한함)
중등도치매치료보험금	보험기간 중 치매보장개시일 이후에 "중등도치매상태"로 진단되고 90일이 지난 이후에 "중등도치매상태"로 최종 진단 확정 되었을 때 (단, 최초 1회에 한함)
중증치매치료보험금	보험기간 중 치매보장개시일 이후에 "중증치매상태"로 진단되고 90일이 지난 이후에 "중증치매상태"로 최종 진단 확정 되었을 때 (단, 최초 1회에 한함)
중증치매간병생활자금	보험기간 중 치매보장개시일 이후에 "중증치매상태"로 진단 후 90일이 지난 이후에 "중증치매상태"로 최종 진단 확정 되고, 최종 진단 확정된 날을 최초로 하여 매년 최종 진단 확정일에 살아 있을 때 (단, 최초 1회의 최종 진단 확정에 한함)
건강관리자금	보험기간 중 80세 계약해당일에 살아 있을 때 (단, 치매보장개시일 이후 80세 계약해당일 전일 이전에 "중증치매상태"로 최종 진단 확정 되었을 경우 지급하지 않음)

주1) 치매보장개시일은 계약일(부활일)부터 그 날을 포함하여 1년이 지난날의 다음 날로 함. 다만, 질병으로 인한 "경도치매상태", "중등도치매상태" 및 "중증치매상태"가 없는 상태에서 재해로 인한 뇌의 손상을 직접적인 원인으로 "경도치매상태", "중등도치매상태" 및 "중증치매상태"가 발생한 경우 치매보장개시일은 계약일(부활일)로 함

ⓑ 특약
• 무배당 중증치매간병비특약

지급구분	지급사유
중증치매간병생활자금	보험기간 중 치매보장개시일 이후에 "중증치매상태"로 진단 후 90일이 지난 이후에 "중증치매상태"로 최종 진단 확정 되고, 최종 진단 확정된 날을 최초로 하여 매년 최종 진단 확정일에 살아 있을 때(단, 최초 1회의 최종 진단 확정에 한함)

주1) 치매보장개시일은 계약일(부활일)부터 그 날을 포함하여 1년이 지난날의 다음 날로 함. 다만, 질병으로 인한 "중증치매상태"가 없는 상태에서 재해로 인한 뇌의 손상을 직접적인 원인으로 "중증치매상태"가 발생한 경우 치매보장개시일은 계약일(부활일)로 함.

• 무배당 중증알츠하이머진단특약

지급구분	지급사유
중증알츠하이머 치매치료보험금	보험기간 중 치매보장개시일 이후에 "중증알츠하이머치매상태"로 진단되고 90일이 지난 이후에 "중증알츠하이머치매상태"로 최종 진단 확정 되었을 때 (단, 최초 1회에 한함)

주1) 치매보장개시일은 계약일(부활일)부터 그 날을 포함하여 1년이 지난날의 다음 날로 함. 다만, 질병으로 인한 "중증알츠하이머치매상태"가 없는 상태에서 재해로 인한 뇌의 손상을 직접적인 원인으로 "중증알츠하이머치매상태"가 발생한 경우 치매보장개시일은 계약일(부활일)로 함.

• 무배당 중증파킨슨병진단특약

지급구분	지급사유
특정파킨슨병 치료보험금	보험기간 중 특정파킨슨병보장개시일 이후에 최초의 "특정파킨슨병"으로 최종 진단 확정되었을 때 (단, 최초 1회에 한함)

주1) 특정파킨슨병보장개시일은 계약일(부활일)부터 그 날을 포함하여 1년이 지난날의 다음 날로 함

• 무배당 뇌출혈진단특약Ⅱ

지급구분	지급사유
뇌출혈치료보험금	보험기간 중 최초의 뇌출혈로 진단이 확정 되었을 때 (단, 최초 1회에 한함)

• 무배당 급성심근경색증진단특약Ⅱ

지급구분	지급사유
급성심근경색증 치료보험금	보험기간 중 최초의 급성심근경색증으로 진단이 확정 되었을 때(단, 최초 1회에 한함)

• 무배당 정기사망특약

지급구분	지급사유
사망보험금	보험기간 중 사망하였을 때

㉓ 무배당 우체국요양보험

㉠ 주요 특징

• 장기요양(1~2등급) 진단 시 사망보험금 일부를 선지급하여 노후요양비 지원
• 비갱신형으로 설계하여 보험료 상승없이 동일한 보험료로 보험기간 만기까지 사망과 요양 보장
• 장기요양상태(1~2등급)로 간병자금 필요 시, 5년 동안 매년 생존할 경우 장기요양간병비 매월 지급 (장기요양간병비특약 가입 시, 최대 60개월 한도)
• 특약 가입 시, 장기요양 1등급부터 최대 5등급까지 진단자금을 원하는 대로 설계 가능
• 30세부터 70세까지 가입 가능
• 세제혜택 : 근로소득자는 납입한 보험료(연간 100만 원 한도)에 대하여 12% 세액공제

㉡ 가입요건

㉮ 주계약

보험기간	납입기간	가입나이		납입주기	보험가입금액
		남자	여자		
85세만기 90세만기	10년납	30~70세	30~70세	월납	1,000만 원~4,000만 원 (500만 원 단위)
	15년납	30~65세	30~65세		
	20년납	30~60세	30~60세		
	30년납	30~50세	30~50세		
100세만기	10년납	30~65세	30~63세		
	15년납	30~60세	30~58세		
	20년납	30~56세	30~54세		
	30년납	30~47세	30~46세		

주1) 피보험자가 가입 당시 60세 초과인 경우 보험가입금액 2,000만 원 한도

ⓐ 특약

특약명	보험기간, 납입기간, 가입나이	보험가입금액
(무)장기요양간병비특약	주계약과 동일	1,000만 원 (주계약 가입금액 이내에서 500만 원 단위)
(무)장기요양(1~3등급)특약		
(무)장기요양(1~4등급)특약		
(무)장기요양(1~5등급)특약		
장애인전용보험전환특약		–

주1) 피보험자가 가입 당시 60세 초과인 경우 특약보험가입금액 500만 원 한도

ⓒ 지정대리청구인 지정에 관한 사항

계약자가 본인을 위한 계약(계약자, 피보험자 및 보험수익자가 모두 동일)을 체결할 경우, 체신관서는 지정대리청구서비스신청서를 교부하고 지정대리청구인 지정에 관련된 내용을 설명함. 다만, 전화를 이용하여 계약을 체결하는 경우에는 음성녹음함으로써 교부 및 설명한 것으로 봄.

① 계약자는 보험금을 직접 청구할 수 없는 특별한 사정이 있을 경우를 대비하여 계약을 체결할 때 또는 계약 체결 이후에 다음 각 호의 어느 하나에 해당하는 자 중 1명을 보험금의 대리청구인(이하 "지정대리청구인"이라 합니다)으로 지정(변경 지정 포함)할 수 있음. 다만, 지정대리청구인은 보험금 청구시에도 다음 각 호의 어느 하나에 해당하여야 함.

    1. 피보험자와 동거하거나 피보험자와 생계를 같이 하고 있는 피보험자의 가족관계등록부상의 배우자

    2. 피보험자와 동거하거나 피보험자와 생계를 같이 하고 있는 피보험자의 3촌 이내의 친족

② 제1항에도 불구하고 지정대리청구인이 지정된 이후에 보험수익자가 변경되는 경우에는 이미 지정된 지정 대리청구인의 자격은 자동적으로 상실된 것으로 봄.

ⓓ 보장내용

    ㉮ 주계약

지급구분	지급사유	
사망보험금	사망하였을 때	장기요양보험금(1~2등급) 지급사유 발생 전 사망한 경우
		장기요양보험금(1~2등급) 지급사유 발생 후 사망한 경우
장기요양보험금 (1~2등급)	장기요양상태 보장개시일 이후에 최초로 장기요양 1등급 또는 2등급으로 진단 확정되었을 때 (단, 최초 1회에 한함)	

주1) 장기요양상태 보장개시일은 계약일(부활일)부터 그 날을 포함하여 180일이 지난날의 다음 날로 함. 단, 재해를 직접적인 원인으로 장기요양상태가 발생한 경우 장기요양상태 보장개시일은 계약일(부활일)로 함.

④ 특약

• 무배당 장기요양간병비특약

지급구분	지급사유
장기요양간병비	장기요양상태 보장개시일 이후에 최초로 장기요양 1등급 또는 2등급으로 진단 확정되고, 진단 확정된 날을 최초로 하여 5년 동안 매년 진단 확정일에 살아있을 때 (단, 최초 1회의 진단 확정에 한함) ※ 최초 1년(12개월) 보증지급 ※ 5년(60개월)을 최고한도로 지급

주1) 장기요양상태 보장개시일은 계약일(부활일)부터 그 날을 포함하여 180일이 지난날의 다음 날로 함. 단, 재해를 직접적인 원인으로 장기요양상태가 발생한 경우 장기요양상태 보장개시일은 계약일(부활일)로 함.

• 무배당 장기요양(1~3등급)특약

지급구분	지급사유
장기요양보험금 (1~3등급)	장기요양상태 보장개시일 이후에 최초로 장기요양 1등급, 2등급 또는 3등급으로 진단 확정되었을 때(단, 최초 1회에 한함)

주1) 장기요양상태 보장개시일은 계약일(부활일)부터 그 날을 포함하여 180일이 지난날의 다음 날로 함. 단, 재해를 직접적인 원인으로 장기요양상태가 발생한 경우 장기요양상태 보장개시일은 계약일(부활일)로 함.

• 무배당 장기요양(1~4등급)특약

지급구분	지급사유
장기요양보험금 (1~4등급)	장기요양상태 보장개시일 이후에 최초로 장기요양 1등급, 2등급, 3등급 또는 4등급으로 진단 확정되었을 때(단, 최초 1회에 한함)

주1) 장기요양상태 보장개시일은 계약일(부활일)부터 그 날을 포함하여 180일이 지난날의 다음 날로 함. 단, 재해를 직접적인 원인으로 장기요양상태가 발생한 경우 장기요양상태 보장개시일은 계약일(부활일)로 함.

• 무배당 장기요양(1~5등급)특약

지급구분	지급사유
장기요양보험금 (1~5등급)	장기요양상태 보장개시일 이후에 최초로 장기요양 1등급, 2등급, 3등급, 4등급 또는 5등급으로 진단 확정되었을 때 (단, 최초 1회에 한함)

주1) 장기요양상태 보장개시일은 계약일(부활일)부터 그 날을 포함하여 180일이 지난날의 다음 날로 함. 단, 재해를 직접적인 원인으로 장기요양상태가 발생한 경우 장기요양상태 보장개시일은 계약일(부활일)로 함.

㉔ 무배당 우체국온라인어린이보험

㉠ 주요 특징

• 암, 장해, 입원, 수술, 골절, 화상, 식중독 등의 각종 일상 생활 위험을 포괄적으로 보장하는 어린이 종합의료보험
• 중증질환(소아암, 중증장해 등) 고액 보장

ⓛ 가입요건

구분	가입나이	보험기간	보험료 납입기간	보험료 납입주기	가입한도액
주계약	0~15세	30세 만기	전기납	월납	1,000만 원(고정)
무배당선천이상특약Ⅱ	임신 23주 이내 태아	3년	3년	월납	1,000만 원(고정)

주1) 임신 사실이 확인된 태아도 가입 가능

ⓒ 보장내용

㉮ 주계약

지급구분	지급사유
만기축하금	보험기간이 끝날 때까지 살아 있을 때
암치료보험금	최초의 암으로 진단 확정 되었을 때 (단, 최초 1회에 한함)
	최초의 갑상선암, 기타피부암, 대장점막내암, 제자리암 또는 경계성 종양으로 진단 확정 되었을 때(단, 갑상선암, 기타피부암, 대장점막내암, 제자리암 및 경계성 종양 각각 최초 1회에 한함)
소아암치료보험금	최초의 소아암으로 진단 확정 되었을 때 (단, 최초 1회에 한함)
재활보험금	재해로 인하여 장해분류표에서 정한 각 장해지급률에 해당하는 장해상태가 되었을 때
입원급부금	질병 또는 재해로 인하여 그 직접적인 치료를 목적으로 4일 이상 입원하였을 때 (3일 초과 입원일수 1일당, 120일 한도)
수술급부금	질병 또는 재해로 인하여 그 직접적인 치료를 목적으로 수술을 받았을 때 (수술 1회당)
골절치료자금	출산손상 또는 재해로 인하여 골절상태가 되었을 때 (사고 1회당)
깁스치료자금	재해로 인하여 그 직접적인 치료를 목적으로 깁스(Cast)치료를 받았을 때 (사고 1회당)
화상치료자금	재해로 인하여 화상으로 진단이 확정되었을 때 (사고 1회당)
식중독치료자금	식중독으로 진단이 확정되고 그 직접적인 치료를 목적으로 4일 이상 입원하였을 때 (3일 초과 입원일수 1일당, 120일 한도)

㉯ 무배당 선천이상특약Ⅱ

지급구분	지급사유
선천이상입원급부금	선천이상으로 진단이 확정되고, 그 직접적인 치료를 목적으로 4일 이상 입원하였을 때 (3일 초과 입원일수 1일당, 120일 한도)
선천이상수술급부금	선천이상으로 진단이 확정되고, 그 직접적인 치료를 목적으로 수술을 받았을 때 (수술 1회당)

㉕ 무배당 우체국온라인암보험

㉠ 주요 특징

- 저렴한 보험료, 일반암 진단시 최대 3,000만 원까지 지급 (3구좌 가입 시)
- 고액암(백혈병, 뇌종양, 골종양, 췌장암, 식도암 등) 진단 시 최대 6,000만 원까지 지급 (3구좌 가입 시)
- 암 진단 시 보험료 납입 면제
- 보험료 인상없이 처음과 동일한 보험료로 보험기간 동안 보장
- 세제혜택 : 근로소득자는 납입한 보험료(연간 100만 원 한도)에 대하여 12% 세액공제

㉡ 가입요건

㉮ 주계약

가입나이	보험기간	보험료 납입기간	보험료 납입주기	가입한도액
20~50세	30년	전기납	월납	3구좌 (1구좌 단위)
20~60세	20년			

㉯ 특약

- 지정대리청구서비스특약, 장애인전용보험전환특약

㉢ 주계약 보장내용

지급구분	지급사유
암치료보험금	암보장개시일 이후에 최초의 암으로 진단이 확정되었을 때 (단, 최초 1회에 한함)
	보험기간 중 최초의 갑상선암, 기타피부암, 대장점막내암, 제자리암, 또는 경계성 종양으로 진단이 확정되었을 때 (단, 갑상선암, 기타피부암, 대장점막내암, 제자리암 및 경계성 종양 각각 최초 1회에 한함)
고액암치료보험금	암보장개시일 이후에 최초의 고액암으로 진단이 확정되었을 때 (단, 최초 1회에 한함)
항암방사선 · 약물치료 보험금	암보장개시일 이후에 암으로 진단이 확정되고 그 암의 치료를 직접목적으로 항암방사선치료 또는 항암약물치료를 받았을 때 (단, 항암방사선치료 또는 항암약물치료 둘 중 최초 1회에 한함)
	보험기간 중 갑상선암, 기타피부암, 대장점막내암, 제자리암 또는 경계성 종양으로 진단이 확정되고 그 갑상선암, 기타피부암, 대장점막내암, 제자리암 또는 경계성 종양의 치료를 직접목적으로 항암방사선 또는 항암약물치료를 받았을 때 (단, 갑상선암, 기타피부암, 대장점막내암, 제자리암 및 경계성 종양 각각에 대하여 항암방사선치료 또는 항암약물치료 둘 중 최초 1회에 한함)

주1) 암보장개시일은 계약일(부활일)부터 그 날을 포함하여 90일이 지난날의 다음 날로 함

㉖ 무배당 우체국나르미안전보험

ⓘ 주요 특징

- 운송업종사자 전용 공익형 교통상해보험
- 나이에 상관없이 성별에 따라 1회 보험료 납입으로 보장 가능 (1년 만기)
- 공익재원 지원대상자에 해당될 경우 보험료의 50% 지원
- 교통재해사고 종합 보장 : 교통재해로 인한 사망, 장해 및 교통사고에 대한 의료비(중환자실 입원 등) 보장

ⓛ 가입요건

㉮ 주계약

보험기간	가입나이	납입주기	납입기간	가입금액
1년 만기	만19~60세	연납	전기납	1,000만 원 고정

㉯ 특약

- 이륜자동차 운전 및 탑승 중 재해 부담보특약, 지정대리청구서비스특약, 장애인전용보험전환특약

ⓒ 피보험자 자격요건 : 업무상 이륜차운전자를 제외한 플랫폼 경제 운송업 종사자

※ 휴대전화 대리운전 · 배달대행 · 화물운송앱(App)등 디지털 플랫폼을 통해 일감을 받아 초단기 노동을 수행하는 종사자

ⓔ 공익재원 지원대상자(보험료 50% 지원대상자) : 보건복지부가 고시하는 기준중위소득의 80% 이하인 자, 「국민기초생활보장법」에 의한 차상위계층 이하인 자 또는 여성가족부가 고시하는 한부모가족지원대상자

ⓜ 보험료 납입에 관한 사항

이 보험의 보험료는 각 개별 보험계약자가 납입하는 것을 원칙으로 함. 단, 피보험자가 공익재원 지원대상자에 해당하는 경우 보험료의 50%를 과학기술정보통신부장관이 납입하며, 나머지 보험료는 개별 보험계약자가 납입함.

ⓗ 주계약 보장내용

지급구분	지급사유
교통재해 사망보험금	교통재해를 직접적인 원인으로 사망하였을 때
교통재해 장해급부금	장해분류표 중 동일한 교통재해를 원인으로 여러 신체부위의 합산 장해지급률이 50%이상인 장해상태가 되었을 때 (단, 최초 1회에 한함)
교통재해 중환자실입원급부금	교통재해로 인하여 그 직접적인 치료를 목적으로 중환자실에 입원하였을 때 (1일이상 입원일수 1일당, 60일 한도)
교통재해 중대수술급부금	교통재해로 인하여 그 직접적인 치료를 목적으로 중대한 수술을 받았을 때 (수술 1회당)
교통재해 응급실내원급부금	교통재해로 인하여 응급실 내원진료비 대상자가 되었을 때 (내원 1회당)

㉗ 무배당 win-win단체플랜보험

㉠ 주요 특징

- 단체에서 요구하는 보장내용 충족을 위해 다양한 특약을 구성하여 각종 사고에 대한 맞춤형 보장 설계
- 0세 및 어린이 단체도 가입 가능하고, 어린이 단체를 위한 화상, 식중독, 깁스 등 보장
- 종업원 사망보장, 복지 증진강화 및 불의의 사고에 대한 유가족의 안정적인 생활 보장을 위해 특약으로 재해·교통 재해사망보장 강화
- 세제 혜택 : 법인사업자는 근로자를 위해 납입한 보험료를 손금처리 가능

㉡ 가입요건

㉮ 주계약

가입나이	보험기간	납입기간	납입주기	보험가입금액
0~70세	1년 만기	1년납	연납	1,000만 원~4,000만 원(1,000만 원 단위)

㉯ 특약

- 무배당 단체재해사망보장특약, 무배당 단체교통재해사망보장특약

가입나이	보험기간, 납입기간, 납입주기	보험가입금액
만15~70세	주계약과 동일	1,000만 원~4,000만 원 (주계약 보험가입금액 이내에서 1,000만 원 단위)

- 무배당 단체재해장해연금특약, 무배당 단체재해입원특약, 무배당 단체재해수술특약, 무배당 단체골절치료특약, 무배당 단체깁스치료특약

가입나이	보험기간, 납입기간, 납입주기	보험가입금액
0~70세	주계약과 동일	1,000만 원(고정)

- 무배당 단체화상치료특약, 무배당 단체식중독치료특약

가입나이	보험기간, 납입기간, 납입주기	보험가입금액
0~10세	주계약과 동일	1,000만 원(고정)

- 이륜자동차 운전 및 탑승 중 재해 부담보특약, 지정대리청구서비스특약

㉢ 보험료 할인에 관한 사항

단체별 피보험자수에 따라 다음과 같이 보험료(특약보험료 포함) 할인 적용			
피보험자수	5인~20인	21인~100인	101인 이상
할인율	1%	1.5%	2.0%

ⓔ 중도추가가입에 관한 사항

- 단체 구성원의 입사 등의 사유로 피보험자의 변동이 있을 경우 보험계약자는 체신관서의 동의를 얻어 계약단체의 보험기간 중 피보험자를 추가할 수 있음. 이 경우 추가된 피보험자의 보험기간은 그 계약단체의 남은 보험기간으로 하며, 보험료 및 책임준비금 산출방법서에 의해 계산된 보험료를 적용함
- 피보험자가 가입하고자 하는 보험상품이 판매중지된 경우, 체신관서에서 인정하는 유사한 상품으로 계약을 체결할 수 있으며, 유사상품이 없는 경우에는 계약체결이 제한될 수 있음

ⓜ 계약변경에 관한 사항

- 체신관서의 승낙을 얻어 보험계약자를 변경한 경우, 변경된 계약자에게 보험가입증서(보험증권) 및 약관을 교부하고 변경된 계약자가 요청하는 경우 약관의 중요한 내용을 설명함. 보험가입금액 감액(피보험자가 보험료의 일부를 부담하는 경우에는 피보험자의 동의를 받아야 합니다)시 환급금이 없을 수 있음
- 피보험자가 피보험단체로부터 탈퇴한 경우에 계약자는 지체없이 피보험자의 탈퇴년월일 및 사유를 체신관서에 알려야 하며, 피보험자가 피보험단체로부터 탈퇴한 경우에 이 계약은 해지된 것으로 보고 해지 시 지급금액을 지급함

ⓗ 피보험자 변경에 관한 사항

- 보험계약자가 보험료를 전액 부담하는 경우(다만, 피보험자가 보험료의 일부를 부담하는 경우에는 피보험자의 동의를 받아야 함) 피보험자가 보험계약에서 보장하지 않는 사유로 사망하거나 피보험자가 퇴직 등으로 피보험단체에서 탈퇴하는 경우에는 보험계약자는 새로운 피보험자의 동의 및 체신관서의 승낙을 얻어 피보험자를 교체할 수 있음
- 피보험자 변경 시 "보험료 및 책임준비금 산출방법서"에서 정한 변경 전·후의 정산 차액을 추가납입하도록 하거나 보험계약자에게 지급함
- 변경 후 피보험자에 대한 계약 내용 및 체신관서의 승낙기준 등은 변경 전 피보험자와 동일하게 적용함. 체신관서는 새로운 피보험자가 계약에 적합하지 않은 경우 피보험자의 변경에 대한 승낙을 거절할 수 있음

ⓢ 사망보험금 청구에 관한 사항

사망보험금의 보험수익자가 피보험자의 법정상속인 이외의 자(단체 또는 단체의 대표자 등)로 지정되는 계약은 사망보험금 청구시 피보험자의 법정상속인의 확인서가 필요

ⓞ 보장내용

㉮ 주계약

지급구분	지급사유
재해장해급부금	재해로 인하여 장해분류표에서 정한 각 장해지급률에 해당하는 장해상태가 되었을 때

④ **특약**

• 무배당 단체재해사망보장특약

지급구분	지급사유
재해사망보험금	보험기간 중 재해를 직접적인 원인으로 사망하였을 때

• 무배당 단체교통재해사망보장특약

지급구분	지급사유
교통재해사망보험금	보험기간 중 교통재해를 직접적인 원인으로 사망하였을 때

• 무배당 단체재해장해연금특약

지급구분	지급사유
재해장해연금	장해분류표 중 동일한 재해로 여러 신체부위의 합산 장해지급률이 50%이상인 장해상태가 되었을 때

• 무배당 단체재해입원특약

지급구분	지급사유
재해입원급부금	보험기간 중 재해로 인하여 그 직접적인 치료를 목적으로 4일 이상 입원하였을 때 (3일 초과 입원일수 1일당, 120일 한도)

• 무배당 단체재해수술특약

지급구분	지급사유
재해수술급부금	보험기간 중 재해로 인하여 그 직접적인 치료를 목적으로 수술을 받았을 때 (수술 1회당)

• 무배당 단체골절치료특약

지급구분	지급사유
골절치료자금	보험기간 중 재해로 인하여 골절상태가 되었을 때 (사고 1회당)

• 무배당 단체화상치료특약

지급구분	지급사유
화상치료자금	보험기간 중 재해로 인하여 화상(심재성 2도 이상)으로 진단이 확정되었을 때 (사고 1회당)

• 무배당 단체식중독치료특약

지급구분	지급사유
식중독치료자금	보험기간 중 식중독으로 진단이 확정되고 그 직접적인 치료를 목적으로 4일 이상 입원하였을 때(3일 초과 입원일수 1일당, 120일 한도)

• 무배당 단체깁스치료특약

지급구분	지급사유
깁스치료자금	보험기간 중 재해로 인하여 그 직접적인 치료를 목적으로 깁스(Cast)치료를 받았을 때 (사고 1회당)

㉘ 무배당 내가만든희망보험

　㉠ 주요 특징

- 각종 질병과 사고 보장을 본인이 선택하여 설계 가능
- 3대질병 진단(최대 2,000만 원) 및 뇌경색증진단(최대 500만 원) 보장 (3대질병보장 가입 시)
- 12대성인질환 보장(생활보장 가입 시)
- 50% 장해 시 또는 3대질병 최초 진단 시 보험료 납입 면제 및 비갱신형 상품으로 보험료 변동없음(10, 20, 30년 만기)
- 20세부터 60세(30년 만기는 50세)까지 가입 가능한 건강보험
- 보험기간 중 매10년마다 생존 시 건강관리자금 지급
- 세제혜택 : 근로소득자는 납입한 보험료(연간 100만 원 한도)에 대하여 12% 세액공제

　㉡ 가입요건

　　㉮ 주계약

구분	보장종목	가입나이	보험기간	납입기간	보험가입금액
순수형 환급형	3대질병보장 생활보장 상해보장	20~50세	10,20,30년	전기납 (월납)	1,000만 원 (500만 원 단위)
		51~60세	10,20년		

주1) 3대질병보장, 생활보장, 상해보장 중 최소 1가지 이상(최대 3개)을 계약자가 선택하여 가입 가능, 순수형과 환급형의 중복가입은 불가

구분	판매형태	보장종목
환급형	질병	3대질병보장
	생활	생활보장
	상해	상해보장
	질병 · 생활	3대질병보장 + 생활보장
	질병 · 상해	3대질병보장 + 상해보장
	생활 · 상해	생활보장 + 상해보장
	질병 · 생활 · 상해	3대질병보장 + 생활보장 + 상해보장

　　㉯ 특약

- 이륜자동차 운전 및 탑승 중 재해부담보특약, 지정대리청구서비스특약, 장애인전용보험전환특약

ⓒ 주계약 보장내용(계약자가 선택하여 가입한 보장에 한해 보험금 지급)

보장종목	지급구분	지급사유
3대 질병보장	3대질병 치료보험금	암보장개시일 이후에 최초의 암으로 진단이 확정되었거나, 보험기간 중 최초의 갑상선암, 기타피부암, 대장점막내암, 제자리암, 경계성 종양, 뇌출혈 또는 급성심근경색증으로 진단이 확정되었을 때(단, 암, 갑상선암, 기타피부암, 대장점막내암, 제자리암, 경계성 종양, 뇌출혈 또는 급성심근경색증 각각 최초 1회에 한하여 지급함)
	뇌경색증 치료보험금	보험기간 중 최초의 뇌경색증으로 진단이 확정되었을 때 (단, 최초 1회에 한하여 지급함)
	건강관리자금	가입 후 매10년마다 계약해당일에 살아 있을 때 (단, 보험기간 중에만 지급)(환급형에 한함)
생활보장	12대성인질환 수술급부금	12대성인질환으로 인하여 그 직접적인 치료를 목적으로 12대성인질환 수술을 받았을 때 (수술 1회당)
	12대성인질환 입원급부금	12대성인질환으로 인하여 그 직접적인 치료를 목적으로 4일 이상 입원하였을 때(3일 초과 입원일수 1일당, 120일 한도)
	골절치료자금	재해로 인하여 골절상태가 되었을 때(사고 1회당)
	깁스치료자금	재해로 인하여 그 직접적인 치료를 목적으로 깁스(Cast)치료를 받았을 때(사고 1회당)
	응급실내원급부금	응급실 내원 진료비 대상자에 해당하였을 때 (내원 1회당)
	화상치료자금	재해로 인하여 화상으로 진단이 확정되었을 때 (사고 1회당)
	결핵치료자금	보험기간 중 최초의 결핵으로 진단이 확정되었을 때 (단, 최초 1회에 한하여 지급함)
	건강관리자금	가입 후 매10년마다 계약해당일에 살아 있을 때 (단, 보험기간 중에만 지급)(환급형에 한함)
상해보장	재해장해급부금	재해로 인하여 장해분류표에서 정한 각 장해지급률에 해당하는 장해상태가 되었을 때
	재해장해연금	장해분류표 중 동일한 재해로 여러 신체부위의 합산 장해지급률이 50% 이상인 장해상태가 되었을 때
	재해입원급부금	재해로 인하여 그 직접적인 치료를 목적으로 4일 이상 입원하였을 때(3일 초과 입원일수 1일당, 120일 한도)
	재해수술급부금	재해로 인하여 그 직접적인 치료를 목적으로 수술을 받았을 때(수술 1회당)
	건강관리자금	가입 후 매10년마다 계약해당일에 살아 있을 때(단, 보험기간 중에만 지급)(환급형에 한함)

주1) 암보장개시일은 계약일(부활일)부터 그 날을 포함하여 90일이 지난날의 다음 날로 함

(3) 저축성 상품

① 무배당 청소년꿈보험

㉠ 주요 특징

- 공익보험으로 특정 피보험자 범위에 해당하는 청소년에게 무료로 보험가입 혜택을 주어 학자금을 지급하는 교육보험

㉡ 가입요건

보험기간	가입나이	보험료 납입기간	보험료 납입주기	가입한도액
5년만기	만6~17세	일시납	일시납	250만 원 (생존학자금 50만 원 기준)

주1) 보험계약자는 과학기술정보통신부장관으로 함

㉢ 피보험자 범위 : 이 보험의 피보험자는 가정위탁을 받는 청소년, 아동복지 시설의 수용자, 「북한이탈주민의 보호 및 정착 지원에 관한 법률」의 적용을 받는 탈북청소년 등 과학기술정보통신부장관이 별도로 정한 바에 따른다.

㉣ 보장내용

지급구분	직급사유
생존학자금	보험계약일부터 매년 계약해당일에 살아 있을 때
입원급부금	질병 또는 재해로 인하여 그 치료를 직접목적으로 4일 이상 입원하였을 때 (3일 초과 입원일수 1일당, 120일 한도)

② 무배당 그린보너스 저축보험

㉠ 주요 특징

- 실세금리 적용 : 적립부분 순보험료를 신공시이율Ⅳ로 부리·적립하며, 시중금리가 떨어지더라도 최저 1.0% 금리 보증
- 만기 유지 시 계약일부터 최초 1년간 보너스금리 추가 제공

3년 만기	5년 만기	10년 만기
0.3%	0.5%	1.0%

- 절세형 상품 : 관련 세법에서 정하는 요건에 부합하는 경우 일반형은 이자소득이 비과세되고 금융소득종합과세에서도 제외되며, 비과세종합저축은 「조세특례제한법」 제88조의2에서 정한 노인 및 장애인 등의 계약자에게 만기 뿐만 아니라 중도해약 시에도 이자소득 비과세
- 예치형, 적립형 및 보험기간(3년, 5년, 10년)에 따라 단기목돈 마련, 교육자금, 노후설계자금 등 다양한 목적의 재테크 수단으로 활용

ⓛ 가입요건

㉮ 주계약

보험종류		보험기간	가입나이	납입기간	납입주기
일반형	예치형	3년, 5년, 10년만기	0세 이상	일시납	일시납
	적립형	3년, 5년만기		전기납	월 납
		10년만기		5년납, 전기납	
비과세 종합저축	예치형	3년, 5년, 10년만기		일시납	일시납
	적립형	3년, 5년만기		전기납	월 납
		10년만기		5년납, 전기납	

주1) 비과세종합저축 계약자는 「조세특례제한법」 제88조의2 제1항에서 정한 요건을 충족해야 가능(직전 3개 과세기간 중 연속하여 「소득세법」 제14조 제3항 제6호에 따른 소득의 합계액이 연 2천만 원 이하인 자로 한정)

㉯ 특약 : 지정대리청구서비스특약

ⓒ 보험료 납입한도액

예치형	적립형		
	3년납	5년납	10년납
100만 원~4,000만 원	10만 원~100만 원	10만 원~60만 원	10만 원~30만 원

ⓔ 주계약 보장내용

지급구분	지급사유
만기보험금	보험기간이 끝날 때까지 살아 있을 때
장해급부금	재해로 인하여 장해상태가 되었을 때

③ 무배당 파워적립보험

㉠ 주요 특징

- 실세금리 적용 : 적립부분 순보험료를 신공시이율Ⅳ로 부리·적립하며, 시중금리가 떨어지더라도 최저 1.0% 금리 보증
- 중도에 긴급자금 필요 시 이자부담 없이 중도인출로 자금활용, 자유롭게 추가납입 가능
- 기본보험료 30만 원 초과금액에 대해 수수료를 인하함으로써 수익률 증대
- 단기납(3년, 5년)으로 납입기간 부담 완화
- 1종(만기목돈형), 2종(이자지급형) 및 보험기간(3년, 5년, 10년)에 따라 단기목돈마련, 교육자금, 노후설계자금 등 다양한 목적의 재테크 수단으로 활용
- 절세형상품 : 관련 세법에서 정하는 요건에 부합하는 경우 이자소득 비과세 혜택

ⓛ 가입요건

㉮ 주계약

보험종류	보험기간	가입나이	납입기간	납입주기
1종(만기목돈형)	3년, 5년	0세 이상	3년, 전기납	월납
	10년		5년, 전기납	
2종(이자지급형)	10년		5년	

㉯ 특약 : 지정대리청구서비스특약

ⓒ 기본보험료 납입한도액

구분	기본보험료 한도		
	3년납	5년납	10년납
1종(만기목돈형)	5만 원~100만 원	5만 원~50만 원	5만 원~30만 원
2종(이자지급형)	5만 원~50만 원		

ⓔ 추가납입보험료 한도액 : 보험기간 중 납입할 수 있는 1회 납입 가능한 추가납입보험료의 납입한도는 시중금리 등 금융환경에 따라 "기본보험료 × 200% × 해당년도 가입경과월수 - 해당년도 이미 납입한 추가납입보험료" 이내에서 체신관서가 정한 한도로 함. 단, 보험료 납입기간 후에는 추가납입 불가능

※ 해당년도 가입경과월수는 가입할 때(가입이후 다음연도부터는 매년 1월)를 1개월로 하고, 이후 해당 월 기본보험료를 납입할 때마다 1개월씩 증가(최대 12개월)

ⓜ 주계약보장내용

지급구분	지급사유
만기보험금	보험기간이 끝날 때까지 살아 있을 때
장해급부금	재해로 인하여 장해상태가 되었을 때

ⓗ 중도인출금에 대한 사항

㉮ 1종(만기목돈형)의 경우 계약일 이후 1년이 지난 후부터 보험기간 중에 보험년도 기준 연 12회에 한하여 적립금액의 일부를 인출할 수 있으며, 1회에 인출할 수 있는 최고 한도는 인출 당시 해약환급금의 80%를 초과할 수 없음. 또한 총 인출금액은 계약자가 실제 납입한 보험료 총액을 초과할 수 없음

㉯ 2종(이자지급형)의 경우 기본보험료의 납입을 완료하고 계약이 유효한 때에는 기본보험료 납입 완료 후 최초 도래하는 계약해당 일부터 매년 계약해당일 시점의 적립금액에서 해당 시점에서 계산한 만기시점 기준 총 납입보험료의 현재가치(최저보증이율로 할인)를 제외한 금액을 매년 계약해당일의 신공시이율Ⅳ를 적용하여 잔여기간 동안 연단위로 분할하여 계산한 금액을 중도인출금으로 지급함

④ 무배당 우체국온라인저축보험

㉠ 주요 특징

- 가입 1개월 유지 후 언제든지 해약해도 납입보험료의 100% 이상을 보장하는 신개념 저축보험
- 경과이자에 비례하여 사업비를 공제하므로, 신공시이율Ⅳ가 변동되면 사업비 공제금액(상한금액 설정)도 함께 변동
- "신공시이율Ⅳ"(최저보증이율 1.0%)로 부리 적립 등 실세금리 반영
- 중도에 긴급자금 필요 시 이자부담 없이 중도인출로 자금활용, 자유롭게 추가납입으로 고객편의 제공
- 관련 세법이 정한 바에 따라 보험차익 비과세 요건 충족 시 이자소득세가 전액 면제되고 금융소득종합과세 대상에서도 제외

㉡ 가입요건

㉮ 주계약

가입나이	보험기간	기본보험료 납입기간	기본보험료 납입주기	추가납입보험료 납입주기
만19세~65세	1년	전기납	월납	수시납
	3년			
	5년	3년납, 전기납		
	10년	5년납, 전기납		

㉯ 특약 : 지정대리청구서비스특약

㉢ 기본보험료 납입한도액

구분	기본보험료 한도			
	1년납	3년납	5년납	10년납
기본보험료	1만 원~300만 원	1만 원~100만 원	1만 원~50만 원	1만 원~30만 원

㉣ 추가납입보험료 한도액

보험기간 중 납입할 수 있는 1회 납입 가능한 추가납입보험료의 납입한도는 시중금리 등 금융환경에 따라 "기본보험료 × 200% × 해당년도 가입경과월수 − 해당년도 이미 납입한 추가납입보험료" 이내에서 체신관서가 정한 한도로 함. 단, 보험료 납입기간 후에는 추가납입이 불가능

※ 해당년도 가입경과월수는 가입할 때(가입이후 다음연도부터는 매년 1월)를 1개월로 하고, 이후 해당 월 기본보험료를 납입할 때마다 1개월씩 증가(최대 12개월)

㉤ 주계약 보장내용

지급구분	지급사유
만기보험금	보험기간이 끝날 때까지 살아 있을 때
장해급부금	재해로 인하여 장해상태가 되었을 때

ⓗ 중도인출금에 대한 사항 : 계약일 이후 1개월이 지난 후부터 보험기간 중에 보험년도 기준 연 12회에 한하여 적립금액의 일부를 인출할 수 있으며, 1회에 인출할 수 있는 최고 한도는 인출 당시 해약환급금의 80%를 초과할 수 없음. 또한 총 인출금액은 계약자가 실제 납입한 보험료 총액을 초과할 수 없음

⑤ 무배당 알찬전환특약

  ㉠ 주요 특징

  - 만기보험금 재예치로 알찬 수익 보장
  - 적립부분 순보험료를 신공시이율Ⅳ로 부리하여 시중금리 하락과 관계없이 최저 1.0% 금리보증
  - 보험기간을 2, 3, 4, 5, 7, 10년으로 다양화하여 학자금, 결혼비용, 주택마련자금, 사업자금 등 경제적 필요에 맞춰 자유롭게 선택 가능하며 다양한 목적의 재테크 수단으로 활용

  ㉡ 가입가능계약 : 에버리치복지보험(일반형), 무배당 에버리치복지보험(일반형), 복지보험, 파워적립보험, 무배당 파워적립보험, 무배당 빅보너스저축보험 및 무배당 그린보너스저축보험(일반형) 중 유효계약으로 무배당 알찬전환특약을 신청한 계약

  ㉢ 가입요건

보험기간	가입나이	납입기간	일시납보험료
2년 만기 3년 만기 4년 만기 5년 만기 7년 만기 10년 만기	0세 이상	일시납	전환전계약의 만기보험금과 배당금 합계액

  ㉣ 가입신청일 : 전환 전 계약의 만기일 1개월 전 ~ 만기일 전일

  ㉤ 보장내용

지급구분	지급사유
만기보험금	만기 생존 시
장해급부금	재해로 장해 시

(4) 연금보험

① 무배당 우체국연금보험

㉠ 주요 특징

- 실세금리 등을 반영한 신공시이율IV로 적립되며, 시중금리가 하락하더라도 최저 1.0% (다만, 가입 후 10년 초과시 0.5%)의 금리 보장
- 다양한 목적의 재테크 기회로 활용
- 종신연금형 : 평생 연금수령을 통한 생활비 확보 가능, 조기 사망 시 20년 또는 100세까지 안정적인 연금 수령
- 상속연금형 / 확정기간연금형 : 연금개시 후에도 해지 가능하므로 다양한 목적자금으로 활용 가능
- 더블연금형 : 연금개시 후부터 80세 계약해당일 전일까지 암, 뇌출혈, 급성심근 경색증, 장기요양상태(2등급 이내) 중 최초 진단시 연금액 두배로 증가
- 관련 세법에서 정하는 요건에 부합하는 경우 이자소득 비과세 및 금융소득종합과세 제외
- 45세 이후부터 연금 지급 : 45세 이후부터 연금을 받을 수 있어 노후를 위한 준비

㉡ 가입요건

㉮ 주계약

구분	연금개시나이(A)	가입나이	납입기간	납입주기
종신연금형 (20년 또는 100세 보증지급)	45~75세	0~(A-5)세	일시납 5,7,10,15,20년납	일시납 월납
상속연금형				
확정기간연금형 (5년, 10년, 15년, 20년)				
더블연금형	45~70세			

㉯ 특약 : 지정대리청구서비스특약

㉢ 보험료 납입한도액

(단위 : 만 원)

가입나이	종신연금형, 상속연금형, 확정기간연금형			더블연금형		
	일시납	월납		일시납	월납	
		5년납 7년납	10년납 15년납 20년납		5년납 7년납	10년납 15년납 20년납
20세 미만	500~4,000	10~40	5~20	500~4,000	10~40	5~20
20~29세	500~6,000	10~60	5~30	500~6,000	10~60	5~25
30~39세	500~8,000	10~80	5~40	500~7,000	10~80	5~30
40~49세	500~10,000	10~100	5~50	500~7,500	10~90	5~35
50세 이상	500~10,000	10~120	5~50	500~8,500	10~100	5~40

ⓔ 주계약 보장내용

지급구분			지급사유	지급액	
제1보험기간	장해급부금		재해로 인하여 장해상태가 되었을 때	일시납	일시납 보험료의 20% × 해당 장해지급률
				월납	월납 보험료의 20배 × 해당 장해지급률
제2보험기간	생존연금	종신연금형	매년 계약해당일에 살아 있을 때	연금지급개시일의 적립금액을 기준으로 계산한 금액을 매년 지급(20년 또는 100세 보증지급)	
		상속연금형	매년 계약해당일에 살아 있을 때	연금지급개시일의 적립금액을 기준으로 계산한 이자 상당액(사업비 차감)을 매년 지급	
		확정기간 연금형	매년 계약해당일에 살아 있을 때	연금지급개시일의 적립금액을 기준으로 계약자가 선택한 연금지급기간 동안 나누어 계산한 금액을 연금지급기간 동안 매년 지급	
	더블연금	더블연금형 기본연금	연금지급기간(5년, 10년, 15년, 20년)의 매년 계약해당일	연금지급개시일의 적립금액을 기준으로 계산한 금액을 매년 지급(20년 보증지급)	
		더블연금형 더블연금	연금개시나이 계약해당일부터 80세 계약해당일 전일까지 암, 뇌출혈, 급성심근경색증, 장기요양상태(1~2등급) 중 최초로 진단이 확정되었을 때	진단확정 이후 최초 도래하는 기본연금 지급일부터 기본연금 연금연액의 100%를 매년 지급(20년 확정)	

② 우체국연금저축보험

㉠ 주요 특징

- 실세금리 등을 반영한 신공시이율Ⅳ로 적립되며, 시중금리가 하락하더라도 최저 1.0%(다만, 가입 후 10년 초과 시 0.5%)의 금리 보장
- 니즈에 맞는 연금지급형태 선택으로 종신(종신연금형) 또는 확정기간(확정기간연금형)동안 안정적인 연금 지급
- 관련 세법이 정한 바에 따라 납입한 보험료에 대하여 세액공제[종합소득금액이 1억 원(근로소득만 있는 경우에는 총급여액 1억 2천만 원) 이하인 경우 납입금액 중 연간 400만원 한도(단, 2022년 12월 31일까지는 금융소득금액 2천만 원을 초과하지 않는 만50세 이상 거주자의 경우 연간 600만 원 한도), 종합소득금액이 1억원(근로소득만 있는 경우에는 총급여액 1억 2천만 원) 초과인 경우 연간 300만 원 한도로 납입금액의 12% 또는 15%] 혜택을 제공
- 추가납입제도로 자유롭게 추가납입 가능
- 유배당 상품 : 배당상품으로 향후 운용이익금 발생 시 배당혜택 제공

ⓛ 가입요건

㉮ 주계약

연금개시 나이(A)	가입나이	기본보험료		추가납입보험료 납입주기
		납입기간	납입주기	
만55~80세	0~(A-5)세	5년~전기납	월 납	수시납

㉯ 특약 : 지정대리청구서비스특약

ⓒ 보험료 납입한도액

㉮ 기본보험료

납입한도액	
10년납 미만	10만 원~75만 원(1천 원 단위)
10년납 이상	5만 원~75만 원(1천 원 단위)

㉯ 추가납입보험료

• 추가납입보험료는 계약일 이후 1개월이 지난 후부터 (연금개시나이-1)세 계약 해당일 까지 납입 가능
• 추가납입보험료의 연간 납입한도는 연간 총 기본보험료의 2배 이내. 단, 추가납입보험료의 최고한 도는 기본보험료 총액(기본보험료×12×기본보험료 납입기간)의 2배로 함
  ※ 단, 관련 법령에서 정한 한도를 초과하여 납입할 수 없음

ⓓ 주계약 보장내용

지급구분		지급사유	지급액
생존 연금	종신연금형	제2보험기간 중 매년 계약해당 일에 살아 있을 때	연금지급개시일의 적립금액을 기준으로 계산한 금액을 매년 지급(20년 보증지급)
	확정기간 연금형	제2보험기간 중 연금지급기간 (10년, 15년, 20년)의 매년 계 약해당일	연금지급개시일의 적립금액을 기준으로 계약자가 선택한 연금 지급기간동안 나누어 계산한 금액을 연금지급기간 동안 매년 지급

주1) 제1보험기간 : 계약일~연금개시나이 계약해당일 전일
주2) 제2보험기간 : (종신연금형) 연금개시나이 계약해당일~종신
　　　　　　　　　(확정기간연금형) 연금개시나이 계약해당일~최종연금 지급일

③ 무배당 우체국연금저축보험(이전형)

　　㉠ 주요 특징

- 실세금리 등을 반영한 신공시이율Ⅳ로 적립되며, 시중금리가 하락하더라도 최저 1.0%(다만, 가입 후 10년 초과 시 0.5%)의 금리 보장
- 고객 니즈에 맞는 연금지급형태 선택으로 종신(종신연금형) 또는 확정기간(확정기간연금형)동안 안정적인 연금 지급
- 관련 세법이 정한 바에 따라 납입한 보험료에 대하여 세액공제 [종합소득금액이 1억원(근로소득만 있는 경우에는 총급여액 1억 2천만 원) 이하인 경우 납입금액 중 연간 400만 원 한도(단, 2022년 12월 31일까지는 금융소득금액 2천만 원을 초과하지 않는 만50세 이상 거주자의 경우 연간 600만 원 한도), 종합소득금액이 1억 원(근로소득만 있는 경우에는 총급여액 1억 2천만 원) 초과인 경우 연간 300만 원 한도로 납입금액의 12% 또는 15%] 혜택 제공
- 추가납입제도로 자유롭게 추가납입 가능

　　㉡ 가입요건

　　　㉮ 주계약

연금개시 나이(A)	가입나이	기본보험료		추가납입보험료 납입주기
		납입기간	납입주기	
만55~80세	0~(A)세	일시납	일시납	–
	0~(A−1)세	1년~전기납	월 납	수시납

주1) 무배당 우체국연금저축보험(이전형)으로의 가입은 「소득세법 시행령」에서 정하는 연금저축계좌 범위에 속하는 다른 금융기관의 연금저축을 이전받는 경우에 한함

　　　㉯ 특약 : 지정대리청구서비스특약

　　㉢ 보험료 납입한도액

　　　㉮ 기본보험료

		납입한도액
일시납		한도 없음
월납	10년납 미만	10만 원~75만 원(1천 원 단위)
	10년납 이상	5만 원~75만 원(1천 원 단위)

　　　㉯ 추가납입보험료

- 추가납입보험료는 계약일 이후 1개월이 지난 후부터 (연금개시나이−1)세 계약 해당일 까지 납입가능하며, "월납계약"과 함께 가입할 경우에 한하여 납입 가능
- 추가납입보험료의 연간 납입한도는 연간 총 월납 기본보험료의 2배 이내. 단, 추가납입보험료의 최고 한도는 월납 기본보험료 총액(월납 기본보험료×12×월납 기본보험료 납입기간)의 2배로 함
  ※ 단, 관련 법령에서 정한 한도를 초과하여 납입할 수 없음

ⓔ 주계약 보장내용

지급구분		지급사유	지급액
생존 연금	종신연금형	제2보험기간 중 매년 계약해당일에 살아 있을 때	연금지급개시일의 적립금액을 기준으로 계산한 금액을 매년 지급 (20년 보증지급)
	확정기간 연금형	제2보험기간 중 연금지급기간(10년, 15년, 20년)의 매년 계약해당일	연금지급개시일의 적립금액을 기준으로 계약자가 선택한 연금 지급기간 동안 나누어 계산한 금액을 연금지급기간 동안 매년 지급

주1) 제1보험기간 : 계약일~연금개시나이 계약해당일 전일
주2) 제2보험기간 : (종신연금형) 연금개시나이 계약해당일~종신
            (확정기간연금형) 연금개시나이 계약해당일~최종연금 지급일

④ 무배당 우체국온라인연금저축보험

㉠ 주요 특징

- 실세금리를 반영한 높은 금리로 부리 적립(가입 후 10년 이내 1.0%, 10년 초과 0.5% 최저보증)
- 만55세부터 80세까지 연금개시 나이 선택가능
- 다양한 연금형태 제공 : '종신연금형'과 '확정기간연금형' 중 여건에 맞는 연금형태 선택 가능
- 추가납입제도로 자유롭게 추가납입 가능

※ 관련 세법이 정한 바에 따라 납입한 보험료에 대하여 세액공제[종합소득금액이 1억 원(근로소득만 있는 경우에는 총급여액 1억 2천만 원) 이하인 경우 납입금액 중 연간 400만원 한도(단, 2022년 12월 31일까지는 금융소득금액 2천만 원을 초과하지 않는 만50세 이상 거주자의 경우 연간 600만원 한도), 종합소득금액이 1억 원(근로소득만 있는 경우에는 총급여액 1억 2천만 원) 초과인 경우 연간 300만원 한도로 납입금액의 12% 또는 15%] 혜택을 제공

㉡ 가입요건

㉮ 주계약

연금개시 나이(A)	가입나이	기본보험료		추가납입보험료 납입주기
		납입기간	납입주기	
만55~80세	만19~(A-5)세	5년~전기납	월납	수시납

㉯ 특약 : 지정대리청구서비스특약

㉢ 보험료 납입한도액

㉮ 기본보험료

	납입한도액	
월납	10년납 미만	10만 원~75만 원
	10년납 이상	5만 원~75만 원

㉯ 추가납입보험료

- 추가납입보험료는 계약일 이후 1개월이 지난 후부터 (연금개시나이-1)세 계약 해당일 까지 납입 가능
- 추가납입보험료의 연간 납입한도는 연간 총 기본보험료의 2배 이내로 하며, 최고 한도는 기본보험료 총액(기본보험료×12×기본보험료 납입기간)의 2배로 함
  ※ 단, 관련 법령에서 정한 한도를 초과하여 납입할 수 없음

ⓔ 주계약 보장내용

지급구분		지급사유	지급액
생존 연금	종신연금형	제2보험기간 중 매년 계약해당일에 살아 있을 때	연금지급개시일의 적립금액을 기준으로 계산한 금액을 매년 지급 (20년 보증지급)
	확정기간 연금형	제2보험기간 중 연금지급기간(10년, 15년, 20년)의 매년 계약해당일	연금지급개시일의 적립금액을 기준으로 계약자가 선택한 연금 지급기간 동안 나누어 계산한 금액을 연금지급기간 동안 매년 지급

주1) 제1보험기간 : 계약일~연금개시나이 계약해당일 전일
주1) 제2보험기간 : (종신연금형) 연금개시나이 계약해당일~종신
　　　　　　　　　(확정기간연금형) 연금개시나이 계약해당일~최종연금 지급일

⑤ 무배당 우체국개인연금보험(이전형)

　ㄱ 주요 특징

- 이 보험으로의 가입은 종전의 「조세특례제한법」에서 정한 바에 따라 다른 금융기관의 개인연금저축을 이전받는 경우에 한함
- 계약이전 받기 전 계약과 계약이전 받은 후 계약의 총 보험료 납입기간은 10년 이상이어야 함
- 계약이전 받기 전 이미 연금을 지급받고 있었던 계약을 이전한 경우 가입즉시부터 연금지급 개시함

　ㄴ 가입요건

　　㉮ 주계약

연금개시 나이	가입나이	납입기간	납입주기
만55~80세	만20~80세	일시납	일시납

　　㉯ 특약 : 지정대리청구서비스특약

　ㄷ 주계약 보장내용

지급구분		지급사유
제1보험기간	장해급부금	동일한 재해로 여러 신체부위의 합산 장해지급률이 50% 이상 장해 시
제2보험기간	생존연금	매년 계약해당일에 살아 있을 때 (20년 보증지급)

⑥ 어깨동무연금보험

　ㄱ 주요 특징

- 장애인전용연금보험 : 일반연금보다 더 많은 연금을 받도록 설계, 장애인의 안정적인 노후생활 보장
- 실세금리 등을 반영한 신공시이율Ⅳ로 적립되며, 시중금리가 하락하더라도 최저 1.0%(다만, 가입후 10년 초과 시 0.5%)의 금리 보장
- 보증지급기간 다양화 : 고객니즈에 맞는 보증지급기간(20년 보증지급, 30년 보증지급, 100세 보증지급) 선택 가능
- 연금개시연령 확대 : 장애인 부모의 부양능력 약화 위험 및 장애아동을 고려, 20세부터 연금수급 가능
- 유배당 상품 : 배당상품으로 향후 운용이익금 발생 시 배당혜택 제공

ⓛ 가입요건

㉮ 주계약

구분	연금개시나이(A)	가입나이	납입기간	납입주기
20년보증지급, 100세보증지급	20~80세	0~(A−5)세	5, 10, 15, 20년납	월 납
30년보증지급	20~70세			

㉯ 특약 : 지정대리청구서비스특약

ⓒ 보험료 납입한도액

가입나이	납입한도액			
	5년납	10년납	15년납	20년납
20세 미만	50만원	30만원	20만원	15만원
20~29세	60만원	40만원	30만원	20만원
30~39세	80만원	50만원	30만원	30만원
40~49세	100만원	60만원	40만원	30만원
50세 이상	120만원	80만원	50만원	40만원

ⓔ 피보험자의 자격요건 등

㉮ 장애인의 범위 : 「장애인복지법」 제2조 제1호 및 제2호에 따른 장애인으로 동법 제32조 또는 제32조의2 규정에 따라 등록된 장애인 또는 「국가유공자 등 예우 및 지원에 관한법률」에 따라 등록한 상이자

㉯ 청약 시 구비서류 : 장애인등록증, 장애인복지카드 또는 국가유공자증 사본

※ 상이자의 경우, 국가유공자증에 기재된 상이등급(1~7급)으로 확인

㉰ 보험수익자는 피보험자(장애인)와 동일하며, 변경 불가

ⓜ 주계약 보장내용

지급구분	지급사유	지급액
생존연금	제2보험기간 중 매년 계약해당일에 살아있을 때	연금지급개시일의 적립금액을 기준으로 계산한 금액을 매년 지급 (20년 보증지급, 30년 보증지급, 100세 보증지급)

주1) 제1보험기간 : 보험계약일~연금개시나이 계약해당일 전일

주2) 제2보험기간 : 연금개시나이 계약해당일~종신

(5) 우체국보험 관련 세제

① 보장성보험 관련 세제

　㉠ 개요 : 보장성보험 관련 세제로는 보장성보험료 세액공제가 있다. 이는 국민경제생활안정을 목적으로 보장성보험 가입을 유도하기 위하여 보장성보험 가입자가 납입하는 보험료에 대해 「소득세법」에 따라 종합소득산출세액에서 일정금액을 공제해 주는 제도이다.

　㉡ 보장성보험료 세액공제 대상 보험상품

구분		상품 목록
판매중지	보험료전액	다보장 · 체신건강 · 암치료 · 우체국암치료 · 평생보장암 · 종합건강 · 어린이 · (무)꿈나무(보장형) · 교통안전 · 재해안심 · 의료비보장보험 · 우체국종신 · 직장인생활보장 · 우체국건강 · 하이커버건강 · 평생OK보험 · 하이로정기 · 우체국치아보험 · 우체국암보험 · (무)100세종합보장보험 · (무)우체국장제보험 · (무)꿈나무보험 · (무)우체국큰병큰보장보험 · (무)우체국여성암보험 · (무)우체국생애맞춤보험 및 부가특약
	보험료일부	장학 · (구)연금 · 알뜰적립 · 상록보험 · 파워적립보험 · (무)장기주택마련저축보험 · (무)꿈나무보험(저축형)
판매중	보험료전액	(무)에버리치상해 · 우체국안전벨트 · (무)우체국건강클리닉 · (무)만원의행복 · (무)우체국실손의료비 · (무)우체국노후실손의료비 · (무)우체국간편실손의료비 · (무)우체국치아 · (무)어깨동무 · (무)우체국하나로OK · (무)우체국요양 · (무)우리가족암 · (무)우체국간편가입건강 · (무)우체국온라인암 · (무)우체국든든한종신 · (무)우체국실속정기 · (무)우체국온라인어린이 · (무)우체국착한안전 · (무)우체국자녀지킴이 · (무)우체국100세건강 · (무)내가만든희망보험 · (무)win-win단체플랜 · (무)우체국치매간병 · (무)우체국통합건강 · (무)우체국나르미안전 및 각 보장성 특약

　㉢ 세액공제 가능 대상자 및 공제한도액

구분	내용
대상자	근로소득자(사업소득자, 일용근로자 등은 제외)
세액공제 한도액	연간 납입보험료(100만 원 한도)의 12%(장애인전용보험은 15%)
계약요건	• 보장성보험(생존보험금 ≦ 총납입보험료)에 한함 • 실질적인 계약자 = 세액공제를 받고자하는 근로자 본인 • 피보험자 = 기본공제 대상자

주1) 실질적인 계약자 = 실제로 보험료를 납입하는 자

② 장애인전용보험 관련 세제

　㉠ 개요 : 근로소득자가 기본공제대상자 중 장애인을 피보험자 또는 보험수익자로 하는 보험을 가입한 경우, 근로소득자가 실제로 납입한 보험료(연간 100만 원 한도)의 15%에 해당하는 금액을 해당 과세기간의 종합소득산출세액에서 공제받을 수 있는 제도이다.

ⓛ 장애인 전용보험 상품 및 세부요건

구분	내용
대상상품	(무)어깨동무보험(1종, 2종, 3종) 및 장애인전용보험전환특약을 부가한 보장성보험
세액공제 한도액	연간 납입보험료(100만원 한도)의 15%
계약요건	• 피보험자 또는 보험수익자 : 기본공제대상자로서 장애인일 것 ※ 장애인의 범위 : 「장애인 복지법」 제2조에 의한 장애인 및 「국가유공자 등 예우 및 지원에 관한 법률」 제6조에 의하여 등록한 상이자 • 계약자 : 근로소득자 본인 또는 소득이 없는 가족

③ 연금저축보험 관련 세제

㉠ 연금저축보험 세액공제

㉮ 개요 : 연금저축보험 관련 세제로는 연금저축보험료에 대한 세액공제가 있다. 이는 연금저축보험에 납입하는 보험료에 대해 종합소득산출세액에서 일정금액을 공제해주어 소득세 절세 효과를 주는 대신에 연금을 수령할 때 과세를 하는 제도이다.

㉯ 연금저축보험 상품 및 대상자

구분	내용
대상상품	우체국연금저축보험
대상자	종합소득이 있는 거주자로 연금저축 가입자

㉰ 연금계좌 세액공제 납입 한도 및 공제율

종합소득금액 (총급여액)	세액공제 대상 납입한도 (퇴직연금 합산시)		공제율
	만 50세 미만	만 50세 이상 (금융소득 2천만 원 이하)	
4천만 원 이하 (5천 500만 원 이하)	400만 원 (700만 원)	600만 원 (900만 원)	15%
1억 원 이하 (1억 2천만 원 이하)			
1억 원 초과 (1억 2천만 원 초과)	300만 원 (700만 원)		12%

※ 괄호는 근로소득만 있는 경우이다.

㉱ 연금저축 세액공제 요건
• 취급 금융기관(「우체국예금·보험에 관한 법률」에 의한 체신관서)
• 연 1,800만 원 이내에서 납입할 것(체신관서는 월 75만 원 한도)
• 연금수령 개시 이후에는 보험료를 납입하지 않을 것

ⓛ 연금저축보험 중도해지 또는 연금수령 시 세제

㉮ 연금저축보험을 중도 해지하는 경우 기타소득세(지방소득세 포함 16.5%)가 부과된다.

㉯ 아래와 같이 부득이한 사유로 인한 경우 연금소득세(지방소득세 포함 3.3% ~ 5.5%)를 부과한다.

- 천재지변
- 사망
- 가입자 또는 부양가족의 3개월 이상 요양이 필요한 질병 및 부상
- 연금취급자 영업정지, 인·허가 취소, 해산 결의, 파산선고
- 해외이주
- 가입자의 파산 또는 개인회생절차 개시

㉰ 아래 연금수령 요건에 부합하는 경우 연금소득세를 부과한다(단, 연간 연금액이 연금수령한도를 초과하는 경우, 그 초과금액은 연금 외 소득으로 간주하여 기타소득세를 부과).

- 가입자가 만 55세 이후 연금수령 개시를 신청한 후 인출할 것
- 연금계좌 가입일부터 5년이 경과된 후에 인출할 것
- 과세기간 개시일 이내에서 인출할 것

  ※ 연금수령 개시를 신청한 날이 속하는 과세기간에는 연금수령 개시를 신청한 날로 함

- 연금수령한도 내에서 인출할 것

  ※ 연금수령한도 $= \dfrac{연금계좌의\ 평가액}{11 - 연금수령연차} \times \dfrac{120}{100}$

  ※ **연금수령연차** : 최초로 연금수령 할 수 있는 날이 속하는 과세기간을 기산연차로 하여 그 다음 과세기간을 누적 합산한 연차를 말하며, 연금수령연차가 11년 이상이면 위 계산식 미적용

㉱ 연간 연금액이 1,200만 원 이하인 경우 분리과세 할 수 있고, 1,200만원을 초과하면 종합과세를 한다. 이때, 연금소득에 대한 세율은 아래의 연금소득 원천징수세율과 같다.

구분	세율	
	나이(연금수령일 현재)	세율(지방소득세 포함)
연금소득자의 나이에 따른 세율	만 70세 미만	5.5%
	만70세 이상 만 80세 미만	4.4%
	만 80세 이상	3.3%
종신연금형	4.4%(지방소득세 포함)	

주1) 연금소득 원천징수 세율 각 항목을 동시 충족하는 경우 낮은 세율을 적용

ⓒ 연금소득 확정·신고 시 연금소득공제

㉮ 개요 : 연금소득의 종합소득 확정 신고 시 연금소득공제를 적용 받을 수 있다(단, 공제액이 900만 원을 초과하는 경우에는 900만 원을 공제한다.

㉯ 연금소득 공제금액

총 연금액	공제금액(900만 원 한도)
350만 원 이하	총 연금액
350만 원 초과 700만 원 이하	350만 원+(350만 원 초과금액)×40%
700만 원 초과 1,400만 원 이하	490만 원+(700만 원 초과금액)×20%
1,400만 원 초과	630만 원+(1,400만 원 초과금액)×10%

㉣ 개인연금저축 관련 세제

㉮ 2000년 12월 31일 이전에 가입된 세제적격 개인연금저축보험은 관련 세법에 의해 연간 납입보험료의 40%(72만원 한도)를 소득공제하며, 연금개시 이후 연금으로 수령 받는 연금소득에 대해 비과세가 적용된다.

㉯ 중도해지 시에는 보험차익에 대한 소득세(지방소득세 포함 15.4%)와 해지 추징세(5년 이내 해지 시, 4.4%)가 부과된다.

㉰ 개인연금저축 소득공제 요건

구분	내용
대상 상품	개인연금보험, 백년연금보험
소득공제 한도액	연간 납입액의 40% (72만 원 한도)

㉱ 천재지변, 사망, 퇴직 등 불가피한 사유로 인한 해지 시에는 보험차익에 대해 소득세를 부과하지 않는다.

㉤ 저축성보험 과세

㉮ 저축성 보험의 보험차익 비과세

- 보험차익이란 보험계약에 따라 만기에 받는 보험금·공제금 또는 계약기간 중도에 해당 보험계약이 해지됨에 따라 받는 환급금에서 납입보험료를 뺀 금액을 의미한다.
- 보험차익은 소득세법상 이자소득으로 분류되어 이자소득세(지방소득세 포함 15.4%)가 과세되지만, 아래의 요건을 충족할 경우 이자소득세가 비과세 된다.

구분	내용
저축성보험	최초로 보험료를 납입한 날부터 만기일 또는 중도해지일까지의 기간이 10년 이상으로서, 계약자 1명당 납입할 보험료 합계액이 아래 각 호의 구분에 따른 금액 이하인 저축성보험 1. 2017년 3월 31일까지 체결하는 보험계약의 경우 : 2억 원 2. 2017년 4월 1일부터 체결하는 보험계약의 경우 : 1억 원 ※ 다만, 최초납입일부터 만기일 또는 중도해지일까지의 기간은 10년 이상이지만 최초납입일부터 10년이 경과하기 전에 납입한 보험료를 확정된 기간동안 연금형태로 분할하여 지급받는 경우를 제외함

월 적립식 저축성보험	최초로 보험료를 납입한 날부터 만기일 또는 중도해지일까지의 기간이 10년 이상으로서, 아래 요건을 모두 충족하는 계약 1. 최초납입일부터 납입기간이 5년 이상인 월 적립식 계약일 것 2. 최초납입일부터 매월 납입하는 기본보험료가 균등(최초 계약한 기본보험료의 1배 이내로 기본보험료를 증액하는 경우를 포함한다)하고, 기본보험료의 선납기간이 6개월 이내일 것 3. 계약자 1명당 매월 납입하는 보험료 합계액[계약자가 가입한 모든 월 적립식 보험계약(만기에 환급되는 금액이 납입보험료를 초과하지 아니하는 보험계약으로서 기획재정부령으로 정하는 것은 제외한다)의 기본보험료, 추가로 납입하는 보험료 등 월별로 납입하는 보험료를 기획재정부령으로 정하는 방식에 따라 계산한 합계액을 말한다]이 150만 원 이하일 것 (2017년 4월 1일부터 체결하는 보험계약으로 한정한다)
종신형 연금보험	아래 요건을 모두 충족하는 계약 1. 계약자가 보험료 납입 계약기간 만료 후 55세 이후부터 사망 시까지 보험금·수익 등을 연금으로 지급받는 계약일 것 2. 연금 외의 형태로 보험금·수익 등을 지급하지 아니할 것 3. 사망 시[「통계법」제18조에 따라 통계청장이 승인하여 고시하는 통계표에 따른 성별·연령별 기대여명연수(소수점이하는 버리며, 이하 이 조에서 "기대여명연수"라 한다)이내에서 보험금·수익 등을 연금으로 지급하기로 보증한 기간(이하 이 조에서 "보증기간"이라 한다)이 설정된 경우로서 계약자가 해당 보증기간 이내에 사망한 경우에는 해당 보증기간의 종료 시를 말한다] 보험계약 및 연금재원이 소멸할 것 4. 계약자와 피보험자 및 수익자가 동일하고 최초 연금지급개시 이후 사망일 전에 중도해지할 수 없을 것 5. 매년 수령하는 연금액[연금수령 개시 후에 금리변동에 따라 변동된 금액과 이연(移延)하여 수령하는 연금액은 포함하지 아니한다]이 다음의 계산식에 따라 계산한 금액을 초과하지 아니할 것 $$\frac{\text{연금수령 개시일 현재 연금계좌 평가액}}{\text{연금수령 개시일 현재 기대여명 연수}} \times 3$$

④ 비과세종합저축(보험)에 대한 조세특례

- 노인 및 장애인 등을 대상으로 하는 비과세저축상품에 대해 아래 대상자는 1인당 저축원금 5,000만 원 이내에서 비과세가 적용된다.

구분	내용
1	만 65세 이상인 거주자
2	「장애인복지법」 제32조에 따라 등록한 장애인
3	「독립유공자 예우에 관한 법률」 제6조에 따라 등록한 독립유공자와 그 유족 또는 가족
4	「국가유공자 등 예우 및 지원에 관한 법률」 제6조에 따라 등록한 상이자(傷痍者)
5	「국민기초생활보장법」 제2조 제2호에 따른 수급자
6	「고엽제후유의증 등 환자지원 및 단체설립에 관한 법률」 제2조 제3호에 따른 고엽제후유의증환자
7	「5·18민주유공자 예우에 관한 법률」 제4조 제2호에 따른 5·18민주화운동부상자

- 단, 2020년 12월 31일까지 가입하는 경우에 한하며 해당 저축에서 발생하는 이자소득 또는 배당소득에 대해서는 소득세를 부과하지 않으며, 중도 해지 시에도 비과세가 적용된다.
- 우체국보험 중 비과세종합저축에 해당하는 상품으로는 무배당 그린보너스저축보험이 있다.

ⓗ 상속세 관련 세제

㉮ 개요 : 상속세란 사망으로 그 재산이 가족이나 친족 등에게 무상으로 이전되는 경우에 당해 상속재산에 대하여 부과하는 세금을 의미하며 다음과 같은 순위로 상속권을 부여한다.

순위	상속인	법정 상속분	비고
1순위	직계비속과 배우자	배우자 : 1.5, 직계비속 : 1	
2순위	직계존속과 배우자	배우자 : 1.5, 직계존속 : 1	제1순위가 없는 경우
3순위	형제자매	균등분할	제1, 2순위가 없는 경우
4순위	4촌 이내의 방계혈족	균등분할	제1, 2, 3순위가 없는 경우

※ 배우자는 사망자의 직계비속이 있으면 직계비속, 없으면 직계존속과 공동상속인이 되며 직계비속과 직계존속이 없는 경우 단독상속인이 된다.

㉯ 금융재산상속공제

- 개념 : 상속재산가액 중 금융재산가액이 포함되어 있을 경우 이를 상속세 과세가액에서 공제해 주는 제도이다.
- 금융재산에는 예금, 적금, 부금, 계금, 출자금, 금융신탁재산, 보험금, 공제금, 주식, 채권, 수익증권, 출자지분, 어음 등의 금액 및 유가증권 등을 모두 포함한다.
- 금융재산 상속공제액

순금융재산금액	공제 금액	비고
2천만 원 초과	순금융재산가액의 20% 또는 2천만 원 중 큰 금액	한도 2억 원
2천만 원 이하	순금융재산가액	

ⓘ 증여세 관련 세제

㉮ 개요 : 증여는 증여자가 수증자에게 무상으로 재산을 양도하는 것으로 상속세에 준하는 세금이 부여된다.

㉯ 증여재산 공제금액

증여자	공제한도액(10년간)
배우자	6억 원
직계존속	5,000만 원(미성년자는 2,000만 원)
직계비속	5,000만 원
직계 존·비속 이외 6촌 이내의 혈족, 4촌 이내의 인척	1,000만 원

㉰ 보험금의 증여의제

- 보험계약자와 보험수익자가 서로 다른 경우 계약자가 납부한 보험료 납부액에 대한 보험금 상당액을 증여재산으로 간주하여 증여세를 부과한다.

- 계약자와 보험수익자가 동일해도 보험기간동안 타인으로부터 증여받은 금액으로 보험료를 불입한 경우 보험금 상당액에서 보험료 불입액을 뺀 가액을 증여한 것으로 보아 증여세를 부과한다.
  - ㉑ 장애인이 수령하는 보험금에 대한 증여세 비과세 : 장애인을 보험금수취인으로 하는 보험 가입 시, 장애인이 수령하는 보험금에 대해 연간 4,000만 원을 한도로 증여세가 비과세 된다.
- ◎ 상속 및 증여세율

과세표준	세율
1억 원 이하	과세표준의 10%
1억원 초과 5억원 이하	1천만 원 + (1억 원을 초과하는 금액의 20%)
5억 원 초과 10억 원 이하	9천만 원 + (5억 원을 초과하는 금액의 30%)
10억 원 초과 30억 원 이하	2억 4천만 원 + (10억 원을 초과하는 금액의 40%)
30억 원 초과	10억 4천만 원 + (30억 원을 초과하는 금액의 50%)

❽ 우체국보험 모집 및 언더라이팅

(1) 우체국보험 모집 준수사항

① 보험모집 … 우체국과 보험계약이 체결될 수 있도록 중개하는 모든 행위를 의미한다. 우정사업본부장은 보험계약자의 권익보호를 위해 부당한 모집행위나 과당경쟁을 해서는 안 된다.

② 보험모집 안내자료
  - ㉠ 보험안내자료 기재사항

구분	기재사항
1	보험가입에 따른 권리·의무에 관한 주요사항
2	보험약관에서 정하는 보장에 관한 주요내용
3	해약환급금에 관한 사항
4	보험금이 금리에 연동되는 보험상품의 경우 적용금리 및 보험금 변동에 관한 사항
5	보험금 지급제한 조건
6	보험안내자료의 제작기관명, 제작일, 승인번호
7	보험 상담 및 분쟁의 해결에 관한 사항
8	보험안내자료 사용기관의 명칭 또는 보험모집자의 성명이나 명칭 그 밖에 필요한 사항
9	그 밖에 보험계약자의 보호를 위하여 필요하다고 인정되는 사항

ⓛ 보험안내자료 준수사항

구분	준수사항
1	보험안내자료에 우체국보험의 자산과 부채를 기재하는 경우 우정사업본부장이 작성한 재무제표에 기재된 사항과 다른 내용의 것을 기재하지 못한다.
2	「독점규제 및 공정거래에 관한 법률」 제23조 제1항 각 호에서 규정하는 사항, 보험계약의 내용과 다른 사항, 보험계약자에게 유리한 내용만을 골라 안내하거나 다른 보험회사 상품과 비교한 사항, 확정되지 아니한 사항이나 사실에 근거하지 아니한 사항을 기초로 다른 보험회사 상품에 비하여 유리하게 비교한 사항을 기재하지 못한다.
3	보험안내자료에 우체국보험의 장래의 이익의 배당 또는 잉여금의 분배에 대한 예상에 관한 사항을 기재하지 못한다. 다만, 보험계약자의 이해를 돕기 위하여 필요하다고 인정하는 경우에는 그러하지 아니하다.

③ 보험모집 단계별 제공서류

구분		제공 서류
1단계	보험계약 체결 권유 단계	가입설계서, 상품설명서
2단계	보험계약 청약 단계	보험계약청약서 부본, 보험약관 * 청약서 부본의 경우 전화를 이용하여 청약하는 경우에는 보험업감독규정 제4-37조 제3호에서 정한 확인서 제공으로 이를 갈음 가능
3단계	보험계약 승낙 단계	보험가입증서(보험증권)

※ 단체보험의 경우 1단계를 적용하지 않는다.

④ 설명단계별 의무사항

㉠ 일반적인 보험의 경우

구분	설명 사항
1	주계약 및 특약별 보험료
2	주계약 및 특약별로 보장하는 사망, 질병, 상해 등 주요 위험 및 보험금
3	보험료 납입기간 및 보험기간
4	보험 상품의 종목 및 명칭
5	청약의 철회에 관한 사항
6	지급한도, 면책사항, 감액지급 사항 등 보험금 지급제한 조건
7	고지의무 위반의 효과
8	계약의 취소 및 무효에 관한 사항
9	해약환급금에 관한 사항
10	분쟁조정절차에 관한 사항
11	그 밖에 보험계약자 보호를 위하여 필요하다고 인정되는 사항

ⓛ 저축성보험 계약체결 권유 의무사항 : 10일 이내에 고객이 아래의 설명을 보험모집자로부터 받았음과 이해했음에 대한 확인을 통신수단을 통해 받아야 한다.

구분	설명 의무사항
1	납입보험료 중 사업비 등이 차감된 일부 금액이 적용이율로 부리된다는 내용
2	저축성보험(금리확정형보험은 제외) 계약의 경우 사업비 수준
3	저축성보험(금리확정형보험은 제외) 계약의 경우 해약환급금
4	기타 우정사업본부장이 정하는 사항

ⓒ 체결 시부터 보험금 지급 시까지의 주요과정 및 설명사항

구분	설명 사항
보험계약 체결단계	가. 보험의 모집에 종사하는 자의 성명, 연락처 및 소속 나. 보험의 모집에 종사하는 자가 보험계약의 체결을 대리할 수 있는지 여부 다. 보험의 모집에 종사하는 자가 보험료나 고지의무사항을 대신하여 수령 할 수 있는지 여부 라. 보험계약의 승낙절차 마. 보험계약 승낙거절 시 거절사유
보험금 청구단계	가. 담당 부서 및 연락처 나. 예상 심사기간 및 예상 지급일
보험금 지급단계	심사 지연 시 지연 사유

※ 보험계약자가 설명을 거부하는 경우 설명하지 않는다.

⑤ 통신수단을 이용하여 모집할 수 있는 대상자

구분	대상자
1	통신수단을 이용한 모집에 대하여 동의한 자
2	우체국보험계약을 체결한 실적이 있는 보험계약자 또는 피보험자(통신수단을 이용한 모집당시 보험계약이 유효한 자에 한함)
3	「신용정보의 이용 및 보호에 관한 법률」에 의한 개인정보제공·활용 동의 등 적법한 절차에 따라 개인정보를 제공받거나 개인정보의 활용에 관하여 동의를 받은 경우의 해당 개인

⑥ 보험계약의 체결 또는 모집에 관한 금지행위

ⓛ 보험계약 모집 종사자는 아래의 행위를 할 수 없다.

구분	금지 행위
1	보험계약자 또는 피보험자에게 보험계약의 내용을 사실과 다르게 알리거나 그 내용의 중요한 사항을 알리지 아니하는 행위
2	보험계약자 또는 피보험자에게 보험계약의 내용의 일부에 대하여 비교대상 및 기준을 명시하지 아니하거나 객관적인 근거 없이 다른 보험계약과 비교한 사항을 알리는 행위(「표시·광고의 공정화에 관한 법률」에 의하여 허용되는 경우를 제외한다)

3	보험계약자 또는 피보험자에 대하여 보험계약의 중요한 사항을 알리는 것을 방해하거나 알리지 아니할 것을 권유하는 행위
4	보험계약자 또는 피보험자가 체신관서에 대하여 중요한 사항에 관하여 부실한 사항을 알릴 것을 권유하는 행위
5	보험계약자 또는 피보험자로 하여금 이미 성립된 보험계약(이하 이 조에서 "기존보험계약"이라 한다)을 부당하게 소멸시킴으로써 새로운 보험계약(기존보험계약과 보장내용 등이 비슷한 경우)을 청약하게 하거나 새로운 보험계약을 청약하게 함으로써 기존보험계약을 부당하게 소멸시키거나 그 밖에 부당하게 보험계약을 청약하게 하거나 이러한 것을 권유하는 행위
6	모집할 자격이 없는 자로 하여금 모집을 하도록 하거나 이를 용인하는 행위
7	모집과 관련이 없는 금융거래를 통하여 취득한 개인정보를 미리 해당 개인의 동의를 받지 아니하고 모집에 이용하는 행위

ⓛ 아래의 행위를 한 자는 위의 금지행위 5호를 위반한 것으로 본다. 이 경우 보험계약자는 6개월 이내에 새로운 보험계약을 취소하고 소멸된 기존보험계약의 부활을 청구할 수 있으며 우정관서는 특별한 사유가 없다면 부활을 승낙해야 한다.

구분	기존계약 부당소멸 행위
가	기존보험계약이 소멸된 날부터 1개월 이내에 새로운 보험계약을 청약하게 하거나 새로운 보험계약을 청약하게 한 날부터 1개월 이내에 기존보험계약을 소멸하게 하는 행위(다만, 보험계약자가 기존 보험계약 소멸 후 새로운 보험계약 체결 시 손해가 발생할 가능성이 있다는 사실을 알고 있음을 본인의 의사에 따른 행위임이 명백히 증명되는 경우는 제외)
나	기존보험계약이 소멸된 날부터 6개월 이내에 새로운 보험계약을 청약하게 하거나 새로운 보험계약을 청약하게 한 날부터 6개월 이내에 기존보험계약을 소멸하게 하는 경우로서 해당 보험계약자 또는 피보험자에게 기존보험계약과 새로운 보험계약의 아래 6가지 중요한 사항을 비교하여 알리지 아니하는 행위 1. 보험료, 보험기간, 보험료 납입주기 및 납입기간 2. 보험가입금액 및 주요 보장 내용 3. 보험금액 및 환급금액 4. 예정 이자율 중 공시이율 5. 보험 목적 6. 우정관서의 면책사유 및 면책사항

⑦ 특별이익의 제공금지

구분	특별이익 제공금지 항목
1	3만 원을 초과하는 금품
2	기초서류에서 정한 사유에 근거하지 아니한 보험료의 할인 또는 수수료의 지급
3	기초서류에서 정한 보험금액보다 많은 보험금액의 지급의 약속
4	보험계약자 또는 피보험자를 위한 보험료의 대납
5	보험계약자 또는 피보험자가 체신관서로부터 받은 대출금에 대한 이자의 대납
6	보험료로 받은 수표 등에 대한 이자상당액의 대납

(2) 우체국보험 모집자

① 우체국 보험모집자

  ㉠ 우정사업본부 소속 공무원·별정우체국직원·상시집배원

  ㉡ 우체국 FC : 우체국으로부터 위탁을 받아 우체국보험의 모집 업무를 행하는 개인

  ㉢ 우체국 TMFC : 우체국장과 위촉계약을 체결하여 TCM(Tele-Cyber Marketing)을 통해 우체국 보험을 모집하는 개인

  ㉣ 우편취급국장 : 우체국창구업무의 일부를 수탁 받은 자

  ㉤ 그 밖에 우정사업본부장이 인정한 자

② 직원의 보험모집

  ㉠ 자격요건 : 아래 표 중 각 호의 어느 하나에 해당하는 자(우체국장은 비금융 업무담당자가 금융분야로 근무를 희망할 경우나 순환근무를 시행할 경우 아래 자격요건이 있는 직원을 우선적으로 금융분야에 배치하여야 한다)

구분	자격 요건
1	우정공무원교육원장(이하 "교육원장"이라 한다)이 실시하는 보험관련 교육을 3일 이상 이수한 자
2	교육원장이 실시하는 보험모집희망자 교육과정(사이버교육)을 이수하고 우정사업본부장, 지방우정청장 또는 우체국장이 실시하는 보험 관련 집합교육을 20시간 이상 이수한 자
3	교육훈련 인증제에 따른 금융분야 인증시험에 합격한 자
4	종합자산관리사(IFP), 재무설계사(AFPK), 국제재무설계사(CFP) 등 금융분야 자격증을 취득한 자

  ㉡ 보험모집 제한 : 다음에 해당하는 직원은 보험모집을 제한해야 한다.

구분	요건
1	신규임용일 또는 금융업무 미취급 관서(타부처 포함)에서 전입일 부터 3년 이하인 자 (단, 금융업무 담당자는 제외)
2	휴직자, 수술 또는 입원치료 중인 자
3	FC 조직관리 보상금을 지급 받는 자
4	관련 규정에 따라 보험모집 비희망을 신청한 자
5	관련 규정에 따른 우체국 FC 등록 제한자
6	전년도 보험 보수교육 의무이수시간 미달자
7	최근 1년간 보험모집 신계약 실적이 없는 자

  ㉢ 업무처리 방법

    ㉮ 보험모집자는 업무 절차 및 실무에 대해 우정사업본부장이 정하는 바에 따라 처리해야 한다.

    ㉯ 우체국장은 보험모집자가 원활한 보험모집 업무를 수행할 수 있도록 보험에 관한 기초지식, 관련 법규 및 실무, 보험약관, 보험상품 내용 등에 대해 지속적인 교육을 해야 한다.

③ FC의 보험모집

　㉠ 자격요건

　　㉮ FC를 희망하는 자는 우체국FC 위촉계약 신청서를 우체국장에게 제출해야 한다.

　　㉯ 외국인의 경우 우리말을 바르게 이해하고 어휘를 정확하게 구사할 수 있어야 하며, 「출입국관리법」
　　　상 국내거주권(F-2), 재외동포(F-4), 영주자격(F-5)이 인정된 자이어야 한다.

　㉡ 우체국 FC 등록 제한자

구분	등록제한 요건
1	민법상의 무능력자
2	파산자로서 복권되지 아니한 자
3	「우체국예금·보험에 관한 법률」 및 「보험업법」에 따라 벌금 이상의 형을 선고받고 그 집행이 종료되거나 집행이 면제된 날부터 2년이 경과되지 아니한 자
4	보험모집 등과 관련하여 법령, 규정 및 준수사항 등을 위반하여 보험모집 자격을 상실한 후 3년이 경과되지 아니한 자
5	「보험업법」에 따라 보험설계사·보험대리점 또는 보험중개사의 등록이 취소된 후 5년이 경과되지 아니한 자
6	FC 위촉계약 유지 최저기준에 미달하여 위촉계약이 해지된 후 6개월이 경과되지 아니한 자
7	보험회사, 금융회사, 선불식 할부거래회사 및 다단계 판매회사 등에 종사하는 자
8	우체국의 임시직 또는 경비용역 등에 종사하는 자

　㉢ 업무 범위

구분	보험모집자
1	우체국보험 계약체결의 중개
2	계약유지를 위한 활동
3	상기 1, 2의 부대업무

(3) 보험계약의 청약

① 청약업무 개요

  ㉠ 보험계약을 체결하려는 자는 제1회 보험료와 함께 보험계약 청약서를 체신관서에 제출해야 한다.

  ㉡ 체신관서가 청약을 승낙함으로써 효력이 발생하며 청약을 거절할 경우 제1회 보험료(선납보험료 포함)를 청약자에게 반환해야 한다.

  ㉢ 체신관서가 계약을 승낙한 경우 다음의 기재사항이 포함된 보험가입증서를 작성하여 보험계약자에게 교부해야 한다.

종류	기재사항
1	보험의 종류별 명칭
2	보험금액
3	보험료
4	보험계약자(보험계약자가 2인 이상인 경우에는 그 대표자를 말한다) · 피보험자 및 보험수익자의 성명 · 주소 및 생년월일
5	보험기간 및 보험료 납입기간
6	보험가입증서의 작성연월일 및 번호
7	그 밖에 우정사업본부장이 정하는 사항

② 청약업무 프로세스

단계	프로세스
1	고객면담(상품 설명 및 우체국보험 상담설계서 작성 등)
2	고객정보 입력
3	보험계약 청약서 발행
4	① 보험계약 청약서 및 상품설명서 등 작성 ② 약관의 주요내용 설명 ③ 약관 및 보험계약 청약서 부본, 상품설명서 등 교부
5	1회보험료 입금
6	청약서류 스캔(보험계약 청약서, 상품설명서 등 청약서류 기재사항 최종확인 등)
7	완전판매모니터링(3대 기본지키기 이행여부 재확인) 및 계약적부(대상계약에 한함) 실시
8	청약심사
9	청약심사 결과(성립/거절) 안내

※ 전자청약서비스, 스마트청약서비스는 별도의 프로세스를 적용

③ 전자청약서비스

    ㉠ 개념 : 고객이 보험모집자와의 사전 상담을 통해 설계한 청약내용을 우체국보험 홈페이지에 접속하여 필수정보 입력 후 공인인증을 통해 보험계약을 체결하는 서비스

    ㉡ 전자청약이 가능한 계약은 가입설계서를 발행한 계약으로 전자청약 전환을 신청한 계약에 한하며, 가입설계일로부터 10일(비영업일 포함)이내에 한하여 전자청약을 할 수 있다.

    ㉢ 타인계약(계약자와 피보험자가 다른 경우 또는 피보험자와 수익자가 다른 경우)과 미성년자 계약 등은 전자청약이 불가능하다.

    ㉣ 불완전판매 방지를 위해 보험모집자는 3대 기본 지키기를 이행해야 한다.

    ㉤ 전자청약을 이용하는 고객은 제2회 이후 보험료 자동이체 시 0.5%의 할인이 적용된다.

> **TIP**
>
> 3대 기본 지키기
>   ㉠ 약관 및 청약서 부본 전달
>   ㉡ 약관 주요 내용 설명
>   ㉢ 계약자 및 피보험자의 자필서명

④ 스마트청약서비스

    ㉠ 개념 : 고객상담을 통해 설계한 내용을 기초로 모집자의 태블릿PC를 통해 필수정보를 입력하고, 제1회 보험료 입금까지 One-Stop으로 계약을 체결할 수 있는 서비스

    ㉡ 계약자가 성인이어야 이용 가능하다.

    ㉢ 불완전판매 방지를 위해 보험모집자는 3대 기본 지키기를 이행해야 한다.

    ㉣ 스마트청약을 이용하는 고객은 제2회 이후 보험료 자동이체 시 0.5%의 할인이 적용된다.

⑤ 우체국보험 가입대상과 보험나이

    ㉠ 우체국보험 계약체결 대상자는 국내 거주자가 원칙이다.

    ㉡ 외국인이더라도 국내에 거주 허가를 받은 사람은 우체국보험에 가입할 수 있지만, 내국인이어도 외국에 거주하는 사람은 가입할 수 없다.

    ㉢ 피보험자의 나이계산(보험나이)은 다음과 같다.

보험나이 계산방법

계약일 현재 피보험자의 실제 만 나이를 기준으로 6개월 미만의 끝수는 버리고 6개월 이상의 끝수는 1년으로 하여 계산하며, 이후 매년 계약 해당일에 나이가 증가하는 것으로 함

(다만, 계약의 무효 사유 중 만 15세 미만자의 해당하는 경우에는 실제 만 나이를 적용)

예 생년월일 : 1988년 10월 2일, 현재(계약일) : 2020년 4월 13일

    ⇒ 2020년 4월 13일 - 1988년 10월 2일 = 31년 6월 11일 = 32세

---

(4) 언더라이팅(청약심사)

① **언더라이팅 개요**

    ⊙ 체신관서는 보험계약에 대한 청약이 접수되면 피보험자의 신체적·환경적·도덕적 위험 등을 종합적으로 언더라이팅을 해야 한다.

    ⓛ 보험계약을 통해 이익을 얻기 위한 목적으로 자신의 건강상의 결함을 은닉하고 계약을 체결하는 역선택을 방지하기 위함이다.

② **계약 선택의 기준이 되는 세 가지 위험**

    ⊙ **신체적 위험** : 피보험자의 체격, 과거 병력, 현재의 건강상태 등의 차이에 의해 위험도가 달라지므로 사실 그대로를 체신관서에 알리는 것이 중요하다.

    ⓛ **환경적 위험** : 피보험자의 직업이나 업무, 취미, 운전 등에 따라 위험도가 달라지기 때문에 직장명, 부서명, 직위, 하는 일 등 구체적인 내용을 파악해야 한다.

    ⓒ **도덕적 위험(재정적 위험)** : 피보험자의 생명, 신체를 고의로 손상시켜 보험금을 부당 수취하는 행위를 막기 위해 피보험자나 보험계약자의 수입, 지위, 나이 등에 비해 보험가입금액이 너무 크거나 보험금을 받는 사람이 제3자로 되어 있는 등 부자연스러운 점이 있을 때 그에 대한 이유를 충분히 조사해야 한다.

③ **1차 언더라이팅의 중요성**

    ⊙ 보험모집자는 가장 먼저 고객을 만나 면담하는 사람이므로 피보험자의 위험을 1차적으로 선별하는 가장 중요한 1차적 언더라이터이다.

    ⓛ 1차 언더라이팅은 역선택 예방과 적절한 가입조건의 선택을 위해 가장 중요한 단계이므로 성실한 고지 이행 유도 및 고객에 대한 정확한 안내가 있어야 우체국보험 사업 안정성 강화에 기여할 수 있다.

④ **언더라이팅의 심사분류체계** … 우체국보험은 언더라이팅의 일반적 기준에 의한 심사분류체계를 수립하고, 이를 통해 다양한 피보험자의 위험정도에 따라 동일한 위험집단을 분류한다.

⑤ **언더라이팅 관련 제도**

    ⊙ **계약적부조사**

        ㉮ 적부조사자가 피보험자를 직접 면담하거나 전화를 활용해 적부 주요 확인사항을 중심으로 확인하는 것으로 계약적부조사서상에 주요 확인사항을 기재하고 피보험자가 최종 확인하는 제도이다.

        ㉯ 계약적부조사를 통해 피보험자의 위험에 대해 정확히 파악하고 고지의무위반의 조기발견과 부실계약의 예방을 할 수 있다.

        ㉰ 우체국보험은 연령, 보험종류, 직업 등 신체·환경·도덕적 기준에 의한 계약적부대상자 선정기준을 마련하여 조사를 실시하고 있다.

    ⓛ **특별조건부 계약**

        ㉮ 피보험자의 위험을 측정한 결과 표준체로 인수가 불가능 할 경우 특별조건부 인수계약으로 계약할 수 있다.

㉯ 특별조건의 종류 예시
　　　　• **특정부위 · 질병 부담보** : 피보험자의 특정부위 · 질병에 일정기간 면책기간을 설정하여 인수하는 제도
　　　　• **특약해지** : 특정질병으로 인한 생존치료금 발생 가능성이 높을 경우 주계약에 부가된 선택특약 가입분을 해지(거절)처리 하여 보험금 지급사유를 사전에 차단하는 제도
　　　　• 보험료 할증
　　　　• 보험료 감액
　　　　• 보험금 삭감
　　　㉰ 우체국보험의 경우 특정부위 · 질병 부담보, 특약해지, 보험료 할증을 적용하고 있다.
　　ⓒ **환경적 언더라이팅** : 피보험자의 직업 · 취미 · 운전 등 환경적 위험등급에 따라 담보급부별 가입한도 차등화 등을 할 수 있다.

(5) 보험계약의 성립과 효력

① **계약의 승낙 · 거절과 청약의 철회**
　　㉠ 보험계약은 계약자의 청약과 체신관서의 승낙으로 이루어진다.
　　㉡ 체신관서는 피보험자가 계약에 적합하지 않을 경우 계약을 거절하거나 별도의 조건을 부과하여 인수할 수 있다.
　　㉢ 체신관서는 계약의 청약과 제1회 보험료를 받은 경우 청약일 부터 30일 이내에 승낙 또는 거절해야 한다.
　　㉣ 계약을 승낙 할 경우 보험가입증서를 교부해야 한다(30일 이내에 통지하지 않으면 승낙된 것으로 본다).
　　㉤ 계약자는 보험가입증서를 받은 날부터 15일 이내에 청약을 철회할 수 있다(전문보험계약자가 체결한 계약은 철회할 수 없다).
　　㉥ 청약한 날부터 30일(단, 전화계약자 중 계약자의 나이가 만 65세 이상인 경우 45일)이 초과된 계약은 철회할 수 없다.
　　㉦ 청약이 철회되면 체신관서는 청약 철회를 접수한 날부터 3일 이내에 납입한 보험료를 반환해야 한다.

② **보험계약의 효력**
　　㉠ 보험계약의 성립
　　　㉮ 보장개시일은 보험자가 제1회 보험료를 받은 날부터이다.
　　　㉯ 자동이체납입의 경우 자동이체 신청에 필요한 정보를 제공한 때부터이다.
　　㉡ 보험계약의 무효
　　　㉮ 법률상 효력이 처음부터 발생하지 않은 것을 의미한다.
　　　㉯ 다음의 경우 보험계약을 무효로 하고 납입된 보험료를 반환한다.

종류	무효사유
1	타인의 사망을 보험금 지급사유로 하는 계약에서 계약을 체결할 때까지 피보험자의 서면에 의한 동의를 얻지 않은 경우(다만, 단체가 규약에 따라 구성원의 전부 또는 일부를 피보험자로 하는 계약을 체결하는 경우에는 이를 적용하지 않음. 이 때 단체보험의 보험수익자를 피보험자 또는 그 상속인이 아닌 자로 지정할 때에는 단체의 규약에서 명시적으로 정한 경우가 아니면 이를 적용함)
2	만 15세 미만자, 심신상실자 또는 심신박약자를 피보험자로하여 사망을 보험금 지급사유로 한 계약의 경우(다만, 심신박약자가 계약을 체결하거나 소속 단체의 규약에 따라 단체보험의 피보험자가 될 때에 의사능력이 있는 경우에는 계약이 유효함)
3	계약을 체결할 때 계약에서 정한 피보험자의 나이에 미달되었거나 초과되었을 경우(다만, 체신관서가 나이의 착오를 발견하였을 때 이미 계약나이에 도달한 경우에는 유효한 계약으로 보나, 제2호의 만 15세 미만자에 관한 예외가 인정되는 것은 아님)

ⓒ 보험계약의 취소
  ㉮ 계약은 성립되었으나 취소되어 그 법률 효과가 소급되어 없어짐을 의미한다.
  ㉯ 다음의 경우 체신관서는 계약에 대해 취소권을 행사할 수 있다.

보험계약 취소사유

피보험자가 청약일 이전에 암 또는 인간면역결핍바이러스(HIV) 감염의 진단 확정을 받은 후 계약자 또는 피보험자가 이를 숨기고 가입하는 등의 뚜렷한 사기의사에 의하여 계약이 성립되었음을 체신관서가 증명하는 경우에는 보장개시일부터 5년 이내(사기사실을 안 날부터는 1개월 이내)에 계약을 취소할 수 있음

  ㉰ 보험모집자가 청약 시 3대 기본 지키기 같은 의무를 이행하지 않을 경우 계약자는 계약 성립 3개월 이내에 취소권을 행사할 수 있으며 체신관서는 이미 납입한 보험료에 보험료를 받은 기간에 대하여 환급금대출이율을 연 단위 복리로 계산한 금액을 더하여 지급해야 한다.

❾ 우체국보험 계약유지 및 보험금지급

(1) 계약 유지업무

① 개요
  ㉠ 넓은 의미 : 생명보험계약의 성립 이후부터 소멸까지 전 보험기간에 생기는 모든 사무
  ㉡ 좁은 의미 : 청약업무와 보험금 지급업무를 제외한 즉시지급, 보험료수납, 계약사항 변경 및 정정, 납입 최고(실효예고안내) 등 일부사무
  ㉢ 생명보험의 보험기간은 장기적 이므로 고객에게 생기는 여러 가지 사정의 변경에 대해 보험회사가 적절히 대응하기 위해 계약유지업무가 필요하다.

② 보험료의 납입

　㉠ 우체국보험은 고객의 보험료 납입편의를 위해 납입기간, 납입주기, 납입방법 및 할인제도 등을 다양하게 운영하고 있다.

　㉡ 보험계약자는 제2회분 이후의 보험료를 약정한 납입방법으로 납입 해당 월의 납입기일까지 납입해야 한다.

　㉢ 기간에 따라 전기납, 단기납으로 분류된다.

　㉣ 체신관서는 보험료를 납입 받으면 영수증을 발행하여 교부해야 한다. 단, 금융기관을 통해 자동이체 하는 경우 해당기관에서 발행한 증빙서류(자동이체 기록 등)로 영수증을 대신할 수 있다.

　㉤ 보험료 납입주기

종류	납입방법
연납	보험료를 매년 연1회 납입하는 방법
6월납	보험료를 매년 2회, 매 6개월마다 납입하는 방법
3월납	보험료를 매년 4회, 매 3개월마다 납입하는 방법
월납	보험료를 매월 납입하는 방법
일시납	보험료를 일시에 납입

③ 보험료의 납입방법

　㉠ 창구수납 : 계약자가 우체국을 방문하여 보험료를 창구에 직접 납입하는 방법

　㉡ 자동이체

　　㉮ 우체국계좌 또는 은행계좌에서 약정일 에 보험료를 자동으로 출금하여 이체·납입하는 제도

　　㉯ 자동이체 약정은 유지중인 계약에 한해서 처리가 가능하다.

　　㉰ 예금주 본인에게만 신청·변경 권한이 있다.

　　㉱ 자동이체 신청은 체신관서, 은행, 우체국보험고객센터, 전자금융(폰뱅킹, 인터넷뱅킹, 모바일앱)에서 신청 가능하다.

　　㉲ 우체국보험은 합산자동이체 제도를 운영하고 있다.

> **TIP**
>
> 합산자동이체 … 동일 계약자의 2건 이상의 보험계약이 동일계좌에서 같은 날에 자동이체 되는 경우, 증서별 보험료를 합산하여 1건으로 출금하는 제도

　㉢ 전자금융에 의한 납입 : 인터넷 홈페이지(www.epostbank.go.kr), 폰뱅킹, 모바일(포스트페이앱 포함)을 통해 보험료를 납입할 수 있다.

　㉣ 자동화기기(CD/ATM)에 의한 납입

　　㉮ 우체국에 설치된 자동화기기를 이용하여 우체국 계좌에서 자금을 인출해 보험료를 납입하는 방법

　　㉯ 우체국에서 발행한 우체국 현금카드(제휴카드 포함) 및 IC 카드를 이용해야 한다.

　　㉰ 우체국계좌에 납입하고자 하는 보험료 상당의 잔고가 있어야 한다.

　　㉱ 연체분이나 선납도 가능하다.

ⓜ 카드납입

㉮ TM, 온라인(인터넷, 모바일)을 통해 가입한 보장성 보험계약에 한해 카드납부가 가능하다.

㉯ 초회보험료(1회), 계속보험료(2회 이후)를 대상으로 하며 부활보험료는 제외한다.

▶ **TIP** ....

TM(Tele Marketing) … 우체국 TMFC(Tele-Marketing Financial Consultant)를 통해 전화 등 통신수단을 활용하여 보험을 모집하는 영업활동

ⓗ 계속보험료 실시간이체

㉮ 고객요청 시 즉시 계약자의 계좌 또는 보험료 자동이체 계좌에서 현금을 인출하여 보험료를 납부하는 제도

㉯ 자동이체 약정여부에 관계없이 처리 가능하며, 계약상태가 정상인 계약만 가능하다.

④ 보험료 자동대출 납입제도

㉠ 보험료 미납으로 실효(해지)될 상태에 있는 보험계약에 대해 계약자의 신청이 있는 경우 해약환급금 범위 내에서 자동으로 대출하여 보험료를 납입할 수 있다.

㉡ 환급금대출금과 환급금대출이자를 합산한 금액이 해약환급금을 초과하는 경우 보험료의 자동대출납입을 지속할 수 없다.

㉢ 기간은 최초 자동대출납입일 부터 1년을 한도로 하며 그 이후의 기간에 대해서는 재신청을 해야 한다.

⑤ 보험료의 할인 … 특정한 방법으로 보험료를 내는 경우 일부를 할인함으로써 가입자에게 이익을 제공하고 보험료 납입업무를 간소화하는 제도

㉠ 선납할인

㉮ 향후의 보험료를 1개월분 이상 미리 납입하는 경우 적용되는 할인

㉯ 할인율은 해당상품 약관에서 정한 예정이율(2017. 5. 19. 이후 상품)로 계산한다.

㉡ 자동이체 할인

㉮ 보험계약자가 보험료(최초보험료 제외)를 자동이체로 납입 할 경우 보험료의 2%에 해당하는 금액의 범위에서 보험료를 할인할 수 있다.

㉯ 우체국보험은 계약체결 시기, 이체 금융기관, 청약방법 등에 따라 약 0.1% ~ 1.5%의 할인율을 적용하고 있다.

㉢ 단체납입 할인

㉮ 5명 이상의 단체를 구성하여 보험료의 단체납입을 청구할 수 있으며 이 경우 2%에 해당하는 금액의 범위에서 보험료를 할인할 수 있다.

㉯ 현재 단체계약 할인율은 우체국 자동이체납입 할인율과 동일하다.

㉰ 자동이체 할인과 중복이 불가능하다.

㉣ 다자녀 할인

㉮ 두 자녀 이상을 둔 가구에 한해 보험료의 자동이체 납입 시 할인하는 제도

ⓓ 할인은 자녀수에 따라 0.5% ~ 1.0%까지 차등적용 된다.

ⓔ 자동이체 할인과 중복할인이 가능하다.

ⓜ 의료수급권자 할인

　㉮ 의료급여 수급권자에게 실손의료비보험의 보험료를 할인하는 제도

　㉯ 의료급여 수급권자로서 증명서류를 제출해야 하며, 영업 보험료의 5%를 할인하고 있다.

ⓑ 실손의료비보험 무사고 할인 : 갱신 직전 보험기간 동안 보험금이 지급되지 않은 경우 할인하는 제도로 갱신 후 영업보험료의 5~10%를 할인하고 있다.

ⓢ 우리가족암보험 보험료 할인 : 피보험자가 B형 간염 항체 보유 시 영업보험료의 3%를 할인해 주는 B형 간염 항체보유 할인과 고혈압과 당뇨병이 모두 없을 때 영업보험료의 5%가 할인되는 우리가족암보험 3종(실버형) 건강체 할인이 있다.

ⓞ 고액계약 보험료할인

　㉮ 경제적 부담이 큰 고액보험에 대해 보험가입금액 2천만 원 이상 가입 시 주계약 보험료에 대해 1~3% 보험료 할인혜택을 적용한다.

　㉯ 고액계약 보험료할인 대상상품 : 무배당 우체국하나로OK보험, 무배당 우체국든든한종신보험, 무배당 우체국통합건강보험

　㉰ 보험가입금액 별 할인율

보험가입금액	2천~3천만 원 미만	3천~4천만 원 미만	4천만 원
할인률	1.0%	2.0%	3.0%

⑥ 보험료의 납입면제

ⓐ 보험의 종류에 따라 보험약관에서 정한 보험료의 납입 면제사유에 해당하는 경우 보험료의 납입이 면제된다.

ⓑ 보험계약자 또는 보험수익자는 의료기관에서 발행한 진단서를 체신관서에 제출해야 한다.

ⓒ 공익사업 등 별도의 목적으로 개발된 보험으로서 우정사업본부장이 정하는 보험은 제외한다.

(2) 보험계약의 효력 상실 및 부활

① 보험료의 납입유예

ⓐ 보험계약자가 보험료를 내지 않고 유예기간이 지난 때 보험계약은 효력을 잃는다.

ⓑ 납입 유예기간은 해당 월분 보험료의 납입기일부터 2개월 후 말일까지이다(마지막 날이 영업일이 아닌 경우 그 다음 날).

② 보험계약의 납입최고와 계약의 해지

ⓐ 계약자가 납입 연체중일 경우 체신관서는 납입최고(독촉)하고, 유예기간이 끝나는 날까지 납입이 되지 않으면 유예기간이 끝나는 다음 날에 계약은 해지된다.

ⓑ 체신관서의 납입최고는 유예기간이 끝나기 15일 이전까지 서면 등으로 이루어진다.

ⓒ 보험료 납입최고 안내사항

구분	안내사항
1	계약자(보험수익자와 계약자가 다른 경우 보험수익자를 포함)에게 유예기간 내에 연체보험료를 납입하여야 한다는 내용
2	유예기간이 끝나는 날까지 보험료를 납입하지 않을 경우 유예기간이 끝나는 날의 다음 날에 계약이 해지된다는 내용(이 경우 계약이 해지되는 때에는 즉시 해약환급금에서 환급금대출의 원금과 이자가 차감된다는 내용을 포함)

ⓔ 보험료 납입연체로 계약이 해지 되었을 때 보험계약자는 해약환급금을 청구하여 계약을 소멸시키거나, 부활절차를 밟고 체신관서의 승낙을 얻어 부활시킬 수 있다.

③ 보험계약의 부활

ⓐ 납입연체로 인한 해지계약이 해지환급금을 받지 않은 경우 계약자는 해지된 날부터 3년 이내에 체신관서가 정한 절차에 따라 부활을 청약할 수 있다.

ⓑ 체신관서가 부활을 승낙한 때에 계약자는 부활을 청약한 날까지의 연체된 보험료에 약관에서 정한 이자를 더하여 납입해야 한다.

(3) 보험계약의 변경 및 계약자의 임의해지

① 계약내용의 변경

ⓐ 계약자는 체신관서의 승낙을 얻어 보험료의 납입방법, 보험가입금액의 감액, 계약자, 기타계약의 내용(단, 보험종목 및 보험료 납입기간의 변경은 제외)을 변경할 수 있다.

ⓑ 보험가입금액 감액의 경우 감액된 부분은 해지된 것으로 보며, 해약환급금을 계약자에게 지급한다.

ⓒ 계약자는 보험수익자를 변경할 수 있으며 이 경우 채신관서의 승낙은 필요 없다. 단, 변경된 보험수익자가 체신관서에 권리를 대항하기 위해서는 계약자가 보험수익자가 변경되었음을 체신관서에 통지해야 한다.

ⓓ 보험수익자를 변경 할 때는 보험금의 지급사유가 발생하기 전 피보험자가 서면으로 동의해야한다.

② 계약자의 임의해지 및 피보험자의 서면동의 철회권

ⓐ 계약자는 계약 소멸 전 언제든지 계약을 해지할 수 있다.

ⓑ 계약이 해지될 경우 체신관서는 해당 상품의 약관에 따른 해약환급금을 계약자에게 지급해야 한다.

ⓒ 사망을 보험금 지급사유로 하는 계약에서 서면으로 동의를 한 피보험자는 계약의 효력이 유지되는 기간에는 언제든지 서면동의를 철회할 수 있다.

③ 중대사유로 인한 계약 해지 … 아래와 같은 사실이 있을 경우 체신관서는 그 사실을 안 날부터 1개월 이내에 계약을 해지할 수 있다. 이 경우 체신관서는 계약자에게 통지하고 약관에 따른 해약환급금을 지급한다.

구분	중대사유
1	계약자, 피보험자 또는 보험수익자가 고의로 보험금 지급사유를 발생시킨 경우
2	계약자, 피보험자 또는 보험수익자가 보험금 청구에 관한 서류에 고의로 사실과 다른 것을 기재하였거나 그 서류 또는 증거를 위조 또는 변조한 경우(다만, 이미 보험금 지급사유가 발생한 경우에는 보험금 지급에 영향을 미치지 않음)

(4) 고지의무

① 개요 … 계약자 또는 피보험자는 청약 시 청약서에서 질문한 사항에 대해 알고 있는 사실을 반드시 사실대로 알려야 한다.

② 고지의무 위반의 효과

　㉠ 체신관서는 계약자 또는 피보험자가 고지의무에도 불구하고 고의 또는 중대한 과실로 중요한 사항에 대해 사실과 다르게 알린 경우 계약을 해지하거나 보장을 제한할 수 있다.

　㉡ 고지의무 위반으로 인해 계약이 해지될 때는 해약환급금을 지급하며, 보장을 제한할 때는 보험료, 보험가입금액 등이 조정될 수 있다.

　㉢ 고지의무를 위반한 사실이 보험금 지급사유 발생에 영향을 미쳤음을 체신관서가 증명하지 못한 경우 계약의 해지 또는 보장을 제한하기 이전까지 발생한 해당 보험금을 지급한다.

　㉣ 다음의 경우 중 한 가지에 해당되는 때는 계약을 해지하거나 보장을 제한할 수 없다.

구분	해지 불가사유
1	체신관서가 계약 당시에 그 사실을 알았거나 과실로 인하여 알지 못하였을 때
2	체신관서가 그 사실을 안 날부터 1개월 이상 지났거나 또는 보장개시일부터 보험금 지급사유가 발생하지 않고 2년이 지났을 때
3	계약을 체결한 날부터 3년이 지났을 때
4	보험을 모집한 자가 계약자 또는 피보험자에게 고지할 기회를 주지 않았거나 계약자 또는 피보험자가 사실대로 고지하는 것을 방해한 경우, 계약자 또는 피보험자에게 사실대로 고지하지 않게 하였거나 부실한 고지를 권유했을 때

(5) 환급금대출

① 환급금대출

　㉠ 개요 : 해약환급금의 범위 내에서 계약자의 요구에 따라 대출해주는 제도이다.

　㉡ 대출자격 : 유효한 보험계약을 보유하고 있는 우체국보험 계약자

　㉢ 순수보장성보험 등 보험상품의 종류에 따라 대출을 제한할 수 있다.

　㉣ 연금보험의 경우 연금개시 후에는 환급금대출을 제한한다. 단, 계약해지가 가능한 연금보험은 대출을 허용할 수 있다.

ⓜ 대출기간은 환급금대출 대상계약의 보험기간(연금보험의 경우 연금개시 전)이내이다.

ⓗ 보험종류별 대출금액

구분	대출금액
1	연금 보험을 포함한 저축성 보험은 해약환급금의 최대 95%이내 (즉시연금보험 및 우체국연금보험 1종은 최대 85%이내)
2	보장성 보험은 해약환급금의 최대 85%이내(실손보험 및 교육보험은 최대 80%이내)

② 불공정 대출금지 … 채신관서는 우체국보험대출을 취급함에 있어 다음 행위를 해서는 안 된다.

㉠ 대출을 조건으로 차주의 의사에 반하여 추가로 보험가입을 강요하는 행위

㉡ 부당하게 담보를 요구하거나 연대보증을 요구하는 행위

㉢ 대출업무와 관련하여 부당한 편익을 제공받는 행위

㉣ 우월적 지위를 이용하여 이용자의 권익을 부당하게 침해하는 행위

(6) 보험금 지급

① 개요

㉠ 보험금 지급 : 보험 본연의 목적이며 체신관서가 부담해야 하는 의무

㉡ 법령 등이 정한 특정한 경우를 제외하고 보험사고 발생 시 빠른 시일 내에 보험금을 지급해야 한다.

㉢ 계약자, 피보험자, 보험수익자는 약관에서 정한 보험사고 발생을 안 때는 지체 없이 체신관서에 알려야 한다.

② 보험금의 지급청구

㉠ 보험금 청구서류

㉮ 보험금의 지급청구를 할 때는 해당하는 서류를 제출하고 보험금 또는 보험료 납입면제를 청구해야 한다.

㉯ 보험금 청구서류
- 청구서(체신관서양식)
- 사고증명서(사망진단서, 장해진단서, 진단서, 입원확인서 등)
- 신분증(본인이 아닌 경우 본인의 인감증명서 또는 본인서명사실확인서 포함)
- 기타 보험수익자 또는 계약자가 보험금 수령 또는 납입면제 청구에 필요하여 제출하는 서류
  ※ 사고증명서는 국내의 병원이나 의원 또는 국외의 의료관련법에서 정한 의료기관에서 발급한 것이어야 한다.

㉡ 즉시지급과 심사지급

㉮ 즉시지급 : 별도의 심사 또는 조사 없이 접수처리 즉시 보험금 등을 지급하는 것으로 생존보험금, 해약환급금, 연금, 학자금, 계약자 배당금 등이 있다.

㉯ 심사지급 : 보험금 지급청구 접수 시 사실증명 및 사고조사에 필요한 관계서류를 제출받아 보험금 지급의 적정여부를 심사한 후 약정한 보험금을 지급하는 것

ⓒ **보험금의 지급절차**

㉮ 체신관서가 보험금 청구서류를 접수하면 접수증을 교부(휴대전화 문자 메시지, 전자우편 등으로도 송부)하고 3영업일 이내에 보험금을 지급하거나, 보험료 납입을 면제해야 한다.

㉯ 보험금지급 또는 면제사유의 조사나 확인이 필요한 때는 접수 후 10영업일 이내에 보험금을 지급한다.

㉰ 10영업일 이내에 보험금을 지급하지 못할 것으로 예상되는 경우 구체적 사유와 지급예정일 및 보험금 가지급제도에 대해 피보험자나 보험수익자에게 즉시 통지한다.

> **TIP**
>
> **보험금 가지급제도** … 지급기한 내에 보험금이 지급되지 못할 것으로 판단될 경우 예상되는 보험금의 일부를 먼저 지급하는 제도

㉱ 아래의 보험금 지급예정일 30일 초과사유 중 하나라도 해당하지 않으면 보험금 청구서류를 접수한 날부터 30영업일 이내에서 정한다.

구분	보험금 지급예정일 30일 초과 사유
1	소송제기
2	분쟁조정신청
3	수사기관의 조사
4	해외에서 발생한 보험사고에 대한 조사
5	체신관서의 조사요청에 대한 동의 거부 등 계약자, 피보험자 또는 보험수익자의 책임 있는 사유로 보험금 지급사유의 조사와 확인이 지연되는 경우
6	보험금 지급사유 등에 대해 제3자의 의견에 따르기로 한 경우

③ **보험금을 지급하지 않는 사유**

㉠ 보험수익자나 계약자의 보험금 청구에도 불구하고 보험금 지급 면책사유 중 어느 한 가지라도 해당하는 경우 보험금을 지급하지 않거나 보험료 납입을 면제하지 않는다.

㉡ **보험금지급 면책사유**

구분	면책사유
1	피보험자가 고의로 자신을 해친 경우 ※ 다음 중 어느 하나에 해당하면 보험금을 지급하거나 보험료 납입을 면제함 　가. 피보험자가 심신상실 등으로 자유로운 의사결정을 할 수 없는 상태에서 자신을 해친 경우 　나. 계약의 보장개시일(부활의 경우 부활청약일)부터 2년이 지난 후에 자살한 경우
2	보험수익자가 고의로 피보험자를 해친 경우 ※ 보험수익자가 보험금의 일부 보험수익자인 경우에는 다른 보험수익자에 대한 보험금은 지급함
3	계약자가 고의로 피보험자를 해친 경우

④ **사망보험금 선지급제도** … 선지급서비스특칙에 의해 보험기간 중에 종합병원의 전문의 자격을 가진 자가 피보험자의 남은 생존기간이 6개월 이내라고 판단한 경우 체신관서가 정한 방법에 따라 사망보험금액의 60%를 선지급 사망보험금으로 피보험자에게 지급하는 제도

⑤ **분쟁의 조정 등**
　㉠ 계약에 관해 분쟁이 있는 경우 관계자들은 우체국보험 분쟁조정위원회의 심의조정을 받을 수 있다.
　㉡ **약관해석 원칙**
　　㉮ 신의성실의 원칙에 따라 공정하게 약관을 해석하여야 하며 계약자에 따라 다르게 해석하지 않음
　　㉯ 약관의 뜻이 명백하지 않은 경우에는 계약자에게 유리하게 해석함
　　㉰ 보험금을 지급하지 않는 사유 등 계약자나 피보험자에게 불리하거나 부담을 주는 내용은 확대하여 해석하지 않음

⑥ **소멸시효** … 보험금청구권, 보험료 반환청구권, 해약환급금청구권 및 책임준비금 반환청구권은 3년간 행사하지 않으면 소멸시효가 완성된다.

❿ 리스크관리 및 자금운용 등

(1) 리스크 관리

① **개요**
　㉠ 금융시장에서 리스크는 예측하지 못한 어떤 사실이나 행위가 자본 및 수익에 부정적인 영향을 끼칠 수 있는 잠재적인 가능성을 뜻한다.
　㉡ 리스크는 리스크관리 활동을 통해 최소화함으로써 손실 관리를 할 수 있다.
　㉢ 적절한 리스크관리를 수행하여 투자에 대한 불확실성 수준에 따른 수익을 보존할 수도 있다.

> **TIP**
> 리스크와 위험의 차이

구분	내용
리스크 (Risk)	예측하지 못한 사실 또는 행위로 인해 자본 및 수익에 부정적인 영향이 발생할 수 있는 잠재적 가능성 • 수익의 불확실성 또는 손실발생 가능성 • 불확실성 정도에 따른 보상 존재 • 통계적 방법을 통해 관리 가능 　⬚ 주식투자, 건강관리 등
위험 (Danger)	수익에 관계없이 손실만을 발생시키는 사건 • 적절한 보상이 주어지지 않음 • 회피함으로써 제거하거나 전가하는 것이 최선 　⬚ 자연재해, 화재, 교통사고 등

② 리스크의 종류

  ㉠ 주가, 금리와 같은 데이터를 활용해 산출 및 관리가 가능한 재무적 리스크와 비정형화된 리스크로서 산출 및 관리가 어려운 비재무적 리스크가 있다.

  ㉡ 리스크의 상세종류

리스크 유형		내용
재무 리스크	시장리스크	금리, 주가, 환율 등 시장변수가 불리한 방향으로 변화하여 주식, 채권, 파생상품 등의 자산가치가 감소할 수 있는 리스크
	신용리스크	거래 상대방의 채무 불이행에 따라 발생할 수 있는 손실 가능성
	금리리스크	자산, 부채의 만기 및 금리조건 불일치로 인해 금리의 변동에 따라 순자산가치가 감소할 리스크
	유동성리스크	자금의 조달, 운영기간의 불일치, 예기치 않은 자금 유출 등으로 지급불능상태에 직면할 리스크
	보험리스크	보험료 산정에 필수적인 예정기초율(예정위험율, 예정이율, 예정사업비율)과 실제 발생율의 차이로 인한 손실 발생 가능성
비재무 리스크	운영리스크	부적절하거나 잘못된 내부의 업무 절차, 인력 및 시스템 또는 외부의 사건으로부터 초래될 수 있는 손실발생 가능성

③ 리스크 관리 필요성

  ㉠ 과거에 비해 높아진 손실의 연쇄효과 : IT기술 및 금융공학의 발달, 새로운 유형의 투자 상품 개발, 전 세계 금융시장의 연결, 대규모 인수합병을 통한 금융회사 규모의 거대화

  ㉡ 국내 금융시장의 변화 : 은행 중심의 대형화·겸업화, 핀테크의 발전, 인터넷전문은행 등장

  ㉢ 보험사의 업종 간 경쟁심화로 인한 지급여력비율 하락 등

(2) 우체국보험 재무건전성 관리

① 건전경영의 유지 … 우정사업본부장은 우체국보험의 보험금 지급능력과 재무건전성 확보를 위해 다음을 준수해야 한다.

  ㉠ 자본의 적정성에 관한 사항

  ㉡ 자산의 건전성에 관한 사항

  ㉢ 그 밖에 경영의 건전성 확보를 위하여 필요한 사항

② 자본의 적정성

  ㉠ 지급여력비율을 분기별로 산출·관리해야 한다.

> **TIP**
> 지급여력비율
> 지급여력금액 : 기본자본과 보완자본을 합산한 후 차감항목을 차감하여 산출
> 지급여력기준금액 : 보험사업에 내재된 다양한 리스크를 보험·금리·시장·신용·운영 리스크로 세분화하여 측정
> 지급여력비율 = 지급여력금액 ÷ 지급여력기준금액

ⓛ 지급여력비율은 100% 이상을 유지하도록 노력해야 한다.

③ 경영개선계획

　　㉠ 우정사업본부장은 우체국보험의 지급여력비율이 100% 미만이 되어 보험금을 지급하지 못할 우려가 있다고 판단되는 경우 경영개선계획을 수립 · 시행해야 한다.

　　㉡ 경영계선계획

　　　　㉮ 인력 및 조직운영의 개선

　　　　㉯ 사업비의 감축

　　　　㉰ 재정투입의 요청

　　　　㉱ 부실자산의 처분

　　　　㉲ 고정자산에 대한 투자 제한

　　　　㉳ 계약자배당의 제한

　　　　㉴ 위험자산의 보유제한 및 자산의 처분

④ 자산의 건전성

　　㉠ 우정사업본부장은 자산건전성 분류 대상 자산에 대해 건전성을 '정상', '요주의', '고정', '회수의문', '추정손실'의 5단계로 분류해야 한다.

　　㉡ 회수의문, 추정손실로 분류된 자산(부실자산)을 조기에 헤아려 자산의 건전성을 확보해야 한다.

　　㉢ 자산건전성 분류 대상 자산

　　　　㉮ 대출채권

　　　　㉯ 유가증권

　　　　㉰ 보험미수금

　　　　㉱ 미수금 · 미수수익

　　　　㉲ 그 밖에 건전성 분류가 필요하다고 인정하는 자산

(3) 우체국보험 자금운용 등

① 보험적립금 운용

　　㉠ 보험적립금을 운용할 때는 안정성 · 유동성 · 수익성 · 공익성이 확보되도록 해야 한다.

　　㉡ 보험적립금 운용방법

　　　　㉮ 금융기관에의 예탁

　　　　㉯ 「자본시장과 금융투자업에 관한 법률」에 따른 증권의 매매 및 대여

　　　　㉰ 국가, 지방자치단체와 과학기술정보통신부령으로 정하는 공공기관에 대한 대출

　　　　㉱ 보험계약자에 대한 대출

　　　　㉲ 대통령령으로 정하는 업무용 부동산의 취득 · 처분 및 임대

　　　　㉳ 「자본시장과 금융투자업에 관한 법률」 제5조에 따른 파생상품의 거래

　　　　㉴ 「벤처기업육성에 관한 특별조치법」 제2조 제1항에 따른 벤처기업에의 투자

　　　　㉵ 재정자금에의 예탁

㉞「자본시장과 금융투자업에 관한 법률」제355조에 따른 자금중개회사를 통한 금융기관에의 대여

㉟ 그 밖에 대통령령으로 정하는 적립금 증식

② 적립금 운용계획의 수립 및 운용분석

㉠ 우정사업본부장은 적립금의 효율적인 운용을 위해 연간 적립금 운용계획과 분기별 적립금 운용계획을 수립해야 한다.

㉡ 적립금 운용계획은 우체국보험적립금분과위원회의 심의를 받아야 한다.

㉢ 우정사업본부장은 적립금 운용상황 및 결과를 매월 분석하여야 하며, 분석결과는 우체국보험적립금운용분과위원회에 보고해야 한다.

③ 회계기준 및 재무제표

㉠ 우체국보험의 회계처리 및 재무제표 작성은「우체국보험회계법」,「국가재정법」,「국가회계법」, 같은 법 시행령 및 시행규칙에서 정하는 바에 따른다.

㉡ 관련 법령에서 정하지 않은 사항은 우체국보험 회계처리지침에 따르며 이 지침에도 정하지 않은 사항은 보험업 회계처리준칙을 준용한다.

㉢ 우체국보험적립금회계의 재무제표는 재무상태표, 손익계산서, 이익잉여금처분계산서 또는 결손금처리계산서, 현금흐름표로 한다.

  ※ 분기 결산 시에는 재무상태표와 손익계산서만 작성할 수 있다.

④ 결산

㉠ 우정사업본부장은 해당 회계연도의 경영성과와 재무상태를 명확히 알 수 있도록 법령을 준수하여 결산서류를 명료하게 작성해야 한다.

㉡ 매 회계연도 마다 적립금의 결산서를 작성하고 외부 회계법인의 검사를 받아야 한다.

⑤ 경영공시

㉠ 우정사업본부장은 경영의 투명성 확보를 위해 경영공시사항을 공시해야 한다.

㉡ 공시는 결산이 확정된 날부터 1개월 이내에 보험계약자 등 이해관계자가 알기 쉽도록 간단명료하게 작성해서 우정사업본부 인터넷 홈페이지 등에 게시해야 한다.

㉢ 우체국보험 경영공시 대상

구분	대상
1	조직 및 인력에 관한 사항
2	재무 및 손익에 관한 사항
3	자금조달·운용에 관한 사항
4	건전성·수익성·생산성 등을 나타내는 경영지표에 관한 사항
5	경영방침, 리스크관리 등 경영에 중요한 영향을 미치는 사항
6	관련법에 따라 금융위원회에 제출된 결산서류 및 기초서류에 대해 금융위원회의 의견 또는 권고에 관한 사항
7	그 밖에 이해관계자의 보호를 위하여 공시가 필요하다고 인정되는 사항

⑥ 상품공시

　㉠ 우정사업본부장은 인터넷 홈페이지 상품공시란을 설정하여 보험계약자 등이 판매상품에 관한 상품공시 사항을 확인할 수 있도록 공시해야 한다.

　㉡ 보험계약자는 우정사업본부장에게 기초서류에 대한 열람을 신청할 수 있으며, 우정사업본부장은 정당한 사유가 없는 한 이에 응해야 한다.

　㉢ 우체국보험 상품공시 대상

구분	대상
1	보험안내서
2	판매상품별 상품요약서, 사업방법서 및 보험약관(변경 전 보험약관 및 판매중지 후 2년이 경과되지 아니한 보험약관을 포함함)
3	금리연동형 보험의 적용이율 및 환급금대출이율 등
4	계약자배당금 산출기준, 계약자배당율, 계약자배당준비금 부리이율
5	그 밖에 보험계약자의 보호를 위하여 필요하다고 인정되는 사항

최근 기출문제 분석

2019. 10. 19. 우정서기보(계리직)

1 우체국보험의 계약유지에 대한 설명으로 옳은 것은?

① 피보험자는 해지된 날부터 3년 이내에 체신관서가 정한 절차에 따라 계약의 부활을 청약할 수 있다.

② 보험계약자가 보험수익자를 변경하는 경우, 보험금의 지급사유가 발생하기 전에 변경 전 보험수익자의 동의를 받아야 한다.

③ 보험료의 자동대출 납입 기간은 최초 자동대출 납입일부터 1년을 최고한도로 하며 그 이후의 기간은 보험계약자가 재신청을 하여야 한다.

④ 보험계약자가 고의로 보험금 지급사유를 발생시킨 경우, 체신관서는 그 사실을 안 날부터 1개월 이내에 계약을 해지할 수 있으며 책임준비금을 보험계약자에게 지급한다.

> **TIP** ③ 보험료 자동대출 납입제도는 보험료 미납으로 실효(해지)될 상태에 있는 보험계약에 대하여 계약자의 신청이 있는 경우 해약환급금 범위 내에서 자동대출(환급금대출)하여 보험료를 납입할 수 있는 제도이다. 보험료의 자동대출납입 기간은 최초 자동대출납입일부터 1년을 한도로 하며 그 이후의 기간에 대한 보험료의 자동대출 납입을 위해서는 재신청을 하여야 한다.
> ① 보험료의 납입연체로 인한 해지계약이 해약환급금을 받지 않은 경우 계약자는 해지된 날부터 3년 이내에 체신관서가 정한 절차에 따라 계약의 부활(효력회복)을 청약할 수 있다.
> ② 보험수익자를 변경하고자 할 경우에는 보험금의 지급사유가 발생하기 전에 피보험자가 서면으로 동의하여야 한다.
> ④ 다음의 중대 사유와 같은 사실이 있을 경우에 체신관서는 그 사실을 안 날부터 1개월 이내에 계약을 해지할 수 있다. 이 경우 체신관서는 그 취지를 계약자에게 통지하고 해당 상품의 약관에 따른 해약환급금을 지급한다.
> • 계약자, 피보험자 또는 보험수익자가 고의로 보험금 지급사유를 발생시킨 경우
> • 계약자, 피보험자 또는 보험수익자가 보험금 청구에 관한 서류에 고의로 사실과 다른 것을 기재하였거나 그 서류 또는 증거를 위조 또는 변조한 경우. (다만, 이미 보험금 지급사유가 발생한 경우에는 보험금 지급에 영향을 미치지 않음)

Answer 1.③

2 우체국 보험상품의 보험세제에 대한 설명으로 옳은 것은?

① 무배당 어깨동무보험의 경우, 연간 납입보험료 100만 원 한도 내에서 연간 납입보험료의 12%가 세액공제 금액이 된다.

② 무배당 그린보너스저축보험은 보험계약자, 피보험자, 보험수익자가 동일하여야 월적립식 저축성 보험 비과세를 받을 수 있다.

③ 무배당 파워적립보험은 보험기간이 10년인 경우, 납입기간은 보험 종류에 관계없이 월적립식 저축성보험 비과세 요건의 납입기간을 충족한다.

④ 무배당 우체국연금보험에 가입한 만 65세 연금소득자가 종신연금형으로 연금수령 시 연금소득에 대해 적용되는 세율은 종신연금형을 기준으로 한다.

> **TIP** ① 무배당 어깨동무보험은 장애인을 위한 보험이므로 연간 납입보험료 100만 원 한도 내에서 연간 납입보험료의 15% 가 세액공제 금액이 된다.
> ② 계약자와 피보험자 및 수익자가 동일한 보험은 종신형 연금보험이며 무배당 그린보너스저축보험은 저축성보험이므로 옳지 않은 설명이다.
> ④ 연금소득자의 나이에 따른 세율과 종신연금형의 세율을 동시 충족할 때 낮은 세율을 적용하는 것은 연금저축보험에 대한 내용이지만 제시문의 무배당 우체국연금보험은 개인연금보험이므로 연금으로 수령 받는 연금소득에 대해 비과세가 적용된다.

3 현행 「우체국예금·보험에 관한 법률 시행규칙」에서 정한 우체국 보험에 대한 설명으로 옳은 것은?

① 재보험의 가입한도는 영업보험료의 100분의 80 이내이다.

② 우체국보험의 종류에는 보장성보험, 저축성보험, 연금보험, 단체보험이 있다.

③ 계약보험금 한도액은 보험종류별(연금보험 제외)로 피보험자 1인당 5천만 원이다.

④ 세액공제 혜택이 없는 연금보험의 최초 연금액은 피보험자 1인당 1년에 900만 원 이하이다.

> **TIP** ① 재보험의 가입한도는 사고보장을 위한 보험료의 100분의 80이내이다.
> ② 우체국보험의 종류에는 보장성보험, 저축성보험, 연금보험 3가지가 있다.
> ③ 계약보험금 한도액은 보험종류별로 피보험자 1인당 4천만 원이다.

Answer　2.③　3.④

2018. 7. 21. 우정서기보(계리직)

4 보험계약 고지의무에 대한 설명으로 옳은 것을 〈보기〉에서 모두 고른 것은?

〈보기〉
㉠ 고지의무 당사자는 보험계약자, 피보험자, 보험수익자이다.
㉡ 고지의무는 청약 시에 이행하고, 부활 청약 시에는 면제된다.
㉢ 보험자가 고지의무 위반 사실을 안 날로부터 1개월 이상 지났을 때에는 보험계약을 해지할 수 없다.
㉣ 보험자는 고지의무 위반 사실이 보험금 지급 사유 발생에 영향을 미치지 않았음이 증명된 경우 보험금을 지급할 책임이 있다.

① ㉠, ㉡   ② ㉠, ㉢
③ ㉡, ㉣   ④ ㉢, ㉣

> **TIP** ㉠ 보험계약자 또는 피보험자는 청약 시 청약서에서 질문한 사항에 대해 보험자에게 사실대로 알려야 한다.
> ㉡ 고지의무는 청약 시뿐 아니라 부활 청약 시에도 이행해야 한다.

2018. 7. 21. 우정서기보(계리직)

5 우체국 보험상품에 대한 설명으로 옳은 것은?

① 무배당 우체국실속정기보험은 1종(일반가입)과 2종(간편가입)을 중복 가입할 수 없다.
② 어깨동무연금보험은 장애인 부모의 부양능력 약화 위험 및 장애아동을 고려하여 15세부터 연금수급이 가능하다.
③ 무배당 우체국든든한종신보험에 주계약 보험가입금액 2천만 원 이상 가입할 경우, 주계약뿐만 아니라 특약보험료도 할인받을 수 있다.
④ 무배당 우체국여성암보험(갱신형)은 가입 후 매 2년마다 계약해당일에 살아있을 때 유방검진비용 10만 원을 지급한다.(주계약 1구좌 기준)

> **TIP** ② 어깨동무연금보험은 장애인 부모의 부양능력 약화 위험 및 장애아동을 고려하여 20세부터 연금수급이 가능하다.
> ③ 고액할인은 주계약 보험료(특약보험료 제외)에 한해 적용한다.
> ④ 무배당 우체국여성암보험(갱신형)은 가입 후 매 2년마다 계약해당일에 살아있을 때 유방검진비용 20만 원을 지급한다.(주계약 1구좌 기준)

Answer 4.④ 5.①

6 보장성보험에 대한 설명으로 옳지 않은 것은?

① 만기 시 환급되는 금액이 없거나 이미 납입한 보험료보다 적거나 같다.

② 주계약뿐만 아니라 특약으로 가입한 보장성보험도 세액공제를 받을 수 있다.

③ 보장성 보험료를 산출할 때에 예정이율, 예정위험률, 예정사업비율이 필요하다.

④ 근로소득자와 사업소득자는 연간 납입보험료의 일정액을 세액공제 받을 수 있다.

> **TIP** ④ 근로소득자가(일용근로자 제외)가 보장성보험에 가입한 경우 납입한 보험료(연간 100만 원 한도)의 12%에 해당하는 금액을 해당 과세기간의 종합소득산출세액에서 공제받을 수 있다.

7 〈보기〉에서 설명하는 보험계약의 법적 성질을 올바르게 연결한 것은?

〈보기〉

㉠ 우연한 사고의 발생에 의해 보험자의 보험금 지급 의무가 확정된다.

㉡ 보험계약자는 보험료를 모두 납부한 후에도 보험자에 대한 통지 의무 등을 진다.

㉢ 보험계약의 기술성과 단체성으로 인하여 계약 내용의 정형성이 요구된다.

	㉠	㉡	㉢
①	위험계약성	쌍무계약성	부합계약성
②	사행계약성	계속계약성	부합계약성
③	위험계약성	계속계약성	상행위성
④	사행계약성	쌍무계약성	상행위성

> **TIP** ㉠ 보험계약에서 보험자의 보험금지급의무는 우연한 사고의 발생을 전제로 하고 있으나 정보의 비대칭성으로 보험범죄나 인위적 사고의 유발과 같은 도덕적 위험이 내재해 있으며 이를 규제하기 위하여 피보험이익, 실손 보상원칙, 최대선의 원칙 등을 두고 보험의 투기화를 막는 제도적 장치가 있다.
> ㉡ 보험계약은 보험회사가 일정기간 안에 보험사고가 발생하면 보험금을 지급하는 것을 내용으로 하여 그 기간 동안에 보험관계가 지속되는 계속계약의 성질을 지니며, 상법상 독립된 계약이다. 따라서 보험계약자 등은 보험료를 모두 납부한 후에도 보험자에 대한 통지 의무와 같은 보험 계약상의 의무를 진다.
> ㉢ 보험계약은 다수인을 상대로 체결되고 보험의 기술성과 단체성으로 인하여 그 정형성이 요구되므로 부합계약에 속한다. 보험계약은 일반적으로 보험회사가 미리 작성한 보통보험약관을 매개로 체결되는데 보험계약자는 약관을 승인하거나 거절하는 형식을 취하므로 약관 해석 시 작성자 불이익의 원칙을 두고 있다.

출제 예상 문제

1 다음 중 보험의 정의로 옳지 않은 것은?

① 보험자에게 손실발생과 관련된 불확실성을 전가하는 것
② 위험에 대비해 경제적 손실을 보전하기위한 제도
③ 계약자의 예기치 못한 손실을 집단화 하여 분배하는 것
④ 손실을 회복하는데 드는 비용을 보험자와 개인적으로 부담하는 것

> **TIP** 보험은 장래 손실이 발생할 경우 그 손실을 회복하는데 드는 비용을 같은 위험에 노출되어 있는 여러 사람들이 공동으로 부담하는 제도적 장치이므로 개인적으로 보험자와 부담하는 것은 보험의 정의가 아니다.

2 다음 지문이 설명하는 것으로 옳은 것은?

> 각각의 사건은 우연에 의해 일어나지만, 같은 사건의 표본이 많을수록 결과는 점점 예측된 확률에 가까워진다.

① 확정의 법칙
② 동질성의 법칙
③ 대수의 법칙
④ 불확실성의 법칙

> **TIP** 보험자가 손실을 화폐가치로 환산할 수 있는 대표적인 법칙으로 개개인의 사건은 언제, 어떻게, 얼마나 큰 손실이 일어날지 모르지만, 비슷한 사건을 많이 표본화 할수록 점점 예측이 가능해 진다. 보험회사는 동질의 위험에 대한 다수의 보험계약자를 확보함으로써 손실의 예측능력을 확보한다.

Answer 1.④ 2.③

3 실손보상의 원리가 아닌 것은?

① 보험금 지급을 통해 보험계약자는 이익을 볼 수 있다.

② 보험으로 보상을 받기 위해서는 손실을 화폐가치로 환산해야 한다.

③ 정서적 가치 훼손, 정신적 괴로움과 같은 경우 일반적으로 보호받을 수 없다.

④ 손실금액을 확정할 수 없는 손실은 사전에 결정한 금액으로 보상한다.

TIP 실손보상의 뜻은 보험계약자가 실제로 입은 손실에 대한 보상이라는 의미로 손실을 명확히 화폐가치로 환산할 수 있어야 한다. 또한 보험금지급 사유 발생 시 실제 발생한 손실을 원상회복, 교체할 수 있는 금액으로 한정하기 때문에 이론상 보험보상을 통해 이익을 볼 수 없다.

4 다음 빈칸에 들어갈 내용으로 옳게 짝지어진 것을 고르시오

> 위험은 사건발생에 연동되는 결과에 따라서 구분할 수 있다. ___㉠___ 은 손실이 발생하거나 손실이 발생하지 않는 불확실성에 대한 리스크이며 ___㉡___ 은 이익이 발생하는 불확실성에 대한 리스크이다.

㉠	㉡
① 정태적 위험	동태적 위험
② 순수 위험	투기적 위험
③ 동태적 위험	순수 위험
④ 투기적 위험	동태적 위험

TIP 위험은 사건발생에 연동되는 결과에 따라서 구분되는 순수위험과 투기적 위험, 위험의 발생상황에 따라서 구분되는 정태적 위험과 동태적 위험이 있다.

㉠ 순수위험 : 조기사망, 교통사고와 같이 손실이 발생하거나 발생하지 않는 불확실성에 대한 리스크로 원칙적으로 보험상품의 대상이 되는 위험이다.

㉡ 투기적 위험 : 주식투자, 도박과 같이 손실이 발생하거나 이익이 발생할 수 있는 불확실성에 대한 리스크이다.

㉢ 정태적 위험 : 사회·경제적 변화와 관계없이 발생하는 화재, 방화 등의 개인적인 위험으로 개별적 사건 발생은 우연적이니, 대수의 법칙에 의해 예측이 가능하므로 보험상품의 대상이 되는 위험이다.

㉣ 동태적 위험 : 산업구조의 변화, 물가변동 등 위험의 영향범위와 확률을 측정하기 어렵고 경제적 손실 가능성과 동시에 이익 창출의 기회를 가지기 때문에 보험의 대상이 되기 어렵다.

Answer 3.① 4.②

5 보험의 대상이 되는 위험의 조건으로 옳지 않은 것은?

① 다수의 동질적 위험단위가 있어야 한다.

② 손실확률을 측정할 수 있어야 한다.

③ 우연적이고 고의성이 없는 위험이어야 한다.

④ 재난적 손실이어야 한다.

TIP 재난적 손실은 천재지변, 전쟁 등 보험회사가 감당하지 못하는 손실로서 일반적으로 보상이 불가능하다.

보험의 대상이 되는 불확실성(위험)의 조건

㉠ 다수의 동질적 위험단위

㉡ 우연적이고 고의성 없는 위험

㉢ 한정적 측정가능 손실

㉣ 측정 가능한 손실확률

㉤ 비재난적 손실

㉥ 경제적으로 부당 가능한 보험료 수준

6 정부의 사회보장제도가 아닌 것은?

① 개인보장   ② 사회보험

③ 사회복지서비스   ④ 공공부조

TIP 정부는 국민의 최저생활을 보장해주기 위해 사회보험, 공공부조, 사회복지서비스 등의 사회보장제도를 실시하고 있지만, 개개인의 기대에 부족하기 때문에 정부의 사회보장에 민영보험의 기업보장과 개인보장을 더해 상호보완적인 사회보장제도를 수행할 수 있으며 이를 3층 보장론 이라고 한다.

7 보험의 부정적 영향이 아닌 것은?

① 보험가입자는 보험금 사취를 위해 고의적으로 사고를 일으킬 수 있다.

② 보험회사는 이익추구를 위해 도박과 같은 보험계약을 유발한다.

③ 보험회사는 보험금을 지나치게 배분하여 사회 안전에 악영향을 유발할 수 있다.

④ 보험가입자는 우발적 위험에 대비한 저축이나 사고 발생 예방에 소홀하게 된다.

Answer   5.④   6.①   7.③

8 다음 지문이 설명하는 보험은 무엇인가?

> 계약자가 타인의 신체나 재물에 손해를 끼침으로써 법률상 책임을 졌을 때 그 손해에 대한 보험금을 지급하는 보험

① 생명보험

② 재물보험

③ 상해보험

④ 배상책임보험

9 다음 지문이 설명하는 것은?

> 로마제정시대의 상호부조조합으로 사회적 약자나 소외계층 등 하층민들이 서로 돕기 위해 회비를 낸 후 추후에 구성원의 사망 장례금, 유가족 지원금 등으로 지급하였다.

① 에라노이

② 우애조합

③ 콜레기아

④ 구제금고

10 다음 지문이 설명하는 것은 무엇인가?

> 세계 최초의 근대적 생명보험회사로 수학적으로 인간의 예상 수명을 보험에 적용하는 등 현대 생명보험 운영의 토대가 되는 각종 근대적인 제도를 도입하였다.

① 제국보험회사
② 톤틴연금
③ 길드
④ 에퀴터블

TIP 1762년 영국에서 세계최초의 근대적 생명보험회사 에퀴터블(Equitable)이 설립되었다. 에퀴터블은 최초로 수학적 계산을 통해 인간의 예상 수명을 보험에 적용하는 등 현대 생명보험 운영의 토대가 되는 근대적 제도를 도입했다.

11 우리나라 생명보험의 역사 중 옳지 않은 것은?

① 강화도 조약 체결이후 서양 열강들의 보험회사들이 진출하기 시작했다.
② 삼한시대부터 시작된 계(契)는 상호협동조직으로 조선시대까지 유지 되었다.
③ 우리나라 최초의 생명보험사는 한상룡씨가 설립한 조선생명보험주식회사 이다.
④ 보(寶)는 신라시대 불교에서 비롯된 일종의 재단으로 특정 공공사업을 수행할 목적으로 기본자산을 마련하던 제도이다.

TIP 계(契)는 삼한시대부터 시작된 상호협동조직으로서 친목도모, 관혼상제 공동부담 등의 기능을 하였고 현재까지도 목돈 마련을 위하여 대중적으로 활용되고 있다.

12 다음 중 보험금을 받는 자를 지정하지 않은 경우 생존보험금은 누구에게 지급되는가?

① 보험계약자
② 피보험자의 상속인
③ 보험자
④ 보험중개사

TIP 보험금 수령자를 지정하지 않은 경우 사망보험금은 피보험자의 상속인이, 생존보험금은 보험계약자가, 장해 · 입원 · 수술 · 통원급부금 등은 피보험자가 수령한다.

13 다음 중 생명보험의 기본원리가 아닌 것은?

① 생존 가능성   ② 대수의 법칙

③ 수지상등의 원칙   ④ 상부상조의 정신

TIP 생명보험의 기본원리
    ㉠ 상부상조의 정신: 언제 일어날지 모르는 사고에 대비하고 서로 돕는 것
    ㉡ 대수의 법칙: 통계적인 사고 발생확률 및 보험요율의 산출
    ㉢ 생명표: 대수의 법칙에 각 연령대별 생사잔존상태를 나타낸 표
    ㉣ 수지상등의 원칙: 보험계약자가 납입하는 보험료 총액과 보험자의 지출비용 총액이 동일하도록 하는 것을 뜻함

14 3이원방식으로 보험료를 계산할 때 계산하는 예정률이 아닌 것은?

① 예정준비율   ② 예정위험률

③ 예정사업비율   ④ 예정이율

TIP 3이원방식으로 보험료를 계산할 때 수지상등원칙에 의해 3대 예정률을 기초로 계산한다.
    ㉠ 예정사망률(예정위험률): 특정 개인의 수명을 대수의 법칙에 의해 예측
    ㉡ 예정이율: 보험자는 보험료를 운용하여 낸 수익을 바탕으로 보험료를 할인해 주는 할인율
    ㉢ 예정사업비율: 보험자가 보험계약을 유지 관리하기 위해 발생하는 비용

15 영업보험료 중 부가보험료에 포함되지 않는 것은?

① 계약체결비용   ② 계약관리비용

③ 위험보험료   ④ 기타비용

TIP 영업보험료 … 보험계약자가 보험회사에 내는 보험료로 순보험료와 부가보험료로 나뉜다.
    ㉠ 순보험료: 장래의 보험금 지급의 재원이 되는 보험료
       ㉮ 위험보험료: 사망보험금, 장해급여금 등 보험사고 발생 시 보험금 지급 재원이 되는 보험료
       ㉯ 저축보험료: 만기보험금, 중도급부금 등의 지급 재원이 되는 보험료
    ㉡ 부가보험료: 보험회사가 보험계약을 체결, 유지, 관리하기 위해 사용되는 보험료
       ㉮ 계약체결비용(신계약비): 보상금 및 수당, 보험증서 발행 등 신계약과 관련한 비용에 사용되는 보험료
       ㉯ 계약관리비용(유지비): 보험계약의 유지 및 자산운용 등에 필요한 경비로 사용되는 보험료
       ㉰ 기타비용(수금비): 보험료 수금에 필요한 경비로 사용되는 보험료

Answer   13.①   14.①   15.③

16 다음 지문이 설명하는 것은?

> 피보험자의 위험을 각 위험집단으로 분류하여 보험가입 여부를 결정하는 과정

① 경험생명표　　　　　　　　　② 레버리지
③ 클레임　　　　　　　　　　　④ 언더라이팅

TIP 언더라이팅(계약심사)은 보험회사 입장에서 보험가입을 원하는 피보험자의 위험을 각 위험집단으로 분류하여 보험 가입 여부를 결정하는 과정으로 피보험자의 환경, 신체, 재정, 도덕적 위험에 대한 전반적인 평가가 이루어진다.

17 다음 지문의 사례를 방지하기 위한 언더라이팅 대상은 무엇인가?

> 고혈압 진단을 받은 A씨는 보험료가 비싸게 책정되는 것을 막기 위해 일부러 그 사실을 숨기고 보험에 가입하려 한다.

① 재정적 언더라이팅
② 도덕적 언더라이팅
③ 신체적 언더라이팅
④ 환경적 언더라이팅

TIP 도덕적 언더라이팅은 피보험자의 도덕적 위험을 방지하기 위한 심사과정이다. 도덕적 위험이란 고의적, 악의적으로 보험을 역이용하려는 행위와 결과를 의미한다. 지문의 A씨의 경우 고혈압을 숨기는 부실고지를 통해 보험회사를 의도적으로 속이려 하고 있으므로 이를 방지하기 위해 보험자는 A씨에 대한 철저한 도덕적 언더라이팅이 필요하다.

18 계약적부조사로 인해 계약을 해지, 무효, 취소 처리할 수 있는 경우가 아닌 것은?

① 피보험자의 위험이 청약서에 고지한 내용보다 높은 경우

② 청약서에 피보험자의 자필서명이 누락된 경우

③ 보험계약자와 피보험자가 일치하지 않는 경우

④ 피보험자가 고지사항에 대해 고지하지 않거나 병력을 축소 고지한 경우

TIP 계약적부조사로 인해 계약을 해지, 무효, 취소 처리할 수 있는 경우
　　㉠ 청약서에 피보험자의 자필서명이 누락된 경우
　　㉡ 피보험자가 보험가입에 동의하지 않은 경우
　　㉢ 피보험자가 청약서상 고지사항에 대해 고지하지 않거나 병력을 축소하여 고지한 경우
　　㉣ 피보험자의 직업, 운전, 취미 등의 위험이 청약서에 고지한 내용보다 높은 경우

19 다음 설명 중 옳지 않은 것은?

① 국내 보험업계 언더라이팅은 우량체 중심으로 되어있다.

② 표준미달체의 경우 보험금 삭감, 부담보 등의 형태로 계약을 인수한다.

③ 우량체의 경우 보험료 할인 혜택이 부여된다.

④ 표준미달체의 위험 수준이 시간흐름에 따라 증가하거나 일정한 상태를 유지하는 경우 보험료 할증을 주로 적용한다.

TIP 국내 보험업계의 언더라이팅은 표준체 중심으로 되어있으며, 언더라이팅 결과 표준체 기준보다 높은 경우 표준미달체, 언더라이팅 결과 표준체 기준보다 낮은 경우 우량체라고 한다.

Answer 18.③ 19.①

20 클레임 업무에 대한 설명으로 옳지 않은 것은?

① 피보험자의 건강상태, 생활환경 등에 대해 파악하는 1차 위험선택의 기능을 한다.

② 보험금 청구에서 지급까지의 일련의 업무이다.

③ 보험사고 분류와 동일하게 사망, 장해, 진단, 등으로 구분할 수 있다.

④ 지급 청구에 대해 약관 규정상 지급사유에 해당되지 않는 경우 부지급 처리업무를 담당한다.

TIP 피보험자의 건강상태, 생활환경 등에 대해 파악하여 1차 위험선택의 기능을 하는 것은 보험설계사의 언더라이팅 과정이다. 클레임 업무는 보험금 청구에서 지급까지의 업무로서 보험계약 전 언더라이팅 과정은 해당하지 않는다.

21 보험 배당금에 대한 설명으로 옳지 않은 것은?

① 보험회사가 계약에 대해 잉여금이 발생할 경우 잉여금의 일정비율을 보험계약자에게 지급하는 것이다.

② 계약이 소멸할 때 까지 보험회사가 배당금을 적립하여 보험금이나 환급금 지급 시 가산해 줄 수 있다.

③ 보험 배당금을 직접 지급하는 대신 계약자가 납입해야 하는 보험료를 대납해 줄 수 있다.

④ 보험모집 시 배당금에 대한 내용을 기재하여 상품광고에 사용할 수 있다.

TIP 보험배당금은 보험회사가 잉여금을 보험계약자에게 일정비율 배당해 주는 것으로 유배당 보험상품 가입자에게 현금, 보험료 상계, 보험금이나 제환급금 지급 시 가산해 주는 방식으로 분배한다. 또한 보험모집 시 미래의 불확실한 배당을 과장되게 기재해서 발생하는 과당경쟁 및 마찰을 방지하기 위해 배당에 대한 예산을 기재할 수 없다. 그러나 연금보험의 경우 직전 5개년도 실적을 근거로 장래계약자배당을 예시할 수 있지만 실제 배당금액과 차이가 발생할 수 있음을 명시해야 한다.

22 클레임 업무 담당자에게 요구되는 사항으로 옳지 않은 것은?

① 사고 및 현장 조사와 관련하여 의학지식을 가지고 있어야 한다.

② 보험관련 법규와 약관을 올바르게 해석하고 적용하는 법률지식이 있어야 한다.

③ 피보험자와 불만을 야기하지 않고 정보를 수집할 수 있어야 한다.

④ 다양한 조사업무를 경험하고 조사기법을 터득하여 적용할 수 있어야 한다.

TIP 클레임 업무 담당자는 다양한 조사경험 및 조사기법을 터득해야 하며 관련 법률지식과 의학지식을 가지고 있어야 보험사고에 대해 정확히 평가하고 정당하게 보험금을 지급할 수 있게 된다. 피보험자의 정보를 원활하게 수집하는 능력은 언더라이터에게 요구되는 사항이다.

23 건강진단결과에 따른 가입한도 설정이 필요한 경우가 아닌 것은?

① 언더라이터가 건강진단을 지시할 경우

② 위험한 업종에 종사하는 사람의 경우

③ 피보험자가 과거 또는 현재 병력이 있는 경우

④ 보험회사에서 정한 건강진단 범위를 초과하여 가입하는 경우

TIP 고위험군 업종에 대한 한도를 정할 때는 건강진단의 결과가 필요하지 않으므로 건강진단결과에 따른 가입한도 설정이 필요한 경우가 아니다.

24 외국인 및 해외 체류자의 보험을 계약할 때 언더라이팅의 실무로 옳지 않은 것은?

① 외국인은 외국인등록증, 국내거소신고증을 통해 실명을 확인한다.

② 외국인의 경우 일반적으로 장기체류의 경우 인수를 거절하며, 단기체류의 경우 큰 제한 없이 인수한다.

③ 외국인은 체류목적 및 체류예정기간에 따라 위험을 평가한다.

④ 해외체류자는 저주지역의 위험도 및 거주 목적을 기반으로 위험을 평가한다.

TIP 외국인이 보험계약을 할 때는 일반적으로 단기체류의 인수를 거절하고 방문동거, 거주, 재외동포, 영주권자 같은 장기체류의 경우 큰 제한 없이 인수한다.

25 일반 보장성보험료의 세액공제로 옳지 않은 것은?

① 일용근로자가 일반 보장성보험에 가입한 경우 과세기간에 납입한 보험료의 12%에 해당되는 금액을 종합소득산출세액에서 공제받을 수 있다.
② 개인사업자는 보장성보험에 가입해도 세액공제를 받을 수 없다.
③ 기본공제대상자가 장애인일 경우 연령에 상관없이 소득금액 요건 충족 시 세액 공제가 가능하다.
④ 과세기간 중 보장성보험을 해지할 경우 해지 시점까지 납입한 보험료에 대해 세액공제가 가능하다.

TIP 일반 보장성보험료의 세액공제 사항은 일용근로자를 제외한 근로소득자가 기본공제대상자를 피보험자로 하는 일반 보장성보험에 가입한 경우에 과세기간에 납입한 보험료(100만 원 한도)의 12%에 해당되는 금액을 종합소득산출세액에서 공제받을 수 있다.

26 다음 중 보험상품 권유 시 충실한 설명의무이행으로 옳지 않은 것은?

① 보험회사는 보험계약자의 이익과 편의를 위해 고객이 필요로 하는 것 외의 상품도 충실히 설명해야 한다.
② 보험회사는 보험소비자의 권익에 관한 중요사항을 반드시 설명해야 한다.
③ 보험체결부터 보험금 지급까지 주요 과정을 보험업법에서 정하는 바에 따라 소비자에게 충분히 설명해야 한다.
④ 보험회사는 보험소비자에게 보험상품을 권유할 때 보험상품의 종류 및 특징, 유의사항 등을 제대로 이해할 수 있도록 설명해야 한다.

TIP 보험회사는 보험상품의 기능을 왜곡하여 설명하는 등 보험계약자의 이익과 필요에 어긋나는 설명 행위를 해서는 안 된다.

27 다음 사례가 설명하는 것은 무엇인가?

> 고액보험에 가입한 A씨는 경미한 상해에도 즉시 병원을 찾아 고가의 물리치료와 장기간 입원하여 과다한 보험금을 청구한다.

① 도덕적 해이
② 연성사기
③ 역선택
④ 경성사기

TIP 사례는 보험범죄 중 연성사기(Soft fraud)에 해당하는 내용이다. 연성사기는 우연히 발생한 보험사고의 피해를 부풀려 실제 손해 이상의 과다한 보험금을 청구하는 행위로서 경미한 질병, 상해에도 장기간 입원하거나 보험료 절감을 위해 보험회사에 허위정보를 제공하는 행위 등이 있다.

28 보험료 산출의 3대 예정률과 보험료의 관계에 대한 설명으로 옳은 것은?

① 예정위험률이 낮아지면 사망보험의 보험료는 올라간다.
② 예정사업비율이 낮아지면 보험료는 올라간다.
③ 예정사망률이 높아지면 생존보험의 보험료는 올라간다.
④ 예정이율이 낮아지면 보험료는 올라간다.

TIP 3대 예정률과 보험료의 관계
- 예정사망률(위험률)이 낮아지면 사망보험 보험료는 내려가고 생존보험 보험료는 올라가며 예정사망률이 높아지면 사망보험 보험료는 올라가고 생존보험 보험료는 내려간다.
- 예정이율이 낮아지면 보험료는 올라가고 예정이율이 높아지면 보험료는 내려간다.
- 예정사업비율이 낮아지면 보험료는 내려가고 예정사업비율이 높아지면 보험료는 올라간다.

29 다음 사례에 맞는 보험범죄의 유형은 무엇인가?

> A씨는 보험금을 지급받기 위해 B씨와 공모하여 자신의 집에 방화를 저질렀다.

① 보험사고 위장 또는 허위사고　　② 보험금 과다청구
③ 사기적 보험계약 체결　　　　　　④ 고의적인 보험사고 유발

TIP 사례는 보험금을 받기 위해 고의적인 보험사고(방화)를 유발한 것이다. 고의적인 보험사고 유발은 가장 악의적인 보험범죄 유형으로 보험금 부정 편취를 위해 살인, 방화, 자해 등으로 사고를 유발하는 것이다. 최근에는 가족 또는 지인들과 사전 공모하여 고의로 사고를 일으키는 등 계획적이고 조직적인 보험범죄 양상을 보이고 있다.

30 보험업법 상 보험을 모집할 수 있는 자격이 없는 사람은?

① 보험회사의 대표이사　　　　　　② 보험대리점
③ 보험설계사　　　　　　　　　　　④ 보험중개사

TIP 「보험업법」상 보험을 모집할 수 있는 사람은 보험설계사, 보험대리점, 보험중개사, 보험회사의 임직원이 있으나, 보험회사의 대표이사, 사외이사, 감사 및 감사위원은 제외된다.

31 금융 분쟁 조정 과정에 대한 내용으로 옳지 않은 것은?

① 금융 관련 분쟁 발생 시 금융감독원에 분쟁의 조정을 신청할 수 있다.
② 금융감독원의 분쟁조정 신청일 이후 30일 이내로 합의가 이루어지지 않으면 금융분쟁조정위원회로 회부된다.
③ 금융분쟁조정위원회는 조정 회부로부터 30일 이내 이를 심의하여 조정안을 마련해야 한다.
④ 관계당사자가 금융분쟁조정위원회의 조정안을 수락한 경우 재판상 화해와 동일한 효력을 갖는다.

TIP 금융 분쟁 발생 시 관계자들은 금융감독원의 분쟁조정을 신청할 수 있다. 금감원은 당사자끼리 합의를 권고할 수 있으나 30일 내로 합의가 이루어지지 않으면, 금감원장은 즉시 금융분쟁조정위원회로 회부해야 한다. 금융분쟁조정위원회는 조정 회부로부터 60일 이내에 심의하여 조정안을 마련해야 하며 이를 금감원장이 분쟁당사자들에게 수락을 권고한다. 관계당사자들이 조정안을 수락한 경우 해당 조정안은 재판상 화해와 동일한 효력을 가진다.

Answer　29.④　30.①　31.③

32 다음 보험민원 중 불완전판매에 해당하는 민원이 아닌 것은?

① 자필서명 미이행
② 약관 및 청약서 부본 미교부
③ 고객 불만 야기 및 부적절한 고객 불만 처리
④ 고객의 니즈에 부합하지 않는 상품을 변칙판매

TIP 보험민원의 주요유형으로는 불완전판매, 부당행위, 보험금지급, 계약인수가 있으며 자필서명 미이행에 대한 건은 부당행위에 해당한다.

33 생명보험 상품의 구성으로 옳은 것은?

① 주계약과 보조계약
② 주계약과 특약
③ 주계약과 종속계약
④ 주계약과 부계약

TIP 생명보험은 기본이 되는 중심보장내용인 주계약(기본보장계약)과 여러 보험계약자들의 다양한 욕구를 충족시키기 위해 별도의 보장을 주계약에 부가하는 특약(추가보장계약)으로 구성되어 있다.

34 다음 중 생명보험에 대한 내용이 아닌 것은?

① 우연한 사고로 인해 발생하는 경제적 손실을 보전하기 위한 것이다.
② 사람의 생사에 관련된 사고에 대한 경제적 손실을 보전한다.
③ 많은 사람의 분담금을 모아 공동재산을 조성한 것이다.
④ 다른 사람의 신체에 손해를 끼쳤을 때 이를 배상하기 위한 보험이다.

TIP 생명보험은 우연히 발생하는 사람의 생사에 관련된 사고에 대한 경제적 손실을 보전하기 위한 보험으로 많은 사람의 분담금(보험료)을 모아 불의의 사고 발생 시 약정된 금액(보험금)을 지급하는 것이다. 반면, 다른 사람의 신체에 손해를 가해 법률상 책임을 졌을 경우 그 손해를 배상하기 위한 보험은 배상책임보험이다.

35 생명보험 상품의 특성으로 옳지 않은 것은?

① 자발적 가입상품이다.

② 장기계약적인 상품이다.

③ 무형의 상품이다.

④ 미래지향적인 상품이다.

생명보험 상품의 특성

　　㉠ 무형의 상품 : 형태가 없는 상품이다.

　　㉡ 미래지향적 · 장기효용성 상품 : 미래지향적이며 가입과 효용이 동시에 발생하지 않는다.

　　㉢ 장기계약 · 비자발적 상품 : 짧게는 수년에서 길게는 종신동안 효력이 지속되고 대부분 보험판매자의 권유와 설득에 의해 가입하는 비자발적 상품이다.

36 다음 지문이 설명하는 생명보험 상품은 무엇인가?

> 위험보장 보다는 생존 시 보험금이 지급되는 것을 목적으로 만들어진 고수익 상품

① 생사혼합보험

② 생존보험

③ 저축성보험

④ 보장성보험

저축성보험은 생명보험 고유의 기능인 위험보장 보다는 생존 시에 보험금이 지급되는 저축 기능을 강화한 보험으로 목돈 마련에 유리한 고수익 상품이다.

37 다음 지문이 설명하는 특약은 무엇인가?

> 특정상품에만 부가할 목적으로 개발되어 다른 상품에는 부가하지 못하는 특약

① 고정부가특약

② 독립특약

③ 선택부가특약

④ 종속특약

특약은 독립성에 따라 독립특약, 종속특약으로 나누며, 필수가입 여부에 따라 고정부가특약, 선택부가특약으로 나뉜다.

　　㉠ 독립특약 : 별도의 독립된 상품으로 개발되어 어떤 상품에서든지 부가될 수 있는 특약

　　㉡ 고정부가특약 : 계약자 선택과 무관하게 주계약에 고정시켜 판매되는 특약

　　㉢ 선택부가특약 : 계약자가 선택하는 경우에만 부가되는 특약

Answer　35.① 36.③ 37.④

38 다음 중 CI 보험에 대한 설명으로 옳은 것은?

① 소득의 일부를 일정기간 적립했다가 노후에 연금을 수령하는 보험

② 피보험자가 보험기간 중 사망했을 때 보험금이 지급되는 보험

③ 사망보험의 보장기능과 생존보험의 저축기능을 결합한 보험

④ 중대한 질병을 중점적으로 보장해 주는 보험

TIP CI(Critical Illness)보험은 중대한 질병이며 치료비가 고액인 암, 심근경색, 뇌출혈 등에 대한 급부를 중점적으로 보장해 주는 보험으로 생존 시 고액의 치료비, 장해에 따른 간병비, 사망 시 유족들에게 사망보험금을 지급해주는 상품이다.
① 연금보험
② 사망보험
③ 생사혼합보험(양로보험)

39 제3보험의 종목이 아닌 것은?

① 질병보험   ② 상해보험

③ 생존보험   ④ 간병보험

TIP 생존보험은 피보험자가 보험기간이 끝날 대 보험금이 지급되는 생명보험으로 제3보험에 속하지 않는다.

40 제3보험에 대한 설명으로 옳지 않은 것은?

① Gray Zone 보험이라고도 한다.

② 우리나라는 2003년 8월 보험업법 개정을 통해 최초로 제정되었다.

③ 생명보험의 정액 보상적 특성과 손해보험의 실손 보상적 특성을 모두 가진다.

④ 피보험이익을 인정하는 보험이다.

TIP 제3보험은 위험보장을 목적으로 사람의 질병·상해 또는 이에 따른 간병에 관하여 금전 및 그 밖의 급여를 지급할 것을 약속하고 대가를 수수하는 계약으로 생명보험의 약정된 정액 보상적 특성과 손해보험의 실손 보상적 특성을 모두 가져 Gray Zone 보험이라고도 한다. 우리나라는 2003년 8월 「보험업법」 개정을 통해 최초로 제3보험이 제정되었다.
④ 제3보험은 생명보험과 마찬가지로 피보험이익을 원칙적으로 불인정 하고 있다.

Answer   38.④ 39.③ 40.④

41 제3보험의 특성 중 생명보험으로서의 특성이 아닌 것은?

① 보험자 대위 금지　　　　　　② 보험사고 발생 불확정성

③ 피보험자의 동의가 필요　　　　④ 중과실에 대한 담보

TIP 제3보험의 특성 중 실손 보상의 원칙과 보험사고 발생 불확정성은 손해보험으로서의 특성이다.

42 다음 중 상해보험이 보장하는 상해사고의 요건이 아닌 것은?

① 지속성　　　　　　　　　　　② 우연성

③ 외래성　　　　　　　　　　　④ 급격성

TIP 상해사고의 요건
　㉠ 급격성 : 사고가 피할 수 없을 정도로 급박한 상태에서 발생해야 한다.
　㉡ 우연성 : 피보험자가 보험사고의 원인 또는 결과의 발생을 예견할 수 없는 사고여야 한다.
　㉢ 외래성 : 사고의 원인이 피보험자 신체 외부적 요인에 기인해야 한다.

43 다음 중 상해 보험의 보장 보험금이 아닌 것은?

① 만기환급금　　　　　　　　　② 상해장해급부금

③ 상해질병급부금　　　　　　　④ 상해사망급부금

TIP 상해보험의 보장 보험금
　㉠ 상해입원급부금 : 보험기간 중 상해로 인해 직접치료를 목적으로 입원했을 때
　㉡ 상해수술급부금 : 보험기간 중 상해로 인해 직접치료를 목적으로 수술 받을 때
　㉢ 상해장해급부금 : 보험기간 중 상해로 인해 장해분류표에서 정한 장해상태가 되었을 경우
　㉣ 상해사망보험금 : 보험기간 중 상해의 직접적인 원인으로 사망했을 경우
　㉤ 만기환급금 : 보험기간이 끝날 때까지 피보험자가 살아있는 경우

Answer　41.②　42.①　43.③

44 질병보험에 대한 설명으로 옳지 않은 것은?

① 암, 성인병 등의 각종 질병으로 인한 진단, 입원 수실 시 보험금을 지급하는 상품

② 질병으로 인한 사망 시에도 보험금이 지급된다.

③ 건강보험이라고도 한다.

④ 진단보험, 암보험, CI보험 등이 있다.

TIP 질병보험은 질병으로 인한 사망은 보장하지 않는다.

45 질병보험의 일반적 가입 조건으로 옳지 않은 것은?

① 만 12세부터 가입이 가능하다.

② 고령이거나 건강상태에 따라 가입이 제한될 수 있다.

③ 연령이 증가할수록 보험료가 높아진다.

④ 보험금의 지급사유가 발생하기 전에 사망한 경우 보험계약은 소멸하며 보험금 대신 책임 준비금을 지급한다.

TIP 질병보험은 일반적으로 0세부터 가입이 가능하지만 사망보험의 경우 만 15세부터 가입이 가능하다.

46 노인장기요양보험에 대한 내용으로 옳지 않은 것은?

① 만 65세 이상의 노인만을 대상으로 한다.

② 심신의 기능상태에 따라 장기요양 인정점수로 등급을 판정한다.

③ 등급에 따라 요양서비스를 제공받고 해당 비용을 지원받는다.

④ 장기간의 간병·요양문제를 국가와 사회가 책임을 분담하는 것이다.

TIP 노인장기요양보험의 가입대상은 만 65세 이상의 노인과 노인성질병(치매, 뇌혈관성질환, 파킨슨병 등)을 가진 만 65세 미만의 사람도 포함한다.

Answer 44.② 45.① 46.①

47 다음 중 보험계약의 법적 성질로 옳지 않은 것은?

① 보험료 선납이 없어도 보험계약은 성립한다.
② 보험계약자는 보험금 납부의무를, 보험자는 보험사고 발생 시 보험료 지급의무가 있다.
③ 보험계약은 보험계약에 대해 특별한 방식을 요구하지 않는다.
④ 보험계약은 상행위성이 인정된다.

TIP 보험계약의 법적성질 중에 쌍무계약으로 보험계약자는 보험료 납부의무를, 보험자는 보험사고 발생 시 보험금 지급의무가 생긴다.

48 보험계약의 특성으로 옳지 않은 것은?

① 보험계약자는 보험자와 개인적으로 계약하지만 보험계약의 배후에는 수많은 계약자로 구성된 보험(위험)단체가 있다.
② 보험자는 대수의 법칙과 수지상등의 원칙에 따라 보험사업을 영위해야 하므로 보험계약법은 기술적인 성격을 가진다.
③ 보험계약법은 상대적 강행법규를 많이 정해두어 보험자의 권익을 보호하도록 이루어져 있다.
④ 보험계약을 통해 가입자의 경제적 안정을 도모하는 것이 목적이므로 사회성과 공공성이 강조된다.

TIP 상대적 강행법성 … 계약자는 보험자에 비해 법적 · 경제적 열세를 보이므로 보험계약법은 상대적 강행법규를 많이 정해두어 약자인 보험계약자를 보호하도록 이루어져 있다.

49 보험계약의 성립과 거절에 대한 내용 중 옳지 않은 것은?

① 보험계약은 보험계약자의 청약과 보험자의 승낙으로 성립된다.
② 보험자는 청약일로부터 30일 이내에 계약자에게 통지하지 않으면 거절된 것으로 본다.
③ 피보험자가 계약에 대해 적합하지 않은 경우 보험자는 계약을 거저 할 수 있다.
④ 보험계약은 계약자의 청약에 대해 보험자가 승낙한 때 성립한다.

TIP 보험자는 청약일로부터 30일 이내에 계약을 승낙 또는 거절해야 하며 30일 이내에 통지하지 않으면 계약은 승낙된 것으로 본다.

Answer 47.② 48.③ 49.②

50 다음 중 보험계약 무효 사유가 아닌 것은?

① 사기에 의한 초과, 중복보험

② 기발생 사고

③ 3대 기본 지키기를 미이행 했을 때

④ 피보험자가 자격미달일 때

TIP 보험자가 3대 기본 지키기(고객 자필서명, 청약서 부본전달, 약관설명 및 교부)를 미이행 했을 때나 보험자의 법률 위반이 존재할 때 보험계약이 취소되며 보험자는 납입한 보험료에 일정 이자를 합한 금액을 계약자에게 반환해야 한다.

51 다음 중 보험사가 보험계약을 해지할 수 있는 경우는?

① 보험자가 계약 당시에 고지의무 위반사실을 알았거나 과실로 알지 못한 경우

② 보험자가 계약자의 고지의무위반사실을 안 날로부터 1개월이 지났을 때

③ 보장개시일 부터 보험금 지급사유가 발생하지 않고 1년이 지났을 때

④ 계약을 체결한 날부터 3년이 지났을 때

TIP 보장개시일 부터 보험금 지급사유가 발생하지 않고 2년 이상이 지나야 계약자의 고지의무위반에 대해 보험자가 보험계약을 해지할 수 없다.

52 다음 중 계약 부활의 요건으로 옳지 않은 것은?

① 부활계약 청구 시에도 계약자는 중요사항에 대한 고지의무가 발생한다.

② 해지되거나 실효된 보험계약의 해지환급금을 반환해야한다.

③ 계약자는 부활 가능한 기간 내에 연체된 보험료에 약정이자를 붙여 납부해야 한다.

④ 보험자가 약정이자와 연체료를 받은 후 30일이 지나도록 통지하지 않으면 승낙처리 되어 해당 보험계약은 부활한다.

TIP 보험계약을 부활하려면 해지되거나 실효된 보험계약의 해지환급금이 지급되지 않아야 한다. 이미 해지환급금을 받았다면 반환을 통한 계약의 부활은 불가능하다.

Answer 50.③ 51.③ 52.②

53 다음 중 우체국보험의 특징으로 옳은 것을 모두 고른 것은?

> ㉠ 국가가 경영하고 우정사업본부장이 관장한다.
> ㉡ 서민들을 위한 저렴한 소액 보험상품을 취급 한다.
> ㉢ 전국적으로 널리 퍼진 우체국 조직을 이용한다.
> ㉣ 정부예산회계 관계법령의 적용을 받는다.
> ㉤ 사회적 약자를 위한 보험이므로 엄격한 심사를 통해 계약자를 선정한다.

① ㉡㉢ ② ㉡㉣

③ ㉡㉢㉣ ④ ㉡㉢㉣㉤

TIP ㉠ 우체국보험은 국가가 경영하고 과학기술정보통신부 장관이 관장하며 감사원의 감사와 국회의 국정감사를 받는다.
㉤ 서민들을 위해 무진단·단순한 상품구조를 바탕으로 소액보험상품을 취급한다.

54 다음 중 부활의 효과가 아닌 것은?

① 실효되기 이전의 보험계약과 동일한 내용의 보험계약을 계속 유지한다.
② 계약자가 약정이자를 포함한 연체보험료를 지급하고 부활을 청구한 때부터 보험자가 승낙하기 전에 보험사고 발생 시 보험자는 거절할 사유가 없는 한 보상책임을 진다.
③ 실효시기부터 부활시기까지 발생한 보험사고에 대해서는 보험자가 책임지지 않는다.
④ 부활 이전에 보험료가 인상될 경우 부활 이후 인상된 보험료를 적용한다.

TIP 계약의 부활은 실효된 이전 계약과 동일한 내용의 보험계약을 계속 유지하는 것이므로 부활 이후에도 변동이 생기지 않는다.

55 다음 지문이 설명하는 우체국 보험의 종류는 무엇인가?

> 생존 시 지급되는 보험금의 합계액이 이미 납입한 보험료를 초과하지 않는 보험

① 저축성 보험　　　　　　　　　　② 연금보험
③ 교육보험　　　　　　　　　　　　④ 보장성보험

TIP 우체국보험의 종류
　보장성보험 : 생존 시 지급되는 보험금의 합계액이 이미 납입한 보험료를 초과하지 않는 보험
　저축성보험 : 생존 시 지급되는 보험금의 합계액이 이미 납입한 보험료를 초과하는 보험
　연금보험 : 일정 연령 이후에 생존하는 경우 연금의 지급을 주된 보장으로 하는 보험

56 우체국 보장성보험의 세액공제에 대한 내용으로 옳지 않은 것은?

① 사업소득자, 일용근로자 등은 제외된다.
② 국민경제생활 안정을 목적으로 보장성보험 가입을 유도하기 위함이다.
③ 보장성보험 가입자가 납입하는 보험료에 대해 재산세에서 일정금액을 공제해 주는 제도이다.
④ 세액공제 한도액은 연간 납입보험료의 12%이다.

TIP 우체국 보장성보험의 세액공제는 종합소득산출세액에서 일정금액을 공제해 준다.

57 다음 중 장애인 전용보험 대상상품인 것은?

① 무배당 어깨동무보험　　　　　　② 무배당 알찬전환특약
③ 무배당 그린보너스저축보험　　　④ 무배당 파워적립보험

TIP 장애인 전용보험의 대상상품은 무배당 어깨동무보험(1종, 2종, 3종) 및 장애인전용보험전환특약을 부가한 보장성보험으로 ②③④ 는 저축성보험상품이다.

Answer　55.④　56.③　57.①

58 다음 연금보험에 대한 내용 중 옳은 것은?

① 연간 연금액이 1,200만 원 이하인 경우 분리과세 할 수 있다.

② 천재지변, 사망, 해외이주 등으로 연금저축보험을 중도 해지하는 경우 기타소득세가 부과된다.

③ 연금저축보험을 중도 해지하는 경우 연금소득세가 부과된다.

④ 연금계좌 가입일 부터 10년이 경과된 후에 인출하면 연금소득세가 면제된다.

TIP ② 천재지변, 사망, 해외이주, 가입자의 파산 등 부득이한 사유로 인해 연금저축보험을 중도 해지하는 경우 연금소득세(지방소득세 포함 3.3% ~ 5.5%)를 부과한다.

③ 연금저축보험을 특별한 사유 없이 중도 해지하는 경우 기타소득세(지방소득세 포함 16.5%)가 부과된다.

④ 연금계좌 가입일 부터 5년이 경과된 후에 인출하면 연금소득세를 부과한다.

59 다음 지문이 설명하는 것은?

> 우체국과 보험계약이 체결될 수 있도록 중개하는 모든 행위

① 보험중개   ② 보험모집

③ 보험경쟁   ④ 보험안내

TIP 보험모집은 우체국과 보험계약이 체결될 수 있도록 중개하는 모든 행위를 의미하며 우정사업본부장은 보험계약자의 권익보호를 위해 부당한 모집행위나 과당경쟁을 해서는 안 된다.

60 다음 중 보험계약 체결단계에서의 주요과정 및 설명사항이 아닌 것은?

① 보험모집자의 성명, 연락처 및 소속

② 보험계약의 승낙절차

③ 보험계약 승낙거절 시 거절사유

④ 예상 심사기간 및 예상 지급일

TIP 예상 심사기간 및 예상 지급일에 대한 사항은 보험금 청구단계에서 설명해야 할 사항이다.

61 우체국보험모집 안내자료의 기재사항이 아닌 것은?

① 보험금 지급제한 조건

② 해약환급금에 관한 사항

③ 언더라이팅 기준

④ 보험약관에서 정하는 보장에 관한 주요내용

TIP 우체국보험안내자료 기재사항

　　㉠ 보험가입에 따른 권리·의무에 관한 주요사항

　　㉡ 보험약관에서 정하는 보장에 관한 주요내용

　　㉢ 해약환급금에 관한 사항

　　㉣ 보험금이 금리에 연동되는 보험상품의 경우 적용금리 및 보험금 변동에 관한 사항

　　㉤ 보험금 지급제한 조건

　　㉥ 보험안내자료의 제작기관명, 제작일, 승인번호

　　㉦ 보험 상담 및 분쟁의 해결에 관한 사항

　　㉧ 보험안내자료 사용기관의 명칭 또는 보험모집자의 성명이나 그 밖에 필요한 사항

　　㉨ 그 밖에 보험계약자의 보호를 위하여 필요하다고 인정되는 사항

62 우체국 보험모집 시 제공이 금지되는 특별이익이 아닌 것은?

① 기초서류에서 정한 보험료의 할인

② 3만 원을 초과하는 금품

③ 기초서류에서 정한 보험금액보다 많은 보험금 지급약속

④ 보험계약자를 위한 보험료의 대납

TIP 특별이익 제공금지 항목

　　㉠ 3만 원을 초과하는 금품

　　㉡ 기초서류에서 정한 사유에 근거하지 아니한 보험료의 할인 또는 수수료 지급

　　㉢ 기초서류에서 정한 보험금액보다 많은 보험금액의 지급약속

　　㉣ 보험계약자 또는 피보험자를 위한 보험료의 대납

　　㉤ 보험계약자 또는 피보험자가 체신관서로부터 받은 대출금에 대한 이자의 대납

　　㉥ 보험료로 받은 수표 등에 대한 이자상당액의 대납

63 다음 보기 중 우체국보험모집이 가능한 사람을 모두 고르면?

> ㉠ 우체국 TMFC
> ㉡ 우체국창구업무의 일부를 수탁 받은 자
> ㉢ FC 조직관리 보상금을 지급 받는 자
> ㉣ 우정공무원교육원장이 실시하는 교육을 2일 동안 이수한 자
> ㉤ 신규임용일 부터 3년 이하인 자
> ㉥ 우정사업본부 소속 상시 집배원

① ㉠㉡㉢   ② ㉠㉡㉣
③ ㉠㉡㉥   ④ ㉡㉢㉥

TIP ㉢ FC 조직관리 보상금을 지급 받는 자는 보험모집 제한 직원이다.
㉣ 보험모집 자격을 얻으려면 3일 이상 이수해야 한다.
㉤ 신규임용일 또는 타 부처 전입일부터 3년 이하인 자는 보험모집 제한 직원이다.

64 보험모집자의 3대 기본 지키기에 대한 내용이 아닌 것은?

① 약관 및 청약서 부본 전달
② 약관 주요 내용 설명
③ 계약자 및 피보험자의 자필서명
④ 고지의무사항의 성실한 이행

TIP 고지의무사항은 자신의 병력, 직종 등 중요 고지사항을 거짓 없이 고지해야 하는 보험계약자의 의무사항으로 보험모집자의 3대 기본 지키기에 포함되지 않는다.

Answer 63.③ 64.④

65 우체국보험 전자청약서비스에 대한 내용으로 옳지 않은 것은?

① 타인계약과 미성년자 계약은 전자청약이 불가능하다.

② 보험료 자동이체를 하는 전자청약 이용고객은 처음부터 0.5%의 보험료 할인이 적용된다.

③ 전자청약은 가입설계일 부터 10일 이내에 한해 전자청약을 할 수 있다.

④ 고객이 보험모집자와 사전상담 후 설계한 청약내용을 우체국보험 홈페이지를 통해 체결하는 서비스

TIP 보험료 자동이체를 하는 전자청약 이용고객의 경우 제2회 이후 보험료 자동이체 시 0.5%의 할인이 적용된다.

66 우체국보험 스마트청약서비스에 대한 내용으로 옳지 않은 것은?

① 스마트청약을 이용하는 고객은 제2회 이후 보험료 자동이체 시 0.5%의 할인이 적용된다.

② 만 15세 이상부터 이용 가능하다.

③ 불완전판매 방지를 위해 보험모집자는 3대 기본 지키기를 이행해야 한다.

④ 고객 상담을 통해 설계한 내용을 태블릿 PC를 통해 필수정보를 입력하고 제1회 보험료 입금까지 One-Stop으로 계약을 체결할 수 있다.

TIP 스마트청약서비스는 계약자가 성인이어야 이용 가능하다.

67 우체국보험의 특별조건부 계약의 종류로 옳은 것은?

① 특약해지   ② 특정부위 · 질병만을 담보함

③ 보험료 감액   ④ 보험금 삭감

TIP 피보험자의 위험을 측정한 결과 표준체로 인수가 불가능 할 경우 특별조건부 인수 계약으로 계약할 수 있으며 우체국보험의 경우 특정부위 · 질병 부담보, 특약해지, 보험료 할증을 적용하고 있다.

Answer   65.②   66.②   67.①

68 우체국 보험의 언더라이팅 관련 제도가 아닌 것은?

① 환경적 언더라이팅

② 계약적부조사

③ 특별조건부 계약

④ 신체적 언더라이팅

TIP 우체국보험의 언더라이팅 관련 제도로는 계약적부조사, 특별조건부 계약, 환경적 언더라이팅이 있다.

69 우체국보험의 무효사유가 아닌 것은?

① 보험모집자가 청약 시 3대 기본 지키기 같은 의무를 이행하지 않을 경우

② 계약을 체결할 때 계약에서 정한 피보험자의 나이에 미달되었거나 초과되었을 경우

③ 타인의 사망을 보험금 지급사유로 하는 계약에서 계약을 체결할 때까지 피보험자의 서면에 의한 동의를 얻지 않은 경우

④ 만 15세 미만자, 심신상실자 또는 심신박약자를 피보험자로 하고 사망을 보험금 지급사유로 한 계약의 경우

TIP 보험모집자가 청약 시 3대 기본 지키기 같은 의무를 이행하지 않을 경우 계약자는 계약 성립 3개월 이내에 취소권을 행사할 수 있으며 체신관서는 이미 납입한 보험료에 보험료를 받은 기간에 대하여 환급금대출이율을 연 단위 복리로 계산한 금액을 더하여 지급해야 한다.

70 다음 지문이 설명하는 제도는 무엇인가?

> 우체국보험에서 동일계약자의 2건 이상의 보험계약이 동일계좌에서 같은 날에 자동이체 되는 경우, 증서별 보험료를 1건으로 뭉쳐 출금하는 제도

① 종합자동이체

② 기본자동이체

③ 합산자동이체

④ 부가자동이체

TIP 우체국 보험은 동일계약자의 2건 이상의 보험계약이 동일계좌에서 같은 날에 자동이체 되는 경우, 증서별 보험료를 합산해 1건으로 출금하는 합산자동이체로 효율적이고 간편하게 납부할 수 있다.

Answer 68.④ 69.① 70.③

71 우체국보험 납입방법에 대한 설명으로 옳지 않은 것은?

① 우체국 창구에서 직접 납입할 수 있다.
② CD/ATM을 이용해 납입하려면 우체국에서 발행한 현금카드가 필요하다.
③ TM, 온라인을 통해 가입한 저축성보험계약에 한해 카드납부가 가능하다.
④ 인터넷, 모바일을 통해 보험료를 납입할 수 있다.

TIP 카드납부는 TM, 온라인을 통해 가입한 보장성보험계약에 한해 카드납부가 가능하다.

72 우체국보험 환급금대출에 대한 설명으로 옳지 않은 것은?

① 연금보험의 경우 연금개시 후에는 일반적으로 환급금대출을 제한한다.
② 순수보장성보험은 대출이 제한된다.
③ 최종 보험금의 범위 내에서 계약자의 요구에 따라 대출하는 제도이다.
④ 대출기간은 환급금대출 대상계약의 보험기간 이내이다.

TIP 환급금대출은 해약환급금의 범위 내에서 계약자의 요구에 따라 대출을 해주는 제도로서 유효한 보험계약을 보유한 우체국보험 계약자가 이용할 수 있다.

73 다음 중 재무리스크에 해당하지 않는 것은?

① 운영리스크   ② 보험리스크
③ 금리리스크   ④ 시장리스크

TIP 부적절하거나 잘못된 내부의 업무절차, 인력 및 시스템 또는 외부의 사건으로부터 초래될 수 있는 손실발생 가능성인 운영리스크는 비재무적 리스크에 속하며 산출 및 관리가 어렵다는 특징이 있다.

74 다음 보기 중 위험(Danger)에 대한 내용은?

① 수익의 손실발생 가능성이 있다.

② 적절한 보상이 주어지지 않는다.

③ 통계적 방법을 통해 관리가 가능하다.

④ 불확실성 정도에 따른 보상이 존재한다.

TIP 리스크와 위험의 차이

ⓐ 리스크(Risk) : 예측하지 못한 사실 또는 행위로 인해 자본 및 수익에 부정적인 영향이 발생할 수 있는 잠재적 가능성으로 주식투자, 건강관리 등이 있다.

　　㉮ 수익의 불확실성 또는 손실발생 가능성이 있다.

　　㉯ 불확실성 정도에 따른 보상이 존재한다.

　　㉰ 통계적 방법을 통해 관리가 가능하다.

ⓑ 위험(Danger) : 수익에 관계없이 손실만을 발생시키는 사건으로 자연재해, 교통사고 등이 있다.

　　㉮ 적절한 보상이 주어지지 않는다.

　　㉯ 회피함으로써 제거하거나 전가하는 것이 최선이다.

75 우체국보험의 자금을 운용할 때 유의사항이 아닌 것은?

① 보험계약자는 우정사업본부장에게 상품공시에 대한 기초서류에 대한 열람일 신청할 수 있다.

② 보험적립금을 안정성, 유동성, 수익성, 공익성이 확보되도록 운용해야 한다.

③ 우정사업본부장은 경영의 투명성 확보를 위해 경영공시사항을 공시해야 한다.

④ 우체국보험의 분기결산 시에는 재무상태표, 손익계산서, 이익잉여금처분계산서 또는 결손금처리계산서, 현금흐름표를 모두 작성해야 한다.

TIP 우체국보험적립금회계의 재무제표는 재무상태표, 손익계산서, 이익잉여금처분계산서 또는 결손금처리계산서, 현금흐름표로 해야 하지만, 분기결산 시에는 재무상태표와 손익계산서만 작성할 수 있다.

Answer　74.②　75.④

03 PART

기초영어

01 어휘

❶ 빈칸 넣기

문장 전체에 대한 정확한 이해의 선행과 보기로 주어지는 단어들의 뜻을 확실하게 알고 있어야 정답을 찾을 수 있는 유형의 문제들이 출제된다.

유형 문제

빈칸에 들어갈 말로 가장 적절한 것은?

> For the Greeks, beauty was a virtue : a kind of excellence. If it occurred to the Greeks to distinguish between a person's "inside" and "outside", they still expected that inner beauty would be matched by beauty of the other kind. The well-born young Athenians who gathered around Socrates found it quite _____ that their hero was so intelligent, so brave, so honorable, so seductive-and so ugly.

① natural   ② essential
③ paradoxical   ④ self-evident

▶**Advice**

단어 virtue 미덕, 가치, 순결 excellence 우수, 탁월, 미덕 paradoxical 역설의, 자기모순의 self-evident 자명한

해석 「그리스에서, 아름다움이란 미덕의 일종으로 고결을 나타낸다. 만약 사람의 내면과 외면 사이가 구별되는 것이 그리스에서 일어난다면, 그들은 아직까지 외적인 아름다움에 의해서 내면도 동일하게 아름다울 거라 기대할 것이다. 소크라테스의 주변으로 모여든 집안이 좋은 젊은 아테네 사람들은 그들의 영웅이 매우 총명하고, 매우 용감하며, 매우 훌륭하고, 매우 매력이 있는 그리고 외모는 매우 추악하다는 모순을 발견하였다.」

답 ③

❷ 동의어 · 유의어 · 반의어

문장 전체에 대한 정확한 이해와 밑줄 친 단어의 정확한 뜻과 다양한 쓰임을 제대로 알고 있어야 정답을 찾을 수 있는 유형의 문제들이 출제된다.

유형 문제 1

다음 밑줄 친 부분과 의미가 가장 가까운 것은?

> Sarah frequently hurts others when she criticizes their work because she is so <u>outspoken</u>.

① reserved
② wordy
③ retrospective
④ candid

▶ Advice

단어 outspoken 솔직한, 노골적으로 말하는 reserved (감정 등에 대해) 말을 잘 하지 않는, 내성적인 wordy 장황한 retrospective 회고(회상)하는, 소급 적용되는 candid 솔직한, (사진 등이) 자연스러운

해석 「Sarah는 매우 거리낌 없이 말하기 때문에 다른 이들의 작업을 비판할 때 종종 다른 사람들에게 상처를 준다.」

답 ④

유형 문제 2

다음 밑줄 친 부분과 의미가 가장 가까운 것은?

> One of the most beguiling aspects of cyberspace is that it offers the ability to connect with others in foreign countries while also providing <u>anonymity</u>.

① hospitality
② convenience
③ disrespect
④ namelessness

▶ Advice

단어 ① 환대
② 편의
③ 실례, 무례
④ 무명
beguiling 묘한 매력이 있는 anonymity 익명

해석 「사이버공간의 가장 매력적인 측면 중 하나는 그것이 익명성을 제공하면서, 외국의 다른 사람들과 연락할 수 있는 능력을 제공한다는 것이다.」

답 ④

❸ 단어 관계

보기로 주어진 각 단어의 정확한 뜻과 다양한 쓰임을 제대로 알고 있어야 하며, 짝지어진 단어들이 서로 어떠한 관계인지 파악해야 정답을 찾을 수 있는 유형의 문제들이 출제된다.

유형 문제

다음 중 의미상 서로 어울리지 않은 표현끼리 짝지어진 것은?

① generous − benefactors
② luxuriant − hair
③ complimentary − gift
④ stationery − troops

▶**Advice**

단어 ① 아끼지 않은, 관대한 − 은혜를 베푸는 사람, 후원자
② 풍부한, 무성한 − 털, 머리카락
③ 경의를 표하는, 우대의 − 선물, 경품, 아주 싼 물건
④ 문방구, 편지지 − 군대, 무리

답 ④

최근 기출문제 **분석**

2018. 7. 21. 우정서기보(계리직)

1 다음 글의 빈칸에 들어갈 말로 가장 적절한 것은?

_____ is probably the best understood of the mental pollutants. From the dull roar of rush-hour traffic to the drone of the fridge to the buzz coming out of the computer, it is perpetually seeping into our mental environment. Trying to make sense of the world above the din of our wired world is like living next to a freeway—we get used to it, but at a much diminished level of mindfulness and wellbeing. Quiet feels foreign now, but quiet may be just what we need. Quiet may be to a healthy mind what clean air and water and a chemical-free diet are to a healthy body. It is no longer easy to manufacture quietude, nor is it always practical to do so. But there are ways to pick up the trash in our mindscape: Switch off the TV set in the dentist's waiting room. Lose that loud fridge. Turn off the stereo. Put the computer under the table.

① Stimulus

② Music

③ Noise

④ Dust

> **TIP** ① 자극제 ② 음악 ③ 소음 ④ 먼지
> pollutants 오염 물질 dull 따분한 roar 표호, 으르렁거리다 drone 웅웅거리다 buzz 윙윙거리다 din 소음 mindfulness 마음 챙김 wellbeing (건강과)행복 quietude 고요 practical 현실적인
>
> 「소음은 아마도 정신 오염 물질로 가장 잘 이해되고 있다. 출퇴근시간 교통 혼잡의 따분한 포효에서부터 냉장고의 웅웅거리는 소리, 컴퓨터에서 나오는 윙윙거리는 소리까지, 그것은 우리의 정신적 환경에 끊임없이 흘러 들어간다. 우리의 유선 세계의 소음을 뛰어넘어 세상을 이해하려고 시도하는 것은 고속도로 옆에 사는 것과 같다. 우리는 익숙해지지만 마음과 행복의 수준은 훨씬 떨어진다. 고요는 이질적으로 느껴지지만 조용한 것은 우리가 필요로 하는 것일 수 있다. 고요는 공기와 물을 깨끗하게 하는 건강한 마음 같고, 화학 물질이 없는 식이요법이 건강한 몸을 만드는 것과 같다. 조용히 제조하는 것은 더 이상 쉽지 않으며 그렇게 하는 것이 항상 현실적이지도 않다. 그러나 우리의 사고 방식에서 쓰레기를 떼어낼 수 있는 방법이 있다 : 치과 대기실에서 TV를 끈다. 그 시끄러운 냉장고를 포기한다. 스테레오를 끈다. 컴퓨터를 탁자 아래에 놓는다.」

Answer 1.③

2 문맥을 고려할 때, 빈칸 ⓐ에 들어갈 알맞은 단어는?

Multi-national companies have tried to put processes in place that are scalable; that is, they have to work for large groups across a big organization. But when things have to get done quickly, companies need to break free of the bureaucracy. In fact, many other companies decide to set up innovative projects to do just this: they pull a team out of the normal workflow, giving them permission to manage the rules flexibly, to free them to think and work differently. In short, such scalable processes sometimes are not necessarily _____ⓐ_____.

① commendable

② deniable

③ incredulous

④ unjustifiable

TIP ① 인정받을 만한
② 부인할 수 있는
③ 믿지 않는
④ 정당화할 수 없는

「다국적 기업들은 안정성을 추구하기 위해 틀에 박혀 있는 과정만 시행해왔다 ; 그것은, 그들은 큰 집단과 조직을 상대로 일해야 하기 때문이다. 그러나 일이 신속히 해결되어야 한다면, 그 과정들의 틀을 깨뜨리는 것이 필요하다. 사실, 많은 회사들이 이미 이런 혁신적인 프로젝트를 시행하려고 결정하였다. ; 변함없는 작업의 틀에 박혀 있는 팀원들을 끄집어내어 자유롭게 해줌으로써, 그들로부터 다양한 생각과 작업을 이끌어냈다. 자신이 맡은 바를 처리할 수 있게 하도록 허락한 것이다. 요컨대, 그러한 틀에 박힌 작업 방식은 때로는 반드시 인정받을 만한 것이 아니다.」

Answer 2.①

3 글의 내용과 일치하는 것은?

People disagree about how soon the world will run out of oil, but it does not matter whether oil will run out in the next 20 years or the next 150 years. Since oil is still going to run out, we cannot depend on it to meet our energy needs forever. Besides its limited supply, oil is an imperfect energy source. It pollutes the air, and it is inefficient when it is burned. There are much better fuels available. We just need to find cheaper ways to harness them.

① Better energy sources exist.

② The supply of oil will never run out.

③ Oil is an efficient source of energy.

④ Oil will run out in the next 20 years.

TIP disagree 의견이 다르다, 동의하지 않다 run out of ~을 다 써버리다, ~을 바닥내다 depend on ~에 의존하다 supply 공급(량) imperfect 불완전한 source 원천, 근원 pollute 오염시키다 inefficient 비효율적인 fuel 연료 available 이용할 수 있는 harness (동력원으로) 이용하다
① 더 나은 에너지 자원이 존재한다.
② 석유의 공급량은 결코 바닥나지 않을 것이다.
③ 석유는 효율적인 에너지 자원이다.
④ 석유는 앞으로 20년 이내에 모두 소모될 것이다.

「사람들은 지구상의 석유가 얼마나 빨리 바닥날 것인지에 대해 의견을 달리하지만, 석유가 앞으로 20년 안에 소모될 것인지 150년 안에 소모될 것인지는 중요하지 않다. 석유가 계속해서 소모되고 있는 한, 우리는 우리에게 필요한 에너지를 영원히 충족시켜줄 자원으로 석유에만 의존할 수는 없다. 게다가 한정된 공급원인 석유는 불완전한 에너지 자원이며, 공기를 오염시키고, 연소될 때 비효율적이다. 우리에게는 사용가능한 더 나은 연료들이 있다. 우리는 바로 그것들을 이용하는 더욱 저렴한 방법을 찾는 것이 필요하다.」

출제 예상 문제

1 다음 밑줄 친 부분에 가장 알맞은 것은?

> I thought we were _____ to be paid today.

① subjected

② about

③ supposed

④ attributed

TIP ① be subjected to ~을 받다(당하다)

② be about to 막 ~을 하려는 참이다.

③ be supposed to ~하기로 되어 있다.

④ be attributed to ~에 기인하다, ~에 덕분으로 여겨지다

「저는 우리가 오늘 급여를 받기로 되어 있다고 생각했는데요.」

2 다음 중 나머지 셋과 관계가 먼 것은?

① grape

② banana

③ pencil

④ orange

TIP ① 포도, ② 바나나, ④ 오렌지 → 과일

③ 연필 → 문구

Answer 1.③ 2.③

※ 다음 밑줄 친 부분과 뜻이 같은 것을 고르시오. 【3~10】

3

> The two political rivals <u>detest</u> each other.

① contest
② favorite
③ disgust
④ appraise

TIP detest 혐오하다, 몹시 싫어하다 contest 논쟁하다, 다투다 favorite 마음에 드는, 매우 좋아 하는 disgust 혐오하다
appraise 견적하다, 값을 매기다, 평가하다
「그 두 정치적 라이벌은 서로 싫어한다.」

4

> Jack <u>boasted</u> that she could beat anyone at poker.

① possess
② exhibit
③ brag
④ play

TIP boast 뽐내다, 자랑하다 possess 소유하다 brag 자랑하다, 떠벌리다 exhibit 전시하다
「잭은 포커에서는 누구든 이길 수 있다고 자랑했다.」

5

> The high cost of equipment <u>prohibits</u> many people from taking up this sport.

① allow
② forbid
③ permit
④ grant

TIP prohibit ～하지 못하게 하다 allow 허락하다 forbid 금지하다 permit 허락하다 grant 수여하다, 주다
「장비에 드는 비용이 높아서 많은 사람들이 이 스포츠에 손을 대지 못한다.」

Answer 3.③ 4.③ 5.②

6

> It is necessary to <u>examine</u> how the proposals can be carried out.

① veto   ② seduce

③ talk   ④ check

TIP veto 거부하다   seduce 유혹하다   talk 말하다   check 살피다, 점검하다

「그 제안들이 어떻게 실행될 수 있을 것인지를 검토할 필요가 있다.」

7

> I couldn't <u>make out</u> what he said.

① remember   ② understand

③ explain   ④ believe

TIP make out 이해하다(= figure out, understand)

① 기억하다   ③ 설명하다   ④ 믿다

「나는 그가 말한 것을 이해할 수 없었다.」

8

> You must <u>hand in</u> your homework today.

① finish   ② handle

③ manage   ④ submit

TIP hand in 제출하다(= submit, give in)

① 끝내다, 마치다   ② 다루다, 조종하다   ③ 다루다, 처리하다, 관리하다

「너는 오늘 과제물을 제출해야 한다.」

Answer   6.④ 7.② 8.④

9

> They <u>ran out of</u> food supplies before winter came.

① used up   ② set aside

③ sent for   ④ went through

TIP run out of ~을 다 쓰다(= use up)
② 곁에 두다, 무사하다, 파기하다　③ ~을 부르러 보내다　④ 지나다, 경험하다
「그들은 겨울이 오기 전에 식량을 다 소비했다.」

10

> They decided to stay home and <u>watch</u> television.

① look   ② take

③ protect   ④ follow

TIP 「그들은 집에 머물면서 TV를 보기로 결정했다.」

※ 두 단어의 관계가 나머지 셋과 다른 것을 고르시오. 【11~12】

11　① big – large   ② fast – slow

　　　③ new – old   ④ high – low

TIP ②③④는 서로 반의어의 관계이고, ①은 서로 유의어 관계이다.
① 큰 – 큰
② 빠른 – 느린
③ 새로운 – 오래된
④ 높은 – 낮은

12 ① dog − animal 　　　　② green − color

　　③ car − building 　　　　④ summer − season

※ 다음 두 문장의 빈칸에 공통적으로 들어갈 알맞은 말을 고르시오. 【13~16】

13

> • I _____ in my essay yesterday.
>
> • Her parents finally _____ in and let her go to the party.

① got 　　　　　　　　② gave

③ made 　　　　　　　④ submitted

14

> • You always _____ me happy.
>
> • Nothing will _____ me change my mind.

① make 　　　　　　　② loan

③ erupt 　　　　　　　④ crawl

15

> • Her talent _____ her to the top of her profession
>
> • The teacher _____ the difficulty to learn all our names on the first day.

① edit   ② teach

③ learn   ④ took

TIP edit 수정하다 teach 가르치다 learn 배우다

「• 그녀의 재능이 그녀를 전문 분야의 최고자리에 올려놓았다.
• 선생님은 첫 날에 우리 모두의 이름을 배우는 데 어려움을 겪었다.」

16

> • Foods _____ bad quickly in summer.
>
> • A man can _____ without food for days.

① go   ② run

③ turn   ④ make

TIP bad, without과 함께 쓰일 수 있는 동사를 찾는 문제이다. go bad는 '썩다, 나빠지다'의 의미이고, go without은 '～없이 견디다'의 의미를 갖고 있다. 따라서 정답은 ①이다.

「• 음식은 여름에 빨리 상한다.
• 사람은 며칠 동안 굶을 수 있다.」

17 다음 밑줄 친 단어와 반대되는 뜻을 가진 단어는?

For a long time his death was <u>concealed</u> from her.

① harbor
② manifest
③ determinate
④ divulge

conceal 숨기다, 비밀로 하다   harbor 항구, 피난처   manifest 명백하게 하다, 명시하다   determinate 한정된, 명확한, 확인하다
divulge 누설하다, 폭로하다
「오랜 시간 동안 그의 사망 사실을 그녀에게 숨기고 있었다.」

※ 다음 밑줄 친 단어와 뜻이 가장 가까운 것을 고르시오. 【18~20】

18

They <u>circumvented</u> our plan.

① deferred
② projected
③ frustrated
④ supported

circumvent 선수를 치다, 함정에 빠뜨리다, 속여 넘기다, 에워싸다, 포위하다   defer ~을 연기하다, 늦추다   frustrate (적을) 쳐
부수다, ~을 헛되게 하다, 실패하게 하다, 좌절시키다
「그들은 우리의 계획을 좌절시켰다.」

19

The heavy rain did not <u>deter</u> people from coming to the school play.

① dispel

② encourage

③ outlast

④ hinder

TIP deter(hinder, prohibit, hold)+O+from ~ing ~가 ~하는 것을 막다, 방해하다, 못하게 하다(물주구문임에 유의) dispel 일소하다, 없애다(=disperse) outlast ~보다 오래 견디다

「폭우는 사람들이 학교 연극에 오는 것을 막지 못했다.」

20

Movie studios often <u>boost</u> a new star with guest appearances on television talk show.

① promote

② watch

③ denounce

④ assault

TIP boost(=promote) ~에 앉히다, 모시다, 밀어 올리다, 격려하다, 후원하다, 끌어올리다 appearance 출현, 등장 promote 진전시키다, 조장하다, 승진하다 denounce 탄핵하다, 고발하다 assault 급습하다, 습격하다, 괴롭히다

「영화 스튜디오는 텔레비전 토크쇼에 초대 손님으로 종종 새로운 스타를 모신다.」

Answer 19.④ 20.①

※ 다음 밑줄 친 부분에 알맞은 것을 고르시오. 【21~24】

21

> I was surprised _____ the news.

① at   ② of

③ for   ④ by

TIP be surprised at~ ~에 놀라다

「나는 그 소식에 놀랐다.」

22

> Please _____ a favor for me.

① give   ② ask

③ allow   ④ do

TIP 「제 부탁 좀 들어주세요.」

※ 부탁의 표현
    ㉠ Would you do me a favor? (= Would you do a favor for me?)
    ㉡ May I ask you a favor? (= May I ask a favor of you?)

23

> Penguins are unusual birds. They can swim well. But they are heavy and have very small wings, so they can't _____.

① fly   ② dive

③ cry   ④ walk

TIP 「펭귄은 유별난 새이다. 그들은 수영을 잘 할 수 있다. 그러나 그들은 무겁고 아주 작은 날개를 가지고 있어서, 그들은 날 수 없다.」

Answer 21.① 22.④ 23.①

24

In the past, investors have often _____ savings accounts for money-market mutual funds.

① rejected

② replaced

③ preferred

④ purchased

TIP mutual 서로의, 상호의   mutual fund 상호기금, 개방형 투자신탁   replace 대신(대체)하다   prefer 보다 좋아하다, 선호하다   reject 거절하다, 거부하다, 물리치다   purchase 사다, 구입하다

「과거 투자자들은 금융시장의 개방형 투자신탁을 위하여 저축예금을 거부하였다.」

25 다음 중 서로 비슷한 의미의 단어로 짝지어진 것은?

① animal – plant

② spark – light

③ human – robot

④ black – white

TIP ② spark와 light 둘 다 불꽃의 의미가 있다.
① 동물 – 식물   ③ 인간 – 로봇   ④ 검은 – 흰

○2 문법

❶ 문장

(1) 8품사

단어의 역할에 따라 8가지로 분류한다.

① 명사 : 사람, 사물, 지명 등의 이름을 나타내는 말로 주어(S), 보어(C), 목적어(O) 역할을 한다.

The **rose** is beautiful. (장미는 아름답다.)

London is the capital of **England**. (런던은 영국의 수도이다.)

Most children like **cake**. (대부분의 어린이들은 과자를 좋아한다.)

② 대명사 : 명사 대신 부르는 말로 명사처럼 주어(S), 보어(C), 목적어(O) 역할을 한다.

She loves music. (그녀는 음악을 좋아한다.)

This book is **mine**. (이 책은 나의 것이다.)

They call her **Jane**. (그들은 그녀를 제인이라고 부른다.)

③ 동사 : 주어의 동작이나 상태를 나타낸다.

The girl **is** pretty. (그 소녀는 아름답다.)

He **runs** very fast. (그는 매우 빨리 달린다.)

④ 형용사 : 명사, 대명사의 성질, 상태를 나타낸다.

I have an **interesting** book. (나는 재미있는 책이 있다.)

She is **happy**. (그녀는 행복하다.)

⑤ 부사 : 동사, 형용사, 부사를 수식하여 양태 또는 정도를 나타낸다.

He runs **fast**. (그는 빨리 달린다.)

She is **very** beautiful. (그녀는 매우 아름답다.)

⑥ 전치사 : 명사나 대명사 앞에 놓여 전명구를 이루며, 전명구인 전치사 + (대)명사는 문장의 요소가 될 수 없고, 형용사구·부사구의 역할을 한다.

The flower **by the pond** is beautiful. (연못가의 꽃이 아름답다.)

The sun rises **in the east**. (해는 동쪽에서 뜬다.)

⑦ 접속사 : 낱말과 낱말, 구와 구, 절과 절을 연결한다.

Apples **and** pears are fruits. (사과와 배는 과일이다.)

He works in the morning **or** in the evening. (그는 아침이나 밤에 일한다.)

⑧ 감탄사 : 사람의 감정을 나타내는 말로 독립적인 역할을 한다.

Oh! What a wonderful world! (오! 정말 아름다운 세상이다!)

(2) 구와 절

① 구

㉠ 개념 : 2개 이상의 낱말이 모여 하나의 품사 역할을 하는 것을 구 또는 절이라고 하고, 절은 S + V ~, 즉 문장의 형태를 갖추지만 구는 그렇지 않다.

㉡ 명사구 : 부정사, 동명사 → 명사처럼 주어, 보어, 목적어 역할을 한다.

My hobby is **to collect stamps**. (나의 취미는 우표수집이다.)

He likes **to play baseball**. (그는 야구하기를 좋아한다.)

I dislike **speaking ill of others**. (나는 남을 비난하는 것을 싫어한다.)

㉢ 형용사구 : 부정사, 분사, 전명구 → 형용사처럼 명사나 대명사를 수식한다.

I have a book **to read**. (나는 읽을 책을 가지고 있다.)

The boy **sleeping in the room** is Tom. (방에서 자고 있는 소년이 톰이다.)

The girl **with a book** is Mary. (책을 가지고 있는 소녀가 메리이다.)

㉣ 부사구 : 부정사, 전명구 → 부사처럼 동사, 형용사, 부사를 수식한다.

We eat **to live**. (우리는 살기 위해 먹는다.)

Stars shine **in the sky**. (별들이 하늘에서 빛난다.)

② 절

㉠ 개념 : 절은 문장의 형태인 S + V를 갖추었으나, 독립적인 의미를 가지지 못하고 다른 문장의 일부로 쓰인다.

㉡ 명사절 : 명사처럼 주어(S), 보어(C), 목적어(O) 역할을 한다.

That he is honest is true. (그가 정직하다는 것은 사실이다.)

I believe **that he is kind**. (나는 그가 친절하다고 믿는다.)

Did you hear **what he said**? (너는 그가 한 말을 들었니?)

ⓒ 부사절 : 부사처럼 수식어에 불과하므로 제거해도 문장은 성립된다.

I loved her **when I was young**. (내가 젊었을 때 나는 그녀를 사랑했다.)

The house stands **where three roads meet**. (그 집은 삼거리에 있다.)

As it rained, I could not come. (비가 와서 나는 올 수 없었다.)

ⓓ 형용사절 : 관계대명사와 관계부사만이 형용사절을 이끈다.

I have a sister **who lives in N.Y**. (나에겐 뉴욕에 사는 누이가 있다.)

This is the book **which I wrote**. (이것은 내가 쓴 책이다.)

I have a friend **whose name is Tom**. (나는 톰이라 불리는 친구가 있다.)

This is the house **where I was born**. (이 곳은 내가 태어난 집이다.)

❷ 장의 형식

(1) 1형식 – 주어(S) + 동사(V) → 완전자동사

Birds **fly**. (새들이 날아간다.)

The sun **shines** brightly. (태양이 밝게 빛난다.)

A vase **is** on the table. (화병이 테이블 위에 있다.)

She **cries** when she is hungry. (그녀는 배고플 때 운다.)

There **is** a house by the pond. (연못가에 집이 있다.)

There once **lived** a wise king in Korea. (옛날에 한국에 현명한 왕이 살았다.)

> **TIP**

There + be / 일반동사 ~

㉠ There + be + S : S가 있다.

㉡ There + 일반동사 + S : S가 ~하다.

(2) 2형식 – 주어(S) + 동사(V) + 보어(C) → 불완전자동사

① be 동사류 : S가 V이다(상태).

He **is** the captain of our team. (그는 우리 팀의 주장이다.)

His father **is** a business man. (그의 아버지는 사업가이다.)

Mary **is** very clever. (메리는 현명하다.)

This desk **is** of no use. (이 책상은 쓸모없다.)

She **seems** quite happy. (그녀는 매우 행복하게 보인다.)

You **look** pale these days. (당신은 요즈음 창백해 보인다.)

His voice **sounds** strange. (그의 목소리는 이상하게 들린다.)

② become 동사류 : S가 C가 되다(상태변화).

　例 become, come, go, get, grow, turn, run

　She **became** a great pianist. (그녀는 훌륭한 피아니스트가 되었다.)

　His dream **came** true. (그의 꿈은 실현됐다.)

　This food **went** bad. (음식은 상했다.)

　It **gets** colder and colder. (점점 더 추워진다.)

　The leaves **turn** red in fall. (나뭇잎은 가을에 빨갛게 된다.)

　This well **runs** dry in winter. (이 우물은 겨울에 마른다.)

③ 유사보어 : 완전자동사가 보어를 취하는 경우도 있다.

　He died **young**. (그는 젊어서 죽었다.)

　= He was young when he died.

　He came home very **tired**. (그는 몹시 피곤한 채 집에 돌아왔다.)

(3) 3형식 – 주어(S) + 동사(V) + 목적어(O) → 완전타동사

① 목적어의 종류

　㉠ 대명사 : I met **him** yesterday. (나는 어제 그를 만났다.)

　㉡ 명사 : I like English. (나는 영어를 좋아한다.)

　㉢ 부정사 : I hope **to see** you again. (나는 당신을 다시 보고 싶다.)

　㉣ 동명사 : They stopped **playing** football. (그들은 축구경기를 멈추었다.)

　㉤ 절 : I hope **that you will come again**. (나는 당신이 다시 오기를 바란다.)

② 동족목적어 : 동사와 같은 어원의 명사가 목적어 역할을 한다.

　He **lived** a happy **life**. (그는 행복하게 살았다.)

　= He lived happily.

　She **smiled** a bright **smile**. (그녀는 환한 미소를 지었다.)

③ 재귀목적어

　He **killed himself** with a pistol. (그는 권총으로 자살했다.)

　He **seated himself** beside me. (그는 내 옆에 앉았다.)

(4) 4형식 – 주어(S) + 동사(V) + 간접목적어(I.O) + 직접목적어(D.O)

▶**TIP**

　4형식 문장(S + V + I.O + D.O)을 3형식 문장(S + V + D.O + 전치사 + I.O)으로 전환할 때는 동사에 따라 어떤 전치사를 사용하는가에 유의해야 한다.

① give류 : 전치사 to를 써서 전환되는 수여동사이다.

　　예 give(주다), bring(가져오다), show(보여주다), teach(가르치다), write(쓰다), promise(약속하다), pay(지불하다)

　　I **gave** my dog some meat. (나는 개에게 고기를 주었다.)

　　= I gave some meat to my dog.

　　He **sent** me a present. (그가 나에게 선물을 보냈다.)

　　= He sent a present to me.

② buy류 : 이익을 표시하는 전치사 for를 써서 전환되는 수여동사이다.

　　예 buy(사다), make(만들다), order(명령하다), find(발견하다), sing(노래하다), choose(선택하다), cook(요리하다)

　　Father **bought** me a bicycle. (아버지는 나에게 자전거를 사주셨다.)

　　= Father bought a bicycle for me.

　　She **made** me a dress. (그녀는 나에게 옷을 만들어 주었다.)

　　= She made a dress for me.

③ ask류 : of를 써서 전환되는 수여동사로, 주로 의문 · 질의 · 요구를 의미한다.

　　예 ask(질문하다), inquire(질문하다), demand(요구하다)

　　He **asked** me a question. (그가 나에게 질문을 했다.)

　　= He asked a question of me.

　　He **demanded** me an answer. (그가 나에게 대답을 요구했다.)

　　= He demanded an answer of me.

> **TIP**

4형식 문장에서 목적어의 양쪽이 대명사일 때는 3형식으로 쓴다.

　예 He gave me it. (×)

　　He gave it to me. (○)

(5) 5형식 – 주어(S) + 동사(V) + 목적어(O) + 목적보어(O.C)

① 형용사가 목적보어인 경우 : 목적어의 성질, 상태를 나타낸다.

　　I believe him **honest**. (나는 그가 정직하다고 믿는다.)

　　I made my wife **happy**. (나는 나의 아내를 행복하게 해주었다.)

② 명사가 목적보어인 경우 : 목적어의 신분, 이름을 나타낸다.

　　We elected him **chairman**. (우리는 그를 의장으로 선출했다.)

　　We call him **uncle Tom**. (우리는 그를 톰 삼촌이라 부른다.)

③ to부정사가 목적보어인 경우 : 목적어의 행동이 능동일 경우, 목적보어로 to부정사가 쓰인다.

He told me **to work** hard. (그는 나에게 열심히 일하라고 말했다.)

He advised me **to help** the poor. (그는 나에게 가난한 사람들을 도와주라고 충고했다.)

④ 원형부정사가 목적보어인 경우 : 사역동사와 지각동사 다음에 나오는 목적보어는 원형부정사로 쓰인다.

I will make him **do** the work. (나는 그에게 그 일을 하도록 시킬 것이다.)

I saw him **cross** the street. (나는 그가 길을 건너는 것을 보았다.)

> **TIP**

사역동사와 지각동사

㉠ 사역동사 : make(시키다), have(시키다), let(허락하다)

㉡ 지각동사 : see(보다), watch(보다), hear(듣다), listen to(듣다), feel(느끼다)

⑤ 현재분사가 목적보어인 경우 : 목적어의 행동이 능동(진행)일 경우, 목적보어로 현재분사가 쓰인다.

I saw him **playing** the piano. (나는 그가 피아노 치는 것을 보았다.)

She kept me **waiting** for a long time. (그녀는 나를 오랫동안 기다리게 했다.)

⑥ 과거분사가 목적보어인 경우 : 목적어의 행동이 수동일 경우, 목적보어로 과거분사가 쓰인다.

I found the bridge **broken**. (나는 다리가 부러진 것을 알았다.)

I believe him **killed** by a robber. (나는 그가 강도에 의해 살해됐다고 믿는다.)

❸ 동사의 종류

(1) 동사의 종류

① **완전자동사** : 동작의 영향이 다른 사람이나 사물에 미치지 않으며, 동사 그 자체만으로 완전한 의미를 갖는 동사를 말한다. 예를 들어 'He died(그는 죽었다)'는 그 자체로 완전한 문장이다.

📖 live(살다), sleep(자다), come(오다), run(달리다), fly(날다)

② **불완전자동사** : 동작의 영향이 다른 사람이나 사물에 미치지는 않지만 동사 그 자체만으로는 완전한 의미를 나타낼 수 없어 보충할 말을 필요로 하는 동사를 말하며, 이 보충할 말을 보어(C)라 부른다. 예를 들면 'He became(그는 되었다)'이라는 문장은 무엇이 되었는지 분명하지 못하며, 'He became a teacher(그는 선생님이 되었다)'라고 해야만 완전한 문장이 된다.

📖 be(~이다), seem(~인 듯하다), look(~처럼 보이다), become(~이 되다)

③ **완전타동사** : 동작의 영향이 다른 사람이나 사물에 미치는 동사를 말한다. 예를 들면 'He killed a dog(그는 개를 죽였다)'에서 그의 동작(kill)이 개에 영향을 미쳐서 결과적으로 죽은 것은 개가 된다.

📖 push(~을 밀다), write(~을 쓰다), eat(~을 먹다), strike(~을 때리다)

④ **수여동사** : 'A에게 B를 준다'는 뜻의 동사를 수여동사라 부르며, 수여동사는 물건을 받는 간접목적어(I.O)와 건네지는 물건, 즉 직접목적어(D.O)가 필요하다. 예를 들면 'He gave me a book(그가 나에게 책을 주었다)'에서 me는 간접목적어, book은 직접목적어이다.
　📖 give(주다), send(보내다), lend(빌려주다), buy(사주다)

⑤ **불완전타동사** : 타동사가 목적어만으로는 불완전하여 보충할 말을 필요로 하는 경우의 동사를 말한다. 예를 들면 'He made me(그는 나를 만들었다)'만으로는 불충분하며, 'He made me happy(그는 나를 행복하게 만들었다)'라고 해야만 완전한 문장이 된다.
　📖 find(발견하다), believe(믿다), make(만들다), think(생각하다)

❹ 동사의 시제

(1) 현재시제

① 현재의 동작이나 상태
　㉠ 현재의 동작
　　I **see** a ship on the horizon. (나는 수평선의 배를 보고 있다.)
　㉡ 현재의 상태
　　She **has** a good memory. (그녀는 기억력이 좋다.)

② 불변의 진리, 속담(격언), 현재의 습관
　㉠ 진리
　　The earth **goes** round the sun. (지구는 태양을 돈다.)
　　Two and two **are** four. (2+2＝4이다.)
　㉡ 속담
　　After a storm **comes** a calm. (폭풍우 뒤에 고요가 온다. 고진감래)
　㉢ 습관
　　I **go** to school by bus every day. (나는 매일 버스를 타고 학교에 다닌다.)

③ 시간과 조건의 부사절 : 시간과 조건의 부사절에서는 현재시제가 미래시제를 대신한다.
　If you fail in your business, what will you do?
　(만약 사업에 실패하면 너는 무엇을 하겠니?)
　I will discuss the matter **when he comes back**.
　(그가 돌아왔을 때 그 문제를 의논하겠다.)

▶**TIP**--------------------------------

명사절, 형용사절 : 미래시제를 그대로 쓴다.

Tell me when he will finish it. (그가 그것을 언제 끝낼지를 나에게 말해라.)

→ 명사절(목적어 역할)

Tell me the time when you will return. (당신이 돌아올 시간을 나에게 말해라.)

→ 형용사절(명사 수식)

(2) 과거시제

① 과거의 동작이나 상태

ㄱ 과거의 동작

He **went** to school yesterday. (그는 어제 학교에 갔다.)

ㄴ 과거의 상태

She **was** happy when she was young. (그녀는 젊었을 때 행복했다.)

② 역사적 사실

He said that the Korean War **broke out** in 1950.

(그는 한국전쟁은 1950년에 일어났다고 말했다.)

Columbus **discovered** America in 1492. (콜럼버스는 1492년에 아메리카를 발견했다.)

③ 과거의 습관

ㄱ 불규칙적 습관

He **would** often come to see me. (그는 종종 나를 보러 오곤 했다.)

ㄴ 규칙적 습관

He **used to** get up early. (그는 일찍 일어나곤 했다.)

(3) 미래시제

① 상대방의 의지

Shall I open the window? (제가 창문을 열어도 될까요?)

- Yes, please. / No, thank you.

Shall we take a walk after dinner? (저녁식사 후에 산책이나 할까요?)

② 미래를 나타내는 표현

ㄱ be going to + 동사원형 : ~할 예정이다.

I **am going to** see him tonight. (나는 오늘밤 그를 만날 것이다.)

I **am going to** study. (나는 공부를 할 것이다.)

ⓛ be about to + 동사원형 : 막 ~하려 하다.

She **was about to** start. (그녀는 막 출발하려 했다.)

I **was about to** cry. (나는 막 울려고 했다.)

ⓒ 왕래발착동사 + 미래어구

We **go fishing** tomorrow. (우리는 내일 낚시하러 갈 것이다.)

She **arrives** tomorrow evening. (그녀는 내일 저녁에 도착할 것이다.)

> **TIP**
>
> 왕래발착 동사
> go, come, start, leave, sail, arrive, reach, return

(4) 현재완료시제

have(has) + p.p.(과거분사), 현재완료형은 우리말로 해석하면 '~ 했다'처럼 과거시제의 경우와 비슷하다. 하지만 현재완료시제는 그 동작이 과거 언제 일어났는지에는 관심이 없고, 그 동작이 현재에 미치는 영향 등 현재와의 관련성에 초점을 맞춰 표현할 때 사용한다.

① 완료 : (지금 막) ~했다, ~해버렸다. 주로 now, just, already 등과 함께 쓰인다.

I **have** just **cleaned** my room. (나는 지금 막 내 방을 청소했다.)

I **have** already **had** lunch. I'm not hungry. (나는 이미 점심을 먹었다. 나는 배가 고프지 않다.)

② 결과 : ~했다(그 결과 지금 …하다).

I **have lost** my watch. (나는 시계를 잃어버렸다.)

= I lost my watch and I don't have.

I **have received** her letter. (나는 그녀의 편지를 받았다.)

③ 경험 : (지금까지) ~한 적이 있다. 주로 once(한 번), twice(두 번), ever(~한 적이 있다), never, often, before 등과 함께 쓰인다.

I **have seen** this film before. (나는 전에 이 영화를 본 적이 있다.)

Have you ever **met** a famous person? (너는 유명한 사람을 만난 적이 있니?)

④ 계속 : (지금까지) 계속 ~하고 있다. 주로 for(~동안), since(~이후로), how long 등과 함께 쓰인다.

He **has been** ill since last week. (그는 지난 주 이후로 계속 아프다.)

> **TIP**
>
> has been to(경험)와 has gone to(결과)
> She has been to America. (그녀는 미국에 가본 적이 있다.)
> She has gone to America. [그녀는 미국에 갔다(그 결과 지금 없다).]

I **have lived** here for ten years. (나는 10년 동안 이곳에 살고 있다.)

> **TIP**

현재완료의 부정문과 의문문
  ㉠ 현재완료의 부정문 : have(has) + not + p.p.
    She has not washed the dishes yet. (그녀는 아직 설거지를 하지 못했다.)
  ㉡ 현재완료의 의문문 : Have(has) + S + p.p. ~? / 의문사 + have(has) + S + p.p. ~?
    Have you lived here since childhood? (너는 어릴 때부터 이곳에 살았니?)

(5) 과거완료시제

had + p.p.(과거분사), 특정한 과거시점까지의 동작이나 상태의 완료, 경험, 결과, 계속을 나타낸다.

① 완료 : (그때 막) ~하였다, ~해버렸다.

I **had finished** my lunch when you came. (네가 왔을 때 나는 막 점심을 다 먹었다.)

I **had** just **written** my answer when the bell ring. (종이 울렸을 때 나는 막 답을 쓴 뒤였다.)

② 결과 : ~해서 (그때) …이 되어 있었다.

I **had lost** my watch when I left the train.

(내가 기차에서 내렸을 때 시계를 잃어버리고 없었다.)

Father **had gone** to market when I came home.

(내가 집으로 돌아왔을 때는 아버지가 시장에 가고 계시지 않았다.)

③ 경험 : (그때까지) ~한 적이 있었다.

I **had** never **met** him until then. (그때까지 그를 만난 적이 없었다.)

That was the first time we **had** ever **eaten** lobster.

(우리가 바닷가재를 먹어보기는 그것이 처음이었다.)

④ 계속 : (그때까지) 계속 ~하고 있었다.

I **had been** ill for two weeks, so I couldn't go there.

(나는 2주 동안 계속 아팠다. 그래서 거기에 갈 수가 없었다.)

He **had loved** his wife until he died. (그는 그가 죽을 때까지 그의 아내를 사랑해왔었다.)

⑤ 대과거 : 과거에 발생한 두 사건 중 단순히 먼저 일어났음을 나타낸다.

He lost the bag which he **had bought** two days before.

(그는 이틀 전에 산 가방을 잃어버렸다.)

She **had** already **left** when we got there. (우리가 도착했을 때 그녀는 이미 떠난 후였다.)

(6) 진행시제

① 현재진행 : is(are) +~ing

I **am studying** English. (나는 영어공부를 하는 중이다.)

They **are playing** baseball. (그들은 야구를 하고 있는 중이다.)

② 과거진행 : was(were) +~ing

She **was playing** the piano. (그녀는 피아노를 치고 있는 중이었다.)

We **were swimming** in the river. (우리는 강에서 수영하고 있는 중이었다.)

③ 미래진행 : will be +~ing

I **will be studying** in USA next year. (내년에 나는 미국에서 공부중일 것이다.)

She **will be resting** in country next week. (다음 주에 그녀는 시골에서 휴식중일 것이다.)

④ 완료진행 : have(has) been +~ing

I **have been studying** English for six years. (나는 6년간 영어를 공부했고 지금도 공부중이다.)

She **has been waiting** for you since you left there.

(그녀는 당신이 그 곳을 떠난 이후로 당신을 계속 기다리고 있다.)

(7) **불규칙동사의 활용**

① A − A − A형

cut(자르다) − cut − cut   cost(비용이 들다) − cost − cost

hit(때리다) − hit − hit   read(읽다) − read − read

② A − B − B형

bring(가져오다) − brought − brought   buy(사다) − bought − bought

catch(잡다) − caught − caught   find(발견하다) − found − found

hear(듣다) − heard − heard   sleep(자다) − slept − slept

think(생각하다) − thought − thought

③ A − B − C형

begin(시작하다) − began − begun   choose(선택하다) − chose − chosen

drive(운전하다) − drove − driven   eat(먹다) − ate − eaten

go(가다) − went − gone   write(쓰다) − wrote − written

speak(말하다) − spoke − spoken

④ A - B - A형

become(~가 되다) - became - become

come(오다) - came - come

run(달리다) - ran - run

⑤ 혼동하기 쉬운 동사의 활용

    ㉠ rise(오르다) - rose - risen

       raise(올리다) - raised - raised

    ㉡ find(찾다) - found - found

       found(세우다) - founded - founded

    ㉢ fall(떨어지다) - fell - fallen

       fell(벌목하다) - felled - felled

❺ 수동태

(1) 능동태와 수동태

① 능동태 : 주어가 동작을 행하는 것을 표현하는 동사의 형태이다.

Cats **catch** mice. (고양이들이 쥐를 잡는다.)

Lincoln **delivered** this speech. (링컨이 이 연설을 하였다.)

② 수동태(be + p.p.) : 주어가 동작을 당하는 것을 표현하는 동사의 형태이다.

Mice **are caught** by cats. (쥐들은 고양이에 의해 잡힌다.)

This speech **was delivered** by Lincoln. (이 연설은 링컨에 의하여 행해졌다.)

③ 태의 전환(능동태 → 수동태)

    ㉠ 능동태의 목적어 → 수동태의 주어

    ㉡ 능동태의 동사 → be + p.p.

    ㉢ 능동태의 주어 → by + 목적격

> **TIP**
>
> 수동태가 잘 쓰이는 경우
>
> ㉠ 동작을 행한 주체를 잘 모르는 경우
>
> Ten people were killed in the accident. (그 사고로 열 명이 사망했다.)
>
> Her son was killed in the war. (그녀의 아들은 전쟁에서 죽었다.)
>
> ㉡ 동작을 행한 주체가 별로 중요하지 않거나 문맥상 명백한 경우
>
> My watch was made in Switzerland. (내 시계는 스위스에서 만들어졌다.)
>
> I was born in 1977. (나는 1977년에 태어났다.)

ⓒ 동작을 행한 주체가 막연한 일반인인 경우

　Aspirin is used for pain. (아스피린은 진통제로 사용된다.)

　Spanish is spoken in Mexico. (멕시코에서는 스페인어를 말한다.)

(2) 수동태의 시제

① 기본시제의 수동태

　㉠ 현재 : am(is, are) + p.p.

　　I **do** it. (나는 그것을 한다.) → It is **done** by me.

　㉡ 과거 : was(were) + p.p.

　　I **did** it. (나는 그것을 했다.) → It **was done** by me.

　㉢ 미래 : will be + p.p.

　　I **will do** it. (나는 그것을 할 것이다.) → It **will be done** by me.

② 완료시제의 수동태

　㉠ 현재완료 : have(has) been + p.p.

　　I **have done** it. (나는 그것을 했다.) → It **has been done** by me.

　㉡ 과거완료 : had been + p.p.

　　I **had done** it. (나는 그것을 했었다.) → It **had been done** by me.

③ 진행시제의 수동태

　㉠ 현재진행 : am(is, are) being + p.p.

　　I **am doing** it. (나는 그것을 하고 있다.) → It **is being done** by me.

　㉡ 과거진행 : was(were) being + p.p.

　　I **was doing** it. (나는 그것을 하고 있었다.) → It **was being done** by me.

❻ 조동사

(1) do

① 일반동사의 부정문, 의문문

　He **doesn't** work here. → 부정문

　(그는 이곳에서 일하지 않는다.)

　Did he catch a living tiger? → 의문문

　(그가 살아있는 호랑이를 잡았나요?)

② 도치문 : 강조한 말 + do + S + 동사원형

Little **did she know** that we were watching her.

(그녀는 우리가 그녀를 보고 있다는 것을 거의 몰랐다.)

Never **did I dream** such a result.

(그런 결과를 가져오리라고는 꿈에도 생각하지 못했다.)

③ 동사 강조 : S + do + 동사원형

She **does** write an English novel. (그녀는 정말로 영문소설을 쓴다.)

He **did** break the window. (그는 정말로 유리창을 깼다.)

④ 대동사 : 앞에 나온 동사 대신에 do를 쓴다.

I work hard as he **does**(= works hard). (나도 그 사람처럼 열심히 일한다.)

Do you like it? Yes, I **do**(= like it). (그것을 좋아하니? 예, 좋아합니다.)

(2) can

① 가능 : ~할 수 있다(= be able to).

He **can**(= is able to) speak English. (그는 영어로 말할 수 있다.)

She **could**(= was able to) speak English. (그녀는 영어로 말할 수 있었다.)

② 강한 의심 : (의문문에서) ~일 수 있을까?

Can the rumor be true? (과연 그 소문이 사실일까?)

Can he do the work? (과연 그가 그 일을 할 수 있을까?)

③ 추측 : (부정문에서) ~일 리가 없다.

He **can't be** rich. (그는 부자일 리가 없다.)

He **can't have been** rich. (그는 부자였을 리가 없다.)

④ 관용표현

㉠ can't help ~ing : ~하지 않을 수 없다(= can't but + 동사원형).

I **can't help following** his advice. (나는 그의 충고를 따르지 않을 수 없다.)

I **can't help falling** in love with you. (나는 당신과 사랑에 빠지지 않을 수 없다.)

㉡ as~as can be : 더할 나위없이 ~하다.

I am **as** happy **as can be**. (나는 더할 나위없이 행복하다.)

He is **as** busy **as can be**. (그는 굉장히 바쁘다.)

㉢ as~as one can : 가능한 한~(= as~as possible)

He ate **as** much **as he could**. (그는 가능한 한 많이 먹었다.)

I tried **as** much **as I could**. (나는 가능한 한 많은 시도를 했다.)

ⓔ cannot~too : 아무리 ~해도 지나치지 않다.

You **cannot** praise him **too** much. (너는 그를 아무리 칭찬해도 지나치지 않다.)

One **cannot** be **too** careful. (사람은 아무리 주의해도 지나친 법이 없다.)

ⓜ cannot so much as~ : ~조차 하지 못한다.

He **cannot so much as** write his own name. (그는 자신의 이름조차 쓰지 못한다.)

I **cannot so much as** cook egg. (나는 달걀요리조차 하지 못한다.)

(3) must

① 의무, 필요 : ~해야만 한다(= have to).

You **must** do the work. (당신은 그 일을 해야만 한다.)

He **must** go home at once. (그는 당장 집에 가야만 한다.)

② 금지 : ~해서는 안 된다.

You **must** not smoke here. (여기서 담배를 피우면 안 된다.)

You **must** not tell a lie. (거짓말해서는 안 된다.)

③ 강한 추측 : ~임에 틀림없다.

He **must** be at home. (그는 집에 있음에 틀림없다.)

I didn't here it. I **must have been** asleep. (나는 듣지 못했다. 자고 있었음에 틀림없다.)

(4) may, might

① 허가 : ~해도 좋다.

May I use the telephone? (제가 전화를 사용해도 될까요?)

You **may** enter the garden. (정원에 들어가도 된다.)

② 불확실한 추측 : ~일지도 모른다.

He **may be** a liar. (그는 거짓말쟁이일지도 모른다.)

I think she **may have missed** the train. (나는 그녀가 기차를 놓쳤을지도 모른다고 생각해.)

③ 기원 : 문장 앞에 may를 쓰면 기원문이 된다.

May you live long! (만수무강 하소서!)

May you succeed! (성공을 빈다!)

④ 희망 · 충고(might) : ~하는 것이 좋겠다.

You **might** talk to your parents. (당신은 당신의 부모님께 말씀드리는 것이 좋겠다.)

You **might** listen to me. (내가 말한 것을 잘 들어주면 좋을 텐데.)

⑤ 관용표현

　ⓐ (so) that + S + may + 동사원형~ : ~하기 위하여

　　He works hard **(so) that he may** succeed. (그는 성공하기 위하여 열심히 일한다.)

　　Come home early **so that we may** eat dinner together.

　　(함께 저녁식사를 할 수 있도록 집에 일찍 오너라.)

　ⓑ may well + 동사원형~ : ~하는 것은 당연하다.

　　She **may well** get angry. (그녀가 화내는 것은 당연하다.)

　　You **may well** think so. (네가 그렇게 생각하는 것이 당연하다.)

　ⓒ may(might) as well + 동사원형~ : ~하는 것이 더 낫다.

　　We **may(might) as well** begin at once. (우리가 즉시 시작하는 것이 더 낫다.)

　　You **may as well** go. (너는 가는 것이 더 낫겠다.)

> **TIP** --

중요 표현

ⓐ cannot + 동사원형 / have p.p.

• cannot + 동사원형 : ~일 리가 없다[= It is impossible that S + V(현재)~]

• cannot have + p.p. : ~이었을 리가 없다[= It is impossible that S + V(과거)~]

ⓑ must + 동사원형 / have p.p.

• must + 동사원형 : ~임에 틀림없다[= It is certain that S + V(현재)~]

• must have + p.p. : ~이었음에 틀림없다[= It is certain that S + V(과거)~]

ⓒ may + 동사원형 / have p.p.

• may + 동사원형 : ~일지도 모른다[= It is possible that S + V(현재)~]

• may have + p.p. : ~이었을지도 모른다[= It is possible that S + V(과거)~]

(5) will(would)

① 확실한 추측

　That**'ll** be his car. (저것은 그의 차일 것이다.)

　She left two hours ago. She **would** be at home now.

　(그녀는 2시간 전에 떠났다. 그녀는 지금쯤 집에 있을 것이다.)

② 공손한 표현 : ~해주시지 않겠습니까?

　Would somebody please help me? (누가 저를 도와주시지 않겠습니까?)

　Would you pass me the salt? (소금 좀 집어주시겠습니까?)

③ 과거의 습관 : ~하곤 했다(불규칙).

　I **would** sit on the bench for hours. (나는 몇 시간 동안 벤치에 앉아 있곤 했다.)

　He **would** go for a long walk. (그는 오랫동안 산책하곤 했다.)

　☞ used to + 동사원형 : ~하곤 했다(규칙적 습관)

④ 현재의 습성, 경향

Children **will** be noisy. (아이들은 시끄럽다.)

He **will** sit like that for hours. (그는 그렇게 여러 시간을 앉아 있는다.)

⑤ 현재의 거절, 고집

He **will** have his way in everything. (그는 모든 일을 마음대로 한다.)

This door **will** not open. (문은 열리지 않는다.)

⑥ 과거의 거절, 고집

He **would** not come to the party after all my invitation.

(그는 나의 초대에도 그 파티에 오려고 하지 않았다.)

I offered him money, but he **would** not accept it.

(나는 그에게 돈을 제공하였지만, 그는 받으려 하지 않았다.)

⑦ 희망, 욕구

He who **would** succeed must work hard.

(성공하기를 바라는 사람은 열심히 일해야 한다.)

⑧ 관용표현

㉠ would like to + 동사원형 : ~하고 싶다.

Would you **like to** watch TV with us? (우리와 함께 TV를 보고 싶니?)

I **would like to** stay here. (나는 여기에 머물고 싶다.)

㉡ would rather … (than ~) : (~하느니) 차라리 …하겠다.

I'**d rather** go tomorrow. (나는 차라리 내일 떠나겠다.)

He **would rather** not see me today. (그는 차라리 오늘 나를 보지 않는 편이 낫다.)

(6) should

① 의무, 당연 : ~해야만 한다(= ought to).

Everybody **should** wear seat belts in a car. (모든 사람은 안전벨트를 매야 한다.)

You **should** obey your parents. (당신은 부모님께 순종해야 한다.)

② 유감, 후회 : ~했어야 했는데 (하지 않았다). →should have + p.p.

You **should have seen** the sunrise. It's great. (당신은 일출을 봤어야 했다. 정말 멋졌어.)

You **should have followed** my advice. (너는 나의 충고를 따랐어야 했다.)

③ 이성적 판단 및 감정적 판단 : 'It is' 다음에 'necessary(필요한), important(중요한), natural(당연한), right(옳은), wrong(틀린), reasonal(합리적인), strange(이상한), surprising(놀란), a pity(동정)' 등이 오면 that절에 'should'를 쓴다.

It is necessary that you **should** go there. (당신이 그 곳에 가는 것이 필요하다.)

It is surprising that he **should** be so foolish. (그가 그렇게 어리석다니 놀랍다.)

④ 주장, 명령, 요구, 제안 : 'insist(주장하다), order(명령하다), demand(요구하다), suggest(제안하다), propose(제안하다)' 등이 오면 주어 다음 'that절에 (should) + 동사원형'을 쓴다.

She insists that he **(should) pay** the bill. (그녀는 그가 돈을 지불해야 한다고 주장한다.)

I suggest that we **(should) meet** again tomorrow. (나는 우리가 다시 만날 것을 제안한다.)

(7) ought to

① 의무, 당연 : ~해야 한다.

You **ought to** see a dentist. (당신은 치과의사의 진찰을 받아야 한다.)

People **ought** not **to** drive like that. (저렇게 운전을 하면 안 된다.)

② 유감, 후회 : ~했어야 했는데 (하지 않았다). → ought to have + p.p.

You **ought to have consulted** with me. (너는 나와 의논했어야 했는데.)

She **ought to have told** him that matter yesterday.
(그녀는 어제 그 문제를 그에게 말했어야 했다.)

(8) used to

① 과거의 규칙적 습관 : 늘 ~하곤 했다.

I **used to** smoke, but now I've stopped. (나는 담배를 피우곤 했지만 지금은 끊었다.)

I **used to** read the Bible before I went to bed. (나는 자러 가기 전에 성경을 읽곤 했다.)

② 과거의 계속적 상태 : ~였다.

I **used to** be a fan of his. (나는 전에 그의 팬이었다.)

There **used to** be a small tree in front of my school.
(내가 다니던 학교 앞에는 작은 나무가 한 그루 있었다.)

③ 관용표현

㉠ be used to + 동사원형 : ~에 사용되다.

This knife **is used to** cut the bread. (이 칼은 빵을 자르는 데 사용된다.)

This machine **is used to** dry the hair. (이 기계는 머리카락을 말리는 데 사용된다.)

ⓛ be used to +~ing : ~에 익숙하다.

He **is used to eating** Korean food. (그는 한식을 먹는 데 익숙하다.)

Soldiers **are used to** danger. (군인들은 위험에 익숙해져 있다.)

(9) need, dare

① need : ~할 필요가 있다.

Need you go so soon? No, I **needn't**. (너는 이렇게 빨리 갈 필요가 있니? 아니, 없어.)

You **need** to type this letter again. (너는 이 편지를 다시 입력 할 필요가 있다.)

② dare : 감히 ~하다.

How **dare** you say that? (네가 감히 어떻게 그런 말을 할 수가 있니?)

I **dare** not ask. (나는 감히 물어 보지 못하겠다.)

❼ 부정사와 동명사

(1) 부정사

① 부정사의 용법

㉠ 부정사의 명사적 용법

• 주어 역할 : 문장의 균형상 가주어 it을 문장의 처음에 쓰고 부정사는 문장 끝에 두기도 한다.

To tell the truth is difficult. (진실을 말하는 것은 어렵다.)

It is sad **to lose** a friend(It은 가주어, to lose~는 진주어).

• 보어 역할 : be동사의 주격보어로 쓰여 '~하는 것이다'의 뜻을 나타낸다.

To teach is **to learn**. (가르치는 것이 배우는 것이다.)

• 목적어 역할 : 타동사의 목적어로 쓰인다. 특히 5형식 문장에서 believe, find, make, think 등의 동사가 부정사를 목적어로 취할 때에는 목적어 자리에 가목적어 it을 쓰고, 진목적어인 부정사는 문장 뒤에 둔다.

I promised Mary to attend the meeting. (나는 Mary에게 그 모임에 나가겠다고 약속했다.)

I made **it** clear **to give up** the plan(it은 가목적어, to give up~은 진목적어).

(나는 그 계획을 포기할 것을 명백하게 밝혔다.)

> **TIP**

의문사 + 부정사

The problem is where to go, not when to go.

(문제는 언제 가야 하는가가 아니라 어디에 가야 하는가이다.)

= The problem where we should go, not when we should go.

He discovered how to open the safe.

(그는 그 금고를 여는 방법을 발견하였다.)

= He discovered how he could open the safe.

ⓛ 부정사의 형용사적 용법

• **한정적 용법** : 수식받는 명사와 부정사 사이에 성립하는 의미상의 주격·목적격관계는 다음과 같다.

－명사가 부정사의 의미상의 주어

She was the **only one to survive** the crash(→ She survived the crash ; She가 to survive의 의미상 주어).

(그녀는 충돌사고에서의 유일한 생존자였다.)

－ 명사가 부정사의 의미상의 목적어

'Honesty pays' is **a good rule to follow**(→ follow a good rule ; a good rule이 to follow의 의미상 목적어).

('정직은 이익이 된다.'는 것은 따를 만한 좋은 규칙이다.)

－ 명사가 부정사에 딸린 전치사의 목적어 : 부정사의 형태는 'to + 자동사 + 전치사', 'to + 타동사 + 목적어 + 전치사'이다.

He has nothing **to complain about**(→ complain about nothing ; nothing이 about의 목적어).

(그는 아무런 불평이 없다.)

I bought a case **to keep letters in**(→ keep letters in a case ; a case가 in의 목적어).

(나는 편지를 담을 상자를 샀다.)

－ 명사와 부정사가 동격관계 : 부정사가 명사를 단순 수식한다.

He had the courage **to admit** his mistakes.

(그는 자기의 실수를 인정할 용기가 있었다.)

= He had the courage of admitting his mistake.

• **서술적 용법** : 부정사가 보어로 쓰인다.

－ seem(appear, happen, prove) + to부정사

She **seems to be** clever. (그녀는 총명한 것 같다.)

= It seems that she is clever.

－ be동사 + to부정사의 용법 : 예정[~할 것이다(= will)], 의무[~해야 한다(= should)], 가능[~할 수 있다(= can)], 운명[~할 운명이다(= be destined to)]

President **is to visit** Japan in August.

(대통령은 8월에 일본을 방문할 것이다.)

You **are to eat** all your meal.

(당신은 당신의 식사를 모두 먹어야 한다.)

Her ring **was** nowhere **to be** seen.

[그녀의 반지는 어디에서도 볼 수 없었다(보이지 않았다).]

They **were** never **to meet** again.

[그들은 결코 다시 만나지 못할 운명이다.]

ⓒ to부정사의 부사적 용법 : 동사·형용사·부사를 수식하여 다음의 의미를 나타낸다.

- 목적 : '~하기 위하여(= in order to do, so as to do)'의 뜻으로 쓰인다.

  To stop the car, the policeman blew his whistle.

  (차를 세우기 위해 경찰관은 호각을 불었다.)

  I have come here **in order to(so as to) talk** to you.

  (너에게 말하기 위해 나는 여기 왔다.)

- 감정의 원인 : '~하니, ~해서, ~하다니, ~하는 것을 보니(판단의 근거)'의 뜻으로 쓰이며, 감정 및 판단을 나타내는 어구와 함께 쓰인다.

  I am sorry **to trouble** you. (불편을 끼쳐서 죄송합니다.)

  Mr. Smith is a true gentleman **to behave** like that.

  (그렇게 행동하다니 Mr. Smith는 진정한 신사이다.)

- 조건 : '만약 ~한다면'의 뜻으로 쓰인다.

  I should be happy **to be** of service to you. (당신에게 도움이 된다면 기쁘겠습니다.)

- 결과 : '(그 결과) ~하다'의 뜻으로 쓰이며 'live, awake, grow (up), never, only + to부정사'의 형태로 주로 쓰인다.

  He grew up **to be** a wise judge. (그는 자라서 훌륭한 판사가 되었다.)

  = He grew up, and became a wise judge.

- 형용사 및 부사 수식 : '~하기에'의 뜻으로 쓰이며, 앞에 오는 형용사 및 부사(easy, difficult, enough, too, etc)를 직접 수식한다.

  His name is easy **to remember**. (그의 이름은 기억하기에 쉽다.)

-A enough to do : ~할 만큼 (충분히) A하다(= so A as to do, so A that + 주어 + can ~).

  You are old **enough to understand** my advice.

  (당신은 나의 충고를 이해할 만큼 충분히 나이가 들었다.)

  = You are **so** old **as to understand** my advice.

  = You are **so** old **that you can** understand my advice.

-too A to do : 너무 A하여 ~할 수 없다(= so A that + 주어 + cannot ~).

  The grass was **too** wet **to** sit on. (그 잔디는 너무 젖어서 앉을 수 없었다.)

  = The grass was **so** wet **that we couldn't** sit on it.

② 부정사의 의미상 주어

　　㉠ 의미상 주어를 따로 표시하지 않는 경우 : 부정사의 의미상 주어는 원칙적으로 'for + 목적격'의 형태로 표시되지만, 다음의 경우에는 그 형태를 따로 표시하지 않는다.

　　　• 문장의 주어나 목적어와 일치하는 경우

　　　She promised me **to come** early[She(주어)가 come의 의미상 주어와 일치].

　　　(그녀는 일찍 오겠다고 나와 약속했다.)

　　　He told me **to write** a letter[me(목적어)가 write의 의미상 주어와 일치].

　　　(그는 나에게 편지를 쓰라고 말했다.)

　　　• 일반인인 경우

　　　It always pays (for people) **to help** the poor. (가난한 사람들을 도우면 반드시 보답받는다.)

　　　• 독립부정사인 경우 : 관용적 표현으로 문장 전체를 수식한다.

> **TIP**

독립부정사

　㉠ to begin(start) with : 우선

　㉡ so to speak : 소위

　㉢ strange to say : 이상한 얘기지만

　㉣ to be frank(honest) : 솔직히 말해서

　㉤ to make matters worse : 설상가상으로

　㉥ to make matters better : 금상첨화로

　㉦ to cut(make) a long story short : 요약하자면

　　㉡ 의미상 주어의 형태

　　　• for + 목적격 : It is + 행위판단의 형용사(easy, difficult, natural, important, necessary, etc) + for 목적격 + to부정사

　　　It is natural **for children** to be noisy. (어린이들이 시끄러운 것은 당연하다.)

　　　• of + 목적격 : It is + 성격판단의 형용사(kind, nice, generous, wise, foolish, stupid, careless, etc) + of 목적격 + to부정사

　　　It is generous **of her** to help the poor. (가난한 이들을 돕다니 그녀는 관대하다.)

> **TIP**

'It is~for(of) 목적격 to부정사'의 문장전환 : 의미상의 주어가 'of + 목적격'의 형태인 경우 문장전환시 문두에 위치할 수 있지만, 'for + 목적격'의 형태인 경우에는 부정사의 목적어만 문두에 위치할 수 있다.

It is easy for him to read the book.

= **The book** is easy for him to read.

It is wise of him to tell the truth.

= **He** is wise to tell the truth.

③ 부정사의 시제

    ㉠ 단순부정사 : 'to + 동사원형'의 형태로 표현한다.

      • 본동사의 시제와 일치하는 경우

        He seems **to be** rich. (그는 부자처럼 보인다.)

        = It seems that he **is** rich.

      • 본동사의 시제보다 미래인 경우 : 본동사가 희망동사(hope, wish, want, expect, promise, intend, etc)나 remember, forget 등일 경우 단순부정사가 오면 미래를 의미한다.

        Please remember **to post** the letter. (편지 부칠 것을 기억하세요.)

        = Please remember that you should **post** the letter.

    ㉡ 완료부정사 : 'to + have p.p.'의 형태로 표현한다.

      • 본동사의 시제보다 한 시제 더 과거인 경우

        He seems **to have been** rich. (그는 부자였던 것처럼 보인다.)

        = It seems that he **was(has been)** rich.

      • 희망동사의 과거형 + 완료부정사 : 과거에 이루지 못한 소망을 나타내며, '~하려고 했는데 (하지 못했다)'로 해석한다.

        I intended **to have married** her. (나는 그녀와 결혼하려고 작정했지만 그렇게 하지 못했다.)

        = I intended to **marry** her, but I couldn't.

④ 원형부정사 : 원형부정사는 to가 생략되고 동사원형만 쓰인 것이다.

    ㉠ 조동사 + 원형부정사 : 원칙적으로 조동사 뒤에는 원형부정사가 쓰인다.

> **TIP**
>
> 원형부정사의 관용적 표현
> ㉠ do nothing but + 동사원형 : ~하기만 하다.
> ㉡ cannot but + 동사원형 : ~하지 않을 수 없다(= cannot help + ~ing).
> ㉢ had better + (not) + 동사원형 : ~하는 것이(하지 않는 것이) 좋겠다.

    ㉡ 지각동사 + 목적어 + 원형부정사~(5형식) : '(목적어)가 ~하는 것을 보다, 듣다, 느끼다'의 뜻으로 see, watch, look at, notice, hear, listen to, feel 등의 동사가 이에 해당한다.

      They **saw** a strange star **shine** in the sky.

      (그들은 하늘에서 낯선 별이 반짝이는 것을 보았다.)

      She **felt** her heart **beat** hard. (그녀는 심장이 몹시 뛰는 것을 느꼈다.)

    ㉢ 사역동사 + 목적어 + 원형부정사~(5형식)

      • '(목적어)가 ~하도록 시키다, 돕다'의 뜻으로 make, have, bid, let, help 등의 동사가 이에 해당한다.

      Mother will not **let** me **go** out.

      (어머니는 내가 외출하지 못하게 하신다.)

- help는 뒤에 to부정사가 올 수도 있다.

  They **helped** me **(to) paint** the wall.

  (그들은 내가 그 벽에 페인트를 칠하는 것을 도왔다.)

⑤ 기타 용법

　㉠ 부정사의 부정 : 'not, never + 부정사'의 형태로 표현한다.

　　Tom worked hard **not to fail** again.

　　(Tom은 다시 실패하지 않기 위해 열심히 노력했다.)

　　He makes it a rule **never to eat** between meals.

　　(그는 식사시간 사이에는 늘 아무것도 먹지 않는다.)

　㉡ 대부정사 : 동사원형이 생략되고 to만 쓰인 부정사로, 앞에 나온 동사(구)가 부정사에서 반복될 때 쓰인다.

　　A : Are you and Mary going **to get married**? (너와 Mary는 결혼할거니?)

　　B : We hope **to**(= We hope to get married). (우리는 그러고(결혼하고) 싶어.)

　㉢ 수동태 부정사(to be + p.p.) : 부정사의 의미상 주어가 수동의 뜻을 나타낼 때 쓴다.

　　There is not a moment **to be lost**. (한순간도 허비할 시간이 없다.)

　　= There is not a moment for us **to lose**.

(2) 동명사

① **동명사의 용법** : '동사원형 + ~ing'를 이용해 명사형으로 만든 것으로 동사의 성격을 지닌 채 명사의 역할(주어 · 보어 · 목적어)을 한다.

　㉠ 주어 역할 : 긴 동명사구가 주어일 때 가주어 It을 문두에 쓰고 동명사구는 문장 끝에 두기도 한다.

　　Finishing the work in a day or two is difficult.

　　(하루나 이틀 안에 그 일을 끝내기는 힘들다.)

　㉡ 보어 역할

　　My hobby is **collecting** stamps. (내 취미는 우표수집이다.)

　㉢ 목적어 역할

　・타동사의 목적어 : 5형식 문장에서는 가목적어 it을 쓰고, 동명사구는 문장의 끝에 두기도 한다.

　　He suggested **eating** dinner at the airport.

　　(그는 공항에서 저녁을 먹자고 제안했다.)

　　I found **it** unpleasant **walking** in the rain(it은 가목적어, walking~은 진목적어).

　　(나는 빗속을 걷는 것이 유쾌하지 않다는 것을 깨달았다.)

　・전치사의 목적어

　　He gets his living by **teaching** music. (그는 음악을 가르쳐서 생활비를 번다.)

　　= **It** is difficult **finishing** the work in a day or two(it은 가주어, finishing~은 진주어).

> **TIP**
> 동명사의 부정: 동명사 앞에 not이나 never을 써서 부정의 뜻을 나타낸다.
> I regret **not having** seen the movie.
> (나는 그 영화를 보지 않았던 것을 후회한다.)

② 동명사의 의미상 주어

　㉠ 의미상 주어를 따로 표시하지 않는 경우: 문장의 주어 또는 목적어와 일치하거나 일반인이 주어일 때 의미상 주어를 생략한다.

　　• 문장의 주어 또는 목적어와 일치하는 경우
　　I've just finished **reading** that book. (나는 막 그 책을 다 읽었다.) → 주어와 일치
　　He will probably punish me for **behaving** so rudely. → 목적어와 일치
　　(내가 무례하게 행동한 것에 대해 그는 아마 나를 나무랄 것이다.)

　　• 일반인인 경우
　　Teaching is **learning**. (가르치는 것이 배우는 것이다.) → 일반인이 주어

　㉡ 의미상 주어의 형태

　　• 소유격 + 동명사: 의미상 주어가 문장의 주어나 목적어와 일치하지 않을 때 동명사 앞에 소유격을 써서 나타낸다. 구어체에서는 목적격을 쓰기도 한다.
　　There is no hope of **his coming**. (그가 오리라고는 전혀 기대할 수 없다.)

　　• 그대로 쓰는 경우: 의미상 주어가 소유격을 쓸 수 없는 무생물명사나 this, that, all, both, oneself, A and B 등의 어구일 때에는 그대로 쓴다.
　　I can't understand **the train being** so late.
　　(나는 그 기차가 그렇게 늦었는지 이해할 수 없다.)

③ 동명사의 시제와 수동태

　㉠ 단순동명사: 본동사와 동일시제 또는 미래시제일 때 사용한다.
　　He is proud of **being** rich. (그는 부유한 것을 자랑한다.)
　　= He is proud that he is rich.
　　I am sure of his **succeeding**. (나는 그가 성공하리라 확신한다.)
　　= I am sure that he will succeed.

　㉡ 완료동명사: having + p.p.의 형태를 취하며, 본동사의 시제보다 하나 앞선 시제를 나타낸다.
　　He denies **having told** a lie. (그는 거짓말했던 것을 부인한다.)
　　= He denies that he told a lie.

　㉢ 수동태 동명사: 동명사의 의미상 주어가 수동의 뜻을 나타낼 때 being + p.p., having been + p.p.의 형태로 쓴다.
　　I don't like **being asked** to make a speech. → 단순시제
　　(나는 연설을 청탁받는 것이 싫다.)

He complained of **having been underpaid**. → 완료시제

(그는 급료를 불충분하게 받았던 것을 불평하였다.)

④ 동명사의 관용적 표현

　　㉠ It is no use + 동명사 : ~해봐야 소용없다(= It is useless to부정사).

　　It is no use pretending that you are not afraid.

　　(당신이 무서워하지 않는 척 해봐야 소용없다.)

　　㉡ There is no + 동명사 : ~하는 것은 불가능하다(= It is impossible to부정사).

　　There is no accounting for tastes.

　　[기호(嗜好)를 설명하는 것은 불가능하다(취미는 각인각색).]

　　㉢ cannot help + 동명사 : ~하지 않을 수 없다(= cannot out + 동사원형).

　　I **cannot help laughing** at the sight.

　　(나는 그 광경에 웃지 않을 수 없다.)

　　㉣ feel like + 동명사 : ~하고 싶다(= feel inclined to부정사, be in a mood to부정사).

　　She **felt like crying** when she realized her mistake.

　　(그녀가 그녀의 실수를 깨달았을 때, 그녀는 울고 싶었다.)

　　㉤ of one's own + 동명사 : 자신이 ~한(= p.p. + by oneself)

　　This is a picture **of his own painting**. (이것은 그 자신이 그린 그림이다.)

　　㉥ be on the point(verge, blink) of + 동명사 : 막 ~하려 하다(= be about to부정사).

　　He **was on the point of breathing** his last.

　　[그는 막 마지막 숨을 거두려 하고 있었다(죽으려 하고 있었다).]

　　㉦ make a point of + 동명사 : ~하는 것을 규칙으로 하다(= be in the habit of + 동명사).

　　He **makes a point of attending** such a meeting.

　　(그는 그러한 모임에 참석하는 것을 규칙으로 한다.)

　　㉧ be accustomed to + 동명사 : ~하는 버릇(습관)이 있다(= be used to + 동명사).

　　My grandfather **was accustomed to rising** at dawn.

　　(나의 할아버지는 새벽에 일어나는 습관이 있었다.)

　　㉨ on(upon) + 동명사 : ~하자마자 곧(= as soon as + S + V)

　　On hearing the news, he turned pale. (그 뉴스를 듣자마자 그는 창백해졌다.)

　　㉩ look forward to + 동명사 : ~하기를 기대하다(= expect to부정사)

　　He **looked forward to seeing** her at the Christmas party.

　　(그는 크리스마스 파티에서 그녀를 보기를 기대하였다.)

(3) 부정사와 동명사의 비교

① 부정사만을 목적어로 취하는 동사 : ask, choose, decide, demand, expect, hope, order, plan, pretend, promise, refuse, tell, want, wish 등이 있다.

She **pretended** to asleep. (그녀는 자는 척했다.)

② 동명사만을 목적어로 취하는 동사 : admit, avoid, consider, deny, enjoy, escape, finish, give up, keep, mind, miss, postpone, practice, stop 등이 있다.

I'd like to **avoid** meeting her now.

(나는 지금 그녀와 만나는 것을 피하고 싶다.)

③ 부정사와 동명사 둘 다를 목적어로 취하는 동사 : begin, cease, start, continue, fear, decline, intend, mean 등이 있다.

Do you still **intend** to go(going) there? (너는 여전히 그 곳에 갈 작정이니?)

④ 부정사와 동명사 둘 다를 목적어로 취하지만 의미가 변하는 동사

  ㉠ remember(forget) + to부정사 / 동명사 : ~할 것을 기억하다[잊어버리다(미래)] / ~했던 것을 기억하다[잊어버리다(과거)].

    I **remember to see** her. (나는 그녀를 볼 것을 기억한다.)

    I **remember seeing** her. (나는 그녀를 보았던 것을 기억한다.)

  ㉡ regret + to부정사 / 동명사 : ~하려고 하니 유감스럽다 / ~했던 것을 후회하다.

    I **regret to tell** her that Tom stole her ring.

    (나는 Tom이 그녀의 반지를 훔쳤다고 그녀에게 말하려고 하니 유감스럽다.)

    I **regret telling** her that Tom stole her ring.

    (나는 Tom이 그녀의 반지를 훔쳤다고 그녀에게 말했던 것을 후회한다.)

  ㉢ need(want) + to부정사 / 동명사 : ~할 필요가 있다(능동) / ~될 필요가 있다(수동).

    We **need to check** this page again. (우리는 이 페이지를 재검토할 필요가 있다.)

    = This page **needs checking** again. (이 페이지는 재검토될 필요가 있다.)

  ㉣ try + to부정사 / 동명사 : ~하려고 시도하다, 노력하다, 애쓰다 / ~을 시험삼아 (실제로) 해보다.

    She **tried to write** in fountain pen. (그녀는 만년필로 써보려고 노력했다.)

    She **tried writing** in fountain pen. (그녀는 만년필로 써보았다.)

  ㉤ mean + to부정사 / 동명사 : ~할 작정이다(= intend to do) / ~라는 것을 의미하다.

    She **means to stay** at a hotel. (그녀는 호텔에 머무를 작정이다.)

    She **means staying** at a hotel. (그녀가 호텔에 머무른다는 것을 의미한다.)

  ㉥ like(hate) + to부정사 / 동명사 : ~하고 싶다[하기 싫다(구체적 행동)] / ~을 좋아하다[싫어하다(일반적 상황)].

    I **hate to lie**. (나는 거짓말하기 싫다.)

    I **hate lying**. (나는 거짓말하는 것이 싫다.)

ⓢ stop + to부정사 / 동명사 : ~하기 위해 멈추다(부사구) / ~하기를 그만두다(목적어).

He **stopped to smoke**(1형식). (그는 담배를 피우려고 걸음을 멈췄다.)

He **stopped smoking**(3형식). (그는 담배를 끊었다.)

❽ 분사

(1) 분사의 종류와 형태

① 현재분사 : 동사원형 +~ing

例 doing, visiting

② 과거분사

　㉠ 규칙형 : 동사원형 +~ed

　　例 waited, finished

　㉡ 불규칙형

　　例 done, written

(2) 분사의 용법 Ⅰ (명사 수식)

① 분사의 의미

　㉠ 현재분사 : ~하고 있는, ~하는(능동, 진행)

　　a **running** car (달리는 차)

　　a **sleeping** baby (잠자는 아기)

　㉡ 과거분사 : ~된, ~한(수동, 완료)

　　a **broken** car (고장난 차)

　　fallen leaves (낙엽)

② 분사의 위치

　㉠ 명사 앞에서 수식 : 분사가 단독으로 명사를 수식할 때 명사의 앞에 위치한다.

　　Look at the **rising** sun. (떠오르는 태양을 보라.)

　　The **wounded** soldiers were carried to the hospital. (부상당한 군인들은 병원으로 옮겨졌다.)

　㉡ 명사 뒤에서 수식 : 분사가 목적어, 보어, 부사구 등을 수반할 때 명사의 뒤에 위치한다.

　　Look at the sun **rising** above the horizon. (수평선 위로 떠오르는 태양을 보라.)

　　The soldiers **wounded** in the war returned home. (전쟁에서 부상당한 군인들이 귀향했다.)

(3) 분사의 용법 II (보어)

① 주격보어

　ⓐ 현재분사

　　She stood **waiting** for her husband. (그녀는 남편을 기다리며 서 있었다.)

　　The baby kept **crying** all night. (그 아기는 밤새도록 계속 울었다.)

　ⓑ 과거분사

　　He grew **tired** of the work. (그는 그 일에 싫증이 났다.)

　　She seemed **disappointed**. (그녀는 실망한 것처럼 보였다.)

② 목적격보어

　ⓐ 현재분사 : 목적어와 목적보어인 현재분사와는 능동관계이다.

　　I felt the bridge **shaking**. (나는 그 다리가 흔들리는 것을 느꼈다.)

　　I saw a stranger **standing** at the door. (나는 낯선 사람이 문에 서 있는 것을 보았다.)

　ⓑ 과거분사 : 목적어와 목적보어인 과거분사와는 수동관계이다.

　　I couldn't make myself **understood** in English. (나는 영어로 나를 이해시킬 수가 없었다.)

　　I found my room **cleaned**. (나는 나의 방이 청소되어진 것을 알았다.)

　ⓒ have + 목적어 + 과거분사

　　I had the car **repaired**. → 사역(시키다)

　　(나는 그 차를 수리하도록 시켰다.)

　　I had the car **stolen**. → 수동(당하다)

　　(나는 그 차를 도난당했다.)

(4) 분사구문

① 시간

　When he saw me, he ran away. (그가 나를 보았을 때, 그는 도망갔다.)

　= (When he) **Seeing** me, he ran away.

　Reading the book, he heard a strange sound. (책을 읽을 때, 그는 이상한 소리를 들었다.)

② 이유

　Because he is sick, he is absent. (아파서 그는 결석했다.)

　= (Because he) **Being** sick, he is absent.

　Being poor, they had to work hard. (가난하기 때문에 그들은 열심히 일해야만 했다.)

③ 양보

Though he lives near the school, he is often late for school.

(학교 근처에 살지만, 그는 종종 학교에 늦는다.)

= (Though he) **Living** near the school, he is often late for school.

Admitting what you say, I can't believe it.

(너의 말을 인정해도, 나는 그것을 믿을 수 없다.)

④ 조건

If you turn to the right, you will find it. (오른쪽으로 돌아가면, 그것을 발견할 것이다.)

= (If you) **Turning** to the right, you will find it.

Once seen, it can never been forgotten. (그것은 한 번 보면 잊을 수 없다.)

⑤ 부대상황(동시동작)

Listening to the radio, I did my homework. (라디오를 들으며 나는 숙제를 했다.)

Smiling brightly, she shook hands with me. (밝게 웃으며 그녀는 나와 악수를 했다.)

> **TIP**

부사절 → 분사구문의 전환

㉠ 부사절의 접속사를 없앤다.

㉡ 부사절의 주어를 없앤다(주절의 주어와 일치).

㉢ 동사를 현재분사로 바꾼다(주절의 시제와 일치).

❾ 관계사

(1) 관계대명사

① 관계대명사의 역할

㉠ 관계대명사는 접속사와 대명사의 기능을 동시에 가진다.

㉡ 관계대명사가 이끄는 절은 앞에 나온 명사, 대명사를 수식하는 형용사절이다.

㉢ 이때 수식받는 명사, 대명사를 선행사라 한다.

She has a son. + He speaks English very well. (그녀는 아들이 있다. 그는 영어를 매우 잘한다.)

→ She has a son **who** speaks English very well.

That is the man. + I saw yesterday. (저 사람이 그 사람이다. 나는 어제 그를 만났다.)

→ That is the man **that(whom)** I saw yesterday.

② 관계대명사의 종류와 격

선행사	관계대명사		
	주격	소유격	목적격
사람	who	whose	whom
사물	which	whose / of which	which
사람, 사물	that	—	that
선행사 포함	what	—	what

③ who, which, that

　㉠ who의 용법

　　I have a friend **who** helps me. (나는 나를 도와주는 친구가 있다.)

　　She is the girl **whose** name is Mary. (그녀가 메리라는 소녀이다.)

　　This is the lady **whom** I met yesterday. (이 분이 어제 내가 만난 부인이다.)

　㉡ which의 용법

　　This is the book **which** was written by me. (이것이 내가 쓴 책이다.)

　　I have a building **whose** roof is red. (나는 지붕이 빨간 건물을 가지고 있다.)

　　= I have a building **the** roof **of which** is red.

　　= I have a building **of which the** roof is red.

　㉢ that의 용법

　• who(m)를 대용

　　She is the woman **that** I'm falling in love with. (그녀는 내가 사랑하는 여자이다.)

　　I know the boy **that** broke the window. (나는 그 창문을 깨뜨렸던 소년을 안다.)

　• which를 대용

　　Have you got a book **that** is really easy to read? (너는 읽기 쉬운 책을 가지고 있니?)

　　This is the camera **that** I bought yesterday. (이것은 내가 어제 산 카메라이다.)

　• that을 주로 쓰는 경우

　－앞에 the only, the very, the same, 서수, 최상급이 나올 때

　　This is the only book **that** he has. (이것은 그가 가진 유일한 책이다.)

　　He is the first American **that** came to Korea. (그는 한국에 온 첫 미국인이다.)

　－all, no, every, any + 명사 또는 －thing일 때

　　She gave me all **that** she has. (그녀는 자기가 가진 모든 것을 나에게 주었다.)

　　I welcomed every man **that** you like. (나는 네가 좋아하는 사람은 누구나 환영했다.)

　－의문대명사 who일 때

　　Who **that** has common sense will so such a thing? (상식 있는 사람이라면 누가 그런 짓을 할까?)

　　Who **that** knows him will believe it? (그를 알고 있는 사람은 누가 그것을 믿겠는가?)

④ what

　　㉠ what의 용법 : what은 선행사를 포함하는 관계대명사로, '~하는 것'의 뜻으로 쓰여 명사절을 이끌며, 주어 · 보어 · 목적어의 역할을 한다.

　　　What he says is true. → 주어

　　　(그가 말한 것은 사실이다.)

　　　This is **what** he did. → 보어

　　　(이것이 그가 한 것이다.)

　　　He saves **what** he earns. → 목적어

　　　(그는 그가 버는 것을 저축한다.)

　　㉡ what을 포함하는 관용표현

　　　• what + S + be / have

　　　－what + S + be : 인격, 상태

　　　－what + S + have : 재산

　　　　He is not **what he used to be**. (그는 과거의 그가 아니다.)

　　　　You should judge a man not by **what he has** but by **what he is**.

　　　　(당신은 사람을 재산이 아니라 인격으로 판단해야 한다.)

　　　• what is called : 소위, 이른바[= what they(we) call]

　　　　He is **what is called** a man of culture. (그는 소위 교양이 있는 사람이다.)

　　　　He is **what is called** a self-made man. (그는 이른바 자수성가한 사람이다.)

　　　• what is + 비교급 : 더욱 더 ~한 것은

　　　　He lost his way, and **what was worse**, it began to rain.

　　　　(그는 길을 잃었고 설상가상으로 비가 내리기 시작했다.)

　　　　The house is too old, and **what is more**, it is too expensive.

　　　　(그 집은 너무 낡은데다 너무 비싸다.)

⑤ 관계대명사의 두 가지 용법

　　㉠ 한정적 용법 : 관계대명사 앞에 comma가 없고, 뒤에서부터 해석한다.

　　　He has a son **who** became a physician. (그는 의사가 된 아들이 있다.)

　　　He smiled at the girl **who** nodded to him. (그는 그에게 목례를 한 소녀에게 미소지었다.)

　　㉡ 계속적 용법 : 관계대명사 앞에 comma가 있고, 앞에서부터 해석한다. '접속사 + 대명사'의 의미를 갖고 있다.

　　　I like Tom, **who** is honest. (나는 톰을 정직하기 때문에 좋아한다.)

　　　＝ I like Tom, because he is honest.

　　　I dismissed the man, **who** was diligent. (그는 근면했지만 나는 그를 해고했다.)

⑥ 목적격 관계대명사의 생략
  ㉠ 타동사의 목적어
    This is the man (**whom**) I met yesterday. (이 사람이 내가 어제 만났던 사람이다.)
    The library didn't have the book (**which**) I wanted.
    (그 도서관에는 내가 원하는 책이 없었다.)
  ㉡ 전치사의 목적어
    She is the woman (**whom**) I told you about. (그녀는 내가 너에게 이야기한 여인이다.)
    = She is the woman **about whom** I told you.

(2) 관계부사

① 관계부사의 기본용법 : 관계부사는 전치사 + 관계대명사로 바꿔 쓸 수 있다.
  ㉠ when[= at(in) which]
    Today is the day **when** she was born. (오늘은 그녀가 태어난 날이다.)
    = Today is the day in which she was born.
    Fall is the season **when** trees bear fruits. (가을은 나무가 열매를 맺는 계절이다.)
  ㉡ where[= at(in) which]
    This is the city **where** I live. (여기가 내가 사는 도시이다.)
    = This is the city in which I live.
    This is the village **where** he was born. (여기가 그가 태어난 마을이다.)
  ㉢ why(= for which)
    This is the reason **why** he is absent. (이것이 그가 결석한 이유이다.)
    = This is the reason for which he is absent.
    Tell me the reason **why** you are angry. (당신이 화난 이유를 나에게 말해 주시오.)
  ㉣ how(= the way, the way in which)
    That is **how** it happened. (그것이 그 일이 일어난 경위이다.)
    = That is the way it happened.
    = That is the way in which it happened.

② 관계부사의 주의할 용법
  ㉠ 계속적 용법 : 관계부사 앞에 comma가 있고, 앞에서부터 해석한다.
    She went into the store, **where**(= and there) she bought some fruits.
    [그녀는 가게에 들어가서 (거기서) 약간의 과일을 샀다.]
    Wait here till six o'clock, **when**(= and then) he will come back.
    [여기서 여섯시까지 기다려라. 그러면(그 때) 그가 돌아올 것이다.]

ⓒ 관계부사, 선행사의 생략 : 관계부사나 선행사를 생략할 수 있다.

This is **the river (where)** we swim. (여기가 우리가 수영하는 강이다.)

I remember **(the time) when** I was poor. (나는 가난했던 시절을 기억한다.)

❿ 명사와 관사

(1) 명사의 종류

① 가산명사와 불가산명사

　ⓐ 가산명사(셀 수 있는 명사) : 원칙적으로 부정관사나 정관사를 붙이며, 복수형으로 쓸 수 있다. 보통명사, 집합명사가 이에 해당한다.

　ⓑ 불가산명사(셀 수 없는 명사) : 원칙적으로 부정관사를 붙이지 못하며, 복수형으로도 쓸 수 없다. 물질명사, 고유명사, 추상명사가 이에 해당한다.

② 보통명사

　ⓐ 개념 : 같은 종류의 사람, 사물 등에 두루 통용되는 이름을 말한다.

　ⓑ a(the) + 단수보통명사 : 종족 전체

　　A cow is a useful animal. (소는 유용한 동물이다.)

　　= The cow is a useful animal.

　　= Cows are useful animals.

　ⓒ the + 단수보통명사 = 추상명사

　　The pen is mightier than **the sword**. (펜의 힘이 무력보다 더 강하다.)

　　예 the mother(모성애), the beggar(거지근성), the head(지혜)

③ 집합명사

　ⓐ 개념 : 개체가 모여서 하나의 집합체를 형성할 때 이것을 집합명사라 한다.

　ⓑ 단수, 복수 모두 될 수 있는 집합명사 : class, family, audience(청중), committee(위원회) 등이 있다.

　　• 전체를 하나의 단위로 볼 경우 : 단수 취급

　　This **class** consists of 50 pupils. (이 반은 50명으로 구성되어 있다.)

　　My **family** is a large one. (나의 가족은 대가족이다.)

　　• 구성개체에 관심이 있는 경우(군집명사) : 복수 취급

　　This **class** are studying English. (이 반 학생들은 영어를 공부하고 있다.)

　　My **family** are all early risers. (나의 가족들은 모두 일찍 일어난다.)

　ⓒ 물질적 집합명사 : machinery(기계류), clothing(의류), baggage(화물), furniture(가구) 등이 있다.

　　You have much **furniture**. (너는 많은 가구를 가지고 있다.)

A sofa is a piece of **furniture**. (소파는 가구이다.)

☞ 물질적 집합명사는 a piece of ~, much, little로 수량을 표시한다.

④ 물질명사

　㉠ 개념 : 일정한 형태를 갖지 않는 물질에 붙이는 이름을 말한다.

　㉡ 물질명사는 무관사이며, 복수형이 없으므로 항상 단수 취급한다.

　　This box is made of **paper**. (이 상자는 종이로 만들어진다.)

　　It is no use in crying over spilt **milk**.

　　(우유는 이미 엎질러졌으므로 울 필요가 없다. 돌이킬 수 없다.)

　㉢ 물질명사의 수량표시

　　• **a cup of** coffee(tea)

　　• **a glass of** water(milk)

　　• **a piece of** paper

　　• **a cake of** soap

　　• **a loaf(slice) of** bread

　　He drinks **much** coffee. (그는 많은 커피를 마신다.)

　　He drinks **a glass of** milk a day. (그는 하루에 한 컵의 우유를 마신다.)

　㉣ 보통명사로의 전환

　　She is dressed in **silks**. → 제품

　　(그녀는 실크옷을 입고 있다.)

　　We had different **wines** and cheeses. → 종류

　　(우리는 다른 종류의 술과 치즈를 먹었다.)

　　There was **a fire** last night. → 구체적인 사건

　　(어제 밤에 화재가 한 건 발생했다.)

⑤ 고유명사

　㉠ 개념 : 사람, 사물, 장소 등에 유일하게 붙여진 고유한 이름을 말한다.

　㉡ 고유명사는 무관사이며, 복수형도 없다.

　㉢ 보통명사로의 전용

　　He wishes to become **an Edison**. → ~같은 사람

　　(그는 에디슨 같은 사람이 되고 싶다.)

　　There is **a picasso** on the wall. → 작품, 제품

　　(벽에는 피카소의 그림이 있다.)

⑥ 추상명사

　㉠ 개념 : 일정한 형태가 없는 성질, 상태, 동작 등의 추상적 개념을 나타내는 이름을 말한다.

ⓛ 추상명사는 무관사이며, 복수형이 없다.

Knowledge is **power**. (지식은 힘이다.)

Credit is better than gold. (돈보다 신용)

ⓒ of + 추상명사 = 형용사

He is a man **of wisdom**. (그는 현명한 사람이다.)

= He is a **wise** man.

This is a matter **of importance**. (이것은 중요한 문제이다.)

> **TIP**

ㄱ of wisdom = wise (현명한)

ⓛ of importance = important (중요한)

ⓒ of use = useful (유용한)

ⓔ of value = valuable (가치있는)

ⓔ 전치사 + 추상명사 = 부사

He solved it **with ease**. (그는 그것을 쉽게 풀었다.)

= He solved it easily.

I met her **by accident**. (나는 우연히 그녀를 만났다.)

> **TIP**

ㄱ with ease = easily (쉽게)

ⓛ in haste = hastily (서둘러)

ⓒ on purpose = purposely (고의로)

ⓔ by accident = accidently (우연히)

(2) 명사의 수와 격

① 명사의 수

ㄱ 규칙복수형

• 단수형 + s

cat → cats, cup → cups

• -s, -ss, -x, -ch, -sh + es

bus → buses, dish → dishes

• 자음 + o + es

hero(영웅) → heroes, potato → potatoes

• 자음 + y : y → i + es

city → cities, baby → babies

• -f, -fe → -ves

knife → knives, life → lives

　　　　　ⓛ 불규칙복수형
　　　　　　• man → men, mouse → mice, foot → feet
　　　　　　• ox → oxen, child → children
　　　　　　• sheep → sheep, deer → deer
　　　　　ⓒ 복수형의 용법
　　　　　　• 복수형이 되면 뜻이 변하는 명사 : arms(무기), airs(태도), pains(수고), customs(관세), goods(상품),
　　　　　　　manners(풍습, 관례) 등이 있다.
　　　　　　• 항상 복수로 쓰이는 명사
　　　　　　– 짝을 이루는 명사 : glasses(안경), scissors(가위), trousers(바지), gloves(장갑) 등
　　　　　　– 과목이름 : physics(물리학), ethics(윤리), economics(경제학) 등
　　　　　　– 상호복수 : make friends(친구를 사귀다), shake hands(악수하다) 등
　　　　　　• 시간, 거리, 가격, 무게 : 단수 취급한다.
　　　　　　　Ten miles is a long distance. (10마일은 장거리이다.)
　　　　　　　Ten pounds is heavy for a child. (10파운드는 어린이에게는 무겁다.)
　　② 명사의 격
　　　　　㉠ 생물의 소유격 : 생물 + 's
　　　　　　That is **my brother's** watch. (저것은 내 형의 시계이다.)
　　　　　　This book is **Tim's**. (이 책은 팀의 것이다.)
　　　　　ⓛ 무생물의 소유격 : of + 무생물
　　　　　　It was the beginning **of the holidays**. (휴가의 시작이었다.)
　　　　　　At the foot **of the candle** it is dark. (등잔 밑이 어둡다.)
　　　　　ⓒ 이중소유격 : a(n), this, that, some, any, no + 명사 + of + 소유격(소유대명사)
　　　　　　A friend of the doctor's is came to see you. (그 의사의 친구가 너를 보러 왔다.)
　　　　　　☞ The doctor's friend is came to see you. (×)
　　　　　　It's **no fault of yours**. (이것은 너의 잘못이 아니다.)

(3) 관사

① 부정관사 : 대개 해석을 하지 않지만, 관사가 다음과 같은 특별한 의미를 갖는 경우도 있다.
　　　　　㉠ one의 의미
　　　　　　I can carry only two at **a** time. (나는 한 번에 단지 두 개씩 운반할 수 있다.)
　　　　　　He will be back in **a** day or two. (그는 하루 이틀 안에 돌아올 것이다.)
　　　　　ⓛ any의 의미(종족대표)
　　　　　　A horse is bigger than a pony. (어떤 말도 조랑말보다 크다.)
　　　　　　An owl can see in the dark. (올빼미는 어두운 데에서도 볼 수 있다.)

ⓒ a certain의 의미

    A Mr. Park is waiting to see you. (어떤 박이라는 분이 당신을 기다리고 있다.)

    In **a** sense, it is true. (어떤 의미로는 그것은 사실이다.)

ⓡ per의 의미

    I work eight hours **a** day. (나는 하루에 8시간 일한다.)

    I write to her once **a** week. (나는 그녀에게 일주일에 한 번씩 편지를 쓴다.)

② 정관사 : 특정한 사물을 지칭한다.

  ⓐ 앞에 나온 명사

    I bought a book and read **the** book. (나는 책을 한 권 사서 그 책을 읽었다.)

    There lived a prince. **The** prince liked gold.

    (한 왕자가 있었다. 그 왕자는 황금을 좋아하였다.)

  ⓑ 악기, 발명품

    She plays **the** piano after school. (그녀는 방과 후에 피아노를 친다.)

    He plays **the** violin every day. (그는 매일 바이올린을 연주한다.)

  ⓒ 시간, 수량의 단위

    Sugar is sold by **the** pound. (설탕은 파운드 단위로 판매된다.)

    I hired a boat by **the** hour. (나는 배를 시간 단위로 빌렸다.)

  ⓡ 서수, 최상급

    Sunday is **the** first day of the week. (일요일은 일주일 중 첫째 날이다.)

    He is **the** tallest boy in our class. (그는 우리 반에서 가장 키가 크다.)

  ⓜ 신체 일부

    He looked her in **the** eye. (그는 그녀의 눈을 보았다.)

    He caught me by **the** arm. (그는 나의 팔을 잡았다.)

③ 무관사

  ⓐ 교통 · 통신수단

    We go to school **by bus**. (우리는 버스를 타고 학교에 다닌다.)

    He informed me of the news **by letter**. (그는 편지로 나에게 그 소식을 알려 주었다.)

  ⓑ 장소 본래의 목적

    Mary **goes to school** at seven. (메리는 7시에 공부하러 학교에 간다.)

    ☞ Mother came to the school to meet me. (엄마는 나를 만나러 학교에 오셨다.)

    She **went to hospital** yesterday. (그녀는 어제 병원에 입원했다.)

  ⓒ 운동, 병, 식사이름

    She plays **tennis** in the morning. (그녀는 아침에 테니스를 친다.)

    He died of **cancer** last year. (그분은 작년에 암으로 돌아가셨다.)

④ 관사의 위치

　　㉠ 원칙 : 관사 + 부사 + 형용사 + 명사

　　　He was **a very rich man**. (그는 매우 부유한 사람이다.)

　　　It is **a very interesting movie**. (그것은 매우 재미있는 영화이다.)

　　㉡ 예외

　　　• such(what, quite, rather) + a(n) + 형용사 + 명사

　　　　I climbed **such** a high mountain. (나는 그렇게 높은 산을 올랐다.)

　　　　What a find day it is today! (오늘은 날씨가 너무 좋다!)

　　　• so(as, too, how, however) + 형용사 + a(n) + 명사

　　　　He did it in **so** short **a** time. (그는 그렇게 짧은 시간에 그것을 했다.)

　　　　How beautiful **a** voice she has! (그녀의 목소리는 정말로 아름답다!)

⑪ 대명사

(1) 인칭대명사

① 주격 인칭대명사 : 주어나 be동사의 보어가 된다.

　She is my girlfriend. (그녀는 나의 여자 친구이다.)

　It is **he** who is responsible for the work. (그 일에 책임이 있는 사람은 그이다.)

② 소유격 인칭대명사

　This is **my** book. (이것은 나의 책이다.)

　Do you know **his** name? (너는 그의 이름을 아니?)

③ 목적격 인칭대명사

　I loved **her** when I was young. (나는 어렸을 때, 그녀를 사랑했다.)

　He told me about **her**. (그는 그녀에 대해서 나에게 말했다.)

④ 소유대명사 : '~의 것'을 의미하며, 소유격 + 대명사 = 소유대명사이다.

　This book is **mine**. (이 책은 나의 것이다.)

　This is **mine**, not **yours**. (이것은 내 것이지 너의 것이 아니다.)

(2) 재귀대명사

주어·목적어·보어의 뒤에 와서 동격으로 그 뜻을 강조하는 강조용법과, 문장의 주어와 동일인물이 타동사의 목적어로 쓰이는 재귀용법, 전치사의 목적어로 쓰이는 관용적 용법 등이 있다.

① 종류

구분	단수	복수
1인칭	myself(나 자신)	ourselves(우리들 자신)
2인칭	yourself(당신 자신)	yourselves(당신들 자신)
3인칭	himself(그 자신) herself(그녀 자신) itself(그것 자체)	themselves(그들 자신)

② 목적어의 역할

Ask **yourself** the question. (당신 자신에게 물어보시오.)

He was talking about **himself**. (그는 자신에 대해 말하고 있었다.)

③ 강조의 의미 : 생략이 가능하다.

I have seen it **myself**. (나는 그것을 보았다.)

I met the lady **herself**. (나는 그녀를 만났다.)

④ 전치사 + 재귀대명사의 관용표현

㉠ by oneself : 혼자서

㉡ for oneself : 혼자 힘으로

㉢ of itself : 저절로

㉣ in itself : 본질적으로

㉤ between ourselves : 우리끼리 얘기지만

He went there **by himself**. (그는 혼자서 그 곳에 갔다.)

Telling a lie is evil **in itself**. (거짓말 자체가 나쁘다.)

(3) It의 용법

① 지시대명사 : 앞에 나온 단어, 구, 절을 받는다.

I bought a book and read **it**. (나는 책을 한 권 사서 그것을 읽었다.)

She is pretty, and she knows **it**. (그녀는 예쁘다. 그리고 그녀는 그것을 알고 있다.)

② 비인칭주어 it : 시간, 거리, 날씨, 명암을 나타낼 때 주어에 it을 쓴다.

It is half past ten. → 시간 (10시 반이다.)

It rained heavily last night. → 날씨 (지난 밤에 비가 많이 왔다.)

It's a mile from here to my house. → 거리 (이 곳에서 나의 집까지 1마일이다.)

It is dark in the room. → 명암 (이 방은 어둡다.)

③ 강조구문 : It is + 강조내용 + that ~

I broke the vase. (내가 화병을 깼다.)

It was I **that** broke the vase. → 주어 강조

(화병을 깬 사람은 바로 나다.)

It was the vase **that** I broke. → 목적어 강조

(내가 깬 것은 바로 화병이다.)

④ 가주어, 가목적어

ⓐ 가주어

It is important to know oneself. (자신을 아는 것이 중요하다.)

It is necessary to study hard. (열심히 공부하는 것이 필요하다.)

ⓑ 가목적어

I found **it** pleasant to walk in the snow.

(나는 눈을 맞으며 걷는 것이 즐겁다는 것을 알았다.)

I made **it** clear that he is wrong. (나는 그가 잘못이라는 것을 분명히 했다.)

(4) 지시대명사 – this(these), that(those)

① this(these)는 가까운 것을 나타내고, that(those)은 먼 것을 나타낸다.

This is much better than **that**. (이것이 저것보다 더 많다.)

This is Tom and **that** is Nicole. (이쪽은 Tom, 저쪽은 Nicole이야.)

② 반복되는 명사는 that(those)으로 받는다(명사의 반복회피).

The climate of Korea is milder than **that** of Japan.

(한국의 기후는 일본의 기후보다 온화하다.)

The ears of a rabbit are longer than **those** of a dog.

(토끼의 귀가 개의 귀보다 더 길다.)

③ this와 that은 앞에 나온 구와 절을 받는다.

I was late and **this** made her angry. (나는 늦었다. 그리고 이것은 그녀를 화나게 했다.)

I will come tomorrow. **That** will please you. (나는 내일 오겠다. 그러면 너는 기쁘겠지.)

④ that은 전자(前者)를 가리키고, this는 후자(後者)를 가리킨다.

Work and play are both necessary ; **this** gives us rest and **that** energy.

[일과 놀이 모두 필요하다. 후자(놀이)는 휴식을 주고 전자(일)는 힘을 준다.]

I can speak English and Japanese ; **this** is easier to learn than **that**.

[나는 영어와 일어를 할 줄 안다. 후자(일본어)가 전자(영어)보다 배우기 쉽다.]

(5) 의문대명사 – who, which, what

① who, what

    ㉠ who : 이름 · 가족관계

        Who is he? (그는 누구냐?)

        He is **Tom**. (그는 Tom이다.)

        He is **my uncle**. (그는 나의 삼촌이다.)

    ㉡ what : 직업 · 신분

        What is she? (그녀는 누구입니까?)

        She is **the president of our school**. (그녀는 우리 학교 교장선생님이다.)

        She is **a famous writer**. (그녀는 유명한 소설가이다.)

② what, which

    ㉠ what : 전혀 모르는 것

        What do you want? (너는 무엇을 원하니?)

        I want an interesting novel. (나는 재미있는 소설을 원한다.)

    ㉡ which : 주어진 것 중에서 선택

        Which do you like better, apples or pears? (사과와 배 중에서 어느 것을 더 좋아하니?)

        I like apples. (사과를 좋아합니다.)

(6) 부정대명사 – one, other, another

① 일반인(one, one's, oneself)

    One should obey **one's** parents. (사람은 부모님에게 순종해야 한다.)

    One must not neglect **one's** duty. (사람은 자기 의무를 소홀히 하면 안 된다.)

② one = a(n) + 명사

    I need a pen ; please lend me **one**. (나는 펜이 필요하다. 나에게 빌려줘.)

    I have a camera. Do you have **one**? (나는 카메라가 있어. 너는 있니?)

③ one ~, the other … : (둘 중) 하나는 ~, 다른 하나는 …

    I have two dogs ; **one** is white, and **the other** is black.

    (나는 두 마리의 개가 있다. 하나는 흰색이고, 다른 하나는 검은색이다.)

    There are two flowers in the vase ; **one** is rose, **the other** is tulip.

    (꽃병에 꽃 두 송이가 있다. 하나는 장미이고, 하나는 튤립이다.)

④ some ~, other … : (한정되지 않은 여럿 중) 일부는 ~, 일부는 …

Some like baseball, and **others** like football.

(어떤 사람들은 야구를 좋아하고, 다른 사람들은 축구를 좋아한다.)

Some people like winter, **other** like summer.

(어떤 사람들은 겨울을 좋아하고, 또 어떤 사람들은 여름을 좋아한다.)

⑤ the others : (한정된 여럿 중) 그 나머지들

Five of them came ; **the others** did not.

(그들 중 다섯 명은 왔다. 다른 사람들은 오지 않았다.)

Each praises t**he others**. [서로 (다른 나머지 사람들을) 칭찬한다.]

⑥ another

I have six dogs ; one is white, **another** is black and the others are brown.

(나는 개가 6마리 있다. 하나는 희고, 또 하나는 검으며 나머지는 갈색이다.)

I want **another** apple. (나는 사과를 하나 더 원한다.)

I don't like this hat. Show me **another**. (나는 이 모자가 싫다. 다른 것을 보여주세요.)

To know is **one thing**, to teach is **another**. (아는 것과 가르치는 것은 별개다.)

☞ A is one thing, B is another : A와 B는 별개이다.

(7) 기타 대명사들

구분	모두	하나만	각자마다	전체 부정
둘뿐일 때	both	either	each	neither
셋 이상일 때	all	one	every	none

① 둘뿐일 때

I have two friends. (나는 친구 두 명이 있다.)

Both of my friends are honest. (나의 친구 두 사람은 모두 정직하다.)

Either of my friends will come. (나의 친구 중 한 사람만 올 것이다.)

Each of my friends has a camera. (나의 친구 각자가 카메라를 가지고 있다.)

Neither of my friends is absent. (나의 친구 모두 결석하지 않았다.)

② 셋 이상일 때

There are fifty boys in our class. (우리 반에 50명의 소년이 있다.)

All of the boys are industrious. (모든 소년이 근면하다.)

One of the boys is idle. (소년들 중에서 한 명이 게으르다.)

Every boy has his book. (모든 소년 각자가 자기 책을 가지고 있다.)

None of the boys are absent. (소년들 중 한 사람도 결석하지 않았다.)

⓬ 전치사

(1) 시간을 나타내는 전치사

① at, on, in

  ㉠ at : 시간

  She gets up **at** six every morning. (그녀는 매일 아침 6시에 일어난다.)

  There was a fire **at** midnight. (한밤중에 화재가 발생했다.)

  ㉡ on : 요일, 특정한 날짜

  He always goes to church **on** Sunday. (그는 일요일에 늘 교회에 간다.)

  He will arrive **on** the first day of September. (그는 9월 1일에 도착할 것이다.)

  ㉢ in : 년, 월, 계절

  Flowers come out **in** spring. (꽃은 봄에 핀다.)

  World War Ⅱ broke out **in** 1939. (제2차 세계대전은 1939년에 발생했다.)

② till, by

  ㉠ till : ~까지(계속)

  He worked hard **till** midnight. (그는 한밤중까지 열심히 일했다.)

  Good bye **till** tomorrow. (내일까지 안녕.)

  ㉡ by : ~까지(완료)

  Finish the work **by** five. (5시까지 그 일을 끝내라.)

  I will come **by** seven. (나는 7시까지 돌아올 것이다.)

③ within, in, after

  ㉠ within : ~이내에

  I will come back **within** an hour. (한 시간 이내에 돌아오겠다.)

  It's green without and yellow **within**. (그것은 겉은 초록색이고 안은 노란색이다.)

  ㉡ in : ~지나서 그 때

  I will come back **in** an hour. (한 시간 지나서 오겠다.)

  Come again **in** a day or two. (하루 이틀 지나서 또 오시오.)

  ㉢ after : ~지나서 이후에

  I will come back **after** an hour. (한 시간 후에 오겠다.)

  After doing my homework, I went to bed. (나는 숙제를 한 뒤에 잤다.)

④ for, during

    ㉠ for + 셀 수 있는 단위 : ~동안

        I stayed here **for** five days. (나는 5일 동안 이 곳에 머물러 있겠다.)

        He was in hospital **for** six months. (그는 6개월 동안 병원에 있었다.)

    ㉡ during + 특정 기간 : ~동안

        I went there twice **during** vacation. (나는 그 곳에 방학 동안 두 번 갔다.)

        He was in hospital **during** the summer. (그는 여름 동안 병원에 있었다.)

(2) 장소를 나타내는 전치사

① at, in

    ㉠ at : 좁은 장소

        He arrived **at** the village. (그는 마을에 도착했다.)

        I stay **at** the office. (나는 사무실에 있다.)

    ㉡ in : 넓은 장소

        I bought this book **in** America. (나는 이 책을 미국에서 샀다.)

        I live **in** Busan. (나는 부산에 산다.)

② on / beneath, over / under, above / below

    ㉠ on : 어떤 면에 접촉한 위

        The ship floats **on** the sea. (바다 위에 배가 떠있다.)

        There is a picture **on** the wall. (벽에 그림이 걸려 있다.)

    ㉡ beneath : 어떤 면에 접촉한 아래

        The ship sank **beneath** the waves. (배가 파도 밑으로 가라앉았다.)

        The earth is **beneath** my feet. (지구는 내 발 아래 있다.)

    ㉢ over : 약간 떨어진 위

        The lamp was hanging **over** the window. (램프가 창문 위에 걸려 있다.)

        There is a bridge **over** the river. (강 위에 다리가 있다.)

    ㉣ under : 약간 떨어진 아래

        Don't stand **under** a tree when it thunders. (천둥칠 때 나무 밑에 서있지 마라.)

        There is a cat **under** the table. (탁자 아래에 고양이가 있다.)

    ㉤ above : (위로) 비교적 보다 높은 곳

        The sun has risen **above** the horizon. (태양이 수평선 위로 떠올랐다.)

        My room is just **above**. (내 방은 바로 위에 있습니다.)

ⓗ below : (아래로) 비교적 보다 낮은 곳

　The moon is sinking **below** the horizon. (달이 수평선 아래로 졌다.)

　There is a waterfall **below** the bridge. (이 다리 하류에 폭포가 있다.)

③ into, out of

　㉠ into : (밖에서) 안으로

　　A rabbit ran **into** the bush. (토끼가 덤불 속으로 뛰어 들어갔다.)

　　A car fell **into** the river. (자동차가 강물에 빠졌다.)

　㉡ out of : (안에서) 밖으로

　　A mouse came **out of** the hole. (생쥐가 구멍에서 나왔다.)

　　He ran **out of** the house. (그는 그 집에서 도망쳤다.)

④ between, among

　㉠ between : 둘 사이

　　There is a wide river **between** the two villages. (두 마을 사이에는 넓은 강이 있다.)

　　She sit **between** Jack and Jill. (그녀는 잭과 질 사이에 앉는다.)

　㉡ among : 셋 이상 사이

　　Birds are singing **among** the trees. (새들이 나무 사이에서 노래하고 있다.)

　　I live **among** the poor. (나는 가난한 사람들 속에서 살고 있다.)

(3) 기타 중요한 전치사

① for, against

　㉠ for : 찬성

　　We voted **for** the bill. (우리는 그 법안에 찬성했다.)

　　Are you **for** or against the proposal? (그 제안에 찬성인가 아니면 반대인가?)

　㉡ against : 반대

　　He spoke **against** the bill. (그는 그 법안에 반대발언을 했다.)

　　I voted **against** him. (나는 그에게 반대투표를 하였다.)

② to, into

　㉠ to : 동작의 결과

　　He walked himself **to** lame. (그는 절름거리며 걸었다.)

　　She tore the letter **to** pieces. (그녀는 그 편지를 갈기갈기 찢었다.)

　㉡ into : 변화의 결과

　　Flour can be made **into** bread or cake. (밀가루로 빵이나 과자를 만들었다.)

　　He poked the fire **into** a blaze. (그는 불씨를 쑤셔 불길을 만들었다.)

③ die of / from(~로 인해 죽다)

    ㉠ die of + 자연(illness, cold, hunger)

       He **died of** cancer. (그는 암으로 죽었다.)

       he **died of** hunger. (그는 아사했다.)

    ㉡ die from + 사고(explosion, wound)

       He **died from** wound. (그는 부상을 당해 죽었다.)

       He **died from** weakness. (그는 쇠약해져서 죽었다.)

④ be made of / from(~로 만들다)

    ㉠ be made of + 재료 : 재료의 흔적이 남아 있는 경우

       This house **is made of** stone. (이 집은 돌로 만들어진 것이다.)

       Most houses **are made of** weed. (대부분의 집은 나무로 만들어진다.)

    ㉡ be made from + 재료 : 재료의 흔적이 없는 경우

       Wine **is made from** grapes. (포도주는 포도로 만들어진다.)

       Cake **is made from** wheat. (케이크는 밀로 만들어진다.)

최근 기출문제 **분석**

2016. 7. 23. 우정서기보(계리직)

1 다음 글에서 밑줄 친 부분이 어법상 틀린 것은?

The connectedness of words to real people and things, and not just to information about those people and things, ① <u>has</u> a practical application that is very much in the news. The fastest-growing crime in the beginning of this century is identity theft. An identity thief uses information ② <u>connected</u> with your name, such as your social security number or the number and password of your credit card or bank account, to commit fraud or steal your assets. Victims of identity theft may lose out on jobs, loans, and college admissions, can ③ <u>turn away</u> at airport security checkpoints, and can even get arrested for a crime committed by the thief. They can spend many years and much money ④ <u>reclaiming</u> their identity.

TIP ③ 공항 보안검색대에서 퇴짜를 당할 수 있다는 표현이므로 수동형으로 쓰여야 한다. 따라서 turn away → be turned away로 고치는 것이 옳다.

Answer 1.③

2 다음 두 사람의 대화에서 ( )에 들어갈 문맥 및 어법상 알맞은 단어는?

> A : What do you charge for photocopying?
> B : Fifteen cents per page.
> A : Even for bulk?
> B : Approximately how many pages do you have?
> A : About a hundred pages. It is my dissertation.
> B : In that case, I will do it for ten cents per page.
> A : Good enough! But I am not (   ) typing yet. It will get ready within four or five days.
> B : See you in a week then.

① through   ② favorite

③ finish   ④ against

TIP through 어떤 활동·상황·시기의 처음부터 끝까지

「A : 복사하는 데 얼마죠?
B : 페이지당 15센트입니다.
A : 대량으로 하면요?
B : 대략적으로 얼마나 되는가요?
A : 약 100페이지 정도요. 제 논문이에요.
B : 이런 경우라면 페이지당 10센트를 받겠어요.
A : 좋아요. 충분합니다! 하지만 아직 타이핑을 끝까지 마치지 못했어요. 4일에서 5일 이내에 준비가 될 것 같아요.
B : 일주일 이내로 다시 봐요.」

Answer   2.①

출제 예상 문제

1 다음 밑줄 친 곳 중 문법에 맞지 않는 것은?

> I have ①a few good friends. We ②can talk about ③anywhere and we have ④a lot of fun together.

TIP 전치사 뒤에 부사 'anywhere'가 아니라 명사 'anything'이 와야 한다.

「나는 몇 명의 좋은 친구가 있다. 우리는 무엇이든 이야기하고 함께 즐겁게 보낸다.」

2 우리말을 영어로 옮긴 것 중 옳지 않은 것은?

① 그 일을 한다면, 어떤 아이라도 비웃음을 받을 것이다.

　→Any child, who should do that, would be laughed.

② 그는 곧 집에 돌아올 것이다.

　→It will not be long before he comes back home.

③ 어떤 사람들은 별들이 하늘에 붙어 있는 불빛이라고 생각했다.

　→Some thought that the stars were lights attached to the sky.

④ 그가 유죄임에는 의심의 여지가 없다.

　→There is no doubt that he is guilty.

TIP ① 자동사는 전치사와 함께 쓰여 타동사 역할을 하며, 수동태가 가능하다. 따라서 laughed는 laughed at으로 바꾸어야 한다.

Answer 1. ③ 2. ①

3 다음 중 어법상 잘못된 문장은?

① She married with her boyfriend.

② Lisa graduated from middle school last year.

③ That girl singing on the stage is Beth.

④ My friend, Julia, has three younger brothers.

TIP graduate from ~를 졸업하다 marry ~와 결혼하다 get married 결혼하다
① marry는 타동사이므로 목적어를 동반할 때 전치사를 쓸 수 없다.
   She married her boyfriend.(그녀는 남자친구와 결혼했다)가 올바른 문장이 된다.
② Lisa는 작년에 중학교를 졸업했다.
③ 무대 위에서 노래하는 저 소녀는 Beth이다.
④ 내 친구 Julia는 세 명의 남동생이 있다.

4 다음 중 ( ) 안에 알맞은 것은?

Flight 1029 ( ) for Seoul will begin boarding immediately at gate.

① departed   ② departures

③ arriving   ④ departing

TIP board 올라타다, 판자를 두르다 immediately 곧, 즉시, 바로 가까이에
① ( ) 안의 동사와 Flight 1029는 능동적 관계이므로 답이 될 수 없다.
② Flight 1029를 주어로 하는 준동사가 필요하다.
③ will begin boarding은 탑승을 시작할 것이라는 의미이므로 제외된다.
「서울로 떠날 1029 비행기는 개찰구에서 즉시 탑승을 시작하겠습니다.」

Answer   3. ①   4. ④

5 다음 밑줄 친 곳 중 문법에 알맞지 않은 것은?

> In the United States, about 10 million computers ① thrown away every year! Because most ② unwanted computers are sent to a dump, they ③ have caused a problem. The computer industry and the government are working on ways to solve ④ it.

※ 다음 밑줄 친 부분에 가장 알맞은 것을 고르시오. 【6~7】

6

> The rose smells _____.

① sweet   ② sweetness

③ sweetly   ④ sweeting

7

> I will have him _____ the work.

① do   ② does

③ did   ④ done

Answer 5. ① 6. ① 7. ①

8

His children seem to be asleep.
= It seems that his children _____ asleep.

① is

② are

③ was

④ were

TIP seem ~으로 보이다. ~인 것 같다 asleep 잠들어

his children이 복수이고 시제도 현재이므로 are를 써야 한다.

「그의 아이들은 잠든 것 같다.」

9

He bought her a ring.
= He bought a ring _____ her.

① to

② for

③ of

④ in

TIP 4형식에서 3형식 문형으로 전환될 때 수여동사 buy는 for를 전치사로 취한다.

「그는 그녀에게 반지를 사주었다.」

Answer   8. ② 9. ②

10 다음 중 어법상 어색한 문장은?

① Will you make a cup of coffee for me?

② They run a small hotel in San Francisco.

③ She asked me to accompany with her to the church.

④ She resembles her sister in appearance but not in voice.

TIP ③ accompany(동행하다)는 타동사이므로 전치사를 취하지 않는다.
accompany with → accompany
① 나에게 커피 좀 타주시겠어요?
② 그들은 샌프란시스코에서 작은 호텔을 경영하고 있다.
③ 그녀는 나에게 그녀와 함께 교회에 갈 것을 제안했다.
④ 그녀는 그녀의 여동생과 겉모습은 닮았지만, 목소리는 닮지 않았다.

11 다음 중 문법적으로 어색한 문장은?

① She rise a hand in greeting.

② He cut himself shaving.

③ The factory portions and packs over 12,000 meals a day.

④ I've done my quota of work for the day.

TIP ① '손을 올리다'라는 의미이므로 'rise'가 아니라 'raise'가 옳다.

12 다음 빈칸에 알맞은 것은?

My teacher said that honesty _____ the best policy.

① is

② has been

③ was

④ had been

13 다음 밑줄 친 부분의 용법이 다른 것은?

① I <u>have been</u> to the station.　　② I <u>have read</u> this book twice.

③ I <u>have seen</u> a lion several times.　　④ I <u>have lived</u> here for ten years.

※ 다음 밑줄 친 부분에 가장 알맞은 것을 고르시오. 【14~15】

14

She finally passed the entrance examination. So she was _____ by her parents.

① praise　　　　　　　　　　② praising

③ praised　　　　　　　　　　④ been praised

15

He said that the earth _____ round the sun.

① go   ② goes

③ went   ④ had gone

16 다음 중 문법상 알맞지 않은 것은?

① I proposed that the money be spent on library books.

② It is natural that you should get angry.

③ She is surprising at the news.

④ The airplane took off 10 minutes ago.

TIP ③ surprising → surprised. surprise(깜짝 놀라게 하다) 등 감정을 나타내는 동사가 사람을 주어로 하는 때에는 수동태로 표현되어 사람주어의 심리상태를 나타낸다.

17 다음 밑줄 친 곳에서 문법상 어색한 것을 고르면?

①Written in the 1910s, the nature writer Ernest N. Seton estimated ②that by the end of the 18th century the ③original population of buffalo in North America ④had been 75 million.

TIP estimate 추정하다 population 인구, (어떤 지역 내) 개체군(수) buffalo 물소, 아메리카 들소

① 주절의 주어와의 관계가 능동의 관계(주어가 글을 쓴 것)이므로 Writing이다.

「1910년대에 글을 썼던 자연주의 작가 Ernest N. Seton은 18세기 말 무렵의 북아메리카 들소의 개체수가 7천 5백만 마리가 있었을 것이라고 추정했다.」

Answer   15. ② 16. ③ 17. ①

18 다음 밑줄 친 부분 중 옳지 않은 것은?

Snow ⓐ<u>was</u> ⓑ<u>sweeping</u> into ⓒ<u>drafts</u> ⓓ<u>by</u> the wind.

① ⓐ

② ⓑ

③ ⓒ

④ ⓓ

TIP ② sweeping → swept, 'by + 목적격' 앞에 수동형이 필요하다.

「눈이 바람에 의해 통풍구 속으로 휩쓸려 들어갔다.」

19 다음 문장의 밑줄 친 부분의 옳은 형태는?

Once the Gulf oil reserves <u>exhaust</u>, there will be no strategic interest of the West in that region and the world will no more observe military confrontation or mobilization of the type witnessed in recent years.

① are exhausted

② was exhausted

③ have exhausted

④ has exhausted

TIP reserve 비축, 축적, 매장량 strategic 전략상의 interest 흥미, 관심, 이해, 이익 confrontation 직면, 대립 mobilization 동원, 유통 witness 목격하다, 증언하다

① Once the Gulf oil reserves exhaust에서 the Gulf oil reserves가 주어이므로 exhaust는 동사가 되어야 한다. 이때 exhaust는 의미상 수동형이 되어야 하며, 주절이 미래시제이므로 종속절(Once절)에는 현재시제를 써서 미래를 표시한다(시간 · 조건의 부사절에서 주절의 동사가 미래일 경우 현재를 써서 미래를 표시한다. 다만, 주절의 동사가 현재일 경우에는 미래를 쓴다).

「일단 걸프지역의 석유매장량이 고갈된다면, 그 지역에서 서구의 전략상 이익은 없을 것이고, 세계는 최근에 목격된 유형과 같은 군사대립이나 동원을 더 이상 볼 수 없을 것이다.」

Answer 18. ② 19. ①

20 다음 두 문장이 같아지도록 밑줄 친 부분에 알맞은 것을 고르면?

> It is believed that she kept the secret.
> = _____ the secret.

① She was believed for her to keep

② It was believed for her to keep

③ She is believed to have kept

④ It was believed to have kept

TIP 주절의 시제와 종속절의 시제가 다를 때, to have + p.p.를 사용한다.

「그녀가 비밀을 지켰다고 믿는다.」

21 다음 글을 읽고, 밑줄에 알맞은 말을 고른 것은?

> A : The traffic was bumper to bumper. I'm really sorry I'm late.
> B : Yeah, you _____ be. You kept me waiting for 45 minutes.

① can   ② may

③ must   ④ should

TIP bumper to bumper 차가 꽉 막힌

「A : 교통체증 때문에 늦어서 미안해.
B : 나를 45분이나 기다리게 했으니 미안할 거야.」

Answer   20. ③   21. ④   22. ④

22 다음 밑줄 친 말 중 어법에 맞지 않은 것은?

In order to ①raise public consciousness ②concerning environmental problems, everyone should distribute leaflets, write to ③his or her Congressman, ④as well as signing the necessary petitions.

---

raise 올리다, 끌어올리다, 일으키다 consciousness 자각, 의식 concerning ~에 관하여, ~에 대하여 environmental 환경의, 주위의 distribute 분배하다, 배포하다 leaflet 작은 잎, 전단, 리플릿 congressman 국회의원 B as well as A A뿐만 아니라 B도 petition 청원, 탄원, 진정서

④ as well as는 등위상관접속사이므로 앞뒤가 병치가 되어야 한다. 따라서 distribute, write, sign 세 동사가 should에 걸려 모두 동사원형이 되어야 한다.

「환경문제에 관하여 대중의 의식을 끌어올리기 위해, 모든 사람들은 전단을 배포하고 탄원서에 서명 할 뿐만 아니라 의회에 청원서를 써야한다.」

23 다음 중 어법에 맞는 표현을 골라 짝지은 것으로 가장 적절한 것은?

I worried about the missing gloves all evening. I tried to remember exactly what I had done from the time I left the store until the time I got home. I remembered that I had looked at the gloves while I was eating lunch. I remembered to show the gloves to a friend on the bus. I (can't / needn't) have left them in the restaurant. I must have taken them with me on the bus. Since I went directly from the bus to my house, I (must / should) have left the gloves on the bus. I was in a hurry to get off, and I must have forgotten to check the package I put on the floor. I (won't / shouldn't) have been in such a hurry.

① can't − must − won't
② can't − should − shouldn't
③ can't − must − shouldn't
④ needn't − should − won't

TIP missing 잃어버린 package 소포, 짐, 꾸러미

can't have + p.p. : ~했을 리가 없다   needn't have + p.p. : ~할 필요가 없었다

must have + p.p. : ~했음에 틀림없다   should have + p.p. : ~했어야 했다

should not have + p.p. : ~하지 말았어야 했다

「나는 잃어버린 장갑에 대해 저녁 내내 걱정을 했다. 내가 가게를 나섰던 때부터 집에 왔을 때까지 내가 했던 것을 정확하게 기억해 내려고 애를 썼다. 내가 점심을 먹는 동안에 장갑을 보았던 것이 기억이 났다. 버스에서 친구에게 장갑을 보여주었던 것이 생각났다. 내가 식당에 장갑을 두고 왔을 리가 없었다. 내가 장갑을 갖고 버스를 타고 왔던 것이 틀림없었다. 버스에서 집으로 직접 갔기 때문에 장갑을 버스에 놓고 내렸음에 틀림없었다. 서둘러 버스에서 내렸으나 나는 버스 바닥에 놓았던 짐을 확인해야 할 것을 깜박 잊었던 것이 틀림없다. 나는 그렇게 서두르지 말았어야 했다.」

24 다음 문장의 빈칸에 공통으로 들어갈 수 있는 것은?

> • He suggested your friend _____ be more careful.
>
> • You _____ have paid attention to his advice.
>
> • It is quite natural that you _____ take care of your old parents.

① would

② must

③ could

④ should

TIP pay attention to ~에 주의하다, 유의하다   take care of ~을 돌보다, 보살피다

㉠ 주절에 제안동사(suggest)가 있으므로 your ~ careful에 이르는 종속절의 동사는 'should + 동사원형'으로 한다.

㉡ should have p.p는 '~했어야 했는데(하지 않았다)'의 의미로 과거사실에 대한 후회 · 유감을 나타낸다.

㉢ 주절에 이성적 판단의 형용사(natural)가 있으므로 that ~ parents에 이르는 종속절의 동사는 'should + 동사원형'으로 한다.

「• 그는 네 친구가 좀 더 신중해야 한다고 제안했다.

• 너는 그의 충고에 유의했어야 했다.

• 네가 나이든 부모님을 돌보는 것은 지극히 당연하다.」

25 다음 빈칸에 들어갈 알맞은 것은?

The signs posted on the entrances to the company headquarters prohibit unauthorized visitors _____ the building.

① to enter

② from entering

③ of entering

④ in enter

> TIP prohibit (목적어) from ~ing구문으로 '(목적어)가 ~하는 것을 금하다'라는 뜻이다. 이외의 동사로는 stop, keep, discourage, hinder, impede가 있다.
>
> 「그 회사본부 입구에 게시된 표시는 허가받지 않은 방문객들을 건물 안으로 들어오지 못하게 한다.」

Answer   25. ②

⊖∃ 독해

❶ 글의 핵심파악

(1) 제목 찾기

주제문을 찾아 요약하고 글 속에서 자주 반복되는 핵심어와 연결된 것을 찾는다. 제목은 주제보다 상징성이 강하며 간결하고 명료하다.

〈제목 찾기에 많이 출제되는 명사〉

importance 중요성	similarity 유사성
need, necessity 필요성	difference 차이점
influence 영향	increase 증가
effect 효과	decrease 감소
reason 이유	advantage 이점
cause 원인	disadvantage 단점
difficulty 어려움	role 역할
ways 방법	condition 조건
improvement 개선	development 개발

---

(2) 주제 찾기

글의 중심생각을 묻는 것으로 보통 주제문에 분명하게 드러나므로 전체 글을 이해하여 주제문을 찾는 것이 중요하다.

(3) 요지 찾기

주제를 찾는 문제와 드러나는 차이는 보이지 않지만 글을 나타내는 상징성의 정도가 요지 < 주제 < 제목의 순으로 드러난다. 선택지가 속담으로 구성되어 있는 경우도 있으므로 속담, 격언에 유의한다.

〈요지·주장에 많이 출제되는 단어들〉

• 조동사 : must, should, ought to, have to, had better(~하는 게 더 낫다), need to 등
• 형용사 : important, necessary(필수적인), crucial(중요한), critical(중요한), desirable(바람직한) 등

---

(4) 문단 요약

글의 요지를 파악하는 능력과 함께 쓰기 능력을 간접적으로 평가하는 문제이다. 요지와 세부 내용을 모두 파악하여 간결하게 하나의 압축된 문장으로 나타낼 수 있어야 한다. 단락의 핵심어를 선택지에서 표현을 바꾸는 경우가 있으므로 동의어 등에 유의한다.

〈글의 전개 방식〉

• 두괄식 : 첫머리에 문단의 핵심 내용을 놓고, 뒤에 그 문장을 풀이하거나 예시를 드는 구조
• 중괄식 : 핵심 내용을 중간에 배치하고 앞뒤로 예시를 드는 구조
• 양괄식 : 핵심 내용을 첫머리에 두고 예시를 나열한 다음, 끝부분에 핵심 내용을 반복하는 구조
• 미괄식 : 앞부분에는 예시를 들어 구체적인 서술을 하고 끝부분에 결론으로 핵심 내용을 두는 구조

---

❷ 문맥 속 어구파악

(1) 지시어 추론

주로 대명사(this, that, it …) 또는 (고유)명사가 구체적으로 가리키는 것을 찾는 문제로 글의 전체 내용을 종합적으로 파악하고 그 자리에 대상어를 대입했을 때 의미적으로 이상이 없는 것을 찾는다.

(2) 어구의 의미 파악

어구의 이면적인 의미를 간파해내야 하는 문제로 전반적인 분위기를 파악하여 이중적 의미를 찾아내는 것이 중요하다. 다양한 의미로 쓰이는 어휘나 표현을 잘 익혀 두는 것이 좋다.

❸ 문맥의 이해

(1) 내용일치 여부의 판단

이 유형은 글의 세부적인 내용파악을 주로 요구하는 문제로 주어지는 글보다 질문과 보기의 내용을 먼저 본 후에 질문에 해당하는 부분을 집중적으로 살펴야 한다. 이 때 중요한 것은 반드시 주어지는 글에 담긴 사실적인 내용을 근거로 판단해야 한다는 것이다.

(2) 무관한 문장 고르기

이 유형은 글의 전체적인 일관성과 통일성을 해치는 문장을 골라내는 문제로 주제와 그 주제를 뒷받침하지 않고 주제를 벗어나거나 서술방향이 다른 문장을 찾아야 한다. 이 때 무관한 문장은 그 문장 없이도 글의 흐름이 자연스럽게 연결될 수 있다.

(3) 문장의 순서 정하기

이 유형은 배열순서가 뒤바뀐 여러 문장들을 연결사와 지시어 등에 유의하여 문장과 문장 사이의 논리적 관계를 정확하게 파악하여 논리적으로 재배열하는 문제로 기준이 되는 문장이 제시되기도 한다.

(4) 전후관계 추론

이 유형은 단락 간 전개방식을 묻는 문제로 글의 논리적인 연관성에 따라서 주어지는 단락의 내용을 정확하게 파악하여 앞 단락 또는 뒤 단락의 내용을 추론해야 한다.

❹ 글의 어조 · 분위기

(1) 글의 어조 · 분위기

글 속에 명시적이거나 암시적으로 나타나있는 여러 정황들을 종합적으로 감상하는 능력을 요구하는 문제로 글의 전체적인 분위기를 잘 드러내는 어휘들 특히 형용사와 부사에 주목하여야 하며 평소 글의 어조 · 분위기를 나타내는 단어를 잘 알아두어야 한다.

(2) 필자의 심경 · 태도

글의 어조 · 분위기를 감상하는 문제와 같이 글의 종합적인 이해 · 감상능력을 요구하는 문제로 어떤 일련의 사건들을 통해 드러나는 등장인물의 성격과 태도를 판단할 수 있으며 평소 글의 심경 · 태도를 나타내는 단어를 잘 알아두면 유용하다.

❺ 연결어 파악

연결어란 글의 흐름을 논리적으로 자연스럽게 연결 시켜주는 어구들을 말한다. 적절한 연결사를 쓰면 글의 주제나 요지 등 논리적 흐름을 쉽게 이해할 수 있지만, 연결어를 잘못 쓰면 글의 흐름이 어색해져 필자의 의도를 파악하기 힘들어진다.

(1) 예시
- for example, for instance 예를 들면

(2) 추가
- additionally 게다가, 더구나
- at the same time 동시에, 또한
- besides 게다가
- furthermore 게다가
- in addition (to) ~외에도
- indeed 실로, 사실상
- likewise 유사하게
- moreover 게다가, 더구나
- similarly 유사하게
- what's more 게다가

(3) 대조
- nevertheless ~임에도 불구하고
- nonetheless ~임에도 불구하고
- even though ~라 할지라도
- but, however, still, yet 그러나
- unlike ~와 달리
- conversely 반대로
- in contrast 대조적으로
- on the contrary 반면에, 반대로
- on the other hand 반면에
- whereas 반면에, ~에 반해서

(4) 비교
- comparing, in comparison 비교해 보면
- similarly 유사하게
- likewise, in the same way 비슷하게

(5) 사건의 순서
- first 첫째
- third 셋째
- next 다음으로
- after that 그 후에
- second 둘째
- then 그런 후에
- later 나중에
- finally 마지막으로

(6) 결과, 결론, 요약

- after all 결국
- at last 결국
- finally 마침내
- in brief 간단히 말해
- in conclusion 결론적으로
- accordingly 따라서
- as a consequence 그 결과
- as a result 그 결과
- consequently 결과적으로
- for this reason 이런 이유 때문에
- hence 그래서

- in short 간단히 말해
- in summary 요약하자면
- on the whole 대체로
- to conclude 결론짓자면
- to sum up 요약하자면
- in consequence 따라서, 결과적으로
- thereby 그래서
- therefore 따라서
- thus 따라서
- briefly 간단히 말해

최근 기출문제 분석

2019. 10. 19. 우정서기보(계리직)

1 글의 내용과 일치하는 것은?

> Even if schools which are detached from parental control are not tyrannical, it may be argued that they are educationally ineffective. Schools can educate successfully, it is often argued, only when they act in partnership with parents, especially by encouraging parent involvement in the school.
>
> The detached-school ideal seems to neglect this important pedagogical point. I contend, however, that while parent involvement is very important in boosting students'achievement, this does not mean that parents must be given greater control over or input into the aims and content of the school. The available research demonstrates that parent involvement programs generally work equally well when there is a gap between the values espoused by the school and by the parents as when both school and parents embrace the same educational values.

① The schools under parental control are educationally ineffective.

② The detached-school ideal appears to neglect the importance of boosting students' achievement.

③ It is argued that the school can educate successfully through the partnership with the parents.

④ Parent involvement programs work well only when both school and parents have the same educational values.

> **TIP** detach (더 큰 것에서) 떼다, 분리되다 parental 부모의 tyrannical 폭군의, 압제적인 neglect 방치하다, 등한시하다 pedagogical 교육학의 aim 목적 demonstrate 입증하다 espouse 옹호하다, 지지하다 embrace 수용하다
>
> 「부모의 통제에서 분리된 학교가 압제적이지 않더라도 교육적으로 비효율적이라는 논란이 있을 수 있다. 학교들은 종종 부모들과 파트너십을 맺고 행동할 때에만, 특히 부모들이 학교에 참여하도록 장려함으로써 성공적으로 교육할 수 있다. 분리된 학교의 이상은 이 중요한 교육학적 요점을 등한시하는 것 같다. 그러나 나는, 부모들의 참여가 학생들의 성취도를 높이는 데 매우 중요하지만, 이것이 부모들이 학교의 목적과 내용에 대한 더 큰 통제나 투입을 해야 한다는 것을 의미하지 않는다고 주장한다. 이용 가능한 연구는 일반적으로 학부모 참여 프로그램이 학교와 학부모가 지지하는 가치들 사이에 차이가 있을 때에도 학교와 학부모 모두가 동일한 교육적 가치를 수용했을 때처럼 똑같이 잘 작동한다는 것을 보여준다.」
> ① 부모의 통제하에 있는 학교는 교육적으로 효력이 없다.
> ② 분리된 학교의 이상은 학생들의 성취도를 높이는 것의 중요성을 등한시하는 것으로 보인다.
> ③ 학부모와의 파트너십을 통해 성공적인 교육을 할 수 있다는 주장이 있다.
> ④ 학부모 참여 프로그램은 학교와 학부모 모두가 동일한 교육적 가치를 가질 때에만 잘 작동한다.

Answer 1.③

2 다음에 제시된 문장이 〈보기〉에 들어갈 위치로 가장 알맞은 것은?

This all amounts to heightened activity and noise levels, which have the potential to be particularly serious for children experiencing auditory function deficit.

〈보기〉

Hearing impairment or auditory function deficit in young children can have a major impact on their development of speech and communication, resulting in a detrimental effect on their ability to learn at school. This is likely to have major consequences for the individual and the population as a whole. ___㉠___ The New Zealand Ministry of Health has found from research carried out over two decades that 6-10% of children in that country are affected by hearing loss. ___㉡___ A preliminary study in New Zealand has shown that classroom noise presents a major concern for teachers and pupils. ___㉢___ Modern teaching practices, the organization of desks in the classroom, poor classroom acoustics, and mechanical means of ventilation such as air-conditioning units all contribute to the number of children unable to comprehend the teacher's voice. Education researchers Nelson and Soli have also suggested that recent trends in learning often involve collaborative interaction of multiple minds and tools as much as individual possession of information. ___㉣___

① ㉠　　　　　　　　　　　　　　　　② ㉡

③ ㉢　　　　　　　　　　　　　　　　④ ㉣

TIP hearing impairment 청각 장애 auditory 청각의 deficit 결손, 적자 preliminary 예비의 acoustics 음향시설 ventilation 통풍, 환기 comprehend 이해하다

「어린 아이들의 청각 장애나 청각 기능 결손은 그들의 언어와 의사소통의 발달에 큰 영향을 미칠 수 있고, 그 결과로 학교에서 학습하는 능력에 해로운 영향을 미칠 수 있다. 이것은 개인과 인구 전체에 큰 영향을 미칠 공산이 있다.

㉠ 뉴질랜드 보건부는 20년이 넘는 동안 실시된 연구를 통해 이 나라 어린이의 6-10%가 청력 손실의 영향을 받는다는 사실을 밝혀냈다.

㉡ 뉴질랜드의 한 예비 연구는 교실 소음이 교사와 학생들에게 큰 우려를 나타낸다는 것을 보여주었다.

㉢ 현대적인 교육 관행, 교실의 책상 구성, 열악한 교실 음향, 냉방 장치와 같은 기계적인 환기 수단 모두 교사의 목소리를 이해하지 못하는 아이들의 수에 기여한다. 교육연구자 Nelson과 Soli는 또한 최근의 학습 경향은 정보의 개별 소유만큼이나 많은 복합적인 정신과 도구의 협력적 상호작용을 종종 수반한다고 제안했다.

㉣ 이 모든 게 활동과 소음 수준을 높이는 것으로 청각 기능 결손을 겪는 어린이들에게 특히 심각할 가능성이 있다.」

Answer 2.④

3 다음 글의 내용과 일치하지 않는 것은?

> To learn to read, children need to be helped to read. This issue is as simple and difficult as that. Dyslexia is a name, not an explanation. Dyslexia means, quite literally, being unable to read. Children who experience difficulty learning to read are frequently called dyslexic, but their difficulty does not arise because they are dyslexic or because they have dyslexia; they are dyslexic because they cannot read. To say that dyslexia is a cause of not being able to read is analogous to saying that lameness is a cause of not being able to walk. We were all dyslexic at one stage of our lives and become dyslexic again whenever we are confronted by something that we cannot read. The cure for dyslexia is to read.

① 어린이들이 글을 읽기 위해서는 도움이 필요하다.

② 난독증은 글을 읽을 수 없게 만드는 원인으로 작용한다.

③ 우리 모두는 삶의 어떤 시기에 난독 상태를 겪은 바 있다.

④ 독서는 난독증을 치유하는 길이다.

> **TIP** Dyslexia 난독증 literally 문자 그대로 frequently 자주 analogous 유사한 lameness 절뚝거림, 불충분함 confront 직면하다
> 「읽는 법을 배우려면 어린이들은 읽는 도움을 받아야 한다. 이 문제는 간단하고 어렵다. 난독증은 이름이 아니라 설명이다. 난독증은 문자 그대로 읽을 수 없다는 것을 의미한다. 읽기 학습에 어려움을 겪는 어린이는 난독증이라고 종종 불리지만, 난독증이거나 난독증을 앓고 있기 때문에 어려움이 발생하지 않는다. 그들은 읽을 수 없기 때문에 난독증이다. 난독증이 읽을 수 없는 원인이라고 말하는 것은 절뚝거림이 걸을 수 없는 원인이라고 하는 것과 유사하다. 우리는 우리 삶의 한 단계에서 모두 난독증을 겪었으며, 우리가 읽을 수 없는 것에 직면할 때마다 다시 난독증을 겪을 수 있다. 난독증에 대한 치료법은 읽는 것이다.」

Answer 3.②

4 다음 두 사람의 대화에서 A가 B의 수표를 바로 현금으로 교환하여 주지 못하는 이유는?

A : How can I help you?

B : I received a bank draft from Malaysia. And I want to exchange it in Korean currency.

A : Which currency is the draft?

B : It is 20 US dollars.

A : Sorry, sir. We can't exchange it right now.

B : Why is that?

A : We have to mail it to the issuing bank and once they pay, we will credit the amount in your account.

B : How long does it take for me to get the money?

A : It will take a week or so.

B : All right. I'll check my account then. Thanks.

---

① 수표에 표시된 화폐의 잔고가 부족하기 때문이다.

② 발행은행에 수표를 보내서 결제 받은 돈을 입금해 주기 때문이다.

③ B의 개인 신용등급이 낮아서 거래의 승인이 불가하기 때문이다.

④ 수표 금액이 적어서 우편료와 수수료의 발생으로 거래가 어렵기 때문이다.

> **TIP** 「A : 무엇을 도와드릴까요?
> B : 말레이시아에서 수표를 받았습니다. 한국 통화로 교환하고 싶은데요.
> A : 어떤 통화의 수표입니까?
> B : 20 US 달러입니다.
> A : 죄송합니다, 선생님. 그것은 지금 바로 교환해 드릴 수가 없습니다.
> B : 왜 그렇죠?
> A : 저희가 발행은행에 수표를 보내서 그들이 결제 받은 돈을 지급하면 그때 선생님의 계좌로 보내드립니다.
> B : 그 돈을 제가 받을 때까지 얼마나 걸리죠?
> A : 일주일 정도 걸립니다.
> B : 알겠습니다. 그때 제 계좌를 확인해 보겠습니다. 감사합니다.」

Answer 4.②

5 다음 글의 내용과 일치하지 않는 것은?

> The modern post office uses a self-service kiosk that gives postal patrons a do-it-yourself option for a variety of postal services. The kiosk can be used to purchase stamps and print postage for express, priority, first-class mail and parcel postage. It is also a good fit, especially for soldiers in training who may only have the chance to use the post office after business hours. The post office is hoping the kiosk will help shorten the postal service lines, especially at lunchtime. This new tool supplements post office employees to help patrons get in and out more quickly.

① The kiosk is expected to shorten the postal service lines.

② The kiosk gives a self-service for postal patrons.

③ The kiosk is useful for soldiers especially at lunchtime.

④ The kiosk can be used to print postage for priority.

TIP ① 키오스크는 다양한 우편서비스가 신속하게 이루어지기를 바란다.
② 키오스크는 우편을 이용하는 고객들에게 셀프 서비스를 제공한다.
③ 키오스크는 점심시간에 군인들에게 특히 유용하다.
④ 키오스크는 우선 취급 우편의 요금을 찍는데 사용될 수 있다.

「현대의 우체국은 고객들로 하여금 다양한 우편 서비스를 제공하기 위하여 고객들이 스스로 자신들이 필요한 업무를 처리할 수 있게 하는 키오스크를 이용한다. 키오스크는 우표를 구입하거나 특급우편, 우선 취급 우편, 제종 우편물과 소포 우편물을 찍는데 사용할 수 있다. 이 키오스크는 자신들의 업무가 끝나고 나면 오직 우체국에만 들릴 수 있는 군인들에게 특히 유용하다. 우체국은 특히 점심시간에 키오스크가 우편 서비스 라인이 짧아지는 걸 돕기를 바란다. 또한 키오스크는 우체국 직원들로 하여금 고객에게 보다 나은 서비스를 제공할 수 있도록 도울 것이다.」

Answer 5.③

출제 예상 문제

1 다음 글의 내용과 일치하지 않는 것은?

> On November 22, 1963, President John F. Kennedy was fatally shot in the head. A man by the name of Lee Harvey Oswald shot the President as he rode in the Presidential limousine. Mystery still surrounds Kennedy's death. Was Oswald acting alone when he shot the President or was he working with other people? Exactly how many shots were fired? Also, the reason why the President was murdered is still unknown. Regardless the murder of kennedy shocked the nation and can be seen as another violent act in one of the most chaotic decades in America's history.

① The 1960s was a chaotic decade for America.

② Kennedy was shot in the head.

③ Kennedy was shot while giving a speech.

④ Kennedy's death is still wrapped in mystery.

TIP fatally 치명적으로 surround 둘러싸다 suspect ~을 의심하다 regardless 그것과는 상관없이 violent 폭력적인 chaotic 혼돈의 decade 십년간

① 1960년대는 미국의 혼란기였다.
② 케네디는 머리에 총상을 입었다.
③ 케네디는 연설하는 동안 총상을 입었다.
④ 케네디의 죽음은 여전히 미스테리에 둘러싸여 있다.

「1960년 11월 22일 존 F. 케네디 대통령이 머리에 치명적으로 총상을 입었다. 리 하비 오스왈드라는 이름의 한 남자가 대통령 전용 리무진에 대통령이 타고 있을 때 그를 쏘았다. 케네디의 죽음은 여전히 미스테리에 둘러싸여 있다. 대통령을 쏘았을 때 오스왈드는 혼자서 행동했는가, 아니면 다른 사람들과 함께 행동했는가? 정확히 몇 발이 발사되었는가? 또한 대통령이 왜 살해되었는지 여전히 알려져 있지 않다. 그것과는 상관없이, 케네디의 암살은 나라에 충격을 주었고, 미국 역사상 가장 혼란스러운 수십년 중의 한 시기에 발생한 또 하나의 폭력사건으로 간주될 수 있다.」

Answer   1.③

2 다음 글의 밑줄 친 부분에 들어갈 말로 가장 적절한 것은?

Surnames came into existence throughout Europe in several ways. An important way to identify people was to _____. Alfred, the miller, who would later be called Alfred Miller, earned his living by producing flour from grain. Michael Cooper was at first Michael, the cooper or barrel maker. Theodore Smith was originally Theodore, the blacksmith who forged utensils and shoed horses. The names Weaver, Carpenter, and Taylor should need no explanation. There were identical surnames in other languages. For example, in German Schneider is the word for "tailor".

① refer to whose son they were

② add the name of the place they lived

③ use their types of work, or occupations

④ give them, nicknames according to their traits

TIP surname 성(= family name) come into existence 생기다, 성립되다 miller 제분업자 cooper 통 제조업자, 술장수 barrel (가운데가 불룩한) 통 blacksmith 대장장이 forge (철 등을) 벼려서 만들다 utensil 기구, 용구 weaver 베 짜는 사람, 직공 carpenter 목수 tailor 재단사

① 그들이 누구의 아들인지 언급한다.
② 그들이 살았던 곳을 이름에 덧붙인다.
④ 그들의 특색에 의한 별명을 그들에게 준다.

「성(姓)은 여러 가지 방식으로 유럽 도처에서 생기게 되었다. 사람을 확인하기 위한 한 가지 중요한 방식은 그들의 일이나 직업의 종류를 사용하는 것이다. 후에 Alfred Miller라고 불리게 된 제분업자 Alfred는 곡물에서 가루를 생산하여 생계를 꾸려나갔다. Michael Cooper는 처음에는 통 만드는 사람인 Michael이었다. Theodore Smith는 원래 용구나 말굽을 만드는 대장장이인 Theodore였다. Weaver, Carpenter와 Taylor라는 이름은 설명할 필요도 없다. 다른 언어에도 똑같은 성이 있었다. 예를 들어, 독일에서 Schneider는 '재단사'를 뜻하는 말이다.」

---

3 다음의 주어진 질문에 긍정적으로 대답한 사람을 모두 열거한 것은?

> Is it interesting to learn about dinosaurs?

> Cindy : No creature on this planet has ever made me excited like dinosaurs have. Even bones or parts of their bones are a sight to see.
> Glen : Dinosaur studios are not related with what's happening now to us. All the guessing and wondering about the dead creature is waste of time.
> Dick : Some may not enjoy ancient history, but there are many, like me, who would rather see some dinosaur bones in a museum than go to a rock concert.

① Cindy   ② Glen

③ Cindy, Dick   ④ Glen, Dick

TIP dinosaur 공룡 sight 광경, 풍경, 시야 creature 신의 창조물, 동물, 생물 would rather~than … … 보다는 차라리 ~하고 싶다

「공룡에 관하여 공부하는 것이 재미있습니까?
Cindy : 이 지구상의 어떤 동물들도 공룡만큼 제게 흥분을 가져다 주지 못했습니다. 그들의 뼈나 뼈의 조각마저도 굉장한 광경입니다.
Glen : 공룡연구는 지금 우리들에게 일어나고 있는 것과는 상관이 없습니다. 죽은 동물에 대하여 추측하고 궁금해하는 것은 모두가 시간을 낭비하는 것입니다.
Dick : 어떤 사람들은 고대역사를 좋아하지 않을 수도 있겠지만 나와 같이 록음악연주회에 가기보다는 오히려 박물관의 공룡뼈를 보려는 사람들이 많이 있습니다.」

4 다음 글에서 전체 흐름과 관계없는 문장은?

Laughter is a way of releasing inner tensions, and there are many classes and types of laughs. ⓐ A happy laugh can be heard when students finally pass an important examination that they studied for all night. ⓑ It can also be heard coming from a small child running with his dog through the meadows. ⓒ Laughter is the greatest of all emotional outlets. ⓓ An inexperienced driver may find himself laughing when he tries to turn the steering wheel but ends up turning on the signal lights. His laughter stems from nervousness and his act of laughing helps him to relax.

---

① ⓐ

② ⓑ

③ ⓒ

④ ⓓ

TIP release 배출하다 outlet 배출구

「웃음은 내면의 긴장을 해소시켜 주는 방법으로서, 웃음에는 많은 종류와 형태가 있다. 행복한 웃음소리는 학생들이 밤새도록 공부한 중요한 시험에 통과했을 때 들을 수 있다. 또한 개와 함께 풀밭을 달리는 어린아이에게서도 행복한 웃음소리를 들을 수 있다. (웃음은 모든 감정 배출구 중 가장 위대한 것이다) 초보운전자가 핸들을 돌리려다가 신호를 알리는 깜박이등을 켜 버렸을 때, 혼자 웃음을 짓게 되기도 한다. 그의 웃음은 신경과민 때문이며, 그의 웃는 행위는 그의 긴장을 해소시켜 주는 데 도움이 된다.」

Answer 4.③

5 다음 글을 읽고 필자의 어조를 가장 잘 나타낸 단어를 고르면?

Some people insist on "love at first sight." but I suggest that they calm down and take a second look. There is no such thing as love at first sight. Some of those attractive first-sight qualities may turn out to be genuine and durable, but don't count on the storybook formula. The other saying, "love is blind" is far more sensible.

The young girl who believes herself to be in love can't see the undesirable qualities in her man because she wishes not to see them.

---

① ironic
② critical
③ angry
④ romantic

TIP insist on ～라고 주장하다 calm down 진정하다. 마음을 가라앉히다 take a look 한 번 보다 turn out to be ～임이 판명되다 genuine 진짜의(= real) durable 견딜 수 있는, 지속될 수 있는 count on ～을 믿다, 의지하다 storybook formula 동화책의 방식

필자는 "첫눈에 반한 사랑"에 대해 부정하고 맹목적이라며 비판하고 있다.

「일부 사람들은 "첫눈에 반한 사랑"을 주장한다. 그러나 난 그들은 진정하고 두 번은 보아야 한다고 제안하겠다. 첫눈에 보이는 사랑과 같은 것은 없다. 몇 가지의 매력있어 보이는 처음의 특징들 가운데는 진실한 것이 있기도 하고 오래 지속되는 것으로 드러나기도 하겠지만, 동화책에 나오는 공식대로 되는 것이 아니다. 다른 속담으로 "사랑이란 맹목적이다"라는 말이 오히려 일리가 있다. 자신이 사랑에 빠졌다고 믿는 어린 소녀들은 자신의 남자에게서 바람직하지 않은 특징들은 보지를 못한다. 왜냐하면 그녀들은 그것들을 보려 하지 않기 때문이다.」

6 다음 글에서 주인공 'I'의 심정으로 가장 적절한 것은?

My mother hadn't seen my dad in four years of war. In my mind, he was a tall, darkly handsome man I wanted very much to love me. I couldn't wait, thinking about all the things I had to tell him of school and grades. At last, a car pulled up, and a large man with a beard jumped out. Before he could reach the door, my mother and I ran out screaming. She threw her arms around his neck, and he took me in his arms, lifting me right off the ground.

① joyful
② lonely
③ worried
④ horrified

TIP pull up (말·차를)멈추다

「나의 어머니는 4년간의 전쟁 동안 아버지를 보지 못했다. 내 생각에 아버지는 검은 피부에 키가 크고 잘생긴 분이셨고 나는 그 분의 사랑을 몹시 받고 싶었다. 아버지에게 학교 일과 성적에 대해 시시콜콜 얘기할 생각을 하면서, 나는 조바심치며 기다렸다. 마침내 차가 멈추었고 턱수염을 기른 덩치 큰 사람이 뛰어 내렸다. 현관문에 이르기도 전에 어머니와 나는 소리를 지르며 달려나갔다. 그녀는 그의 목을 얼싸안았고, 그분은 나를 안아서 땅에서 번쩍 들어올렸다.」

7 다음 글의 어조로 가장 알맞은 것은?

The boss was disturbed when he saw his employees loafing. "Look," he said, "everytime I come in there I see things I'd rather not see. Now, I'm a fair man, and if there are things that bother you, tell me. I'm putting up a suggestion box and I urge you to use it so that I'll never see what I just saw!"
At the end of the day, when the boss opened the box, there was only one little piece of paper in it. It read : "Don't wear rubber-soled shoes!"

① upset
② instructive
③ humorous
④ critical

TIP disturb 혼란시키다, 괴롭히다, 방해하다, 어지럽히다 loaf 빈둥거리다, 놀고 지내다 fair 공정한 suggestion box 의견함, 제안함 urge 강력히 권하다 rubber-soled 고무구두창을 댄 upset 화가 난 instructive 교훈적인

「사장은 직원이 빈둥거리는 것을 보았을 때 혼란스러웠다. "여러분, 여기에 내가 올 때마다, 보고 싶지 않은 것을 보는데, 난 공정한 사람이니 여러분을 괴롭히는 것이 있으면 말하십시오. 의견함을 설치할 테니까, 내가 방금 보았던 것을 다시는 보지 않도록 의견함을 사용해 주기 바랍니다!" 그 날 퇴근할 무렵, 사장이 의견함을 열었을 때, 그 안에는 작은 종이 한 장만 있었다. 거기에는 "고무구두창을 댄 신발을 신지 마세요!"라고 씌어 있었다.」

Answer 6.① 7.③

8 다음 밑줄 친 부분 중 의미하는 바가 나머지 셋과 다른 것은?

One superstition I can't seem to escape is the one dealing with calendars. In my family, it's bad luck to look at ①a new calendar before the start of the new year. I can't ignore this because efficient administrative assistants at work hand out new calendars in late November or early December. And some of my coworkers hang ②them up as soon as they get them. So at any time, I'm likely to walk into a colleague's space and confront ③the offending object. If I see one, I avert my eyes. Try as I might to rid myself of ④this superstition, I'm not willing to take any chances, either.

TIP superstition 미신, 고정관념, 두려움 escape 달아나다, 벗어나다 ignore 무시하다, 기각하다, 모른 체하다 efficient 능률적인, 유능한, 결과를 발생하는 administrative assistant 이사 보좌관, 사무관 coworker 동료, 협력자 hang 달다, 걸다, 교수형에 처하다 colleague 동료 confront 직면하다, 맞서다 offending 불쾌감을 주는, 성가신 avert 외면하다, 피하다 rid 제거하다, 벗어나다 either 어느 쪽의 ~도 ~않다, ~도 아니다
①②③ 새 달력 ④ 미신

「내가 벗어날 수 없는 하나의 미신은 달력에 관한 것이다. 우리 집안에서는, 신년이 시작되기 전에 새 달력을 보는 것을 불운이라 믿는다. 나는 11월 말이나 12월 초에 새 달력을 유능한 사무관들이 배포하기 때문에 이를 무시할 수 없다. 그리고 나의 동료들 중 몇 명은 새 달력을 받자마자 걸어둔다. 그래서 어느 때라도 나는 동료의 자리로 가면 불쾌감을 주는 물건과 맞닥뜨리게 된다. 만약 내가 그것을 보게 되면 난 나의 눈을 피한다. 내 자신이 이 미신으로부터 벗어나려고 노력을 할지라도 나는 어떠한 가능성(운)에 맡기려 하지 않을 것이다.」

9 다음 글의 바로 앞에 올 문단의 내용으로 가장 자연스러운 것은?

On the other hand, some Indian tribes wish to modernize the reservations. They have set up cattle ranches and started small industries. They have set up cattle ranches and started small industries. The value of education is understood, with many Indians of these tribes earning graduate degrees as teachers, doctors, and engineers at their state universities. These alternatives, with many variations, are what most Indians have chosen.

① 인디언 전통문화의 답습
② 인디언들의 적극적인 사회참여
③ 인디언 특별보호구역의 현대화
④ 인디언들의 교육에 대한 열의

TIP tribe 부족, 종족 reservation 보류, 예약, (인디언을 위한) 정부지정보류지, 자연보호구역, 제한, 조건 ranch 농장, 목장 alternative 대안, 양자택일의
서두에 on the other hand라는 앞문장과 상반되는 접속사가 있으므로, 인디언들의 개혁에 대해 상반되는 내용으로 인디언 전통문화의 답습이 와야 한다.

「다른 한편, 어떤 인디언 부족들은 인디언보호구역을 현대화하기를 바란다. 그들은 가축을 사육하는 목장을 세웠고, 작은 사업을 시작했다. 교육의 가치를 깨달았고, 이 부족의 많은 인디언들이 그들의 주에 있는 대학에서 교사나 의사 및 기술자로서 졸업학위를 받았다. 많은 변화가 있는 이러한 대안들은 대부분의 인디언들이 선택한 것이다.」

10 다음 글에서 전체 흐름과 관계없는 문장은?

There are a couple of important steps to take when choosing a puppy. ⓐ One is to check out a puppy's physical condition carefully. The animal's eye should be clear and bright, and its gums should be pink and firm. ⓑ Also, watch it play with other puppies, and get an idea of the puppy's personality. ⓒ Owing a pretty puppy can improve a person's mental and physical well-being. ⓓ If it's very timid or aggressive, it might not make a good pet.

① ⓐ   ② ⓑ
③ ⓒ   ④ ⓓ

TIP a couple of 두 개의 check out 점검하다 physical condition 건강상태 gum 잇몸 firm 단단한 idea of 짐작하다 personality 성격, 성질 physical well-being 육체적 안녕, 행복 timid 소심한 aggressive 공격적인

「강아지를 고를 때 주의해야 할 두 개의 중요한 단계가 있다. ⓐ하나는 강아지의 건강상태를 주의깊게 점검하는 것이다. 동물의 눈은 맑고 빛나야 한다. 그리고 잇몸은 핑크색이고 단단해야 한다. ⓑ또한 다른 강아지들과 함께 노는 것을 지켜봐야 한다. 그리고 강아지의 성격을 짐작해야 한다. ⓒ귀여운 강아지를 소유하면 사람의 마음과 육체적 행복이 개선될 수 있다. ⓓ매우 소심하거나 공격적이라면 좋은 애완동물이 될 수 없다.」

11 주어진 문장에 이어질 글의 순서가 가장 적합한 것은?

When one person teaches another through speech or writing, this process is called learning by instruction.

(A) As we all know, however, we can gain knowledge without being taught.

(B) Simply stated, discovery is learning without a teacher, and instruction is learning through the help of one.

(C) This is discovery, the process of learning something by observation, examination, or searching for facts, without being taught.

① (A) − (B) − (C) ② (A) − (C) − (B)
③ (B) − (A) − (C) ④ (B) − (C) − (A)

TIP 「사람이 말이나 글을 통해서 다른 사람을 가르칠 때 이 과정은 교수에 의한 학습이라고 불리어진다. (A) 그러나 우리 모두가 알고 있듯이 우리는 가르침을 받지 않고도 지식을 얻을 수 있다. (C) 이것이 가르침을 받지 않고 관찰, 조사 또는 사실들의 추구에 의해 어떤 것을 배우는 과정인 발견이다. (B) 간단히 말해서 발견이란 교사 없이 배우는 것이고 교수란 교사의 도움을 통해 배우는 것이다.」

Answer 11.②

12 다음 주어진 문장에 이어질 글의 순서로 가장 적절한 것은?

Free trade makes possible higher standards of living all over the globe.

(A) Free trade also makes the world economy more efficient, by allowing nations to capitalize on their strength.

(B) The case for free trade rests largely on this principle : as long as trade is voluntary, both partners benefit.

(C) The buyer of a shirt, for example, values the shirt more than the money spent, while the seller values the money more.

① (A) — (C) — (B)

② (B) — (A) — (C)

③ (B) — (C) — (A)

④ (C) — (A) — (B)

TIP free trade 자유무역, 자유거래 make possible 가능하게 하다 all over the globe 전세계에서 efficient 능률적인, 효과있는
capitalize 자본화하다, 이용하다 rest on ~에 의지하다

(B)와 (C)의 내용은 구체적으로 교역 상대국의 입장을 설명하고 있다. 반면에 주어진 글과 (A)의 경우는 세계의 생활수준과 세계의 경제에 대한 설명으로 포괄적이다. 그렇다면 주어진 글과 (A)는 가까운 글임을 알 수 있고 (B)와 (C)가 또한 가까운 글이다.

「자유무역은 전 세계의 더 높은 생활수준을 가능하게 한다(자유무역을 한다면 전세계의 생활수준은 더 높이 향상될 수 있을 것이다).
(A) 자유무역은 또한 국가가 자신들의 힘을 이용할 수 있도록 하기 때문에 세계경제를 더욱 효과적이 되게 한다.
(C) 셔츠 하나를 예로 들어보면, 구매하는 쪽은 쓰여진 돈보다도 더 그 셔츠가 중요한 것이며, 반면 판매하는 쪽은 그보다는 돈이 더 중요한 것이다.
(B) 자유무역을 하는 경우에는 다음의 원칙에 주로 의존한다. 즉, 무역이 자발적으로 이루어지는 동안은 양쪽 상대국이 이익을 얻는다는 것이다.」

13 다음 글을 읽고 빈칸에 가장 적절한 것을 고르면?

For a long time, people have believed that photographs tell us the truth; they show us what really happened. People used to say "Seeing is believing," or "Don't tell me, show me," or even "One picture is worth a thousand words." In courts of law, photographs often had more value than words. These days, however, matters are not so simple. Photographs can be changed by computer; photographs are _____.

① sometimes false　　　　　　② always acceptable

③ very valuable　　　　　　　④ clearer than ever

TIP value 가치, 평가　false 그릇된, 거짓의

「오랫동안 사람들은 사진이 우리들에게 진실을 말하고 있다고 믿었다; 사진은 실제로 일어났던 것을 보여준다. 사람들은 "보는 것이 믿는 것이다." 혹은 "말로 하지 말고 보여달라." 또는 심지어는 "사진 한 장이 천 마디 말만큼이나 가치가 있다."라고 말하곤 했다. 법정에서는 종종 사진이 말보다 훨씬 가치가 있었다. 그러나 요즘은 문제가 그리 간단하지 않다. 사진이 컴퓨터로 변조될 수 있다; 사진은 때로는 가짜이다.」

14 빈칸에 들어갈 가장 적절한 것은?

On February 4, 1975, scientists in China said that an earthquake would hit and told people to leave the cities. More than a million people moved into the safe, open fields away from buildings. The decision to tell the people to leave the cities saved 10,000 lives. _____, on July 28, 1976, the scientists were not so lucky. East of Beijing, Chinese scientists were discussing a possible earthquake. During the meeting, the worst earthquake in modern times hit.

① So far　　　　　　　　　② However

③ Therefore　　　　　　　　④ As a result

TIP 지진의 예측이 성공적이었던 경우와 그렇지 못했던 때가 대비되어 있으므로 역접의 뜻을 나타내는 연결사가 들어가야 한다.

「1975년 2월 4일에 중국의 과학자들은 지진이 닥칠 거라고 말하고 사람들에게 도시를 떠나라고 했다. 백만명 이상이 건물들로부터 멀리 떨어진 안전하고 탁 트인 들판으로 이동했다. 사람들에게 도시를 떠나라고 한 결정은 만명의 목숨을 구하게 되었다. 하지만, 1976년 7월 28일에 과학자들은 그렇게 운이 좋지만은 않았다. 베이징 동부에서 중국 과학자들은 일어날 수 있는 지진에 관해서 논의하고 있었다. 모임이 진행되는 사이에, 현재 최악의 지진이 닥쳤다.」

Answer　13.①　14.②

15 다음 밑줄 친 곳에 들어갈 알맞은 것은?

> Banks are not ordinarily prepared to pay out all accounts : they rely on their depositors not to demand payment all at the same time. If depositors should come to fear that a bank is not sound, that it cannot pay off all its depositors, then that fear might cause all the depositors to appear on the same day. If they did the Bank could not pay all accounts. However, _____, then there would always be funds to pay those who wanted their money when they wanted it.

① if they withdrew funds from their accounts secretly

② if they deposited less and less year after year

③ if they compelled tellers not to use their funds for private purpose

④ if they did not all appear at once

TIP ordinarily 보통(은), 대개, 대체로 pay out 갚다, 지불하다 rely on 믿다, 의지하다, 신뢰하다 at the same time 동시에 pay off 전액을 지불하다, 모두 갚다 depositor 예금자, 예금주, 기탁자 fear 두려움, 공포, 걱정, 근심 fund 자금, 기금 withdraw 빼다, 철수시키다, (돈을) 인출하다, 회수하다 year after year 해마다, 해를 거듭하여 compel 무리하게 ~시키다, 강요하다 teller (금전)출납계원 private 개인적인, 비밀의, 은밀한

① 만약 그들이 몰래 그들의 계좌에서 돈을 인출한다면
② 만약 그들이 해마다 점점 더 적게 예금한다면
③ 만약 그들이 금전출납원에게 사적인 목적으로 그들의 자금을 사용하지 말라고 강요한다면
④ 만약 그들이 모두 동시에 나타나지 않는다면

「은행들은 대개 모든 예금액을 갚기 위해서 준비하지 않는다. 그들은 그들의 예금주들이 동시에 모든 예금의 지불을 요구하지는 않을 것이라고 신뢰한다. 만약 예금주들이 은행이 견실하지 못하여 예금주들에게 전액을 모두 지불할 수 없다는 걱정이 일어난다면, 그 때에는 그 걱정이 모든 예금주들을 같은 날에 나타나도록 하는 원인이 될지도 모른다. 만약 그들이 그렇게 한다면, 은행은 모든 예금액을 지불할 수 없다. 하지만 그들이 모두 동시에 나타나지 않는다면, 그 때에는 그들이 원하는 때에 그들의 돈을 원하는 사람에게 지불할 자금이 항상 있을 것이다.」

---

16 다음 밑줄 친 곳에 가장 적절한 것은 무엇인가?

> We've all been bored by the proud parents who talk on and on about their wonderfully talented son, never bothering to ask us about our equally special child. At some point the person who is talking has an obligation to turn the conversation around and ask, "_____" "People will think you're fascinating," says Choke, "if you get them to talk about themselves." Ask questions. Discover the person's interests.

① Now, do you want me to talk about my husband?

② What do you think of my son?

③ Is there any question you want to ask me?

④ How are your children?

TIP bother 괴롭히다, 귀찮게 하다   wonderfully 이상하게도, 놀랄 만큼, 경이적으로, 훌륭하게   obligation 의무, 책무, 은혜 fascinate 매혹하다, 황홀하게 하다, 넋을 빼앗다

「훌륭한 재능을 지닌 자신들의 아들 자랑을 쉬지 않고 늘어놓으면서도, 똑같이 특별한 우리들의 아이에 대한 질문을 해서 우리를 피곤하게 만드는 법이 절대 없는 자부심에 넘친 부모를 우리 모두는 지겨워하고 있다. 어떤 특정 시점에서, 말하고 있는 사람은 주변의 대화를 전환해야 할 의무감을 가지고 질문한다. "당신의 자녀는 어떻습니까?" Choke는 "당신이 사람들에게 그들 자신에 대해 말하게 한다면, 사람들은 당신에게 호감을 가질 것입니다."라고 말한다. 질문을 해라. 그 사람의 관심사를 파악하라.」

Answer   16.④

17 다음 글의 밑줄 친 곳에 가장 알맞은 것은?

Many prison inmates complain about the size of their prison cells, but few would say that their cells were too big. In 1974, Raymond McCra filed a suit against the Federal penitentiary in which he was serving time.

Because McCra was only three feet eleven inches tall, he found his 3-foot- 6-inch-tall sink difficult to use. And in the prison's showers, he couldn't even reach the knobs to turn on the water. McCra claimed that his civil rights were being violated because his cell had not been adapted to his proportions. McCra may have had a point, but the court ruled that it was silly. The federal judge dismissed the case, calling it "_____".

① frivolous   ② reasonable
③ brilliant   ④ segregated

TIP inmate 수감자 cell 독방, 밀실, 세포 file a suit against ~을 상대로 고소하다, 소송을 제기하다 penitentiary 교도소, 고해신부 serve (one's) time 복역하다, 복무연한을 채우다 sink 세면대 knob 혹, 마디, 손잡이 turn on (수도 등을) 틀다, (전기 등을) 켜다 civil rights 시민권, 공민권 violate 어기다, 위반하다, 침해하다 adapt 적합시키다, 적응시키다, 조화시키다 proportion 비율, 비례, 균형 have a point 일리가 있다, 장점이 있다 dismiss 기각하다, 각하하다 frivolous 경솔한, 경박한, 사소한, 시시한 reasonable 합당한, 합리적인 brilliant 찬란한, 눈부신, 훌륭한 segregated 분리된, 격리된, 인종차별의

「많은 교도소의 수감자들은 그들의 교도소 독방의 크기에 대해 불평하지만, 너무 크다고 말하는 경우는 거의 없다. 1974년에, Raymond McCra는 자기가 복역하고 있던 연방교도소를 상대로 소송을 제기하였다. McCra는 신장이 단지 3피트 11인치였기 때문에, 그는 자기의 3피트 6인치 크기의 세면대는 사용하기가 어렵다는 것을 알았다. 그리고 교도소의 샤워실에서, 그는 물을 틀기 위해서 손잡이에 닿을 수조차 없었다. McCra는 자기의 독방이 그의 (신체)비율에 적합하지 않기 때문에 자기의 시민권이 침해되고 있다고 주장했다. McCra(의 주장)가 일리가 있을지도 모르지만, 법원은 그것은 어리석은 짓이라고 결정했다. 연방(법원)판사는 그것을 경솔한 짓이라고 단정하면서 그 소송사건을 기각하였다.」

18 다음 글을 읽고 밑줄 친 곳에 들어갈 알맞은 것을 고르면?

Language is so much part of our daily activities that some of us may come to look upon it as a more or less automatic and natural act like breathing or winking. Of course, if we give the matter any thought at all, we must realize that there is nothing automatic about language. Children must be taught their native tongue and the necessary training takes a long time. Language is not something that is inherited; it is an art that can be passed on from one generation to the next only by intensive education.

Language is not inherited, but is acquired by _____.

① reading

② writing

③ speaking

④ training

TIP inherit ~을 상속하다, 유전하다 more or less 다소, 어느 정도(= somewhat) intensive 강한, 집중적인

「언어는 일상적인 행위의 많은 부분을 차지해서 어떤 사람들은 그것을 호흡을 하거나 윙크를 하는 것과 같이 다소 자연발생적이며 타고난 행동으로 여기게 될 수도 있다. 물론, 우리가 이 문제에 대해 조금이라도 생각을 해본다면 우리는 틀림없이 언어에 있어서 자연발생적인 것은 아무것도 없다는 것을 깨달을 것이다. 아이들은 그들의 모국어를 배워야만 하고 그러한 필수적인 훈련은 시간이 오래 걸린다. 언어는 유전되는 것이 아니다.

언어는 집중적인 교육에 의해서만 한 세대에서 다음 세대로 전달되는 일종의 기술인 것이다.」

19 다음 (   ) 안에 가장 적합한 것은?

When we think of the public face of scientific genius, we often remember someone with old and graying appearances. For example, we think of Albert Einstein's disheveled hair, Charles Darwin's majestic beard, Isaac Newton's wrinkled visage.

Yet the truth is that most of the scientific breakthroughs that have changed ourlives are usually made by people who are still in their 30s and that includes Einstein, Newton and Darwin. Indeed, not surprisingly, younger scientists are less affected by (   ) than their elders.

They question authority instinctively. They do not believe it when they are told that a new idea is crazy, so they are free to do the impossible.

① economic concerns
② innovative experimental data
③ religious faith
④ the intellectual dogma of the day

TIP disheveled 헝클어진, 흩어진 majestic 장엄한, 위엄있는, 당당한 visage 얼굴, 용모, 모양 authority 권위, 근거 instinctively 본능적으로, 직감적으로 dogma 정설, 교리, 교의

'Yet the truth is that most of the scientific breakthroughs that have changed our lives are usually made by people who are still in their 30s'에 착안하면 괄호 안의 내용이 무엇인지 유추할 수 있다.

「우리가 과학 천재들의 일반적으로 알려진 얼굴을 생각할 때, 종종 나이가 들었던지 반백이 다 된 외모를 떠올린다. 예를 들어, 우리는 Einstein의 헝클어진 머리칼, Darwin의 장엄한 수염, 그리고 Newton의 주름진 얼굴을 생각한다. 하지만 진실은 우리의 삶을 바꾼 과학의 대 발견은 30대의 사람들에 의해 이루어졌고, 여기에는 Einstein, Newton, 그리고 Darwin도 포함된다는 것이다. 실제로, 젊은 과학자들이 그들보다 나이 든 사람보다 그 시대의 지적 신조에 영향을 덜 받았다는 것은 별로 놀랄만한 일은 아니다. 그들은 본능적으로 기존의 원리에 의문을 품는다. 그들은 새로운 생각은 미친 짓이라는 이야기를 들어도 믿지 않고, 불가능한 일에 자유롭게 도전했다.」

20 다음 글의 빈칸에 각각 들어갈 알맞은 어구는?

Testing for anabolic steroids at competitions is virtually useless, since doping athletes simply stop using them a few weeks before their season begins, giving their bodies time to _____ the drugs out. They can hasten this process with diuretics too, or keep taking at low doses those natural hormones which have an anabolic effect. Experts agree that the only way to reduce drug misuse is to test randomly during training periods.

But there is no single international testing regime. The IOC has shown little interest in strict out-of-competition testing, leaving the responsibility to individual countries and sports federations. Many lack the funds — or will — to test. The result is a hodgepodge of programs that _____ some athletes, while leaving others free dope.

① wash — settle upon

② flush — crack down on

③ retard — bequeath from

④ clean — look down upon

TIP anabolic 신진대사의, 동화작용의 competition 경쟁, 경기 virtually 사실상, 실질적으로 hasten 서두르다, 재촉하다, 급하게 하다 diuretic 이뇨제 dose (1회) 복용량 misuse 오용, 남용 randomly 무작위로, 임의로 regime 정체(政體), 조직 strict 엄격한 federation 연합, 동맹 lack ~이 없다, 결핍되다 hodgepodge 뒤범벅, 잡탕 settle upon ~으로 결정하다 flush out 씻어내리다 crack down on ~을 단속하다, 탄압하다 retard 늦추다, 지체시키다, 방해하다 bequeath (동산을) 유증하다, 남 기다 clean out 깨끗이 하다 look down upon ~을 내려다보다, 경멸하다

「경기에서 신진대사의 스테로이드를 검사하는 것은 실질적으로 무익한데, 약물을 사용한 운동선수들은 단지 그들의 몸에 약물을 씻어내 릴 시간을 주기 위해서 그들의 시즌이 시작되기 몇 주일 전에 그것들을 사용하는 것을 멈춘다. 그들은 또한 이뇨제로 이 과정을 서두르거 나 신진대사효과가 있는 자연스러운 호르몬들을 계속 적게 복용할 수 있다. 전문가들은 약물남용을 감소시키는 유일한 방법은 훈련기간 동안 무작위로 검사하는 것이라는 데 동의한다.

그러나 단 하나의 국제검사조직도 없다. IOC는 개개의 국가들과 스포츠연합에 책임을 남긴 채, 경기 밖에서의 엄격한 검사에 거의 관심 을 보이지 않아 왔다. 검사하기 위한 자금 – 또는 의지 -- 이 많이 부족하다. 그 결과는 몇 명의 운동선수들을 단속하는 반면에 다른 운동선수들은 자유롭게 약물을 사용하도록 내버려두는 뒤범벅된 계획이다.」

21 다음 글의 요지로 알맞은 것은?

It goes without saying that there are many ordinary things we can do on Earth that are impossible to do in outer space. One very simple example is scratching an itch. You couldn't do this if you were wearing a space suit. So how do astronauts scratch their noses if they get an itch while walking on the moon, for instance? Well, the scientists at NASA worked on a solution to this very problem. Today, built into every astronaut's helmet is a special nose-scratcher that can be activated by pressing a button. Though it takes care of a simple and seemingly silly problem, astronauts are no doubt very grateful for this device. An itchy nose can be very uncomfortable. And if they took their helmets off to scratch in outer space, within a minute they would be dead.

① Problems that afflict earthbound people happen in outer space, too.

② Removing the helmet of a space suit would be deadly.

③ Scientists at NASA designed a special nose-scratching device in the helmets of space suits.

④ To scratch itch is a simple and seemingly silly problem.

TIP It goes without saying ~ ~은 두말할 필요가 없다, 말할 것(나위)도 없다 ordinary 평범한, 일상적인outer space 우주 itch 가려움 space suit 우주복 astronaut 우주비행사 activate 작동하다, 활동적으로 하다, 활성화하다, 촉진하다 seemingly 외 관상, 겉으로 보기에는 silly 바보 같은, 어리석은 no doubt 의심할 바 없이, 확실히 be grateful for ~에 감사하다, 고맙게 여기다 device 고안물, 기구, 장치 uncomfortable 불편한, 거북한 take off (옷 등을) 벗다 afflict 괴롭히다, 들볶다 earthbound 날 수 없는, 땅 표면에서 떠날 수 없는 remove 치우다, 제거하다, (옷 등을) 벗다 deadly 생명에 관계되는, 치명 적인

① 지구(땅)에 사는 사람들을 괴롭히는 문제들은 우주에서도 역시 생긴다.
② 우주복에서 헬멧을 벗는 것은 치명적일 것이다.
③ 나사에 있는 과학자들은 우주복의 헬멧 안에 특수한 코긁기장치를 설계하였다.
④ 가려운 데를 긁는 것은 단순하고 외관상 어리석은 문제이다.

「지구상에서 우리가 할 수 있는 수많은 평범한 일들이 우주에서는 할 수 없다는 것은 두말할 필요가 없다. 한 가지 매우 간단한 예는 가려운 데를 긁는 것이다. 만일 당신이 우주복을 입고 있었다면, 당신은 이 일을 할 수 없을 것이다. 예컨대, 만일 우주비행사들이 달에서 걸어다니다가 가렵다면, 어떻게 그들이 코를 긁을까? 글쎄, 나사에서 있는 과학자들은 바로 이 문제에 대한 해결책을 연구했다. 오늘날 모든 우주비행사들의 헬멧에 만들어져 있는 것은 단추를 누름으로써 작동될 수 있는 특수한 코긁기이다. 그것이 단순하고 외관상 어리석 은 문제로 처리된다고 해도, 우주비행사들은 확실히 이 장치에 대해 매우 고맙게 여긴다. 가려운 코는 매우 불편하게 될 수 있다. 그리고 만일 그들이 우주에서 (코를) 긁기 위해 헬멧을 벗는다면, 1분 이내에 그들은 죽게 될 것이다.」

22 다음에서 ㉠㉡에 공통적으로 들어갈 수 있는 것은?

> When Mahatma Gandhi was leading the Indian people in their movement to get rid of British rule, whenever his followers began to have strong feeling of (㉠) towards the British, he would always say : "Stop until you have got over this feeling of (㉡). We won't go on till you have. It is only when you cease to hate the British that we can afford to go on opposing them."

① friendship
② hostility
③ unification
④ generosity

TIP get rid of 면하다, 그만두다 get over 극복하다, 회복하다 cease 그만두다 afford ～할 수 있다, ～할 여유가 있다 oppose 반대하다, 대항하다
① 우정
② 적개심, 적대감
③ 통일
④ 너그러움

「Mahatma Gandhi가 영국의 지배를 벗어나려는 운동으로 인도의 민중들을 이끌고 있을 때 그의 추종자들이 영국인들에 대한 강한 적개심을 갖게 될 때면 그는 언제나 말하곤 했다. "이러한 적개심을 극복할 때까지 멈추어라. 당신이 그 감정을 지닌 한 우리는 (저항을) 계속할 수 없을 것이다. 당신이 영국인을 증오하기를 그만두어야 우리는 계속 그들에 저항할 여유가 생길 수 있다."」

23 다음 글의 밑줄 친 곳에 알맞은 연결사는?

Psychologists tell us that to be happy we need a mixture of enjoyable leisure time and satisfying work. I doubt that my great-grandmother, who raised 14 children and took in laundry, had much of either. She did have a network of close friends and family, and maybe this is what fulfilled her. If she was happy with what she had, perhaps it was because she didn't expect life to be very different. We, _____, with so many choices and such pressure to succeed in every area, have turned happiness into one more thing we "must have." We're so self-conscious about our "right" to it that it's making us miserable. So we chase it and equate it with wealth and success, without noticing that the people who have those things aren't necessarily happier.

① for example　　　　　　② on the other hand

③ in addition　　　　　　④ in short

TIP psychologist 심리학자　satisfying 만족스러운, 충분한　great-grandmother 증조모　laundry 빨랫감, 세탁물　fulfill 충족시키다, 만족시키다, 수행하다　turn A into B A를 B로 바꾸다　one more 하나 더　self-conscious 자기를 의식하는, 자의식이 강한　miserable 비참한, 불행한　chase 뒤쫓다, 추적하다　equate A with B A와 B를 동일시하다, 동등하게 생각하다　notice 알아차리다, 분간하다, 주목하다　on the other hand 다른 한편으로는, 반면에　in addition 게다가, 더욱이　in short 간단히 말해서, 요약해서, 요컨대

「심리학자들은 행복해지기 위해서 우리는 즐거운 여가시간과 만족스러운 일의 혼합을 필요로 한다고 말한다. 나는 14명의 자식들을 키우고 빨래를 맡았던 증조모는 어느 하나를 많이 가졌다고 생각하지(믿지) 않는다. 그녀는 가까운 친구들과 가족을 가지고 있었고, 아마도 이것이 그녀를 만족시켰을 것이다. 만약 그녀가 가지고 있었던 것에 행복해 했다면, 아마도 그것은 그녀가 삶(인생)이 매우 달라지리라고 기대하지 않았기 때문일 것이었다. 반면에 너무나 많은 선택과 모든 분야에서 성공하기 위한 압박감을 가지고 있는 우리는 행복을 우리가 "가져야만 하는" 하나 더의 것으로 바꿔 왔다. 우리는 그것(행복)에 대한 우리의 "권리"를 너무 의식해서 그것이 우리를 불행하게 만들었다. 그래서 우리는 행복을 쫓으며, 부와 성공을 가지고 있는 사람들이 반드시 더 행복하지는 않다는 것을 알아차리지 못하고, 그것과 부와 성공을 동일시한다.」

24 다음 글의 내용과 일치하는 것은?

> The computers of decades ago could run numerical models of the weather no more than three days ahead before their predictions became pure fiction. Today better data, more detailed atmospheric models and immensely faster computers have pushed the range of reliable forecasts to nearly six days on average.
>
> Though better predictions are saving many lives and a lot of money, each extension in range of prediction comes at a higher price. For the weather is intrinsically chaotic, so that a tiny inaccuracy in the initial data can easily snowball into a huge error which renders long-term prediction hopeless.

① Computers have increased our near-term predictive power for weather.

② It is believed that weather can be predicted with precision very soon.

③ Computers have made long-term weather forecasting a pure fiction.

④ It is highly unlikely that a small change in weather data causes a sizable difference in prediction.

TIP numerical 숫자로 나타낸 no more than 단지 prediction 예보, 예측 atmospheric 대기의 immensely 대단히, 굉장히 reliable 믿을만한, 신뢰성 있는 intrinsically 본래, 본질적으로 chaotic 무질서한, 혼돈된, 혼란한 inaccuracy 부정확, 잘못 initial 처음의, 초기의, 머리글자의 render 만들다, ~이 되게 하다 hopeless 가망없는, 절망적인 predictive 예언적인, 예보하는 precision 정확, 정밀 weather forecasting 일기예보 sizable 꽤 큰

① 컴퓨터는 날씨에 대한 단기예측력을 증대시켰다.
② 날씨는 곧 아주 정확하게 예측될 거라고 여겨진다.
③ 컴퓨터는 장기일기예보를 순전히 꾸며낸 이야기로 만들어 버렸다.
④ 날씨 자료에 있어 작은 변화는 예보에 꽤 큰 차이를 초래할 것 같지는 않다.

「수십 년 전의 컴퓨터는 그 예보가 완전히 허구가 되기 전에, 단지 3일 정도의 날씨에 관한 모형을 숫자로 나타낼 수 있었다. 오늘날에는 더 많은 데이터(자료), 더 상세한 기상모형과 엄청나게 빠른 컴퓨터 덕분에, 평균 거의 6일 정도까지 믿을 만한 예보의 범위를 확장시켰다. 비록 더 나은 예보가 많은 생명과 재산을 구할 수 있을지라도, 예보의 범위를 확장하는 것은 더 높은 비용을 필요로 한다. 다시 말하면 일기예보는 본래 혼란스러워서, 최초 자료의 극히 미세한 오차까지도 눈덩이처럼 불어나 장기적인 일기예보를 무용지물로 만드는 커다란 실수가 될 수 있기 때문이다.」

---

25 다음 글 중 Asia에서 cellular phone 소지자 증가의 요인으로 나타나 있지 않은 것은?

> The number of cellular phone subscribers in Asia is predicted to rise from the current figure of around 10 million to 72 million by the year 2000. Fueling this boom are the region's dramatic economic growth, an abiding preoccupation with high technology and increased competition among cellular operators caused by market liberalization and the onset of new digital systems. Another factor stoking the cellular revolution is Asia's insatiable appetite for status symbols. In many parts of the region, having a cellular phone by one's side is as crucial to overall image as being well-dressed.

① 경제성장
② 정치적 안정
③ 첨단기술에의 몰두
④ 신분상징에의 욕구

TIP cellular phone 휴대폰 onset 시작, 개시 subscriber 기부자, 구독자, 응모자, 가입자, 소지자 current figure of ~로 이루어진 최근의 숫자 abiding 오래 지속되는, 영구적인 preoccupation 몰두, 열중, 선취 marker liberalization 시장자유화 cellular operator 휴대폰 운영자(관리자, 관리회사) status symbol 신분상징 stoke 불을 때다, 연료를 지피다 crucial 결정적인, 중대한, 어려운, 혹독한 insatiable 만족할 줄 모르는, 탐욕스러운 by one's side 자신의 옆(구리)에

① the region's dramatic economic growth
③ an abiding preoccupation with high technology
④ as crucial to overall image as being well-dressed

「아시아에서 휴대폰(cellular phone) 소지자의 총수가 최근의 약 천만의 숫자에서 2000년에는 7,200만의 숫자로 상승하리라고 예상되고 있다. 이러한 급격한 증가에 불을 지피는 것은 그 지역(아시아)의 극적인 경제성장, 변함없는 첨단기술에 대한 몰두와 시장자율화와 새로운 디지털체계의 시작에 의해 야기되어진 휴대폰 운영자들의 증가된 경쟁들이다. 또 다른 휴대폰 혁명을 부채질한 요소는 아시아의 신분적인 상징에 대한 만족할 줄 모르는 욕구이다. 이 지역의 많은 곳에서는 자신의 옆에 휴대폰을 갖는다는 것이 잘 차려입었다는 전반적인 이미지에 있어서 결정적이다.」

26 다음 글에서 직업선택의 요인으로 언급되지 않은 것은?

According to one sociologist, Theodore Caplow, the accident of birth often plays a large role in determining what occupation people choose. Children follow their parents' occupation : farmers are recruited from farmers' offspring, teachers from the children of teachers. The parent passes an occupation on to the child. Furthermore, such factors as time and place of birth, race, nationality, social class, and the expectations of parents are all accidental, that is, not planned or controlled. They all influence choice of occupation.

① 부모의 직업
② 출생의 시기와 장소
③ 부모의 기대
④ 장래의 유망성

TIP sociologist 사회학자 occupation 직업, 종사, 점령 furthermore 게다가 recruit 신병을 들이다, 보충하다, 더하다 offspring 자식, 자손, 소산 nationality 국민성, 국적 that is 말하자면(= that is to say)

「Theodore Caplow라는 사회학자에 의하면, 출생의 우연성은 사람들이 어떤 직업을 선택하느냐를 결정하는 데에 종종 커다란 역할을 한다. 자식들은 부모의 직업을 이어받는다. 농부들은 농부의 자식들로부터 선생님들은 선생님의 자식들로부터 충당된다. 부모는 자식들에게 직업을 전달한다. 게다가 출생시기와 장소, 인종, 국적, 사회적 계급, 부모의 기대 같은 요인들은 우연적인 것으로, 말하자면, 계획되거나 조종될 수 없다. 그것들은 모두 직업선택에 영향을 끼친다.」

Answer 26.④

27 다음 글에서 필자가 결론으로 말하고자 하는 것은?

The average brain is naturally lazy and tends to take the line of least resistance. The mental world of the ordinary man consists of beliefs which he has accepted without questioning and to which he is firmly attached; he is instinctively hostile to anything which would upset the established order of his familiar world. A new idea, inconsistent with some of the beliefs which he holds, means the necessity of rearranging his mind; and this process is laborious, requiring a painful expense of brain-energy. To him and his fellows, who from the vast majority, new idea and options which cast doubt on established beliefs and institutions seem evil just because they are disagreeable. It is desirable that this attitude should be altered for the progress of the society.

① 고정된 사고의 틀을 깨고 새로운 생각을 받아들여야 한다.

② 평범한 사람은 익숙한 세계의 기존 질서를 깨는 어떤 것에 애착을 갖는 경향이 있다.

③ 사람들은 자신의 이익을 위해 기존의 질서가 깨지는 것을 두려워한다.

④ 뇌에너지의 고통스런 희생을 필요로 하는 것들은 평범한 사람에게는 유해한 것이다.

TIP naturally 본디, 당연히 tend to ~하는 경향이 있다 take the line of least resistance 최소저항선을 취하다, 가장 편한 방법을 취하다 ordinary 평범한 consist of ~을 구성하다 questioning 의심스러운, 수상한 be attached to 좋아하다, 애착을 갖다 instinctively 본능적으로 hostile 적대적인, 적의있는 established order 기존 질서 inconsistent with ~에 상반되는, 불일치하는 rearrange 재배열하다 laborious 어려운, 힘든, 부지런한, 근면한 painful 고통스러운 expense 손실, 희생, 지출, 비용 fellow 친구, 동료, 상대 disagreeable 불쾌한, 싫은 desirable 바람직한 alter 바꾸다, 변하다

「보통 두뇌는 본디 게으르고 최소저항선을 택하는(가장 편한 방법을 취하는) 경향이 있다. 평범한 사람의 정신세계는 의심 없이 받아들이고 고수하고 있는 것들에 대한 신념으로 이루어져 있다. 말하자면, 평범한 사람은 익숙한 세계의 기존 질서를 깨는 어떤 것에도 본능적으로 적대감을 가지고 있다. 자기가 갖고 있는 어떤 신념과 불일치하는 새로운 생각은 정신(세계)을 재조정할 필요성을 의미한다; 이러한 과정은 고통스런 뇌에너지의 소모를 필요로 하는 어려운 것이다. 거의 대다수인 평범한 사람과 그 동료들에게는 기존의 신념과 제도(관습)에 의심을 갖게 되는 새로운 생각과 선택은 단지 그것들이 싫기 때문에 유해한 것처럼 보인다. 이런 태도는 사회발전을 위해 바꾸는 것이 바람직하다.」

28

Tom is making a telephone call. Susan, his partner is receiving the call. Susan answer the phone. Tom asks for Carol. Carol is not in the house. Tom wants to leave this message. " There's school picnic tomorrow. The class meeting will be at the Golden Gate Park at 10 A.M."

Tom : Hello. _____

Susan : Sorry, she is not in the house at the moment.

Tom : _____

Susan : Of course.

Tom : Tell her there's a school picnic tomorrow. We will meet at the Golden Gate Park at 10 A.M.

① Remember me to Susan.

Can you put me through to her?

② Is Susan in?

Can Susan go on a picnic?

③ May I speak to Carol?

Can I leave a message?

④ Please say hello to Susan.

Give my regards to her.

TIP receive the call 전화 받다 put me through to her 나를 그녀에게 전화연결해 주다 Give my regards to her 그녀에게 안부를 전하다

「Tom은 전화를 한다. 그의 동료인 Susan이 전화를 받는다. Susan이 대답한다. Tom은 Carol을 찾는다. Carol은 집에 없다. Tom은 "내일 학교소풍이 있는데 학급 미팅이 Golden Gate Park에서 오전 10시에 있을 것"이란 메모를 남기고 싶어 한다.

Tom : 여보세요. Carol 좀 바꿔주세요?

Susan : 죄송해요. 지금 집에 없는데요.

Tom : 메시지를 남겨도 될까요?

Susan : 물론이죠.

Tom : 내일 학교소풍이 있는데 Golden Gate Park에서 오전 10시에 모일 거라고 전해주세요.」

Answer   28.③

29

A : I fell off my bike and hurt my ankle. It feels like it's broken.

B : Let's X-ray this and see what we've got here.

A : You're the doctor.

C : How do you feel?

A : It's starting to throb. But I'm the macho type.

D : Yeah, right. What did the doctor say?

A : He sent me to X-ray. We're waiting for the results now.

C : _____

A : Me, too. I guess that was kind of stupid of me.

① I was operated on for appendicitis.

② The doctor will be with you in a moment.

③ I hope it's not serious.

④ Hmm, do you think you broke your ankle?

TIP ① 맹장염 때문에 수술을 받았다.

② 곧 의사가 당신을 진찰해 줄 것이다.

③ (상처가) 심각하지 않기를 바란다.

④ 음, 당신은 발목이 부러졌다고 생각한다는 것이죠?

「A : 자전거를 타다가 떨어져서 발목을 다쳤어. 발목이 부러진 것 같아.

B : 이 부위를 X-ray 촬영을 하고 여기 상태가 어떤지 보자.

A : (B) 네가 의사 선생님이다.

C : 증세는 어때?

A : 욱신거리기 시작했어. 하지만 난 사나이니까 (괜찮아).

D : 그래, 맞아. 의사가 뭐라고 말했어?

A : 의사가 보내서 X-ray 촬영은 했고, 지금은 결과를 기다리는 중이야.

C : (상처가) 심각하지 않았으면 좋겠는데.

A : 나도 그랬으면 좋겠어. 내가 어리석었어.」

30

A : Excuse me, I bought this radio here, and it doesn't work.
B : Do you have any receipt?
A : No. I lost it. Can I exchange the radio for another one?
B : Without your receipt, it's hard.
A : Believe me, I bought it this morning.
B : Then do you have any identification?
A : Yes, I have a driver's license, and a credit card.
B : OK. _____ All you have to do is go to the manager's office. Right over there.

① Either will do.　　　　　　　② All of them matter.
③ I couldn't help it.　　　　　④ Your opinion doesn't stand.

TIP receipt 영수증   identification 신분확인, 신분증   opinion 의견, 감정
① 어느 쪽이든 상관없다.
② 모든 것이 중요하다.
③ 나는 도울 수 없다.
④ 당신의 의견은 확실하지 않다.

「A : 실례합니다. 이 라디오를 여기서 구매했는데 작동하지 않네요.
B : 영수증 가져오셨어요?
A : 영수증을 잃어버렸는데요. 다른 라디오와 교환할 수 있을까요?
B : 영수증이 없으면 어려운데요.
A : 믿어주세요. 오늘 아침에 구매했어요.
B : 그러면 다른 신분증을 가지고 있나요?
A : 예, 운전면허증과 신용카드가 있습니다.
B : 좋아요. 어느 쪽이든 상관없어요. 당신은 이제 지배인 사무실로 가시면 됩니다. 바로 저쪽에 있습니다.」

31 다음 짝지어진 대화 중 어색한 것을 고르면?

① A : What do you suggest I order?

   B : If you like seafood, order some shrimp. They're worth trying.

② A : Do you have Saturdays off?

   B : No, I have to work until noon on Saturdays. How about your husband?

③ A : Chances are we'll be late.

   B : Come on. Let's step on it.

④ A : Well, I'm afraid I've taken up too much of your time. I must be on my way now.

   B : Not at all. Make yourself at home.

TIP suggest 제안하다, 암시하다, 시사하다 have Saturdays off 토요일마다 쉬다 step on it 서두르다, 속력을 내다 take up (시간, 장소 등을) 잡다, 차지하다

④ Make yourself at home은 집에 온 손님에게 '내 집처럼 편히 쉬세요'라고 주인이 하는 말이다.

① A : 무엇을 주문할까요?

   B : 해산물을 좋아하시면, 새우를 주문하세요. 먹어볼 만해요.

② A : 토요일에 쉬세요?

   B : 아니요. 토요일 정오까지는 일해야 해요. 당신의 남편은 어떠세요?

③ A : 가망성을 볼 때 우리가 늦을 것 같아요.

   B : 자, 서두릅시다.

④ A : 음, 당신의 시간을 너무 많이 뺏은 것 같군요. 이제 가봐야겠어요.

   B : 천만에요. 편히 쉬세요.

32 다음 글의 내용과 일치하는 것은?

> Pat Hogan was looking for a Sun hotel when he saw an old man at the side of the road. He stopped his car and asked the old man the way to the Sun Hotel.
> He got into Pat's car, and they drove for about twelve miles. When they came to a small house, the old man said, "Stop here." he said to the old man, "Is here Sun Hotel?"
> "No." the old man answered, "this is my house. And now I'll show you the way to the Sun Hotel. Turn around and go back nine miles. Then you'll see the Sun Hotel on the left."

① The old man showed Pat the way to the Sun-Hotel at once.

② The old man took advantage of Pat.

③ Pat gave the old man a ride to take him to his home.

④ Pat found the Sun Hotel for himself.

TIP 「Pat Hogan이 길가에 있는 나이든 남자를 보았을 때 그는 Sun Hotel을 찾고 있었다. 그는 차를 세웠고 그 남자에게 Sun Hotel 가는 길을 물어보았다. 그는 Pat의 차에 탔고 그들은 약 12마일을 갔다. 그들이 조그만 주택에 왔을 때 그 남자는 "여기에 세우시오."라고 말했다. 그는 나이든 남자에게 말했다. "여기가 Sun Hotel입니까?" "아니오."그 나이든 남자는 대답했다. "여기는 나의 집이오, 그리고 지금 나는 당신에게 Sun Hotel 가는 길을 가르쳐 주겠소. 돌아가서 9마일을 거슬러 가시오. 그러면 왼쪽에 Sun Hotel을 볼 수 있을 것이오."」

Answer 32.②

관계법령

 **우편법**

[시행 2020. 6. 11.] [법률 제16753호, 2019. 12. 10, 일부개정]

제1장 총칙 〈개정 2011.12.2.〉

제1조(목적)

이 법은 우편 이용에 관한 기본적인 사항을 정하여 공평하고 적정한 우편 역무를 제공함으로써 공공의 복지증진에 이바지함을 목적으로 한다.

[전문개정 2011. 12. 2.]

제1조의2(정의)

이 법에서 사용하는 용어의 뜻은 다음과 같다.

1. "우편물"이란 통상우편물과 소포우편물을 말한다.
2. "통상우편물"이란 서신(書信) 등 의사전달물, 통화(송금통지서를 포함한다) 및 소형포장우편물을 말한다.
3. "소포우편물"이란 통상우편물 외의 물건을 포장한 우편물을 말한다.
4. "우편요금"이란 우편물의 발송인이나 수취인이 그 송달의 대가로 우편관서에 내야 하는 금액을 말한다.
5. "우표"란 우편요금의 선납과 우표수집 취미의 문화를 확산시키기 위하여 발행하는 증표를 말한다.
6. "우편요금을 표시하는 증표"란 우편엽서, 항공서신, 우편요금 표시 인영(印影)이 인쇄된 봉투(연하장이나 인사장이 딸린 것을 포함한다)를 말한다.
7. "서신"이란 의사전달을 위하여 특정인이나 특정 주소로 송부하는 것으로서 문자·기호·부호 또는 그림 등으로 표시한 유형의 문서 또는 전단을 말한다. 다만, 신문, 정기간행물, 서적, 상품안내서 등 대통령령으로 정하는 것은 제외한다.

[전문개정 2011. 12. 2.]

제2조(경영주체와 사업의 독점 등)

① 우편사업은 국가가 경영하며, 과학기술정보통신부장관이 관장한다. 다만, 과학기술정보통신부장관은 우편사업의 일부를 개인, 법인 또는 단체 등으로 하여금 경영하게 할 수 있으며, 그에 관한 사항은 따로 법률로 정한다. 〈개정 2013. 3. 23., 2017. 7. 26.〉

② 누구든지 제1항과 제5항의 경우 외에는 타인을 위한 서신의 송달 행위를 업(業)으로 하지 못하며, 자기의 조직이나 계통을 이용하여 타인의 서신을 전달하는 행위를 하여서는 아니 된다.

③ 제2항에도 불구하고 서신(국가기관이나 지방자치단체에서 발송하는 등기취급 서신은 제외한다)의 중량이 350그램을 넘거나 제45조의2에 따라 서신송달업을 하는 자가 서신송달의 대가로 받는 요금이 대통령령으로 정하는 통상우편요금의 10배를 넘는 경우에는 타인을 위하여 서신을 송달하는 행위를 업으로 할 수 있다. 〈개정 2014. 6. 3.〉

④ 누구든지 제2항 및 제3항을 위반하는 자에게 서신의 송달을 위탁하여서는 아니 된다. 〈개정 2014. 6. 3.〉

⑤ 우편사업이나 우편창구업무의 위탁에 관한 사항은 따로 법률로 정한다. 다만, 과학기술정보통신부장관은 우편창구업무 외의 우편업무의 일부를 대통령령으로 정하는 바에 따라 다른 자에게 위탁할 수 있다. 〈개정 2013. 3. 23., 2017. 7. 26.〉

[전문개정 2011. 12. 2.]

제2조의2 삭제 〈2014. 6. 3.〉

제3조(우편물 등의 비밀 보장)

우편업무 또는 제45조의2에 따른 서신송달업에 종사하는 자나 종사하였던 자는 재직 중에 우편 또는 서신에 관하여 알게 된 타인의 비밀을 누설하여서는 아니 된다. 〈개정 2014. 6. 3.〉

[전문개정 2011. 12. 2.]

[제목개정 2014. 6. 3.]

제3조의2(우편물의 운송 명령)

① 과학기술정보통신부장관은 다음 각 호의 어느 하나에 해당하는 자에게 대통령령으로 정하는 바에 따라 우편물의 운송을 명할 수 있다. 〈개정 2013. 3. 23., 2017. 7. 26.〉

　1. 철도 · 궤도 사업을 경영하는 자

　2. 일반 교통에 이용하기 위하여 노선을 정하여 정기적으로 또는 임시로 자동차 · 선박 · 항공기의 운송사업을 경영하는 자

② 과학기술정보통신부장관은 제1항에 따라 우편물을 운송한 자에게 정당한 보상을 하여야 한다. 〈개정 2013. 3. 23., 2017. 7. 26.〉

[전문개정 2011. 12. 2.]

제3조의3(우편물의 우선 취급)

① 우편물을 운송하는 자는 해당 차량 · 선박 · 항공기에 실은 우편물을 그 목적지에서 내릴 때 또는 사고나 재해로 운송 도중에 바꿔 실을 때에는 다른 화물에 우선하여 내리거나 바꿔 실어야 한다.

② 우편물을 운송하는 자는 위험한 재난으로 인하여 부득이하게 화물을 처분하여야 하는 경우에는 우편물을 가장 나중에 처분하여야 한다.

[전문개정 2011. 12. 2.]

제4조(운송원 등의 조력 청구권)

① 우편업무를 집행 중인 우편운송원, 우편집배원과 우편물을 운송 중인 항공기 · 차량 · 선박 등이 사고를 당하였을 때에 우편운송원, 우편집배원 또는 우편관서의 공무원으로부터 도와줄 것을 요구 받은 자는 정당한 사유 없이 그 요구를 거부할 수 없다. 이 경우 우편관서는 도움을 준 자의 청구에 따라 적절한 보수를 지급하여야 한다. 〈개정 2014. 6. 3.〉

② 전시 · 사변이나 이에 준하는 국가 비상사태 시에 국가기관과 지방자치단체 상호 간에 주고 받는 행정우편을 취급하는 운송원 등은 우편관서 외의 다른 기관과 소속 직원에게 행정우편을 운송하기 위하여 필요한 교통수단의 제공이나 그 밖의 도움을 요구할 수 있다.

[전문개정 2011. 12. 2.]

제5조(우편운송원 등의 통행권)

① 우편업무를 집행 중인 우편운송원, 우편집배원과 우편 전용 항공기 · 차량 · 선박 등은 도로의 장애로 통행이 곤란할 경우에는 담장이나 울타리가 없는 택지, 전답, 그 밖의 장소를 통행할 수 있다. 이 경우 우편관서는 피해자의 청구에 따라 손실을 보상하여야 한다.

② 우편업무를 집행 중인 우편운송원, 우편집배원과 우편 전용 항공기 · 차량 · 선박 등은 도선장(渡船場), 운하, 도로, 교량이나 그 밖의 장소를 통행할 때에 통행요금을 지급하지 아니하고 통행할 수 있다. 다만, 청구권자의 청구가 있을 때에는 우편관서는 정당한 보상을 하여야 한다.

③ 우편물을 운송 중인 우편운송원, 우편집배원은 언제든지 도선장에서 도선(渡船)을 요구할 수 있다.

④ 제3항의 요구를 받은 자는 정당한 사유 없이 이를 거부할 수 없다.

[전문개정 2011. 12. 2.]

제6조(이용 제한 및 업무 정지 등)

① 과학기술정보통신부장관은 전시 · 사변이나 이에 준하는 국가 비상사태와 천재지변이나 그 밖의 부득이한 사유가 있을 경우에 우편운송원 및 우편집배원의 생명 · 신체를 보호하거나 중요한 우편물의 취급을 확보하기 위하여 필요하다고 인정될 때에는 우편물의 이용을 제한하거나 우편업무의 일부를 정지할 수 있다. 〈개정 2013. 3. 23., 2017. 7. 26., 2018. 2. 21.〉

② 과학기술정보통신부장관은 제1항에 따라 우편업무의 일부가 정지된 우편운송원 및 우편집배원에 대하여 승진 · 전보 · 교육 · 포상 및 후생복지 등에 있어서 불리한 처우를 하여서는 아니 된다. 〈신설 2018. 2. 21., 2020. 6. 9.〉

③ 제1항에 따른 우편물의 이용 제한 및 우편업무의 일부 정지에 관한 기준은 대통령령으로 정한다. 〈신설 2018. 2. 21.〉

[전문개정 2011. 12. 2.]

[제목개정 2018. 2. 21.]

제7조(우편 전용 물건 등의 압류 금지와 부과 면제)

① 우편을 위한 용도로만 사용되는 물건과 우편을 위한 용도로 사용 중인 물건은 압류할 수 없다.

② 우편을 위한 용도로만 사용되는 물건(우편에 관한 서류를 포함한다)은 각종 세금 및 공과금의 부과 대상이 되지 아니한다.〈개정 2020. 6. 9.〉

③ 우편물과 그 취급에 필요한 물건은 해손(海損)을 부담하지 아니한다.

[전문개정 2011. 12. 2.]

제8조(우편물의 압류거부권)

우편관서는 우편물을 운송 중이거나 우편물의 발송 준비를 마친 후에만 그 압류를 거부할 수 있다.

[전문개정 2011. 12. 2.]

제9조(우편물의 검역)

우편물의 검역을 받아야 하는 경우에는 다른 물건에 우선하여 검역을 받는다.

[전문개정 2011. 12. 2.]

제10조(제한능력자의 행위에 관한 의제)

우편물의 발송·수취나 그 밖에 우편 이용에 관하여 제한능력자가 우편관서에 대하여 행한 행위는 능력자가 행한 것으로 본다.〈개정 2019. 12. 10.〉

[전문개정 2011. 12. 2.]
[제목개정 2019. 12. 10.]

제11조 삭제〈2011. 12. 2.〉

제12조(「우편환법」의 적용)

우편에 의한 추심금(推尋金)의 지불이나 그 밖의 처분에 관하여는 이를 우편환금(郵便換金)으로 보고 「우편환법」을 적용한다.

[전문개정 2011. 12. 2.]

제12조의2(우편작업의 효율화를 위한 지원 등)

① 과학기술정보통신부장관은 우편물의 수집·구분·운송·배달 등 우편 작업의 효율을 높이고 우편 이용자의 편의를 도모하기 위하여 해당 작업이나 이용에 관련되는 자 등에 대하여 대통령령으로 정하는 바에 따라 필요한 지원을 할 수 있다.〈개정 2013. 3. 23., 2017. 7. 26.〉

② 과학기술정보통신부장관은 우편 이용자의 편의를 도모하고 우편사업의 건전한 발전을 위하여 우편 관련 용품·장비의 개선 등에 관한 기술개발을 지원할 수 있다.〈개정 2013. 3. 23., 2017. 7. 26.〉

[전문개정 2011. 12. 2.]

제12조의3(권한의 위임)

이 법에 따른 과학기술정보통신부장관의 권한은 그 일부를 대통령령으로 정하는 바에 따라 그 소속 기관의 장에게 위임할 수 있다.〈개정 2013. 3. 23., 2017. 7. 26.〉

[전문개정 2011. 12. 2.]

제2장 우편역무〈개정 2011. 12. 2.〉

제13조 삭제〈1997·8·28〉

제14조(보편적 우편역무의 제공)

① 과학기술정보통신부장관은 전국에 걸쳐 효율적인 우편 송달에 관한 체계적인 조직을 갖추어 모든 국민이 공평하게 적정한 요금으로 우편물을 보내고 받을 수 있는 기본적인 우편역무(이하 "보편적 우편역무"라 한다)를 제공하여야 한다.〈개정 2013. 3. 23., 2017. 7. 26.〉

② 제1항에 따른 보편적 우편역무의 대상은 다음 각 호와 같다.

   1. 2킬로그램 이하의 통상우편물
   2. 20킬로그램 이하의 소포우편물
   3. 제1호 또는 제2호의 우편물의 기록취급 등 특수취급 우편물
   4. 그 밖에 대통령령으로 정하는 우편물

③ 과학기술정보통신부장관은 과학기술정보통신부령으로 정하는 바에 따라 보편적 우편역무 제공에 필요한 우편물의 수집·배달 횟수, 우편물 송달에 걸리는 기간, 이용 조건 등에 필요한 사항을 정하여 고시하여야 한다.〈개정 2013. 3. 23., 2017. 7. 26.〉

[전문개정 2011. 12. 2.]

제15조(선택적 우편역무의 제공)

① 과학기술정보통신부장관은 고객의 필요에 따라 제14조에 따른 보편적 우편역무 외의 우편역무(이하 "선택적 우편역무"라 한다)를 제공할 수 있다.〈개정 2013. 3. 23., 2017. 7. 26.〉

② 제1항에 따른 선택적 우편역무의 대상은 다음 각 호와 같다.

1. 2킬로그램을 초과하는 통상우편물

2. 20킬로그램을 초과하는 소포우편물

3. 제1호 또는 제2호의 우편물의 기록취급 등 특수취급 우편물

4. 우편과 다른 기술 또는 역무가 결합된 역무

5. 우편시설, 우표, 우편엽서, 우편요금 표시 인영이 인쇄된 봉투 또는 우편차량장비 등을 이용하는 역무

6. 우편 이용과 관련된 용품의 제조 및 판매

7. 그 밖에 우편역무에 부가하거나 부수하여 제공하는 역무

③ 선택적 우편역무의 종류와 그 이용조건은 과학기술정보통신부령으로 정한다. 〈개정 2013. 3. 23., 2017. 7. 26.〉

[전문개정 2011. 12. 2.]

제15조의2(우편업무의 전자화)

① 과학기술정보통신부장관은 우편업무를 효율적으로 처리하기 위하여 필요한 경우에는 종이문서나 그 밖에 전자적 형태로 작성되지 아니한 문서(이하 "전자화대상문서"라 한다)를 정보처리시스템이 처리할 수 있는 형태로 변환하여 처리할 수 있다.

② 제1항에 따라 정보처리시스템이 처리할 수 있는 형태로 변환한 문서(이하 "전자화문서"라 한다)가 다음 각 호의 요건을 모두 갖춘 경우에는 그 전자화문서를 보관함으로써 전자화대상문서의 보관을 갈음할 수 있다.

1. 전자화문서가 전자화대상문서와 그 내용 및 형태가 동일할 것

2. 전자화문서의 내용을 열람할 수 있을 것

3. 전자화문서가 작성 및 송신·수신된 때의 형태 또는 그와 같이 재현될 수 있는 형태로 보존되어 있을 것

4. 전자화문서의 작성자, 수신자 및 송신·수신 일시에 관한 사항이 포함되어 있는 경우에는 그 부분이 보존되어 있을 것

③ 과학기술정보통신부장관은 전자화문서를 출력한 문서가 제4항에 따른 전자우편서류관리시스템에 보관하고 있는 전자화문서와 일치하는지 여부를 확인할 수 있다.

④ 과학기술정보통신부장관은 전자화문서의 작성 및 보관, 제3항에 따른 동일성 확인, 그 밖에 우편업무의 전자적 처리를 효율적으로 수행하기 위하여 전자우편서류관리시스템(이하 "전자우편서류관리시스템"이라 한다)을 구축하여 운영할 수 있다.

⑤ 전자화문서의 작성 방법 및 절차와 보관, 제3항에 따른 동일성 확인, 전자우편서류관리시스템의 구축·운영, 그 밖에 필요한 사항은 대통령령으로 정한다.

[본조신설 2018. 2. 21.]

제16조(군사우편)

① 과학기술정보통신부장관은 국방부장관의 요청에 따라 국군이 주둔하는 지역으로서 우체국의 기능이 미치지 아니하는 지역에 있는 부대(기관을 포함한다. 이하 같다)와 그 부대에 속하는 군인·군무원에 대한 우편역무(이하 "군사우편"이라 한다)를 제공할 수 있다. 〈개정 2013. 3. 23., 2017. 7. 26.〉

② 군사우편물의 요금은 일반우편요금의 2분의 1로 한다.

③ 국방부장관은 군사우편을 취급하는 우체국(이하 "군사우체국"이라 한다)에 필요한 시설·장비를 제공하는 것 외에 용역의 일부를 지원할 수 있다. 부대의 이동에 따라 군사우체국을 이동하는 경우에도 또한 같다.

④ 국방부장관은 특별한 사유가 있는 경우 외에는 군사우체국 직원에게 영내(營內) 출입, 군(軍)주둔지역의 통행, 그 밖의 업무 수행에 필요한 편의를 제공하여야 한다.

⑤ 제2항부터 제4항까지에 규정된 것 외에 군사우편에 필요한 사항은 대통령령으로 정한다.

[전문개정 2011. 12. 2.]

제17조(우편금지물품, 우편물의 용적·중량 및 포장 등)

① 과학기술정보통신부장관은 건전한 사회질서를 해치거나 우편물의 안전한 송달을 해치는 물건(음란물, 폭발물, 총기·도검, 마약류 및 독극물 등으로서 우편으로 취급하는 것이 부적절하다고 인정되는 물건을 말하며, 이하 "우편금지물품"이라 한다)을 정하여 고시하여야 한다. 〈개정 2013. 3. 23., 2017. 7. 26.〉

② 과학기술정보통신부장관은 우편물의 취급 용적·중량 및 포장에 관한 사항을 정하여 고시하여야 한다. 〈개정 2013. 3. 23., 2017. 7. 26.〉

③ 과학기술정보통신부장관은 우편금지물품과 제2항에 따라 고시한 기준에 맞지 아니한 물건에 대하여는 우편역무의 제공을 거절하거나 제한할 수 있다. 〈개정 2013. 3. 23., 2017. 7. 26.〉

[전문개정 2011. 12. 2.]

제18조 삭제 〈1997·8·28〉

제3장 우편에 관한 요금 〈개정 2011. 12. 2.〉

제19조(우편요금 등의 결정)

우편에 관한 요금과 우편 이용에 관한 수수료(이하 "요금 등"이라 한다)는 과학기술정보통신부장관이 정한다. 〈개정 2013. 3. 23., 2017. 7. 26.〉

[전문개정 2011. 12. 2.]

제20조(요금 등의 납부방법)

요금 등은 다음 각 호 등의 방법으로 내게 할 수 있다.

1. 현금
2. 우표
3. 우편요금을 표시하는 증표
4. 「여신전문금융업법」에 따른 신용카드
4의2. 「전자금융거래법」에 따른 직불전자지급수단
5. 정보통신망을 이용한 전자화폐 또는 전자결제
6. 우편요금이 인쇄된 라벨 등 과학기술정보통신부령으로 정하는 납부방법

[전문개정 2011. 12. 2.]

제21조(우표의 발행권)

① 우표와 우편요금을 표시하는 증표는 과학기술정보통신부장관이 발행한다. 〈개정 2013. 3. 23., 2017. 7. 26.〉
② 우표와 우편요금을 표시하는 증표의 판매, 관리와 그 밖의 필요한 처분 등에 관한 사항은 과학기술정보통신부령으로 정한다. 〈개정 2013. 3. 23., 2017. 7. 26.〉
③ 우편엽서는 과학기술정보통신부령으로 정하는 바에 따라 제조하여 사용할 수 있다. 〈개정 2013. 3. 23., 2017. 7. 26.〉

[전문개정 2011. 12. 2.]

제21조의2 삭제 〈1997·8·28〉

제22조(우표의 효력)

오염이나 훼손된 우표와 우편요금을 표시하는 증표는 무효로 한다.

[전문개정 2011. 12. 2.]

제23조(요금 등의 제척기간)

요금 등의 납부의무는 요금 등을 내야 하는 날부터 6개월 내에 납부의 고지를 받지 아니한 경우에는 소멸한다. 다만, 불법으로 면탈한 요금에 대하여는 그러하지 아니하다.

[전문개정 2011. 12. 2.]

제24조(체납 요금 등의 징수방법)

① 요금 등의 체납 금액은 「국세징수법」에 따른 체납처분의 예에 따라 징수한다.
② 제1항의 경우 체납 요금 등에 대하여는 대통령령으로 정하는 바에 따라 연체료를 가산하여 징수한다.
③ 제1항과 제2항의 체납 요금 등과 연체료는 조세를 제외한 다른 채권에 우선한다.

[전문개정 2011. 12. 2.]

제25조(기납·과납 요금의 반환 등)

우편에 관하여 이미 냈거나 초과하여 낸 요금은 대통령령으로 정하는 경우 외에는 되돌려 주지 아니한다.

[전문개정 2011. 12. 2.]

제26조(무료 우편물)

다음 각 호의 우편물은 우편요금을 무료로 할 수 있다. 〈개정 2013. 3. 23., 2014. 6. 3., 2015. 12. 22., 2017. 7. 26.〉

1. 과학기술정보통신부와 그 소속 기관이 발송하는 우편물 중 우편업무와 관련된 것
2. 과학기술정보통신부와 그 소속 기관으로 발송하는 우편물 중 우편물에 관한 손해배상, 우편요금 등의 반환청구, 우편물에 관한 사고조회 및 과학기술정보통신부와 그 소속 기관의 우편업무상 의뢰에 의한 것
3. 재해복구를 위하여 설치된 구호기관이 이재민의 구호를 위하여 발송하는 것
4. 시각장애인용 점자 또는 시각장애인을 위한 법인·단체 또는 시설(법률에 따라 설치되거나 허가·등록·신고 등을 한 법인·단체 또는 시설만 해당한다)에서 시각장애인용 녹음물을 발송하는 것
5. 전쟁포로가 발송하는 것

[전문개정 2011. 12. 2.]
[제목개정 2014. 6. 3.]

제26조의2(요금 등의 감액)

① 과학기술정보통신부장관은 우편 이용의 편의와 우편물의 원활한 송달을 확보할 수 있는 방법으로 발송하는 다량의 우편물에 대하여는 그 요금 등의 일부를 감액할 수 있다. 〈개정 2013. 3. 23., 2017. 7. 26.〉

② 제1항에 따라 요금 등을 감액할 수 있는 우편물의 종류, 수량, 취급 요건 및 감액 범위 등에 관한 사항은 과학기술정보통신부령으로 정한다. 〈개정 2013. 3. 23., 2017. 7. 26.〉

[전문개정 2011. 12. 2.]

제4장 우편물의 취급 〈개정 2011. 12. 2.〉

제27조(우편물 내용의 신고와 개봉 요구)

① 우편관서는 우편물을 접수할 때에 우편물 내용물의 종류와 성질에 대하여 발송인에게 신고를 받을 수 있다.

② 제1항의 경우 우편물의 내용이 발송인의 신고와 달라서 이 법 또는 대통령령으로 정한 규정을 위반한다고 인정되면 우편관서는 발송인에게 그 개봉을 요구할 수 있다.

③ 발송인이 제1항의 신고나 제2항의 개봉을 거부할 때에는 우편물은 접수하지 아니할 수 있다.

[전문개정 2011. 12. 2.]

제28조(법규 위반 우편물의 개봉)

① 우편관서는 취급 중인 우편물의 내용이 이 법 또는 대통령령으로 정한 규정을 위반한 혐의가 있으면 발송인이나 수취인에게 그 우편물의 개봉을 요구할 수 있다.

② 발송인이나 수취인이 제1항의 개봉을 거부하였을 때 또는 발송인이나 수취인에게 그 개봉을 요구할 수 없을 때에는 과학기술정보통신부장관이 지정하는 우편관서의 장이 그 우편물을 개봉할 수 있다. 다만, 대통령령으로 정하는 봉함한 우편물은 개봉하지 아니한 채로 발송인에게 되돌려 보내야 한다. 〈개정 2013. 3. 23., 2017. 7. 26.〉

[전문개정 2011. 12. 2.]

제29조(법규 위반 우편물의 반환)

우편관서는 취급 중인 우편물이 이 법 또는 대통령령으로 정한 규정을 위반하였을 때에는 발송인에게 되돌려 보내야 한다. 다만, 다른 법률에 따라 되돌려 보내지 아니할 수 있는 경우에는 그러하지 아니하다.

[전문개정 2011. 12. 2.]
[제목개정 2015. 12. 22.]

제30조 삭제 〈1997 · 8 · 28〉

제31조(우편물의 배달)

우편물은 그 표면에 기재된 곳에 배달한다. 다만, 대통령령으로 정하는 경우는 그러하지 아니하다.

[전문개정 2011. 12. 2.]

제31조의2(우편물의 전송)

① 과학기술정보통신부장관은 우편물의 수취인이 주거를 이전하고 그 이전한 곳을 과학기술정보통신부령으로 정하는 바에 따라 신고한 경우에는 수취인이 이전한 곳으로 우편물을 무료로 전송하여야 한다. 다만, 주거이전을 신고한 날부터 3개월이 지난 후에 도착하는 우편물은 발송인에게 되돌려 보낼 수 있다. 〈개정 2017. 7. 26.〉

② 제1항에도 불구하고 다음 각 호의 어느 하나에 해당하는 경우에 는 대통령령으로 정하는 바에 따라 수취인에게 수수료를 내게 하고 우편물을 전송할 수 있다.

　1. 주거이전을 신고한 날부터 3개월이 지난 후에 도착하는 우편물을 수취인이 받기를 신고한 경우

　2. 수취인이 주거를 이전한 곳에 우편물을 전송하는 데 상당한 비용이 소요되는 경우

[본조신설 2015. 1. 20.]

제32조(반환우편물의 처리)

① 수취인에게 배달할 수 없거나 수취인이 수취를 거부한 우편물은 발송인에게 되돌려 보낸다. 다만, 발송인이 발송할 때에 과학기술정보통신부령으로 정하는 바에 따라 반환 거절의 의사를 우편물에 기재한 경우에는 그러하지 아니하다. 〈개정 2013. 3. 23., 2015. 12. 22., 2017. 7. 26.〉

② 제1항 본문의 경우에 발송인은 되돌아온 우편물의 수취를 정당한 사유 없이 거부할 수 없다.

③ 과학기술정보통신부장관은 제1항 본문에 따라 우편물을 발송인에게 되돌려 보낼 때에는 과학기술정보통신부령으로 정하는 바에 따라 되돌려 보내는 사유를 발송인에게 알려주어야 한다. 〈신설 2015. 1. 20., 2017. 7. 26.〉

[전문개정 2011. 12. 2.]
[제목개정 2015. 12. 22.]

제33조(우편관서의 증명 요구)

우편관서는 우편물 수취인의 진위를 확인하기 위하여 수취인에 대하여 필요한 증명을 요구할 수 있다.

[전문개정 2011. 12. 2.]

제34조(정당 교부의 인정)

이 법 또는 이 법에 따른 명령으로 정한 절차를 밟아 우편물을 내주었을 때에는 정당하게 내준 것으로 본다.

[전문개정 2011. 12. 2.]

제35조(반환 불능 우편물의 개봉)

발송인의 주소나 성명이 불분명하여 되돌려 보낼 수 없는 우편물은 그 주소·성명을 알기 위하여 필요한 경우에는 우편관서에서 이를 개봉할 수 있다.

[전문개정 2011. 12. 2.]
[제목개정 2015. 12. 22.]

제36조(우편물의 처분)

① 제35조에 따라 개봉하여도 배달하거나 되돌려 보낼 수 없는 우편물과 제32조 제1항 단서에 따라 되돌려 보내지 아니하는 우편물은 해당 우편관서에서 보관한다. 이 경우 그 우편물이 유가물(有價物)이면 보관한 날부터 1개월간 해당 우편관서의 게시판 등에 그 사실을 게시하여야 한다.

② 제1항에 따라 보관한 우편물은 다음 각 호의 구분에 따라 처리하여야 한다. 〈개정 2014. 6. 3.〉

　1. 유가물이 아닌 경우 : 보관하기 시작한 날부터 3개월 내에 내줄 것을 청구하는 자가 없을 때에는 폐기. 다만, 제32조 제1항 단서에 따라 발송인에게 되돌려 보내지 아니하는 우편물은 1개월 내에 내줄 것을 청구하는 자가 없을 때에는 폐기한다.

　2. 유가물로서 멸실 또는 훼손의 우려가 있는 것이나 보관비용이 지나치게 많이 드는 경우 : 매각하여 그 대금을 보관하되 매각하는 데에 드는 비용은 매각한 대금으로 충당

③ 유가물과 매각대금은 그 우편물을 보관한 날부터 1년 내에 내줄 것을 청구하는 자가 없을 때에는 국고에 귀속한다.

[전문개정 2011. 12. 2.]

제37조(우편사서함)

우편관서에 대통령령으로 정하는 바에 따라 우편사서함을 설치할 수 있다.

[전문개정 2011. 12. 2.]

제37조의2(고층건물의 우편수취함 설치)

3층 이상의 고층건물로서 그 전부 또는 일부를 주택·사무소 또는 사업소로 사용하는 건축물에는 대통령령으로 정하는 바에 따라 우편수취함을 설치하여야 한다.

[전문개정 2011. 12. 2.]

제5장 손해배상 〈개정 2011. 12. 2.〉

제38조(손해배상의 범위)

① 과학기술정보통신부장관은 다음 각 호의 어느 하나에 해당하는 사유가 발생한 경우에는 그 손해를 배상하여야 한다. 〈개정 2013. 3. 23., 2017. 7. 26.〉

　1. 우편역무 중 취급과정을 기록취급하는 우편물을 잃어버리거나 못 쓰게 하거나 지연 배달한 경우

　2. 우편역무 중 보험취급 우편물을 잃어버리거나 못 쓰게 하거나 지연 배달한 경우

　3. 우편역무 중 현금추심 취급 우편물을 배달하면서 추심금액을 받지 아니하고 수취인에게 내준 경우

　4. 제1호부터 제3호까지 외의 우편역무로서 대통령령으로 정하는 경우

② 제1항의 배상금액과 지연배달의 기준은 과학기술정보통신부령으로 정한다. 〈개정 2013. 3. 23., 2017. 7. 26.〉

③ 국제우편물에 관한 손해배상액은 조약에서 정하는 손해배상액을 넘지 아니하는 범위에서 과학기술정보통신부장관이 정하여 고시한다. 〈개정 2013. 3. 23., 2017. 7. 26.〉

④ 제2항과 제3항의 손해배상액은 대통령령으로 정하는 바에 따라 우편관서에서 즉시 지급할 수 있다.

[전문개정 2011. 12. 2.]

제39조(책임 원인의 제한)

정부는 우편물의 손해가 발송인 또는 수취인의 잘못으로 인한 것이거나 해당 우편물의 성질, 결함 또는 불가항력으로 인하여 발생한 경우에는 제38조에도 불구하고 그 손해를 배상하지 아니한다.

[전문개정 2011. 12. 2.]

제40조(손해배상의 한계)

우편물을 내줄 때에 외부에 파손 흔적이 없고 중량에 차이가 없는 경우에는 손해가 없는 것으로 본다.

[전문개정 2011. 12. 2.]

제41조(우편물 수취거부권)

우편물의 발송인 또는 수취인은 그 우편물에 대하여 우편관서에서 배상하여야 할 손해가 있다고 인정될 때에는 우편물을 받는 것을 거부할 수 있다. 다만, 우편물을 받은 후에는 이의를 제기할 수 없다.

[전문개정 2011. 12. 2.]

제42조(손해배상 청구권자)

제38조에 따른 손해배상을 청구할 수 있는 자는 그 우편물의 발송인이나 그 승인을 받은 수취인으로 한다.

[전문개정 2011. 12. 2.]

제43조(배상 및 보수 등의 단기소멸시효)

이 법에 따른 보수 또는 손실보상, 손해배상의 청구권은 과학기술정보통신부장관이 지정한 우편관서에 대하여 다음 각호의 구분에 따른 기간 내에 행사하지 아니하면 소멸시효가 완성된다. 〈개정 2013. 3. 23., 2017. 7. 26.〉

    1. 제4조 제1항 후단에 따른 보수와 제5조 제1항·제2항에 따른 보상은 그 사실이 있었던 날부터 1년

    2. 제38조에 따른 배상은 우편물을 발송한 날부터 1년

[전문개정 2011. 12. 2.]

제44조(보수 등의 결정에 대한 불복의 구제)

제4조 제1항 후단에 따른 보수, 제5조 제1항·제2항에 따른 보상 및 제38조에 따른 손해배상에 관한 과학기술정보통신부장관의 결정에 불복하는 자는 그 통지를 받은 날부터 3개월 내에 소송을 제기할 수 있다. 〈개정 2013. 3. 23., 2017. 7. 26.〉

[전문개정 2011. 12. 2.]

제45조(손해배상에 따른 대위)

우편관서는 손해배상을 한 후 그 우편물의 전부 또는 일부를 발견하였을 때에는 그 손해배상을 받은 자에게 통지하여야 한다. 이 경우 손해배상을 받은 자는 그 통지를 받은 날부터 3개월 내에 대통령령으로 정하는 바에 따라 배상금의 전부 또는 일부를 반환하고 그 우편물의 교부를 청구할 수 있다.

[전문개정 2011. 12. 2.]

제6장 서신송달업자 등의 관리
〈신설 2014. 6. 3.〉

제45조의2(서신송달업의 신고 등)

① 제2조 제3항에 따라 서신을 송달하는 업(이하 "서신송달업"이라 한다)을 하려는 자는 과학기술정보통신부장관에게 신고하여야 한다. 다만, 대통령령으로 정하는 기준에 해당하는 소규모 서신송달업을 하려는 자는 신고하지 아니하고 서신송달업을 할 수 있다. 〈개정 2017. 7. 26.〉

② 제1항에 따른 신고를 하려는 자는 해당 신고서에 과학기술정보통신부령으로 정하는 사업계획서를 첨부하여 과학기술정보통신부장관에게 제출하여야 한다. 〈개정 2017. 7. 26.〉

③ 제1항 본문에 따라 서신송달업의 신고를 한 자는 신고한 사항 중 과학기술정보통신부령으로 정하는 사항을 변경하려는 경우에는 변경신고를 하여야 한다. 〈개정 2017. 7. 26.〉

④ 제1항 및 제3항에 따른 신고 및 변경신고에 필요한 사항은 과학기술정보통신부령으로 정한다. 〈개정 2017. 7. 26.〉

[본조신설 2014. 6. 3.]

제45조의3(유사명칭의 사용금지 등)

① 제45조의2 제1항 본문에 따라 서신송달업의 신고를 한 자와 같은 항 단서에 따라 신고하지 아니하고 서신송달업을 하는 자(이하 "서신송달업자"라 한다)는 서신송달업무의 운영과정에서 우편관서가 우편사업 운영과 관련하여 사용하는 우편, 우편물, 우체국 및 그와 유사한 명칭을 사용해서는 아니 된다.

② 서신송달업자는 타인에게 자기의 성명 또는 상호를 사용하여 서신송달업을 경영하게 해서는 아니 된다.

[본조신설 2014. 6. 3.]

제45조의4(휴업·폐업 등의 신고)

서신송달업자(제45조의2 제1항 본문에 따라 신고한 서신송달업자만 해당한다. 이하 제45조의5, 제45조의6 및 제45조의8에서 같다)가 그 영업을 30일 이상 휴업 또는 폐업하거나 휴업 후 재개하려는 경우에는 과학기술정보통신부령으로 정하는 바에 따라 과학기술정보통신부장관에게 신고하여야 한다. 〈개정 2017. 7. 26.〉

[본조신설 2014. 6. 3.]

제45조의5(사업개선명령)

과학기술정보통신부장관은 서신송달서비스의 개선과 서신송달업자에 대한 지도·감독을 위하여 과학기술정보통신부령으로 정하는 바에 따라 필요하다고 인정되는 경우 서신송달업자에게 다음 각 호의 사항을 명할 수 있다. 〈개정 2017. 7. 26.〉

1. 사업계획의 변경
2. 영업소, 대리점 및 작업장 등 시설의 개선
3. 그 밖에 서신송달업자의 지도·감독을 위하여 필요한 사항

[본조신설 2014. 6. 3.]

제45조의6(영업소의 폐쇄 등)

① 과학기술정보통신부장관은 서신송달업자가 다음 각 호의 어느 하나에 해당하면 영업소의 폐쇄를 명하거나 6개월 이내의 기간을 정하여 그 사업의 전부 또는 일부의 정지를 명할 수 있다. 다만, 제1호 또는 제5호에 해당하면 영업소의 폐쇄를 명하여야 한다. 〈개정 2017. 7. 26.〉

1. 거짓으로 작성된 사업신고서를 제출한 경우
2. 제2조 제3항의 중량 및 요금 기준을 위반하여 서신을 취급한 경우
3. 제45조의3 제2항을 위반하여 타인에게 자기의 성명 또는 상호를 사용하여 서신송달업을 경영하게 한 경우
4. 제45조의5의 사업개선명령에 따르지 아니한 경우
5. 사업정지명령을 위반하여 사업정지기간에 사업을 경영한 경우

② 제1항에 따른 처분의 기준 및 절차와 그 밖에 필요한 사항은 과학기술정보통신부령으로 정한다. 〈개정 2017. 7. 26.〉

[본조신설 2014. 6. 3.]

제45조의7(보고 및 조사 등)

① 과학기술정보통신부장관은 서신송달업의 감독을 위하여 필요하다고 인정할 때에는 다음 각 호의 어느 하나에 해당하는 자에게 서신송달이나 서신송달 위탁 관련 업무 및 경영상황, 장부·서류, 전산자료, 그 밖에 과학기술정보통신부령으로 정하는 자료를 제출하게 하거나 보고하게 할 수 있다. 〈개정 2017. 7. 26.〉

1. 서신송달업자
2. 서신송달을 위탁한 자

② 과학기술정보통신부장관은 제1항에 따른 제출 자료 또는 보고 내용을 검토한 결과 현장조사를 할 필요가 있다고 인정하는 경우에는 관계 공무원으로 하여금 영업소, 대리점 및 작업장 등 시설이나 그 밖에 필요한 장소에 출입하여 해당 시설이나 서류·장부, 그 밖의 물건을 조사하게 하거나 관계인에게 질문하게 할 수 있다. 〈개정 2017. 7. 26.〉

③ 과학기술정보통신부장관은 제2항에 따른 출입·조사 또는 질문을 하려는 경우에는 출입·조사 또는 질문을 하기 7일 전까지 출입·조사 또는 질문의 일시·이유 및 내용 등을 포함한 계획을 조사대상자에게 통지하여야 한다. 다만, 긴급하거나 사전에 통지하면 증거인멸 등으로 출입·조사 또는 질문의 목적을 달성할 수 없다고 인정되는 경우에는 그러하지 아니하다. 〈개정 2017. 7. 26.〉

④ 제2항에 따라 출입·조사 또는 질문을 하는 공무원은 그 권한을 표시하는 증표를 지니고 이를 관계인에게 보여 주어야 하며, 출입 시 해당 공무원의 성명, 출입 시간 및 출입 목적 등이 적힌 문서를 관계인에게 교부하여야 한다.

[본조신설 2014. 6. 3.]

제45조의8(청문)

과학기술정보통신부장관은 제45조의6 제1항에 따라 서신송달업자의 영업소 폐쇄를 명하려면 청문을 하여야 한다. 〈개정 2017. 7. 26.〉

[본조신설 2014. 6. 3.]

제7장 벌칙 〈개정 2011. 12. 2., 2014. 6. 3.〉

제46조(사업독점권 침해의 죄)

① 제2조 제2항 및 제3항을 위반하여 타인을 위한 서신의 송달 행위를 업으로 하거나 자기의 조직이나 계통을 이용하여 타인의 서신을 전달하는 행위를 한 자는 3년 이하의 징역 또는 3천만 원 이하의 벌금에 처한다. 〈개정 2014. 6. 3.〉

③ 제1항의 경우에 금품을 취득하였으면 그 금품을 몰수한다. 이를 몰수할 수 없을 때에는 그 가액을 추징한다.

④ 법인의 대표자, 대리인, 사용인, 그 밖의 종업원이 법인의 업무에 관하여 제1항의 위반행위를 하면 그 행위자를 벌하는 외에 그 법인에도 해당 조문의 벌금형을 과(科)한다. 다만, 법인이 그 위반행위를 방지하기 위하여 해당 업무에 관하여 상당한 주의와 감독을 게을리하지 아니한 때에는 그러하지 아니하다.

⑤ 개인의 대리인, 사용인, 그 밖의 종업원이 그 개인의 업무에 관하여 제1항의 위반 행위를 하면 그 행위자를 벌할 뿐만 아니라 그 개인에게도 해당 조문의 벌금형을 과한다. 다만, 개인이 그 위반행위를 방지하기 위하여 해당 업무에 관하여 상당한 주의와 감독을 게을리 하지 아니한 때에는 그러하지 아니하다.

[전문개정 2011. 12. 2.]

제47조(우편특권 침해의 죄)

다음 각 호의 어느 하나에 해당하는 자는 100만 원 이하의 벌금에 처한다.

1. 제3조의2 제1항에 따른 우편물의 운송명령을 따르지 아니한 자
2. 제4조 제1항 전단을 위반하여 정당한 사유 없이 우편운송원, 우편집배원 또는 우편관서 공무원의 조력요구를 거부한 자
3. 제5조 제1항 · 제2항에 따른 통행을 방해한 자
4. 제5조 제4항을 위반하여 정당한 사유 없이 도선 요구를 거부한 자
5. 제9조를 위반하여 우선 검역을 하지 아니한 자

[전문개정 2011. 12. 2.]

제47조의2(전시 우편특권 침해의 죄)

제4조 제2항을 위반하여 우편운송원 등의 조력 요구를 거부한 자는 100만 원 이하의 벌금에 처한다.

[전문개정 2011. 12. 2.]

제48조(우편물 등 개봉 훼손의 죄)

① 우편관서 및 서신송달업자가 취급 중인 우편물 또는 서신을 정당한 사유 없이 개봉, 훼손, 은닉 또는 방기(放棄)하거나 고의로 수취인이 아닌 자에게 내준 자는 3년 이하의 징역 또는 3천만 원 이하의 벌금에 처한다. 〈개정 2014. 6. 3.〉
② 우편업무 또는 서신송달업무에 종사하는 자가 제1항의 행위를 하였을 때에는 5년 이하의 징역 또는 5천만 원 이하의 벌금에 처한다. 〈개정 2014. 6. 3.〉

[전문개정 2011. 12. 2.]
[제목개정 2014. 6. 3.]

제49조(우편전용 물건 손상의 죄)

① 우편을 위한 용도로만 사용되는 물건이나 우편을 위한 용도로 사용 중인 물건에 손상을 주거나 그 밖에 우편에 장해가 될 행위를 한 자는 3년 이하의 징역 또는 3천만 원 이하의 벌금에 처한다. 〈개정 2014. 6. 3.〉
② 우편업무에 종사하는 자가 제1항의 행위를 하였을 경우에는 5년 이하의 징역 또는 5천만 원 이하의 벌금에 처한다. 〈개정 2014. 6. 3.〉

[전문개정 2011. 12. 2.]

제50조(우편취급 거부의 죄)

우편업무에 종사하는 자가 정당한 사유 없이 우편물의 취급을 거부하거나 이를 고의로 지연시키게 한 경우에는 1년 이하의 징역 또는 1천만 원 이하의 벌금에 처한다. 〈개정 2014. 6. 3.〉

[전문개정 2011. 12. 2.]

제51조(서신의 비밀침해의 죄)

① 우편관서 및 서신송달업자가 취급 중인 서신의 비밀을 침해한 자는 3년 이하의 징역 또는 3천만 원 이하의 벌금에 처한다. 〈개정 2014. 6. 3.〉
② 우편업무 및 서신송달업무에 종사하는 자가 제1항의 행위를 하였을 경우에는 5년 이하의 징역 또는 5천만 원 이하의 벌금에 처한다. 〈개정 2014. 6. 3.〉

[전문개정 2011. 12. 2.]

제51조의2(비밀 누설의 죄)

제3조를 위반하여 비밀을 누설한 자는 5년 이하의 징역 또는 5천만 원 이하의 벌금에 처한다. 〈개정 2014. 6. 3.〉

[전문개정 2011. 12. 2.]

제52조(우편금지물품 발송의 죄)

우편금지물품을 우편물로서 발송한 자는 2년 이하의 징역 또는 2천만 원 이하의 벌금에 처하고 그 물건을 몰수한다. 〈개정 2014. 6. 3.〉

[전문개정 2011. 12. 2.]

제53조 삭제 〈1997 · 8 · 28〉

제54조(우표를 떼어낸 죄)

① 우편관서에서 취급 중인 우편물에 붙어 있는 우표를 떼어낸 자는 50만 원 이하의 벌금에 처한다.

② 제1항의 경우에 소인(消印)이 되지 아니한 우표를 떼어낸 자는 1년 이하의 징역 또는 1천만 원 이하의 벌금에 처한다. 〈개정 2014. 6. 3.〉

[전문개정 2011. 12. 2.]

제54조의2(과태료)

① 제2조 제4항을 위반하여 서신의 송달을 위탁한 자에게는 5천만 원 이하의 과태료를 부과한다. 〈신설 2014. 6. 3.〉

② 다음 각 호의 어느 하나에 해당하는 자에게는 1천만 원 이하의 과태료를 부과한다. 〈개정 2014. 6. 3.〉

1. 제45조의2 제1항을 위반하여 신고를 하지 아니한 자

2. 제45조의3 제1항을 위반하여 유사명칭을 사용한 자

3. 제45조의3 제2항을 위반하여 타인에게 자기의 성명 또는 상호를 사용하여 서신송달업을 경영하게 한 자

4. 제45조의4를 위반하여 신고하지 아니하고 휴업·폐업 또는 휴업 후 재개업을 한 자

5. 제45조의7에 따른 자료제출·보고 또는 조사를 정당한 사유 없이 거부·방해 또는 기피한 자

③ 다음 각 호의 어느 하나에 해당하는 자는 50만 원 이하의 과태료를 부과한다. 〈개정 2014. 6. 3., 2020. 6. 9.〉

1. 제32조 제2항을 위반하여 우편물의 수취를 거부한 자

2. 우편업무에 종사하는 자로서 중대한 과실로 인하여 우편물을 잃어버린 자

④ 제1항부터 제3항까지에 따른 과태료는 대통령령으로 정하는 바에 따라 과학기술정보통신부장관이 부과·징수한다. 〈개정 2013. 3. 23., 2014. 6. 3., 2017. 7. 26.〉

[전문개정 2011. 12. 2.]

제55조(미수죄의 처벌)

제46조, 제48조, 제49조, 제51조, 제52조 및 제54조의 미수범은 처벌한다.

[전문개정 2011. 12. 2.]

부칙〈제17347호, 2020. 6. 9.〉

(법률용어 정비를 위한 과학기술정보방송통신위원회 소관 32개 법률 일부개정을 위한 법률)

이 법은 공포한 날부터 시행한다.

⊖2 우편법 시행령

[시행 2020. 9. 8.] [대통령령 제30992호, 2020. 9. 8., 일부개정]

제1조(목적)

이 영은 「우편법」에서 위임된 사항과 그 시행에 관하여 필요한 사항을 정함을 목적으로 한다. 〈개정 1997. 12. 15., 2005. 8. 19.〉

제2조 삭제 〈2007. 4. 20.〉

제3조(서신 제외 대상)

「우편법」(이하 "법"이라 한다) 제1조의2 제7호 단서에서 "신문, 정기간행물, 서적, 상품안내서 등 대통령령으로 정하는 것"이란 다음 각 호의 어느 하나를 말한다. 〈개정 2018. 8. 21.〉

1. 「신문 등의 진흥에 관한 법률」 제2조 제1호에 따른 신문
2. 「잡지 등 정기간행물의 진흥에 관한 법률」 제2조 제1호 가목에 따른 정기간행물
3. 다음 각 목의 요건을 모두 충족하는 서적
   가. 표지를 제외한 48쪽 이상인 책자의 형태로 인쇄·제본되었을 것
   나. 발행인·출판사나 인쇄소의 명칭 중 어느 하나가 표시되어 발행되었을 것
   다. 쪽수가 표시되어 발행되었을 것
4. 상품의 가격·기능·특성 등을 문자·사진·그림으로 인쇄한 16쪽 이상(표지를 포함한다)인 책자 형태의 상품안내서
5. 화물에 첨부하는 봉하지 아니한 첨부서류 또는 송장
6. 외국과 주고받는 국제서류
7. 국내에서 회사(「공공기관의 운영에 관한 법률」에 따른 공공기관을 포함한다)의 본점과 지점 간 또는 지점 상호 간에 주고받는 우편물로서 발송 후 12시간 이내에 배달이 요구되는 상업용 서류
8. 「여신전문금융업법」 제2조 제3호에 해당하는 신용카드

[전문개정 2011. 12. 2.]

제3조의2(기본통상우편요금)

법 제2조 제3항에서 "대통령령으로 정하는 통상우편요금"이란 제12조에 따라 고시한 통상우편물요금 중 중량이 5그램 초과 25그램 이하인 규격우편물의 일반우편요금을 말한다. 〈개정 2018. 8. 21.〉

[본조신설 2011. 12. 2.]

제4조(우편업무의 위탁)

① 과학기술정보통신부장관은 법 제2조 제5항 단서에 따라 다음 각 호의 어느 하나에 해당하는 업무를 과학기술정보통신부령이 정하는 자에게 위탁한다. 〈개정 1998. 12. 31., 2007. 4. 20., 2008. 2. 29., 2010. 9. 1., 2011. 12. 2., 2013. 3. 23., 2017. 7. 26.〉
   1. 우편이용자를 방문하여 우편물을 접수하는 업무
   2. 교통이 불편한 지역 기타 우편물의 집배업무·운송업무 또는 발착업무(우편물을 구분 및 정리하는 업무를 말한다. 이하 같다)상 특히 필요하다고 인정하는 지역에서 우편물을 집배·운송 또는 발착하는 업무
   3. 우표류(우표, 우편요금을 표시하는 증표와 우표책, 우편물의 특수취급에 필요한 봉투 및 국제반신우표권을 말한다. 이하 같다)를 조제하는 업무
   4. 그 밖에 우편이용의 편의, 우편물의 원활한 송달 및 우편사업 운영의 효율을 제고하기 위하여 과학기술정보통신부령이 정하는 업무
② 제1항 제1호 및 제2호의 규정에 의한 우편물 방문접수업무와 집배업무를 위탁하는 때에는 과학기술정보통신부령이 정하는 바에 따라 당해 위탁업무를 행하는 지역을 구분하여 위탁방법을 달리 정할 수 있다. 〈개정 1998. 12. 31., 2008. 2. 29., 2013. 3. 23., 2017. 7. 26.〉

③ 과학기술정보통신부장관은 제1항의 규정에 의하여 업무를 위탁받은 자(이하 "수탁자"라 한다)에 대하여 수수료 및 당해 업무의 수행에 직접 소요되는 경비를 지급할 수 있다. 〈개정 2008. 2. 29., 2013. 3. 23., 2017. 7. 26.〉

④ 수탁자가 위탁받은 업무의 처리와 수탁자에게 지급하는 수수료 및 경비의 지급 등에 관하여 필요한 사항은 과학기술정보통신부령으로 정한다. 〈개정 2008. 2. 29., 2013. 3. 23., 2017. 7. 26.〉

[전문개정 1997. 12. 15.]

제4조의2(우편물의 운송요구 등)

① 과학기술정보통신부장관이 법 제3조의2 제1항의 규정에 의하여 우편물의 운송을 요구할 때에는 다음 각호의 사항을 기재한 우편물 운송요구서를 운송개시 5일전까지 운송을 하는 자에게 교부하여야 한다. 다만, 천재·지변 기타 특히 긴급을 요하는 경우에는 즉시 이를 요구할 수 있다. 〈개정 2008. 2. 29., 2013. 3. 23., 2017. 7. 26.〉

1. 운송구간 및 운송횟수
2. 출발 및 도착일시
3. 우편물의 수량 또는 중량
4. 우편물의 인수인계 장소 및 방법
5. 운송료 및 그 지급방법
6. 우편물 운송 도중 우편물의 망실 또는 훼손시 국가에 대하여 지불하여야 하는 손해배상 금액
7. 기타 우편물의 신속하고 안전한 운송을 위하여 필요한 사항

② 법 제3조의2 제2항의 규정에 의하여 보상하여야 할 금액은 당해 운송구간에 적용되고 있는 운송요금 등이 고려되어야 한다.

[전문개정 1997. 12. 15.]

제5조(우편구 및 우편번호의 지정)

① 과학기술정보통신부장관은 우편물의 배달지역을 구분하는 우편구 및 우편번호를 정할 수 있다. 〈개정 1990. 8. 8., 1997. 12. 15., 2008. 2. 29., 2013. 3. 23., 2017. 7. 26.〉

② 과학기술정보통신부장관은 제1항의 규정에 의한 우편구와 우편구별 우편번호를 정한 때에는 미리 고시하여야 한다. 이를 변경한 때에도 또한 같다. 〈개정 1997. 12. 15., 2008. 2. 29., 2013. 3. 23., 2017. 7. 26.〉

제6조(우편물의 외부기재사항)

① 우편물의 외부에는 발송인 및 수취인의 성명·주소와 우편번호를 기재하여야 한다. 다만, 취급과정을 기록하는 우편물(이하 "등기우편물"이라 한다)을 제외한 우편물은 수취인의 성명을 생략할 수 있다. 〈개정 2010. 9. 1.〉

② 제1항의 규정에 의한 기재사항외에 필요한 기재사항은 과학기술정보통신부령으로 정한다. 〈개정 1997. 12. 15., 2008. 2. 29., 2013. 3. 23., 2017. 7. 26.〉

제7조(우편업무의 시험적 실시)

과학기술정보통신부장관은 우편업무에 관한 새로운 제도(제도의 변경을 포함한다)를 시험적으로 실시할 수 있다. 〈개정 1997. 12. 15., 2008. 2. 29., 2013. 3. 23., 2017. 7. 26.〉

제7조의2(수탁취급) 과학기술정보통신부장관은 국민의 편의를 위하여 필요한 경우에는 다른 국가기관·지방자치단체 또는 「공공기관의 운영에 관한 법률」에 따른 공공기관 등의 업무 중 우편역무의 방법으로 취급할 수 있는 업무를 수탁할 수 있다. 〈개정 1997. 12. 15., 2008. 2. 29., 2010. 9. 1., 2013. 3. 23., 2017. 7. 26.〉

[본조신설 1990. 8. 8.]

제8조(보수 및 손실보상)

법 제4조 제1항의 규정에 의한 운송원 등의 조력자에 대한 보수와 법 제5조의 규정에 의한 운송원 등의 통행에 따른 손실보상에 관한 사항은 과학기술정보통신부령으로 정한다. 〈개정 1997. 12. 15., 2008. 2. 29., 2013. 3. 23., 2017. 7. 26.〉

제8조의2(이용 제한 및 업무 정지 등)

① 과학기술정보통신부장관은 법 제6조 제1항에 따른 전시·사변이나 이에 준하는 국가 비상사태와 천재지변이나 그 밖의 부득이한 사유(이하 "비상사태 등"이라 한다)가 있을 경우 안전사고 등이 발생할 우려가 높은 정도에 따라 집배구를 1급지부터 3급지까지 구분하여 위험등급을 지정할 수 있다.

② 과학기술정보통신부장관은 비상사태 등이 발생할 경우 다음 각 호의 구분에 따라 우편업무를 정지하거나 이에 수반되는 우편물의 이용을 제한할 수 있으며, 해당 집배구의 상황을 고려하여 순차적으로 이를 해제할 수 있다.

1. 1급지 및 발생한 비상사태 등의 정도가 심각하다고 인정되는 2급지 : 모든 집배업무 및 과학기술정보통신부장관이 정하여 고시하는 업무
2. 2급지(제1호에 따른 2급지는 제외한다) 및 3급지 : 과학기술정보통신부장관이 정하여 고시하는 범위의 집배업무 및 과학기술정보통신부장관이 정하여 고시하는 업무
③ 제1항에 따른 위험등급의 구분기준, 제2항 제1호에 따른 비상사태 등의 심각성 인정기준, 제1항 및 제2항에서 규정한 사항 외에 우편물의 이용 제한과 우편업무의 일부정지에 필요한 사항은 과학기술정보통신부장관이 정하여 고시한다.

[본조신설 2018. 8. 21.]

제9조(우편작업 효율화를 위한 지원대상 등)

① 법 제12조의2 제1항의 규정에 의한 우편작업이나 이용에 관련되는 자 등은 다음 각 호의 어느 하나에 해당하는 자를 말한다. 〈개정 2008. 2. 29., 2013. 3. 23., 2017. 7. 26., 2018. 8. 21.〉
1. 제4조 제1항의 규정에 의하여 업무를 위탁받은 자
2. 제4조의2 제1항의 규정에 의하여 우편물을 운송하는 자
3. 우편물의 발송 또는 제작 등을 대행하는 자
4. 우편물의 처리를 위한 관련 기기 · 장비 및 용기 등을 제조 · 판매하는 자
5. 우편관련 장비 및 기술개발을 담당하는 자
6. 우편에 사용되는 용품 등을 제조 · 판매하는 자
7. 기타 우편작업의 효율을 높이고 우편이용자의 편의를 도모하기 위하여 과학기술정보통신부장관이 필요하다고 인정하는 자
② 제1항의 규정에 해당하는 자에 대하여는 다음 각 호의 지원을 할 수 있다. 〈개정 2008. 2. 29., 2013. 3. 23., 2017. 7. 26.〉
1. 우편작업 관련기기 · 장비의 성능향상 및 기능개선을 위한 기술지원
2. 우편기술 개발을 위한 연구비 지원 및 기술정보의 제공
3. 우편물 처리 관련장비 및 용기 등의 대여
4. 기타 우편작업 효율화를 위하여 과학기술정보통신부장관이 필요하다고 인정하는 사항

[전문개정 1997. 12. 15.]

제9조의2(권한의 위임)

① 과학기술정보통신부장관은 법 제12조의3에 따라 다음 각 호의 권한을 우정사업본부장에게 위임한다. 〈개정 2008. 2. 29., 2011. 12. 2., 2013. 3. 23., 2014. 11. 11., 2017. 5. 8., 2017. 7. 26., 2018. 8. 21., 2020. 9. 8.〉
1. 법 제2조 제5항 단서에 따른 우편업무의 위탁
1의2. 삭제 〈2014. 11. 11.〉
2. 법 제3조의2에 따른 우편물의 운송 명령(제2항 제1호의 업무는 제외한다)
3. 법 제6조에 따른 우편물이용의 제한 및 우편업무의 일부정지
4. 법 제12조의2에 따른 우편작업 효율화를 위한 지원 등
5. 법 제14조에 따른 보편적 우편역무의 제공
6. 법 제15조에 따른 선택적 우편역무의 제공
6의2. 법 제15조의2에 따른 우편업무의 전자화에 관한 업무
7. 법 제16조 제1항에 따른 군사우편역무의 제공
8. 법 제17조에 따른 우편금지물품의 결정(변경결정을 포함한다. 이하 같다) · 고시, 우편물의 취급용적 · 중량 · 포장의 결정 · 고시 및 우편역무의 제공거절 · 제한
9. 법 제21조 제1항에 따른 우표와 우편요금을 표시하는 증표의 발행
10. 법 제26조의2 제1항에 따른 우편물 요금 등의 감액
11. 법 제28조 제2항 본문에 따른 우편관서의 지정
11의2. 법 제31조의2에 따른 우편물의 전송
12. 법 제38조 제3항에 따른 국제우편물에 관한 손해배상액의 결정 및 고시
13. 법 제43조에 따른 우편관서의 지정
14. 삭제 〈2005. 8. 19.〉
15. 제5조에 따른 우편번호의 결정 · 고시
16. 제7조에 따른 우편업무에 관한 새로운 제도(제도의 변경을 포함한다)의 시험적 실시
17. 제7조의2에 따른 업무수탁
18. 제9조 제1항 제7호 및 같은 조 제2항 제4호에 따라 우편작업의 효율화를 위한 지원대상자 및 지원사항 인정
19. 제10조의3 제1항에 따른 군사우편 요금수납
20. 제10조의5에 따른 해외특수지역 군사우편에 관한 업무

21. 제13조 제1항 전단에 따른 우표류의 발행·판매에 관한 공고

22. 제25조 제2항에 따른 우편요금 등을 따로 납부할 수 있는 우편물의 종류·수량 및 취급우편관서 그 밖에 필요한 사항의 결정·고시

23. 제33조 제2항에 따른 수취인으로부터의 우편요금 등을 징수하고 우편물을 배달할 수 있는 경우의 인정

24. 다음 각 목의 사항의 결정·고시

    가. 제42조 제3항 제1호에 따라 무인우편물보관함 또는 전자 잠금장치가 설치된 우편수취함 수취함에서 제공하는 배달확인이 가능한 증명자료로 수령사실의 확인을 갈음할 수 있는 등기우편물에서 제외되는 우편물

    나. 제42조 제3항 제2호 후단에 따른 등기우편물의 배달방법, 증명자료 및 적용기간 등

24의2. 제42조 제4항에 따른 등기우편물로서 소포우편물의 수령사실 확인방법의 결정·고시

25. 제43조 제3호의2에 따른 무인우편물보관함에서 우편물을 교부하는 경우의 본인확인방법, 수취인에 대한 통지방법 및 보관기간 등의 결정·고시

26. 제43조 제10호에 따른 수취인이 우편물의 표면에 기재된 곳 외의 곳으로 배달을 청구할 수 있는 우편물의 결정·고시

27. 제43조 제4호에 따른 우편물배달 특례지역의 인정

② 과학기술정보통신부장관은 법 제12조의3에 따라 다음 각 호의 권한을 지방우정청장에게 위임한다. 〈개정 2005. 8. 19., 2008. 2. 29., 2011. 5. 30., 2013. 3. 23., 2014. 11. 11., 2017. 7. 26.〉

1. 법 제3조의2에 따른 우편물의 운송 명령 중 국내우편물의 관내운송 명령

1의2. 삭제 〈2014. 11. 11.〉

2. 법 제45조의2에 따른 서신송달업의 신고 및 변경신고 수리

3. 법 제45조의4에 따른 서신송달업의 휴업·폐업 및 재개업 신고 수리

4. 법 제45조의5에 따른 서신송달업자에 대한 사업개선 명령

5. 법 제45조의6에 따른 서신송달업자에 대한 영업소 폐쇄 및 사업정지 명령

6. 법 제45조의7에 따른 서신송달업자 또는 서신송달을 위탁한 자의 보고 및 조사 등

7. 법 제45조의8에 따른 서신송달업자의 청문

8. 법 제54조의2에 따른 과태료의 부과·징수

9. 제5조에 따른 우편구의 지정·고시(변경하는 경우를 포함한다)

[전문개정 2000. 11. 9.]

제9조의3(우편업무의 전자화)

① 과학기술정보통신부장관은 법 제15조의2 제1항에 따른 전자화대상문서(이하 "전자화대상문서"라 한다)를 정보처리시스템이 처리할 수 있는 형태로 변환하여 처리하려는 경우에는 다음 각 호의 장치 또는 시설을 모두 갖추어야 한다.

1. 법 제15조의2 제2항에 따른 전자화문서(이하 "전자화문서"라 한다)를 작성하는 데 사용되는 스캐너 등의 장치

2. 법 제15조의2 제4항에 따른 전자우편서류관리시스템(이하 "전자우편서류관리시스템"이라 한다)

3. 보안시설

② 과학기술정보통신부장관은 제1항 제1호에 따른 스캐너 등의 장치를 이용하여 전자화문서를 작성하여야 하며, 작성된 전자화문서가 전자화대상문서와 동일성이 확보되도록 기술적 조치를 하여 전자우편서류관리시스템에 보관하여야 한다.

③ 과학기술정보통신부장관은 전자화문서를 출력한 문서가 전자우편서류관리시스템에 보관하고 있는 전자화문서와 동일한지 여부에 대하여 발송인, 수취인 등이 확인을 요청한 경우에는 그 동일성을 확인하여 주어야 한다.

④ 과학기술정보통신부장관은 전자우편서류관리시스템에 보관하는 전자화문서의 유출·훼손·위조·변조 등을 방지하기 위하여 접근 권한자 지정, 방화벽 설치 및 암호화 소프트웨어의 활용 등 관리적·기술적 조치를 하여야 한다.

⑤ 제1항부터 제4항까지에서 규정한 사항 외에 우편업무의 전자화에 필요한 사항은 과학기술정보통신부장관이 정한다.

[본조신설 2018. 8. 21.]

제10조(고유식별정보의 처리)

과학기술정보통신부장관(제9조의2에 따라 과학기술정보통신부장관의 권한을 위임받은 자를 포함한다)은 법 제2조 제5항 단서에 따른 우편업무의 위탁에 관한 사무를 수행하기 위하여 불가피한 경우 「개인정보 보호법 시행령」 제19조 제1호에 따른 주민등록번호가 포함된 자료를 처리할 수 있다. 〈개정 2017. 7. 26.〉
[본조신설 2014. 8. 6.]

제10조의2(군사우편물)

① 법 제16조 제2항의 규정에 의한 군사우편물이라 함은 다음 각 호의 우편물을 말한다.
  1. 국방부장관이 지정하는 지역에 있는 부대(기관을 포함한다. 이하 같다) 및 그 부대에 속하는 군인·군무원이 발송하는 통상우편물
  2. 제1호의 부대에 입영한 자의 소지품 및 의류 등을 발송하는 소포우편물
② 군사우편물을 발송하는 자는 군사우편물 표면에 "군사우편"이라 표시하여야 한다.
[본조신설 1997. 12. 15.]

제10조의3(군사우편 요금납부)

① 군사우편물의 요금은 발송인이 납부하지 아니하고 국방부장관이 과학기술정보통신부장관에게 분기별로 납부한다. 〈개정 2008. 2. 29., 2013. 3. 23., 2017. 7. 26.〉
② 제1항의 납부액은 국방부소관 세출예산과 우편사업특별회계 세입예산간에 대체납입할 수 있다. 〈개정 2006. 12. 21., 2014. 11. 11.〉
[본조신설 1997. 12. 15.]

제10조의4(군사우편업무 수행에 필요한 편의제공등)

① 국방부장관은 법 제16조 제4항에 따라 다음 각 호의 편의를 제공한다. 〈개정 2014. 11. 11.〉
  1. 전시작전지역에 있는 군사우체국에 근무하는 직원에 대한 피복대여 및 급식제공. 이 경우 급식비는 제10조의3 제1항의 규정에 의하여 납부하는 요금에서 이를 공제한다.
  2. 전시작전지역 안에서 공무수행 중 부상을 입은 군사우체국 근무직원에 대한 우선 응급치료 및 후방 요양기관에의 후송입원

  3. 군사우체국에 근무하는 직원에 대한 종군확인증 발급
[본조신설 1997. 12. 15.]

제10조의5(해외특수지 군사우편)

해외특수지역에 주둔하는 부대 및 그 부대에 속하는 군인·군무원에 대한 군사우편에 대하여는 과학기술정보통신부장관이 국방부장관과 협의하여 정한다. 〈개정 2008. 2. 29., 2013. 3. 23., 2017. 7. 26.〉
[본조신설 1997. 12. 15.]

제11조(우편역무 등의 이용에 따른 수수료)

우편이용자는 다음 각 호의 경우에는 수수료를 납부하여야 한다. 〈개정 2005. 8. 19., 2010. 9. 1., 2011. 12. 2., 2017. 5. 8.〉
  1. 법 제14조 제2항 제3호에 따른 보편적 우편역무와 법 제15조 제2항에 따른 선택적 우편역무의 이용
  2. 법 제32조 제1항에 따른 반환우편물 중 등기우편물의 반환
  3. 제29조 제1항의 규정에 의한 수취인 부담 우편물의 취급
  4. 제36조의2에 따른 수취인과 수취인 주소변경 또는 우편물 반환의 청구
  5. 제38조 제1항의 규정에 의한 사설우체통의 설치·이용
  6. 제43조 제10호에 따른 우편물 배달의 청구
[전문개정 1997. 12. 15.]
[제목개정 2011. 12. 2.]

제12조(우편요금 등의 고시)

과학기술정보통신부장관은 법 제19조의 규정에 의한 우편에 관한 요금 및 우편이용에 관한 수수료(이하 "우편요금 등"이라 한다)를 고시하여야 한다. 〈개정 1997. 12. 15., 2008. 2. 29., 2013. 3. 23., 2017. 7. 26.〉

제13조(우표류의 발행)

① 과학기술정보통신부장관은 법 제21조 제1항 및 제2항의 규정에 의하여 우표와 우편요금을 표시하는 증표를 발행하여 판매할 때에는 그 종류·액면·형식·판매기일 및 판매장소 등을 그때마다 공고하여야 한다. 이 경우 우편요금표시 인영이 인쇄된 봉투는 그 발행에 소요되는 비용을 우편요금과 합산한 금액으로 판매한다. 〈개정 1997. 12. 15., 2008. 2. 29., 2013. 3. 23., 2017. 7. 26.〉
② 삭제 〈1997. 12. 15.〉

제14조 삭제 〈1997. 12. 15.〉

제15조 삭제 〈1997. 12. 15.〉

제15조의2 삭제 〈1997. 12. 15.〉

제16조 삭제 〈1997. 12. 15.〉

제17조 삭제 〈1997. 12. 15.〉

제18조 삭제 〈1997. 12. 15.〉

제19조 삭제 〈1997. 12. 15.〉

제20조 삭제 〈1997. 12. 15.〉

제21조 삭제 〈1997. 12. 15.〉

제22조 삭제 〈1997. 12. 15.〉

제23조 삭제 〈2005. 8. 19.〉

제24조 삭제 〈1997. 12. 15.〉

제25조(우편요금 등의 별납)

① 동일인이 동시에 우편물의 종류와 우편요금 등이 동일한 우편물을 다량으로 발송할 때에는 그 우편요금 등을 따로 납부할 수 있다.

② 제1항에 따라 우편요금 등을 따로 납부할 수 있는 우편물의 종류·수량 및 취급우편관서, 그 밖에 필요한 사항은 과학기술정보통신부장관이 정하여 고시한다. 〈개정 2017. 5. 8., 2017. 7. 26.〉

제26조(우편요금표시기를 사용한 우편물 발송)

① 우편물 발송인은 우표를 부착하지 아니하고 우편요금 납부표시 인영을 인쇄하는 표시기(이하 "우편요금표시기"라 한다)를 사용하여 우편물을 발송할 수 있다. 〈개정 2018. 8. 21.〉

② 제1항의 규정에 의한 우편요금표시기의 사용 및 취급에 관하여 필요한 사항은 과학기술정보통신부령으로 정한다. 〈개정 2008. 2. 29., 2013. 3. 23., 2017. 7. 26., 2018. 8. 21.〉

[전문개정 1997. 12. 15.]
[제목개정 2018. 8. 21.]

제27조 삭제 〈1997. 12. 15.〉

제28조(우편관서에 설치된 우편요금표시기의 이용)

우편물의 발송 우편관서의 장은 해당 우편관서에 설치된 우편요금표시기에 의하여 그 우편요금을 납부하게 할 수 있다. 〈개정 1997. 12. 15., 2018. 8. 21.〉

[제목개정 2018. 8. 21.]

제29조(우편요금 등의 수취인 부담)

① 다음 각 호의 어느 하나에 해당하는 우편물은 우편요금 등을 수취인의 부담으로 발송할 수 있다. 〈개정 2005. 8. 19., 2010. 9. 1.〉

1. 우편물을 다량으로 수취하는 자가 자기부담으로 수취하기 위하여 발송하는 통상우편물

2. 우편요금 등을 수취인이 지불하는 것에 대하여 발송인이 수취인의 승낙을 얻은 등기우편물. 다만, 통상우편물은 우편관서의 장과 발송인 간에 별도의 계약을 체결한 경우로 한정한다.

② 제1항의 규정에 의한 우편요금 등은 수취인이 우편물을 받을 때에 납부한다. 다만, 제30조의 규정에 의하여 우편요금 등을 후납하는 때에는 그러하지 아니하다. 〈개정 2005. 8. 19.〉

③ 제1항 제2호 본문에 따른 우편물의 우편요금 등을 수취인이 납부하지 아니하는 때에는 발송인에게 그 우편물을 반환한다. 이 경우 발송인은 우편요금 등 및 반환 수수료를 납부하여야 한다. 〈신설 2005. 8. 19., 2010. 9. 1., 2017. 5. 8.〉

④ 제1항의 규정에 의한 우편요금 등의 수취인 부담 우편물의 취급에 관하여 필요한 사항은 과학기술정보통신부령으로 정한다. 〈개정 2005. 8. 19., 2008. 2. 29., 2013. 3. 23., 2017. 7. 26.〉

[전문개정 1997. 12. 15.]

제30조(우편요금 등의 후납)

우편물 발송인은 과학기술정보통신부령이 정하는 우편물의 우편요금 등을 발송시에 납부하지 아니하고 일정기간이내에 후납할 수 있다. 〈개정 2008. 2. 29., 2013. 3. 23., 2017. 7. 26.〉

[전문개정 1997. 12. 15.]

제31조 삭제 〈1997. 12. 15.〉

제32조 삭제 〈1997. 12. 15.〉

제33조(우편요금 등의 미납 또는 부족한 우편물)

① 우편요금 등을 미납하거나 부족하게 납부한 우편물은 이를 발송인에게 되돌려 준다. 〈개정 2017. 5. 8.〉
② 제1항의 경우에 발송인의 성명 또는 주소의 불명 기타 사유로 인하여 우편물을 되돌려 줄 수 없거나 해외체류자 또는 해외여행자가 귀국하는 인편을 통하여 국내에서 발송한 경우 기타 과학기술정보통신부장관이 필요하다고 인정하는 경우에는 미납하거나 부족하게 납부한 우편요금 등과 동액의 부가금을 합하여 수취인으로부터 징수하고 이를 배달할 수 있다. 〈개정 1997. 12. 15., 2008. 2. 29., 2013. 3. 23., 2017. 5. 8., 2017. 7. 26.〉
③ 우편요금 등의 미납 또는 부족이 우편관서의 과실로 인한 때에는 그 미납 또는 부족한 우편요금 등을 징수하지 아니한다.

제34조(연체료)

① 우편요금 등의 납부의무자가 우편요금 등을 납부기한까지 완납하지 아니하였을 때에는 법 제24조 제2항에 따라 체납된 우편요금 등의 100분의 3에 상당하는 연체료를 가산하여 징수하며, 납부기한이 지난 날부터 매 1개월이 지날 때마다 체납된 우편요금 등의 1천분의 12에 상당하는 연체료를 추가로 가산하여 징수한다.
② 제1항에도 불구하고 체납된 우편요금 등이 100만 원 미만인 경우에는 체납기간에 관계없이 체납된 우편요금 등의 100분의 3에 상당하는 연체료를 징수하며, 납부의무자가 주한외국공관이나 주한국제연합기관인 경우에는 연체료를 징수하지 아니한다.
③ 제1항에 따라 연체료를 추가로 가산하여 징수하는 기간은 60개월을 초과하지 못한다.

[전문개정 2018. 8. 21.]

제35조(우편요금 등의 반환)

① 법 제25조의 규정에 의하여 납부인의 청구에 따라 되돌려 주는 우편요금 등은 다음 각 호와 같다. 〈개정 1997. 12. 15., 2010. 9. 1., 2017. 5. 8.〉
　1. 우편관서의 과실로 인하여 과다징수한 우편요금 등
　2. 우편관서에서 우편물의 특수취급의 수수료를 받은 후 우편관서의 과실로 인하여 특수취급을 하지 아니한 경우 그 특수취급수수료
　3. 사설우체통의 사용을 폐지하거나 사용을 폐지시킨 경우 그 폐지한 다음날부터의 납부수수료 잔액
　4. 납부인이 우편물을 접수한 후 우편관서에서 발송이 완료되지 아니한 우편물의 접수를 취소한 경우
② 제1항의 규정에 의한 우편요금 등의 반환청구는 다음 각 호의 기간 내에 납부한 우편관서에 청구하여야 한다. 〈개정 2017. 5. 8.〉
　1. 제1항 제1호 및 제2호의 경우에는 납부일로부터 60일
　2. 제1항 제3호의 경우에 폐지 또는 취소한 날로부터 30일

[제목개정 2017. 5. 8.]

제36조 삭제 〈2014. 11. 11.〉

제36조의2(우편물 주소 등의 변경 및 반환청구)

우편물 발송인은 우편관서에서 우편물을 배달하기 전 또는 제43조 제6호 및 제7호의 규정에 의하여 배달우편관서의 창구에서 수취인에게 우편물을 교부하기 전에 한하여 수취인과 수취인 주소의 변경 또는 우편물의 반환을 우편관서에 청구할 수 있다. 이 경우 당해 우편관서의 장은 업무상 지장이 큰 것으로 판단하는 때에는 이에 응하지 아니할 수 있다. 〈개정 2017. 5. 8.〉

[본조신설 1997. 12. 15.]
[제목개정 2017. 5. 8.]

제36조의3(열어보지 아니하고 되돌려 보내는 우편물의 범위)

법 제28조 제2항 단서에서 "대통령령이 정하는 봉함한 우편물"이라 함은 서신, 통화가 들어 있는 봉함한 통상우편물을 말한다. 〈개정 2011. 12. 2.〉

[본조신설 2007. 4. 20.]
[제목개정 2017. 5. 8.]

제37조 삭제 〈1997. 12. 15.〉

제38조(사설우체통의 설치 · 이용)

① 우편물 발송인은 자기부담으로 설치한 사설우체통을 이용하여 우편물을 발송할 수 있다.

② 제1항의 규정에 의한 사설우체통의 설치 및 이용에 관하여 필요한 사항은 사설우체통을 설치한 자와 당해 우체통의 우편물을 수집하는 우체국장 간의 계약으로 정한다. 〈개정 1998. 12. 31.〉

[전문개정 1997. 12. 15.]

제39조 삭제 〈1997. 12. 15.〉

제40조 삭제 〈1997. 12. 15.〉

제41조 삭제 〈1997. 12. 15.〉

제42조(우편물의 배달)

① 법 제31조 본문의 규정에 의하여 우편물은 관할 배달우편관서에서 그 우편물의 표면에 기재된 곳에 배달한다. 이 경우 2인 이상을 수취인으로 정한 우편물은 그중 1인에게 배달한다. 〈개정 1997. 12. 15.〉

② 우편사서함(이하 "사서함"이라 한다) 번호를 기재한 우편물은 당해 사서함에 배달한다.

③ 등기우편물은 수취인 · 동거인(동일 직장에서 근무하는 자를 포함한다) 또는 43조 제1호 및 제5호에 따른 수령인으로부터 그 수령사실의 확인을 받고 배달해야 한다. 다만, 다음 각 호의 어느 하나에 해당하는 경우에는 해당 증명자료로 그 수령사실의 확인을 갈음할 수 있다. 〈개정 1994. 7. 23., 1997. 12. 15., 2010. 9. 1., 2013. 3. 23., 2017. 5. 8., 2017. 7. 26., 2018. 8. 21., 2020. 9. 8.〉

1. 등기우편물(법원의 송달서류, 현금, 유가증권 등을 발송하는 우편물로서 과학기술정보통신부장관이 정하여 고시하는 우편물은 제외한다. 이하 제2호 및 제43조 제8호에서 같다)을 제43조 제8호에 따라 무인우편물보관함(대면 접촉 없이 우편물을 수령하는 장치를 말한다. 이하 같다)에 배달하거나 전자잠금장치가 설치된 우편수취함에 배달하고 해당 무인우편물보관함 또는 우편수취함에서 배달확인이 가능한 증명자료를 제공하는 경우

2. 「감염병의 예방 및 관리에 관한 법률」에 따른 감염병 확산으로 인해 「재난 및 안전관리 기본법」 제60조에

따른 특별재난지역으로 선포된 지역에서 감염병 확산 방지 및 예방을 위해 등기우편물을 대면 접촉 없이 우편수취함(무인우편물보관함 및 전자잠금장치가 설치된 우편수취함은 제외한다)에 배달하고 배달안내문, 배달사진, 전화, 이메일 등에 의하여 배달확인이 가능한 증명자료를 제공하는 경우. 이 경우 구체적인 배달방법, 증명자료 및 적용기간 등은 과학기술정보통신부장관이 정하여 고시한다.

④ 등기우편물로서 소포우편물을 배달하는 경우에는 제3항에도 불구하고 과학기술정보통신부장관이 수령사실의 확인방법을 달리 정하여 고시할 수 있다. 〈신설 2018. 8. 21.〉

제43조(우편물 배달의 특례)

법 제31조 단서에 따라 우편물을 해당 우편물의 표면에 기재된 곳 외의 곳에 배달할 수 있는 경우는 다음 각 호와 같다. 〈개정 1994. 7. 23., 1997. 12. 15., 2008. 2. 29., 2008. 12. 31., 2010. 9. 1., 2013. 3. 23., 2015. 6. 9., 2017. 5. 8., 2017. 7. 26., 2018. 8. 21.〉

1. 동일건축물 또는 동일구내의 수취인에게 배달할 우편물로서 그 건축물 또는 구내의 관리사무소, 접수처 또는 관리인에게 배달하는 경우

2. 사서함을 사용하고 있는 수취인에게 배달할 우편물로서 사서함 번호를 기재하지 아니한 것을 그 사서함에 배달하는 경우

3. 우편물을 배달하지 아니하는 날에 수취인의 청구에 의하여 배달우편관서 창구에서 우편물을 교부하는 경우

3의2. 수취인의 일시부재나 그 밖의 사유로 우편물을 배달하지 못하여 배달우편관서 창구 또는 무인우편물보관함(과학기술정보통신부장관이 본인확인방법, 수취인에 대한 통지방법, 보관기간 등을 정하여 고시하는 기준에 적합한 무인우편물보관함을 말한다)에서 우편물을 교부하는 경우

4. 교통이 불편한 도서지역이나 농어촌지역 또는 과학기술정보통신부장관이 필요하다고 인정하는 지역으로 배달할 우편물을 과학기술정보통신부령이 정하는 바에 의하여 개별 또는 공동수취함을 설치하고 그 수취함에 배달하는 경우

5. 수취인이 동일 집배구(우편집배원이 우편물을 수집하고 배달하는 구역을 말한다. 이하 같다)에 거주하는 자를 대리수령인으로 지정하여 배달우편관서에 신고

한 경우에는 그 대리수령인에게 등기우편물을 배달하는 경우

6. 우편물에 "우체국보관" 표시가 있는 것으로서 과학기술정보통신부령이 정하는 바에 의하여 당해 배달우편관서 창구에서 수취인에게 교부하는 경우

7. 교통이 불편하여 통상의 방법으로 우편물 배달이 어려운 지역에 배달할 우편물로서 과학기술정보통신부령이 정하는 바에 의하여 당해 배달우편관서 창구에서 수취인에게 교부하는 경우

8. 무인우편물보관함을 이용하는 수취인의 신청 또는 동의를 받아 그 수취인과 동일 집배구에 있는 무인우편물보관함에 등기우편물을 배달하는 경우

9. 법 제31조의2에 따라 수취인이 주거이전을 신고한 경우로서 우편물을 수취인이 신고한 곳으로 전송하는 경우

10. 수취인이 과학기술정보통신부장관이 정하여 고시하는 우편물에 대하여 우편물의 표면에 기재된 곳 외의 곳으로 배달을 청구하는 경우

[제목개정 2015. 6. 9.]

제44조(우편물의 전송 수수료)

법 제31조의2 제2항에 따른 우편물의 전송 수수료는 우편물을 수취인이 주거를 이전한 곳으로 전송하는 거리에 따라 소요되는 비용 등을 고려하여 과학기술정보통신부장관이 정하여 고시한다. 〈개정 2017. 7. 26.〉

[본조신설 2015. 6. 9.]

제45조 삭제 〈1997. 12. 15.〉

제46조(사서함의 설치·이용 등)

① 우편관서는 법 제37조의 규정에 의하여 배달우편관서에 사서함을 설치할 수 있다. 다만, 관할 지방우정청장이 필요하다고 인정하는 경우에는 배달업무를 취급하지 아니하는 우편관서에도 사서함을 설치할 수 있다. 〈개정 1997. 12. 15., 2011. 5. 30.〉

② 사서함의 이용 및 관리 등에 관하여 필요한 사항은 과학기술정보통신부령으로 정한다. 〈신설 1997. 12. 15., 2008. 2. 29., 2013. 3. 23., 2017. 7. 26.〉

제47조 삭제 〈1997. 12. 15.〉

제48조 삭제 〈1997. 12. 15.〉

제49조 삭제 〈1997. 12. 15.〉

제50조(고층건물의 우편수취함 설치)

① 법 제37조의2의 규정에 의한 건축물의 소유자 또는 관리인은 당해 건축물의 출입구에서 가까운 내부의 보기쉬운 곳에 그 건축물의 주거시설·사무소 또는 사업소별로 우편수취함을 설치하여야 한다.

② 제1항의 규정에 의한 우편수취함의 설치 및 관리 등에 관하여 필요한 사항은 과학기술정보통신부령으로 정한다. 〈개정 1997. 12. 15., 2008. 2. 29., 2013. 3. 23., 2017. 7. 26.〉

제51조(고층건물내의 우편물의 배달)

① 제50조 제1항의 규정에 의한 건축물에 배달되는 우편물은 해당 건축물에 설치된 우편수취함에 배달한다. 다만, 제43조 제1호의 규정에 의한 경우에는 그러하지 아니하다. 〈개정 1990. 8. 8., 2018. 8. 21.〉

② 법 제37조의2의 규정에 의한 건축물에 우편수취함을 설치하지 아니한 경우에는 배달우편관서에서 우편물을 보관교부할 수 있다. 〈개정 1992. 5. 30., 1997. 12. 15., 2000. 11. 9.〉

③ 제2항의 규정에 의한 보관교부는 그 실시일전 5일까지 그 건축물의 관리인 및 입주자에게 우편수취함설치의 촉구, 우편물의 보관사유·장소, 우편물의 수취요령 등을 통지하여야 한다.

제52조(손해배상)

① 삭제 〈2005. 8. 19.〉

② 법 제38조 제4항의 규정에 의하여 손해배상액은 예산의 범위 안에서 당해 우편관서에서 보유하고 있는 자금 중에서 우선지급하고 이를 사후 보전할 수 있다.

[전문개정 1997. 12. 15.]

[제목개정 2005. 8. 19.]

제53조(손해배상금의 반환)

법 제45조의 규정에 의하여 우편물의 교부를 청구하고자 하는 자가 반환하여야 할 손해배상금은 다음 각 호와 같다.

1. 우편물에 손해가 없는 경우에는 손해배상금의 전액

2. 우편물에 손해가 있는 경우에는 손해배상금중 실제
   손해액을 뺀 금액

제53조의2(소규모 서신송달업자의 신고 면제)

법 제45조의2 제1항 단서에서 "대통령령으로 정하는 기준에
해당하는 소규모 서신송달업을 하려는 자"란「부가가치세법」
제61조에 따라 간이과세자에 관한 규정이 적용되는 사업자
로서 서신송달업을 하려는 자를 말한다.
[본조신설 2014. 11. 11.]

제53조의3(규제의 재검토)

과학기술정보통신부장관은 제54조 및 별표에 따른 과태료
의 부과기준에 대하여 2015년 1월 1일을 기준으로 3년마다(매
3년이 되는 해의 1월 1일 전까지를 말한다) 그 타당성을 검토
하여 개선 등의 조치를 하여야 한다. 〈개정 2017. 7. 26.〉
[본조신설 2014. 11. 11.]

제54조(과태료의 부과기준)

법 제54조의2에 따른 과태료의 부과기준은 별표와 같다.
[본조신설 2011. 12. 2.]

부칙〈제30992호, 2020. 9. 8.〉

제1조(시행일)

이 영은 공포한 날부터 시행한다.

제2조(등기우편물의 배달에 관한 적용례)

제42조 제3항 제2호의 개정규정은 이 영 시행 이후 접수되
는 등기우편물부터 적용한다.

03 우편법 시행규칙

[시행 2020. 6. 16.] [과학기술정보통신부령 제48호, 2020. 6. 16., 일부개정]

제1장 총칙

제1조(목적)

이 규칙은 「우편법」 및 같은 법 시행령에서 위임된 사항과 그 시행에 관하여 필요한 사항을 규정함을 목적으로 한다. 〈개정 2005. 8. 4., 2007. 4. 20.〉

제2조(창구업무의 취급 등)

① 우체국의 창구에서 취급하는 우편업무의 범위와 취급시간은 우정사업본부장이 정하는 바에 의한다. 다만, 특별한 사정이 있는 때에는 우체국장은 필요하다고 인정하는 업무에 대하여 취급시간을 연장할 수 있다. 〈개정 1995. 12. 30., 2001. 4. 20.〉

② 우편물의 수집·배달 및 운송의 횟수와 시간은 관할지방우정청장이 정한다. 〈개정 2014. 12. 4.〉

③ 우체국장은 취급업무의 종류·취급시간, 우편물의 규격·중량·포장, 우편요금 및 우편이용수수료 등 우편이용자가 알아야 할 사항을 적은 안내판을 우체국 안의 보기 쉬운 곳에 언제나 걸어 놓아야 한다. 〈개정 2019. 2. 8.〉

[제목개정 2019. 2. 8.]

제2조의2(우편주문판매 등의 위탁)

「우편법 시행령」(이하 "영"이라 한다) 제4조 제1항 제4호에서 "과학기술정보통신부령이 정하는 업무"라 함은 다음 각 호의 업무를 말한다. 〈개정 2001. 4. 20., 2007. 4. 20., 2008. 3. 3., 2013. 3. 24., 2015. 7. 21., 2017. 7. 26., 2018. 2. 19.〉

1. 제25조 제1항 제10호의 우편주문판매 공급업체의 선정 및 관리 업무

1의2. 영 제4조 제1항 제3호에 따른 우표류(이하"우표류"라 한다)를 이용한 제25조 제1항 제11호의 광고우편의 모집 및 대리점 선정·관리업무

2. 제25조 제1항 제12호의 전자우편물 내용의 출력·인쇄 업무 및 이를 봉투에 넣거나 봉함하는 업무

3. 제25조 제1항 제21호에 따른 우편물의 반환 정보 제공 업무

[본조신설 1997. 12. 31.]

[제목개정 2015. 7. 21.]

제2조의3 삭제 〈2014. 12. 4.〉

제3조(방문접수업무와 집배업무 위탁방법)

영 제4조 제2항에 따른 우편물 방문접수업무와 집배업무의 위탁방법은 해당 위탁업무를 하는 지역의 인구와 우편물의 증감 등을 고려하여 우정사업본부장이 정한다.

[전문개정 2014. 12. 4.]

제4조(우편업무의 일부를 수탁할 수 있는 자의 자격)

① 영 제4조 제1항 제1호에 따른 우편물방문접수 업무를 위탁받을 수 있는 자는 다음 각 호와 같다. 〈개정 2005. 8. 4., 2014. 12. 4.〉

1. 개인 : 18세 이상으로서 「국가공무원법」 제33조 각 호의 어느 하나에 해당하지 아니한 자

2. 법인 : 위탁업무의 수행에 필요한 시설·장비 및 인력 등 우정사업본부장이 정하는 요건을 갖춘 자

② 영 제4조 제1항 제2호에 따른 우편물의 집배업무·운송업무 및 발착업무를 위탁받을 수 있는 자는 다음 각 호의 구분에 따른다. 〈개정 1999. 1. 21., 2001. 4. 20., 2005. 8. 4., 2010. 9. 1., 2014. 12. 4., 2018. 2. 19.〉

1. 우편물 집배업무 위탁의 경우

가. 개인 : 18세 이상으로서 「국가공무원법」 제33조 각 호의 어느 하나에 해당하지 아니한 자

나. 법인 : 위탁업무 수행에 필요한 시설·장비 및 인력 등 우정사업본부장이 정하는 요건을 갖춘 자

다. 「우체국창구업무의 위탁에 관한 법률」 제4조에 따른 수탁자

라. 그 밖에 집배업무의 공익성·정시성(正時性) 등을 고려하여 우정사업본부장이 정하는 요건을 충족하는 자

2. 삭제 〈2014. 12. 4.〉

3. 우편물 운송업무 위탁의 경우 : 우정사업본부장이 지정하는 비영리법인 또는 「화물자동차 운수사업법 시행령」 제3조 제1호에 따른 일반화물자동차운송사업자

4. 우편물 발착업무 위탁의 경우 : 우정사업본부장이 지정하는 비영리법인 또는 발착업무의 공익성·정시성 등을 고려하여 우정사업본부장이 정하는 요건에 적합한 자

③ 영 제4조 제1항 제3호에 따른 우표류 조제업무를 위탁받을 수 있는 자는 우정사업본부장이 지정하는 비영리법인 또는 특별법에 의하여 설립된 법인으로 한다. 〈신설 1999. 1. 21., 2001. 4. 20., 2005. 8. 4., 2014. 12. 4.〉

④ 제2조의2에 따른 업무를 위탁받을 수 있는 자는 위탁업무의 수행에 필요한 시설·장비 및 인력 등 우정사업본부장이 정하는 요건을 갖춘 법인으로 한다. 〈신설 2005. 8. 4., 2014. 12. 4.〉

[전문개정 1997. 12. 31.]

제4조의2(위탁지역의 우편물방문접수업무의 처리절차)

우편물방문접수업무의 처리절차는 우정사업본부장이 정하는 바에 따라 위탁지역을 관할하는 우체국장과 당해업무를 위탁받는 자와의 계약에 의하여 이를 정한다. 〈개정 2001. 4. 20., 2005. 8. 4.〉

[본조신설 1997. 12. 31.]

제5조(위탁지역의 우편물 집배·운송절차)

① 제3조에 따라 위탁한 우편물의 집배절차는 우정사업본부장이 정하는 바에 따라 관할지방우정청장 또는 관할우체국장과 집배업무를 위탁받는 자와의 계약으로 정한다. 〈개정 1995. 12. 30., 1999. 1. 21., 2001. 4. 20., 2010. 9. 1., 2014. 12. 4.〉

② 삭제 〈2014. 12. 4.〉

③ 우편물위탁운송지역의 우편물의 운송절차는 우정사업본부장이 정하는 바에 따라 위탁지역 관할지방우정청장과 해당 업무를 위탁받는 자와의 계약으로 정한다. 〈개정 1995. 12. 30., 1999. 1. 21., 2001. 4. 20., 2014. 12. 4.〉

④ 우편물 발착위탁업무의 처리절차는 우정사업본부장이 정하는 바에 따라 발착업무를 위탁하는 우체국장과 그 업무를 위탁받는 자와의 계약에 따라 정한다. 〈신설 2010. 9. 1.〉

제5조의2(우표류조제위탁업무의 처리절차)

우표류조제위탁업무의 처리절차는 우정사업본부장과 당해 업무를 위탁받는 자와의 계약에 의하여 이를 정한다. 〈개정 2001. 4. 20.〉

[본조신설 1997. 12. 31.]

제5조의3(우편주문판매 등의 위탁업무의 처리절차)

제2조의2의 규정에 의한 위탁업무의 처리절차는 우정사업본부장과 당해업무를 위탁받는 자와의 계약에 의하여 이를 정한다. 〈개정 2001. 4. 20.〉

[본조신설 1997. 12. 31.]

제6조(위탁업무의 취급수수료 등)

① 영 제4조 제4항에 따라 같은 조 제1항 제1호·제3호 및 제4호의 위탁업무의 위탁수수료 및 경비는 우편의 공공성·신뢰성을 유지하기 위하여 소요되는 원가 등을 고려하여 산정·지급한다. 〈신설 1997. 12. 31., 2014. 12. 4.〉

② 삭제 〈2014. 12. 4.〉

③ 우편물 집배업무, 운송업무와 발착(發着)업무의 위탁수수료는 우편물의 공공성·안전성 및 정시성을 유지하기 위하여 소요되는 원가를 고려하여 산정·지급한다. 〈개정 2010. 9. 1., 2014. 12. 4.〉

제7조(손실보상 등의 청구)

① 법 제4조 제1항에 따른 우편운송 등의 조력자에 대한 보수와 법 제5조에 따른 우편운송원 등의 통행으로 인한 피해에 대한 손실보상을 청구하고자 하는 자는 다음 각 호의 사항을 기재한 청구서를 그 우편운송원 등이 소속된 우체국장을 거쳐 관할지방우정청장에게 제출하여야 한다. 〈개정 2007. 4. 20., 2011. 12. 2., 2014. 12. 4.〉

1. 청구인의 성명·주소

2. 청구사유

3. 청구금액

② 제1항의 경우 소속우체국장은 보수 또는 손실보상의 청구내용에 대한 의견서를 첨부하여야 한다.

③ 제1항 및 제2항에 따른 청구서 및 의견서를 받은 지방우정청장은 그 내용을 심사하여 청구내용이 정당하지 아니하다고 인정하여 청구금액을 지급할 수 없는 때에는 그 사유서를 청구인에게 송부하고, 청구내용이 정당하다고 인정하는 때에는 청구한 보수 또는 손실보상금을 청구인에게 지급하여야 한다. 〈개정 2014. 12. 4.〉

④ 제1항에 따른 청구를 받은 지방우정청장은 필요하다고 인정하는 때에는 청구인의 출석을 요구하여 질문하거나 관계자료를 제출하게 할 수 있다. 〈개정 2014. 12. 4.〉

제8조(이용의 제한 및 업무의 정지)

우정사업본부장은 법 제6조의 규정에 의하여 우편이용을 제한하거나 우편업무의 일부를 정지한 때에는 이를 공고하여야 한다. 〈개정 1995. 12. 30., 2001. 4. 20.〉

제9조(우편구의 구별)

① 영 제5조 제1항에 따른 우편구는 시내우편구와 시외우편구로 구분하되 시내우편구는 우체국의 소재지와 그 가까운 지역으로서 관할지방우정청장이 지정하는 지역으로 하고, 시외우편구는 시내우편구를 제외한 지역으로 한다. 〈개정 2014. 12. 4.〉

② 지방우정청장은 제1항에 따라 시내우편구를 지정한 때에는 이를 고시하여야 한다. 이를 변경한 때에도 또한 같다. 〈개정 2014. 12. 4.〉

제10조(우편업무의 시험적 실시)

우정사업본부장은 영 제7조의 규정에 의하여 우편업무에 관한 새로운 제도를 시험적으로 실시하고자 할 때에는 그 명칭 또는 종류·내용 기타 필요한 사항을 미리 공고하여야 한다. 〈개정 1995. 12. 30., 2001. 4. 20.〉

제11조(수탁취급)

우정사업본부장은 영 제7조의2의 규정에 의하여 다른 국가기관·지방자치단체 또는 「공공기관의 운영에 관한 법률」에 따른 공공기관(이하 "공공기관"이라 한다) 등의 업무를 수탁취급하는 경우에는 그 업무의 종류·내용 기타 필요한 사항을 미리 공고하여야 한다. 〈개정 1995. 12. 30., 2001. 4. 20., 2010. 9. 1.〉

제2장 우편역무 〈개정 1997. 12. 31.〉

제1절 보편적 우편역무 〈개정 1997. 12. 31., 2011. 12. 2.〉

제1관 통칙 〈신설 1997. 12. 31.〉

제12조(보편적 우편역무의 제공기준 및 이용조건 등)

① 과학기술정보통신부장관은 법 제14조 제3항에 따라 보편적 우편역무의 제공을 위하여 1근무일에 1회 이상 우편물을 수집하고 배달하여야 한다. 다만, 지리, 교통, 사업환경 등이 열악하여 부득이한 경우에는 이를 조정할 수 있다. 〈개정 2011. 12. 2., 2013. 3. 24., 2017. 7. 26.〉

② 제1항에 따라 수집하거나 우체국 창구에 접수한 우편물의 송달에 걸리는 기간(이하 "우편물 송달기준"이라 한다)은 수집이나 접수한 날의 다음 날부터 3일 이내로 한다. 이 경우 수집이나 접수한 날이란 우편물의 수집을 관할하는 우체국장이 관할지역의 지리·교통상황·우편물 처리능력 및 다른 지역의 우편물송달능력 등을 참작하여 공고한 시간 내에 우체통에 투입되거나 우체국 창구에 접수한 경우를 말한다. 〈개정 2011. 12. 2.〉

③ 「관공서의 공휴일에 관한 규정」에 의한 공휴일 기타 다른 법령에 의한 유급휴일·토요일 및 우정사업본부장이 배달하지 아니하기로 정한 날은 이를 우편물송달기준에 산입하지 아니한다. 〈개정 1995. 12. 30., 2001. 4. 20., 2005. 8. 4., 2006. 2. 9.〉

④ 우정사업본부장은 우체국 및 우체통의 설치현황을 고시하여야 한다. 〈신설 2011. 12. 2.〉

[제목개정 2011. 12. 2.]

제12조의2(보편적 우편역무의 특수취급)

① 법 제14조 제2항 제3호에 따른 특수취급은 제25조 제1항, 제26조부터 제29조까지, 제46조부터 제55조까지, 제57조부터 제59조까지, 제61조, 제62조부터 제65조까지, 제70조의8, 제70조의11부터 제70조의17까지를 준용한다. 〈개정 2016. 3. 16., 2020. 2. 17.〉

② 보편적 우편역무의 특수취급 종류와 이에 따른 우편물은 별표 1과 같다. 〈개정 2016. 3. 16.〉

③ 보편적 우편역무에 부가할 수 있는 우편역무는 별표 2와 같다.

[본조신설 2011. 12. 2.]

제13조(도서 · 산간오지 등의 우편물송달기준)

① 우정사업본부장은 도서 · 산간오지 등 교통이 불편하여 우편물의 운송이 특히 곤란한 지역에 대하여는 제12조에도 불구하고 지역별 또는 지역상호 간에 적용할 우편물송달기준을 달리 정할 수 있다. 〈개정 1995. 12. 30., 2001. 4. 20., 2014. 12. 4.〉

② 제1항에 따라 우편물송달기준을 달리 정한 때에는 관할 지방우정청장은 그 지역과 세부적인 우편물송달기준을 정하여 공고하여야 한다. 〈개정 2014. 12. 4.〉

제14조(우편물송달기준 적용의 예외)

「신문 등의 진흥에 관한 법률」 제9조에 따라 등록된 일간신문(주 5회 이상 발행되는 신문으로 한정한다) 및 관보를 제86조 제1항에 따른 우편물정기발송계약에 따라 발송할 때에는 제12조 제2항 전단에도 불구하고 접수한 날의 다음날까지 이를 송달할 수 있다. 〈개정 2018. 2. 19.〉

[전문개정 2010. 9. 1.]

제15조(우편물송달기준의 이행)

① 우정사업본부장은 우편물의 종류별 · 지역별로 우편물송달기준의 이행목표율을 정하여 고시하여야 한다. 〈개정 1995. 12. 30., 2001. 4. 20.〉

② 우정사업본부장은 제1항의 규정에 의한 이행목표율의 달성도를 매년 1회 이상 조사하여 그 결과를 공표하여야 한다. 〈개정 1995. 12. 30., 2001. 4. 20.〉

③ 우정사업본부장은 법 제6조의 규정에 의하여 우편물의 이용을 제한하거나 우편업무의 일부를 정지하는 경우 또는 일시에 다량의 우편물이 접수되어 특별한 송달대책이 요구되는 경우 그 기간 동안에는 제1항의 규정에 의한 이행목표율을 보다 낮은 수준으로 정하여 고시할 수 있다. 〈개정 1995. 12. 30., 2001. 4. 20.〉

제15조의2(이용자에 대한 실비의 지급)

① 우편관서의 장은 보편적 우편역무 및 선택적 우편역무의 제공과 관련하여 우정사업본부장이 공표하는 기준을 충족하지 못한 경우에는 예산의 범위 안에서 해당 이용자에게 교통비 등 실비의 전부 또는 일부를 지급할 수 있다. 〈개정 2011. 12. 2.〉

② 제1항의 규정에 의한 실비 지급의 절차는 우정사업본부장이 정하여 고시한다.

[본조신설 2001. 4. 20.]

제16조(우편물의 외부 기재사항)

① 영 제6조 제2항에 따라 우편물의 외부에는 우편요금의 납부표시, 그 밖에 우편물의 취급을 위하여 이 규칙에서 정한 사항을 적어야 한다. 〈개정 2010. 9. 1.〉

② 우편물의 발송인은 제1항의 기재사항 외에 우편물의 취급에 지장이 없는 범위 안에서 우정사업본부장이 정하여 고시하는 사항을 우편물의 외부에 표시하거나 부착할 수 있다. 〈개정 1995. 12. 30., 2001. 4. 20.〉

③ 제1항 및 제2항의 규정에 의한 사항을 우편물의 외부에 기재하거나 표시 또는 부착하는 경우 그 방법 · 위치 등은 우정사업본부장이 정하여 고시하는 요건에 적합하여야 한다. 〈개정 1995. 12. 30., 2001. 4. 20.〉

제17조(우편날짜도장의 사용)

① 우체국은 우편물의 접수확인 및 우표의 소인을 위하여 우편날짜도장을 찍는다. 다만, 영 제13조 제1항에 따라 우정사업본부장이 발행하는 우편요금표시 인영이 인쇄된 연하우편엽서와 연하우편봉투 및 이 규칙에서 따로 정한 경우에는 그러하지 아니하다. 〈개정 1995. 12. 30., 2001. 4. 20., 2014. 12. 4.〉

② 우편날짜도장의 종류 · 형식 및 사용범위에 관하여는 우정사업본부장이 정한다. 〈개정 1995. 12. 30., 1997. 12. 31., 2001. 4. 20., 2014. 12. 4.〉

[제목개정 2014. 12. 4.]

제18조 삭제 〈1997. 12. 31.〉

제2관 통상우편물 〈개정 1997. 12. 31.〉

제19조(통상우편물의 봉함 · 규격 등)

① 통상우편물은 봉투에 넣어 봉함하여 발송하여야 하며, 봉함하기가 적합하지 아니한 우편물은 법 제17조 제2항의 규정에 의하여 우정사업본부장이 정하여 고시한 기준에 적합하도록 포장하여 발송할 수 있다. 다만, 다음 각 호의 1에 해당하는 우편물의 경우에는 그러하지 아니하다. 〈개정 1997. 12. 31., 2001. 4. 20., 2011. 12. 2.〉

1. 우정사업본부장이 발행하는 우편엽서

1의2. 영 제3조 제4호에 해당하는 우편물

2. 제20조의 규정에 의한 요건을 갖춘 사제엽서

3. 제25조 제1항 제9호의 규정에 의한 모사전송우편물

4. 제25조 제1항 제12호의 규정에 의한 전자우편물

② 삭제 〈1997. 12. 31.〉

③ 우편엽서는 그 종류·규격·형식·발행방법 등에 관하여 우정사업본부장이 정하여 고시하는 것으로 한다. 〈개정 1995. 12. 30., 2001. 4. 20.〉

④ 우정사업본부장은 우편물의 안전한 송달과 취급을 위하여 필요한 경우에는 우편물의 규격을 정하여 고시할 수 있다. 〈개정 1995. 12. 30., 2001. 4. 20.〉

제20조(사제엽서의 제조요건)

법 제21조 제3항에 따라 우편엽서를 개인, 기관 또는 단체가 조제하는 경우에는 제19조 제3항에 따라 우정사업본부장이 정하여 고시하는 우편엽서의 종류·규격·형식 등에 적합하여야 한다. 〈개정 1995. 12. 30., 2001. 4. 20., 2014. 12. 4.〉

1. 삭제 〈2014. 12. 4.〉

2. 삭제 〈2014. 12. 4.〉

3. 삭제 〈2014. 12. 4.〉

4. 삭제 〈2014. 12. 4.〉

제21조(투명봉투의 사용)

통상우편물로서 무색 투명한 부분이 있는 봉투를 사용하는 경우에는 해당 봉투의 투명한 부분으로 발송인 또는 수취인의 성명·주소와 우편번호를 볼 수 있도록 하여야 한다. 이 경우 투명부분의 크기는 우편날짜도장의 날인, 우편요금의 납부표시, 우편물의 종류표시 그 밖의 우편물 취급에 지장이 없도록 하여야 한다. 〈개정 2014. 12. 4.〉

제3관 소포우편물 〈개정 1997. 12. 31.〉

제22조 삭제 〈2011. 12. 2.〉

제23조 삭제 〈1997. 12. 31.〉

제24조 삭제 〈1997. 12. 31.〉

제2절 선택적 우편역무 〈개정 1997. 12. 31., 2011. 12. 2.〉

제1관 통칙 〈개정 1997. 12. 31.〉

제25조(선택적 우편역무의 종류 및 이용조건 등)

① 법 제15조제3항에 따른 선택적 우편역무의 종류는 다음 각 호와 같이 구분한다. 〈개정 1999. 1. 21., 1999. 7. 20., 2001. 4. 20., 2005. 8. 4., 2006. 2. 9., 2007. 1. 10., 2010. 9. 1., 2011. 12. 2., 2014. 12. 4., 2015. 7. 21., 2016. 3. 16., 2018. 2. 19., 2020. 2. 17.〉

1. 등기취급

우편물의 접수에서 배달까지 모든 단계의 취급과정을 기록하는 우편물의 특수취급제도

1의2. 준등기취급

우편물의 접수에서 배달 전(前) 단계까지의 취급과정을 기록하는 우편물의 취급제도

2. 보험취급

가. 보험통상 : 등기취급을 전제로 보험등기 취급용 봉투를 이용하여 유가증권, 통화 또는 소형포장우편물 등의 통상우편물을 배달하는 특수취급제도

나. 보험소포 : 등기취급을 전제로 사회통념상 용적에 비하여 가격이 높다고 발송인이 신고한 것으로서 그 취급에 특히 유의할 필요가 있는 고가품·귀중품 등의 소포우편물을 배달하는 특수취급제도

3. 삭제 〈2020. 2. 17.〉

4. 증명취급

가. 내용증명 : 등기취급을 전제로 우체국창구 또는 정보통신망을 통하여 발송인이 수취인에게 어떤 내용의 문서를 언제 발송하였다는 사실을 우체국이 증명하는 특수취급제도

나. 삭제 〈2014. 12. 4.〉

다. 배달증명 : 등기취급을 전제로 우편물의 배달일자 및 수취인을 배달우체국에서 증명하여 발송인에게 통지하는 특수취급제도

5. 국내특급우편

등기취급을 전제로 국내특급우편 취급지역 상호간에 수발하는 긴급한 우편물로서 통상적인 송달방법보다 빠르게 송달하기 위하여 접수된 우편물을 약속한 시간 내에 신속히 배달하는 특수취급제도

6. 특별송달

등기취급을 전제로 「민사소송법」 제176조의 규정에 의한 방법으로 송달하는 우편물로서 배달우체국에서 배달결과를 발송인에게 통지하는 특수취급제도

7. 민원우편

우정사업본부장이 정하여 고시하는 민원서류 발급을 위하여 등기취급을 전제로 우편 또는 정보통신망을 통하여 발급신청에 필요한 서류와 발급수수료를 송부하고 그에 따라 발급된 민원서류와 발급수수료 잔액 등을 우정사업본부장이 발행하는 민원우편봉투에 함께 넣어 송달하는 특수취급제도

8. 삭제 〈2014. 12. 4.〉

9. 모사전송우편

우체국에서 서신·서류·도화 등의 통신문을 접수받아 수취인의 모사전송기에 전송하는 제도

10. 우편주문판매

등기취급을 전제로 우체국 창구나 정보통신망, 방송채널 등을 통하여 전국 각 지역에서 생산되는 특산품이나 소상공인 및 중소·중견기업 제품 등을 생산자나 판매자에게 주문하고 생산자나 판매자는 우편을 통하여 주문자에게 직접 공급하는 제도

11. 광고우편

우정사업본부장이 조제한 우표류 및 우편차량 또는 우편시설 등에 개인 또는 단체로부터 의뢰받아 광고를 게재하거나 광고물을 부착하는 제도

12. 전자우편

우체국 창구나 정보통신망을 통하여 전자적 형태로 접수된 통신문 등을 발송인이 의뢰한 형태로 출력·봉함하여 수취인에게 배달하는 제도

13. 우편물방문접수

발송인의 요청 또는 발송인과 발송인 소재지역을 관할하는 우체국장과 사전계약에 따라 발송인을 방문하여 우편물을 접수하는 제도

14. 삭제 〈2014. 12. 4.〉

15. 삭제 〈2014. 12. 4.〉

16. 착불배달

영 제29조 제1항 제2호에 따른 등기우편물에 대하여 그 요금을 배달 시 수취인으로부터 수납하는 특수취급제도

17. 계약등기

등기취급을 전제로 우체국장과 발송인과의 별도의 계약에 따라 접수한 통상우편물을 배달하고 그 배달결과를 발송인에게 전자적 방법 등으로 통지하는 특수취급제도

18. 회신우편

등기취급을 전제로 우체국과 발송인과의 별도의 계약에 따라 수취인을 직접 대면하여 우편물을 배달하면서 서명이나 도장을 받는 등 응답을 필요로 하는 사항을 받거나 서류를 인수받아 발송인이나 발송인이 지정하는 자에게 회신하는 특수취급제도

19. 본인지정배달

등기취급을 전제로 우편물을 수취인 본인에게만 배달하여 주는 특수취급제도

20. 우편주소 정보제공

등기취급을 전제로 이사 등 거주지 이전으로 우편주소가 변경된 경우에 우편물을 변경된 우편주소로 배달하고 수취인의 동의를 받아 발송인에게 변경된 우편주소정보를 제공하는 특수취급제도

21. 우편물의 반환 정보 제공

수취인에게 배달할 수 없거나 수취인이 수취를 거부하여 발송인에게 되돌려 보내는 우편물의 목록, 봉투를 스캔한 이미지 및 반환 사유 등 우편물의 반환 정보를 발송인에게 제공하는 제도

22. 선거우편

「공직선거법」, 「국민투표법」, 그 밖에 선거 또는 투표 관련 법령에서 정하는 우편물로서 통상적인 우편물보다 정확하고 신속하게 송달하기 위하여 우선적으로 우편물을 취급 및 배달하는 특수취급제도

② 선택적 우편역무의 종류에 따른 우편물은 별표 3과 같다. 〈개정 2016. 3. 16.〉

③ 선택적 우편역무에 부가할 수 있는 우편역무는 별표 4와 같다. 〈개정 2016. 3. 16.〉

[전문개정 1997. 12. 31.]

[제목개정 2011. 12. 2.]

제2관 등기취급 〈개정 1997. 12. 31.〉

제26조(등기취급)

제25조 제1항 제1호의 등기취급(이하 "등기"라 한다)을 하는 우편물(이하 "등기우편물"이라 한다)에는 발송인이 그 표면의 왼쪽 중간에 "등기"의 표시를 하여야 한다. 〈개정 1997. 12. 31.〉

제27조(등기우편물의 접수)

① 삭제 〈1997. 12. 31.〉
② 등기우편물을 접수한 때에는 발송인에게 접수번호를 기록한 특수우편물수령증을 교부하여야 한다.

제28조(등기우편물 배달시의 수령사실확인 등)

영 제42조 제3항 본문에 따른 등기우편물 배달 시의 수령사실확인은 특수우편물배달증에 수령인이 서명(전자서명을 포함한다) 또는 날인하는 것으로 한다. 다만, 수령인이 본인이 아닌 경우에는 수령인의 성명 및 본인과의 관계를 기재하고 서명(전자서명을 포함한다) 또는 날인하게 하여야 한다. 〈개정 2005. 8. 4., 2010. 9. 1.〉

제2관의2 준등기취급 〈신설 2018. 2. 19.〉

제28조의2(준등기취급)

제25조 제1항 제1호의2의 준등기취급(이하 "준등기"라 한다)을 하는 우편물(이하 "준등기우편물"이라 한다)에는 발송인이 그 표면의 왼쪽 중간에 "준등기"의 표시를 하여야 한다.
[본조신설 2018. 2. 19.]

제28조의3(준등기우편물의 접수)

준등기우편물을 접수한 때에는 발송인에게 접수번호를 기록한 우편물수령증을 교부하여야 한다.
[본조신설 2018. 2. 19.]

제28조의4(준등기우편물의 배달)

준등기우편물의 배달은 우편수취함 등에 투함함으로써 완료되며, 수령인의 수령사실을 확인하지 아니한다.
[본조신설 2018. 2. 19.]

제3관 보험취급 〈개정 1997. 12. 31.〉

제29조(보험통상 및 보험소포의 취급조건 등)

① 통화를 우편물로 발송하려는 경우에는 제25조 제1항 제2호 가목에 따른 보험통상으로 한다. 다만, 제25조 제1항 제7호에 따른 민원우편의 경우에는 그러하지 아니하다.
② 제1항에서 규정한 사항 외에 제25조 제1항 제2호에 따른 보험통상 또는 보험소포 취급우편물의 세부종류, 취급한도, 취급방법 및 절차 등 보험취급에 필요한 사항은 우정사업본부장이 정하여 고시한다.
[전문개정 2018. 2. 19.]

제30조 삭제 〈2018. 2. 19.〉

제31조 삭제 〈2018. 2. 19.〉

제31조의2 삭제 〈2018. 2. 19.〉

제4관 삭제 〈2020. 2. 17.〉

제32조 삭제 〈2020. 2. 17.〉

제33조 삭제 〈2020. 2. 17.〉

제34조 삭제 〈2020. 2. 17.〉

제35조 삭제 〈2020. 2. 17.〉

제36조 삭제 〈2020. 2. 17.〉

제37조 삭제 〈1997. 12. 31.〉

제38조 삭제 〈1997. 12. 31.〉

제39조 삭제 〈1997. 12. 31.〉

제40조 삭제 〈1997. 12. 31.〉

제41조 삭제 〈1997. 12. 31.〉

제42조 삭제 〈1997. 12. 31.〉

제43조 삭제 〈1997. 12. 31.〉

제44조 삭제 〈1997. 12. 31.〉

제45조 삭제 〈1997. 12. 31.〉

제5관 증명취급 〈개정 1997. 12. 31.〉

제46조(내용증명)

① 제25조 제1항 제4호 가목에 따른 내용증명우편물은 한글, 한자 또는 그 밖의 외국어로 자획을 명료하게 기재한 문서(첨부물을 포함한다. 이하 같다)인 경우에 한하여 취급하며, 공공의 질서 또는 선량한 풍속에 반하는 내용의 문서 또는 문서의 원본(사본을 포함한다. 이하 같다)과 등본이 같은 내용임을 일반인이 쉽게 식별할 수 없는 문서는 이를 취급하지 아니한다. 〈개정 1997. 12. 31., 2018. 2. 19.〉

② 제1항에 따른 문서(이하 "내용문서"라 한다)에는 숫자·괄호·구두점이나 그 밖에 일반적으로 사용하는 단위등의 기호를 함께 기재할 수 있다. 〈개정 1997. 12. 31., 2018. 2. 19.〉

제47조(동문내용증명)

2인이상의 수취인에게 발송하는 내용증명우편물로서 그 내용문서가 동일한 것은 이를 동문내용증명으로 할 수 있다.

제48조(내용문서 원본 및 등본의 제출 등)

① 내용증명우편물을 발송하고자 하는 자는 내용문서 원본 및 그 등본 2통을 제출하여야 한다.

② 동문내용증명 우편물인 경우에는 각 수취인별·내용문서 원본과 수취인 전부의 성명 및 주소를 기재한 등본 2통을 제출하여야 한다.

③ 제1항 및 제2항에 따라 제출받은 등본 중 한통은 우체국에서 발송한 다음날부터 3년간 보관하고 나머지 한통은 발송인에게 이를 되돌려 준다. 다만, 발송인이 등본을 필요로 하지 아니하는 때에는 제1항 및 제2항에 따른 등본은 한통을 제출할 수 있다. 〈개정 2018. 2. 19.〉

제49조(내용문서 원본 및 등본의 규격 등)

① 내용문서의 원본 및 등본은「행정 효율과 협업 촉진에 관한 규정」제7조 제6항에 따라 가로 210밀리미터, 세로 297밀리미터의 용지(이하 "기준용지"라 한다)를 사용하여 작성하되, 등본은 내용문서의 원본을 복사한 것이어야 한다. 〈개정 1997. 12. 31., 2005. 8. 4., 2018. 2. 19.〉

② 삭제 〈2001. 4. 20.〉

제50조(문자의 정정 등)

① 내용문서의 원본 또는 등본의 문자나 기호를 정정·삽입 또는 삭제한 때에는 "정정"·"삽입" 또는 "삭제"의 문자 및 자수를 난외 또는 말미여백에 기재하고 그 곳에 발송인의 인장 또는 지장을 찍거나 서명을 하여야 한다. 〈개정 2018. 2. 19.〉

② 제1항의 경우 정정 또는 삭제된 문자나 기호는 명료하게 판독할 수 있도록 남겨두어야 한다.

③ 내용증명우편물을 접수한 후에는 발송인 및 수취인의 성명·주소의 변경, 내용문서원본 또는 등본의 문자나 기호의 정정 등을 청구할 수 없다.

제51조(발송인 및 수취인등의 성명·주소)

① 내용증명우편물의 내용문서 원본, 그 등본 및 우편물의 봉투에 기재하는 발송인 및 수취인의 성명·주소는 동일하여야 한다.

② 제1항의 규정에 불구하고 다수인이 연명하여 동일인에게 내용증명우편물을 발송하는 때에는 연명자중 1인의 성명·주소만을 우편물의 봉투에 기재하여야 한다. 〈신설 1997. 12. 31.〉

제52조(내용문서의 증명)

① 내용증명우편물을 접수할 때에는 접수우체국에서 내용문서 원본과 등본을 대조하여 서로 부합함을 확인한 후 내용문서 원본과 등본의 각통에 발송연월일 및 그 우편물을 내용증명우편물로 발송한다는 뜻과 우체국명을 기재하고 우편날짜도장을 찍는다. 〈개정 2014. 12. 4.〉

② 수취인에게 발송할 내용문서의 원본, 우체국에서 보관할 등본 및 발송인에게 교부할 등본 상호 간에는 우편날짜도장으로 계인(契印)하여야 한다. 〈개정 2014. 12. 4.〉

③ 내용문서의 원본 또는 등본이 2매 이상 합철되는 곳에는 우편날짜도장을 찍거나 천공(穿孔)방식 등으로 간인(間印)하여야 하며, 제50조 제1항에 따라 내용문서의 원본 또는 등본의 정정·삽입 또는 삭제를 기재한 곳에는 우편날짜도장을 찍어야 한다. 〈개정 2014. 12. 4.〉

④ 제1항부터 제3항까지의 규정에 따라 증명한 내용문서의 원본은 우체국의 취급직원이 보는 곳에서 발송인이 수취인 및 발송인의 성명·주소를 기재한 봉투에 넣고 봉함하여야 한다. 〈개정 2014. 12. 4.〉

제53조(내용증명 취급수수료의 계산방법)

① 내용증명 취급수수료는 기준용지의 규격을 기준으로 내용문서의 매수에 따라 계산하되, 양면에 기재한 경우에는 이를 2매로 본다. 〈개정 1997. 12. 31.〉

② 내용증명 취급수수료의 계산에 있어서 내용문서의 규격이 기준용지보다 큰 것은 기준용지의 규격으로 접어서 매수를 계산하고, 기준용지보다 작은 것은 기준용지로 매수를 계산한다.

제54조(발송후의 내용증명 청구)

① 내용증명우편물의 발송인 또는 수취인은 내용증명우편물을 발송한 다음 날부터 3년까지는 우체국에 특수우편물수령증·주민등록증 등의 관계자료를 내보여 동 우편물의 발송인 또는 수취인임을 입증하고 내용증명의 재증명을 청구할 수 있다. 〈개정 2018. 2. 19.〉

② 제1항에 따른 재증명 청구인은 우체국에서 보관 중인 최초의 내용문서 등본과 같은 등본을 우체국에 제출하여야 하며, 재증명 청구를 받은 우체국은 청구인이 제출한 내용문서를 재증명하여 내주어야 한다. 다만, 청구인이 분실 등의 사유로 내용문서를 제출하기 어려운 경우에는 우체국에서 보관 중인 내용문서를 복사한 후 재증명하여 내줄 수 있다. 〈개정 2018. 2. 19.〉

③ 제49조·제50조·제52조 제1항 내지 제3항 및 제53조의 규정은 제1항의 규정에 의한 재증명의 청구에 관하여 이를 준용한다.

제55조(등본의 열람청구)

내용증명우편물의 발송인 또는 수취인은 우편물을 발송한 다음 날부터 3년까지는 발송우체국에 특수우편물수령증·주민등록증 등의 관계자료를 내보여 동 우편물의 발송인 또는 는 수취인임을 입증하고 내용문서 등본의 열람을 청구할 수 있다.

제56조 삭제 〈2014. 12. 4.〉

제57조(배달증명의 표시)

제25조 제1항 제4호 다목의 규정에 의한 배달증명우편물에는 발송인이 그 표면의 보기 쉬운 곳에 "배달증명"의 표시를 하여야 한다. 〈개정 1997. 12. 31.〉

제58조(배달증명서의 송부)

배달증명우편물을 배달한 때에는 발송인에게 배달증명서를 우편으로 송부한다. 다만, 발송인이 원하는 경우에는 정보통신망을 통한 전자적 방법으로 송부할 수 있다. 〈개정 2005. 8. 4.〉

제59조(발송후 배달증명 청구)

등기우편물의 발송인 또는 수취인은 우편물을 발송한 다음 날부터 1년까지는 우체국에 당해 특수우편물수령증·주민등록증 등의 관계자료를 내보여 동 우편물의 발송인 또는 수취인임을 입증하고 그 배달증명을 청구할 수 있다. 다만, 내용증명우편물에 대한 배달증명의 청구기간은 우편물을 발송한 다음 날부터 3년까지로 한다. 〈개정 1999. 1. 21., 2001. 4. 20.〉

제6관 특급취급 〈개정 1997. 12. 31.〉

제60조 삭제 〈2010. 9. 1.〉

제61조(국내특급우편)

① 제25조 제1항 제5호에 따른 국내특급우편물에는 발송인이 그 표면의 보기 쉬운 곳에 "국내특급"의 표시를 하여야 한다. 〈개정 1997. 12. 31., 2010. 9. 1.〉

② 삭제 〈2014. 12. 4.〉

③ 국내특급우편물의 배달은 다음 각 호의 기준에 따른다. 〈개정 2006. 2. 9., 2014. 12. 4., 2018. 2. 19.〉

　1. 도착된 특급우편물은 가장 빠른 배달편에 배달한다.

　2. 수취인의 부재 등의 사유로 1회에 배달하지 못한 특급우편물을 다시 배달하는 경우 2회째에는 제1호에 따른 배달의 예에 따르고, 3회째에는 통상적인 배달의 예에 따른다.

3. 수취인의 거주이전 등으로 배달하지 못한 특급우편물을 전송하거나, 성명·주소 등의 불명으로 반환하는 경우에는 전송 또는 반환하는 날의 다음날까지 송달한다.

④ 삭제 〈1997. 12. 31.〉

⑤ 삭제 〈1997. 12. 31.〉

⑥ 국내특급우편물의 취급지역·취급우체국·취급시간 그 밖에 필요한 사항은 관할지방우정청장이 정하여 고시한다. 〈개정 1995. 12. 30., 1997. 12. 31., 2014. 12. 4.〉

제61조의2 삭제 〈2010. 9. 1.〉

제7관 특별송달 〈개정 1997. 12. 31.〉

제62조(특별송달)

① 다른 법령에 의하여 「민사소송법」이 정하는 방법으로 송달하여야 할 서류를 내용으로 하는 등기통상우편물은 이를 제25조 제1항 제6호의 규정에 의한 특별송달로 할 수 있다. 〈개정 1997. 12. 31., 2005. 8. 4.〉

② 특별송달우편물을 발송할 때에는 그 표면의 왼쪽 중간에 "특별송달"의 표시를 하고, 그 뒷면에 송달상 필요한 사항을 기재한 우편송달통지서용지를 첨부하여야 한다.

제63조(특별송달우편물의 배달)

① 특별송달우편물을 배달하는 때에는 우편송달통지서의 해당란에 수령인의 서명(전자서명을 포함한다) 또는 날인을 받아야 한다. 〈개정 2005. 8. 4.〉

② 특별송달우편물의 수령을 거부하는 때에는 다음 각 호의 1에 해당하는 경우를 제외하고는 그 장소에 우편물을 두어 유치송달할 수 있다.

1. 수취인의 장기간 부재 등으로 대리수령인이 그 우편물을 수취인에게 전달할 수 없는 사유가 입증된 경우

2. 우편물에 기재된 주소지에 수취인이 사실상 거주하지 아니하는 경우

③ 특별송달우편물을 배달한 때에는 배달우체국에서 당해우편물에 첨부된 우편송달통지서에 송달에 관한 사실(제2항의 경우에는 유치송달의 사유 또는 제2항 각 호의 사유를 포함한다)을 기재하여 발송인에게 등기우편으로 송부하여야 한다. 다만, 발송인이 원하는 경우에는 정보통신망을 통한 전자적 방법으로 송부할 수 있다. 〈개정 2005. 8. 4.〉

제8관 민원우편 〈신설 1997. 12. 31.〉

제64조(민원우편물)

① 제25조 제1항 제7호의 규정에 의한 민원우편에 의하여 민원서류를 발급받고자 하는 자는 민원서류의 발급에 필요한 서류와 발급수수료를 우정사업본부장이 발행하는 민원우편발송용 봉투에 함께 넣어 발송하여야 한다. 다만, 정보통신망을 통하여 민원서류를 발급받고자 하는 경우에는 우정사업본부장이 따로 정하는 방법에 의한다. 〈개정 1995. 12. 30., 1997. 12. 31., 2001. 4. 20., 2005. 8. 4.〉

② 민원서류를 발급한 기관은 발급된 민원서류와 민원인으로부터 우송되어 온 통화중에서 발급수수료를 뺀 잔액의 통화를 우정사업본부장이 발행하는 민원우편회송용 봉투에 함께 넣어 회송하여야 한다. 〈개정 1995. 12. 30., 2001. 4. 20.〉

③ 민원우편물을 발송·회송 및 배달하는 경우에는 국내특급 우편물로 취급하여야 한다. 민원우편물을 수취인부재 등의 사유로 배달하지 못하여 다시 배달하는 경우 및 배달하지 못한 민원우편물을 전송 또는 반환하는 경우에도 또한 같다. 〈개정 2006. 2. 9., 2018. 2. 19.〉

제65조(민원우편물의 금액표기)

제64조 제1항 및 제2항의 규정에 의하여 통화를 발송하거나 회송하는 경우에는 그 민원우편의 발송용봉투 또는 회송용 봉투의 해당란에 그 금액을 기재하여야 한다.

제9관 삭제 〈2014. 12. 4.〉

제66조 삭제 〈2014. 12. 4.〉

제67조 삭제 〈1997. 12. 31.〉

제68조 삭제 〈1997. 12. 31.〉

제10관 모사전송우편 〈신설 1997. 12. 31.〉

제69조(모사전송우편)

① 제25조 제1항 제9호에 따른 모사전송우편물을 우체국에서 발송하려는 자는 통신문 및 수취인 성명 등 모사전송에 필요한 사항을 우체국에 제출하여야 한다. 〈개정 2010. 9. 1.〉

② 우체국은 발송인으로부터 제출 받은 통신문을 전송한 후에는 발송인에게 돌려주어야 한다. 〈개정 2010. 9. 1.〉

③ 모사전송우편의 취급지역·취급우체국 기타 필요한 사항은 우정사업본부장이 정하여 고시한다. 〈개정 1995. 12. 30., 1997. 12. 31., 2001. 4. 20.〉

제70조 삭제 〈2014. 12. 4.〉

제11관 우편주문판매 〈신설 1997. 12. 31.〉

제70조의2(우편주문판매의 신청)

제25조 제1항 제10호에 따른 우편주문판매로 물품을 구매하려는 자는 우체국 창구, 정보통신망 또는 방송채널 등을 통하여 주문신청을 하고 그 대금을 지급하여야 한다. 〈개정 1999. 1. 21., 2015. 7. 21.〉
[본조신설 1997. 12. 31.]

제70조의3(우편주문판매 취급조건 등)

우정사업본부장은 우편주문판매로 취급하는 물품의 종류 및 주문방법 등에 관하여 필요한 사항을 인터넷 홈페이지 등에 게시하여야 한다.
[전문개정 2015. 7. 21.]

제12관 광고우편 〈신설 1997. 12. 31.〉

제70조의4(광고우편의 광고금지)

다음 각 호의 1에 해당하는 광고는 이를 광고우편으로 게재할 수 없다.
 1. 공공의 질서와 선량한 풍속을 저해하는 광고
 2. 국민의 건전한 소비생활을 저해하는 광고
 3. 우편사업에 지장을 주는 광고
 4. 특정단체의 정치적 목적을 위한 광고
 5. 과대 또는 허위의 광고
[본조신설 1997. 12. 31.]

제70조의5(광고우편의 이용조건)

광고우편의 이용조건 등 역무제공에 관하여 필요한 사항은 우정사업본부장이 정한다. 〈개정 2001. 4. 20.〉
[본조신설 1997. 12. 31.]

제13관 전자우편 〈신설 1997. 12. 31.〉

제70조의6(전자우편의 접수)

제25조 제1항 제12호의 규정에 의한 전자우편은 우정사업본부장이 정하는 방식에 따라 우체국 창구 또는 정보통신망 등을 이용하여 접수하여야 한다.
[전문개정 2005. 8. 4.]

제70조의7(전자우편물의 취급조건)

전자우편물의 인쇄·봉함 및 배달 등 취급조건에 관하여는 우정사업본부장이 이를 정하여 고시한다. 〈개정 2001. 4. 20.〉
[본조신설 1997. 12. 31.]

제14관 그 밖의 선택적 우편역무 〈신설 1997. 12. 31., 2011. 12. 2.〉

제70조의8(우편물 방문접수의 이용조건)

제25조 제1항 제13호의 규정에 의한 우편물 방문접수의 대상우편물·통수 및 취급우체국 등 우편물 방문접수에 관하여 필요한 사항은 우정사업본부장이 정하여 고시한다. 〈개정 2001. 4. 20.〉
[본조신설 1997. 12. 31.]

제70조의9(우편용품의 조제·판매)

우정사업본부장은 우편이용자의 편의를 도모하기 위하여 특수취급에 필요한 봉투 또는 우편물 포장상자 등 우편관련 용품을 조제·판매할 수 있다. 〈개정 2001. 4. 20.〉
[본조신설 1997. 12. 31.]

제70조의10 삭제 〈2014. 12. 4.〉

제70조의11(착불배달의 취급범위 및 배달방법)

제25조 제1항 제16호에 따른 착불배달의 취급범위 및 배달방법 등에 관하여 필요한 사항은 우정사업본부장이 정하여 고시한다.
[본조신설 2010. 9. 1.]

제70조의12(계약등기의 종류 및 취급관서)

제25조 제1항 제17호에 따른 계약등기의 종류, 취급관서 및 이용조건 등에 관하여 필요한 사항은 우정사업본부장이 정하여 고시한다.

[본조신설 2010. 9. 1.]

제70조의13(회신우편의 회신방법)

제25조 제1항 제18호에 따른 회신우편의 회신방법 등에 관하여 필요한 사항은 우정사업본부장이 정하여 고시한다.

[본조신설 2010. 9. 1.]

제70조의14(본인지정배달의 배달방법)

제25조 제1항 제19호에 따른 본인지정배달의 배달방법 등에 관하여 필요한 사항은 우정사업본부장이 정하여 고시한다.

[본조신설 2010. 9. 1.]

제70조의15(우편주소 정보제공의 방법)

제25조 제1항 제20호에 따른 우편주소 정보제공의 방법 등에 관하여 필요한 사항은 우정사업본부장이 정하여 고시한다.

[본조신설 2010. 9. 1.]

제70조의16(우편물 반환 정보 제공의 방법)

제25조 제1항 제21호에 따른 우편물의 반환 정보 제공의 방법 등에 관하여 필요한 사항은 우정사업본부장이 정하여 고시한다. 〈개정 2018. 2. 19.〉

[본조신설 2015. 7. 21.]

[제목개정 2018. 2. 19.]

제70조의17(선거우편의 취급 및 배달)

① 제25조 제1항 제22호에 따른 선거우편(이하 이 조에서 "선거우편"이라 한다)은 우정사업본부장이 정하여 고시하는 우체국에서 접수한다.

② 선거우편의 취급절차 및 발송방법 등에 관하여 선거 또는 투표 관련 법령에서 특별히 정하는 경우를 제외하고는 우정사업본부장이 정한다.

[본조신설 2016. 3. 16.]

제3장 우편에 관한 요금 〈개정 1997. 12. 31.〉

제1절 우표류의 관리 및 판매

제71조(우표류의 판매기관 등)

① 우표류는 우체국과 다음 각 호의 자가 판매한다. 〈개정 2001. 4. 20., 2014. 12. 4.〉

  1. 우표류를 판매하고자 하는 장소의 소재지를 관할하는 우체국장(열차 또는 선박에서 우표류를 판매하고자 하는 자는 그 시발지, 종착지 또는 선적항을 관할하는 우체국장)과 국내에서의 우표류판매업무에 관한 계약을 체결한 자(이하 "국내판매인"이라 한다)

  2. 우정사업본부장과 국내에서의 우표류 수집 및 취미우표 등을 보급하는 업무(이하 "우취보급업무"라 한다)에 관한 계약을 체결한 자(이하 "국내보급인"이라 한다)

  3. 우정사업본부장과 해외에서의 우취보급업무에 관한 계약을 체결한 자(이하 "국외보급인"이라 한다)

② 삭제 〈2014. 12. 4.〉

[전문개정 1997. 12. 31.]

제71조의2(국내판매인등의 자격요건)

① 국내판매인이 되고자 하는 자는 다음 각 호의 요건을 갖추어야 한다.

  1. 우표류를 일반공중에게 판매하는 것을 목적으로 할 것

  2. 계약신청일전 1년 이내에 제81조 제1항의 규정에 의한 계약해지를 받은 사실이 없을 것

  3. 삭제 〈2014. 12. 4.〉

② 제1항의 요건을 갖춘 자로서 「장애인복지법」 제2조의 규정에 의한 장애인 또는 65세 이상인 자가 국내 우표류판매업무계약을 신청하는 경우에는 우선적으로 계약할 수 있다. 〈개정 2005. 8. 4.〉

③ 국내보급인은 우표문화의 향상과 우취보급업무를 목적으로 설립된 법인으로 한다.

④ 국외보급인은 다음 각 호의 1에 해당하는 자로 한다. 〈개정 2001. 4. 20.〉

  1. 국외에 우표류 거래처를 100개소 이상 가진 자로서 국외에서 우표류 및 우표류를 소재로 한 작품을 연간 미합중국통화 5만 달러 이상 판매한 실적이 있는 자

2. 국외에 지사를 5개소 이상 가진 수출업자로서 연간 미합중국통화 1천만 달러 이상 수출실적이 있는 자

3. 우표문화의 향상과 우취보급업무를 위하여 우정사업본부장이 필요하다고 인정하는 법인 또는 단체

[본조신설 1997. 12. 31.]

제72조 삭제 〈2014. 12. 4.〉

제73조 삭제 〈2014. 12. 4.〉

제74조 삭제 〈2014. 12. 4.〉

제75조 삭제 〈2014. 12. 4.〉

제76조 삭제 〈2014. 12. 4.〉

제76조의2(우표류의 정가판매 등)

① 우표류는 제76조의3의 규정에 의한 할인판매의 경우외에는 정가로 판매하여야 한다. 다만, 제25조 제11호의 규정에 의한 광고우편엽서는 정가와 함께 판매가를 표시하여 할인판매할 수 있으며, 그 할인금액은 정가의 100분의 30의 범위 안에서 우정사업본부장이 미리 정하여 고시한다. 〈개정 2001. 4. 20.〉

② 우표류의 판매기관에서 판매한 우표류에 대하여는 환매 또는 교환의 청구를 할 수 없다. 다만, 다음 각 호의 1에 해당하는 경우에는 동일한 금액에 해당하는 우표류로 교환의 청구를 할 수 있다. 〈개정 2001. 4. 20.〉

1. 사용하지 아니한 우표류로서 더럽혀지거나 헐어 못쓰게 되지 아니한 경우

2. 우편요금이 표시된 인영외의 부분이 더럽혀지거나 헐어 못쓰게 되어 사용하지 아니한 우편엽서 및 항공서간으로서 우정사업본부장이 고시하는 교환금액을 납부한 경우. 이 경우 헐어 못쓰게 된 경우에는 그 남은 부분이 3분의 2 이상이어야 한다.

③ 제2항 단서의 규정에 의하여 교환을 청구하고자 하는 자는 교환청구서에 교환하고자 하는 우표·우편엽서 또는 항공서간을 첨부하여 우체국에 제출하여야 한다.

[본조신설 1997. 12. 31.]

제76조의3(우표류의 할인판매 등)

① 우체국은 별정우체국·우편취급국 및 판매인에게, 별정우체국은 우편취급국 및 국내판매인에게 우표류를 할인하여 판매할 수 있다. 〈개정 2014. 12. 4.〉

② 제1항에 따른 우표류의 할인율은 다음 각 호의 범위에서 우정사업본부장이 정하여 고시한다. 〈개정 2001. 4. 20., 2014. 12. 4.〉

1. 별정우체국·우편취급국·국내판매인 및 국내보급인 : 월간 매수액의 100분의 15이내

2. 국외보급인 : 매수액의 100분의 50이내

③ 제1항에 따라 할인하여 판매한 우표류는 다음 각 호의 어느 하나에 해당하는 우표류에 한하여 환매 또는 교환할 수 있다. 〈개정 2014. 12. 4.〉

1. 판매를 폐지한 우표류

2. 판매에 부적합한 우표류

3. 고의 또는 과실에 의하지 아니하고 더럽혀 못쓰게 된 우표류

④ 우정사업본부장은 제3항에도 불구하고 우표류의 원활한 보급을 위하여 특히 필요하다고 인정하는 경우에는 국내보급인 또는 국외보급인이 할인매수한 우표류를 교환할 수 있다. 〈개정 2001. 4. 20., 2014. 12. 4.〉

⑤ 판매인이 계약을 해지하거나 사망한 때에는 본인 또는 상속인은 그 잔여 우표류에 대하여 매수 당시의 실제매수가액으로 계약우체국(국내보급인 및 국외보급인의 경우에는 우표류를 매수한 우체국)에 그 환매를 청구할 수 있다.

[본조신설 1997. 12. 31.]

제77조 삭제 〈2014. 12. 4.〉

제78조 삭제 〈2014. 12. 4.〉

제79조(별정우체국 등의 우표류판매장소)

별정우체국 및 우편취급국은 매수한 우표류를 각각 해당 별정우체국 및 우편취급국의 창구에서만 판매하여야 한다. 〈개정 2014. 12. 4.〉

제80조(통신판매)

① 우정사업본부장은 우표류를 수집하는 자의 구입편의를 위하여 새로 발행하는 우표류를 통신판매할 수 있다. 〈개정 1995. 12. 30., 2001. 4. 20.〉

② 수취인의 주소불명 등으로 배달할 수 없는 통신판매우표류는 법 제36조의 규정을 준용하여 처리한다.

제81조(우표류 판매업무계약의 해지)

① 계약우체국장은 국내판매인이 다음 각 호의 어느 하나에 해당하는 때에는 그 계약을 해지할 수 있다. 〈개정 2014. 12. 4.〉

  1. 제71조 제1항 제1호에 따른 계약을 위반한 경우
  2. 제71조의2 제1항에 따른 자격요건에 미달하게 된 경우
  3. 제76조의2 제1항 본문에 따른 정가 또는 같은 항 단서에 따른 판매가를 위반하여 우표류를 판매한 경우

② 우정사업본부장은 국내보급인 또는 국외보급인이 다음 각 호의 어느 하나에 해당하는 경우에는 그 계약을 해지할 수 있다. 〈개정 2014. 12. 4.〉

  1. 제71조 제1항 제2호 및 제3호에 따른 계약을 위반한 경우
  2. 제71조의2 제3항 및 제4항에 따른 자격요건에 미달하게 된 경우
  3. 제1항 제3호에 해당하는 경우

[전문개정 1997. 12. 31.]

제82조(우표류의 관리 등)

① 우표류는 우정사업본부장이 지정하는 물품출납공무원 또는 물품운용관이 이를 관리한다. 〈개정 2001. 4. 20.〉

② 제1항의 규정에 의한 물품출납공무원 또는 물품운용관이 관리하는 우표류를 망실한 때에는 그 정가에 해당하는 금액을, 더럽혀지거나 헐어 못쓰게 된 때에는 그 조제에 소요된 실비액을 변상하여야 한다.

③ 우표류의 출납·보관 기타 처분 등에 관하여 필요한 사항은 우정사업본부장이 정한다. 〈개정 2001. 4. 20.〉

[전문개정 1997. 12. 31.]

제82조의2(우표류의 기증 및 사용)

① 우정사업본부장은 국제협력의 증진과 정보통신사업의 발전 및 우표문화의 보급 등을 위하여 특히 필요하다고 인정하는 때에는 우표류 및 시험인쇄한 우표를 기증할 수 있다. 〈개정 1999. 1. 21., 2001. 4. 20.〉

② 우표류는 그 조제를 위한 자료로 사용하거나 판매를 위한 견본으로 사용할 수 있다.

③ 제1항의 규정에 의한 우표류의 기증에 관하여 필요한 사항은 우정사업본부장이 정한다. 〈개정 2001. 4. 20.〉

[본조신설 1997. 12. 31.]

제2절 수수료

제83조(우편역무수수료의 부가)

제25조 제3항의 규정에 의하여 우편역무에 다른 우편역무를 부가한 경우에는 그 부가한 우편역무의 수수료를 가산하여 납부하여야 한다. 〈개정 2011. 12. 2.〉

[전문개정 1997. 12. 31.]

[제목개정 2011. 12. 2.]

제84조(반환취급수수료)

① 영 제11조 제2호에 따라 등기우편물을 반환하는 경우에는 발송인으로부터 반환취급수수료를 징수한다. 다만, 배달증명우편물·특별송달우편물·민원우편물 및 회신우편물의 경우에는 그러하지 아니하다. 〈개정 2010. 9. 1., 2018. 2. 19.〉

② 등기우편물의 반환 도중 반환취급수수료의 변동이 있는 경우에는 해당 등기우편물이 발송인의 주소지 배달우체국에 도착한 날을 기준으로 하여 이를 징수한다. 〈개정 2010. 9. 1., 2018. 2. 19.〉

③ 제1항의 규정에 불구하고 우체국과 발송인과의 사전계약에 따라 발송하는 소포우편물 및 계약등기우편물을 반환하는 경우에는 그 계약에서 정한 반환취급수수료를 징수한다. 〈신설 2005. 8. 4., 2010. 9. 1., 2018. 2. 19.〉

[제목개정 2018. 2. 19.]

제3절 우편요금 등의 감액

제85조(우편요금 등의 감액대상우편물)

법 제26조의2 제2항에 따라 법 제19조에 따른 요금 등(이하 "우편요금 등"이라 한다)을 감액할 수 있는 우편물의 종류 및 수량은 다음과 같다. 〈개정 2001. 4. 20., 2010. 9. 1., 2011. 12. 2., 2014. 12. 4.〉

1. 통상우편물
   가. 「신문 등의 진흥에 관한 법률」 제2조 제1호에 따른 신문(그와 관련된 호외·부록 또는 증간을 포함한다)과 「잡지 등 정기간행물의 진흥에 관한 법률」 제2조 제1호 가목·나목 및 라목의 정기간행물(그와 관련된 호외·부록 또는 증간을 포함한다) 중 발행주기를 일간·주간 또는 월간으로 하여 월 1회 이상 정기적으로 발송하는 것으로서 중량과 규격이 같은 요금별납 또는 요금후납 일반우편물. 다만, 우정사업본부장이 공공성·최소발송부수 및 광고게재한도 등을 고려하여 고시하는 기준에 미달하는 것은 제외한다.
   나. 표지를 제외한 쪽수가 48쪽 이상인 책자의 형태로 인쇄·제본되어 발행인·출판사 또는 인쇄소의 명칭 중 어느 하나와 쪽수가 각각 표시되어 발행된 서적으로서 요금별납 또는 요금후납 일반우편물(상품의 선전 및 그에 관한 광고가 전지면의 10분의 1을 초과하는 것을 제외한다)
   다. 우편물의 종류와 중량 및 규격이 같은 우편물로서 우정사업본부장이 정하여 고시하는 수량(이하 "감액기준 수량"이라 한다) 이상 발송하는 요금별납 또는 요금후납 일반우편물
   라. 「비영리민간단체지원법」 제4조에 따라 등록된 비영리민간단체가 공익활동을 위하여 발송하는 요금별납 또는 요금후납 일반우편물
   마. 국회의원이 의정활동을 당해지역구 주민에게 알리기 위하여 연간 3회의 범위에서 감액기준 수량 이상 발송하는 요금별납 또는 요금후납 일반우편물
   바. 감액기준 수량 이상 발송하는 요금별납 또는 요금후납 등기우편물
   사. 상품의 광고에 관한 우편물로서 종류와 규격이 같고 감액기준 수량 이상 발송하는 요금별납 또는 요금후납 일반우편물
   아. 영 제3조 제4호에 해당하는 상품안내서로서 중량과 규격이 같고, 감액기준 수량 이상 발송하는 요금후납 일반우편물
2. 소포우편물
   가. 우체국 창구에서 접수하는 우편물로서 감액기준 수량 이상 발송하는 일반 또는 등기 우편물
   나. 발송인을 방문하여 접수하는 우편물로서 감액기준 수량 이상 발송하는 등기우편물
   다. 삭제 〈2014. 12. 4.〉

제86조(우편요금 등의 감액요건)

① 제85조 제1호 가목에 해당하는 우편물에 대하여 우편요금의 감액을 받고자 하는 자는 우정사업본부장이 정하여 고시하는 바에 따라 우체국과 우편물정기발송계약을 체결하고 그 계약내용에 적합하도록 우편물을 제출하여야 한다. 〈개정 1995. 12. 30., 2001. 4. 20.〉

② 제85조 제1호 나목 및 다목에 해당하는 우편물에 대하여 우편요금의 감액을 받고자 하는 자는 우정사업본부장이 정하여 고시하는 요건에 적합하도록 하여 지정된 우체국에 우편물을 제출하여야 한다. 〈개정 1995. 12. 30., 2001. 4. 20.〉

③ 제85조 제1호 라목에 해당하는 우편물에 대하여 우편요금의 감액을 받고자 하는 자는 우정사업본부장이 정하여 고시하는 요건에 적합하도록 하여 비영리 민간단체 등록증 사본을 우체국에 제출하여야 한다. 〈개정 1995. 12. 30., 2001. 4. 20., 2010. 9. 1.〉

④ 제85조 제1호 마목·사목 또는 아목에 해당하는 우편물에 대하여 우편요금의 감액을 받고자 하는 자는 우정사업본부장이 정하여 고시하는 요건에 적합하도록 하여 지정된 우체국에 우편물을 제출하여야 한다. 〈신설 1997. 12. 31., 2001. 4. 20., 2005. 8. 4., 2014. 12. 4.〉

⑤ 제85조 제1호 바목에 해당하는 우편물에 대하여 우편요금 등의 감액을 받고자 하는 자는 우편물접수목록을 작성하여 우편물과 함께 우체국에 제출하는 등 우정사업본부장이 정하여 고시하는 요건에 적합한 방법에 의하여야 한다. 〈신설 2001. 4. 20.〉

⑥ 제85조 제2호 가목에 해당하는 우편물에 대한 우편요금 등의 감액요건은 우정사업본부장이 정하여 고시하며, 우편요금 등의 감액을 받고자 하는 자는 우정사업본부장이 정하여 고시하는 우체국에 우편물을 제출하여야 한다. 〈개정 1995. 12. 30., 2001. 4. 20., 2010. 9. 1., 2020. 2. 17.〉

⑦ 제85조 제2호 나목에 해당하는 우편물에 대한 우편요금 등의 감액요건은 우정사업본부장이 정하여 고시한다. 〈신설 2001. 4. 20., 2010. 9. 1., 2014. 12. 4.〉

⑧ 발송인이 제출한 우편물이 제1항부터 제7항까지의 규정에 따른 요건에 적합하지 아니하는 때에는 발송우체국장은 그 요건에 적합하도록 시정을 요구할 수 있으며 발송인이 이를 거절하는 때에는 우편물의 전부 또는 일부에 대하여 그 우편요금 등을 감액하지 아니할 수 있다. 〈개정 1997. 12. 31., 2001. 4. 20., 2014. 12. 4.〉

제87조(우편요금 등의 감액의 범위)

① 제85조 제1호 가목 또는 나목에 해당하는 우편물로서 제86조 제1항 또는 제2항에 따른 요건을 갖춘 우편물에 대한 우편요금감액은 우정사업본부장이 정하여 고시한다. 〈개정 1995. 12. 30., 2001. 4. 20., 2014. 12. 4.〉

② 제85조 제1호 다목·라목 또는 사목에 해당하는 우편물로서 각각 제86조 제2항부터 제4항까지의 규정에 따른 요건을 갖춘 우편물에 대한 우편요금감액률은 납부하여야 할 요금의 100분의 75의 범위 안에서 우정사업본부장이 정하여 고시한다. 〈개정 1995. 12. 30., 1999. 7. 20., 2001. 4. 20., 2005. 8. 4., 2014. 12. 4.〉

③ 제85조 제1호 마목·바목 또는 아목에 해당하는 우편물로서 제86조 제4항 또는 제5항에 따른 요건을 갖춘 우편물에 대한 우편요금감액은 우정사업본부장이 정하여 고시한다. 〈신설 1997. 12. 31., 2001. 4. 20., 2014. 12. 4.〉

④ 제85조 제2호 가목에 해당하는 우편물로서 제86조 제6항에 따른 요건을 갖춘 우편물에 대한 우편요금 등의 감액률은 납부하여야 할 우편요금 등의 100분의 75의 범위 안에서 우정사업본부장이 정하여 고시한다. 〈개정 2001. 4. 20., 2010. 9. 1., 2014. 12. 4.〉

⑤ 제85조 제2호 나목에 해당하는 우편물로서 제86조 제7항에 따른 요건을 갖춘 우편물에 대한 우편요금 등의 감액률은 우정사업본부장이 정하여 고시한다. 〈신설 2001. 4. 20., 2010. 9. 1., 2014. 12. 4.〉

⑥ 제1항부터 제5항까지의 규정에 따른 우편요금 등의 감액의 계산에 있어서 10원 미만의 단수는 이를 계산하지 아니한다. 〈개정 1997. 12. 31., 2001. 4. 20., 2014. 12. 4.〉

⑦ 감액할 우편요금이 이미 납부된 때에는 우체국장은 다음에 납부하여야 할 우편요금에서 이를 차감할 수 있다. [제목개정 2001. 4. 20.]

제3절의2 우편요금의 납부방법 〈신설 2020. 6. 16.〉

제87조의2(우편요금의 납부방법)

① 법 제20조 제6호에서 "우편요금이 인쇄된 라벨 등 과학기술정보통신부령으로 정하는 납부방법"이란 우편요금의 납부 용도로 우편요금이 인쇄되어 있는 라벨로서 우편물에 부착하는 라벨(이하 "선납라벨"이라 한다)을 말한다.

② 선납라벨의 종류 및 취급방법은 우정사업본부장이 정한다. [본조신설 2020. 6. 16.]

제4절 우편요금 등 납부의 특례

제1관 삭제 〈2018. 2. 19.〉

제88조 삭제 〈2018. 2. 19.〉

제89조 삭제 〈2018. 2. 19.〉

제2관 우편요금표시기의 사용 〈개정 2019. 2. 8.〉

제90조(우편요금표시기의 사용신청 등)

① 영 제26조 제1항의 규정에 의하여 우편요금표시기(이하 "표시기"라 한다)를 사용해 우편물을 발송하려는 자는 사전에 발송우체국장으로부터 인영번호를 부여받아 그 인영번호가 표시된 표시기와 다음 각 호의 사항을 기재 또는 첨부한 신청서를 발송우체국장에게 제출하여야 한다. 〈개정 2019. 2. 8.〉

1. 표시기의 명칭·구조 및 조작방법
2. 표시기인영번호
3. 발송우체국명
4. 발송인의 성명·주소와 우편번호
5. 표시기인영의 견본 10매

② 제1항 제5호의 표시기인영 견본은 다음 각 호의 사항이 선명히 표시되어야 한다. 〈개정 2019. 2. 8.〉

1. 우편요금 등
2. 발송우체국명
3. 발송연월일
4. 표시기인영번호

[전문개정 1997. 12. 31.]
[제목개정 2019. 2. 8.]

제91조(표시기의 사용)

표시기를 사용하는 자는 사용 시 발송우체국장의 지시사항을 지켜야 한다. 〈개정 2019. 2. 8.〉
[전문개정 1997. 12. 31.]
[제목개정 2019. 2. 8.]

제92조(표시기사용우편물의 발송)

① 표시기사용우편물에는 그 발송인이 우편물 표면의 오른쪽 윗부분에 표시기로 인영을 선명히 표시하여야 한다. 〈개정 2019. 2. 8.〉

② 표시기사용우편물을 발송하는 때에는 표시기별납우편물발송표(이하 "발송표"라 한다)에 다음 각 호의 사항을 기재하여 발송우체국에 제출하여야 한다. 〈개정 2019. 2. 8.〉

  1. 표시기의 번호와 명칭
  2. 발송통수 및 요금(수수료를 포함한다. 이하 이 조에서 같다)
  3. 표시기의 전회요금표시액
  4. 표시기의 금회요금표시액
  5. 사용하지 아니한 인영증지·인영봉투 등의 매수와 합계금액
  6. 발송일자
  7. 발송인의 성명·주소

③ 표시기사용우편물의 발송인은 표시기사용우편물의 요금으로서 제2항 제3호 및 제4호의 표시액의 차액을 현금으로 납부하여야 한다. 다만, 잘못 표시되거나 기타 부득이한 사정으로 요금납부에 사용하지 아니한 인영증지·인영봉투 등이 있는 경우에는 그 표시된 금액을 납부할 요금에서 공제하여야 한다. 이 경우 사용하지 아니한 인영증지·인영봉투 등을 발송표에 첨부하여야 한다. 〈개정 2019. 2. 8.〉

④ 표시기에 의하여 표시된 금액이 납부할 요금보다 부족한 때에는 그 부족액에 해당하는 우표를 붙여야 한다. 〈개정 2019. 2. 8.〉

⑤ 표시기사용우편물에는 제4항의 우표를 소인하는 경우를 제외하고는 우편날짜도장을 찍지 않는다. 〈개정 2014. 12. 4., 2019. 2. 8.〉

⑥ 제2항 및 제3항의 규정에 불구하고 발송우체국에 정보통신망을 통하여 발송내역을 통보하고 요금을 별도로 납부하는 표시기를 이용하여 우편물을 발송하는 경우 그 발송조건 및 요금납부 등에 관한 사항은 우정사업본부장이 정하여 고시한다. 〈신설 1997. 12. 31., 2001. 4. 20., 2005. 8. 4., 2019. 2. 8.〉
[제목개정 2019. 2. 8.]

제93조(다량의 표시기사용우편물)

① 다량의 표시기사용우편물을 특수취급으로 하고자 할 때에는 발송우체국에서 교부하는 특수우편물수령증 및 그 원부에 발송인 및 수취인의 성명·주소와 기타 필요한 사항을 기재하여 제출하여야 한다. 〈개정 2019. 2. 8.〉

② 발송우체국장은 다량의 표시기사용우편물의 발송인에게 그 취급장소를 따로 지정하거나 우편물의 종류별·지역별 또는 수취인 주소지의 우편번호별로 구분하여 발송하게 할 수 있다. 〈개정 2018. 2. 19., 2019. 2. 8.〉
[제목개정 2019. 2. 8.]

제93조의2(표시기 사용계약의 해지)

발송우체국장은 표시기의 사용자가 다음 각 호의 어느 하나에 해당하는 때에는 그 이용계약을 해지할 수 있다. 〈개정 2019. 2. 8.〉

  1. 표시기를 부정하게 사용한 때
  2. 표시기의 인영을 위조 또는 변조하여 사용한 때
  3. 표시기의 인영을 분실하고 이를 즉시 통보하지 않은 때
  4. 우편요금 등의 납부를 게을리 한 때
[본조신설 1997. 12. 31.]
[제목개정 2019. 2. 8.]

제3관 우편요금 수취인 부담

제94조(우편요금 등의 수취인 부담의 이용신청)

① 영 제29조 제1항 제1호에 따른 우편요금 등의 수취인부담(이하 "요금수취인부담"이라 한다)의 이용신청, 우편물 표시·발송 등에 관한 사항은 우정사업본부장이 정하여 고시한다. 〈개정 2020. 2. 17.〉

② 배달우체국장은 요금수취인부담과 관련된 우편요금 등의 변동이 생긴 경우에는 제98조의2 제2항에 따라 담보금액을 증감해야 한다. 〈개정 2020. 2. 17.〉

③ 요금수취인부담우편물의 발송유효기간은 이용일 부터 2년을 초과할 수 없다. 다만, 국가기관·지방자치단체 또는 공공기관의 경우에는 그러하지 아니하다. 〈개정 1997. 12. 31., 2010. 9. 1., 2020. 2. 17.〉

[제목개정 2005. 8. 4.]

제95조 삭제 〈2020. 2. 17.〉

제96조 삭제 〈2020. 2. 17.〉

제97조(요금수취인부담 이용계약의 해지)

① 배달우체국장은 요금수취인부담의 이용계약자가 다음 각 호의 1에 해당하는 때에는 그 이용계약을 해지할 수 있다.

1. 제94조 제2항의 규정에 의한 통보를 게을리한 때
2. 정당한 사유 없이 요금수취인부담우편물의 수취를 거부한 때
3. 수취인의 부재 기타 사유로 수취장소에 1월 이상 배달할 수 없을 때
4. 2월 이상 요금수취인부담우편물을 이용하지 아니한 때
5. 제102조 제1항 제2호의 규정에 해당되어 요금후납 이용계약을 해지한 때

② 요금수취인부담을 이용하는 자가 요금수취인부담 이용계약을 해지하고자 할 때에는 해지하기 15일 전까지 배달우체국에 해지통보를 하여야 한다.

③ 제1항 또는 제2항의 규정에 의한 요금수취인부담 이용계약의 해지이후 발송유효기간 내에 발송된 우편물은 수취인에게 배달하여야 한다. 이 경우 수취인은 우편물의 수취를 거부할 수 없다.

④ 제3항의 규정에 의하여 요금수취인부담의 이용계약이 해지된 우편물을 수취인에게 배달한 경우에는 제98조의2 제1항의 규정에 의한 보증금에서 당해우편물의 우편요금 등을 뺀 금액을 당해우편물의 발송유효기간이 만료된 후 신청인에게 환급한다.

[전문개정 1997. 12. 31.]

제4관 우편요금 후납

제98조(우편요금 등의 후납)

① 영 제30조에 따라 우편요금 등의 후납(이하 "요금후납"이라 한다)을 할 수 있는 우편물은 다음 각 호와 같다. 다만, 국가 또는 지방자치단체에서 발송하는 우편물은 발송우체국장이 그 후납조건을 따로 정할 수 있다. 〈개정 2018. 2. 19., 2019. 2. 8.〉

1. 동일인이 매월 100통 이상 발송하는 우편물

2. 법 제32조에 따른 반환우편물 중 요금후납으로 발송한 등기우편물
3. 삭제 〈2010. 9. 1.〉
4. 제25조 제1항 제9호의 규정에 의한 모사전송우편물
5. 제25조 제1항 제12호의 규정에 의한 전자우편물
6. 제90조의 규정에 의한 표시기사용우편물
7. 제94조의 규정에 의한 우편요금수취인부담의 우편물
8. 우체통에서 발견된 습득물 중 우편물에서 이탈된 것으로 인정되지 아니하는 주민등록증

② 제1항에 따라 요금후납을 하려는 자는 발송우체국장에게 요금후납신청서를 제출해야 한다. 〈개정 2019. 2. 8.〉

③ 요금후납을 하는 자는 매월 이용한 우편물의 우편요금 등을 다음 달 20일까지 발송우체국에 납부해야 한다. 다만, 발송우체국장과 발송인과의 계약에 따라 접수하는 등기취급 소포우편물의 경우에는 다음 달 중에 그 계약서에 정한 날까지 납부할 수 있다. 〈개정 2019. 2. 8.〉

④ 제1항부터 제3항까지에서 규정한 사항 외에 요금후납의 이용신청, 변경사항 통보, 우편물 표시 등 필요한 사항은 우정사업본부장이 정하여 고시한다. 〈개정 2019. 2. 8.〉

⑤ 삭제 〈2019. 2. 8.〉

[전문개정 1997. 12. 31.]

제98조의2(담보금의 제공)

① 요금후납을 하고자 하는 자는 그가 납부할 1월분 우편요금 등의 예상금액의 2배 이상에 해당하는 금액의 보증금을 납부하거나 우정사업본부장이 지정하는 이행보증보험증권 또는 지급보증서를 제공하여야 한다. 다만, 국가·지방자치단체·공공기관·「은행법」에 따른 은행 및 특별법에 의하여 설립된 공공기관과 우정사업본부장이 정하여 고시하는 기준에 적합한 자에 대하여는 담보의 제공을 면제할 수 있다. 〈개정 1999. 7. 20., 2001. 4. 20., 2005. 8. 4., 2010. 9. 1.〉

② 발송우체국장은 납부할 우편요금 등의 변동에 따라 제1항의 규정에 의한 담보금액을 증감할 수 있다.

[본조신설 1997. 12. 31.]

제99조 삭제 〈2019. 2. 8.〉

제100조 삭제 〈2019. 2. 8.〉

제101조 삭제 〈2019. 2. 8.〉

제102조(요금후납 계약의 해지 등)

① 발송우체국장은 요금후납을 하는 자가 다음 각 호의 어느 하나에 해당한 때에는 그 계약을 해지할 수 있다. 〈개정 2019. 2. 8.〉

1. 매월 100통 이상의 우편물을 발송할 것을 조건으로 우편요금 등을 후납하는 자가 발송하는 우편물이 계속하여 2월 이상 또는 최근 1년간 4월 이상 월 100통에 미달한 때
2. 제98조 제3항의 규정에 의한 우편요금 등의 납부를 최근 1년간 3회 이상 태만히 한 때
3. 제98조의2의 규정에 의한 담보금을 제공하지 않은 때

② 요금후납으로 우편물을 발송하는 자가 요금후납 계약을 해지하고자 할 때에는 이를 발송우체국에 통보하여야 한다.

③ 제1항 및 제2항의 규정에 의하여 요금후납 계약을 해지하고자 할 때에는 그 납부하여야 할 우편요금 등을 즉시 납부하여야 한다.

[전문개정 1997. 12. 31.]
[제목개정 2019. 2. 8.]

제103조(담보금의 반환)

요금후납계약을 해지한 경우 제98조의2에 따른 담보금은 납부하여야 할 우편요금 등을 빼고 그 잔액을 되돌려 주어야 한다. 〈개정 1997. 12. 31., 2018. 2. 19.〉
[제목개정 2018. 2. 19.]

제5절 삭제 〈2019. 2. 8.〉

제104조 삭제 〈2019. 2. 8.〉

제6절 무료우편물

제105조(무료우편물의 발송)

① 법 제26조에 따른 무료우편물에는 발송인이 그 우편물 표면의 윗부분 오른쪽에 다음 각 호의 구분에 따라 표시하여야 한다. 〈개정 2014. 12. 4.〉

1. 법 제26조 제1호 및 제2호에 해당하는 우편물 : "우편사무"
2. 법 제26조 제3호에 해당하는 우편물 : "구호우편"
3. 법 제26조 제4호에 해당하는 우편물 : "시각장애인용우편"

4. 법 제26조 제5호에 해당하는 우편물 : "전쟁포로우편"

② 무료우편물의 발송인 또는 수취인이 국가 · 지방자치단체 또는 공무원인 경우에는 그 기관명 또는 직위 및 성명을, 개인, 기관 또는 단체인 경우에는 그 성명, 기관명 또는 단체명 및 주소를 우편물의 외부에 기재하여야 한다. 〈개정 2014. 12. 4.〉

③ 제1항 및 제2항을 위반한 우편물은 무료우편물로 취급하지 아니한다. 〈개정 2014. 12. 4.〉

④ 법 제26조 제3호 및 제5호에 따른 무료우편물에 대해서는 우정사업본부장이 정하는 바에 따라 해당 발송기관의 장이 인정하는 것만 해당한다. 〈신설 2014. 12. 4.〉

⑤ 제4항에 따른 무료우편물을 발송할 때에는 우편물의 종별 및 수량 등을 기재한 발송표를 발송우체국에 제출하여야 한다. 〈신설 2014. 12. 4.〉

⑥ 무료우편물은 우정사업본부장이 특별히 정하는 것을 제외하고는 특수취급을 하지 아니한다. 〈신설 2014. 12. 4.〉

⑦ 무료우편물의 발송에 관하여는 제100조 제3항 및 제4항을 준용한다. 이 경우 "요금후납우편물"을 "무료우편물"로 본다. 〈신설 2014. 12. 4., 2018. 2. 19.〉

제106조 삭제 〈2016. 3. 16.〉

제4장 우편물의 송달 〈개정 1997. 12. 31.〉

제1절 통칙

제107조(우편물의 발송)

① 특수취급이 아닌 통상우편물은 우체통(우정사업본부장이 설치한 무인우편물 접수기기를 포함한다)에 투입하여 발송하여야 한다. 다만, 우편물의 용적이 크거나 일시 다량 발송으로 인하여 우체통(우정사업본부장이 설치한 무인우편물 접수기기를 포함한다)에 투입하기 곤란한 경우와 이 규칙에서 달리 정하는 경우에는 그러하지 아니하다. 〈개정 1997. 12. 31., 2001. 4. 20.〉

② 소포우편물과 특수취급으로 할 통상우편물은 우체국 창구(우정사업본부장이 설치한 무인우편물 접수기기를 포함한다)에 이를 제출하여야 한다. 〈개정 1997. 12. 31., 2001. 4. 20.〉

③ 제1항 및 제2항의 규정에 의하여 우편물을 발송하기 곤란한 특별한 사정이 있는 경우에는 우정사업본부장이 정하는 바에 따라 우편물 집배원에게 우편물의 발송을 의뢰할 수 있다. 〈개정 1995. 12. 30., 1997. 12. 31., 2001. 4. 20.〉

제108조 삭제 〈1997. 12. 31.〉

제109조 삭제 〈1997. 12. 31.〉

제110조(우편물의 전송을 위한 주거이전 신고 등)

① 법 제31조의2 제1항에 따라 주거이전을 신고하려는 자는 별지 제1호 서식을 작성하여 우체국장에게 제출하여야 한다. 이 경우 우체국장은 다음 각 호의 서류를 확인하여야 한다.
  1. 신고인이 본인임을 증명할 수 있는 서류
  2. 주거이전을 증명할 수 있는 서류
  3. 대리인이 신고하는 경우에는 위임받은 사실을 증명할 수 있는 서류
② 법 제31조의2 제1항에 따라 주거이전을 신고한 자가 그 신고를 철회하려는 경우 또는 주거이전을 신고한 날부터 3개월이 지난 후에도 주거이전을 신고한 곳으로 도착하는 우편물을 받으려는 경우에는 별지 제1호 서식을 작성하여 우체국장에게 신고하여야 한다. 이 경우 우체국장은 다음 각 호의 서류를 확인하여야 한다.
  1. 신고인이 본인임을 증명할 수 있는 서류
  2. 대리인이 신고하는 경우에는 위임받은 사실을 증명할 수 있는 서류
③ 우체국장은 제1항에 따라 주거이전을 신고한 자가 동의하는 경우에는 「전자정부법」 제36조 제1항에 따라 행정정보의 공동이용을 통하여 주거이전을 증명할 수 있는 서류를 확인할 수 있다. 〈신설 2018. 2. 19.〉
[전문개정 2015. 7. 21.]

제111조(잘못 배달된 우편물의 반환 등)

① 잘못 배달된 우편물 또는 수취인이 주거를 이전한 우편물을 받은 자는 즉시 당해우편물에 그 뜻을 기재한 부전지를 붙여 우체통에 투입하거나 우체국에 돌려주어야 한다. 〈개정 1997. 12. 31., 1999. 1. 21.〉

② 제1항의 경우 잘못하여 그 우편물을 개피한 자는 다시 봉함한 후 그 사유를 부전지에 기재하여야 한다.

제112조(우편물의 조사)

① 우체국장은 업무상의 필요에 의한 관계자료로서 우편물의 봉투·포장지 또는 수취한 엽서 등의 확인을 위하여 우편물 수취인에게 협조를 요청할 수 있다. 〈개정 1997. 12. 31.〉
② 제1항의 규정에 의한 확인을 마친 경우에는 수취인에게 이를 반환하여야 한다.

제112조의2(반환거절의 표시)

법 제32조 제1항 단서에 따라 우편물의 반환을 원하지 아니하는 자는 발송시 우편물 표면 좌측 중간에 "반환 불필요"라고 표시하여야 한다. 〈개정 2018. 2. 19.〉
[본조신설 1997. 12. 31.]
[제목개정 2018. 2. 19.]

제112조의3(반환우편물의 처리)]

법 제32조 제3항에 따라 우편물을 발송인에게 되돌려 보낼 때에는 수취인불명, 수취거부 등의 반환사유를 우편물의 표면에 기재하여야 한다. 〈개정 2018. 2. 19.〉
[본조신설 2015. 7. 21.]
[제목개정 2018. 2. 19.]

제2절 사설우체통

제113조 삭제 〈1999. 1. 21.〉

제114조 삭제 〈1999. 1. 21.〉

제115조 삭제 〈1999. 1. 21.〉

제116조 삭제 〈1999. 1. 21.〉

제117조 삭제 〈1999. 1. 21.〉

제118조 삭제 〈1999. 1. 21.〉

제119조 삭제 〈1999. 1. 21.〉

제120조 삭제 〈1999. 1. 21.〉

제121조 삭제 〈1999. 1. 21.〉

제2절의2 보관교부 〈신설 1997. 12. 31.〉

제121조의2(우체국보관 우편물의 보관기간)

영 제43조 제6호의 규정에 의한 우편물의 보관기간은 우편물이 도착한 다음 날부터 기산하여 10일로 한다. 다만, 교통이 불편하거나 그 밖의 사유로 인하여 수취인이 10일 이내에 우편물을 교부받을 수 없다고 인정될 때에는 20일의 범위 안에서 이를 연장할 수 있다. 〈개정 2020. 2. 17.〉

[본조신설 1997. 12. 31.]

제121조의3(보관교부지 우편물의 교부)

① 영 제43조 제7호에 따른 교통이 불편하여 통상의 방법으로 우편물 배달이 어려운 지역(이하 "보관교부지"라 한다)에 송달하는 우편물은 배달우체국에서 보관하고 수취인의 청구에 따라 내준다. 다만, 보관교부지에 거주하는 자가 미리 당해배달우체국 관할구역안의 일정한 곳을 지정하여 배달할 것을 신청한 때에는 그 곳에 배달하여야 한다. 〈개정 2014. 12. 4.〉

② 제1항에 따른 우편물의 보관기간은 우편물이 도착한 다음 날부터 기산하여 30일로 하고, 보관교부지는 관할지방우정청장이 정하여 공고하여야 한다. 〈개정 2014. 12. 4.〉

[본조신설 1997. 12. 31.]

제121조의4(보관교부우편물의 기재사항변경 등)

① 제121조의2 및 제121조의3의 규정에 의하여 우체국에서 보관·교부할 우편물에 대하여는 수취인이 아직 교부받지 아니한 경우에 한하여 보관우체국을 변경하거나 배달장소를 지정하여 그 곳에 배달하여 줄 것을 보관우체국장에게 청구할 수 있다.

② 제1항의 규정에 의한 보관우체국의 변경청구는 1회에 한한다.

③ 제121조의2 및 제121조의3 제2항에 따른 보관기간이 경과된 우편물은 발송인에게 되돌려 주어야 한다. 〈개정 2018. 2. 19.〉

[본조신설 1997. 12. 31.]

제3절 우편사서함

제122조(우편사서함 사용신청 등)

① 영 제46조 제2항에 따라 우편사서함(이하 "사서함"이라 한다)을 사용하려는 자는 별지 제2호 서식을 작성하여 사서함이 설치된 우체국의 우체국장에게 제출하여야 한다. 〈개정 2015. 7. 21.〉

② 제1항의 신청을 받은 우체국장은 다음 각 호의 순위에 따라 우선적으로 사서함 사용계약을 할 수 있다.
  1. 국가기관 및 지방자치단체
  2. 일일배달 예정물량이 100통 이상인 다량 이용자
  3. 우편물배달 주소지가 사서함 설치 우체국의 관할구역인 경우

[전문개정 1997. 12. 31.]
[제목개정 2015. 7. 21.]

제122조의2(사서함의 사용)

① 사서함은 2인 이상이 공동으로 사용할 수 없다.

② 사서함 사용자는 계약우체국장이 정하는 기간 내에 사서함의 자물쇠 및 열쇠의 제작실비에 해당하는 금액을 납부하여야 한다. 〈개정 2010. 9. 1.〉

③ 계약우체국장은 사서함을 관리함에 있어서 필요하다고 인정할 때에는 사서함 사용자(사용계약 신청 중에 있는 자를 포함한다)의 주소·사무소 또는 사업소의 소재지를 확인할 수 있다.

[본조신설 1997. 12. 31.]

제122조의3(사서함 사용자의 통보)

① 사서함 사용자는 다음 각 호의 어느 하나의 내용이 변경된 경우에는 지체 없이 별지 제2호 서식을 작성하여 계약우체국장에게 통보하여야 한다.
  1. 사서함 사용자의 성명 또는 주소 등
  2. 우편물의 대리수령인

② 사서함 사용자는 다음 각 호의 어느 하나에 해당하는 경우에는 지체 없이 별지 제2호 서식을 작성하여 계약우체국장에게 통보하여야 한다.
  1. 사서함이 훼손된 것을 발견한 경우
  2. 사서함의 열쇠를 잃어버린 경우

[전문개정 2015. 7. 21.]

제123조(열쇠의 교부 등)

① 계약우체국장은 사서함의 사용자에게 그 번호를 통지하고 사서함의 개폐에 사용하는 열쇠 한 개를 교부한다. 다만, 사용자의 요구가 있는 때에는 2개 이상을 교부할 수 있다. 〈개정 1997. 12. 31.〉

② 사서함의 사용자는 제1항의 규정에 불구하고 계약우체국장과 협의하여 사서함의 열쇠를 사제하여 사용할 수 있다. 〈개정 1997. 12. 31.〉

③ 제1항 단서의 규정에 의하여 2개 이상의 열쇠를 교부받고자 하는 자는 추가 개수의 열쇠제작실비를 납부하여야 한다. 열쇠의 분실로 인한 추가교부의 경우에도 또한 같다. 〈개정 1997. 12. 31.〉

제124조 삭제 〈1997. 12. 31.〉

제125조(사서함앞 우편물의 배달)

① 사서함의 사용자가 공공기관·법인 기타 단체인 경우에 그 소속직원에게 배달할 우편물은 당해 사서함에 배부할 수 있다.

② 사서함앞 우편물로서 등기우편물, 요금수취인부담우편물, 요금 등이 미납되거나 부족한 우편물 또는 용적이 크거나 수량이 많아 사서함에 넣을 수 없는 우편물은 이를 따로 보관하고, 우편물배달증용지 또는 우편물을 따로 보관하고 있다는 뜻을 기재한 표찰을 사서함에 넣어야 한다.

제126조 삭제 〈2010. 9. 1.〉

제126조의2(사서함 사용계약 해지 등)

① 계약우체국장은 사서함사용자가 다음 각 호의 어느 하나에 해당하는 때에는 사서함의 사용계약을 해지할 수 있다. 〈개정 2015. 7. 21.〉

  1. 사서함에 배달된 우편물을 정당한 사유없이 30일 이상 수령하지 아니한 때
  2. 최근 3월간 계속하여 사서함에 배달한 우편물의 통수가 월 30통에 미달한 때
  3. 우편관계법령의 규정에 위반한 때
  4. 공공의 질서 또는 선량한 풍속에 반하여 사서함을 이용한 때

② 제1항에 따라 계약이 해지된 사서함에 배달된 우편물은 그 해지통지를 한 날부터 10일 이내에 사서함을 사용하였던 자의 교부신청이 없는 때에는 발송인에게 이를 되돌려 주어야 한다. 〈개정 2015. 7. 21., 2018. 2. 19.〉

③ 사서함 사용자가 사서함 사용계약을 해지하려는 경우에는 별지 제2호 서식에 그 해지예정일 및 계약을 해지한 후의 우편물 수취장소 등을 기재하여 해지예정일 10일 전까지 계약우체국장에게 통보하여야 한다. 〈개정 2015. 7. 21.〉

[본조신설 1997. 12. 31.]
[제목개정 2015. 7. 21.]

제127조 삭제 〈2010. 9. 1.〉

제4절 우편수취함

제128조(개별 또는 공동수취함의 설치)

영 제43조 제4호의 규정에 의한 개별 또는 공동수취함(이하 "마을공동수취함"이라 한다)은 배달우체국장이 설치한다.
[전문개정 1999. 1. 21.]

제129조(마을공동수취함앞 우편물의 배달 등)

마을공동수취함앞 우편물에 대한 배달 및 관리 등은 우정사업본부장이 정하는 바에 따라 배달우체국장과 마을공동수취함을 관리하는 자와의 계약에 의하여 이를 정한다. 〈개정 1995. 12. 30., 2001. 4. 20.〉

제130조(마을공동수취함의 관리수수료)

우정사업본부장은 마을공동수취함의 관리인에게 예산의 범위 안에서 배달소요시간을 기준으로 한 실비를 수수료로 지급하여야 한다. 〈개정 1995. 12. 30., 2001. 4. 20.〉

제131조(고층건물우편수취함의 설치)

영 제50조 제1항의 규정에 의한 고층건물의 우편수취함(이하 "고층건물우편수취함"이라 한다)은 건물구조상 한 곳에 그 전부를 설치하기가 곤란한 경우에는 3층 이하의 위치에 3개소 이내로 분리하여 설치할 수 있다. 다만, 고층건물우편수취함 설치대상 건축물로서 그 1층 출입구, 관리사무실 또는 수위실 등(출입구 근처에 있는 것에 한한다)에 우편물 접수처가 있어 우편물을 배달할 수 있는 경우에는 고층건물우편수취함을 설치하지 아니할 수 있다.

제132조(고층건물우편수취함등의 규격·구조 등)

영 제50조 제2항의 규정에 의한 고층건물우편수취함의 표준 규격·재료·구조 및 표시사항은 우정사업본부장이 정하여 고시한다. 〈개정 1999. 1. 21., 2001. 4. 20.〉

[전문개정 1995. 12. 30.]

제133조(고층건물우편수취함의 관리·보수)

① 건축물의 관리책임자 또는 사용자는 설치된 고층건물우편수취함이 그 사용에 지장이 없도록 이를 관리하여야 한다. 〈개정 1995. 12. 30., 1999. 1. 21.〉

② 고층건물우편수취함이 훼손된 경우 훼손된 날부터 15일이내에 이를 보수하지 아니한 때에는 이를 우편수취함으로 보지 아니한다. 〈개정 1995. 12. 30., 1999. 1. 21.〉

제134조(고층건물우편수취함에 넣을 수 없는 우편물의 배달)

① 다음 각 호의 어느 하나에 해당하는 경우에는 수취인에게 직접 배달해야 한다.

　1. 요금수취인부담우편물

　2. 양이 많거나 부피가 커서 고층건물우편수취함에 넣을 수 없는 우편물

② 제1항 각 호 외의 특수취급우편물은 수취인에게 직접 배달하는 것을 원칙으로 하되, 등기우편물은 영 제42조 제3항 단서에 따라 전자 잠금장치가 설치된 고층건물우편수취함에 넣을 수 있다.

[전문개정 2019. 2. 8.]

제135조(고층건물앞 우편물의 보관 및 반환)

① 영 제51조 제2항의 규정에 의하여 배달우체국에서 보관·교부할 우편물은 그 우편물이 배달우체국에 도착한 다음 날부터 10일간 이를 보관한다.

② 제1항에 따른 기간이 경과하여도 우편물의 수취청구가 없는 경우에는 발송인에게 이를 되돌려 준다. 〈개정 2018. 2. 19.〉

[제목개정 2018. 2. 19.]

제5장 손해배상 등 〈개정 1997. 12. 31.〉

제135조의2(우편물의 손해배상금액 및 지연배달의 기준)

① 법 제38조 제1항 제1호 및 제2호에 따라 잃어버리거나 못쓰게 된 우편물의 손해배상금액은 다음과 같다. 〈개정 2018. 2. 19.〉

　1. 등기통상우편물 : 10만 원

　2. 준등기통상우편물 : 5만 원

　3. 등기소포우편물 : 50만 원

　4. 민원우편물 : 표기금액

　5. 보험취급우편물 : 신고가액

② 법 제38조 제1항 제3호의 규정에 의한 현금추심취급 우편물의 손해배상금액은 그 추심금액으로 한다.

③ 제1항 및 제2항의 경우에 실제 손해액이 손해배상금액보다 적을 때는 그 실제 손해액을 배상한다.

④ 법 제38조 제1항 제1호 및 제2호의 규정에 의하여 배상하는 지연배달의 기준 및 배상금액은 별표 5와 같다. 〈개정 2011. 12. 2.〉

[전문개정 2005. 8. 4.]

제136조(손해의 신고 등)

① 등기우편물의 배달(반환을 포함한다. 이하 같다)에 있어서 수취인 또는 발송인이 그 우편물에 손해가 있음을 주장하여 수취를 거부하고자 할 때에는 집배원 또는 배달우체국에 그 사유를 통보하여야 한다. 〈개정 2018. 2. 19.〉

② 배달우체국장은 제1항의 규정에 의한 우편물이 외부에 파손의 흔적이 없고 중량에 차이가 없어 법 제40조의 규정에 해당한다고 인정하는 때에는 그 사유를 기재한 조서와 함께 수취를 거부한 자에게 우편물을 교부하여야 하며, 그러하지 아니하다고 인정하는 때에는 수취를 거부한 다음 날부터 15일 이내에 기일을 정하여 수취를 거부한 자 또는 손해배상 청구권자의 출석을 요구하고 그 출석하에 동 우편물을 개피하여 손해의 유무를 검사하여야 한다. 〈개정 2001. 4. 20.〉

③ 제2항의 규정에 의한 검사결과 우편물에 손해가 없다고 인정하는 때에는 그 사유를 기재한 조서와 함께 동 우편물을 교부하고, 손해가 있다고 인정하는 때에는 손해조서를 작성하여 제135조의2의 규정에 의한 손해배상금을 지급한다. 〈개정 1995. 12. 30., 1997. 12. 31.〉

제137조(수취를 거부한 자가 출석하지 아니한 때의 처리)

제136조 제2항의 경우에 수취를 거부한 자 또는 손해배상청구권자가 지정기일에 출석하지 아니한 때에는 당해인에게 그 우편물을 배달하여야 한다.

제138조(손해배상청구의 취소)

우편물의 손해배상을 청구한 자가 그 청구를 취소한 때에는 우체국은 즉시 당해우편물을 청구인에게 교부하여야 한다.

제139조(손해배상금의 반환통지)

손해를 배상한 우체국에서 법 제45조의 규정에 의한 통지를 하는 때에는 영 제53조의 규정에 의한 반환금액·반환방법 및 우편물의 청구방법을 명시하여야 한다.

제140조 삭제 〈2014. 12. 4.〉

제6장 서신송달업자 등의 관리
〈신설 2014. 12. 4.〉

제141조(서신송달업자의 신고 등)

① 법 제45조의2 제1항에 따라 서신을 송달하는 업(이하 "서신송달업"이라 한다)을 신고하려는 자는 별지 제3호서식의 서신송달업 신고서에 사업계획서(사업운영 및 시설에 관한 사항, 수입·지출계산서 등을 포함한다)를 첨부하여 관할지방우정청장에게 제출하여야 한다. 〈개정 2015. 7. 21.〉

② 제1항에 따라 신고를 받은 담당공무원은 「전자정부법」 제36조 제1항에 따른 행정정보의 공동이용을 통하여 다음 각 호의 서류를 확인하여야 한다. 다만, 신고를 한 자가 제2호의 확인에 동의하지 아니하는 경우에는 해당 서류를 첨부하도록 하여야 한다. 〈개정 2015. 7. 21.〉
　　1. 법인 등기사항증명서(신고를 한 자가 법인인 경우에 한정한다)
　　2. 사업자등록증명(신고를 한 자가 개인사업자인 경우에 한정한다)
　　3. 삭제 〈2015. 7. 21.〉

③ 서신송달업의 신고를 한 자의 상호, 소재지, 대표자 및 사업계획 등이 변경된 경우에는 별지 제3호 서식의 서신송달업 변경신고서에 그 변경사실을 증명할 수 있는 서류를 첨부하여 관할지방우정청장에게 제출하여야 한다. 〈개정 2015. 7. 21.〉

④ 관할지방우정청장은 제1항과 제3항에 따른 신고를 받은 경우에는 별지 제4호 서식의 신고대장에 이를 기재하고 별지 제5호 서식의 신고필증을 교부하여야 한다. 〈개정 2015. 7. 21.〉
[본조신설 2014. 12. 4.]

제142조(휴업·폐업 등의 신고)

법 제45조의4에 따라 서신송달업자가 그 영업을 30일 이상 휴업 또는 폐업하거나 휴업 후 재개하려는 경우에는 별지 제6호 서식의 신고서를 지방우정청장(관할 지방우정청장 또는 그 밖의 지방우정청장 중 어느 한 지방우정청장을 말한다)에게 제출하여야 한다. 이 경우 관할 지방우정청장이 아닌 지방우정청장이 신고서를 제출받으면 이를 관할 지방우정청장에게 송부하여야 한다. 〈개정 2015. 7. 21., 2016. 12. 30.〉
[본조신설 2014. 12. 4.]

제143조(사업개선명령)

법 제45조의5에 따라 관할지방우정청장은 서신송달업자가 다음 각 호의 어느 하나에 해당할 때에는 그 시정을 명할 수 있다.
　　1. 법 제45조의2 제3항에 따른 변경신고를 하지 아니하는 경우
　　2. 화재 등으로 인하여 서신송달서비스의 제공에 지장이 발생하였음에도 보수 등 필요한 조치를 하지 아니하는 경우
　　3. 작업장의 보안 등이 상당히 취약하여 서신의 비밀침해 등으로 이용자의 권익을 현저히 해친다고 인정되는 경우
[본조신설 2014. 12. 4.]

제144조(행정처분의 기준)

① 법 제45조의6 제2항에 따른 서신송달업자에 대한 처분의 기준은 별표 6과 같다.

② 관할지방우정청장은 행정처분을 한 때에는 별지 제7호서식의 행정처분기록대장에 그 내용을 기록하여야 한다. 〈개정 2015. 7. 21.〉
[본조신설 2014. 12. 4.]

제145조(규제의 재검토)

과학기술정보통신부장관은 다음 각 호의 사항에 대하여 다음 각 호의 기준일을 기준으로 3년마다(매 3년이 되는 해의 기준일과 같은 날 전까지를 말한다) 그 타당성을 검토하여 개선 등의 조치를 하여야 한다. 〈개정 2017. 7. 26.〉

1. 제141조에 따른 서신송달업 신고 및 변경신고 : 2014년 1월 1일
2. 삭제 〈2020. 2. 17.〉
3. 제143조에 따른 사업개선명령 : 2015년 1월 1일
4. 제144조 및 별표 6에 따른 행정처분의 기준 : 2015년 1월 1일

[본조신설 2014. 12. 4.]

부칙 〈제48호, 2020. 6. 16.〉

이 규칙은 공포한 날부터 시행한다.

04 국제우편규정

[시행 2018. 10. 4] [대통령령 제28781호, 2018. 4. 3, 전부개정]

제1장 총칙

제1조(목적)

이 영은 우편에 관한 국제조약에 따라 우리나라와 외국 간에 교환하는 우편물의 이용 및 취급에 필요한 사항을 규정함을 목적으로 한다.

제2조(다른 법령과의 관계)

우리나라에서 외국으로 발송하는 우편물(이하 "발송우편물"이라 한다) 및 외국으로부터 우리나라에 도착한 우편물(이하 "도착우편물"이라 한다)의 취급에 관하여 우편에 관한 국제조약(이하 "협약"이라 한다)과 이 영에서 정한 것을 제외하고는 국내우편에 관한 법령에서 정하는 바에 따른다.

제2장 국제우편물의 종류 및 취급대상

제3조(국제우편물의 종류)

① 우리나라와 외국 간에 교환하는 우편물(이하 "국제우편물"이라 한다)의 종류는 다음 각 호와 같다.
  1. 통상우편물
  2. 소포우편물
  3. 특급우편물
  4. 그 밖에 과학기술정보통신부장관이 필요하다고 인정하여 고시하는 우편물
② 제1항 제4호에 따른 우편물의 이용조건 및 취급절차 등에 관하여 필요한 사항은 과학기술정보통신부장관이 정하여 고시한다.

제4조(통상우편물의 취급대상)

① 통상우편물은 서류우편물과 비서류우편물로 구분한다.

② 서류우편물의 취급대상은 다음 각 호와 같다.
  1. 「우편법」 제1조의2 제7호에 따른 서신
  2. 시각장애인을 위한 우편물
  3. 여러 개의 동일한 사본으로 생산된 인쇄물
  4. 하나의 주소지의 같은 수취인을 위한 신문, 정기간행물, 서적 및 상품안내서 등이 담긴 특별우편자루로서 30킬로그램 이하인 것
  5. 우편엽서
  6. 항공서간(航空書簡)
③ 비서류우편물의 취급대상은 제2항 각 호의 우편물을 제외한 2킬로그램 이하의 물품(이하 "소형포장물"이라 한다)으로 한다.

제5조(우편엽서와 항공서간)

① 우편엽서와 항공서간은 정부가 발행하는 것과 정부 외의 자가 제조하는 것으로 구분한다.
② 정부가 발행하는 우편엽서와 항공서간에는 우편요금을 표시하는 증표를 인쇄할 수 있다.
③ 정부가 발행하는 우편엽서와 항공서간은 원형을 변경하여 사용할 수 없다.
④ 정부 외의 자가 제조하는 우편엽서와 항공서간은 제15조 제1항에 따라 과학기술정보통신부장관이 고시한 우편물의 규격에 적합하여야 한다.
⑤ 정부 외의 자가 제조하는 우편엽서와 항공서간에는 우편요금을 표시하는 증표를 인쇄할 수 없다.
⑥ 제4항을 위반하여 제조된 우편엽서와 항공서간은 제4조 제2항 제1호에 따른 서신으로 본다.

제6조(소포우편물의 취급대상)

소포우편물의 취급대상은 제4조에 따른 통상우편물을 제외한 물품으로 한다.

제7조(특급우편물의 취급대상)

① 특급우편물의 취급대상은 빠르게 해외로 배송하여야 하는 서류 및 물품으로 하며, 기록취급을 원칙으로 한다.

② 제1항에 따른 특급우편물의 이용조건 및 취급절차 등에 관하여 필요한 사항은 과학기술정보통신부장관이 정하여 고시한다.

제8조(국제우편물의 부가취급)

국제우편물에 대한 부가취급의 종류는 다음 각 호와 같다.

　　1. 등기(통상우편물만 해당한다)

　　2. 배달통지

　　3. 보험취급

　　4. 그 밖에 국제적으로 시행되고 있는 업무 중 과학기술정보통신부장관이 정하여 고시하는 업무

제3장 요금

제9조(국제우편요금 등)

① 국제우편요금 및 국제우편 이용에 관한 수수료(이하 "국제우편요금 등"이라 한다)는 협약에서 정한 범위에서 과학기술정보통신부장관이 정하여 고시한다.

② 제8조에 따른 부가취급에 관한 국제우편요금 등에 대하여 협약에서 정하지 아니한 사항은 과학기술정보통신부장관이 정하여 고시한다.

제10조(국제우편요금 등의 납부)

국제우편요금 등은 다음 각 호의 어느 하나에 해당하는 방법으로 납부할 수 있다.

　　1. 현금

　　2. 우표

　　3. 우편요금을 표시하는 증표

　　4. 「여신전문금융업법」에 따른 신용카드 · 직불카드 · 선불카드(이하 "신용카드 등"이라 한다)

　　5. 정보통신망을 이용한 전자화폐 또는 전자결제

제11조(국제우편요금 등의 별납 · 계기별납 또는 후납)

① 발송우편물은 국내우편물 취급의 예에 따라 국제우편요금 등을 별납 또는 계기별납하거나 후납할 수 있다.

② 국제우편요금 등의 별납 · 계기별납 및 후납의 표시와 취급우체국 등에 관한 사항은 과학기술정보통신부장관이 정하여 고시한다.

제12조(국제우편요금 등의 감액)

① 국제우편요금 등은 일부를 감액할 수 있다.

② 제1항에 따라 국제우편요금 등을 감액할 수 있는 우편물의 종류 · 수량 · 취급요건 · 감액범위 등에 관한 사항은 협약에서 정한 범위에서 과학기술정보통신부장관이 정하여 고시한다.

제13조(국제반신우표권)

① 외국에서 판매한 국제반신우표권은 국내우체국에서 제9조 제1항에 따라 고시된 요금에 해당하는 우표류와 교환한다.

② 우리나라에서 판매한 국제반신우표권은 국내우체국에서 교환할 수 없다.

제4장 발송

제14조(국제우편물의 발송)

① 다음 각 호의 어느 하나에 해당하는 국제우편물을 발송하려는 경우에는 우체국에 직접 접수하여야 한다. 다만, 제1호와 제8호에 해당하는 우편물은 발송인의 요청에 따라 발송인을 방문하여 접수할 수 있다.

　　1. 소포우편물 및 특급우편물

　　2. 제8조에 따른 부가취급이 필요한 우편물

　　3. 소형포장물

　　4. 통관을 하여야 하는 물품이 들어 있는 우편물

　　5. 제11조에 따라 국제우편요금 등을 별납 또는 계기별납하거나 후납하는 우편물

　　6. 항공으로 취급하는 시각장애인을 위한 우편물

　　7. 협약 및 제12조에 따른 우편요금 감면대상 우편물

　　8. 제3조 제1항 제4호에 따른 우편물

② 제1항 각 호의 우편물 외의 국제우편물을 발송하려는 경우에는 우체통에 투입할 수 있다.

제15조(우편물의 규격·포장 및 외부기재사항 등)

① 제14조에 따라 국제우편물을 발송하려는 자는 과학기술정보통신부장관이 정하여 고시하는 발송우편물의 규격·포장에 관한 사항 및 외부기재사항을 준수하여야 한다.

② 과학기술정보통신부장관은 협약 및 제1항에 따라 고시한 기준에 맞지 아니하는 우편물에 대해서는 발송인에게 보완하여 제출하게 하거나 우편물로서의 취급을 거절할 수 있다.

③ 발송인의 포장부실로 인하여 우편물의 송달과정에서 발생한 내용물의 파손·탈락 또는 다른 우편물의 파손, 그 밖의 모든 손해에 대해서는 발송인이 책임을 진다.

제16조(첨부물의 중량)

발송우편물에 붙인 부가표시물 및 서류의 중량은 그 우편물의 중량에 포함하여 계산한다. 다만, 우표, 운송장 및 통관을 위하여 붙인 서류의 중량은 포함하지 아니한다.

제17조(우편물의 접수증 등)

① 기록취급 우편물을 발송하는 경우 발송인은 그 우편물의 접수증 또는 운송장 사본과 영수증을 교부받을 수 있으며, 발송일의 다음 날부터 1년 이내에 우편물을 접수한 우체국에 우편물의 접수증 또는 운송장 등본의 교부를 신청할 수 있다.

② 우편물을 발송한 후에 제1항에 따라 우편물의 접수증 또는 운송장 등본의 교부를 신청하는 경우에는 그 우편물의 영수증을 제시하여야 하며, 영수증을 제시할 수 없을 때에는 그 발송 사실을 소명하여야 한다.

③ 다량의 기록취급 우편물을 발송하는 자에게는 미리 연기식(連記式) 우편물 접수증 용지를 작성하도록 하고 우편물과 함께 제출하게 할 수 있다.

④ 인터넷 등 전자적 방법으로 접수한 우편물의 접수증은 전자적 방법으로 교부할 수 있다.

제18조(발송우편물의 외부기재사항 변경 또는 반환청구 등)

국제우편물의 발송인은 그 우편물의 외부기재사항의 변경·정정 또는 우편물의 반환을 우체국에 청구할 수 있다. 이 경우 제9조 제1항에 따라 고시된 국제우편요금 등을 납부하여야 한다.

제19조(국제우편요금 등이 미납된 발송우편물의 처리)

① 국제우편요금 등의 전부 또는 일부가 납부되지 아니한 발송우편물에 대해서는 우편물을 접수한 우체국장이 그 납부되지 아니한 국제우편요금 등(이하 "미납요금"이라 한다)을 발송인에게 통지하고, 발송인으로부터 미납요금을 징수한 후 발송한다.

② 발송인의 주소·성명이 명확하지 아니하거나 그 밖의 사유로 미납요금을 징수할 수 없는 경우에는 우편물 표면의 윗부분에 미납요금이 있는 우편물임을 표시하는 문자인 T(이하 "T"라 한다) 및 미납요금을 기재하여 발송한다.

제20조(발송상대국의 우편업무 일시정지)

발송상대국의 우편업무 일시정지로 인하여 발송할 수 없는 우편물은 그 상대국의 우편업무가 재개되면 지체 없이 발송하여야 한다.

제21조(국제우편금지물품)

① 과학기술정보통신부장관은 음란물, 폭발물, 총기·도검, 마약류 및 독극물 등 우편으로 취급하는 것이 부적절하다고 인정되는 물품(이하 "우편금지물품"이라 한다)을 정하여 고시하여야 한다.

② 과학기술정보통신부장관은 제1항에 따라 고시된 물품에 대해서는 우편물로서의 취급을 거절할 수 있다.

제22조(예외적으로 허용되는 위험물질)

① 제21조에도 불구하고 협약에서 예외적으로 허용한 위험물질은 우편물로서 취급할 수 있다.

② 제1항에 따른 우편물의 이용조건과 취급절차는 과학기술정보통신부장관이 정하여 고시한다.

제5장 배달

제23조(도착우편물의 배달)

① 도착우편물의 배달에 관하여는 협약과 이 영에서 정한 것을 제외하고는 국내우편 배달의 예에 따른다. 다만, 보관교부 우편물의 보관기간은 30일로 한다.

② 협약에서 정한 규격을 위반한 우편물이나 우편금지물품이 들어있는 우편물이 외국에서 접수되어 우리나라에 도착하였으나 해당 우편물에 대하여 다른 법령에 압수 또

는 반송에 관한 처리규정이 없는 경우에는 이를 수취인에게 배달할 수 있다.

제24조(통관우편물의 배달)

① 통관절차를 거쳐야 하는 국제우편물은 통관우체국에 보관하고 통관우체국장은 국제우편물의 통관 안내서(이하 "안내서"라 한다)를 수취인에게 송달할 수 있다.

② 제1항에 따라 안내서를 송달받은 수취인은 제25조에 따른 보관기간 내에 부과된 세금 및 통관절차 대행수수료를 납부하고 해당 우편물을 수령하여야 한다.

제25조(보관기간)

도착우편물의 보관기간은 통관우체국장이 안내서를 발송한 날의 다음 날부터 15일간으로 한다. 다만, 통관절차나 그 밖의 부득이한 사유로 수취인의 청구가 있거나 통관우체국장이 필요하다고 인정할 때에는 45일의 범위에서 연장할 수 있다.

제26조(국제우편요금 등이 미납된 도착우편물의 배달)

T 표시가 있는 도착우편물은 미납요금을 우리나라 통화로 환산하여 수취인으로부터 징수한 후 배달한다.

제27조(국제우편물의 전송)

도착우편물의 국내 간 전송에 관하여는 발송인이 이를 금지한 경우를 제외하고 국내우편물 전송의 예에 따른다.

제28조(종추적배달우편물의 배달)

종추적배달우편물(우편물의 접수에서 배달까지의 취급과정을 기록하나 서명 또는 기명날인을 받지 아니하고 배달하는 우편물을 말한다)을 배달할 때에는 국내 등기우편물 배달의 예에 따르되, 수령하는 사람의 서명 또는 기명날인은 생략한다.

제29조(배달통지서에의 서명·기명날인)

① 배달통지 청구가 있는 도착우편물을 수령하는 사람은 배달통지서에 서명 또는 기명날인을 하여야 한다.

② 부득이한 사유로 제1항에 따른 서명 또는 기명날인을 받지 못한 경우에는 우편물을 배달한 우체국장이 그 배달 사실을 증명하여야 한다.

제30조(국제우편물의 탈락물 및 수취 포기 우편물 등의 처리)

① 수취인을 확인할 수 없는 국제우편물의 탈락물은 다음 각 호의 방법에 따라 처리한다.

  1. 탈락물을 발견한 우체국장은 우체국 내의 공중이 보기 쉬운 장소나 게시판에 그 내용을 1개월간 게시하고 보관한다.

  2. 제1호의 게시기간 내에 정당한 권리자의 교부청구가 없는 경우에는 「우편법」 제36조 제2항 및 제3항에 따른 절차를 준용하여 처리한다.

② 통관 대상인 도착우편물로서 수취인이 그 우편물의 전부(반송 또는 전송할 수 없는 것으로 한정한다) 또는 일부의 수취를 포기한 경우에는 「우편법」 제36조에 따른 절차를 준용하여 처리한다.

③ 외국으로부터 반송된 우편물은 다음 각 호의 어느 하나에 해당하는 방법에 따라 처리한다.

  1. 통상우편물을 발송인에게 배달하는 경우에는 제23조 제1항 본문 및 같은 조 제2항을 준용한다. 다만, 등기의 경우에는 국내 등기취급 수수료에 해당하는 금액을 징수한 후 배달한다.

  2. 소포우편물은 반송료 및 그 밖의 요금을 징수한 후 발송인에게 배달한다.

  3. 발송인의 주소불명이나 그 밖의 부득이한 사유로 반송할 수 없는 우편물과 내용품의 파손·변질 등의 사유로 발송인이 수취를 거절하는 우편물은 「우편법」 제36조에 따른 절차를 준용하여 처리한다.

제6장 통관

제31조(국제우편물의 통관)

① 제4조 제2항 제1호, 제5호 및 제6호에 따른 우편물을 제외한 국제우편물은 통관하여야 한다. 다만, 통관우체국장 또는 세관장이 필요하다고 인정하는 경우에는 제4조 제2항 제1호, 제5호 및 제6호에 따른 우편물도 통관할 수 있다.

② 제1항에 따른 통관절차에는 우체국 직원 또는 우체국의 위탁을 받은 업체의 직원이 입회하여야 한다.

③ 통관우체국장은 특히 필요하다고 인정될 때에만 우편물의 수취인을 통관절차에 입회하게 할 수 있다.

④ 수취인에게 책임이 있는 사유로 제25조에 따른 보관기간 내에 통관절차를 끝내지 못한 도착우편물은 배달할 수 없는 우편물에 준하여 처리한다.

제32조(통관절차 대행수수료의 납부)

① 통관한 우편물의 수취인은 제10조 제1호·제4호 또는 제5호의 방법 중 하나로 통관절차 대행수수료를 납부하여야 한다.

② 다음 각 호의 어느 하나에 해당하는 국제우편물에 대해서는 통관절차 대행수수료의 납부를 면제한다.

   1. 전쟁포로 및 전쟁으로 인하여 억류된 민간인이 발송한 우편물
   2. 시각장애인을 위한 우편물
   3. 주한외교공관 및 그 공관에 근무하는 외교관과 이에 준하는 대우를 받는 국제기관 및 그 기관의 직원을 수취인으로 지정한 우편물
   4. 국가원수를 수취인으로 지정한 우편물
   5. 과학기술정보통신부장관이 인정하는 우편업무와 관련된 우편물 등
   6. 그 밖에 관세가 부과되지 아니하는 우편물

제33조(관세에 대한 불복의 신청에 따른 조치)

① 세관장에게 「관세법」에 따른 이의신청·심사청구 또는 심판청구를 한 도착우편물의 수취인이 우편물의 반송 또는 관련 처분의 보류를 희망하는 경우에는 지체 없이 그 뜻을 통관우체국장에게 통지하여야 한다.

② 「관세법」에 따라 이의신청·심사청구 또는 심판청구를 한 날부터 결정일까지의 기간과 그 결정통지에 걸리는 기간(결정일부터 5일 간을 말한다)은 제25조에 따른 보관기간에 산입하지 아니한다.

제34조(재수출면세 또는 보세구역으로의 이송신청에 따른 조치)

① 도착우편물의 재수출면세 또는 보세구역으로의 이송을 세관장에게 신청한 도착우편물의 수취인은 그 사실을 통관우체국장에게 통지하여야 한다.

② 제1항의 경우 제33조 제2항을 준용한다.

제7장 책임

제35조(행방조사의 청구)

발송우편물 또는 도착우편물에 대하여 발송인 또는 수취인은 그 우편물을 발송한 다음 날부터 6개월 이내에 행방조사 청구를 할 수 있다. 다만, 특급우편물에 대한 행방조사 청구는 4개월 이내에 하여야 한다.

제36조(국제우편요금 등의 반환)

① 발송인은 다음 각 호의 어느 하나에 해당하는 국제우편요금 등에 대하여 과학기술정보통신부장관에게 반환을 청구할 수 있다.

   1. 우편관서의 과실로 과다징수한 경우 : 과다징수한 국제우편요금 등
   2. 부가취급 국제우편물의 국제우편요금 등을 받은 후 우편관서의 과실로 부가취급을 하지 아니한 경우 : 부가취급 수수료
   3. 항공서간을 선편으로 발송한 경우 : 항공서간 요금과 해당 지역의 선편 보통서신 최저요금의 차액
   4. 등기우편물·소포우편물 또는 보험취급된 등기우편물·소포우편물의 분실·전부도난 또는 완전파손 등의 경우 : 납부한 국제우편요금 등. 다만, 등기·보험취급 수수료는 제외한다.
   5. 특급우편물 또는 보험취급된 특급우편물의 분실·도난 또는 파손 등의 경우 : 납부한 국제우편요금 등. 다만, 보험취급 수수료는 제외한다.
   6. 행방조사청구에 따른 조사결과 우편물의 분실 등이 우편관서의 과실로 발생하였음이 확인된 경우 : 행방조사청구료
   7. 수취인의 주소·성명이 정확하게 기재된 우편물을 우편관서의 과실로 발송인에게 반환한 경우 : 납부한 국제우편요금 등
   8. 외국으로 발송하는 부가취급되지 아니한 통상우편물이 우편관서의 취급과정에서 파손된 경우 : 납부한 국제우편요금 등

② 국제우편요금 등을 완납한 발송우편물이 다른 법령에 따른 수출금지 대상이거나 그 밖의 부득이한 사유로 발송인에게 반환된 경우에는 발송인의 청구에 따라 완납한 국제우편요금 등에서 해당 우편물의 반환에 따른 국내우

편요금 및 수수료를 공제한 금액을 반환한다. 다만, 발송인의 고의 또는 중대한 과실이 있다고 인정되는 경우에는 반환하지 아니한다.

③ 제1항 및 제2항에 따라 반환하는 국제우편요금 등은 현금으로 지급할 수 있다. 다만, 발송인이 국제우편요금 등을 제10조 제4호에 따라 신용카드 등으로 납부한 경우에는 카드거래 취소로 대신할 수 있다.

④ 국제우편요금 등의 반환청구는 발송한 다음 날부터 1년 이내에 하여야 한다.

⑤ 다른 법령 또는 상대국의 규정에 따라 압수되는 등의 사유로 반환되지 아니하는 우편물에 대한 국제우편요금 등은 반환하지 아니한다.

부칙〈제28781호, 2018. 4. 3.〉

제1조(시행일)

이 영은 공포 후 6개월이 경과한 날부터 시행한다.

제2조(도착된 우편물 등에 관한 경과조치)

이 영 시행 당시 이미 도착되었거나 접수된 우편물은 종전의 규정에 따라 처리한다.

제3조(다른 법령의 개정)

행정권한의 위임 및 위탁에 관한 규정 일부를 다음과 같이 개정한다.

제21조의2 제1항 제11호 각 목을 다음과 같이 한다.

　가. 영 제8조 제4호에 따른 부가취급 업무의 고시

　나. 영 제9조에 따른 국제우편요금 등 중 국제우편 이용에 관한 수수료에 관한 고시

　다. 영 제11조 제2항에 따른 국제우편요금 등의 별납ㆍ계기별납 및 후납의 표시와 취급우체국 등에 관한 고시

　라. 영 제12조 제2항에 따른 국제우편요금 등을 감액할 수 있는 우편물의 종류ㆍ수량ㆍ취급요건ㆍ감액범위 등에 관한 고시

　마. 영 제15조 제1항에 따른 발송우편물의 규격ㆍ포장에 관한 사항 및 외부기재사항 중 소포우편물의 최대 규격 및 항공서간의 견본과 중량에 관한 고시

　바. 영 제22조 제2항에 따른 예외적으로 허용되는 위험물질이 들어 있는 국제우편물의 이용조건과 취급절차 중 위험물질을 교환할 수 있는 나라에 관한 고시

　사. 영 제32조 제2항 제5호에 따른 통관절차 대행수수료의 납부가 면제되는 우편업무와 관련된 우편물 등의 인정

제4조(다른 법령과의 관계)

이 영 시행 당시 다른 법령에서 종전의 「국제우편규정」 또는 그 규정을 인용한 경우에는 이 영에 그에 해당하는 규정이 있으면 종전의 「국제우편규정」 또는 그 규정을 갈음하여 이 영 또는 이 영의 해당 조항을 인용한 것으로 본다.

05 우체국예금 · 보험에 관한 법률

[시행 2020. 6. 9.] [법률 제17347호, 2020. 6. 9., 타법개정]

제1장 총칙 〈개정 2009. 4. 22.〉

제1조(목적)

이 법은 체신관서(遞信官署)로 하여금 간편하고 신용 있는 예금 · 보험사업을 운영하게 함으로써 금융의 대중화를 통하여 국민의 저축의욕을 북돋우고, 보험의 보편화를 통하여 재해의 위험에 공동으로 대처하게 함으로써 국민 경제생활의 안정과 공공복리의 증진에 이바지함을 목적으로 한다.
[전문개정 2009. 4. 22.]

제2조(정의)

이 법에서 사용하는 용어의 뜻은 다음과 같다.

1. "우체국예금"이란 이 법에 따라 체신관서에서 취급하는 예금을 말한다.
2. "예금통장"이란 우체국예금의 예입(預入)과 지급 사실을 증명하기 위하여 체신관서에서 발행하는 통장을 말한다.
3. "예금증서"란 우체국예금의 예입과 지급 사실을 증명하기 위하여 체신관서에서 발행하는 증서를 말한다.
4. "우체국보험"이란 이 법에 따라 체신관서에서 피보험자의 생명 · 신체의 상해(傷害)를 보험사고로 하여 취급하는 보험을 말한다.
5. "보험계약"이란 보험계약자가 보험료를 납입하고 보험사고가 발생하였을 경우 체신관서가 보험금을 지급할 것을 내용으로 하는 계약을 말한다.
6. "보험사고"란 보험계약상 체신관서가 보험수익자에게 보험금이나 그 밖의 급여를 지급할 의무를 발생하게 하는 피보험자의 생명 · 신체에 관한 불확정한 사고를 말한다.

[전문개정 2009. 4. 22.]

제3조(우체국예금 · 보험사업의 관장)

우체국예금사업과 우체국보험사업은 국가가 경영하며, 과학기술정보통신부장관이 관장(管掌)한다. 〈개정 2013. 3. 23., 2017. 7. 26.〉
[전문개정 2009. 4. 22.]

제3조의2(건전성의 유지 · 관리)

① 과학기술정보통신부장관은 우체국예금 · 보험사업에 대한 건전성을 유지하고 관리하기 위하여 필요한 경우에는 금융위원회에 검사를 요청할 수 있다. 〈개정 2013. 3. 23., 2017. 7. 26.〉
② 과학기술정보통신부장관은 우체국예금 · 보험사업의 건전한 육성과 계약자 보호를 위하여 금융위원회와 협의하여 건전성을 유지하고 관리하기 위하여 필요한 기준을 정하고 고시(告示)하여야 한다. 〈개정 2013. 3. 23., 2017. 7. 26.〉
[전문개정 2009. 4. 22.]

제4조(국가의 지급 책임)

국가는 우체국예금(이자를 포함한다)과 우체국보험계약에 따른 보험금 등의 지급을 책임진다.
[전문개정 2009. 4. 22.]

제5조 삭제 〈2009. 4. 22.〉

제6조(업무취급의 제한)

① 과학기술정보통신부장관은 전시 · 사변, 천재지변, 그 밖의 부득이한 사유가 있을 때에는 과학기술정보통신부령으로 정하는 바에 따라 우체국예금(이하 "예금"이라 한다)과 우체국보험(이하 "보험"이라 한다)에 관한 업무취급을 제한하거나 정지할 수 있다. 〈개정 2013. 3. 23., 2017. 7. 26.〉

② 과학기술정보통신부장관은 제1항에 따라 예금·보험에 관한 업무취급을 제한하거나 정지한 경우에는 그 내용을 공고하여야 한다. 〈개정 2013. 3. 23., 2017. 7. 26.〉
[전문개정 2009. 4. 22.]

제7조(피해 예금자 등에 대한 이용편의 제공)

① 과학기술정보통신부장관은 전시·사변, 천재지변, 그 밖의 부득이한 사유로 피해를 입은 예금자 및 보험계약자·피보험자 또는 보험수익자(이하 "보험계약자 등"이라 한다)에게는 과학기술정보통신부령으로 정하는 바에 따라 예금·보험의 업무취급에 관한 수수료를 면제하거나 그 밖의 이용편의를 제공할 수 있다. 〈개정 2013. 3. 23., 2017. 7. 26.〉

② 과학기술정보통신부장관은 제1항에 따라 수수료를 면제하거나 그 밖의 이용편의를 제공할 때에는 그 내용을 공고하여야 한다. 〈개정 2013. 3. 23., 2017. 7. 26.〉
[전문개정 2009. 4. 22.]

제8조(예금·보험의 증대 활동)

① 과학기술정보통신부장관은 예금·보험을 늘리고 유지하기 위하여 필요한 활동을 할 수 있다. 〈개정 2013. 3. 23., 2017. 7. 26.〉

② 제1항에 따른 활동의 내용과 활동 경비의 지출에 필요한 사항은 과학기술정보통신부령으로 정한다. 〈개정 2013. 3. 23., 2017. 7. 26.〉
[전문개정 2009. 4. 22.]

제9조(우편물의 무료취급)

예금·보험업무의 취급에 관한 우편물은 과학기술정보통신부령으로 정하는 바에 따라 무료로 할 수 있다. 〈개정 2013. 3. 23., 2017. 7. 26.〉
[전문개정 2009. 4. 22.]

제10조(관계 부처와의 협의 등)

① 과학기술정보통신부장관은 제14조 제2항에 따라 예금의 종류별 이자율을 정하려면 금융위원회와 협의하여야 한다. 다만, 「한국은행법」 제28조 제13호에 따라 금융통화위원회가 정하는 기준의 범위에서 이자율을 정하려는 경우에는 그러하지 아니하다. 〈개정 2013. 3. 23., 2017. 7. 26.〉

② 과학기술정보통신부장관은 제28조에 따라 계약보험금 한도액을 과학기술정보통신부령으로 정하려면 금융위원회와 협의하여야 한다. 〈개정 2011. 12. 2., 2013. 3. 23., 2017. 7. 26.〉

③ 과학기술정보통신부장관은 제19조 제2항에 따른 국채(國債) 및 공채(公債)의 매매이율과 제1항 단서에 따른 예금의 종류별 이자율을 정한 때에는 금융위원회에 알려야 하고, 예금거래와 관련된 약관을 제정 또는 변경하였을 때에는 금융위원회에 알려야 한다. 〈개정 2011. 12. 2., 2013. 3. 23., 2017. 7. 26.〉

④ 과학기술정보통신부장관은 보험의 종류를 수정하려면 「보험업법」 제5조 제3호에 따른 기초서류 등을 금융위원회에 제출하고 협의하여야 한다. 〈신설 2011. 12. 2., 2013. 3. 23., 2017. 7. 26.〉

⑤ 과학기술정보통신부장관은 회계연도마다 보험의 결산이 끝났을 때에는 재무제표 등 결산서류를 금융위원회에 제출하고 협의하여야 한다. 〈신설 2011. 12. 2., 2013. 3. 23., 2017. 7. 26.〉

⑥ 제2항·제4항 및 제5항에 따른 제출서류와 협의 절차 등에 필요한 사항은 과학기술정보통신부령으로 정한다. 〈신설 2011. 12. 2., 2013. 3. 23., 2017. 7. 26.〉
[전문개정 2009. 4. 22.]

제2장 예금 〈개정 2009. 4. 22.〉

제11조(예금의 종류 등)

① 예금은 요구불예금과 저축성예금으로 구분한다.

② 예금의 종류와 종류별 내용 및 가입대상 등에 관하여 필요한 사항은 과학기술정보통신부장관이 정하여 고시한다. 〈개정 2013. 3. 23., 2017. 7. 26.〉

③ 예금업무취급 등에 필요한 사항은 과학기술정보통신부령으로 정한다. 〈개정 2013. 3. 23., 2017. 7. 26.〉
[전문개정 2009. 4. 22.]

제12조(예금통장 등의 발급)

체신관서는 예금자가 처음 예입할 때에는 예금자에게 예금통장이나 예금증서를 내준다.
[전문개정 2009. 4. 22.]

제13조(인감 및 서명)

① 예금자가 예금에 관하여 사용할 인감 또는 서명(「전자서명법」 제2조 제2호에 따른 전자서명을 포함한다)은 체신관서에 신고된 것이어야 한다. 〈개정 2020. 6. 9.〉

② 제1항에 따른 인감은 예금자의 신고를 받아 변경할 수 있다.

[전문개정 2009. 4. 22.]

[시행일 : 2020. 12. 10.] 제13조

제14조(이자의 지급 등)

① 예금에 대하여는 과학기술정보통신부령으로 정하는 바에 따라 이자를 지급한다. 〈개정 2013. 3. 23., 2017. 7. 26.〉

② 예금의 종류별 이자율은 금융기관의 이자율을 고려하여 과학기술정보통신부장관이 정하여 고시한다. 〈개정 2013. 3. 23., 2017. 7. 26.〉

[전문개정 2009. 4. 22.]

제15조(예금의 예입)

① 예금의 예입은 현금이나 과학기술정보통신부령으로 정하는 유가증권 또는 증서로 한다. 〈개정 2013. 3. 23., 2017. 7. 26.〉

② 예금자는 제1항에 따른 유가증권 또는 증서로 예입을 한 경우에는 그 유가증권 또는 증서로 결제하거나 지급한 후가 아니면 그 예입금의 지급을 청구하지 못한다.

③ 제2항에 따라 유가증권 또는 증서가 결제되거나 지급되지 아니하면 예금이 예입되지 아니한 것으로 본다.

[전문개정 2009. 4. 22.]

제16조(예금액의 제한)

① 과학기술정보통신부장관은 예금의 종류별로 예금자가 예입할 수 있는 최고한도액을 정할 수 있다. 〈개정 2013. 3. 23., 2017. 7. 26.〉

② 과학기술정보통신부장관은 거래관행과 업무취급의 편의 등을 고려하여 예금자가 한 번에 예입할 수 있는 최저액을 정할 수 있다. 〈개정 2013. 3. 23., 2017. 7. 26.〉

③ 과학기술정보통신부장관은 제1항이나 제2항에 따라 최고한도액이나 최저액을 정한 경우에는 그 금액을 고시하여야 한다. 〈개정 2013. 3. 23., 2017. 7. 26.〉

[전문개정 2009. 4. 22.]

제17조(예금의 지급)

예금의 지급은 체신관서에서 예금통장이나 예금증서에 의하여 예금자의 청구를 받아 지급한다.

[전문개정 2009. 4. 22.]

제18조(예금자금의 운용)

① 과학기술정보통신부장관은 예금(이자를 포함한다)의 지급에 지장이 없는 범위에서 예금자금을 다음 각 호의 방법으로 운용한다. 〈개정 2013. 3. 23., 2017. 7. 26.〉

1. 금융기관에 예탁(預託)

2. 재정자금에 예탁

3. 「자본시장과 금융투자업에 관한 법률」에 따른 증권의 매매 및 대여

4. 「자본시장과 금융투자업에 관한 법률」 제355조에 따른 자금중개회사를 통한 금융기관에 대여

5. 「자본시장과 금융투자업에 관한 법률」 제5조에 따른 파생상품의 거래

6. 대통령령으로 정하는 업무용 부동산의 취득·처분 및 임대

② 제1항 제3호에 따른 증권의 매입, 같은 항 제4호에 따른 금융기관에의 대여, 같은 항 제5호에 따른 파생상품 거래의 각 총액이 예금자금에서 차지하는 비율과 같은 항 제6호에 따른 업무용 부동산의 보유한도는 예금의 안정을 해치지 아니하는 범위에서 과학기술정보통신부령으로 정한다. 〈개정 2013. 3. 23., 2017. 7. 26.〉

③ 과학기술정보통신부장관은 제1항에 따른 자금의 운용으로 생긴 수입금으로 이자를 지급하고 그 밖에 필요한 비용에 충당할 수 있다. 〈개정 2013. 3. 23., 2017. 7. 26.〉

[전문개정 2009. 4. 22.]

제19조(국채 및 공채의 매도)

① 제18조 제1항 제3호에 따라 매입한 증권 중 국채 및 공채는 체신관서에서 매도(賣渡)할 수 있다. 이 경우 매수인이 요청하면 환매(還買)를 조건으로 할 수 있다.

② 제1항에 따라 환매를 조건으로 매도하는 국채 및 공채의 매매이율은 과학기술정보통신부장관이 정하여 고시한다. 〈개정 2013. 3. 23., 2017. 7. 26.〉

③ 제1항에 따른 국채 및 공채의 매도, 환매조건부매도에 관한 절차, 취급체신관서, 그 밖에 필요한 사항은 과학기술정보통신부령으로 정한다. 〈개정 2013. 3. 23., 2017. 7. 26.〉

[전문개정 2009. 4. 22.]

제20조(예금통장 등의 재발급)

① 체신관서는 다음 각 호의 어느 하나에 해당하는 경우에는 예금자의 신청을 받아 예금통장·예금증서 또는 지급증서를 재발급할 수 있다.

　1. 분실한 경우

　2. 더럽혀지거나 손상되어 기재사항이 분명하지 아니한 경우

　3. 예금통장에 빈자리가 없는 경우

② 제1항에 따른 예금통장 등의 재발급 수수료와 그 납입 또는 면제, 그 밖의 재발급 절차 등에 관하여는 과학기술정보통신부령으로 정한다. 〈개정 2013. 3. 23., 2017. 7. 26.〉

[전문개정 2009. 4. 22.]

제21조(예금통장 등의 제출)

체신관서는 예금업무를 취급하기 위하여 필요하다고 인정할 때에는 예금자에게 예금통장이나 예금증서를 제출하도록 요구할 수 있다.

[전문개정 2009. 4. 22.]

제22조(권리자의 확인 등)

체신관서는 예금통장 또는 예금증서의 소지인(所持人)이 예금의 지급을 청구한 경우에는 그가 정당한 권리자인지를 확인한 후 지급할 수 있다.

[전문개정 2009. 4. 22.]

제23조(손해에 대한 면책)

체신관서는 다음 각 호의 어느 하나에 해당하는 경우에는 지급이 늦어져서 발생한 손해에 대하여 책임을 지지 아니한다.

　1. 지급 청구가 이 법을 따르지 아니한 경우

　2. 천재지변이나 그 밖의 부득이한 사유로 업무취급을 하지 못하게 된 경우

[전문개정 2009. 4. 22.]

제24조(예금지급청구권의 소멸)

① 체신관서는 예금자가 10년간 예금을 하지 아니하거나 예금의 지급, 이자의 기입, 인감 변경, 예금통장(예금증서를 포함한다)의 재발급신청 등을 하지 아니한 경우에는 과학기술정보통신부령으로 정하는 바에 따라 그 예금의 지급 청구나 그 밖에 예금의 처분에 필요한 신청을 할 것을 최고(催告)하여야 한다. 〈개정 2013. 3. 23., 2017. 7. 26.〉

② 제1항에 따른 최고를 한 후 2개월이 지나도록 예금지급의 청구나 그 밖에 예금의 처분에 필요한 신청을 하지 아니한 경우에는 그 예금에 관한 예금자의 지급청구권은 소멸한다.

③ 지급증서를 발행한 예금에 관한 지급청구권은 그 발행 후 3년간 지급을 청구하지 아니한 경우에는 소멸한다.

④ 제1항 및 제3항의 기간에는 만기가 정하여진 예금의 만기까지의 예치기간과 지급증서의 유효기간은 포함하지 아니한다. 〈개정 2020. 6. 9.〉

⑤ 제2항 또는 제3항에 따라 예금자의 지급청구권이 소멸된 예금은 국고에 귀속한다.

[전문개정 2009. 4. 22.]

제24조의2(예금 미청구자에 대한 지원)

① 과학기술정보통신부장관은 제24조 제5항에 따라 국고에 귀속된 예금 중 과학기술정보통신부령으로 정하는 사유가 있는 예금에 대하여 예금자가 지급청구를 하면 예금을 갈음하는 일정한 금액을 예금자에게 지급할 수 있다. 〈개정 2013. 3. 23., 2017. 7. 26.〉

② 제1항에 따른 금액의 지급한도와 그 밖에 지급에 필요한 사항은 과학기술정보통신부령으로 정한다. 〈개정 2013. 3. 23., 2017. 7. 26.〉

[전문개정 2009. 4. 22.]

제3장 보험 〈개정 2009. 4. 22.〉

제25조(청약의 승낙)

① 보험계약은 보험계약을 체결하려는 자가 첫 회분 보험료 납입과 함께 보험계약을 청약하고 체신관서가 이를 승낙함으로써 그 효력이 발생한다.

② 체신관서는 제1항에 따른 청약을 승낙한 때에는 보험증서를 작성하여 보험계약자에게 내주어야 한다.

③ 제2항의 보험증서의 기재사항은 과학기술정보통신부령으로 정한다. 〈개정 2013. 3. 23., 2017. 7. 26.〉

[전문개정 2009. 4. 22.]

제26조(특약에 따른 불이익 변경금지)

과학기술정보통신부장관은 보험계약자와의 특약으로 이 법의 규정을 보험계약자등에게 불리하게 변경하지 못한다. 〈개정 2013. 3. 23., 2017. 7. 26.〉

[전문개정 2009. 4. 22.]

제27조(보험약관)

① 과학기술정보통신부장관은 과학기술정보통신부령으로 정하는 범위에서 보험계약의 내용에 관한 사항을 보험약관으로 정하여 고시하여야 한다. 〈개정 2013. 3. 23., 2017. 7. 26.〉

② 보험계약에 관하여 이 법 또는 과학기술정보통신부령으로 규정하지 아니한 사항은 보험약관에 따른다. 〈개정 2013. 3. 23., 2017. 7. 26.〉

[전문개정 2009. 4. 22.]

제28조(보험의 종류와 금액 등)

보험의 종류, 계약보험금 한도액, 보험업무의 취급 등에 필요한 사항은 과학기술정보통신부령으로 정한다. 〈개정 2013. 3. 23., 2017. 7. 26.〉

[전문개정 2009. 4. 22.]

제29조(신체검사의 면제)

보험계약을 체결할 때에는 피보험자에 대한 신체검사는 하지 아니한다. 다만, 과학기술정보통신부령으로 정하는 피보험자에 대하여는 그러하지 아니하다. 〈개정 2013. 3. 23., 2017. 7. 26.〉

[전문개정 2009. 4. 22.]

제30조(보험수익자)

보험계약자가 보험수익자(保險受益者)를 지정하지 아니한 경우에는 보험계약자를 보험수익자로 본다.

[전문개정 2009. 4. 22.]

제31조(보험금의 감액 지급)

체신관서는 보험계약의 효력 발생 후 과학기술정보통신부령으로 정하는 기간 내에 보험사고가 발생한 경우에는 과학기술정보통신부령으로 정하는 바에 따라 보험금의 일부를 지급하지 아니할 수 있다. 〈개정 2013. 3. 23., 2017. 7. 26.〉

[전문개정 2009. 4. 22.]

제32조(보험계약의 승계)

① 보험계약자는 피보험자의 동의를 받아 제3자에게 보험계약으로 인한 권리·의무를 승계하게 할 수 있다.

② 제1항에 따른 승계를 한 경우 보험계약자가 체신관서에 승계 사실을 알리지 아니하면 대항할 수 없다.

[전문개정 2009. 4. 22.]

제33조(보험약관 개정의 효력)

① 보험약관의 개정은 이미 체결한 보험계약에는 그 효력이 없다.

② 과학기술정보통신부장관은 보험약관을 개정하는 경우 보험계약자등의 이익을 보호하기 위하여 특히 필요하다고 인정할 때에는 제1항에도 불구하고 장래에 향하여 그 효력을 인정할 수 있다. 〈개정 2013. 3. 23., 2017. 7. 26.〉

[전문개정 2009. 4. 22.]

제34조(보험계약의 변경)

보험계약자는 과학기술정보통신부령으로 정하는 바에 따라 체신관서에 계약내용의 변경을 청구할 수 있다. 〈개정 2013. 3. 23., 2017. 7. 26.〉

[전문개정 2009. 4. 22.]

제35조(보험계약의 해지)

① 보험계약자는 보험사고가 발생하기 전에는 언제든지 보험계약을 해지(解止)할 수 있다.

② 보험계약을 체결할 때 보험계약자 또는 피보험자가 과학기술정보통신부령으로 정하는 중요한 사항을 고의 또는 중대한 과실로 고지하지 아니하거나 부실한 고지를 한 경우에는 체신관서는 그 사실을 알게 된 날부터 1개월 이내, 보험계약의 효력발생일부터 5년 이내에만 그 보험계약을 해지할 수 있다. 〈개정 2013. 3. 23., 2017. 7. 26.〉

③ 체신관서는 보험계약 체결 당시 제36조 제1항 제2호의 경우 외에 보험사고가 이미 발생하였거나 발생할 수 없는 것임을 안 때에는 그 보험계약을 해지할 수 있다.

[전문개정 2009. 4. 22.]

제36조(보험계약의 무효)

① 다음 각 호의 어느 하나에 해당하는 보험계약은 무효로 한다.
   1. 보험계약자 또는 피보험자의 사기(詐欺)로 인한 보험계약
   2. 보험계약자 등이 보험계약 체결 당시 이미 보험사고가 발생하였거나 발생할 수 없는 것임을 알고 한 보험계약
② 체신관서는 제1항에 따라 보험계약이 무효인 경우에는 보험금을 지급하지 아니하며, 보험계약자가 이미 낸 보험료는 반환하지 아니한다.
[전문개정 2009. 4. 22.]

제37조(보험계약 효력의 상실)

① 보험계약자가 보험료를 내지 아니하고 과학기술정보통신부령으로 정하는 유예기간이 지난 때에는 그 보험계약은 효력을 잃는다. 〈개정 2013. 3. 23., 2017. 7. 26.〉
② 보험계약자가 제1항에 따른 유예기간이 지난 후 1개월 이내에 그 계약을 보험료 납입을 완료한 보험계약으로 변경하여 줄 것을 청구한 경우에는 제1항을 적용하지 아니한다.
[전문개정 2009. 4. 22.]

제38조(환급금의 지급)

체신관서는 제34조, 제35조, 제36조 제1항, 제37조 제1항, 제43조 및 제50조에서 준용하는 「상법」 제655조에 따라 보험금을 지급하지 아니하게 된 경우에는 보험수익자를 위하여 적립한 금액의 일부를 보험계약자에게 되돌려주어야 하며, 이 경우 되돌려줄 금액(이하 "환급금"이라 한다)의 범위와 환급 절차 등에 관한 사항은 과학기술정보통신부령으로 정한다. 다만, 제43조 제2호에 따른 보험사고가 보험계약자에 의하여 발생한 경우에는 되돌려주지 아니한다. 〈개정 2013. 3. 23., 2017. 7. 26., 2020. 6. 9.〉
[전문개정 2009. 4. 22.]

제39조(보험계약의 부활)

① 보험계약자는 제37조 제1항에 따른 보험계약의 효력 상실 후 2년을 초과하지 아니하는 범위에서 보험약관에서 정하는 기간 이내에 미납보험료의 납입과 함께 실효(失效)된 보험계약의 부활을 청구할 수 있다.
② 제1항에 따른 부활의 효력은 체신관서가 그 청구를 승낙한 때부터 발생한다.
③ 보험계약이 부활된 경우에는 처음부터 보험계약의 효력이 상실되지 아니한 것으로 본다.
[전문개정 2009. 4. 22.]

제40조(보험계약 부활 시의 준용 규정)

보험계약 부활에 관하여는 제31조, 제35조 제2항·제3항 및 제36조를 준용한다.
[전문개정 2009. 4. 22.]

제41조(환급금의 대출)

체신관서는 보험계약자가 청구할 때에는 보험계약이 해지된 경우 등에 되돌려줄 수 있는 금액의 범위에서 과학기술정보통신부령으로 정하는 바에 따라 대출할 수 있다. 〈개정 2013. 3. 23., 2017. 7. 26., 2020. 6. 9.〉
[전문개정 2009. 4. 22.]

제42조(보험금 등 지급 시의 공제)

체신관서는 보험금이나 환급금을 지급할 때 제41조에 따른 대출금이나 미납보험료가 있으면 지급 금액에서 이를 빼고 지급한다.
[전문개정 2009. 4. 22.]

제43조(체신관서의 면책)

체신관서는 다음 각 호의 어느 하나에 해당하는 보험사고에 대하여는 보험금 지급의 책임을 지지 아니한다.
1. 피보험자가 보험계약 또는 제39조 제2항에 따른 보험계약 부활의 효력이 발생한 후 2년 이내에 자살하거나 자해행위로 인하여 발생한 보험사고
2. 보험계약자 또는 보험수익자의 고의로 인하여 발생한 생명·신체에 관한 보험사고. 다만, 보험수익자가 여러 명인 경우에는 그가 지급받을 부분만 해당된다.
[전문개정 2009. 4. 22.]

제44조(보험금의 감액 지급 등)

① 체신관서는 천재지변, 전쟁, 그 밖의 변란(變亂)으로 인한 보험사고가 발생하여 보험금 계산의 기초에 중대한 영향을 미칠 우려가 있을 때에는 그 보험금을 감액하여 지급할 수 있다.

② 제1항에 따른 보험금의 감액지급률은 과학기술정보통신부령으로 정한다. 〈개정 2013. 3. 23., 2017. 7. 26.〉
[전문개정 2009. 4. 22.]

제45조(수급권의 보호)

① 보험금 또는 환급금을 지급받을 권리는 양도할 수 없다.
② 보험금을 지급받을 권리에 대하여는 다음 각 호의 금액은 압류할 수 없다.
  1. 직계존속(直系尊屬)·직계비속(直系卑屬) 또는 배우자가 사망함으로써 보험수익자가 취득하는 사망보험금청구권의 2분의 1에 해당하는 금액
  2. 본인, 직계존속·직계비속 또는 배우자의 장해로 인하여 보험수익자가 취득하는 장해보험금청구권의 2분의 1에 해당하는 금액
  3. 「국민기초생활 보장법」 제7조에 따른 급여를 받는 사람 또는 「장애인복지법」 제32조에 따라 등록한 장애인이 보험수익자로서 취득하는 보험금청구권(제1호 또는 제2호에 해당하는 보험금청구권은 제외한다)의 2분의 1에 해당하는 금액
  4. 「장애인복지법」 제32조에 따라 등록한 장애인에게 보험사고가 발생하여 보험수익자가 취득하는 보험금청구권(제1호부터 제3호까지의 규정에 해당하는 보험금청구권은 제외한다)의 2분의 1에 해당하는 금액
③ 제2항 각 호의 보험금청구권을 제외한 보장성보험의 보험금청구권과 환급금청구권에 대하여는 보험수익자 또는 보험계약자의 생계유지에 필요하다고 인정하여 대통령령으로 정하는 금액(이하 이 조에서 "최저보장금액"이라 한다)은 압류할 수 없다. 이 경우 보험계약이 여러 개이면 그 보험금청구권 또는 환급금청구권에 해당하는 금액을 합산하여 적용한다.
④ 제2항 각 호의 보험금청구권을 취득하는 보험계약이 여러 개인 경우 또는 제2항 각 호와 제3항의 보험금청구권 또는 환급금청구권을 취득하는 보험계약을 합하여 여러 개인 경우에는 제3항은 적용하지 아니하고 제2항 각 호의 보험금청구권만 각 보험계약별로 제2항을 적용한다.
⑤ 제2항 및 제4항을 적용한 금액(보험계약이 여러 개인 경우에는 그 합한 금액을 말한다)이 최저보장금액 미만인 경우에는 제2항 및 제4항에도 불구하고 최저보장금액을 압류할 수 없는 금액으로 한다.
[전문개정 2009. 4. 22.]

제46조(부당이득의 징수)

① 체신관서는 거짓이나 그 밖의 부정한 방법으로 보험금을 지급받은 자에게는 그 지급액을 반환할 것을 요구할 수 있다. 이 경우 보험계약자 등이 거짓 진술이나 거짓 증명으로 보험금을 지급하게 하였으면 연대(連帶)하여 책임을 진다.
② 제1항의 경우에는 환급금을 지급하지 아니한다.
[전문개정 2009. 4. 22.]

제46조의2(재보험)

① 과학기술정보통신부장관은 보험을 효율적으로 운영하고 위험을 적절하게 분산하기 위하여 필요하다고 인정하면 재보험(再保險)에 가입할 수 있다. 〈개정 2013. 3. 23., 2017. 7. 26.〉
② 제1항에 따른 재보험의 한도와 그 밖에 재보험 계약 등에 필요한 사항은 과학기술정보통신부령으로 정한다. 〈개정 2013. 3. 23., 2017. 7. 26.〉
[전문개정 2009. 4. 22.]

제47조(복지시설의 설치 등)

① 과학기술정보통신부장관은 보험계약자등의 복지증진을 위하여 의료·휴양 등에 필요한 시설을 설치할 수 있다. 〈개정 2013. 3. 23., 2017. 7. 26.〉
② 제1항에 따른 시설은 보험계약자 등 외의 자에게도 이용하게 할 수 있다.
③ 제1항에 따른 시설의 설치와 운영에 필요한 비용은 「우체국보험특별회계법」에 따른 우체국보험적립금에서 지출한다.
[전문개정 2009. 4. 22.]

제48조(보상금의 지급)

① 보험업무를 취급한 사람에게는 그 실적에 따라 보상금을 지급할 수 있다.
② 제1항에 따른 보상금의 종류, 지급범위, 보상금액 등에 관한 사항은 과학기술정보통신부령으로 정한다. 〈개정 2013. 3. 23., 2017. 7. 26.〉
[전문개정 2009. 4. 22.]

제48조의2(우체국보험분쟁조정위원회의 설치 및 구성)

① 우체국보험 이해관계인 사이에 발생하는 보험모집 및 보험계약과 관련된 분쟁을 조정하기 위하여 과학기술정보통신부장관 소속으로 우체국보험분쟁조정위원회(이하 "분쟁조정위원회"라 한다)를 둔다. 〈개정 2013. 3. 23., 2015. 12. 1., 2017. 7. 26.〉

② 분쟁조정위원회는 위원장 1명을 포함한 11명 이내의 위원으로 구성한다. 〈신설 2015. 12. 1.〉

③ 분쟁조정위원회의 위원장은 위원 중에서 과학기술정보통신부장관이 지명하며, 위원은 다음 각 호의 어느 하나에 해당하는 사람 중에서 과학기술정보통신부장관이 위촉한다. 〈신설 2015. 12. 1., 2017. 7. 26.〉
  1. 보험 관계 기관·단체 또는 보험사업체에서 심사·분쟁조정 등의 업무에 10년 이상 근무한 경력이 있는 사람
  2. 변호사 또는 전문의의 자격이 있는 사람
  3. 「소비자기본법」 제28조에 따른 소비자단체 또는 같은 법 제33조에 따라 설립된 한국소비자원의 임원 또는 임원이었던 사람
  4. 그 밖에 보험 또는 보험 관련 분쟁 조정에 관한 학식과 경험이 풍부한 사람으로서 과학기술정보통신부장관이 인정하는 사람

④ 위원의 임기는 2년으로 하되, 연임할 수 있다. 〈신설 2015. 12. 1.〉

⑤ 이 법에서 정한 사항 외에 분쟁조정위원회의 구성·운영 및 조정 절차 등에 관하여 필요한 사항은 대통령령으로 정한다. 〈개정 2015. 12. 1.〉

[전문개정 2009. 4. 22.]
[제목개정 2015. 12. 1.]

제48조의3(위원의 제척·기피·회피)

① 분쟁조정위원회의 위원이 다음 각 호의 어느 하나에 해당하는 경우에는 분쟁조정위원회의 심의·의결에서 제척(除斥)된다.
  1. 위원 또는 그 배우자나 배우자이었던 사람이 해당 안건의 분쟁당사자(분쟁당사자가 법인·단체 등의 경우에는 그 임원을 포함한다. 이하 이 호 및 제2호에서 같다)가 되거나 그 안건의 분쟁당사자와 공동권리자 또는 공동의무자인 경우

  2. 위원이 해당 안건의 분쟁당사자와 친족이거나 친족이었던 경우
  3. 위원이 해당 안건에 관하여 증언, 진술 또는 자문을 하거나 진단을 한 경우
  4. 위원이나 위원이 속한 법인·단체 등이 해당 안건의 분쟁당사자의 대리인이거나 대리인이었던 경우

② 해당 안건의 분쟁당사자는 위원에게 공정한 심의·의결을 기대하기 어려운 사정이 있는 경우에는 분쟁조정위원회에 기피 신청을 할 수 있고, 분쟁조정위원회는 의결로 이를 결정한다. 이 경우 기피 신청의 대상인 위원은 그 의결에 참여하지 못한다.

③ 위원이 제1항 각 호에 따른 제척 사유에 해당하는 경우에는 스스로 해당 안건의 심의·의결에서 회피(回避)하여야 한다.

[본조신설 2015. 12. 1.]

제48조의4(위원의 해촉)

과학기술정보통신부장관은 위원이 다음 각 호의 어느 하나에 해당하는 경우에는 해당 위원을 해촉(解囑)할 수 있다. 〈개정 2017. 7. 26.〉
  1. 심신장애로 인하여 직무를 수행할 수 없게 된 경우
  2. 직무태만, 품위손상이나 그 밖의 사유로 인하여 위원으로 적합하지 아니하다고 인정된 경우
  3. 직무와 관련한 형사사건으로 기소된 경우
  4. 제48조의3 제1항 각 호의 어느 하나에 해당하는 데에도 불구하고 회피하지 아니한 경우

[본조신설 2015. 12. 1.]

제48조의5(분쟁조정 절차)

① 위원장은 분쟁조정의 신청을 받으면 지체 없이 이를 분쟁조정위원회의 회의에 부치고, 그 내용을 분쟁당사자에게 통지하여야 한다. 다만, 분쟁의 내용이 다음 각 호의 어느 하나에 해당하는 경우에는 회의에 부치지 아니할 수 있다.
  1. 법원에 소(訴)가 제기된 경우
  2. 분쟁의 내용이 관계 법령·판례 또는 증거 등에 의하여 심의·조정의 실익이 없다고 판단되는 경우
  3. 그 밖에 분쟁의 내용이 분쟁조정 대상으로 적합하지 아니하다고 인정되는 경우

② 분쟁조정위원회는 회의에 부쳐진 분쟁에 대하여 관련 자료 등의 보완이 필요하다고 인정되면 적절한 기간을 정하여 분쟁당사자에게 그 보완을 요구하거나 관련 자료의 제출을 요청할 수 있다.

③ 분쟁조정위원회는 해당 분쟁이 회의에 부쳐진 날부터 60일 이내에 이를 심의·조정하여야 한다.

[본조신설 2015. 12. 1.]

제48조의6(벌칙 적용에서 공무원 의제)

분쟁조정위원회의 위원은 「형법」 제129조부터 제132조까지의 규정을 적용할 때에는 공무원으로 본다.

[본조신설 2015. 12. 1.]

제49조(특별회계)

이 법에 따른 보험의 회계에 관하여는 따로 법률로 정한다.

[전문개정 2009. 4. 22.]

제50조(「상법」의 준용)

보험에 관하여는 「상법」 제639조·제643조·제655조·제662조·제731조·제733조 및 제734조를 준용한다.

[전문개정 2009. 4. 22.]

제51조(권한의 위임)

이 법에 따른 과학기술정보통신부장관의 권한은 대통령령으로 정하는 바에 따라 그 일부를 소속 기관의 장에게 위임할 수 있다. 〈개정 2013. 3. 23., 2017. 7. 26.〉

[전문개정 2009. 4. 22.]

부칙〈법률 제17347호, 2020. 6. 9.〉

(법률용어 정비를 위한 과학기술정보방송통신위원회 소관 32개 법률 일부개정을 위한 법률)

이 법은 공포한 날부터 시행한다.

06 우체국예금·보험에 관한 법률 시행령

[시행 2017. 7. 26] [대통령령 제28210호, 2017. 7. 26, 타법개정]

제1조(목적)

이 영은 「우체국예금·보험에 관한 법률」에서 위임된 사항과 그 시행에 필요한 사항을 정함을 목적으로 한다.
[전문개정 2009. 10. 19.]

제2조 삭제 〈2008. 10. 20.〉

제3조 삭제 〈2008. 10. 20.〉

제3조의2(업무용 부동산의 범위)

「우체국예금·보험에 관한 법률」(이하 "법"이라 한다) 제18조 제1항 제6호에서 "대통령령으로 정하는 업무용 부동산"이란 다음 각 호의 어느 하나에 해당하는 부동산을 말한다.
  1. 영업시설(연면적의 100분의 10 이상을 우정사업에 직접 사용하는 시설만 해당한다)
  2. 연수시설
  3. 복리후생시설
  4. 제1호부터 제3호까지의 용도로 사용할 토지·건물 및 그 부대시설
[본조신설 2009. 10. 19.]

제3조의3(압류금지 금액의 범위)

법 제45조 제3항 전단에서 "대통령령으로 정하는 금액"이란 400만 원을 말한다.
[본조신설 2009. 10. 19.]

제4조 삭제 〈2016. 5. 31.〉

제5조(우체국보험분쟁조정위원회의 운영)

① 법 제48조의2에 따른 우체국보험분쟁조정위원회(이하 "분쟁조정위원회"라 한다)의 회의는 위원장이 소집하며, 위원장이 부득이한 사유로 직무를 수행할 수 없을 때에는 분쟁조정위원회의 의결을 거쳐 위원장이 미리 정한 분쟁조정위원회의 위원(이하 "위원"이라 한다)이 그 직무를 대행한다. 〈개정 2016. 5. 31.〉
② 분쟁조정위원회의 회의는 재적위원 과반수의 출석으로 개의(開議)하고, 출석위원 과반수의 찬성으로 의결한다.
③ 위원장은 제1항에 따른 분쟁조정위원회의 회의를 소집하려는 경우에는 특별한 사정이 없으면 회의 개최 7일 전까지 회의의 일시, 장소 및 안건을 위원에게 통지하여야 한다.
④ 분쟁조정위원회의 회의는 공개하지 아니한다. 다만, 필요하다고 인정될 때에는 해당 위원회의 의결로 분쟁당사자 또는 이해관계인이 방청하게 할 수 있다.
[전문개정 2009. 10. 19.]
[제목개정 2016. 5. 31.]

제5조의2(분쟁조정위원회의 간사)

분쟁조정위원회의 업무 지원 및 회의의 기록 등을 위하여 분쟁조정위원회에 간사를 두며, 간사는 보험 분쟁 업무를 담당하는 우정사업본부 소속 4급 이상 공무원 중에서 과학기술정보통신부장관이 지명한다. 〈개정 2017. 7. 26.〉
[전문개정 2016. 5. 31.]

제5조의3 삭제 〈2016. 5. 31.〉

제6조 삭제 〈2016. 5. 31.〉

제7조(신청인 등의 의견청취)

① 분쟁조정위원회는 분쟁조정 신청인 또는 분쟁 조정에 필요한 전문가 등의 의견을 들을 필요가 있다고 인정하면 이들을 회의에 출석하게 하여 의견을 들을 수 있다.

② 분쟁조정위원회는 제1항에 따라 의견을 들으려면 일시와 장소를 정하여 의견청취 7일 전까지 분쟁조정 신청인 또는 전문가 등에게 통지하여야 한다.

③ 분쟁조정 신청인은 필요한 경우에는 위원장의 허가를 받아 분쟁조정위원회에 출석하여 의견을 진술할 수 있다.

[전문개정 2009. 10. 19.]

제8조(분쟁조정 결과의 통지)

위원장은 법 제48조의5에 따른 분쟁조정 결과 또는 분쟁조정 회의에 부치지 아니하기로 결정한 사항을 분쟁당사자에게 통지하여야 한다. 〈개정 2016. 5. 31.〉

[전문개정 2009. 10. 19.]

제9조(수당 등)

회의에 참석하는 위원 및 제7조 제1항에 따라 회의에 출석하여 의견을 진술하는 전문가 등에게는 예산의 범위에서 수당·여비 등을 지급할 수 있다. 다만, 공무원이 그 소관 업무와 직접적으로 관련되어 회의에 참석하는 경우에는 그러하지 아니하다.

[전문개정 2009. 10. 19.]

제10조(운영세칙)

이 영에서 규정한 사항 외에 분쟁조정위원회의 운영 등에 필요한 사항은 분쟁조정위원회의 의결을 거쳐 위원장이 정한다.

[전문개정 2009. 10. 19.]

제11조(권한의 위임)

① 과학기술정보통신부장관은 법 제51조에 따라 다음 각 호의 권한을 우정사업본부장에게 위임한다. 〈개정 2011. 5. 30., 2013. 3. 23., 2017. 7. 26.〉

1. 법 제3조의2 제2항에 따른 건전성의 유지·관리에 필요한 기준의 고시

2. 법 제6조에 따른 우체국예금·보험에 관한 업무취급의 제한, 정지 및 그 내용의 공고

3. 법 제7조에 따른 우체국예금·보험의 업무취급에 관한 수수료의 면제, 이용편의 제공 및 그 내용의 공고

4. 법 제8조 제1항에 따른 우체국예금·보험의 증대와 유지를 위하여 필요한 활동

5. 법 제11조 제2항에 따른 예금의 종류와 종류별 내용 및 가입대상 등에 관한 고시

6. 법 제14조 제2항에 따른 예금의 종류별 이자율의 결정 및 그 내용의 고시(「한국은행법」 제28조 제13호에 따라 금융통화위원회가 정하는 기준의 범위에서 정하는 경우로 한정한다)

7. 법 제16조에 따른 예금의 종류별로 예입(預入)할 수 있는 최고한도액 및 한 번에 예입할 수 있는 최저액의 결정 및 그 내용의 고시

8. 법 제18조에 따른 예금자금(제2항에 따라 지방우정청장이 운용하도록 위임한 자금은 제외한다)의 운용

9. 법 제19조 제2항에 따른 환매(還賣)를 조건으로 매도하는 국채 및 공채의 매매이율의 결정 및 그 내용의 고시

10. 법 제24조의2 제1항에 따른 예금의 지급

11. 법 제26조에 따른 특약에 의한 불이익 변경금지

12. 법 제27조 제1항에 따른 보험약관의 결정 및 그 내용의 고시

13. 법 제33조 제2항에 따른 개정 보험약관의 효력 인정

14. 법 제46조의2 제1항에 따른 재보험(再保險)에의 가입

15. 법 제47조 제1항에 따른 시설의 설치

16. 법 제48조의2에 따른 분쟁조정위원회의 구성·운영

② 과학기술정보통신부장관은 법 제51조에 따라 법 제18조에 따른 예금자금 중 과학기술정보통신부장관이 책정하는 자금의 운용에 관한 권한을 지방우정청장에게 위임한다. 〈개정 2011. 5. 30., 2013. 3. 23., 2017. 7. 26.〉

[전문개정 2009. 10. 19.]

제12조(민감정보 및 고유식별정보의 처리)

과학기술정보통신부장관(제11조 또는 「우정사업 운영에 관한 특례법」 제17조에 따라 과학기술정보통신부장관의 권한을 위임받거나 우정사업을 위탁받은 자를 포함한다)은 다음 각 호의 사무를 수행하기 위하여 불가피한 경우 각 호의 구분에 따라 「개인정보 보호법」 제23조에 따른 건강에 관한 정보(이하 이 조에서 "건강정보"라 한다)나 같은 법 시행령 제19조에 따른 주민등록번호, 여권번호, 운전면허의 면허번호 또는 외국인등록번호(이하 이 조에서 "고유식별정보"라 한다)가 포함된 자료를 처리할 수 있다. 〈개정 2017. 7. 26.〉

1. 법 제3장에 따른 보험계약의 체결, 유지·관리, 보험금의 지급 등에 관한 사무 : 보험계약자의 고유식별정보와 피보험자에 관한 건강정보 또는 고유식별정보
2. 법 제50조 및 「상법」 제639조에 따른 타인을 위한 보험계약의 체결, 유지·관리, 보험금의 지급 등에 관한 사무 : 보험계약자의 고유식별정보와 피보험자에 관한 건강정보 또는 고유식별정보
3. 법 제50조 및 「상법」 제733조에 따른 보험수익자 지정 또는 변경에 관한 사무 : 보험수익자에 관한 고유식별정보
4. 「상법」 제735조의3에 따른 단체보험계약의 체결, 유지·관리, 보험금의 지급 등에 관한 사무 : 피보험자에 관한 건강정보 또는 고유식별정보

[본조신설 2015. 9. 25.]

부칙〈제28210호, 2017. 7. 26.〉

(과학기술정보통신부와 그 소속기관 직제)

제1조(시행일)

이 영은 공포한 날부터 시행한다.

제2조부터 제5조까지 생략

제6조(다른 법령의 개정)

①부터 ㉟까지 생략

㊵ 우체국예금·보험에 관한 법률 시행령 일부를 다음과 같이 개정한다.

제5조의2, 제11조 제1항 각 호 외의 부분, 같은 조 제2항 및 제12조 각 호 외의 부분 중 "미래창조과학부장관"을 각각 "과학기술정보통신부장관"으로 한다.

㊶부터 〈70〉까지 생략

 우체국예금 · 보험에 관한 법률 시행규칙

[시행 2017. 7. 26] [과학기술정보통신부령 제1호, 2017. 7. 26, 타법개정]

제1장 총칙 〈개정 2009. 10. 22〉

제1조(목적)

이 규칙은 「우체국예금 · 보험에 관한 법률」 및 같은 법 시행령에서 위임된 사항과 그 시행에 필요한 사항을 정함을 목적으로 한다.

[전문개정 2009. 10. 22.]

제2조(업무취급 제한 등의 공고)

우정사업본부장은 「우체국예금 · 보험에 관한 법률」(이하 "법"이라 한다) 제6조에 따라 우체국예금(이하 "예금"이라 한다) 및 우체국보험(이하 "보험"이라 한다)에 관한 업무의 취급을 제한하거나 정지하였을 때에는 다음 각 호의 사항을 공고하여야 한다.

1. 업무취급이 제한 또는 정지되는 체신관서
2. 제한 또는 정지되는 업무의 내용
3. 제한 또는 정지되는 기간
4. 그 밖에 우정사업본부장이 필요하다고 인정하는 사항

[전문개정 2009. 10. 22.]

제3조(이용편의의 제공 등)

① 우정사업본부장은 법 제7조 제1항에 따라 다음 각 호와 같이 수수료를 면제하거나 이용편의를 제공할 수 있다.
1. 제16조 제1항에 따른 수수료의 면제
2. 제50조에 따른 보험료 납입 유예기간의 연장
3. 그 밖에 우정사업본부장이 특히 필요하다고 인정하는 조치
② 우정사업본부장은 제1항에 따라 수수료를 면제하거나 이용편의를 제공할 때에는 그 내용, 기간, 취급체신관서 및 그 밖에 필요한 사항을 공고하여야 한다.

[전문개정 2009. 10. 22.]

제4조(예금 · 보험의 증대 활동)

① 법 제8조 제1항에서 "예금 · 보험을 늘리고 유지하기 위하여 필요한 활동"이란 다음 각 호의 행위 또는 활동을 말한다. 〈개정 2011. 12. 2.〉
1. 체신관서의 직원 등이 예금 · 보험을 모집하는 행위와 수금하는 행위
2. 제1호의 행위와 관련된 홍보, 교육, 지도, 감독 등 예금 · 보험을 늘리고 유지하기 위하여 필요한 모든 활동
② 우정사업본부장은 제35조에 따른 보험종류를 특정적으로 광고하는 경우에는 「보험업법」 제95조의4에 따른 준수사항을 지켜야 한다. 〈신설 2011. 12. 2., 2014. 5. 14.〉

[전문개정 2009. 10. 22.]

제5조(우편물의 무료취급)

법 제9조에 따라 무료로 취급하는 우편물은 다음 각 호와 같다.
1. 예금 · 보험업무의 취급을 위하여 체신관서에서 발송하는 우편물
2. 예금 · 보험업무의 취급을 위하여 체신관서의 의뢰에 따라 체신관서로 발송되는 우편물

[전문개정 2009. 10. 22.]

제6조(창구업무취급시간)

예금 · 보험에 관한 창구업무취급시간은 「은행법」 제2조 제1항 제2호에 따른 금융기관의 창구업무취급시간을 고려하여 우정사업본부장이 정하여 고시한다. 다만, 체신관서는 특히 필요할 때에는 창구업무취급시간을 연장할 수 있으며, 이 경우 해당 체신관서 앞에 이를 게시하여야 한다.

[전문개정 2009. 10. 22.]

제6조의2(계약보험금 한도액 등에 관한 협의)

① 과학기술정보통신부장관은 법 제10조 제2항, 제4항 및 제5항에 따라 협의를 하려는 경우에는 다음 각 호의 구분에 따른 서류를 금융위원회에 제출하여야 한다. 〈개정 2013. 3. 24., 2017. 7. 26.〉

1. 법 제10조 제2항에 따라 협의를 하려는 경우 : 보험금 한도액 증액에 관한 자료

2. 법 제10조 제4항에 따라 협의를 하려는 경우 : 「보험업법」 제5조 제3호에 따른 기초서류

3. 법 제10조 제5항에 따라 협의를 하려는 경우 : 다음 각 목의 자료

　가. 「우체국보험특별회계법」 제8조에 따른 결산서

　나. 우체국보험의 지급여력비율 및 산출 근거

② 금융위원회는 법 제10조 제2항에 따른 계약보험금 한도액의 증액에 대한 협의를 요청받은 경우에는 그 내용을 고시하여 의견을 수렴한 후 과학기술정보통신부장관에게 의견을 제시하여야 한다. 이 경우 계약보험금 한도액의 증액분이 물가상승률을 반영하기 위하여 필요한 금액보다 많지 아니하고 적절한 경우에만 동의를 하여야 한다. 〈개정 2013. 3. 24., 2017. 7. 26.〉

③ 금융위원회는 법 제10조 제4항 및 제5항에 따른 협의를 요청받은 경우에는 협의를 요청받은 날부터 15일 이내에 의견을 서면으로 제시하여야 한다.

④ 과학기술정보통신부장관은 제2항 및 제3항에 따라 금융위원회가 제시한 의견에 따라 필요한 조치를 하여야 한다. 〈개정 2013. 3. 24., 2017. 7. 26.〉

[본조신설 2011. 12. 2.]

제2장 예금 〈개정 2009. 10. 22.〉

제1절 통칙 〈개정 2009. 10. 22.〉

제7조 삭제 〈2000. 4. 4.〉

제8조(경비의 종류 및 지급대상 등)

① 법 제8조 제2항에 따른 예금의 증대와 유지를 위하여 필요한 경비의 종류와 지급대상은 다음 각 호와 같다.

1. 개인모집경비 : 예금을 모집한 체신관서의 직원 및 우정사업본부장이 지정하는 자에게 지급하는 경비

2. 관서모집경비 : 예금을 모집한 체신관서(별정우체국은 제외한다)에 지급하는 경비

3. 그 밖의 모집경비 : 우정사업본부장이 필요하다고 인정하는 경우 체신관서의 직원 및 체신관서에 지급하는 경비

② 제1항에 따른 경비의 지급기준, 지급방법, 지급시기 및 그 밖에 경비의 지급에 필요한 사항은 우정사업본부장이 정한다.

[전문개정 2009. 10. 22.]

제9조(이자의 계산)

① 법 제14조 제1항에 따른 예금의 이자는 예금의 종류별로 일할 이율, 월이율 또는 연이율로 계산한다.

② 예금의 이자계산은 예금 잔고에 그 예금 잔고의 예금일수를 곱하는 방법으로 하되, 산출된 누계액이 10원 미만인 경우에는 이자를 계산하지 아니한다. 〈개정 2015. 9. 30.〉

③ 삭제 〈2015. 9. 30.〉

④ 삭제 〈2015. 9. 30.〉

⑤ 제1항 및 제2항에서 정한 사항 외에 예금의 종류별 이자의 계산방법 및 정기계산시기에 관한 사항은 우체국예금약관으로 정하여 우정사업본부장이 고시한다. 〈개정 2015. 9. 30.〉

[전문개정 2009. 10. 22.]

제10조(예금원부의 관리)

① 예금원부는 우정사업정보센터의 장(이하 "센터장"이라 한다)이 기록하고 관리한다.

② 센터장은 예금계약의 성립·소멸, 예금의 예입 및 지급, 그 밖에 예금에 필요한 사항을 예금원부에 기록하여야 한다.

[전문개정 2009. 10. 22.]

제11조(예금원부의 변경)

예금자가 예금원부의 기재사항을 변경하려는 경우에는 예금원부 변경신청서를 체신관서에 제출하여야 한다.

[전문개정 2009. 10. 22.]

제12조(가입국의 변경)

예금자가 예금계좌를 개설한 체신관서(이하 "가입국"이라 한다)를 변경하려는 경우에는 해당 가입국 또는 변경하려는 체신관서에 가입국 변경신청서를 제출하여야 한다.

[전문개정 2009. 10. 22.]

제13조(인감의 변경)

예금자가 법 제13조 제2항에 따라 인감을 변경하려는 경우에는 인감 및 예금통장·예금증서·지급증서(이하 "통장 등"이라 한다)와 함께 인감 변경신고서를 체신관서에 제출하여야 한다.

[전문개정 2009. 10. 22.]

제14조(예입 가능한 유가증권 및 증서)

법 제15조 제1항에 따라 예입할 수 있는 유가증권 및 증서(이하 "증권 등"이라 한다)는 다음 각 호와 같다.

1. 자기앞수표
   가. 체신관서를 지급인으로 한 자기앞수표
   나. 「은행법」 제2조 제1항 제2호에 따른 금융기관을 지급인으로 한 자기앞수표
2. 우편대체증서
3. 우편환증서
4. 그 밖에 우정사업본부장이 지정하는 증권 등

[전문개정 2009. 10. 22.]

제15조(결제 불능 증권 등의 반환)

① 체신관서는 예입된 증권 등이 결제 또는 지급되지 아니하였을 때에는 그 사실을 예금자에게 알려야 한다.
② 제1항에 따라 통지를 받은 예금자는 해당 증권 등의 예입을 취급한 체신관서에 통장 등 또는 입금한 영수증 등을 제출하여야 한다.
③ 체신관서는 제2항에 따라 통장 등 또는 입금한 영수증 등이 제출된 때에는 해당 예입을 취소하고 해당 증권 등을 예금자에게 반환하여야 한다.

[전문개정 2009. 10. 22.]

제15조의2(증권 매입비율 등)

① 법 제18조 제1항 제3호에 따라 「자본시장과 금융투자업에 관한 법률」에 따른 증권을 매입하는 때에는 같은 법 제4조 제2항 제2호에 따른 지분증권의 취득가액 총액을

예금자금 총액의 100분의 20 이내로 한다. 〈개정 2015. 9. 30.〉
② 법 제18조 제1항 제4호에 따른 금융기관에의 대여금액 총액은 예금자금 총액의 100분의 5 이내로 한다.
③ 법 제18조 제1항 제5호에 따른 파생상품 거래 중 장내파생상품을 거래하기 위한 위탁증거금 총액은 예금자금 총액의 100분의 1.5 이내로 한다.
④ 법 제18조 제1항 제5호에 따른 파생상품의 거래 중 장외파생상품을 거래하기 위한 기초자산의 취득가액 총액은 예금자금 총액의 100분의 20 이내로 한다.
⑤ 법 제18조 제1항 제6호에 따른 업무용 부동산의 보유한도는 자기자본의 100분의 60 이내로 한다.

[전문개정 2009. 10. 22.]

제15조의3 삭제 〈2009. 10. 22.〉

제15조의4 삭제 〈2009. 10. 22.〉

제16조(통장등의 재발급)

① 예금자가 법 제20조 제1항 제1호에 해당하여 통장 등을 재발급 받으려는 경우에는 과학기술정보통신부장관이 정하여 고시하는 수수료를 납부하여야 한다. 〈개정 2013. 3. 24., 2017. 7. 26.〉
② 예금자가 법 제20조 제1항 제2호 및 제3호에 해당하여 통장 등을 재발급 받으려는 경우에는 체신관서에 통장 등을 제출하여야 한다.

[전문개정 2009. 10. 22.]

제17조(통장등의 제출 등)

① 체신관서가 법 제21조에 따라 통장등의 제출을 요구할 때에는 미리 그 취지 및 제출방법 등을 해당 예금자에게 알려야 한다.
② 제1항에 따른 통지를 받은 예금자는 그 통지서에 적힌 제출방법으로 통장 등을 체신관서에 제출하여야 한다.
③ 체신관서는 제2항에 따라 통장 등이 제출된 때에는 예금자에게 통장 등의 예치증을 발급하고 통장 등을 예금원부와 대조한 후 직접 또는 등기우편으로 예금자에게 반환하여야 한다.

[전문개정 2009. 10. 22.]

제18조(정당한 권리자인지의 확인 등)

① 체신관서가 법 제22에 따른 확인을 할 때에는 예금자로 하여금 정당한 권리자임을 증명하는 서류를 제시 또는 제출하게 할 수 있다.

② 체신관서는 제1항의 방법으로 예금자가 정당한 권리자인지를 확인할 수 없을 때에는 보증인의 선정을 요구할 수 있다.

[전문개정 2009. 10. 22.]

제19조(예금 현재고의 확인)

① 예금자가 예금의 현재고를 확인하려는 경우에는 현재고 확인신청서를 체신관서에 제출하여야 한다.

② 체신관서는 제1항에 따른 청구를 받으면 전산원부를 확인한 후 이를 확인하는 증명서를 해당 예금자에게 내주어야 한다.

[전문개정 2009. 10. 22.]

제20조(정리계좌에의 편입)

① 체신관서는 요구불예금계좌가 다음 각 호의 어느 하나에 해당될 때에는 정리계좌에 이를 편입할 수 있다.

1. 잔고가 1만 원 미만으로서 1년 이상 계속하여 거래가 없을 때

2. 잔고가 5만 원 미만으로서 2년 이상 계속하여 거래가 없을 때

② 제1항에 따른 정리계좌에의 편입은 매년 11월 마지막 일요일에 한다.

③ 정리계좌에 편입된 예금에 대해서는 이자의 정기계산을 하지 아니한다.

[전문개정 2009. 10. 22.]

제21조(정리계좌의 부활 및 해약)

체신관서는 예금자가 정리계좌에 편입된 예금의 부활 또는 해약을 청구하면 우정사업본부장이 정하는 바에 따라 해당 예금을 부활시키거나 해약하여야 한다.

[전문개정 2009. 10. 22.]

제22조(예금지급청구권의 소멸 최고)

① 체신관서는 예금자가 10년간 예금의 예입·지급, 이자의 기입, 인감 변경 또는 통장 등의 재발급신청 등을 하지 아니한 경우에는 법 제24조 제1항에 따라 10년이 경과한 날이 해당 연도의 상반기일 때에는 10년이 경과한 날부터 해당 연도 10월 말까지, 하반기일 때에는 10년이 경과한 날부터 그 다음 해의 4월 말까지 해당 예금자에게 그 예금의 지급청구나 그 밖에 예금의 처분에 필요한 신청을 하도록 최고(催告)하여야 한다.

② 제1항에 따른 최고는 우편 또는 전자우편으로 한다. 다만, 잔고가 1만 원 이상인 경우에는 등기우편으로 한다.

③ 제2항에도 불구하고 예금자의 주소 또는 전자우편주소를 통상의 방법으로 확인할 수 없을 때에는 우정사업본부장이 정하여 고시하는 방법에 따른다.

[전문개정 2009. 10. 22.]

제22조의2(국고귀속예금 지급사유)

법 제24조의2 제1항에서 "과학기술정보통신부령으로 정하는 사유"란 다음 각 호의 경우를 말한다. 〈개정 2013. 3. 24., 2017. 7. 26.〉

1. 예금자의 의식불명 등으로 법 제24조 제2항 및 제3항의 기간에 예금지급의 청구 등을 할 수 없었던 경우

2. 예금자의 사망으로 상속인이 예금의 존재 여부를 인지(認知)하지 못한 경우

3. 그 밖에 예금자가 최고서를 받지 못하였다고 우정사업본부장이 인정할 만한 충분한 사유가 있는 경우

[전문개정 2009. 10. 22.]

제22조의3(국고귀속예금 지급한도)

법 제24조의2 제2항에 따라 국고에 귀속된 예금의 지급한도는 국고에 귀속된 금액으로 한다.

[전문개정 2009. 10. 22.]

제2절 예금의 예입 〈개정 2009. 10. 22.〉

제23조(신규예입)

예금에 신규로 예입하려는 자는 현금 또는 증권등과 함께 예금가입신청서 및 예입신청서를 체신관서에 제출하여야 한다.

[전문개정 2009. 10. 22.]

제24조(계속예입)

① 예금자나 예금자 외의 자는 우정사업본부장이 정하는 바에 따라 예금자의 요구불예금계좌에 가입국 외의 체신관서에서도 예입할 수 있다.

② 예금자가 저축성예금의 월부금을 납입하려는 경우에는 예금통장과 함께 현금 또는 증권 등을 체신관서에 제출하여야 한다. 이 경우 예금자는 우정사업본부장이 정하는 바에 따라 가입국 외의 체신관서에서도 예입할 수 있다.

③ 제1항에 따라 예금자 외의 자가 예금자의 요구불예금계좌에 가입국 외의 체신관서에서 예입하는 경우에는 과학기술정보통신부장관이 정하여 고시하는 수수료를 납부하여야 한다. 다만, 과학기술정보통신부장관이 정하는 사유에 해당하는 경우에는 그 수수료를 면제할 수 있다. 〈개정 2013. 3. 24., 2017. 7. 26.〉

[전문개정 2009. 10. 22.]

제25조(예입방법 등)

이 규칙에서 정한 것 외에 예금 예입의 방법 및 절차 등 예금의 예입에 필요한 사항은 우정사업본부장이 정하여 고시한다.

[전문개정 2009. 10. 22.]

제3절 예금의 지급 등 〈개정 2009. 10. 22.〉

제26조(지급의 청구)

예금자가 예금의 지급을 청구할 때에는 통장 등과 함께 예금지급청구서를 체신관서에 제출하여야 한다.

[전문개정 2009. 10. 22.]

제27조(만기지급)

① 저축성예금의 만기가 되거나 마지막 회분의 월부금을 납입한 경우에는 만기지급을 한다.

② 저축성예금의 만기지급 시 지연일수가 선납일수보다 많은 경우에는 우정사업본부장이 정하는 바에 따라 지급일을 산정하고, 선납일수가 지연일수보다 많은 경우에는 만기일을 지급일로 한다.

[전문개정 2009. 10. 22.]

제28조(만기 전 지급)

① 저축성예금의 예금자로서 우정사업본부장이 정하는 기간 이상 월부금을 납입하거나 우정사업본부장이 정하는 기간 이상 예치한 자는 예입액의 90퍼센트의 범위에서 만기 전에 지급을 청구할 수 있다.

② 제1항에 따라 만기 전에 지급을 받은 경우에는 그 지급일부터는 그 지급받은 금액에 대하여 이자를 계산하지 아니한다.

③ 제1항에 따라 만기 전에 지급을 받은 예금자는 과학기술정보통신부장관이 정하는 바에 따라 수수료를 납부하여야 한다. 〈개정 2013. 3. 24., 2017. 7. 26.〉

[전문개정 2009. 10. 22.]

제29조(해약)

예금자가 요구불예금을 해약하거나 저축성예금을 중도해약할 때에는 통장등과 함께 예금해약청구서를 체신관서에 제출하여야 한다.

[전문개정 2009. 10. 22.]

제30조(지급방법 등)

이 규칙에서 정한 것 외에 예금 지급의 방법 및 절차 등 예금의 지급과 해약에 필요한 사항은 우정사업본부장이 정하여 고시한다.

[전문개정 2009. 10. 22.]

제31조 삭제 〈2000. 4. 4.〉

제4절 삭제 〈2004. 8. 2.〉

제32조 삭제 〈2004. 8. 2.〉

제33조 삭제 〈2004. 8. 2.〉

제34조 삭제 〈2004. 8. 2.〉

제3장 보험 〈개정 2009. 10. 22.〉

제1절 통칙 〈개정 2009. 10. 22.〉

제35조(보험의 종류)

① 법 제28조에 따른 보험의 종류는 다음 각 호와 같다.

1. 보장성보험 : 생존 시 지급되는 보험금의 합계액이 이미 납입한 보험료를 초과하지 아니하는 보험
2. 저축성보험 : 생존 시 지급되는 보험금의 합계액이 이미 납입한 보험료를 초과하는 보험
3. 연금보험 : 일정 연령 이후에 생존하는 경우 연금의 지급을 주된 보장으로 하는 보험

② 제1항의 보험의 종류에 따른 상품별 명칭, 특약, 보험기간, 보험료 납입기간, 가입 연령, 보장 내용 등은 우정사업본부장이 정하여 고시한다.

[전문개정 2014. 5. 14.]

제36조(계약보험금 및 보험료의 한도)

① 법 제28조에 따른 계약보험금 한도액은 보험종류별(제35조 제1항 제3호의 연금보험은 제외한다)로 피보험자(被保險者) 1인당 4천만 원(제35조 제1항 제1호의 보장성보험 중 우체국보험사업을 관장하는 기관의 장이 「국가공무원법」 제52조에 따라 그 소속 공무원의 후생·복지를 위하여 실시하는 단체보험상품의 경우에는 2억 원으로 한다)으로 하되, 보험종류별 계약보험금한도액은 우정사업본부장이 정한다. 〈개정 2011. 12. 2., 2014. 5. 14.〉

② 제35조 제1항 제3호의 연금보험(「소득세법 시행령」 제40조의2 제2항 제1호에 따른 연금저축계좌에 해당하는 보험은 제외한다)의 최초 연금액은 피보험자 1인당 1년에 900만 원 이하로 한다. 〈개정 2011. 12. 2., 2014. 5. 14.〉

③ 제35조 제1항 제3호의 연금보험 중 「소득세법 시행령」 제40조의2 제2항 제1호에 따른 연금저축계좌에 해당하는 보험의 보험료 납입금액은 피보험자 1인당 연간 900만 원 이하로 한다. 〈개정 2014. 5. 14., 2015. 9. 30.〉

[전문개정 2009. 10. 22.]

제37조(보험료의 산정)

우정사업본부장은 예정이율·예정사업비율 및 예정사망률 등을 기초로 하여 보험료를 산정하고, 그 내용을 고시하여야 한다.

[전문개정 2009. 10. 22.]

제38조(대리인의 청구)

① 보험계약자 또는 보험수익자는 본인 외의 다른 사람으로 하여금 보험계약에 관한 각종 청구를 하게 할 수 있다. 이 경우 해당 청구서에는 보험계약자 또는 보험수익자의 위임장을 첨부하여야 한다.

② 제1항의 위임은 체신관서에 제출하는 서류에 덧붙여 적어 증명할 수 있다. 〈개정 2015. 9. 30.〉

[전문개정 2009. 10. 22.]

제39조(보증인의 선정 요구 등)

① 체신관서는 보험계약에 관하여 필요하다고 인정하면 보험계약자 또는 보험수익자로 하여금 정당한 권리자임을 증명하게 하거나 보증인의 선정을 요구할 수 있다.

② 보험계약자 또는 보험수익자가 체신관서에 대한 의무를 이행하지 아니하였을 때에는 제1항에 따른 보증인이 책임을 진다.

[전문개정 2009. 10. 22.]

제40조(각종 증서의 재발급)

보험계약자 또는 보험수익자는 보험증서, 보험금 또는 환급금 지급증서, 보험료 반환증서 또는 보험대출금 지급증서를 훼손하거나 분실한 경우에는 체신관서에 재발급을 청구할 수 있다.

[전문개정 2009. 10. 22.]

제2절 계약의 성립 〈개정 2009. 10. 22.〉

제41조(보험계약의 청약)

① 보험계약을 체결하려는 자는 법 제25조 제1항에 따라 제1회 보험료와 함께 보험계약청약서를 체신관서에 제출하여야 한다.

② 체신관서가 법 제25조 제1항 따라 보험계약의 청약을 승낙하지 아니한 경우에는 제1회 보험료(선납보험료를 포함한다)를 해당 청약자에게 반환하여야 한다.

③ 법 제25조 제3항에 따라 보험증서에 적어야 할 사항은 다음 각 호와 같다. 〈개정 2016. 7. 25.〉

1. 보험의 종류별 명칭
2. 보험금액

3. 보험료
4. 보험계약자(보험계약자가 2인 이상인 경우에는 그 대
   표자를 말한다)·피보험자 및 보험수익자의 성명·주
   소 및 생년월일
5. 보험기간 및 보험료 납입기간
6. 보험증서의 작성연월일 및 번호
7. 그 밖에 우정사업본부장이 정하는 사항

[전문개정 2009. 10. 22.]

제42조(특약의 설정)

보험계약자는 제35조 제2항에 따라 고시한 상품별 주계약에
부가하여 같은 고시에 따른 특약을 설정할 수 있다.

[전문개정 2014. 5. 14.]

제43조(보험약관)

법 제27조 제1항에 따라 보험약관으로 정할 사항은 다음 각
호와 같다.

1. 보험금의 지급사유
2. 보험계약의 변경
3. 보험계약의 무효사유
4. 보험자의 면책사유
5. 보험자의 의무의 한계
6. 보험계약자 또는 피보험자가 그 의무를 이행하지 아
   니한 경우에 받는 손실
7. 보험계약의 전부 또는 일부의 해지사유와 해지한 경
   우의 당사자의 권리·의무
8. 보험계약자 또는 보험수익자가 이익금 또는 잉여금을
   배당받을 권리가 있는 경우 그 범위
9. 그 밖에 보험계약에 관하여 필요한 사항

[전문개정 2009. 10. 22.]

제44조(면접 및 신체검사)

① 체신관서는 보험계약의 청약이 있을 때에는 다음 각 호의
   어느 하나에 해당하는 자에게 피보험자를 면접하게 할
   수 있다.
   1. 체신관서의 직원
   2. 우정사업본부장이 지정한 개인 또는 법인
② 제1항 제2호에 따른 개인 또는 법인의 자격 및 지정절차
   등에 관하여 필요한 사항은 우정사업본부장이 정한다.

③ 체신관서가 제1항에 따른 면접을 요청하면 보험계약을
   청약한 자는 즉시 피보험자로 하여금 그 면접에 응하게
   하여야 한다.
④ 법 제29조 단서에 따라 신체검사를 받아야 하는 사람은
   다음 각 호의 사람으로 한다.
   1. 중증의 병력(病歷)이 있거나 현재 증세가 있다고 판단
      되는 사람
   2. 신체상의 결함이 있어 「보험업법」 제2조 제5호에 따
      른 보험회사로부터 보험계약의 청약이 거절된 사실이
      있는 사람
   3. 제1항에 따른 면접 결과 신체검사를 실시할 필요가 있
      다고 인정되는 사람
⑤ 제3항에 따른 신체검사에 필요한 비용은 체신관서가 부
   담한다.

[전문개정 2009. 10. 22.]

제45조(보험계약의 변경)

① 법 제34조에 따라 보험계약자는 보험약관에서 정하는 바
   에 따라 제41조 제3항 각 호(제4호 중 피보험자는 제외한
   다)의 사항의 변경을 청구할 수 있다. 다만, 제41조 제3
   항 제1호에 따른 보험의 종류별 명칭의 변경은 보험계약
   의 효력이 발생한 후 2년이 지나야 한다.
② 보험계약자 또는 보험수익자는 보험료를 납입하는 체신
   관서와 보험금·환급금·보험료 반환금 및 대출금 등을
   지급하는 체신관서의 변경을 청구할 수 있다.
③ 보험계약자는 보험계약자·보험수익자·피보험자의 성
   명이 잘못 표기되어 이를 변경하려는 경우에는 그 사실
   을 증명하는 서류를 첨부하여 체신관서에 정정을 청구하
   여야 한다.

[전문개정 2009. 10. 22.]

제46조(보험계약의 해지사유)

① 법 제35조 제2항에서 "과학기술정보통신부령으로 정하는
   중요한 사항"이란 다음 각 호에 해당하는 사항을 말한다.
   〈개정 2013. 3. 24., 2017. 7. 26.〉
   1. 피보험자의 신체의 이상, 과거 증세, 현재 증세 및 기
      능장애
   2. 신체상의 결함이 있어 「보험업법」 제2조 제5호에 따
      른 보험회사로부터 보험계약의 청약이 거절된 사실이
      있는 경우에는 그 사실
   3. 피보험자의 직업 또는 직종

② 우정사업본부장은 법 제35조 제2항 및 제3항에 따라 보험계약을 해지하였을 때에는 그 사실을 보험계약자에게 알려야 한다.

[전문개정 2009. 10. 22.]

제3절 보험료의 납입 〈개정 2009. 10. 22.〉

제47조(보험료의 납입)

① 보험계약자는 제2회분 이후의 보험료를 약정한 납입방법 및 수금방법으로 해당 보험료의 납입 해당 월의 납입기일까지 납입하여야 한다.

② 보험계약자는 보험료를 1개월·3개월·6개월·1년 단위로 납입하거나 한꺼번에 납입할 수 있다.

③ 보험계약자는 다음 각 호의 방법 중 한 가지 방법을 선택하여 보험료를 납입할 수 있다. 〈개정 2016. 7. 25.〉

  1. 보험계약자를 방문한 체신관서의 수금원에게 납입하는 방법

  2. 보험계약자가 체신관서에 직접 납입하는 방법

  3. 자동적으로 계좌에서 이체하여 납입하는 방법

  4. 「여신전문금융업법」 제2조 제3호에 따른 신용카드 및 같은 조 제6호에 따른 직불카드로 납입하는 방법

  5. 「전자금융거래법」 제2조 제13호에 따른 직불전자지급수단으로 납입하는 방법

④ 제3항 제4호 및 제5호에 따른 방법으로 보험료를 납입할 수 있는 우체국보험의 종류 및 보험료 납입방법 등은 우정사업본부장이 정하여 고시한다. 〈신설 2016. 7. 25.〉

⑤ 보험계약자는 제2항에 따른 보험료 납입방법 및 제3항에 따른 보험료 수금방법의 변경을 청구할 수 있다. 〈개정 2016. 7. 25.〉

⑥ 보험계약자는 보험료 납입기간에 보험약관에서 정한 보험금 지급사유(보험계약 소멸사유와 보험료 납입 면제사유로 한정한다)가 발생한 경우에 그 발생일이 그 달의 계약일에 해당하는 날 전이면 해당 월의 보험료는 납입하지 아니한다. 〈개정 2016. 7. 25.〉

[전문개정 2009. 10. 22.]

제48조(보험료의 할인)

① 우정사업본부장은 보험계약자가 한꺼번에 3개월분 이상의 보험료를 선납(先納)하는 경우에는 그 보험료를 할인할 수 있다.

② 우정사업본부장은 보험계약자가 보험료(최초의 보험료는 제외한다)를 제47조 제3항 제2호 또는 제3호의 방법으로 납입하는 경우에는 보험료의 2퍼센트에 해당하는 금액의 범위에서 그 보험료를 할인할 수 있다.

③ 제1항과 제2항에 따른 보험료의 할인율 및 할인방법은 우정사업본부장이 정한다.

[전문개정 2009. 10. 22.]

제49조(보험료의 단체 납입)

① 보험계약자는 5명 이상의 단체를 구성하여 보험료의 단체 납입을 청구할 수 있다.

② 우정사업본부장은 보험계약자가 보험료를 단체납입하는 경우에는 보험료의 2퍼센트에 해당하는 금액의 범위에서 그 보험료를 할인할 수 있다.

[전문개정 2009. 10. 22.]

제50조(보험료 납입 유예기간)

법 제37조 제1항에 따른 보험료 납입 유예기간은 해당 월분 보험료의 납입기일부터 납입기일이 속하는 달의 다음 다음 달의 말일까지로 한다. 다만, 유예기간의 만료일이 공휴일인 경우에는 그 다음 날까지로 한다.

[전문개정 2009. 10. 22.]

제51조(보험료의 납입 면제)

① 보험의 종류에 따라 보험약관에서 정한 보험료의 납입 면제사유에 해당하는 경우에는 보험료의 납입을 면제한다.

② 보험계약자 또는 보험수익자는 제1항에 따라 보험료의 납입을 면제받으려면 「의료법」 제3조에 따른 의료기관(「의료법」 제3조에 따른 의료기관과 동등하다고 체신관서에서 인정하는 국외 의료기관을 포함한다. 이하 같다)에서 발행한 진단서를 체신관서에 제출하여야 한다. 다만, 공익사업 등 별도의 목적으로 개발된 보험으로서 우정사업본부장이 정하는 보험은 제외한다.

[전문개정 2009. 10. 22.]

제4절 보험금 등의 지급 〈개정 2009. 10. 22.〉

제52조(보험금 지급사유의 발생 통보)

보험계약자 또는 보험수익자는 보험기간 만료 전에 보험약관에서 정한 보험금 지급사유가 발생하였을 때에는 지체 없이 그 사실을 체신관서에 알려야 한다.

[전문개정 2009. 10. 22.]

제53조(보험금의 지급청구)

① 보험수익자가 보험약관에서 정한 보험금 지급사유가 발생하여 보험금의 지급을 청구할 때에는 보험금 지급청구서에 다음 각 호의 구분에 따른 서류를 첨부하여 체신관서에 제출하여야 한다.
  1. 사망의 경우 : 「의료법」 제3조에 따른 의료기관에서 발행한 사망진단서 또는 사체검안서(死體檢案書)
  2. 장해의 경우 : 「의료법」 제3조에 따른 의료기관에서 발행한 장해진단서
  3. 입학 또는 입학 예정자로 확정된 경우 : 해당 학교장이 발행한 입학증명서 또는 그 밖에 입학 예정자임을 증명하는 서류
  4. 수술하거나 입원한 경우 : 그 사실을 증명할 수 있는 서류
② 제1항에 따른 보험금의 지급은 즉시 지급하는 즉시지급 또는 심사에 의하여 지급하는 심사지급의 방법으로 한다.

[전문개정 2009. 10. 22.]

제54조(보험금의 즉시지급)

보험수익자는 다음 각 호의 어느 하나에 해당하는 경우에는 보험약관에서 정하는 바에 따라 보험금의 즉시지급을 청구할 수 있다.
  1. 보험기간이 만료된 경우
  2. 보험기간 만료 전에 생존보험금 지급사유가 발생한 경우
  3. 그 밖에 우정사업본부장이 정하여 고시하는 사유가 발생한 경우

[전문개정 2009. 10. 22.]

제55조(보험금의 감액 지급 등)

① 법 제31조에 따라 체신관서는 보험계약의 효력이 발생한 후 2년 이내에 피보험자가 재해 외의 원인으로 사망하거나 제1급 장해상태가 된 경우에는 보험약관에 따라 보험금의 일부만을 지급한다.
② 법 제44조 제2항에 따른 보험금의 감액지급률은 지급하여야 할 보험금의 100분의 50의 범위에서 보험사고의 발생률 등을 고려하여 우정사업본부장이 정한다.
③ 체신관서가 법 제44조 제1항에 따라 보험금을 감액하여 지급하기로 하였을 때에는 그 지급률을 체신관서의 게시판에 공고하여야 한다.

[전문개정 2009. 10. 22.]

제56조(환급금의 지급)

① 법 제38조에 따른 환급금(이하 "환급금"이라 한다)의 범위는 우정사업본부장이 정하여 고시한다.
② 체신관서가 환급금을 지급할 때에는 보험계약자로 하여금 보험금 지급청구서를 작성하여 제출하게 하고, 그 신원을 확인할 수 있는 신분증명서로 정당한 권리자인지를 확인하여야 한다. 〈개정 2016. 7. 25.〉

[전문개정 2009. 10. 22.]

제57조(공익급여의 지급)

① 체신관서는 수입보험료의 일부를 공익급여(公益給與)로 지급할 수 있다.
② 제1항에 따른 공익급여 지급대상 보험의 종류별 명칭과 공익급여의 지급대상, 지급범위 및 지급절차 등은 우정사업본부장이 정한다.

[전문개정 2009. 10. 22.]

제5절 대출 〈개정 2009. 10. 22.〉

제58조(대출금)

법 제41조에 따라 대출을 할 수 있는 금액의 범위는 보험종류별로 우정사업본부장이 정한다. 〈개정 2015. 9. 30.〉

[전문개정 2009. 10. 22.]

제59조(대출기간 및 대출금의 이자계산)

① 제58조에 따른 대출금의 이자율은 「은행법」 제2조 제1항 제2호에 따른 금융기관의 1년 만기 정기예금의 이자율을 고려하여 우정사업본부장이 정한다. 〈개정 2011. 1. 12.〉

② 이자의 계산 단위는 원 단위로 하되, 그 수입금 또는 지급금에 10원 미만의 끝수가 있을 때에는 「국고금 관리법」 제47조에 따라 그 끝수는 계산하지 아니한다. 〈개정 2015. 9. 30.〉

③ 대출기간의 계산은 대출받은 날의 다음 날부터 변제일까지로 하며, 대출금의 이자는 보험계약자가 이자 납기일까지 체신관서에 납입하여야 한다.

④ 보험계약자가 대출금의 이자를 이자 납기일까지 체신관서에 납입하지 아니한 경우 미납된 이자는 납기일의 다음 날에 대출원금에 산입된 것으로 본다. 이 경우 다음 납기일부터의 대출금 이자는 미납된 이자를 합산한 대출금을 기준으로 계산한다. 〈개정 2011. 1. 12.〉

[전문개정 2009. 10. 22.]

제60조 삭제 〈2011. 1. 12.〉

제5절의2 재보험 〈개정 2009. 10. 22.〉

제60조의2(재보험의 가입한도)

법 제46조의2 제2항에 따른 재보험(再保險)의 가입한도는 사고 보장을 위한 보험료의 100분의 80 이내로 한다.

[전문개정 2009. 10. 22.]

제60조의3(재보험회사의 기준)

보험의 재보험을 계약할 수 있는 보험회사는 「보험업법」 제4조에 따른 재보험의 영업허가를 받은 보험회사 또는 같은 법 제2조 제8호에 따른 외국보험회사로서 다음 각 호의 어느 하나의 요건을 갖춘 자로 한다. 〈개정 2014. 5. 14., 2016. 7. 25.〉

1. 국내외 감독기관이 정하는 재무건전성에 관한 기준을 충족할 것

2. 국제적으로 인정받는 신용평가기관에서 실시한 최근 3년 이내의 신용평가에서 평가등급(이에 상응하는 국내 신용평가기관의 신용 등급을 포함한다)이 투자적격일 것

[전문개정 2009. 10. 22.]

제6절 모집 등의 업무취급 및 보상금 〈개정 2009. 10. 22.〉

제61조(보험의 모집 등)

① 다음 각 호의 어느 하나에 해당하는 자는 보험의 모집과 보험료의 수금을 할 수 있다.

1. 체신관서의 직원

2. 우정사업본부장이 지정하는 개인 또는 법인

② 제1항 제2호에 따른 개인 또는 법인의 자격 및 지정절차 등에 관하여 필요한 사항은 우정사업본부장이 정한다.

[전문개정 2009. 10. 22.]

제62조(영업촉진경비의 지급 등)

① 우정사업본부장은 법 제8조 제2항에 따라 보험의 증대와 유지를 위하여 필요한 경비(이하 "영업촉진경비"라 한다)를 다음 각 호의 금액을 합한 범위에서 지급할 수 있다.

1. 모집한 보험금액의 1천분의 2에 해당하는 금액

2. 수금한 보험료의 100분의 1에 해당하는 금액

② 우정사업본부장은 영업촉진경비를 다음 각 호의 구분에 따른 지급기준을 고려하여 해당 관서에 지급한다. 〈개정 2011. 5. 30.〉

1. 보험업무를 취급하는 체신관서 : 보험의 모집 및 수금 실적

2. 지방우정청 : 지방우정청 소속 관서의 실적

③ 영업촉진경비의 지급방법 및 지급시기와 그 밖에 영업촉진경비의 지급에 필요한 사항은 우정사업본부장이 정한다.

[전문개정 2009. 10. 22.]

제63조(보상금의 종류 및 지급대상)

법 제48조 제2항에 따른 보상금의 종류 및 지급대상은 다음 각 호와 같다. 〈개정 2016. 7. 25.〉

1. 모집자 보상금 : 직접 모집한 자(모집 형태에 따라 지급률을 다르게 할 수 있다)

2. 관서 영업지원 보상금 : 보험업무를 취급하는 체신관서

3. 수금자 보상금 : 계약자를 방문하여 보험료를 수금한 자

4. 유지관리 보상금 : 방문수금 외의 보험료 수금방법으로 보험계약을 유지·관리하는 자

5. 유공자 보상금 : 보험의 모집 및 유지·관리가 우수하여 보험수입 증대에 기여한 공로가 큰 자, 그 밖에 보험사업 발전에 기여한 공로가 크다고 우정사업본부장이 인정한 자(보험사업을 취급하는 체신관서를 포함한다)

6. 모집자 육성 보상금 : 제61조 제1항 제2호에 따른 개인 또는 법인의 육성에 기여한 공로가 크다고 우정사업본부장이 인정하는 자(보험업무를 취급하는 체신관서를 포함한다)

7. 비례보상금 : 제61조 제1항 제2호에 따른 개인 또는 법인 중 우정사업본부장이 정하는 자

[전문개정 2009. 10. 22.]

제64조(보상금의 지급률 및 지급절차 등)

① 보상금의 지급률은 별표 2의 보상금 지급률의 범위에서 우정사업본부장이 정한다. 〈개정 2011. 12. 2.〉

② 제63조 제7호에 따른 비례보상금을 지급받는 자에 대해서는 우정사업본부장이 정하는 바에 따라 별도의 금액을 보상금에 더하여 지급할 수 있다.

③ 제1항 및 제2항에서 규정한 사항 외에 보상금의 지급방법 및 지급절차 등에 관하여 필요한 사항은 우정사업본부장이 정한다.

[전문개정 2009. 10. 22.]

제7절 보험분쟁의 조정 〈개정 2009. 10. 22.〉

제65조 삭제 〈2004. 8. 2.〉

제66조(분쟁의 정의)

법 제48조의2 제1항에서 "보험모집 및 보험계약과 관련된 분쟁"이란 다음 각 호의 어느 하나에 해당하는 사항을 말한다.

1. 우정사업본부장이 보험계약의 해지 및 보험금 지급 등 보험업무와 관련하여 「민원사무처리에 관한 법률」에 따라 처리한 사항에 대하여 보험계약자 또는 이해관계인(이하 이 조에서 "보험계약자 등"이라 한다)이 재심사를 요구하거나 이의를 제기한 사항

2. 다수인에게 영향을 미칠 수 있는 보험약관의 내용 및 해석 등과 관련하여 보험계약자 등이 제기한 민원 또는 이의를 제기한 사항

3. 그 밖에 우체국보험과 관련하여 우정사업본부장에게 제기된 민원 중 우정사업본부장이 법 제48조의2 제1항에 따른 우체국보험분쟁조정위원회의 회의에 부칠 필요가 있다고 인정하는 사항

[전문개정 2009. 10. 22.]

제67조 삭제 〈2004. 8. 2.〉

제68조 삭제 〈2004. 8. 2.〉

제69조 삭제 〈2004. 8. 2.〉

제70조 삭제 〈2004. 8. 2.〉

제71조 삭제 〈2004. 8. 2.〉

제72조 삭제 〈2004. 8. 2.〉

제73조 삭제 〈2004. 8. 2.〉

부칙〈제1호, 2017. 7. 26.〉

(과학기술정보통신부와 그 소속기관 직제 시행규칙)

제1조(시행일)

이 규칙은 공포한 날부터 시행한다.

제2조부터 제5조까지 생략

제6조(다른 법령의 개정)

① 부터 ㉖까지 생략

㉗ 우체국예금·보험에 관한 법률 시행규칙 일부를 다음과 같이 개정한다.

제6조의2 제1항 각 호 외의 부분, 같은 조 제2항 전단, 같은 조 제4항, 제16조 제1항, 제24조 제3항 본문·단서 및 제28조 제3항 중 "미래창조과학부장관"을 각각 "과학기술정보통신부장관"으로 한다.

제22조의2 각 호 외의 부분 및 제46조 제1항 각 호 외의 부분 중 "미래창조과학부령"을 각각 "과학기술정보통신부령"으로 한다.

㉘부터 ㊶까지 생략

서원각에서 강력! 추천하는
간호직·보건직 공무원 시리즈

기본서로 기초를 탄탄하게!
합격선언 시리즈

직렬별 전공과목 기출문제
기출문제 정복하기
시리즈

과목별 전공과목 기출문제
과목별 기출문제 정복하기
시리즈

수험서 BEST SELLER

공무원

9급 공무원 파워특강 시리즈
국어, 영어, 한국사, 행정법총론, 행정학개론,
교육학개론, 사회복지학개론, 국제법개론

5, 6개년 기출문제
영어, 한국사, 행정법총론, 행정학개론, 회계학,
교육학개론, 사회복지학개론, 사회, 수학, 과학

10개년 기출문제
국어, 영어, 한국사, 행정법총론, 행정학개론,
교육학개론, 사회복지학개론, 사회

소방공무원
필수과목, 소방학개론, 소방관계법규,
인·적성검사, 생활영어 등

자격증

사회조사분석사 2급 1차 필기

생활정보탐정사

청소년상담사 3급(자격증 한 번에 따기)

임상심리사 2급 기출문제

NCS기본서

공공기관 통합채용